L'ASIE

la Belgique
le Luxembourg
L'EUROPE

la
France
la Suisse

Monaco

le Maroc

le Sahara occidental

l'Algérie

la Mauritanie

le Mali

le Niger

le Tchad

le Sénégal

la Guinée

le Burkina-Faso

le Bénin

le Togo

le Gabon

la Côte-d'Ivoire

le Congo

le Cameroun

le Congo Démocratique

l'Angola

la Tunisie

le Liban
Israël

L'AFRIQUE

l'Égypte

la République centrafricaine

Djibouti

Pondichéry

le Cambodge

le Laos

le Viêt-nam

le Ruanda
le Burundi

L'OCÉAN INDIEN

les Comores

les Seychelles

Mayotte

Madagascar

l'île Maurice
la Réunion (DOM)

L'AUSTRALIE

Amsterdam et St-Paul

l'archipel Crozet

Terres australes et antarctiques françaises (TOM)

l'archipel Kerguelen

LE MONDE FRANCOPHONE

Terre-Adélie

L'ANTARCTIQUE

D0086696

PARALLÈLES

PARALLÈLES

Communication et culture
second edition

Nicole Fouletier-Smith
University of Nebraska-Lincoln

with Pam Le Zotte
University of Nebraska-Lincoln

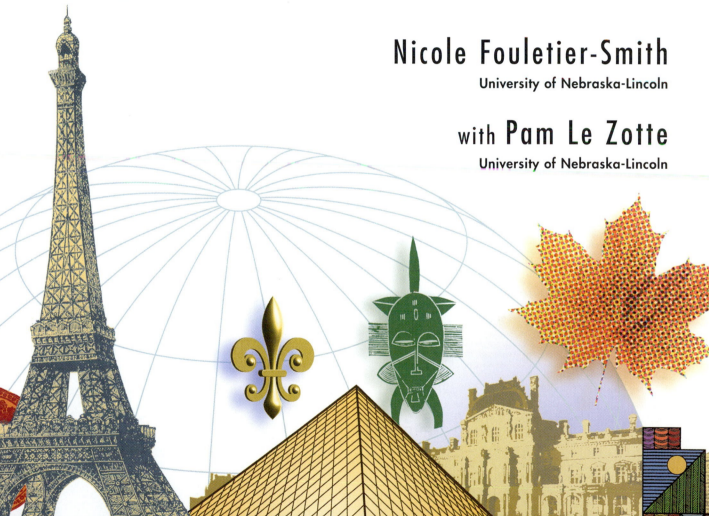

PRENTICE HALL, Upper Saddle River, New Jersey 07458

Library of Congress Cataloging-in-Publication Data

Nicole Fouletier-Smith.
    Parallèles: communicaton et culture / Nicole Fouletier-Smith
      p.   cm.
    Includes index.
    ISBN 0–13–608464–8
    1. French language Textbooks for foreign speakers—English
I. Fouletier-Smith. Nicole.   II. Title.
PC2129.E5L56   1999
448.2'421—dc21   99-42538
                             CIP

Editor-in-Chief: *Rosemary Bradley*
Executive Managing Editor: *Ann Marie McCarthy*
Developmental Editor: *Barbara Lyons*
Associate Editor: *Heather Finstuen*
Editorial Assistant: *Amanda Latrenta*
Production Editor: *Claudia Dukeshire*
AVP, Director of Production and Manufacturing: *Barbara Kittle*
Manufacturing Manager: *Nick Sklitsis*
Prepress and Manufacturing Buyer: *Tricia Kenny*
Executive Marketing Manager: *Ilse Wolfe*
Marketing Coordinator: *Don Allmon*
Creative Design Director: *Leslie Osher*
Interior Design and Cover Design: *Kenny Beck*
Line Art Coordinator: *Guy Ruggiero*
Illustrations: *Andrew Lange, Annette Murphy*
Director, Image Resource Center: *Melinda Reo*
Image Specialist: *Beth Boyd*
Manager, Rights and Permissions: *Kay Dellosa*
Photo Research: *Beaura K. Ringrose*
Art Production: *Maria Piper*

This book was set in 10/12 Palatino by TSI Graphics
and was printed and bound by World Color.
The cover was printed by The Lehigh Press, Inc.

© 2000 by Prentice-Hall, Inc.
Upper Saddle River, New Jersey 07458

Printed in the United States of America

10 9 8 7 6 5 4 3 2 1

Student Text: ISBN 0-13-608464-8
Annotated Instructor's Edition: ISBN 0-13-095368-7

PRENTICE-HALL INTERNATIONAL (UK) LIMITED, *London*
PRENTICE-HALL OF AUSTRALIA PTY. LIMITED, *Sydney*
PRENTICE-HALL CANADA INC., *Toronto*
PRENTICE-HALL HISPANOAMERICANA, S.A., *Mexico*
PRENTICE-HALL OF INDIA PRIVATE LIMITED, *New Delhi*
PRENTICE-HALL OF JAPAN, INC., *Tokyo*
PEARSON EDUCATION ASIA PTE. LTD., *Singapore*
EDITORA PRENTICE-HALL DO BRASIL, LTDA., *Rio de Janeiro*

This book is dedicated to my family, friends, associates and former students.

Scope & Sequence

DOSSIER PRÉLIMINAIRE 2

- Greeting people and saying good-bye
- Introducing people to each other
- Taking attendance
- Talking about things in the classroom
- Responding to directions in the classroom
- Giving the day of the week and the date
- Counting from 1 to 31

DOSSIER 1
Premiers contacts 24

- Identifying people and telling what they do
- Counting objects and pointing to them
- Expressing possession
- Discussing daily activities
- Asking yes/no questions

DOSSIER 2
On rejoint la communauté francophone 56

- Describing your personality and tastes
- Talking about your family and friends
- Describing people and things
- Talking about projects and wishes
- Finding out about someone else

- Locating and describing physical features, landmarks, and historic sites on a map
- Finding out the location and characteristics of a particular place
- Talking about weather, climate, and seasonal activities
- Discussing vacation plans

- Locating landmarks and public buildings on a city map
- Following and giving directions
- Identifying stores and shops
- Talking about your daily comings and goings
- Telling time

- Describing people: physical features, personality, character
- Learning to speak about past actions or events
- Making comparisons

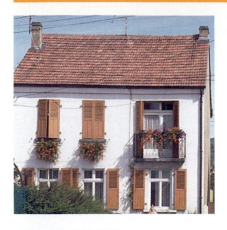

- Describing a house or apartment: location, layout, furniture, appliances
- Talking about household chores and daily routines
- Speaking about past actions or events

- Discussing food preferences
- Talking about eating habits and attitudes toward eating
- Planning meals, shopping, and having friends over
- Recounting past events

- Talking about family relationships, events, and occasions
- Discussing personal and family calendars
- Describing past experiences

- Talking about secondary school education
- Recalling past events and describing them
- Arranging an appointment

- Talking about post-secondary education
- Talking about student life and concerns

- Discussing career choices
- Talking about job hunting and work
- Selecting a professional wardrobe

- Talking about leisure-time activities
- Planning and describing vacations
- Expressing desires, wishes, emotions, and doubt

- Describing events (details of time, place, manner, and degree)
- Comparing actions (frequency, manner, degree)
- Talking about one's health and overall quality of life
- Talking about future intentions, plans, or events

Overview

Parallèles is an introductory French program that offers an exciting and innovative approach to language and culture.

As the title indicates, *Parallèles* encourages students to explore interrelationships central to becoming proficient in language and culture: the parallels and divergences between their own world and the Francophone world, the parallel between learning a language and learning about cultures, the similarities and contrasts between the English and French languages. *Parallèles* therefore develops students' linguistic skills in tandem with their conceptual and cultural knowledge. The integration of language and culture is so absolute that students acquire naturally the in-depth understanding of both that they need in order to become effective speakers of French.

Highlights of the Second Edition

Cultures en parallèles. Two new *Cultures en parallèles* sections provide a structured framework for class discussion of each *dossier's* theme at a level appropriate for first-year students. The initial *Cultures en parallèles* section serves as a *dossier* opener and advance organizer, carefully structured to encourage critical observation of the home culture and identification of the diversity within that culture. The second *Cultures en parallèles* section, placed toward the end of the *dossier*, provides an opportunity for synthesis of its cultural and linguistic content.

This format offers students a structured environment for observation and reflection, while facilitating analysis and comparisons of both the home culture and Francophone culture. In turn, students are encouraged to apply a similar approach to their own exploration of the Francophone world in the related *D'un parallèle à l'autre* section. They have the opportunity to "adopt" a Francophone country and enhance their knowledge of that country as they explore the cultural themes of subsequent *dossiers*. *D'un parallèle à l'autre* presents a research task in each *dossier*, then refers students to specific research assistance and tools provided on-line, through the web site created especially for *Parallèles* at http://www.prenhall.com/paralleles.

Dossier structure. The organization of the thirteen *dossiers* has been completely rethought. Each *dossier* now opens with the initial *Cultures en parallèles* section, focused on the home culture and intended both to pique students' curiosity and to present the *dossier's* theme along with relevant initial vocabulary. The *dossier* is subsequently organized into four *Volets*, each of which pairs a *Contexte* with a corresponding *Outil*.

Contextes. Within a cultural framework, the *Contextes* present vocabulary and discourse samples in a generously illustrated, accessible manner. The discourse samples confront learners directly with unfamiliar ways to look at and react to the world—their own and that of French-speaking peoples.

Outils. The *Outils,* which present the *dossier's* grammatical structures, are newly streamlined and linked closely to the corresponding *Contextes.* New structures are discretely embodied, for receptive purposes, in the *Contexte* presentations. The *Outils,* in turn, provide functional grammatical presentations dictated by the communicative needs of beginning students. These are complemented by the related opportunities for manipulative and communicative practice in the classroom.

À votre tour. The ample *À votre tour* activities that follow each *Contexte* and *Outil* are well suited to the needs of first-year students, providing opportunities for structured, discrete-point practice before progressing to more challenging and personalized open-ended activities.

Phonétique. The phonetics sections, now appearing in every chapter, have been completely resequenced and revised to introduce systematically—and accessibly—essential aspects of French pronunciation.

Aural comprehension. *En direct* listening exercises follow the phonetics presentation within each *dossier.* These are tightly focused, and all include pre-listening preparation as well as post-listening task-based activities. Many now feature identifiable personalities encountered in the preceding *Contextes,* heightening their interest and encouraging active listening.

Découvertes. The streamlined *Découvertes* sections now open with the second of the *Cultures en parallèles* sections, continuing observation and reflection on the cultural theme. They are followed by *D'un parallèle à l'autre,* which references links and activities on the **Parallèles** web site. Then, *À vous la parole* provides several conversation activities synthesizing material from the *dossier* as a whole and further enhancing students' linguistic and cultural proficiency. Each *Découvertes* section provides ample opportunity for skills development overall through its conversation, reading, and writing activities.

- **Reading.** The Second Edition's *Lecture* section provides structured reading practice. Pre-reading activities introduce the reading texts and teach reading strategies. Post-reading activities check comprehension, then move on to more open-ended discussion questions. The readings themselves, many of which are new, are shorter and more accessible to students at the introductory level.

- **Writing.** The treatment of writing has been expanded to reflect a process-oriented approach. Students have the opportunity to complete an interesting, realistic writing task directly related to the *dossier's* cultural and linguistic content.

- **Culture.** Other components of the *Découvertes* section have been modified in order to promote more interesting, active engagement with the chapter's cultural themes.

- **Multimedia.** A new text-specific *CD-ROM* produced in conjunction with the Second Edition of *Parallèles* includes a wealth of vocabulary and grammar practice and fun task-based activities to further develop listening, speaking, reading, and writing skills. In addition, a *Parallèles* Web Site offers a springboard to the Internet with text-tied web activities and many links to French-language web sites.

Dossier Organization

The *Parallèles* program consists of a *Dossier préliminaire* and thirteen *dossiers*. Each *dossier* is organized as follows:

Objectives

A clear statement of realistic functional, cultural, and structural goals for students opens each dossier.

Cultures en parallèles

Each *dossier* begins with a *Cultures en parallèles* section, to initiate discussion of the chapter theme in terms of students' own culture. A second *Cultures en parallèles* section, toward the end of the *dossier*, helps students to synthesize its cultural content while further sharpening their skills of observation and cultural analysis within a linguistic framework as they reflect on both their own and Francophone cultures. Their efforts are supported by an array of highly varied visual and linguistic texts. Beginning with *Dossier* 3, the *Cultures en parallèles* sections are in French.

Volets

The *dossiers* include four *Volets*, each of which pairs a *Contexte* with a corresponding *Outil*.

The *Contextes* provide a rich cultural framework for learning and practicing the *dossier* vocabulary. Brief dialogues and narratives, captions, and other discourse samples complement generously varied visual presentations with linguistic contexts similar to those a new speaker of French would encounter in a variety of everyday settings. While the focus is lexical, students are also encouraged subtly to consider and address cultural realities of the French-speaking world relative to the *dossier* themes. Each *Contexte* includes a related vocabulary list, *Le mot juste*, a semantically organized listing of new active words and expressions and *À votre tour* vocabulary activities provide ample, lively opportunities for practice of new lexical material.

Each **Outil** explicitly and concisely presents the grammatical structure(s) embedded in the corresponding *Contexte*. The related *À votre tour* activities offer progressive practice for individuals, pairs, and small groups.

Phonétique and En direct

The *Phonétique* section that follows the fourth *Volet* in each dossier systematically introduces key aspects of French pronunciation and intonation, along with related practice. The *En direct* activities, based on the material recorded on the Student Audio CD, further develop students' global listening skills while sharpening their ability to glean specific information from a variety of authentic aural texts.

Découvertes

In this section, students extend and refine their knowledge and understanding of the *dossier's* cultural and linguistic topics through a series of speaking, reading, and writing activities that reflect real-world language use.

The *À vous la parole* conversation activities synthesize and expand upon material from the *dossier's Contextes* and *Outils* in lively, personalized ways. Students have varied opportunities to express and discuss their own ideas, interests, and needs.

The *Lecture* sections provide structured reading practice through a rich variety of high-interest, authentic French texts, ranging from simple documents to journalistic and literary texts. Pre-reading activities provide introductions and teach reading strategies. Post-reading activities check comprehension, then encourage more open-ended discussion.

The *À vos stylos* sections reflect a process-oriented approach to writing. Students have the opportunity to complete on a step-by-step basis a realistic writing task directly related to the *dossier's* cultural and linguistic topics.

The *Découvertes* sections, together with the preceding *En direct* sections, provide abundant opportunities for combining skills and whole language use. For example, the reading sections may lead to discussion and could provide the basis for written assignments. Listening frequently provides a springboard for conversation, but may also serve as a natural occasion for note-taking. Speaking almost always involves periods of listening, but may at times entail the use of written notes in preparation for spoken discourse. These varied linguistic skills are always driven by a cultural and communicative purpose. For example, in *Dossier 3*, having studied the geography of France, students learn to describe their own country to a visitor from a Francophone country.

In addition, every *Découvertes* section concludes with a series of synthesizing and expansion activities. The boxed *Parallèles historiques*, consisting of a brief text accompanied by a visual, relates the *dossier's* cultural theme to its historical context. Students begin to learn that a country's past shapes and defines its present. The *À l'écran* section introduces the *dossier*-related video clips. Activities based on these clips are found in the *cahier*. The concluding *Maintenant je sais...* activity prompts students to review and define the dossier's fundamental cultural concepts. At the end of the chapter, a two-page spread, *Tous les mots*, lists all the vocabulary of the chapter for quick reference.

Components of the *Parallèles* Program

For Students:

Student Audio CD (0-13-095367-9)
This audio compact disc includes recorded material for all of the in-text *En direct* listening activities.

Cahier **(Workbook/Lab/Video Activities Manual)** (0-13-095360-1)
The *Cahier* provides further practice of vocabulary and grammar beyond the text, as well as a range of activities to be used in conjunction with the audio program and the video.

Audio Program
The complete Audio Program is available on cassette or compact disc. It consists of ten CDs/cassettes: seven listening CDs/cassettes to accompany the lab manual, two vocabulary CDs/cassettes, and the student CD/cassette containing the recordings that accompany the *En direct* sections in the text.
Audio Program on Cassette (0-13-095376-8)
Audio Program on CD (0-13-025989-6)

For Instructors:

Annotated Instructor's Edition (0-13-095368-7)
The plentiful marginal annotations in the Annotated Instructor's Edition were written with both novice and experienced instructors in mind, and include warm-up activities, resource notes, cultural information, and suggestions for using and expanding the materials and activities in the student text. The annotations also include the scripts and answer keys for the *En direct* sections.

Instructor's Resource Manual (0-13-095369-5)
The Instructor's Resource Manual includes a guide to the program components, sample course syllabi, full tapescripts for the lab program and for the video, tips for using *Vidéo Parallèles* successfully in the classroom, strategies for integrating use of the Internet and the CD-ROM in the course, and a bibliography on the teaching of culture.

Testing Program (0-13-095371-7)
The Testing Program consists of alternate versions of hour-long chapter tests for each *dossier,* as well as quizzes and both mid-term exams and final examinations.

Cassette to accompany the Testing Program (0-13-026166-1)
Included in the Testing Program is an aural test for each chapter; a tape of the accompanying recordings is available for the instructor. Scripts are included in the Testing Program.

Computerized Testing Program
The testing program is available electronically for Macintosh and IBM. With the electronic version, instructors can mix and match material according to their needs.
Macintosh® (0-13-095373-3)
IBM© (0-13-095374-1)

Transparencies (0-13-095375-X)
A new set of 50 color transparencies of maps, illustrations, realia, and photographs provides visual support materials for the program.

Answer Key to *Cahier* (0-13-095378-4)
This answer key to the workbook exercises in the *cahier* can be made available for students if the instructor wishes.

Technology For Instructors and Students:

Parallèles **Web Site: http://www.prenhall.com/paralleles**
This exciting new web site is a springboard to the Internet with text-tied web activities and many links to French-language web sites. Students will

explore carefully selected French web sites and gather information to complete a variety of guided tasks, improving their proficiency in language and culture. An extensive database of French language web links supports the in-text *D'un parallèle à l'autre* Internet activities. Self-correcting tutorial exercises practice the grammar and vocabulary of each chapter, and results can be e-mailed to the instructor. A special attraction of the student area of the site is the "key-pals" feature, which allows students to select a pen pal from the French country of their choice and enjoy exchanging e-mail with them. A comprehensive student resource area provides on-line support for French learners with links to homework help, guidance for listening, pronunciation, reading, and writing, on-line dictionaries, and French newspapers and magazines. A separate professors' area provides extensive links to cultural and professional web sites.

Parallèles Interactive CD-ROM (0-13-672072-2)

Available packaged with the text or separately, the new dual-platform CD-ROM for the Second Edition of *Parallèles* includes self-paced grammar and vocabulary practice with automatic feedback, and a rich array of task-based activities to further develop listening, speaking, reading, and writing skills. Chapter topics are presented through audio, video, and visual means; students can practice their pronunciation through voice-recording technology. Interactive games provide students with a fun and rewarding way to review material. Each chapter also includes cultural activities and a path to the *Parallèles* Web Site, which provides further related activities and resources.

Vidéo Parallèles

A sixty-minute video of authentic clips is available free to departments adopting *Parallèles.* Video clips are supported by abundant pre-and post-viewing activities in the *Cahier.*

French on the Internet: A Prentice Hall Guide 1999–2000

Free when packaged with this text. Contact your local Prentice Hall sales representative for details.

Acknowledgments

The publication of this Second Edition of *Parallèles* is the result of the efforts and collaboration of numerous friends and colleagues, many of whom often took time from other commitments to assist with suggestions during the revision process.

I extend my sincere thanks and appreciation to the many colleagues throughout North America who reviewed *Parallèles* at various stages of the revision. I gratefully acknowledge their participation and candor:

Diane Fagin Adler
North Carolina State University

Carl Blyth
University of Texas, Austin

J. Dianne Broyles
Oklahoma City Community College

Douglas J. Daniels
Montana State University

Marc Deneire
Michigan Technical University

Mary Ellen Eckhert
East Los Angeles College

Ramona Farthing
Oklahoma Baptist University

Steven Fleck
California State University, Long Beach

Stacey Katz
Montclair State University

Karen W. Kelton
University of Texas, Austin

Carole A. Kruger
Davidson College

Eveline Leisner
Los Angeles Valley College

Marie Leticee
University of Central Florida

Sabine Loucif
Hofstra University

Eric Loveland
Rutgers University, New Brunswick

John Moran
Tulane University

David O'Connoll
Georgia State University

Micheline Rotblut
Northern Virginia Community College

Alan Savage
Wheaton College

Susan M. Spillman
Xavier University of Louisiana

Jan L. Usinger
University of New Mexico

Lauren Wiebe
Ohio Wesleyan University

I want to thank the following colleagues for their important contributions to the Second Edition of *Parallèles:* Pam Le Zotte of the University of Nebraska–Lincoln streamlined the grammar presentations in the *Outils*. She also resequenced and revised the phonetics sections, which now appear in every chapter. Mana Derakshani of St. Mary's College, Indiana, provided a new testing program that matched the goals of the *Parallèles* program. She has truly given meaning to the expression "testing culture." I am very grateful to Karen Kelton, of the University of Texas, Austin, for her thorough and constructive final review of *Parallèles*. The new edition has benefited greatly from her experience and insights. Judy Brisbois, my former colleague at the United States Air Force Academy, sacrificed her summer to develop the *Parallèles* Web site. Her work was creative and through, and her encouragement was precious.

I thank the University of Nebraska–Lincoln Modern Languages Department and the UNL Modern Languages students for their input and encouragement. I also want to extend my grateful appreciation to colleagues at the United States Air Force Academy whose sense of dedication had a profound influence on my efforts.

I would also like to thank the many people at Prentice Hall who contributed their ideas, time, and publishing experience to *Parallèles* during the revisions.

It is hard to find words to describe the contribution made by Barbara Lyons, the developmental editor. Barbara is a very talented person with a keen eye for detail. Her comments were always encouraging and her criticism constructive. A large portion of the success *Parallèles* will receive must be attributed to the extra efforts, sacrificed weekends and late-night sessions that Barbara contributed to this Second Edition. Her commitment to excellence was a constant challenge while having her at my side was a reassuring experience. I could not have asked for someone more professional and more caring. She is the kind of person everyone would want to have as a colleague and a friend.

Karen Hohner's work as copy editor of the manuscript has also been indispensable. We thank her sincerely for her thorough and professional efforts. Mary Root-Taucher and Claudine Martin expertly proofread the pages.

I am indebted to Claudia Dukeshire, Production Editor, who managed the book so skillfully and smoothly and to Ann Marie McCarthy, Executive Managing Editor, who supervised the production process. I also thank Beaura K. Ringrose, photo researcher, who loaned us both her eyes and her talent to illustrate *Parallèles.*

Special thanks go to Kenny Beck, the designer, for providing again his rich, beautiful, and relevant design and to Guy Ruggiero, line art coordinator. Nadejda Rozeva and Amanda Latrenta, Editorial Assistants, worked hard to line up reviewers and to coordinate everyone's efforts. I am very grateful to them. Heather Finstuen, Associate Editor, contributed her talent to the realization and coordination of the *Parallèles* program: CD-ROM, Web Site, *Cahier*, and Audio Program. Thank you, Heather, for your creativity and your constant dedication to bringing these key aspects of the Second Edition to completion! I also want to thank Ilse Wolfe, Executive Marketing Manager, brimming with ideas and energy, who has worked tirelessly on marketing and promotion for *Parallèles.*

The trust and support of Rosemary Bradley, Editor-in-Chief, and Phil Miller, President of Humanities and Social Sciences, must also be recognized. I thank them many times and very sincerely.

Finally, this textbook owes a lot to my family: my husband Don, who has the patience of a saint, who provided constant encouragement and reassurance, and whose great sense of humor sustained and energized me through all phases of the project, the happy ones and the difficult ones; my sister Claude Poncet and her family Yves, Damien, and Rémi Poncet, my eyes and ears in France, who answered every query promptly and fully; and my parents Louis and Henriette Fouletier, who know how much I owe them.

PARALLÈLES

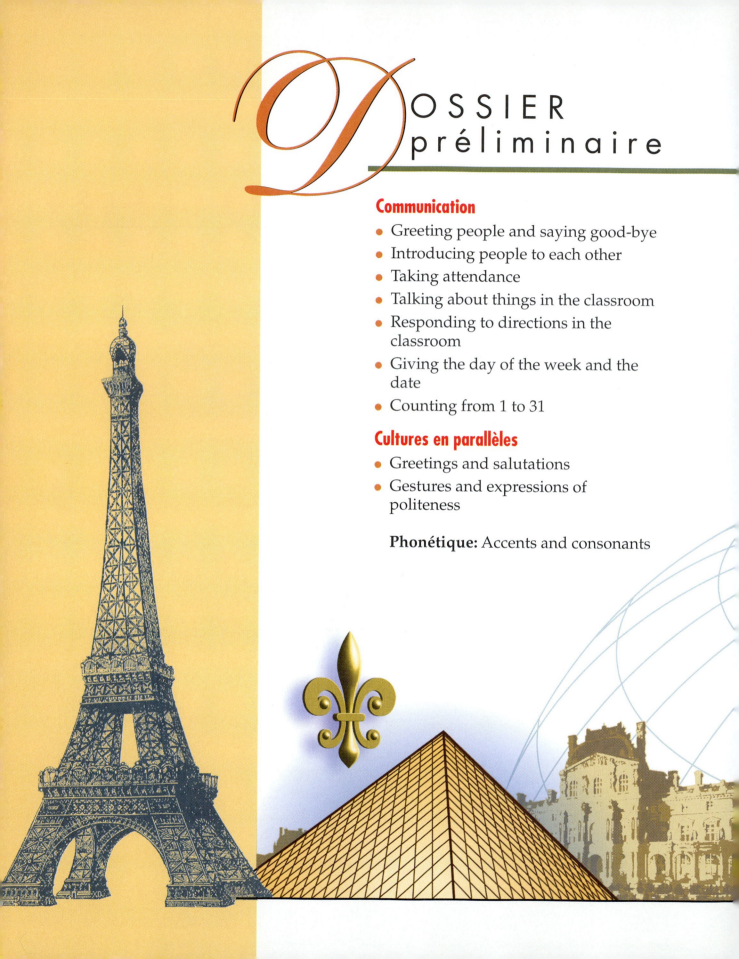

$\mathcal{D}$OSSIER préliminaire

Communication

- Greeting people and saying good-bye
- Introducing people to each other
- Taking attendance
- Talking about things in the classroom
- Responding to directions in the classroom
- Giving the day of the week and the date
- Counting from 1 to 31

Cultures en parallèles

- Greetings and salutations
- Gestures and expressions of politeness

Phonétique: Accents and consonants

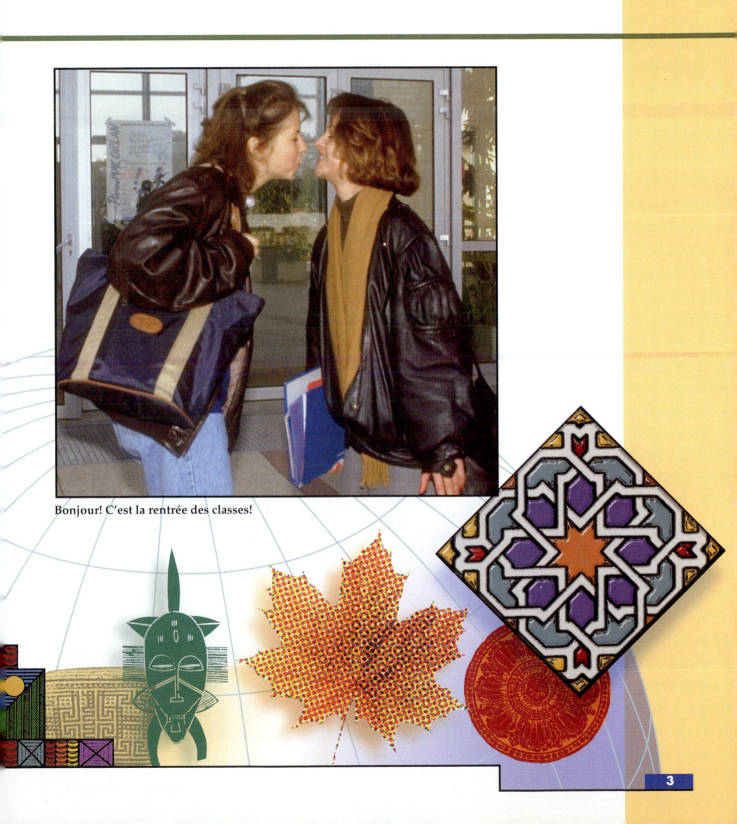

Bonjour! C'est la rentrée des classes!

Cultures en parallèles
Greetings and salutations

What words and formulas, what kinds of gestures, do you routinely use when greeting and saying good-bye to people? You probably don't use the same words and the same gestures for everyone or under all circumstances. What factors help you determine which words and gestures to use in a given situation?

Salut! Ça va?

Contexte 1 Bonjour!

—Bonjour, Mademoiselle.
—Bonjour, Madame.
—Comment vous appelez-vous, Mademoiselle?
—Je m'appelle Agnès Lançon.

Vive la différence!

Naturally, one addresses men and women differently, and distinctions are also made for business relations or acquaintances as well as for family and friends.

C'est un homme.	Bonjour, Monsieur! (*poli*)
C'est une femme.	Bonjour, Madame! (*poli*)
C'est une jeune fille.	Bonjour, Mademoiselle! (*poli*)
	Bonjour, Agnès! (*familier*)
C'est un jeune garçon.	Bonjour, Philippe! (*familier*)
C'est un ami.	Bonjour, Georges! (*familier*)
C'est une amie.	Bonjour, Nathalie! (*familier*)

Le mot juste

Expressions

bonjour	*hello, good morning*
Comment vous appelez-vous?	*What is your name?* (formal)
Je m'appelle _____.	*My name is _____.*
Madame	*Mrs.*
Mademoiselle	*Miss*
Monsieur	*Mr.*

Noms

un ami	*(male) friend*
une amie	*(female) friend*
une femme	*woman*
un homme	*man*
une jeune fille	*young woman*
un jeune garçon	*young boy*

À votre tour

A. Pratiquons! (*Let's practice!*) Practice exchanging greetings with your professor and telling him/her your name.

MODÈLE: —Bonjour, Monsieur (Madame, Mademoiselle)!
—Bonjour, Monsieur (Madame, Mademoiselle)! Je m'appelle...

B. Bonnes manières (*Good manners*). Working with a partner, decide how you would greet each of the following people. Then act out the exchanges.

MODÈLE: un ami: Claude Latou (*familier*)
—Bonjour, Claude!

1. un homme: Marc Dupont
2. une jeune fille: Nathalie Bon
3. une femme: Françoise Colin
4. un jeune garçon: André Fort

Contexte 2 | Salut!

—Salut!
—Salut!
—Tu t'appelles comment?
—Je m'appelle Philippe. Et toi?
—Moi, je m'appelle Marc.

Vive la différence: Formality versus informality

Salut is a much more familiar greeting than **Bonjour.** It may be yelled across the street or across campus to friends. It may be followed by a first name, but never by a person's title. The selection of the **tu** form of address—**toi** when used in isolation—also shows that the greeting is informal. The **tu** form of address—usually favored in the family, among close friends of the same age and social status, and with children—contrasts with the more formal **vous,** which is used with people you either don't know at all, or with whom you ought to show some respect.

Le mot juste

Expressions

salut	hello, good-bye	Et toi?	*And you?* (informal)
Tu t'appelles comment?	*What is your name?* (informal)	Moi,...	*As for me, ...*

À votre tour

A. Pratiquons encore! (*More practice!*) Greet several of your classmates informally and ask them what their name is. Be sure to shake hands!

MODÈLE: —Salut!
—Tu t'appelles comment?
—Je m'appelle... Et toi?
—Moi, je m'appelle...

B. Salutations (*Greetings*). With a classmate, act out the following exchanges. Do you feel more comfortable in some exchanges than in others? Why do you think this might be?

1. You run into your new French professor, Mme Durand, before the start of class. You say hello to each other and she asks your name.
2. You are in the language lab next to a student, Juliette Alais, whom you have seen once before. You say hello and exchange names.
3. Say hello to your roommate's little brother (Georges) and ask what his name is.
4. Greet another student, who is also in your class. Since you don't know his/her name, ask!
5. Greet your roommate's father. You've met him only once before.
6. Greet your good friend Agnès from across the street.

Contexte 3 Nos outils de travail

Voici le livre. Le livre s'appelle *Parallèles*.

Voilà le cahier. Le cahier s'appelle aussi *Parallèles*.

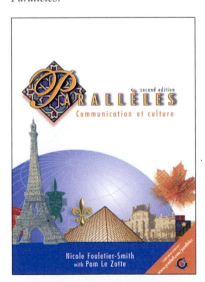

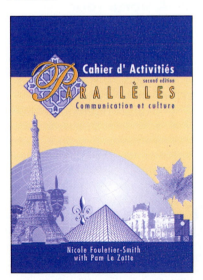

Voici la vidéocassette.

Voilà la cassette
audio.

Voilà le CD-ROM.

Programme du cours

French 101, Section 4
Supplies: textbook
Parallèles, CD-ROM
Parallèles, 2 cassettes,
Cahier d'exercices
Class policies:

Et voilà
le programme
du cours.

 À votre tour

 A. Voilà! (*That is it!*) With a partner, take turns pointing out the tools you need for this course (textbook, workbook, video, audio cassettes, CD-ROM, syllabus).

MODÈLE: —Voici le cahier.
　　　　—Voilà le programme du cours.

Le mot juste

Expressions

Il/Elle s' appelle _____.　　*His/Her/Its name is _____.*
nos outils de travail　　　　*our work tools*
voici, voilà　　　　　　　　*here is/here are*

Noms

un cahier　　　　　　　　*workbook*
une cassette audio　　　　*audio cassette*
un CD-ROM　　　　　　　*CD-ROM*
un livre　　　　　　　　　*book*
le programme du cours　　*syllabus*
une vidéocassette　　　　*videotape*

Contexte 4 Au revoir!

—Au revoir, Juliette!
—Au revoir, Philippe. À demain!
—C'est ça. À bientôt!

—Bon. Eh bien... Salut, Marc!
—Salut, Nathalie. À demain!
—À demain!

Vive la différence!

Once again, see how the forms of address change according to the sex, age, and status of the person you are talking to.

C'est un homme.	Au revoir, Monsieur! (*poli*)
C'est une femme.	Au revoir, Madame! (*poli*)
C'est une jeune fille.	Au revoir, Mademoiselle! (*poli*)
	Au revoir, Agnès! (*familier*)
C'est un jeune garçon.	Au revoir, Philippe! (*familier*)
C'est un ami.	Au revoir, Georges! (*familier*)
C'est une amie.	Au revoir, Nathalie! (*familier*)

À votre tour

A. À demain! (*See you tomorrow!*) Practice saying good-bye to your instructor and to your classmates.

B. À bientôt! (*See you soon!*) With a partner, decide how you would say good-bye to the people you greeted earlier. Then act out exchanges.

1. un ami: Claude Latou
2. une jeune fille: Nathalie Bon
3. un homme: Marc Dupont
4. une femme: Françoise Colin

Le mot juste

Expressions

À bientôt.	*See you later, see you soon.*
À demain.	*See you tomorrow.*
Au revoir.	*Good-bye.*
Bon, eh bien...	*Well, then ...*
C'est ça!	*That's it, OK.*

Contexte 1 On se présente

—Bonjour, Mademoiselle!
—Bonjour, Monsieur!
—Comment vous appelez-vous, Mademoiselle?
—Je m'appelle Amy.
—Eh bien, s'il vous plaît, Amy, présentez-moi vos camarades.
—(*pointing to a man*) Lui, il s'appelle Bob. Il est étudiant. (*then, pointing to a woman*) Et elle, elle s'appelle Susan. Elle est étudiante.

À votre tour

A. Présentations (*Introductions*). Try practicing the introductory exchange with several different partners. Make sure to change roles.

B. En scène! (*On stage!*) In groups of four or more students, take turns greeting each other and asking each other to identify the students in the group. Then point to your teacher and identify him or her.

Le mot juste

Expressions

On se présente.	*Let's make introductions.*		
présentez-moi	*introduce (someone) to me*		
s'il vous plaît	*please*		
lui	*he (emphatic)*		
elle	*she*		

Noms

un camarade	*(male) friend*
une camarade	*(female) friend*
un étudiant	*(male) student*
une étudiante	*(female) student*

Contexte 2 On fait l'appel!

—Voyons, qui est ici? Monsieur Adams? Ici?
  Oui, ici. Bonjour, M. Adams.
—Mademoiselle ou Madame Brown? Présente?
  Ah oui, ici! Bonjour, Mlle Brown.
—Monsieur Cook? Présent? Non! M. Cook est
  absent.

À votre tour

A. Qui dit quoi? (*Who says what?*) Indicate who is speaking, the instructor
or a student, and put the sentences in logical order.

—Non, Madame, il est absent!
—Qui est présent aujourd'hui?
—On fait l'appel.
—Jim est présent?

B. Présent(e)? (*Present?*) Be ready to respond when your teacher or another
student takes attendance. Be prepared also to help take attendance yourself!

Le mot juste

Expressions

ici	*here*
On fait l'appel.	*Let's take attendance.*
Qui est ici?	*Who is here?*
Voyons!	*Let's see!*

Adjectifs

absent	*absent*
présent	*present*

Contexte 3 Comment allez-vous?

—Bonsoir, Madame. Comment allez-vous?
—Très bien, merci. Et vous?
—Assez bien, merci.

—Salut, Pierre! Ça va?
—Ah non! Pas du tout! Ça va mal! Ça va très mal!

—Bonjour, Mademoiselle. Comment allez-vous?
—Je vais bien, merci, et vous?
—Pas mal, merci.

—Bonjour, Patricia. Quelle surprise! Tu vas bien?
—Oui, très bien, et toi?
—Bien, merci!

À votre tour

A. Jeu de rôle (*Role-play*). Act out all of the exchanges above, making sure you change partners each time.

B. Comment ça va? Circulate in the classroom greeting classmates and asking them informally how they are. Keep track of their answers so that you can share your information.

MODÈLE: Paul va bien. Ann va très mal.

C. Bonne journée? (*Are they having a good day?*) With a partner, take turns assuming the roles of each of the following people. When your partner greets you and asks how you are, respond appropriately. How will your exchanges vary?

1. Mlle Pascal: She has a toothache.
2. Marc: He has gotten the rest of the day off and is ecstatic.
3. Mme Latou: She has lost her keys and is frustrated.
4. Hélène: Everything is going fine.
5. M. Dupont: His day is not great but it's OK.
6. Philippe: He is not too happy, because he cannot go away this weekend.

Le mot juste

Expressions

Comment allez-vous?	*How are you?* (formal)
Comment vas-tu?	*How are you?* (informal)
Tu vas bien?	*How are you?* (informal)
Ça va?	*How are you?* (casual)
Ça va.	*I'm doing OK.* (casual)
Je vais...	*I am doing (well, etc.)*
très bien	*very well*

bien	*well*
assez bien	*well enough*
pas mal	*OK, not bad*
mal	*not well*
très mal	*very badly*
bonsoir	*good evening*
merci	*thank you*
Pas du tout!	*Not at all!*
Quelle surprise!	*What a surprise!*

Contexte 1 Dans la salle de classe

Qui est-ce?	C'est [le professeur/Marie/Paul].
	Voilà [le professeur/Marie/Paul].
Qu'est ce que c'est?	C'est un crayon?
	Non, c'est une craie.

À votre tour

A. Inventaire. With a partner, identify as many of the objects in your classroom as you can.

MODÈLE: —Voici un crayon.
　　　　　　—Et voilà un livre.

B. C'est correct? With a partner, point out the different objects in your classroom and verify that you have the right word.

MODÈLES: —Qu'est-ce que c'est?
　　　　　　—Euh?... Un dictionnaire?
　　　　　　—Bravo!

　　ou: —Qu'est-ce que c'est?
　　　　　　—Euh?... Un dictionnaire?
　　　　　　—Mais non! C'est un cahier!

Le professeur:

Entrez!
Asseyez-vous!
Ouvrez le livre!

Fermez le livre!
Chut! Taisez-vous!
Écoutez!

Prenez un stylo!
Écrivez!
Lisez!

Donnez le stylo à X!
Levez-vous!
Allez au tableau!

Les étudiants:

Répétez, s'il vous plaît.

Oui, je comprends.

Je ne comprends pas.

S'il vous plaît, que veut
dire... ?

Pardon,
Monsieur/Madame,
comment dit-on... ?

À votre tour

A. Jacques a dit (*Simon says*). As your teacher gives commands, carry out
the actions requested.

B. Le bon réflexe (*The correct reflex*). What would you say in the following
situations?

MODÈLE: You forgot the word for *workbook.*
      —Comment dit-on *workbook,* s'il vous plaît?

1. You understand what your instructor has said.
2. You didn't quite catch the instructor's question.
3. You don't know the word for *test.*

Contexte Le jour et la date

—Hanno, quels sont les mois de l'année?
—Janvier, février, mars, avril, mai, juin, juillet, août, septembre, octobre, novembre et décembre.
—Bien, Hanno!

—Cheng-Mai, quels sont les jours de la semaine?
—Lundi, mardi, mercredi, jeudi, vendredi, samedi, dimanche.
—C'est ça!

—Ricardo, quel jour est-ce aujourd'hui?
—Aujourd'hui, c'est lundi.
—Et demain?
—Demain, c'est mardi.

—Raïssa, quelle est la date aujourd'hui?
—C'est le 4 septembre. Mon (*My*) anniversaire!
—Alors, bon anniversaire!

—Très bien! Attention tout le monde! La semaine prochaine, il y a un examen. Bon courage!

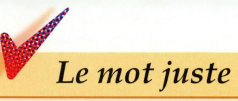

Le mot juste

Expressions

la date	*date*
aujourd'hui	*today*
demain	*tomorrow*
la semaine prochaine	*next week*
Quel jour est-ce?	*What day is it?*
Quelle est la date?	*What's the date?*
Quels sont les jours de la semaine?	*What are the days of the week?*
Quels sont les mois?	*What are the months?*
C'est mon anniversaire.	*It's my birthday.*
Bon anniversaire!	*Happy birthday!*
dans la classe	*in the classroom*
alors	*then*
Bon courage!	*Courage!*
tout le monde	*everybody*

Verbes

Apprenez!	*Learn!*
Révisez!	*Review!*

Noms

une année	*year*
un anniversaire	*birthday, anniversary*
un examen	*exam*
un jour	*day*
un mois	*month*
janvier	*January*
février	*February*
mars	*March*
avril	*April*
mai	*May*
juin	*June*
juillet	*July*
août	*August*
septembre	*September*
octobre	*October*
novembre	*November*
décembre	*December*
une semaine	*week*
lundi	*Monday*
mardi	*Tuesday*
mercredi	*Wednesday*
jeudi	*Thursday*
vendredi	*Friday*
samedi	*Saturday*
dimanche	*Sunday*

(handwritten annotation: Mecredi)

Les nombres cardinaux*

1	un, une
2	deux
3	trois
4	quatre
5	cinq
6	six
7	sept
8	huit
9	neuf
10	dix
11	onze
12	douze
13	treize
14	quatorze
15	quinze
16	seize
17	dix-sept
18	dix-huit
19	dix-neuf
20	vingt
21	vingt et un
22	vingt-deux
23	vingt-trois
24	vingt-quatre
25	vingt-cinq
26	vingt-six
27	vingt-sept
28	vingt-huit
29	vingt-neuf
30	trente
31	trente et un

*Cardinal numbers are used in dates, except for the first day of the month, which is expressed with the ordinal number **premier: c'est le premier septembre.**

À votre tour

 A. Combien de... ? (*How many ... ?*) With a partner, count out loud the number of the following items in your classroom, and complete the chart. Compare your results with those of other students.

	cahiers	bureaux	fenêtres	portes	chaises	livres	crayons	stylos	cartes
Combien?	18								

 B. Petit interrogatoire (*Small inquiry*). With a partner, take turns asking and answering the following questions.

MODÈLE: —Quel jour est-ce?
        —C'est lundi, mardi, etc.

1. Aujourd'hui, quel jour est-ce?
2. Quelle est la date?
3. Quels sont les jours de la classe de français?
4. Quels sont les mois de 30 jours?
5. Quels sont les mois de 31 jours?
6. Quelle est la date du premier jour de classe?

C. Vrai ou faux? With a partner, take turns reading aloud the following statements, referring to the illustration on page 16. Mark each statement **vrai** (*true*) or **faux** (*false*). If a statement is false, correct it together.

1. _____ Aujourd'hui, c'est mardi.
2. _____ Les devoirs sont pour vendredi et lundi.
3. _____ La date de l'examen est le^{1er} septembre.
4. _____ Il y a 7 personnes (étudiants et professeur) dans la classe.
5. _____ Il y a 4 étudiantes.
6. _____ Le week-end, c'est jeudi et samedi.

D. Des anniversaires en commun? (*Are there any birthdays on the same date?*) Circulate among your classmates to see if anyone has a birthday around the same date as yours. Take notes and share them with the rest of the class with the purpose of finding people whose birthday is very close to yours.

MODÈLE: —La date de ton anniversaire, s'il te plaît?
        —Le 3 janvier.
        (*Sharing info:*) —Le 3 janvier c'est l'anniversaire de [Paul] et [Julie].
                          Le 7 janvier c'est l'anniversaire de [Mark].

Nom	Anniversaire
le professeur	le 30 octobre
_____	_____
_____	_____

Dossier préliminaire

Découvertes

Cultures en parallèles

Gestures and expressions of politeness

You learn about a culture, whether your own or another, by observing people, places, and behaviors closely and precisely. Then you reflect on what you've observed in order to determine how your observations relate to a larger whole.

In the **Cultures en parallèles** sections of each dossier, you will have an opportunity to observe and reflect upon particular aspects of your own culture and of Francophone culture. In some cases, your observations and reflections will highlight differences between cultures; in other cases, you will be led to discern cultural similarities.

Observer

At the beginning of the chapter, in **Cultures en parallèles: Greetings and salutations,** you were asked to think about the gestures and words that you routinely use when greeting and saying good-bye to people. Can you elaborate further by indicating what you say and do when you meet someone for the first time? when you run into a friend or acquaintance on the street?

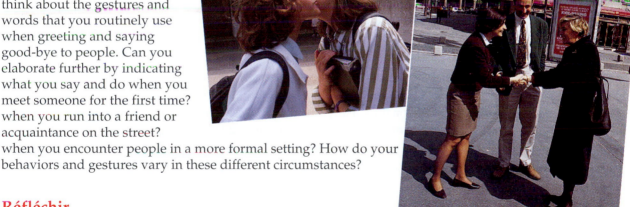

when you encounter people in a more formal setting? How do your behaviors and gestures vary in these different circumstances?

Réfléchir

Referring to the photos above, can you describe the behaviors and gestures used in French culture when people greet each other?

 A. Qu'est-ce qu'ils disent? (*What are they saying?*) What might the people in the photos above be saying as they greet each other? Write brief exchanges for each photo, as well as for the opening photo on page 4. Then act out your exchanges with a classmate.

 B. On essaie! (*Let's try!*) Have you practiced the gestures and behaviors used by the people pictured in the photos shown in this dossier? Why or why not? How comfortable or uncomfortable are you with such practice? Why do you think this might be the case?

$\mathcal{P}$honétique

Accents et consonnes

French uses the same alphabet as English, but the sounds the letters represent often differ considerably. The phonetics sections will present and practice the most important of these differences.

The sound system of French contains sounds that do not exist in English; for example, the vowel [y] in **tu.** Conversely, certain sounds found in English do not exist in French; for example, the [θ] in *with.*

Accents

French also uses accent marks, which must be learned as part of the spelling of French words.

- The **accent aigu** and the **accent grave** on the vowel letter **e** represent two different vowel sounds.

  accent aigu   **é**tudiant [e]   accent grave   Agn**è**s [ɛ]

- When the **accent grave** occurs with other vowel letters, it is used to indicate meaning rather than pronunciation. Compare:

  à (preposition)   *to, at, in*   **a** (from the verb *avoir*)   *has, have*
  où (interrogative) *where?*   **ou** (conjunction)   *or*

- A **tréma** on the second of two consecutive vowel letters indicates that both vowel sounds are pronounced: **Noël, naïve.** Compare:

  maïs [mɛ] = only one vowel sound   **maïs** [mais] = two vowel sounds

- The **accent circonflexe** is an indicator of historical change and represents an **s** no longer present in the spelling of a word. Compare: **hôpital** and *hospital,* **bête** and *beast,* **pâture** and *pasture.* Whenever you encounter **ê,** pronounce it the same as **è:** Vous **êtes** Paul? (*You are Paul?*), une **fenêtre** (*window*).

- The cedilla, **la cédille,** is used to indicate the pronunciation of the consonant **c.** The letter **c** is pronounced [k] when it precedes the letters **a, o,** or **u** and [s] when it precedes the letters **e** and **i.** The **ç** + **a, o, u** is pronounced [s]. Compare:

  calme, cho**c**olat, **c**ube = [k]   fran**ç**ais, gar**ç**on, re**ç**u = [s]

Consonnes

- In French, consonants in word-final position are not usually pronounced, unless they are followed by a vowel.

  George~~s~~   deu~~x~~   étudian~~t~~   BUT: vous étes

  The principal exceptions to this general rule are **c, r, f,** and **l,** which *are* usually pronounced in word-final position.

  Mar**c**   bonjou**r**   naï**f**   ma**l**
    [k]   [r]   [f]   [l]

  A single **-s-** occurring between two vowel sounds is pronounced [z], whereas **-ss-** is pronounced [s]. Compare:

  poison / poisson   cousin / coussin
    [z]   [s]   [z]   [s]

- The letter **h** never represents the same sound as in English spelling. In French, the letter **h** at the beginning of a word is usually a "silent" letter; the word begins with a vowel sound: ̸hôtel, ̸Henri, ̸homme.

  Some French words begin with an aspirate **h.** Two frequently encountered examples are the words **haricot** (*bean*) and **héros** (*hero*).

- The letter **h** sometimes occurs in combination with other consonant letters, but together they represent only one consonant sound.

ri**ch**e	This combination is pronounced like the final sound in wi<u>sh</u>.
Phili**pp**e	This combination is pronounced [f].
Na**th**alie	This combination is pronounced [t].

À votre tour

A. Pronounce the following names and words, paying careful attention to the underlined letters and to final consonants (which ones are pronounced?).

1. Ja<u>c</u>ques
2. Fran<u>ç</u>ois / Fran<u>ç</u>oise
3. Mi<u>ch</u>el / Mi<u>ch</u>èle
4. Andr<u>é</u>
5. Marc
6. <u>c</u>a<u>th</u>édrale
7. fenê<u>t</u>re
8. <u>n</u>a<u>ï</u>f
9. <u>c</u>a<u>ss</u>ette
10. H<u>élè</u>ne

B. Spell the names and words in Exercise A aloud, including accent marks.

En direct

Before listening, role-play a formal and an informal conversational exchange with a partner. Make a brief list of words or phrases you associate with each type of exchange.

A. Familier ou formel? Listen to the exchanges and indicate whether the relationship of the people speaking is familiar or formal.

	Familier	Formel		Familier	Formel
1.	_____	_____	3.	_____	_____
2.	_____	_____	4.	_____	_____

B. Formules de politesse. Listen to the exchanges and check the elements you hear in each one.

	Greeting	Introduction	Small talk	Good-bye
1.	_____	_____	_____	_____
2.	_____	_____	_____	_____
3.	_____	_____	_____	_____
4.	_____	_____	_____	_____
5.	_____	_____	_____	_____

Tous les mots

Expressions

À bientôt.	See you later, see you soon.
À demain.	See you tomorrow.
alors	then
Apprenez!	Learn!
aujourd'hui	today
Au revoir.	Good-bye.
Bon anniversaire!	Happy birthday!
Bon courage!	Courage!
Bon, eh bien...	Well, then ...
bonjour	hello, good morning
bonsoir	good evening
Ça va.	Doing OK. (casual)
Ça va?	How are you? (casual)
C'est ça!	That's it, OK.
C'est mon anniversaire.	It's my birthday.
Comment allez-vous?	How are you?
Comment vous appelez-vous?	What is your name? (formal)
dans la classe	in the classroom
demain	tomorrow
elle	she
Et toi?	And you? (informal)
ici	here
Il s'appelle.	His/Its name is.
Je m'appelle.	My name is.
Je vais...	I am doing...
très bien	very well
bien	well
assez bien	well enough
pas mal	OK, not bad
mal	not well
très mal	very badly
lui	he (emphatic)
Madame	Mrs.
Mademoiselle	Miss
merci	thank you
Moi,...	As for me, ...
Monsieur	Sir
nos outils de travail	our work tools
On fait l'appel.	Let's take attendance.
On se présente.	Let's make introductions.
Pas du tout!	Not at all!
présentez-moi	introduce (someone) to me
Quel jour est-ce?	What day is it?
Quelle est la date?	What's the date?
Quels sont les jours de la semaine?	What are the days of the week?
Quels sont les mois?	What are the months?
Quelle surprise!	What a surprise!
Qui est ici?	Who is here?
Révisez!	Review!
salut	hello, good-bye
s'il vous plaît	please
tout le monde	everybody
Tu t'appelles comment?	What is your name? (informal)
Tu vas bien?	How are you? (informal)
voici, voilà	here is/here are
Voyons!	Let's see!

Noms

un ami/une amie	friend
une année	year
un anniversaire	birthday, anniversary
une cassette audio	audio cassette
un CD-ROM	CD-ROM
la date	date
un examen	exam
une femme	woman
un homme	man
une jeune fille	young woman
un jeune garçon	young boy
un jour	day
un mois	month
janvier	January
février	February
mars	March
avril	April
mai	May
juin	June
juillet	July
août	August
septembre	September
octobre	October
novembre	November
décembre	December
le programme du cours	syllabus
une semaine	week
lundi	Monday
mardi	Tuesday
mercredi	Wednesday
jeudi	Thursday
vendredi	Friday
samedi	Saturday
dimanche	Sunday
la semaine prochaine	next week
une vidéocassette	videotape

Adjectifs

absent	absent
présent	present

La salle de classe

une affiche	*poster*
un bureau	*desk*
un cahier	*notebook*
un/une camarade	*friend*
une carte	*map*
une chaise	*chair*
une craie	*chalk*
un crayon	*pencil*
un dictionnaire	*dictionary*
une disquette	*diskette*
un étudiant/une étudiante	*student*
une fenétre	*window*
un ordinateur	*computer*
une porte	*door*
un professeur	*teacher; professor*
un stylo	*pen*
un tableau	*blackboard*

Pour parler en classe

Allez au tableau!	*Go to the board!*
Asseyez-vous!	*Sit down!*
Chut! Taisez-vous!	*Shush! Be quiet!*
Donnez le stylo à X!	*Give the pen to X!*
Écoutez!	*Listen!*
Écrivez!	*Write!*
Entrez!	*Enter!*
Fermez le livre!	*Close the book!*
Je ne comprends pas.	*I don't understand.*
Levez-vous!	*Get up (from your seat)!*
Oui, je comprends .	*Yes, I understand.*
Ouvrez le livre!	*Open the book!*
Pardon, Monsieur/ Madame, comment dit-on...?	*Excuse me Sir/Madam, how do you say...?*
Prenez un stylo!	*Get a pen!*
Répétez, s'il vous plaît.	*Repeat, please.*
S'il vous plaît, que veut dire...?	*What does... mean, please?*

Les nombres cardinaux de 1 à 3: see p. 17 for complete list.

$\mathcal{D}$OSSIER 1

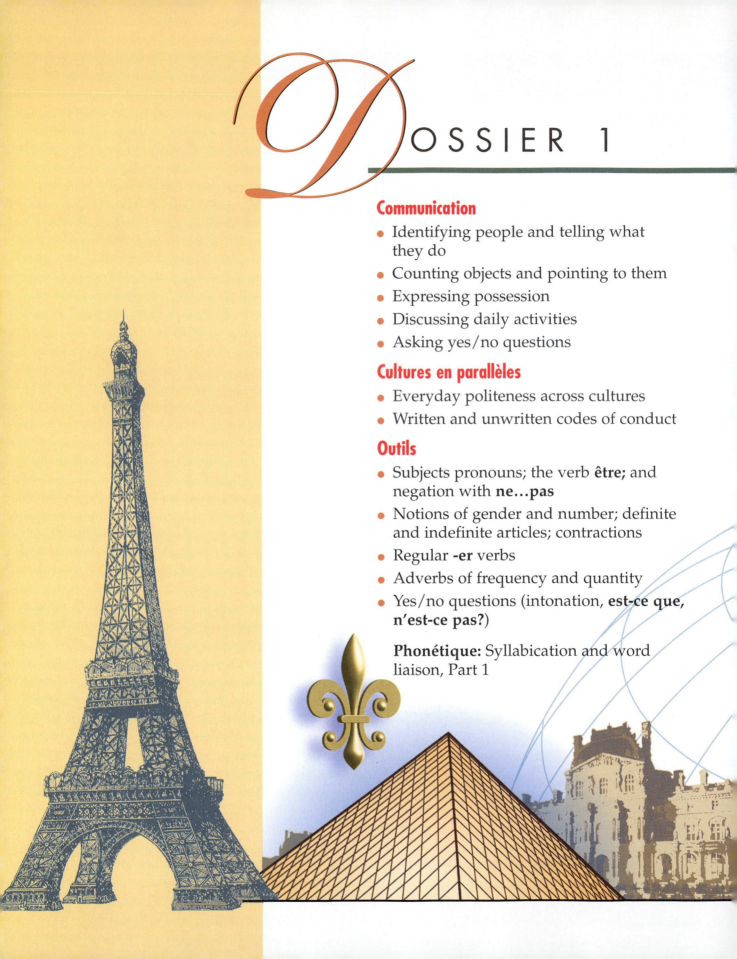

Communication

- Identifying people and telling what they do
- Counting objects and pointing to them
- Expressing possession
- Discussing daily activities
- Asking yes/no questions

Cultures en parallèles

- Everyday politeness across cultures
- Written and unwritten codes of conduct

Outils

- Subjects pronouns; the verb **être;** and negation with **ne…pas**
- Notions of gender and number; definite and indefinite articles; contractions
- Regular **-er** verbs
- Adverbs of frequency and quantity
- Yes/no questions (intonation, **est-ce que, n'est-ce pas?**)

Phonétique: Syllabication and word liaison, Part 1

Premiers contacts

Qui est-ce? C'est
Marc et Stéphanie,
des copains

Cultures en parallèles
Everyday politeness across cultures

You have learned the specific gestures and expressions that the French use to greet acquaintances and friends and you have contrasted them with the gestures and expressions used in your own culture to fulfill a similar need to acknowledge another's presence. Other assumptions and rules of politeness govern routine interactions in the two cultures. Can you think of some of the rules, written and unwritten, that affect how we address and deal with each other in our daily interchanges? Conversely, what is commonly considered "rude behavior"? Are there environmental factors that may change perceptions of what constitutes accepted behavior?

Vous êtes invité à dîner? Un bouquet de fleurs est toujours apprécié!

Volet 1

Contexte 1 Qui est-ce?

—Ici, qui est-ce?
—C'est Rachid.
—Il est d'où?
—Il est de Montpellier. Il est photographe.

—Comment s'appelle-t-elle?
—Elle s'appelle Annette Montand.
—Qu'est ce qu'elle fait?
—Elle est architecte.
—Et elle est d'où?
—Elle est de Bordeaux.

—Et elle, qui est-ce? C'est Amélie Soulier.
—Non, ce n'est pas Amélie. C'est Amina Doucet.
—Qu'est-ce qu'elle fait? Elle est étudiante?
—Non. Elle n'est pas étudiante. Elle est journaliste.
—Et elle est d'où?
—Elle est de Dakar.

—Voici les Joli. Ici c'est Henri et là c'est Françoise. Il est médecin, elle est professeur. Ils sont de Chambéry. Et toi, tu es d'où?
—Moi, je ne suis pas de Chambéry, je suis de Grenoble.

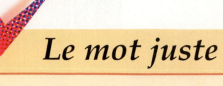

Le mot juste

Expressions

Qui est-ce?	*Who is this?*	
Qu'est-ce qu'il/elle fait?	*What does he/she do?*	
	What is his/her occupation?	
Il/Elle est d'où?	*Where is he/she from?*	

Noms

un/une architecte	*architect*
un/une journaliste	*journalist*
un médecin	*physician, doctor*
un/une photographe	*photographer*

À votre tour

A. Vous avez compris? (*Did you understand?*) Working with a partner, take turns asking each other the following questions.

MODÈLE: —Henri est photographe ou médecin?　　—Il est médecin.

1. Rachid est architecte ou photographe?
2. Annette est architecte ou étudiante?
3. La journaliste est Amina Doucet ou Amélie Soulier?
4. Amina est de Dakar ou de Chambéry?
5. Henri est professeur ou médecin?
6. Françoise n'est pas étudiante: elle est journaliste ou professeur?
7. Henri et Françoise sont de Dakar ou de Grenoble?

B. La réponse logique. Working with a partner, match each question with its logical answer.

Elle est d'où?	Il est de Bordeaux.
Qu'est-ce qu'elle fait?	Ils sont de Grenoble.
Il est d'où?	Je suis de Dakar.
Ils sont d'où?	Elle est architecte.
Vous êtes d'où?	Elle est de Grenoble.

C. On se renseigne (*Getting information*). Find out the names of as many classmates as you can and learn where they are from.

MODÈLE: —Tu t'appelles comment?
　　　　—Je m'appelle Alan.
　　　　—Tu es d'où?
　　　　—De Denver, Colorado.
　　　　—Merci!

D. Célébrités. Which professions do you associate with the following celebrities? With a partner, take turns asking and answering questions about the following people. Can you think of other famous journalists, architects, photographers, doctors, and professors to ask about?

MODÈLE: —Tom Brokaw?　　—Journaliste.

Frank Lloyd Wright　/　Barbara Walters　/　Annie Leibovitz　/
Carl Sagan　/　I.M. Pei　/　Sam Donaldson　/　Ansel Adams　/　Jonathan Sal

Outil 1   Les pronoms sujets et le verbe être; la négation

Les pronoms sujets

- In French, as in English, you can refer to persons or things by using either nouns or pronouns.

Rachid est photographe.	*Rachid is a photographer.*
Il est de Montpellier.	*He is from Montpellier.*
Voici une **vidéocassette.**	*Here is a videotape.*
Elle s'appelle *Parallèles.*	*It is called* Parallèles.

- The French pronouns used as the subject of a verb are as follows:

singular		plural	
je (j')	*I*	**nous**	*we*
tu	*you* (informal)	**vous**	*you*
il	*he/it*	**ils**	*they*
elle	*she/it*	**elles**	*they*
on	*people, one; we* (colloquial)		

- **Tu** and **vous** both mean *you*. As you have seen, **tu** is the informal way to address one person, and **vous** is the formal form. **Vous** is also used to address more than one person.

- **Il** refers to a singular noun that is masculine, and **elle** to a singular noun that is feminine.

Rachid? **Il** est de Montpellier.	*Rachid? He is from Montpellier.*
Le livre? **Il** s'appelle *Parallèles.*	*The book? It's called* Parallèles.
Annette? **Elle** est architecte.	*Annette? She is an architect.*
La vidéocassette? **Elle** s'appelle *Parallèles* aussi.	*The videotape? It's also called* Parallèles.

- **On** is an impersonal pronoun used extensively in French to refer to people in a general sense. It can mean *one, they, people in general.* Informally, **on** often means *we*, but this pronoun always appears with a singular verb.

On se présente.	*They/We are making introductions.*
On fait l'appel.	*They/We take attendance.*
On se renseigne.	*They/We are getting information.*

- **Ils** refers to plural nouns (persons or objects) that are masculine, or to a group that includes both masculine and feminine nouns. **Elles** refers to plural nouns, all of which are feminine.

Voici les Joli: Henri et Françoise. **Ils** sont de Chambéry.	*Here are the Jolis. They are from Chambéry.*
Voilà Françoise et Annette. **Elles** sont de Chambéry et Bordeaux.	*Here are Françoise et Annette. They are from Chambéry and Bordeaux.*

Le verbe être; la négation

- **Être** is the infinitive form of the verb *to be*. French verbs are listed by their infinitive form (*to* + verb in English) in dictionaries and in the vocabulary lists in this book.

- Like its English counterpart, the French verb **être** is irregular: that is, its forms do not follow a predictable pattern.

être			
je suis	*I am*	**nous sommes**	*we are*
tu es	*you are*	**vous êtes**	*you are*
il/elle/on est	*he/she/it/one is*	**ils/elles sont**	*they are*

- The verb **être** is used to identify persons or things, tell where they're from, describe them, and show possession.

C'**est** Amina. Elle **est** journaliste. Elle **est** de Dakar.

- Note that the names of professions follow the forms of **être** directly, with no article:

Je suis journaliste.	*I'm a journalist.*
Elle est photographe.	*She's a photographer.*
Ils sont professeurs.	*They're teachers.*

- The expression **être à** may be used to show possession (see **Outil 2**).

Le livre **est à** Françoise.	*The book belongs to Françoise.*
Les cassettes **sont à** Annette.	*The cassettes belong to Annette.*

To make a present-tense verb form negative, put **ne** (**n'** before a vowel sound) before the verb and **pas** directly following it:

Elle **n'**est **pas** étudiante.	*She is not a student.*
Les Jolis **ne** sont **pas** de Montpellier. Ils sont de Chambéry.	*The Jolis are not from Montpellier. They are from Chambéry.*
Je **ne** suis **pas** photographe.	*I am not a photographer.*

À votre tour

A. C'est tout faux! (*It's all wrong!*) The information given below is not correct. Taking turns with your partner, show that you know bettter!

MODÈLE: Rachid / de Dakar
    —Il n'est pas de Dakar.

1. Annette Montand / professeur
2. Annette Montand / de Chambéry
3. Amina Doucet / médecin
4. Amina Doucet / de Montpellier
5. Henri Joli / photographe
6. Henri Joli / de Chambéry
7. Françoise / architecte
8. Françoise / de Bordeaux

B. Quelle mémoire! (*What a memory!*) Confirm where various classmates are from.

MODÈLE: —Mark, tu es de Lincoln?
    —Oui, je suis de Lincoln.
 ou: —Non, je suis de Chicago.

C. Une fois pour toutes! Now, after refreshing your memory, review where everyone in the class is from. A volunteer will make notes on the board.

MODÈLE: Mary
    —Elle est de Cleveland.

 Geoff
 —Il est de Denver.

D. Présentations formelles (*Formal introductions*). Take turns introducing several classmates formally to the rest of the class, giving their own hometown and other relevant details.

MODÈLE: Voici Geoff. Il n'est pas de Cleveland. Il est de Denver. Il n'est pas professeur. Il est étudiant.

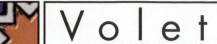

Contexte 2 À qui est-ce?

Anne, Philippe, and Claire must share an office. They are looking it over and discussing how to furnish it very cheaply, mostly with leftovers from the former occupants and borrowed articles.

—Quelle chance, un ordinateur!
—Hélas non! Pas d'ordinateur! L'ordinateur est propriété personnelle! Il est à Olivier.
—Ça, c'est dommage!

—Voilà une chaise.
—Oh! Pas mal, la chaise! À qui est la chaise?
—En fait, c'est la chaise de Nathalie.

—Et voilà des affiches, trois affiches.
—Super!
—Ce sont les affiches de Paul?
—Mais non! Regarde! Ce sont les affiches du prof.

—Ça, qu'est-ce que c'est? Encore une affiche?
—Non, c'est une carte! Elle est au copain d'Olivier!
—Eh bien la carte du copain est horrible!

—Tiens, un dictionnaire!
—Chic alors! À qui est le dictionnaire?
—Le dictionnaire est à la copine de Paul: Mireille.
—Parfait!

—Et enfin un tableau. Mais c'est le tableau de l'université.
—Alors, ça reste ici!

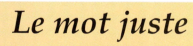

Le mot juste

Expressions

Ça reste ici.	*It stays here.*
C'est à qui?	*Whom does it belong to?*
C'est dommage!	*It's a pity!*
C'est le/la/les _____ de qui?	*Whose (thing) is it?*
encore un, encore une	*one more*
en fait	*in reality*
être à	*to belong to*
hélas! non	*alas, no*

horrible	*horrible, very ugly*
mais	*but*
Quelle chance!	*What a stroke of luck!*
Regarde!	*Look here!*
Super!	*Really good!*

Noms

un copain/une copine	*friend, pal* (familiar)
un prof	*professor, teacher* (familiar)
un tableau	*painting, blackboard*

À votre tour

 A. Avez-vous compris? As your partner reads the list of office furniture and supplies, check off only those items that are already in the new office.

MODÈLE: —Des disquettes?
        —Non.
        —Un bureau?
        —Oui.

> un bureau / des crayons / une table / des craies / des affiches /
> des photos / des chaises / une carte / un dictionnaire /
> des cahiers / des stylos / des livres / des disquettes

Now you read the list to your partner, who will check off only the supplies that are needed by the new occupants.

MODÈLE: —Des disquettes?
        —Oui.
        —Un bureau?
        —Non.

 B. C'est à qui? (*To whom does this belong?*) With your partner, take turns identifying the owner of the objects mentioned.

MODÈLE: —Les disquettes, elles sont à Olivier ou au prof?
        —Elles sont à Olivier.

1. L'ordinateur, il est à Olivier ou à l'université?
2. La chaise, elle est au prof ou à Nathalie?
3. Les affiches, elles sont au prof ou à Paul?
4. La carte, elle est à Olivier ou au copain d'Olivier?
5. Le tableau, il est à Mireille ou à l'université?

 C. Famille de mots. Read aloud only the words or expressions that best express the specified notions. Do you and your partner agree in every case?

Enthusiasm: super, parfait, chic alors, pas mal, quelle chance
Disapproval: enfin, horrible, mais non, pas mal, parfait
Regret: c'est dommage, quelle chance, super
Asking for someone's attention: parfait, eh bien, horrible

D. Je voudrais... (*I would like …*) With a partner, agree upon and list the contents of your ideal office, following the model. Then, prioritize the items on your list by writing it up as a numbered list. Compare your list with the ones drawn up by other groups. Do they tend to look very much alike?

MODÈLE: Je voudrais une ou deux fenêtres, un ordinateur et aussi une carte et des affiches.

Outil 2 Nombres, genres, articles et contractions

La notion de nombre: le singulier et le pluriel

- The sign of the plural in French, as is normally the case in English, is **-s.**

  Voilà un étudiant.   *There's a (one) student.*
  Voilà quatre étudiant**s**.   *There are four students.*

- If the noun ends in **-s** in the singular, no **-s** is added for the plural.

  un Français   deux Français

- Since a final **-s** in French is normally not pronounced, use other indications, such as the numbers *un* and *quatre* in the examples above, to distinguish between singular and plural.

La notion de genre: le masculin et le féminin

- All French nouns, whether they refer to persons or things, have gender; that is, they are either masculine or feminine.

- In French, feminine nouns often end in **-e.** Feminine nouns are often formed by adding **-e** to the masculine form. Plurals are usually formed by adding **-s** to the singular.

  Paul est étudiant.   Olivier et Pierre sont étudiant**s**.
  Nathalie est étudiant**e**.   Nathalie et Mireille sont étudiant**es**.

Les articles indéfinis et définis

- Whenever you learn a French noun, you must also learn its gender, that is, whether it is masculine or feminine. Learn to associate the appropriate article with each noun, that is, **un** professeur, **une** affiche.

L'article indéfini

- The indefinite article corresponds to the English *a* or *an* in the singular, and to *some* in the plural. **Un** or **une** can also mean *one,* and **des** can also mean *several/some.* The indefinite article has the following forms:

MASCULINE SINGULAR	**un** crayon	*a pencil*
FEMININE SINGULAR	**une** affiche	*a poster*
PLURAL	**des** crayons, **des** affiches	*several pencils, some posters*

L'article défini

- The definite article, the equivalent of *the* in English, is used to point out a specific person or object. The definite article has the following forms:

MASCULINE SINGULAR	**le** professeur	*the instructor*
FEMININE SINGULAR	**la** chaise	*the chair*
PLURAL	**les** professeurs, **les** chaises	*the instructors, the chairs*

C'est **le** professeur.	*This is the instructor.*
Voilà **le** livre *Parallèles*.	*Here is the book Parallèles.*
Écoutez **les** cassettes!	*Listen to the cassettes!*

- The singular articles **le** and **la** both become **l'** before a noun beginning with a vowel sound:

  l'étudiant, **l'**étudiante, **l'**ordinateur, **l'**université

- The definite article is often used to express possession, as you have already seen. The sequence of elements is as follows:

  definite article + noun + **de** (or **d'** before a vowel sound) + possessor

Voilà **l'**ordinateur **d'**Olivier.	*There's Olivier's book.*
Voici **la** chaise **de** Nathalie.	*Here's Nathalie's chair.*
Voici **les** étudiants **de** M. Dupont.	*Here are Mr. Dupont's students.*

▬▬ À votre tour

 A. Toujours plus! Change the nouns in the following commands to the plural form. Remember that the articles will have to change to the plural as well.

MODÈLE: —Ouvrez le livre!
—Ouvrez **les** livres!

—Prenez un stylo!
—Prenez **des** stylos!

1. Ouvrez la fenêtre!	5. Écrivez un exercice!	9. Répétez la date!
2. Lisez la phrase!	6. Lisez l'exercice!	10. Écrivez la phrase!
3. Prenez une craie!	7. Fermez la fenêtre!	11. Prenez un crayon!
4. Apportez le stylo!	8. Regardez l'affiche!	12. Écoutez le professeur!

 B. Pas de panique! Your partner is looking frantically for different items. Help him/her out by offering the needed items from among those in the classroom. Be sure to use the appropriate form of the definite article in your responses, indicating to whom the item belongs.

MODÈLE: —Un stylo! vite! un stylo!
—Tiens! Voilà **le** stylo **de**… Marc!

1. un stylo	3. un cahier	5. des craies	7. des crayons
2. un livre	4. une affiche	6. une chaise	

 C. Tout à fait spécial! (*Really special!*) Contribute classroom supplies to a pile on your instructor's desk. Take turns volunteering to hold up the different objects and ask what they are. Once each object is identified, determine to whom it belongs, following the model.

MODÈLE: Volontaire: Qu'est-ce que c'est?
Classe: C'est un cahier.
Volontaire: Oui, un cahier. Mais c'est un cahier spécial (*looking for a name or the raised hand of the owner*)—c'est le cahier de Marc!

Contraction de l'article défini après à et de

- You have already encountered the prepositions **à** (*to,*) and **de** (*of, about, from*):

C'est **à** qui?	*Whose is it? To whom does it belong?*
C'est **à** Olivier.	*It's Olivier's.*
Rachid est **de** Montpellier.	*Rachid is from Montpellier.*
C'est la chaise **de** Nathalie.	*It's Nathalie's chair.*

- The prepositions **à** and **de** combine with the masculine singular and the plural forms of the definite article (**le** and **les**) as shown below:

à + le ➤ **au**	La carte est **au** copain d'Olivier.
	The map belongs to Olivier's friend.
à + les ➤ **aux**	Les cassettes sont **aux** étudiants.
	The cassettes belong to the students.
de + le ➤ **du**	Ce sont les affiches **du** prof.
	These are the prof's posters.
de + les ➤ **des**	Ce sont les cassettes **des** étudiants.
	These are the students' cassettes.

- Note that **à** and **de** do not combine with **la** or **l'**:

C'est le tableau **de** l'université.	*It's the university's chalkboard.*
L'ordinateur n'est pas **à** l'université.	*The computer does not belong to the university.*
L'ordinateur est **à la** journaliste.	*The computer belongs to the journalist.*

▬▬▬ À votre tour

 A. Rendez à César... You borrowed lots of things from different people, and you forgot whom they belong to! Enlist your partner's help to identify the owners, according to the model.

MODÈLE: l'affiche (le professeur)
—L'affiche est à qui?
—L'affiche est **au** professeur.

> le bureau / la chaise / la carte / les affiches / le livre /
> le dictionnaire / les cahiers / le stylo / les crayons /
> les disquettes / le CD / la vidéocassette / les cassettes

 B. Cette fois, on y est! (*This time, we got it!*) In small groups, ask each other if various items in your possession belong to specified people: **le professeur, les camarades, l'étudiant,** etc., following the model.

MODÈLE: —C'est **le** cahier **du** professeur?
—Oui, **le** cahier **est au** professeur.
ou: —Non, **le** cahier n'est pas **au** professeur.

Do the exercise again, but with a different partner. This time use "**Le** cahier est **au** professeur?" to begin your exchange.

Volet 3

Contexte 3 | Quel étudiant êtes-vous?

Êtes-vous plus souvent à la Fac ou au café?

What type of student are you? Answer the following questions honestly, keeping track of your score.

	A	B	C
1. Je rencontre des copains/copines	jamais	quelquefois	souvent
2. J'écoute de la musique	rarement	quelquefois	souvent
3. Je regarde la télé	souvent	quelquefois	rarement
4. Je téléphone aux copains/copines	rarement	quelquefois	souvent
5. Je danse	rarement	quelquefois	souvent
6. Je chante	mal	pas mal	assez bien
7. J'étudie	toujours	souvent	rarement
8. J'aime étudier	peu	beaucoup	assez
9. J'aime le sport	peu	assez	beaucoup
10. Je travaille	trop	beaucoup	assez

Comptez 1 point pour chaque (each) A, 2 points pour chaque B et 3 points pour chaque C. Les résultats:

de 1 à 13: Vous êtes super sérieux! Attention: Vous risquez la dépression! Vous ne rencontrez pas de copains, vous ne pratiquez pas de sport, vous travaillez toujours! Changez votre routine!

de 14 à 23: Bel équilibre! (*Nice balance!*) Ajoutez plus d'intensité dans votre routine!

de 26 à 30: Bon vivant! Un peu dangereux? Passez plus de temps avec les études et moins avec les distractions!

À votre tour

 A. Famille de mots. Working with a partner, take turns connecting the words in column A with their opposites in column B.

	A	B
1.	toujours	peu
2.	souvent	mal
3.	trop	rarement
4.	beaucoup	parfois
5.	bien	pas assez

 B. Psychologue amateur? (*Pop psychologist?*) Working with a partner, take turns sharing your responses to the questionnaire and commenting on them. To comment, use one of the three suggested responses.

MODÈLE: —Je rencontre toujours des copains.
    —Bravo! Mais… c'est très sérieux?

Tu travailles trop! / Bravo! Mais… c'est très sérieux? / C'est bien!

C. Une personne comme toi (*A person like you*). Is there a courageous volunteer? In small groups, guess and list five of the volunteer's habits, using the **Contexte** expressions you have just learned. The volunteer will comment on each guess (**Oui, bien sûr!** or **Mais non!**). Which group has the most right guesses?

MODÈLE: —Une personne comme toi étudie toujours!
    —Oui, bien sûr!

Le mot juste

Expressions

Fréquence:

toujours	*always*
souvent	*often*
parfois	*sometimes*
quelquefois	*sometimes*
rarement	*rarely, seldom*
jamais	*never*

Quantité:

trop	*too much*
beaucoup	*a lot*
assez	*enough*
peu	*little*
plus	*more*
moins	*less*
avec	*with*

Attention!	*Pay attention, be careful!*

Verbes

ajouter	*to add*
changer	*to change*
chanter	*to sing*
compter	*to count*
danser	*to danse*
écouter	*to listen to*
étudier	*to study*
passer (du temps)	*to spend (some time)*
pratiquer	*to practice, to be involved with*
regarder	*to watch, to look at*
rencontrer	*to meet*

risquer	*to risk*
téléphoner	*to make a phone call*
travailler	*to work*

Noms

la dépression	*depression*
une distraction	*entertainment*
les études	*studies*
la musique	*music*
la routine	*routine*
le sport	*sport*
la télé	*television*

Adjectifs

dangereux	*dangerous*
sérieux	*serious*

Outil 3 Les verbes en **-er;** adverbes communs

Verbes réguliers en **-er**

- Verbs whose conjugations follow a predictable pattern are regular verbs. Most French verbs are regular and belong to the first conjugation, with infinitives ending in **-er;** for example, **parler** (*to speak, to talk*).

- To conjugate a verb like **parler,** find the root, or stem, by removing the infinitive ending **-er;** then add the endings shown below in boldface type:

parler - er ➤ parl-			
je	parl**e**	nous	parl**ons**
tu	parl**es**	vous	parl**ez**
il/elle/on	parl**e**	ils/elles	parl**ent**

- When a verb form begins with a vowel sound, the subject pronoun **je** becomes **j':**

  J'écoute de la musique. **J'**étudie. **J'**aime le sport.

- The English equivalent of a given French verb form depends on the context in which the French verb is used. Study the following series of questions and answers and their corresponding English forms.

Parlez-vous français?	*Do you speak French?*
Oui, je parle français, mais pas bien.	*Yes, I speak French, but not well.*
Non, je ne parle pas français.	*No, I don't speak French.*
Qui parle au téléphone?	*Who's talking on the phone?*
Moi, je parle au téléphone.	*I'm talking on the phone.*

- Notice that *I speak, I do speak, I am speaking* all correspond to **je parle.**

Adverbes communs

- Verbs are modified by adverbs. In French, short, common adverbs are usually placed immediately after the verb they modify.

  Je rencontre **souvent** des copains.   *I **often** get together with friends.*

- To indicate how frequently you do particular things, you can use these adverbs:

toujours	souvent	quelquefois	rarement	jamais
always	*often*	*sometimes*	*rarely*	*never*

  Je regarde **rarement** la télé.   *I seldom watch TV.*
  Tu travailles **toujours!**   *You always work!*

À votre tour

A. Curiosité. List three questions (using intonation) about student life, and pose the questions to the people in your group. You may want to consult the **mot juste** section.

MODÈLE: —Tu travailles souvent?
　　　　 —Non, je travaille rarement. *or* Non, je ne travaille jamais.

Then summarize people's responses for other groups

MODÈLE: Marie et Julie parlent toujours au téléphone. Joe parle rarement au téléphone, etc.

B. Beaucoup à faire! (*Lots to do!*) Consult this list of possible weekend activities. Then, tell 1) what you do/don't do, and 2) what you do/don't do with your friends.

MODÈLE: Je rencontre souvent des amis. Nous parlons beaucoup.

C. Résumé. Summarize and prioritize the answers given by the members of the class and the instructor in response to Exercise B.

1. Mes camarades de classe? Ils…
2. Le professeur? Il/Elle…
3. (?)

---

regarder la télé / rencontrer des copains / étudier /
danser / écouter la radio / travailler / parler /
chanter avec un groupe / écouter de la musique /
téléphoner à des copains / écouter des CD / téléphoner à des amis

---

D. Catégories pour rire (*Categorizing for fun*). Using verbs you have learned, list as many stereotypical behaviors as you can for the following types of people. You may also note their frequency or intensity.

1. les grosses têtes (*literally, big heads: nerds*)
2. les artistes (*artists*)
3. les mondains (*sophisticates*)
4. les cancres (*dunces, poor students*)

MODÈLE: Les grosses têtes étudient toujours. Ils dansent rarement…

Volet 4

Contexte 4 | Le nouveau (*The new student*)

Florent, an engineering student, has recently arrived in Lyon. He is getting acquainted with new friends at a café. Here are parts of his conversation with Thierry.

Thierry: Mais si tu es de Marseille, qu'est-ce que tu fais ici?

Florent: Eh bien, je suis étudiant à l'École Centrale, comme Martin!

Thierry: Oh! Encore un futur ingénieur! Moi, je suis photographe au Progrès.

Florent: Et est-ce que tu aimes ton boulot?

Thierry: Oui, mais je travaille beaucoup trop! Mais dis-moi, toi, tu es un copain de Juliette?

Florent: Non, je suis un copain de Juliette. Juliette, c'est la fille blonde, n'est-ce pas?

Thierry: Oui, la blonde. Elle est très sympa, tu verras! Au fait, tu es libre samedi? C'est son (*her*) anniversaire!

Florent: Est-ce que tu m'invites?

Thierry: Mais oui, bien sûr! (*calling to Juliette*) Eh Juliette! Est-ce qu'on invite encore un ingénieur samedi?

À votre tour

 A. Un peu avant (*Just before*). With a partner, imagine and act out the conversation between Thierry and Florent that would have preceded the exchange you have just read. Imagine how they …

1. greet each other
2. exchange names and pleasantries
3. ask each other where they are from

 B. Avez-vous compris? With a partner, take turns asking and answering the following questions.

MODÈLE: —Est-ce que Florent est ingénieur?
—Non, il est étudiant.

1. Est-ce que Florent est de Lyon ou de Marseille?
2. Est-ce que Florent travaille au *Progrès*?
3. Est-ce qu'il travaille beaucoup ou peu?
4. Est-ce que l'École Centrale est une école d'ingénieur ou de journalisme?
5. Est-ce que Florent ou Martin est un copain de Juliette?
6. Juliette est une fille blonde, n'est-ce pas?
7. Est-ce que Juliette ou Thierry invite Florent?
8. Est-ce que samedi, c'est l'anniversaire de Juliette ou de Thierry?

C. À la fête (*At the party*). Imagine that you are at a birthday party. Circulate among the guests—your classmates—making small talk and asking a few basic questions. Keep track of the answers so that you can introduce some "guests" to the rest of the class.

1. Est-ce que tu es d'ici?
2. Est-ce que tu travailles ou est-ce que tu es étudiant?
3. Est-ce que tu travailles ou tu étudies beaucoup?

 Le mot juste

Expressions

bien sûr	*of course*
au fait	*by the way*
dis-moi!	*tell me!*
mais oui	*but yes*
n'est-ce pas?	*Isn't it?*
si	*if*
Tu m'invites?	*Are you inviting me?*
Tu verras!	*You'll see!*

Verbe

inviter	*to invite*

Noms

un boulot	*job* (slang)
un ingénieur	*engineer*
un nouveau/une nouvelle	*newcomer*

Adjectifs

blond	*blond*
libre	*free*
sympa	*nice, sympathetic*
(*short for* sympathique)	

4. Est-ce que tu es un copain/une copine de [*name*]?
5. Est-ce que tu es libre dimanche?

MODÈLE: Eh bien, voici Pam. Elle n'est pas d'ici, elle est de [*name of city*].
Elle travaille, elle n'est pas étudiante. Elle travaille beaucoup.
Pam est une copine de Juliette. Elle n'est pas libre dimanche.

Outil 4   Questions avec changement d'intonation, est-ce que... ?, n'est-ce pas?

You have already learned several ways to ask a yes/no question in French.

- The most common way to ask a yes/no question in everyday conversation is simply to raise the pitch of your voice at the end of the sentence, just as we often do in English.

Ça va?	*How are you?*
Elle est étudiante?	*Is she a student?*
Encore une affiche?	*One more poster?*
Tu es un copain de Juliette?	*Are you one of Juliette's friends?*
Tu es libre samedi?	*Are you free Saturday?*

- Given the strong tendency to use rising intonation to form questions in everyday speech, even information questions are often asked in this way, with the question word placed at the end.

Il est d'où?	*Where is he from?*
Tu es d'où?	*Where are you from?*
Il s'appelle comment?	*What's his name?*

- Another common way to ask a yes/no question in both speech and writing is to begin with the question marker **est-ce que... ?** (which becomes **est-ce qu'** before a vowel sound). Note that the word order is **Est-ce que** + subject + verb. Note that the pitch may raise slightly after **est-ce que** and again at the end of the sentence. Compare the following statements and questions:

Tu aimes ton boulot?	**Est-ce que** tu aimes ton boulot?
Tu m'invites?	**Est-ce que** tu m'invites?
On invite encore un ingénieur?	**Est-ce-qu'on** invite encore un ingénieur?

- When the speaker expects a positive response, **n'est-ce pas?** can be added to the end of the sentence to ask for confirmation. Note that **n'est-ce pas** has many different equivalents in English, among them: *isn't it? don't you?* or the casual *right?*

Juliette, c'est la fille blonde, **n'est-ce pas?**	*Juliette is the blond girl, right?*

À votre tour

A. On se renseigne (*Getting information*). As a reporter for *Le Progrès* you need to get oriented and touch base with assorted people at a convention. Use rising intonation to transform the following statements into questions.

MODÈLE: Vous êtes Thierry Martin.
   —Vous êtes Thierry Martin?

1. Vous êtes photographe.
2. Vous êtes de Montpellier.
3. Vous êtes Amina Doucet.
4. L'architecte, c'est Annette Montand.
5. Elle est de Bordeaux.
6. Amina Doucet est de Dakar.
7. Elle est journaliste.
8. C'est Monsieur Joli.
9. Il est médecin.
10. Les Joli sont de Chambéry.
11. Vous êtes libre.
12. Le banquet, c'est samedi.

Now, go back and transform the statements above into questions, using **est-ce que.**

MODÈLE: Vous êtes Thierry Martin.
   —Est-ce que vous êtes Thierry Martin?

B. Mais oui! By now you have begun to get acquainted with your classmates and almost certainly know their names, their hometowns, and perhaps even their favorite activities. Divide into groups of three or four, and list what you know about each of the others in your group. Then confirm what you have noted about each person, using **n'est-ce pas?**

MODÈLE: Bob: il est d'ici; il aime le sport.
   —Tu t'appelles Bob, n'est-ce pas? Tu es d'ici, n'est-ce pas?
      Tu aimes le sport, n'est-ce pas?

C. Pour en savoir plus (*To find out more*). Interview a classmate to get more in-depth information. Begin by writing at least five questions to ask, using different question formats. Then, conduct the interview and write down your classmate's responses so that you can, in turn, introduce him/her to the class as a whole.

You might want to ask questions such as the following: **Tu es d'où? Est-ce que tu regardes souvent la télé? Tu étudies beaucoup? Tu aimes le français, n'est-ce pas? Tu travailles?**

Phonétique

Syllabation et liaison: première étape

Syllabation

- In spoken French there is a strong tendency to divide words and phrases into syllables that end in a vowel sound. What appears as the final consonant of a written word or syllable is actually pronounced with the vowel of the following word or syllable. For instance, the sentence **Il arrive à l'hôtel avec Anne** is pronounced [i-la-ri-va-lɔ-tɛ-la-vɛ-kan].

À votre tour

A. Pronounce the following words and phrases, taking care to link consonants to the vowel sounds that follow them.

1. l'étudiant [le ty djã]
2. il est d'où? [i lɛ du]
3. Annette Montand [a nɛt mɔ̃ tã]
4. l'ordinateur [lɔr di na tœr]
5. je danse assez souvent [ʒə dã sa se su vã]
6. à l'université [a ly ni vɛr si te]

Liaison

- Consonants in word-final position that would normally not be pronounced may in fact be linked—through liaison—with a following vowel sound. Compare:

vous parlez̸ BUT vous‿arrivez̸	
nou$ travaillons	nous‿étudions
che$ Paulette	chez‿elle
on̸ regarde	on‿est
deu$ cahiers	deux‿affiches

- Note that when used in liaison, **s, x,** and **z-** are all pronounced [z] (see also Dossier 3, **Phonétique,** page 115).

À votre tour

B. Pronounce the following phrases and sentences, taking care to make the liaisons as marked.

1. des‿affiches
2. les‿Américains
3. Ils‿habitent à Lyon.
4. Elles‿arrivent à deux‿heures.
5. Vous‿êtes journaliste?
6. C'est‿un‿examen très‿important.

En direct

A. Emprunts (*Borrowing*). Nathalie's friends have loaned her several items. Now Nathalie is trying to identify what belongs to whom. Listen to her monologue as she tries to remember who loaned her what. Then connect each friend's name with the item Nathalie borrowed from him or her.

Juliette

Thierry

Françoise

Henri

Florent

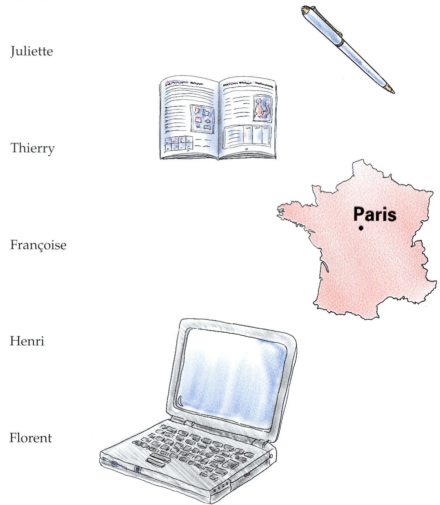

B. Nouveaux amis (*New friends*). Listen as friends talk about some new acquaintances. Fill in the chart with information about each person discussed.

	origine	occupation	signe particulier
Marc Sylvie Charles Marielle			

Cultures en parallèles

Written and unwritten codes of conduct

Observer

At the beginning of this dossier you began to think about what may be perceived as appropriate or rude behavior in your experience, in various social settings. Polly Platt, an American who lived in Paris for many years, has been fascinated by cultural differences in rules governing everyday behavior in France and North America. Her insights led her to write *French or Foe? Getting the Most out of Visiting, Living and Working in France.* The book, in the words of a former U.S. ambassador, is an "extraordinarily useful, amusing and stunningly insightful analysis of all aspects of Franco-American communication."

In Chapter 1, entitled "Six Codes, Rudeness Is in the Eye of the Beholder," Ms. Platt gives the following tongue-in-cheek advice.

1. Don't Smile. Nothing separates American and French people more than their smile codes. … [French people smile.] However, they don't smile blandly as they walk down the street. They don't smile without a reason.
2. Flirt!
3. Use the Ten Magic Words. [Instead of] "Hey, Mister, where's the Eiffel Tower?" [use] **"Excusez-moi de vous déranger, Monsieur ou Madame, mais j'ai un problème"** ("Excuse me for disturbing you, Sir or Madam, but I have a problem"). This is the charm that warms the heart of impatient pedestrians, of inquisitorial telephone operators, and even … of bureaucrats in post offices and police headquarters.
4. Add **Monsieur** or **Madame** to hello. Keep in mind that you must always say hello and good-bye to all the strangers, including cashiers, that you have an exchange with in stores.
5. Shake hands! Handshaking in French offices is to a hello as ice cream is to apple pie. It's Latin, a way of touching and being close, yet formal. … You shake hello, and you shake good-bye. A firm, short shake.

Getting the Most out of Visiting, Living and Working in France

Polly Platt

6. Watch Out at the Door! In France a door in front of you, approached in tandem or a group, is not swept through first because you got to it first. It's a test of savoir-faire. … You must consider who else is approaching the door with you and their rank compared to yours, and their sex. It is called the **bataille de la porte** (*the battle of the doorway*) and also takes place at the elevator.

[In conclusion, …] The Sun King still reigns. His rays illuminate French assumptions, values and habits. His protocol affects most aspects of French daily and office life. You can't escape it, so you might as well lean into it, figure it out and enjoy it. It's part of that great creation, quintessentially French, called style.

Réfléchir

Working in small groups, consider the following questions:

1. How did you react to Platt's six codes? Did any of her advice shock you? amuse you? Compare your responses and try to explain the reasons for them.
2. How would you explain Platt's subtitle "Rudeness Is in the Eye of the Beholder"? Can you cite examples from both French and American culture that prove this point?
3. Having thought about "correct" and "rude" behaviors in the North American context, can you think of misunderstandings that could occur all too easily between French and Americans, even in very superficial daily contacts?

À vous la parole

 A. Un vrai modèle (*A true role model*). You probably know someone you admire. Share with your partner a short description of this person, and describe his/her good habits that inspire you (see **Contextes 3** and **4** for ideas).

MODÈLE: J'ai un ami. Il s'appelle Ken, c'est un futur ingénieur. Il est étudiant à X. Il est super sérieux, il étudie beaucoup. Mais Ken est aussi un bon vivant (*a person who appreciates the good things in life*). Il rencontre souvent des amis. Il danse très souvent et il écoute toujours de la musique. Ken regarde très rarement la télé.

B. Après (*After*). With a partner, imagine and then act out Thierry and Florent's conversation with Juliette at her birthday party, after the exchange related in **Contexte 4** (see page 41). In this conversation:

1. Thierry introduces Florent to Juliette.
2. Florent greets Juliette.
3. Florent asks Juliette where she is from.
4. Juliette answers and asks Florent what he does.
5. Finally, Florent asks Juliette if she wants to dance. (**Tu danses?**)
6. She says yes? no? You decide!

C. C'est qui? C'est quoi? (*Who is it? What is it?*)

1. What images come to your mind when you think about France? What famous French people do you know? What kinds of things do you associate with France?
2. Look at the collage. Who are the people represented? What are the places and objects? With a partner, read the accompanying texts to find out.
3. How good is your memory? You and your partner quiz each other.

MODÈLE: —Qui est-ce? / C'est qui?
—C'est Juliette Binoche, une actrice célèbre.

—Qu'est-ce que c'est? / C'est quoi?
—C'est le Guide Michelin, un guide touristique.

Juliette Binoche, actrice (oscar pour le film *The English Patient*, 1997) ▼

▲ Charles de Gaulle, général célèbre, homme politique

Jacques Cousteau, océanographe célèbre

Louis XIV, le roi Soleil

▲ La Pyramide du Louvre, architecte américain, musée parisien

◀ La tour Eiffel, monument parisien célèbre

Le TGV, un train très rapide ▶

Le Guide Michelin, guide touristique

La fusée Ariane, un lanceur de satellites (*French rocket Ariane*)

D. Rencontres (*Encounters*). You just arrived at a birthday party, but don't know many people. You grab a soda and want to start a conversation with someone. How do you start? How do you each keep the conversation going? If necessary, reread the Preliminary dossier and **Contexte 4** in this dossier. Rehearse and act out the conversation with a partner. You may want to use some of the following questions in your conversation:

MODÈLE: 1. Bonsoir! Je me présente, je m'appelle X. Et toi?
2. Eh bien, bonsoir X. Comment vas-tu?
3. Qu'est-ce que tu fais ici? Tu es un(e) ami(e) de [Juliette]?
4. Et tu es d'où?
5. Moi, je suis étudiant(e). Et toi?
6. etc.

Lecture

Travaux d'approche. In preparing to read a French text, you may find it useful to anticipate its content. The passage below is taken from a manual entitled *Savoir-Vivre en France.* What is a **savoir-vivre** manual? (Hint: Emily Post and Miss Manners each wrote one!) Why might a person consult such a manual?

Now, looking at the illustration of the juggler, can you anticipate what points of etiquette may be discussed in this passage? Does the illustration suggest that there are simple, hard-and-fast rules regarding these forms of address?

Comment jongler avec le « tu » et le « vous »

Quand on parle à quelqu'un en français, il est nécessaire de choisir entre le « tu » et le « vous ». C'est relativement délicat, il n'y a pas de règles absolument strictes. En général on utilise le tu dans la famille et quand on parle avec des enfants. Le tu est normal dans les clubs sportifs et avec des camarades de la communauté scolaire et universitaire. Parfois on utilise aussi le tu quand on travaille dans une même entreprise, mais attention: seulement quand on occupe un poste similaire!

En outre, on utilise toujours le vous pour la première rencontre avec une personne, et toujours avec un supérieur ou avec un client.

En conclusion, ne tutoyez pas systématiquement. C'est perçu comme un excès de familiarité et peu apprécié.

D'après Gérard Vigner, *Savoir-Vivre en France.* Hachette 1978.

Exploration

1. Read quickly through the text to get an idea of what it's about. Don't stop to look up words you don't recognize in the dictionary.
2. Underline all the words you recognize.
3. Words whose meaning is similar in English and in French are called **cognates.** How many cognates can you identify in this text? As you read, underline words that may be cognates, that is words whose written form and meaning closely resemble English. Be a bit adventurous! Don't let minor spelling changes throw you off track. For example **utilise** with an **-s** looks enough like *utilize* for you to recognize the verb; **relativement** and *relatively* have different endings but the same root.

Réflexion

1. Cite one situation in which the **tu-**form of address is appropriate.
2. Cite one situation in which the **vous-**form of address is appropriate.
3. Why do the authors give the advice: **Ne tutoyez pas systématiquement?**
4. In your opinion is the title **Comment jongler avec le « tu » et le « vous »?** an appropriate one? Justify your answer.

À vos stylos

Une liste de questions

Imagine that you will have the opportunity to speak with a French-speaking person on your campus or in your town. You are excited and jot down all the questions you want to ask him or her.

1. First go back through the four **Contextes** of this dossier and review the questions used to ask about someone's identity.
2. Now, write your own list of questions. You might want to ask for some of the following information:

   - What is the person's name?
   - Does he or she speak English?
   - Where is the person from and what does he/she do?
   - What does he/she like? music? (a little? a lot?) Does he/she watch TV? dance?

3. Ask a classmate to look over your draft and to make any necessary corrections before you hand in your question list.

Le savoir-vivre

Learning about a culture, both one's own and that of others, involves not only observing and reflecting upon current cultural practices, but also being able to situate those practices in a historical context. We understand the present as an outgrowth of the past, not in isolation from it; a country's past shapes and defines its present.

In the **Parallèles historiques** sections of each dossier, you will have an opportunity to discover how a significant cultural manifestation of the Francophone world is rooted in the past and to explore how this phenomenon has come to shape and influence the present.

Today, the rules of **savoir-vivre** are simple and serve to facilitate communication among all social groups. However, in countries like France with a long history and a strong inherited sense of hierarchy and formality, the rules of **savoir-vivre** served to limit or strictly codify communication among groups. The French tradition of refined conversation and social interaction is depicted in this painting of a seventeenth-century French **salon.** Do you think this tradition explains why, even today, French social practices tend to be more narrowly prescribed, less casual, than those characteristic of younger countries such as the U.S. and Canada?

À l'écran

Video is a powerful resource that can be used to exemplify and represent language and culture in a way difficult to simulate in classroom settings and exchanges. The video segments that form the basis for each **À l'écran** section are authentic and have been selected from a variety of programs from around the French-speaking world. They include talk shows, news broadcasts, on-location feature programs, documentaries, and additional entertainment sources. Segments are coordinated thematically with each dossier, and exercises and activities in the **Cahier d'activités** provide opportunities for cultural observation and reflection as well as for real-world communication. Once you have finished *Parallèles,* we hope you will continue to seek out films and televised programs available in French from a variety of commercial sources.

On dit «Bonjour».

Clip 1.1   Bonjour!

Maintenant je sais...

Below is a list of cultural topics emphasized in this dossier. Explain what you have learned about each, and how, giving precise examples whenever possible.

1. Is the concept of what constitutes polite or rude behavior really in the eye of the beholder?
2. Do you agree that some behaviors (smiles or lack thereof, number of handshakes, directness in questions) may lead to cultural misunderstandings? Why or why not?
3. What is the safest approach to take when choosing a form of address?
4. Do you know where the following cities are located: Montpellier, Bordeaux, Grenoble, Chambéry, Marseille, and Lyon? Can you share more information on any of them?
5. Can you name the capital of the African state of Sénégal? a big French regional newspaper? an elite engineering school?
6. Can you explain why the French concept of **savoir-vivre** is so elaborate?
7. Can you explain the meaning of the term **salon** in French literary history?

Tous les mots

Expressions

alors	*thus, so*
assez	*enough*
Attention!	*Pay attention, be careful!*
au fait	*by the way*
avec	*with*
beaucoup	*a lot*
bien sûr	*of course*
Ça reste ici.	*It stays here.*
C'est à qui?	*Whom does it belong to?*
C'est dommage!	*It's a pity!*
C'est le/la/les de qui?	*Whose (thing) is it?*
Chic alors!	*Great! (Neat)*
Dis-moi!	*tell me!*
encore un/une	*still one more*
en fait	*in reality*
enfin	*finally*
être à	*to belong to*
hélas! non	*alas, no*
horrible	*horrible, very ugly*
Il/Elle est d'où?	*Where is he/she from?*
jamais	*never*
mais	*but*
mais oui	*but yes*
moins	*less*
N'est-ce pas?	*Isn't it?*
Parfait!	*Perfect!*
parfois	*sometimes*
peu	*little*
plus	*more*
Quelle chance!	*What a stroke of luck!*
quelquefois	*sometimes*
Qu'est-ce qu'il/elle fait?	*What does he/she do? What is his/her occupation?*
Qui est-ce?	*Who is this?*
Regarde!	*Look here!*
rarement	*rarely, seldom*
si	*if*
souvent	*often*
Super!	*Really good!*
Tiens!	*Well, now! (expression of surprise*
toujours	*always*
trop	*too much*
Tu m'invites?	*Are you inviting me?*
Tu verras!	*You'll see!*

Noms

un/une architecte	*architect*
un boulot	*job* (slang)
un copain/une copine	*friend, pal* (familiar)
la dépression	*depression*
une distraction	*entertainment*
les études	*studies*
un ingénieur	*engineer*
un/une journaliste	*journalist*
un médecin	*physician, doctor*
la musique	*music*
un nouveau/une nouvelle	*newcomer*
un/une photographe	*photographer*
un prof	*professor, teacher* (familiar)
la routine	*routine*
le sport	*sport*
la télé	*television*

Verbes

ajouter	*to add*
changer	*to change, to modify*
chanter	*to sing*
compter	*to count*
danser	*to danse*
écouter	*to listen to*
étudier	*to study*

inviter	*to invite*	sérieux	*serious*
passer (du temps)	*to spend (some time)*	sympa	*nice, sympathetic*
pratiquer	*to practice, to be involved with*	(*short for* sympathique)	
regarder	*to watch, to look at*		
rencontrer	*to meet*		
risquer	*to risk*		
téléphoner	*to make a phone call*		
travailler	*to work*		

Adjectifs

blond	*blond*
dangereux	*dangerous*
libre	*free*

DOSSIER 2

Communication
- Describing your personality and tastes
- Talking about your family and friends
- Describing people and things
- Talking about projects and wishes
- Finding out about someone else

Cultures en parallèles
- L'identité culturelle
- Être francophone: une identité linguistique et culturelle

Outils
- **-er** verbs with spelling changes
- Agreement and placement of regular adjectives
- The verb **avoir** and **pas de**
- Information questions

Phonétique: Rhythm and intonation

On rejoint la communauté francophone

Ici, on parle français.

Cultures en parallèles
L'identité culturelle

To be an American, an Australian, or an English-speaking Canadian is to use and share a common language—English—but not necessarily a common culture. Language is an important component of cultural identity, but cultural identity obviously embraces more than language. What elements make up one's cultural identity? To begin thinking about this question, consider the list on the facing page. What elements—if any—would you add or subtract? Under each heading, try to come up with some concrete examples in English. For example, for the heading **la géographie** you might think of geographical factors such as mountains, natural borders, lakes, rivers, seas, and coastlines that affect people's sense of cultural identity.

Le mot juste

Noms

l'art (m)	*art*
le climat	*climate*
la cuisine	*cooking*
la géographie	*geography*
une habitation	*dwelling*
l'histoire (f)	*history*
la langue	*language*
la mode	*fashion*

la religion	*religion*
la superficie	*surface*
un symbole	*symbol*
la tradition	*tradition*
une valeur	*value*

Adjectif

commun	*common, shared*

Quelques éléments constitutifs d'une «culture»

La géographie: the type of land one inhabits
Le climat: the climate where one lives
La superficie: the size of one's region or country
L'histoire: the past that has shaped one's present experience
Les traditions: national and local customs
La langue: the languages spoken where one lives
La cuisine: local food preferences
La mode: national or local style of dress
L'habitation: typical dwellings
Des valeurs communes: the values and priorities shared by many if not all
Des symboles: any symbols one identifies with
La religion: one's own religious beliefs and traditions as well as those of the dominant culture
L'art: types of art typical of one's region or country

Un peu de réflexion. After thinking about some of these elements that help to form one's sense of cultural identity, work with a small group of classmates to prepare a collage of either visual or verbal images you associate most often with being a North American from a certain state or area. On the basis of the images you have used in the collage, what can you say about your own cultural identity—the features you share with others in a meaningful way? Is your cultural identity distinct from that of your classmates? Do you sense an affinity with other English-speaking peoples? To what extent is your cultural identity language-based? To what extent is it based on other considerations?

Volet 1

Contexte 1 | Voix francophones

Paul Tremblay (67 ans). Je suis de Port-Cartier au Québec, mais aujourd'hui ma femme et moi préférons habiter à Joliette. Nous voyageons souvent parce que je suis retraité et je ne travaille pas. Mais… j'aide mes voisins et je répare souvent leurs (*their*) bicyclettes et motos. J'adore la mécanique!

Kalissa Mossi (20 ans). Je suis de Tilabéri au Niger. Aujourd'hui j'habite à Niamey, la capitale. Je suis étudiante en biologie. Je trouve la biologie difficile… Ça m'ennuie beaucoup! En fait, j'adore la musique: je joue très bien du piano, je chante pas mal, je danse aussi. Alors, c'est décidé, l'an prochain j'essaie une carrière de musicienne professionnelle!

Dieudonné Plantin (32 ans). Je m'appelle Dieudonné Plantin. J'habite l'île d'Haïti, à Port-au-Prince. Je suis fonctionnaire et j'espère une promotion bientôt.

Je passe tous les samedis après-midi à la pêche. J'adore la pêche et j'y (*there*) amène souvent des amis avec (*with*) moi.

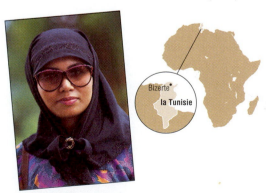

Aïcha Kahidi (29 ans). Je commence juste à travailler comme dentiste. J'habite Bizerte, en Tunisie. Avec mon mari Kaïs, nous habitons une grande maison avec le père et la mère de Kaïs, une sœur, Yasmina, et un frère, Saïd. Vous êtes surpris? Pourquoi? C'est normal: on aide toujours sa famille, n'est-ce pas?

Ginette Orville (16 ans).
Chez nous, en Suisse, il y a quatre langues nationales. Le français n'est pas ma langue maternelle, c'est l'allemand. Mais aujourd'hui nous habitons à Lausanne et donc nous commençons à bien parler français. J'aime beaucoup les arts et la mode. Je déteste les jeux électroniques et je ne regarde jamais la télé! Et mon âge? juste seize ans!

la Suisse
• Lausanne

Le mot juste

Expressions

beaucoup	*a lot*
bientôt	*soon*
Ça m'ennuie!	*It bores me!*
chez nous	*at home*
comme	*as*
donc	*thus, so*
mon âge: X ans	*my age: X years old*
parce que	*because*
un signe particulier	*distinctive sign*

Verbes

adorer	*to adore*
aider	*to help*
amener	*to bring (along)*
commencer	*to start*
espérer	*to hope*
essayer	*to try*
habiter	*to dwell, to live*
préférer	*to prefer*
réparer	*to repair*
trouver	*to find*
voyager	*to travel*

Noms

l'allemand (m)	*German language*
l'âge (m)	*age*
une bicyclette	*bicycle*
la biologie	*biology*
une carrière	*career*
un/une dentiste	*dentist*
une femme	*(here) wife; woman*
un/une fonctionnaire	*civil servant, government employee*
un frère	*brother*
un jeu électronique (des jeux électroniques, pluriel)	*electronic game*
une maison	*house*
un mari	*husband*
la mécanique	*mechanics*
une mère	*mother*
la mode	*fashion*
une moto	*motorcycle*
un musicien/une musicienne	*musician*
la pêche	*fishing*
un père	*father*
une promotion	*promotion*
un retraité/une retraitée	*retired individual*
une sœur	*sister*
un voisin/une voisine	*neighbor*

Adjectifs

difficile	*difficult*
maternel, -elle	*maternal*
national	*national*
prochain	*next*
professionnel, -elle	*professional*
surpris	*surprised*

À votre tour

A. Avez-vous compris? With a partner, decide which feature fits the person in question.

1. Paul Tremblay: joue très bien du piano, adore la mécanique, est dentiste.
2. Kalissa Mossi: parle allemand et français, déteste la biologie, ne regarde jamais la télé.
3. Dieudonné Plantin: est journaliste à la radio, habite avec un frère et une sœur, passe le samedi à la pêche.
4. Aïcha Kahidi: aime la mode et les arts, travaille, est retraitée.
5. Ginette Orville: adore la télé, déteste les jeux électroniques, est fonctionnaire.

B. Famille de mots (*Word families*). Identify the three words that belong together, whether thematically or grammatically, in each category.

1. (*tastes and preferences*) j'adore, je répare, j'aime, je déteste
2. (*artistic activities*) je joue du piano, je danse, je répare, j'aime les concerts
3. (*family*) la femme, le mari, la bicyclette, le frère
4. (*entertainment*) les jeux électroniques, la langue maternelle, la pêche, la télévision
5. (*professions and occupations*) un retraité, un dentiste, une moto, un fonctionnaire
6. (*linking words*) alors, travailler, jamais, toujours
7. (*adjectives*) fréquent, professionel, la pêche, exotique
8. (*countries*) la Suisse, la Tunisie, la maison, Haïti

C. Fiches d'identité (*I.D. cards*). Read the **fiche d'identité** describing Paul Tremblay. Make sure you understand what all the categories refer to. Then complete a **fiche d'identité** for yourself, following a similar format.

Nom de famille:	TREMBLAY
Prénom(s):	Paul, Antoine, Marcel
Adresse:	18 rue Beaupied, Joliette
Âge:	67 ans
Profession:	sans (*without*)
Signe(s) particulier(s):	adore la mécanique

Votre identité

- Nom de famille:
- Prénom(s):
- Âge:
- Adresse:
- Profession:
- Signes particuliers (*pick among the following*):
  aime ou déteste les arts, la bicyclette, la biologie, la danse, le français, les jeux électroniques, les langues, la mécanique, la moto, la musique, la pêche, le sport, la télé, les voyages

D. Je vous présente… Share your **fiche d'identité** with a partner who will introduce you to the rest of the group.

MODÈLE: Voici un copain/une copine. Il/Elle s'appelle X. Âge: X ans. Il/Elle habite… Il/Elle est… (profession).

E. C'est quoi, tes goûts? (*And what about your tastes?*) In small groups, share with each other your **signes particuliers** from the **fiches d'identité** you just completed. Then tally the likes and dislikes expressed by your classmates and yourself. How many share the same interests? the same dislikes?

MODÈLE: —C'est quoi tes goûts?
　　　　　　—Je n'aime pas la pêche. J'aime les jeux électroniques.

　　　　　　(*To report one's findings*) Dans le groupe, 12 aiment le français, 10 les sports, 7 la biologie, 5 les jeux électroniques, 4 la bicyclette, 3 aiment les arts, 2 les langues, etc.

F. Identité d'emprunt (*Borrowed identity*). Take on a different personality, change your name, your profession, your address. Recombine elements from the different passages in **Contexte 1.** Read your new portrait to your partners. Whose identity is the most exotic? the most plausible?

MODÈLE: Je suis Dieudonné Tremblay. J'habite Paris. L'allemand est ma langue maternelle. J'adore la mécanique. Je déteste les jeux électroniques.

Outil 1 Verbes réguliers en -*er* avec des changements orthographiques

Some **-er** verbs that are regular in their endings require spelling changes in certain forms in order to reflect pronunciation. These verbs can be grouped as follows:

Verbes comme **commencer** ou **voyager**

- Verbs whose infinitive ends in **-cer** use **ç** in the **nous** form to retain the sound [s] before the ending **-ons.** Compare the following forms of the verb **commencer:**

je	commence	nous	commençons
tu	commences	vous	commencez
il/elle/on	commence	ils/elles	commencent

Je **commence** juste à travailler comme dentiste.

I am just starting work as a dentist.

Nous **commençons** à bien parler français.

We are starting to speak French really well.

- Verbs whose infinitive ends in **-ger** also require a spelling change in the **nous** form: **-e-** is added before the ending **-ons** in order to keep the [ʒ] sound.

je	voyage		nous	voyag**e**ons
tu	voyages		vous	voyagez
il/elle/on	voyage		ils/elles	voyagent

Nous **voyageons** souvent parce que je suis retraité.　　*We travel often because I am retired.*

Verbes comme **essayer**

- Verbs whose infinitive ends in **-yer** require a spelling change in all forms of the singular and in the third-person plural, as is apparent in the conjugation of the verb **essayer.**

j'	ess**ai**e		nous	essa**y**ons [ɛ sɛ jɔ̃]
tu	ess**ai**es		vous	essa**y**ez [ɛ sɛ jɛ]
il/elle/on	ess**ai**e		ils/elles	ess**ai**ent

La biologie, ça m'**ennuie** beaucoup. *Biology is a real bore for me.*
L'an prochain, j'**essaie** une carrière *Next year, I'll try to become a*
de musicienne professionnelle.　　*professional musician.*

Verbes comme **préférer**

- Compare the forms of **préférer** (*to prefer*) and **amener** (*to bring someone along*):

je	préf**è**re		nous	préférons [pre fe rɔ̃]
tu	préf**è**res		vous	préférez [prefere]
il/elle/on	préf**è**re		ils/elles	préf**è**rent

Nous **préférons** habiter à Joliette.　　*We prefer to live in Joliette.*

j'	am**è**ne		nous	amenons [a mn ɔ̃]
tu	am**è**nes		vous	amenez [a mne]
il/elle/on	am**è**ne		ils/elles	am**è**nent

Amène un copain!　　*Bring a friend!*

À votre tour

A. Quelle était la question? (*What was the question?*) First, complete both the questions and the answers, based on the **Contexte.** Then act out the exchange with a partner.

1. (préférer)   —Vous _____ habiter Port Cartier ou Joliette?
   —Nous _____ habiter Joliette.

2. (essayer)   —C'est décidé? Vous _____ une carrière en biologie?
   —Non, j'_____ une carrière de musicienne.

3. (appeler)   —Comment vous _____ vous?
   —Je m' _____ Dieudonné Plantin.

4. (espérer)   —Est-ce que vous _____ une promotion?
   —Oui, j'_____ une promotion bientôt.

5. (commencer) —Vous _____ à bien parler français.
   —Merci! Nous _____ à parler français un petit peu (*just a little bit*).

6. (amener)   —Aïcha, est-ce que vous _____ Yasmina et Saïd au travail?
   —Mais non! Je n'_____ pas Yasmina et Saïd au travail!

B. Maintenant à vous! (*Now, it's your turn!*) Circulate among your classmates, asking them formal questions to find out their preferences. Take note of their answers.

MODÈLE: préférer Bizerte ou Lausanne?
   —Vous préférez Bizerte ou Lausanne?
   —Je préfère Bizerte.
   ou: —Pas de préférence! (*No preference!*)

1. préférer…
   habiter X ou Y (*name two nearby cities*) / les jeux électroniques ou la télévision / la danse ou la musique / les voyages ou la mécanique / le sport ou la pêche

2. commencer une carrière de…
   musicien ou architecte / professeur ou journaliste / photographe ou dentiste / fonctionnaire ou médecin

3. espérer…
   bien parler français ou allemand / aider la famille ou les copains / passer le samedi à la pêche ou au tennis / jouer très bien du piano ou chanter très bien / une promotion bientôt ou l'an prochain

4. amener…
   souvent ou jamais la famille en voyage / souvent ou jamais un frère/une sœur à l'université

5. voyager…
   souvent ou rarement / plus souvent en famille ou avec des copains

6. essayer…
   le piano ou la danse / la biologie ou la pêche / la bicyclette ou la moto

C. Indiscrétions. Now share some interesting tidbits you learned about some of your classmates.

MODÈLE: [Sam] n'essaie pas le piano, mais il essaie la danse!

Contexte 2 Une famille canadienne, les Tremblay

Paul Tremblay, le grand-père, est un homme honnête. Il est aussi énergique, calme et patient, assez réservé en général. Sa femme, Lucie, est la grand-mère de Jacques et Sophie. Elle n'est pas grande, elle est petite et pas très mince. Elle est intelligente, passionnée et parfois un peu obstinée… Paul et Lucie sont un couple très heureux ensemble!

Leur fils, Jules, est une personne ouverte, aimable et agréable. Il est toujours optimiste. Hélas, Suzanne, sa femme, est une personne timide, un peu triste et jamais très aimable. Quel dommage! Les petits-enfants de Paul et Lucie s'appellent Jacques et Sophie. Tous les deux sont gais et polis. Jacques est très drôle et jamais ennuyeux! Le frère et la sœur sont très dynamiques, ils adorent le sport. Ils sont souvent un peu impatients, mais à 14 et 16 ans c'est normal, non?

Enfin n'oublions pas Neige, le chien, tout à fait adorable!

 À votre tour

A. Vous avez compris? With a partner, decide whether each statement is true or false. If it is false, correct it.

1. Paul Tremblay est une personne impatiente.
2. Lucie, la femme de Paul, est parfois obstinée.
3. Les Tremblay sont un couple malheureux.
4. Les petits-enfants de Paul et Lucie s'appellent Jules et Jacques.
5. Suzanne Tremblay est la sœur de Lucie.
6. Suzanne Tremblay n'est pas une personne très agréable.
7. Jacques et Sophie Tremblay sont un grand problème dans la famille.
8. Les jeunes sont parfois impatients.

B. Famille de mots. For each sequence below, read aloud only the words that go together.

1. (*expressions*) hélas, quel dommage, fils, tous les deux
2. (*positive attributes*) agréable, obstiné, dynamique
3. (*negative attributes*) timide, aimable, impatient
4. (*physical attributes*) grand, petit, gai, mince
5. (*positive attributes*) gai, drôle, ennuyeux, triste

Le mot juste

Expressions

ensemble	*together*
Quel dommage!	*What a pity!*
tous les deux	*both of them*
tout à fait	*completely*
un peu	*a little bit*

Verbe

oublier	*to forget*

Noms

la famille	*family*
le chien	*dog*
le couple	*couple*
la fille	*daughter*
le fils	*son*
la grand-mère	*grandmother*
le grand-père	*grandfather*
le petit-fils	*grandson*
la petite-fille	*granddaughter*
les petits-enfants	*grandchildren*

Adjectifs

adorable	*adorable*
agréable	*affable, pleasant, likeable*
aimable	*nice, pleasant*
calme	*calm, quiet*
drôle	*amusing*
dynamique	*dynamic*
énergique	*energetic*
ennuyeux, -euse	*boring*
grand	*tall*
heureux, -euse	*happy*
honnête	*honest*
intelligent	*intelligent*
mince	*slim*
obstiné	*stubborn*
optimiste	*optimistic*
ouvert	*open-minded*
passionné	*passionate*
patient	*patient*
petit	*small*
poli	*polite*
réservé	*reserved*
timide	*shy*
triste	*sad*

C. Calligramme. Referring to the **le mot juste** section, try to invent a new personality for Paul Tremblay. Use each letter in his name to describe him. Then try to do the same with your own name or the name of your professor.

MODÈLE: P comme patient   A comme…?   U pas de U!   etc.

D. L'idéal. In small groups, describe with just three adjectives the ideal person, thing, or situation. Make at least one of your statements in the negative.

MODÈLE: le grand-père idéal (patient, obstiné, drôle)
         —Le grand-père idéal est patient, et il n'est pas obstiné.
    ou: —Le grand-père idéal est drôle…

1. le prof idéal (passionné, ouvert, optimiste, impatient, drôle, ennuyeux)
2. le cours de français idéal (difficile, facile, amusant)
3. le frère idéal (honnête, triste, optimiste, dynamique, ouvert, drôle)

Outil 2 Les adjectifs réguliers: accord et place

- Adjectives are used to describe persons, places, and things.

- Unlike English adjectives, French adjectives vary in form: they agree in gender (masculine/feminine) and number (singular/plural) with the nouns or pronouns they modify.

- Adjectives whose masculine singular form ends in **-e** have identical masculine and feminine forms:

Jules est **aimable;** Suzanne n'est pas très **aimable.**	*Jules is likable; Suzanne is not very likeable.*
Paul est **calme;** Sophie n'est pas **calme.**	*Paul is calm; Sophie is not calm.*

- Usually an **-e** is added to the masculine form of an adjective to make it feminine:

Jacques est **poli;** Sophie est **polie** aussi.	*Jacques is polite; Sophie is polite, too.*
Jacques est **impatient.** Sophie est **impatiente** aussi.	*Jacques is impatient, Sophie is impatient, too.*
Paul est **réservé.** Lucie est **réservée** aussi.	*Paul is reserved, Lucie is reserved, too.*

- The feminine singular of adjectives ending in **-ien** is formed by doubling the consonant and adding **-e** to the masculine form:

Paul est **canadien;** Lucie est **canadienne.**	*Paul is Canadian; Lucie is Canadian.*
Kaïs est **tunisien;** Aïcha est **tunisienne.**	*Kaïs is Tunisian; Aïcha is Tunisian.*

- Similarly, the feminine singular of an adjective ending in **-el** is formed by doubling the **-l** and adding **-e:**

Paul Tremblay répare les motos mais il n'est pas un mécano **professionnel.**	*Paul Tremblay repairs motorcycles but he is not a professional mechanic.*
Kalissa est une musicienne **professionnelle.**	*Kalissa is a professional musician.*

- To form the plural of most adjectives, add **-s** to the singular form. If the singular form already ends in **-s,** the plural and singular forms are the same:

Les Tremblay ne sont pas **français,** ils sont **canadiens.**	*The Tremblays are not French, they are Canadian.*
Lucie est **intelligente.** Les femmes Tremblay sont **intelligentes.**	*Lucie is intelligent. The Tremblay women are intelligent.*
Lucie est **réservée.** Les femmes Tremblay sont **réservées.**	*Lucie is reserved. The Tremblay women are reserved.*

- When an adjective describes a mixed group consisting of both masculine and feminine nouns, its form is always masculine plural:

Sophie et Jacques sont **polis** mais un peu **impatients.**	*Sophie and Jacques are polite but a bit impatient.*
Paul et Lucie sont **canadiens;** ils ne sont pas **français.**	*Paul and Lucie are Canadian; they are not French.*

- In French, most adjectives follow the noun they modify:

Paul est un homme calme et Lucie est une femme passionnée. Mais ils sont un couple très heureux.	*Paul is a quiet man and Lucie is a passionate person. But they are a happy couple.*
Suzanne est une personne timide.	*Suzanne is a shy person.*
Ginette déteste les jeux électroniques.	*Ginette hates electronic games.*
En Suisse, il y a quatre langues nationales.	*In Switzerland, there are four national languages.*

À votre tour

 A. Une famille bien assortie (*A well-matched family*). With a partner, ask and answer questions about various members of the Tremblay family who share similar traits. Follow the model.

MODÈLE: —Paul est aimable. Et Lucie et Sophie?
　　　　　—Elles sont aimables aussi.

1. Paul est patient. Et Lucie?
2. Jacques est grand. Et Sophie?
3. Paul est honnête. Et Jules, Suzanne, Jacques et Sophie?
4. Lucie est intelligente. Et Jules?
5. Lucie est passionnée. Et Jacques et Sophie?
6. Jacques et Sophie sont énergiques. Et Paul?
7. Jacques et Sophie sont gais. Et Paul?

B. Qui sont les personnages de *Parallèles?* (*Who are the people you have met in Parallèles?*) Make a complete statement about each of the people mentioned.

MODÈLE: Aïcha / une dentiste / tunisien
　　　　　—Aïcha est une dentiste tunisienne.

1. Paul et Lucie Tremblay / des retraités / canadien
2. Kalissa / une musicienne / professionnel
3. Ginette Orville / une jeune fille / obstiné
4. Lucie Tremblay / une grand-mère / canadien
5. Ginette Orville / une jeune fille / poli

C. Des personnalités, des réalisations internationales. Make complete, accurate statements by combining words from columns A, B, and C.

MODÈLE: Québec / une province / canadien
　　　　　—Le Québec c'est une province canadienne.

A	B	C
Imo Pei	la capitale	canadien
la tour Eiffel	un architecte	parisien
Juliette Binoche	un général	français
Louis XIV	un monument	haïtien
Charles de Gaulle	un roi	intelligent
Céline Dion	une musicienne	américain
Port-au-Prince	une actrice	

 D. Réactions personnelles (*Personal reactions*). Share your reactions to the following expressions with a partner.

MODÈLE: le cours de français
　　　　　—Il est amusant, mais parfois difficile.

1. l'université
2. les cours en général
3. les devoirs en classe
4. les professeurs en général
5. le professeur de français
6. le prof idéal
7. les étudiants de mon (*my*) université
8. mes (*my*) copains
9. l'ami(e) idéal(e)

Contexte 3 En route pour le Québec!

Un beau voyage pour Sylvie.

Le Québec vous ouvre grand ses portes!

Paysage de la Côte-de-Beaupré

TOURISME QUÉBEC / R. ETCHEVERRY

ET QUEL PAYS!

Le Québec est la plus grande des provinces canadiennes. Son territoire riche et diversifié de 1 667 926 km² comporte plus d'un million de lacs et de rivières. Plus de 75 % de ses sols sont boisés. Au nord du Bouclier canadien, la plus vieille formation rocheuse au monde, s'étendent à perte de vue la taïga et la toundra. La plupart des Québécois vivent dans les basses terres du Saint-Laurent, une contrée fertile à proximité de la frontière des États-Unis, irriguée par le Saint-Laurent, le plus grand fleuve du Canada. Québec, la capitale (515 000 habitants), et Montréal (1 800 000 habitants) sont situées sur ses rives majestueuses.

Découvert en 1534 par Jacques Cartier, le Québec d'aujourd'hui est principalement peuplé par les descendants des colons français qui s'y sont installés au XVIIᵉ siècle. Sa population de 7 300 000 habitants comprend 81 % de francophones, 9 % d'anglophones, et plus de 50 autres groupes linguistiques – principalement italien, grec ou chinois – de même que 6 000 Inuit et 55 000 Amérindiens.

Des fabuleuses étendues arctiques aux opulentes régions méridionales, le Québec offre aux voyageurs un éventail d'attraits et de paysages à découvrir. En compagnie d'hôtes proverbialement accueillants, vous y vivrez de merveilleuses vacances dont vous vous souviendrez longtemps.

LES QUÉBÉCOIS

La langue officielle est le français. La belle province et ses origines latines poussent les Québécois à célébrer follement, à rencontrer de nouveaux visages et à vivre chaque minute intensément! Alors, qu'attendez-vous? Venez donc passer du bon temps chez nous!

LAISSEZ-VOUS TRANSPORTER

Un vaste réseau d'autoroutes est relié aux routes principales de l'Ontario et des provinces de l'Atlantique, ainsi qu'au réseau routier américain. Un réseau ferroviaire, des compagnies d'autocars modernes et des services de location d'automobiles et de caravanes permettent aux voyageurs de se déplacer facilement et en tout confort à travers la province.

À TIRE-D'AILE

L'aéroport international de Mirabel et l'aéroport de Dorval, dans la région de Montréal, sont desservis par plus de 30 lignes aériennes internationales qui offrent plus de 3 000 vols réguliers par semaine. En moins de temps que vous ne le pensez, vous pourriez vivre des vacances de rêve.

	Heures de vol		Heures de vol
Toronto	1	Paris	7
New York	1	Los Angeles	7
Londres	6	Düsseldorf	8
Bruxelles	7		

QUEL TEMPS FAIT-IL?

Le Québec jouit d'un climat tempéré et de quatre saisons bien marquées. Voici les températures moyennes maximales et minimales pour les mois de juillet et janvier :

	juillet °C	janvier °C
Montréal	26/17	-5/-12
Québec	24/14	-8/-15

N'OUBLIEZ PAS

Toute personne qui visite le Canada en provenance d'un pays autre que les États-Unis doit avoir en sa possession un passeport national valide.

Sylvie Moulin a 17 ans. Elle est lycéenne à Lyon. Pour les vacances, elle a des projets: un voyage, un grand voyage! Est-ce que vous devinez (*guess*) sa destination?

Pourquoi est-ce qu'il y a ici une brochure du bureau de tourisme de la province de Québec? Eh bien, parce que j'ai l'intention de voyager au Québec en juillet prochain, pour visiter Québec bien sûr, mais aussi Montréal et le château Frontenac. J'ai envie de camper dans la forêt, d'admirer le Saint-Laurent et d'assister à un match de hockey!

C'est un grand voyage mais mes parents ont des amis au Canada, Jules et Suzanne Tremblay. Ils ont des enfants de 14 et 16 ans. Alors j'ai une invitation permanente à Joliette! Quelle chance, n'est-ce pas?

Et puis avec le hockey, les Canadiens ont aussi la chanteuse Céline Dion, mon idole. Elle a une voix superbe et bien sûr un talent immense. J'espère l'écouter en concert! À la maison, j'ai beaucoup de disques et de compacts de Céline, mais je n'ai pas de vidéo. Et vous, avez-vous des disques d'elle? Aimez-vous ses chansons?

Bravo, Céline!

Le mot juste

Expressions

à la maison	*at home*
beaucoup	*many*
bien sûr	*of course*
déjà	*already*
il y a	*there is, there are*
parce que	*because*
pourquoi	*why*
Quelle chance!	*What luck, how lucky!*
vraiment	*really*

Verbes

admirer	*to admire*
apprécier	*to appreciate, to enjoy*
assister à	*to attend (an event)*
avoir	*to have*
avoir envie de	*to desire, to want*
avoir l'intention de	*to have the intention of, to intend*
camper	*to camp*
deviner	*to guess*

Noms

une brochure	*brochure*
une chanson	*song*
un chanteur/ une chanteuse	*singer*
un compact	*CD*
un disque	*record*
la forêt	*forest*
une idole	*idol*
une invitation	*invitation*
un lycéen/une lycéenne	*high school student*
un projet	*project, plan*
un talent	*talent*
le tourisme	*tourism*
les vacances (f)	*vacation*
une vidéocassette	*videotape*
une voix	*voice*

Adjectifs

permanent	*permanent*
prochain	*next*

À votre tour

 A. Avez-vous compris? With a partner, correct the following statements, which are all false.

1. Sylvie Moulin est de Joliette.
2. Elle a une brochure sur la ville de Lyon.
3. Quand elle voyage, elle n'aime pas camper.
4. En général, elle préfère la ville à la forêt.
5. Céline Dion est une amie des parents de Sylvie.
6. On n'a pas les disques de Céline Dion à Lyon.

 B. Pourquoi le Québec? With a partner, read aloud only the statements indicating why Sylvie is interested in Quebec.

1. Sylvie a un frère au Québec.
2. Les parents de Sylvie ont des amis au Canada.
3. Les Canadiens jouent au hockey.
5. Frontenac est une forêt au Québec.
6. Sylvie a des disques canadiens.
7. La classe de Sylvie a l'intention de faire un voyage au Canada.
8. Sylvie a une invitation au Canada.

 C. Qui est Céline Dion? With a partner, fill out a **fiche d'identité** for the singer Céline Dion, using the text for information, as well as the Web and other sources.

1. Nationalité: Elle est…
2. Profession: Elle est…
3. Adresse: Elle habite…
4. Signes particuliers: Elle chante en quelle(s) langue(s)? Elle a un mari? des enfants? Elle voyage?

 D. Vos projets (*What about your own plans?*). With a partner, take turns talking about your plans for travel in Quebec.

1. J'ai/Je n'ai pas l'intention de voyager au Québec/au Canada.
2. J'ai/Je n'ai pas beaucoup de brochures de tourisme.
3. Je préfère camper/être à l'hôtel.
4. Mes parents ont/n'ont pas beaucoup d'amis au Québec.
5. J'ai/Je n'ai pas beaucoup d'amis au Québec.
6. Je commence le voyage en mai/en décembre.
7. J'aime/Je n'aime pas le hockey.
8. J'aime/Je déteste la forêt.
9. J'ai/Je n'ai pas beaucoup d'invitations au Québec.

 E. Et vos goûts musicaux? (*What about your taste in music?*) With a partner, take turns asking and answering the following questions about Céline Dion.

MODÈLE: —Céline Dion est une idole pour toi?
—Oui, c'est une idole.
ou: —Non, je n'aime pas Céline Dion.

1. Tu as les disques de Céline Dion? Pourquoi ou pourquoi pas?
2. Tu aimes les chansons de Céline Dion?
3. Tu préfères les chansons de Céline en français ou en anglais?
4. Tu as envie d'assister à un concert de Céline?
5. Beaucoup de tes (*your*) amis ou peu de tes amis admirent Céline Dion?
6. Tu préfères quel (*which*) chanteur/chanteuse?

Outil 3 | Le verbe **avoir**; pas de… ; l'expression **il y a**

Le verbe **avoir**

- The irregular verb **avoir** (*to have*) expresses possession:

J'**ai** beaucoup de disques de Céline Dion. | *I have many of Céline Dion's records.*

Mes parents **ont** des amis au Canada. | *My parents have friends in Canada.*

Céline Dion **a** une voix superbe. | *Céline Dion has a superb voice.*

avoir			
j'	ai	nous	avons
tu	as	vous	avez
il/elle/on	a	ils/elles	ont

Pas de…

- When **avoir** is used in the negative, all forms of the indefinite article (**un, une, des**) that follow it become **de** (**d'** before a vowel sound).

J'ai **sept** disques, mais je n'ai **pas de** vidéo (7 records, 0 videos).
J'ai **une** invitation au Québec. Je n'ai **pas d'**invitation au Québec.
Elle a **des** compacts de Celine. Elle n'a **pas de** compacts de Céline.

- **Avoir** is used to indicate a person's age:

Quel âge **avez**-vous? | *How old are you?*
Ginette Orville **a** juste 16 ans. | *Ginette Orville is barely 16.*
Quel âge **ont** les enfants Tremblay? | *How old are the Tremblay children?*
Ils **ont** 16 et 14 ans. | *They are 16 and 14 years old.*

- **Avoir** is also part of other idiomatic expressions such as **avoir envie de** (*to express a desire for, to want*), **avoir l'intention de** (*to intend to, to plan to*), and **avoir besoin de** (*to need*).

J'**ai l'intention de** voyager au Québec. | *I intend to make a trip to Quebec.*

J'**ai envie de** camper dans la forêt. | *I want to camp in the forest.*

J'**ai envie d'**assister à un match de hockey. | *I want to see a hockey game.*

Sylvie **a besoin d'**une brochure sur le Québec. | *Sylvie needs a brochure on Quebec.*

L'expression **il y a**

- You have already encountered the idiomatic expression **il y a** (*there is, there are*), which is used to indicate the existence or presence of an object or person, or to make an inventory.

Dans la salle de classe, **il y a des** bureaux, **des** chaises et **un** tableau. | *In the classroom there are desks, chairs, and a chalkboard.*

Il n'y a pas de match de hockey en juillet! | *There is no hockey game in July!*

À votre tour

A. Inventaire (*Inventory*). With a partner, take a quick inventory of your classroom:

MODÈLE: —**Est-ce qu'il y a** une carte de France?
—Oui, **il y a** une carte de France.
ou: —**Non, il n'y a pas de** carte de France.

> des affiches / des ordinateurs / une télé /
> un dictionnaire français-anglais / un tableau noir /
> des diskettes / des CD / des vidéos / des fenêtres

B. Amis et possessions. Tell what members of the Tremblay family have; then ask your partner whether he/she can boast of the same.

MODÈLE: Suzanne / deux enfants
—Suzanne a deux enfants. Et toi?

1. Jacques et Sophie / un chien
2. Paul Tremblay / des bicyclettes
3. Paul Tremblay / une moto
4. Lucie et Paul / une maison à Joliette
5. Lucie et Paul / des voisins agréables
6. Lucie / deux petits-enfants
7. Jacques / une sœur
8. Jules / des amis canadiens

C. Interview. Use the cues to ask a classmate questions about himself/herself. Then, summarize his/her responses for the class.

MODÈLE: —Est-ce que tu as des amis au Québec?
—Oui, j'ai des amis au Québec.
ou: —Non, je n'ai pas d'amis au Québec.

1. avoir des frères ou/et des sœurs?
2. avoir des enfants?
3. avoir des amis canadiens?
4. avoir une moto?
5. avoir un ordinateur?
6. avoir des jeux électroniques?
7. avoir une télé?
8. avoir des vidéocassettes?
9. avoir des CD?

D. Confidences. Confide in your partner to tell him/her what your heart desires.

MODÈLE: J'ai envie d'assister à un concert. J'ai besoin de musique. Je n'ai pas envie d'être en classe!

Volet 4

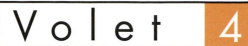

Contexte 4 — Au Sénégal avec Aliou Badara

Philippe Giraud, journaliste au magazine *Ailleurs*, prépare un article, «Voyage chez les Francophones», pour un numéro spécial sur la Francophonie. Il interview aujourd'hui un Sénégalais, M. Badara.

—Moi, je m'appelle Aliou, André BADARA. Je suis de Saint-Louis.
—Et aujourd'hui, où habitez-vous?
—Aujourd'hui j'habite Dakar, la capitale du Sénégal.
—Et comment est Dakar?
—C'est une ville moderne, très cosmopolite et très intéressante.
—Pourquoi est-ce que vous habitez Dakar?
—Parce que je travaille à Dakar.
—Et qu'est-ce que vous faites?
—Je suis employé. Je travaille à la Banque des Travailleurs.
—Combien de frères et sœurs avez-vous?
—J'ai six sœurs et trois frères.
—C'est une belle famille, en effet. Et vous êtes marié?
—Non, je suis toujours célibataire.
—Et qu'est-ce que vous faites pendant vos (*your*) loisirs?
—Du sport, spécialement du foot: je suis un fana de foot!
—Et quand jouez-vous au foot?
—Le plus souvent possible! et toujours le week-end.

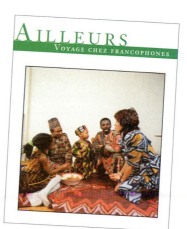

Le mot juste

Expressions

une belle famille	*a large family*
Je fais du foot.	*I play soccer.*
pendant	*during*
le plus souvent possible	*as often as possible*
Qu'est-ce que vous faites?	*What is your occupation, what are you doing?*
le temps libre	*free time, leisure time*

Mots interrogatifs

combien (de)	*how many, how much*	où	*where*
		quand	*when*
comment	*how*		

Verbes

jouer au foot	*to play soccer*
trouver	*to find*
travailler	*to work*

Noms

la banque	*bank*
un employé/ une employée	*employee*
un/une fana(tique)	*fan*
le foot(ball)	*soccer*
le loisir	*leisure*
un travailleur/ une travailleuse	*worker*
une ville	*city*

Adjectifs

célibataire	*single*
cosmopolite	*cosmopolitan*
intéressant	*interesting*
marié	*married*
moderne	*modern*
sénégalais	*Senegalese*

A. Avez-vous compris? With a partner, mark the following statements as **vrai** (*true*) or **faux**, (*false*) then correct sentences that are false.

1. __ M. Badara est de Dakar.
2. __ M. Badara est un footballeur professionnel.
3. __ M. Badara n'a pas de sœurs.
4. __ M. Badara travaille le week-end.
5. __ M. Badara est marié.
6. __ M. Badara aime beaucoup la pêche.

B. Familles de mots. Work with a partner to regroup under these headings the words or expressions listed below.

La famille	Le travail	Les loisirs	La ville de Dakar	Les mots interrogatifs

banque / célibataire / combien / foot /
cosmopolite / fana / frère / comment / intéressante /
marié / pourquoi / moderne / où / travailler /
qu'est-ce que / sœur / quand / travailleur

C. Fiche d'identité. Write a **fiche d'identité** for M. Badara.

Nom de famille:
Profession:
Prénom(s):
Signe(s) particulier(s):
Adresse:

D. Maintenant à vous (*Now it's your turn*). Interview a classmate other than your usual partner. Keep the interview formal. Follow very closely the format used by Philippe Giraud in the **Contexte,** asking for the following information:

1. Where is he/she from?
2. Where does he/she live?
3. Why does he/she live here?
4. What is the city/town like (interesting, big, pleasant, etc)?
5. What is his/her occupation?
6. How many brothers and sisters does he/she have?
7. Is he/she married?
8. What does he/she do or not do during his/her free time?

Outil 4 Questions d'information; inversion

Questions d'information

● To ask for information, it is necessary to use an interrogative word or expression. Some common interrogative words and expressions are:

Combien?	*How much?*
Combien de?	*How many?*
Comment?	*How?*
Où?	*Where?*
Pourquoi?	*Why?*
Quand?	*When?*

● These expressions can be used with **est-ce que** in the following sequence:

interrogative expression + **est-ce que** + subject + verb phrase

Où est-ce que vous habitez aujourd'hui?
Pourquoi est-ce que vous habitez Dakar?

Inversion

● Inversion is another question form, used mainly in more formal speech and in writing. The normal sentence word order *subject + verb* is inverted to *verb-subject,* and the words are connected with a hyphen.

Comment vous **appelez-vous?**	*What's your name?*
Combien de frères et sœurs **avez-vous?**	*How many brothers and sisters do you have?*
Quand **jouez-vous** au foot?	*When do you play soccer?*

● When inverted word order is used, **-t-** is inserted in order to facilitate pronunciation whenever the verb form ends in a vowel and the subject pronoun begins with one.

Où habite-**t**-elle?	*Where does she live?*
Pourquoi habite-**t**-il Dakar?	*Why does he live in Dakar?*

● Only a pronoun can be used in inverted word order. When the subject of a question is a noun, the corresponding subject pronoun must be inserted.

La famille d'Aliou, est-**elle** une belle famille?	*Is Aliou's family a large family?*
Pourquoi **Aliou** habite-t-**il** à Dakar?	*Why does Aliou live in Dakar?*

À votre tour

A. Renseignements (*Information*). Ask for the following information using **est-ce que** to form questions corresponding to the underlined part of the answer.

MODÈLE: Aliou Badara habite <u>à Dakar</u>.
　　　　　—Où est-ce qu'il habite?

1. Paul Tremblay est <u>de Port-Cartier</u>.
2. M. et Mme Tremblay voyagent souvent <u>parce que Paul est retraité</u>.
3. Kalissa Mossi habite <u>à Niamey</u>.
4. Dieudonné Plantin passe les samedis après-midi <u>à la pêche</u>.
5. En Suisse on parle <u>quatre</u> langues nationales.

B. Encore! Reformulate the questions you asked in Exercise A, using inversion.

C. Interview. You are to interview a student from a Francophone country for a class assignment. Prepare a list of questions in order to obtain the following information:

MODÈLE: où il/elle habite ici
　　　　　—Où habites-tu?

1. comment il/elle s'appelle
2. d'où il/elle est
3. combien de langues il/elle parle
4. comment il/elle trouve les étudiants ici
5. comment il/elle trouve les Américains en général
6. pourquoi il/elle étudie ici
7. quand il/elle a du temps libre
8. ?

 D. Jeu de rôle: Mais qui est Philippe Giraud? (*Role-play: But who is Philippe Giraud?*) You were told that Philippe Giraud is a journalist for the magazine *Ailleurs,* but you are curious about him. Brainstorm with a partner to come up with questions you would like to ask him. For example, you might ask how old he is, where he lives, whether he is married, what he likes to do, whether he enjoys his profession, etc.

*P*honétique

Rythme et intonation

Rythme

● In spoken English, individual syllables are given varying degrees of stress. Compare the pronunciation of *library* and *librarian.* Notice that not only do individual syllables get different degrees of stress, but the syllable that receives the primary stress is not the same one in every form of the word. In contrast, in the corresponding French words **bibliothèque** and **bibliothécaire** every syllable of each word is pronounced with equal stress.

- These differences in word stress between French and English affect the rhythm of speech in both languages. Compare the following sentences by pronouncing them:

  Anne likes math.   (3 syllables; 3 primary stresses)

  Mary's taking Russian.   (6 syllables; only 3 primary stresses, on syllables 1, 3, and 5)

  Angela's studying broadcasting.   (9 syllables; only 3 primary stresses, on syllables 1, 4 and 7)

  The rhythm of spoken English depends on the primary stresses; this is known as stress-timed speech. The sentences containing 6 and 9 syllables don't take any longer to pronounce than the one containing only 3 syllables.

- Now pronounce and compare the following sentences in French:

  Elles arrivent.   (3 syllables; all with equal stress)

  Elles arrivent à huit heures.   (6 syllables; all with equal stress)

  The rhythm of spoken French depends on the number of syllables in the utterance; this is known as syllable-timed speech. The sentence containing six syllables takes twice as long to pronounce as the one containing only three.

Intonation

- Although certain intonation patterns are shared by French and English, there are important differences. In French, pitch rises at the end of each phrase within a sentence, and falls on the very last syllable of a statement or rises on the very last syllable of a question. Here are some examples:

  Voilà!

  Voilà la salle de classe.

  Voilà la salle de classe de Paulette.

  Voilà la salle de classe de Paulette Le Goff.

  Elle est architecte?

  Est-ce que Rachid est professeur?

  Parlez-vous français?

▰▰ À votre tour

A. Rythme. Pronounce the following sentences, taking care to give each syllable equal stress.

1. Vous êtes de Paris.
2. Il est photographe
3. Elle s'appelle Suzanne.
4. Ils sont de Montréal.
5. C'est Rachid.

B. Intonation. Pronounce the following pairs of sentences, paying careful attention to your intonation. Your pitch will fall at the end of each statement and rise at the end of each question.

1. Vous êtes de Paris. Vous êtes de Paris?
2. Il est photographe. Il est photographe?
3. Elle s'appelle Marianne. Elle s'appelle Marianne?
4. Ils sont de Montréal. Ils sont de Montréal?
5. C'est Rachid. C'est Rachid?

C. Rythme et intonation. Pronounce the following phrases and sentences, taking care to give each syllable equal stress and paying careful attention to your pitch and intonation.

1. S'il vous plaît!
   S'il vous plaît, entrez!
   S'il vous plaît, entrez et allez à votre place!
2. Un étudiant
   Un étudiant est dans la salle.
   Un étudiant est dans la salle de classe.
   Un étudiant est dans la salle de classe avec le professeur.
3. À tout à l'heure!
   À tout à l'heure, Jean!
   À tout à l'heure, Jean-Philippe!
   À tout à l'heure, Jean-François et Sylvie!

En direct

A. De quoi parle-t-on? (*What are they talking about?*) Listen as two people talk and check the appropriate boxes to indicate:

- whether each person is talking about himself/herself or about someone else;
- whether each person is presenting primarily basic facts (name, age, nationality, residence, etc.), or whether the focus is broader (information about tastes, preferences, pastimes).

	Talking about self	Talking about someone else	Factual orientation	Broader orientation
Person 1 Person 2				

B. Un portrait. You will hear Philippe Giraud, the journalist, speaking about another person he interviewed for *Ailleurs.* Indicate what that person is like.

1. The person is …
   a. a lawyer.
   b. a doctor.

2. He lives in …
   a. Algeria.
   b. Tunisia.

3. He is …
   a. calm and soft-spoken.
   b. likeable and full of energy.

4. His work days are …
   a. long.
   b. short.

5. In his spare time, he is likely to …
   a. go fishing
   b. relax at home.
   c. do both.

Cultures en parallèles

Être francophone: une identité linguistique et culturelle

Observer

What do you understand the term **Francophone** to mean (**franco + phone**)? You may think of the words **Anglophone** and **Hispanophone** to help you understand the term. You may also list and locate on the map the countries of origin of the people you have met in this dossier. What do Paul Tremblay, Kalissa Mossi, Dieudonné Plantin, Aïcha Kahidi, Ginette Orville, and Aliou Badara have in common? Locate on the map on the inside front cover the countries where other Francophone people live:

1. en Amérique du Nord: la Louisiane, le Québec
2. dans l'océan Atlantique: la Guadeloupe, la Martinique, Haïti
3. en Amérique du Sud: la Guyane française
4. en Europe: la Belgique, la France, le Luxembourg, Monaco, la Suisse
5. en Afrique du Nord: l'Algérie, le Maroc, la Tunisie
6. en Afrique de l'Ouest: le Bénin, le Burkina-Fasso, le Cameroun, la Côte d'Ivoire, la République du Congo, la République démocratique du Congo (l'ex-Zaïre), le Gabon, la Guinée, la Mauritanie, le Mali, le Niger, la République Centrafricaine, le Sénégal, le Tchad, le Togo
7. dans l'océan Indien: Madagascar, Mayotte, les Comores, l'île Maurice, la Réunion
8. dans l'océan Pacifique: la Polynésie française, la Nouvelle-Calédonie, Wallis-et-Futuna
9. en Asie: le Cambodge, le Laos, le Viêt-nam

Réfléchir

After sharing your definitions of the term **Francophone,** consider the following questions in small groups:

1. Why and how did the French language spread throughout the world?
2. What has become of this vast empire?
3. Is it possible for a region or a country to keep its own identity while being part of a Francophone community?
4. How are ties among Francophone countries nurtured?
5. Have other countries—for example Spain, Great Britain, the United States—initiated similar efforts to promote their language and culture? For what purpose? With what results?
6. Are there Francophone students on your campus? Which countries do they come from? Ask them about the status of French in their country. For example: Who uses French? For what purpose(s)?

D'un parallèle à l'autre

Le monde francophone

The term **Francophone** is applied to countries where French is either the mother tongue, the official language, or one of the official languages. A **Francophone** is a person who speaks French and usually also speaks a second language. Today, there are approximately 150 million Francophones living in 47 different countries. In many of these countries, the use of French may be partly symbolic, serving as a vehicle for democratic ideas and an affirmation of human solidarity.

Starting with this dossier, the *Cultures en parallèles* sections will encourage you to consider the implications of **la Francophonie** as a linguistic and cultural identity within diverse contexts. To help you gain this broader perspective, you will be asked to join three or four classmates in "adopting" a Francophone country for the duration of the semester or term. In subsequent chapters you will be given opportunities to research specific topics relevant to **votre pays adoptif** and to share your information with the rest of the class. Your thinking about "parallels" both within and without the Francophone world should expand as you make new discoveries about **le monde francophone.**

To choose your country, go to the *Parallèles* Web site (http://www.prenhall.com/paralleles) and click on the navigation button "Parallèles". Once there, click on the official site of **l'Agence de la Francophonie.** You will find a list of the countries who are members of the agency. Choose your adoptive country from this list, within the parameters given by your instructor.

À vous la parole

 A. Ton artiste préféré(e). Do a little research on one of your favorite contemporary artists and share the results with a small group of your classmates, using the suggested format.

1. Il/Elle s'appelle _____.
2. Il/Elle est célibataire/marié(e)/divorcé(e).
3. Il/Elle a _____ ans.
4. Sa ville d'origine est _____.
5. Aujourd'hui, il/elle habite à _____.
6. Signes particuliers:

B. Plein de projets! (*Lots of plans!*) Taking turns, share with your partner some of your desires and projects.

MODÈLE: —Je n'ai pas d'ordinateur. J'ai l'intention d'acheter un ordinateur.
　　　　 —J'ai aussi envie de voyager. J'ai besoin de dollars!

C. Des personnalités francophones. Working with a partner, study the photos of famous Francophones and their captions. Pay close attention to cognates! Then take turns asking each other questions about each of these people (**nom, profession, pays d'origine, il/elle a des signe(s) particulier(s)?**, etc.).

Anne Hébert (1916–), auteur québécois (poèmes, romans, théâtre). Nombreux prix littéraires.

Léopold Senghor (1906–), homme politique sénégalais (ancien président du Sénégal) et poète.

Jocelyne Béroard (1954–), chanteuse antillaise, très populaire en France. Elle a aussi un grand public international. Elle chante avec le groupe KASSAV (musique zouk).

Tahar Ben Jelloun (1944–), auteur marocain, écrit en français et habite en France. Prix Goncourt 1987.

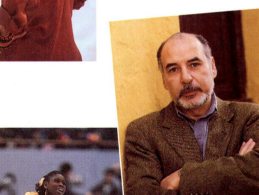

Surya Bonaly (1973–), patineuse artistique d'origine guadeloupéenne. Championne olympique, mais pas de médaille d'or!

Lecture

Deux pays francophones

Travaux d'approche. These fact sheets provide basic information about two widely differing areas of the French-speaking world: Québec and Sénégal. Locate these countries on the map inside the front cover of the book before you begin to read.

These brief factual texts lend themselves well to some basic reading techniques you probably already use when you read English texts. You approach texts first by skimming them quickly to get a general idea of the content, and then you go back and scan them to locate specific information. Since neither skimming nor scanning requires you to understand every word of the text, try to read without constant use of a dictionary.

Canada / Québec

La plus importante population francophone en Amérique du Nord. Le français est la langue officielle. Dans la ville de Chicoutimi, 98% des habitants sont de langue maternelle française; à Trois-Rivières, il y en a 97%, à Québec, 75%.

Localisation: à l'est du Canada, délimité par l'Ontario, la baie d'Hudson, Terre-Neuve, le golfe du Saint-Laurent, le Nouveau-Brunswick et les États-Unis.

Capitale: Québec.

Superficie: 1 567 200 km².

Population: 6 627 200 habitants.

Langues parlées: français et anglais.

Nombre de francophones: 5 000 000.

Économie: PIB 68 010 F par habitant.

Point d'histoire: Colonie britannique en 1759. Membre de la confédération canadienne depuis 1867. Il entretient des liens commerciaux avec les États-Unis, la France et les autres pays de la francophonie.

Sénégal

Le français est la langue officielle du Sénégal, en plus des six langues maternelles nationales.

Localisation: à l'ouest du continent africain, baigné par l'Atlantique, délimité par la Mauritanie, le Mali, la Guinée et la Guinée-Bissau.

Capitale: Dakar.

Superficie: 196 200 km².

Population: 7 100 000 habitants.

Langues parlées: français et six langues nationales: ouolof, pular, sérère, diola, mandingue et soninké.

Nombre de francophones: 760 000.

Économie: PIB 2 030 F par habitant; part de la France dans le commerce extérieur: plus de 30%.

Point d'histoire: Le Sénégal, colonisé par la France en 1842, est indépendant depuis 1960. Il entretient des relations privilégiées avec la France.

Exploration

Complete the chart with information from the text on p. 85.

	le Québec	le Sénégal
situation géographique		
capitale		
superficie en km^2		
population		
population francophone		
langues parlées		

Réflexion

1. Identifiez le pays avec la plus grande superficie, le pays avec la plus grande population francophone, le pays avec la plus grande diversité linguistique, le pays le plus riche.
2. Quelle est la signification des lettres «PIB»? Comment devinez-vous (*guess*)?
3. Est-ce que les deux pays sont des pays francophones d'après (*according to*) la définition dans **D'un parallèle à l'autre?** Pourquoi ou pourquoi pas?

À vos stylos

Je me présente

In order to contact others who speak French, imagine that you are going to submit a paragraph about yourself to a Web site that matches up pen pals.

Begin by reading the paragraph submitted by Edmond Olinga who lives in **Cameroun:**

Bonjour! Je m'appelle Edmond Olinga. Je suis camerounais. J'habite à Yaoundé. J'ai 22 ans. Je ne suis pas marié. J'ai 5 frères et 3 sœurs. En général je suis très optimiste et énergique, parfois impatient. Je suis professeur de maths. J'aime le travail, mais j'aime aussi les sports. Je suis passionné de foot, bien sûr, comme beaucoup d'Africains! Et toi, futur ami, d'où es-tu? Quel âge as-tu? Qu'est-ce que tu fais dans la vie?

Next, make an outline of the type of information about yourself that you want to share, for example your name, address, age, marital status, occupation, hobbies and other interests, personality. Also draft two or three questions you would like to ask your future friend: place of residence, age, marital status, occupation, hobbies and other interests, personality.

Now, go back to your outline and add verbs and other necessary words to make complete sentences. Proofread your text carefully, checking the verb forms and the adjective agreement.

Parallèles historiques

Le début de la francophonie

Efforts to encourage the use of the French language are part of a long tradition. In 1512, King Louis XII ordered that official documents be written in French rather than in Latin, and in 1539 King François the First banished the use of Latin in recording vital statistics and legal judgments. The document shown dates back to the French Revolution. It marks the birth of **la francophonie** in establishing French as the official language throughout the French provinces.

Source: Deniau, Xavier. *La Francophonie. Que sais-je?*

**BULLETIN DES LOIS
DE LA RÉPUBLIQUE FRANÇAISE
(N.º 25.)**

(N.º 118) LOI portant qu'à compter du jour de sa publication, nul acte public ne pourra, dans quelque partie que ce soit du territoire de la République, être écrit qu'en langue française.

Du 2 Thermidor, l'an deuxième de la République française, une et indivisible.

À l'écran

On rejoint la communauté francophone!

In this segment you will compare definitions of **la francophonie** given by a university professor and a former cabinet minister, visit French classes in Cambodia and Mali, and meet young Francophones from Canada and Croatia.

Clip 2.1 Définitions de la francophonie

Clip 2.2 Voix francophones

Maintenant je sais...

Below is a list of cultural topics emphasized in this dossier. Explain what you have learned about each, and how, giving precise examples.

1. What elements constitute one's cultural identity?
2. What role is played by a common language in the formation of cultural identity?
3. What do the words **francophonie** and **francophone** mean? What is the historical meaning of **la francophonie?**
4. How can one retain a sense of individual identity while being part of another larger community?
5. How are ties among Francophone countries being nurtured?
6. How many Francophones are there in the world today?

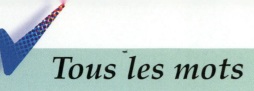

Tous les mots

Expressions

à la maison	at home
beaucoup	many
une belle famille	a large family
bien sûr	of course
bientôt	soon
Ça m'ennuie!	It bores me!
chez nous	at home
comme	as
déjà	already
donc	thus, so
ensemble	together
il y a	there is, there are
Je fais du foot.	I play soccer.
mon âge: X ans	my age: X years old
parce que	because
pendant	during
un peu	a little bit
le plus souvent possible	as often as possible
Quel dommage!	What a pity!
Quelle chance!	What luck, how lucky!
Qu'est-ce que vous faites?	What is your occupation, what are you doing?
un signe particulier	distinctive sign
le temps libre	free time, leisure time
tous les deux	both of them
tout à fait	completely
vraiment	really

Verbes

admirer	to admire
adorer	to adore
aider	to help
amener	to bring (along)
apprécier	to appreciate, to enjoy
assister à	to attend (an event)
avoir	to have
~ besoin de	to need
~ envie de	to desire, to want
~ l'intention de	to have the intention of, to intend
camper	to camp
commencer	to start
deviner	to guess
espérer	to hope
essayer	to try
habiter	to dwell, to live
jouer au foot	to play soccer

oublier	to forget
préférer	to prefer
réparer	to repair
travailler	to work
trouver	to find
voyager	to travel

Noms

l'âge (m)	age
l'allemand (m)	German language
l'art (m)	art
la banque	bank
une bicyclette	bicycle
la biologie	biology
une brochure	brochure
une carrière	career
une chanson	song
un chanteur/une chanteuse	singer
un chien	dog
le climat	climate
un compact	CD
un couple	couple
la cuisine	cooking
un/une dentiste	dentist
un disque	record
un employé/ une employée	employee
une famille	family
un/une fana(tique)	fan
une femme	(here) wife; woman
une fille	daughter
un fils	son
un/une fonctionnaire	civil servant, government employee
le foot(ball)	soccer
une forêt	forest
un frère	brother
la géographie	geography
une grand-mère	grandmother
un grand-père	grandfather
une habitation	dwelling
l'histoire (f)	history
une idole	idol
une invitation	invitation
un jeu électronique (des jeux électroniques, pluriel)	electronic game
la langue	language
le loisir	leisure

Dossier 2   On rejoint la communauté francophone

un lycéen/une lycéenne	high school student	drôle	amusing
une maison	house	dynamique	dynamic
un mari	husband	énergique	energetic
la mécanique	mechanics	ennuyeux,	boring
une mère	mother	-euse	
la mode	fashion	gai	gay, joyous
une moto	motorcycle	grand	tall
un musicien/une	musician	heureux,	happy
musicienne		-euse	
la pêche	fishing	honnête	honest
un père	father	impatient	impatient
un petit-fils	grandson	intelligent	intelligent
une petite-fille	granddaughter	intéressant	interesting
des petits-enfants	grandchildren	leur, leurs	their
un projet	project, plan	marié	married
une promotion	promotion	maternel, -elle	maternal
la religion	religion	mince	slim
un retraité/une retraitée	retired individual	moderne	modern
une sœur	sister	national	national
la superficie	surface	obstiné	stubborn
un symbole	symbol	optimiste	optimistic
un talent	talent	ouvert	open-minded
le tourisme	tourism	passionné	passionate
une tradition	tradition	patient	patient
un travailleur/	worker	permanent	permanent
une travailleuse		petit	small
les vacances (f)	vacation	poli	polite
une valeur	value	prochain	next
une vidéocassette	videotape	professionnel, -elle	professional
une ville	city	réservé	reserved
un voisin/une voisine	neighbor	sénégalais	Senegalese
une voix	voice	son, sa, ses	his, her, its
		surpris	surprised
		timide	shy
		triste	sad

Adjectifs

adorable	adorable
agréable	affable, pleasant, likeable

Mots interrogatifs

combien (de)	how many, how much
comment	how
où	where
pourquoi	why
quand	when

aimable	nice, pleasant
calme	calm, quiet
célibataire	single
commun	common, shared
cosmopolite	cosmopolitan
difficile	difficult

DOSSIER 3

Communication
- Locating and describing physical features, landmarks, and historic sites on a map
- Finding out the location and characteristics of a particular place
- Talking about weather, climate, and seasonal activities
- Discussing vacation plans

Cultures en parallèles
- Notre pays
- À l'échelle de la France

Outils
- Adjectives that precede the noun
- The verb **faire**
- The verb **aller;** the **futur proche**
- Stressed pronouns

Phonétique: Word linking and liaison, Part 2

Tour de France

Sur les routes de France, la bicyclette est "la petite reine" de la route.

Cultures en parallèles

Notre pays

Imagine that French friends are planning to visit you in the United States or in Canada. Help them prepare for their trip by telling them about your country or state.

1. *La superficie:* Mon pays ou mon état est / grand / petit / moyen.

2. *La population:* Il y a beaucoup / peu d'habitants. Ils sont (Ils ne sont pas) très divers.

3. *Les caractéristiques:* Il y a / la mer / l'océan / des côtes et des plages / des montagnes / des plaines / des rivières et des fleuves / des lacs / des forêts. C'est (Ce n'est pas) une région industrielle / rurale.

4. *Le climat:* Il y a un climat tempéré / méditerranéen / continental.

5. *Les villes:* Il y a beaucoup de (Il n'y a pas beaucoup de) villes / villages.

6. *Signes particuliers (historiques ou touristiques)*: C'est l'état du Président Lincoln. / Nous avons le Grand Canyon. / Le football est numéro un! etc.

Le mot juste

Noms

une caractéristique	*feature*	un lac	*lake*
une côte	*coast*	une montagne	*mountain*
un état	*state*	une mer	*sea*
un fleuve	*river (flowing into a sea or ocean)*	un océan	*ocean*
		un pays	*country*
		une plage	*beach*
une forêt	*forest*	une plaine	*plain*
un habitant/une habitante	*inhabitant*	une région	*region*
un invité/une invitée	*guest*	une rivière	*river (flowing into another river)*

Les amateurs de bateau trouvent leur plaisir en Bretagne.

Les Alpes sont un vrai paradis pour les skieurs.

un site	site	méditerranéen, -enne	Mediterranean
un village	village	moyen, -enne	average, middle-size
une ville	city	tempéré	temperate
un voyage	trip	touristique	touristic

Adjectifs

continental	continental
divers	diverse
historique	historical

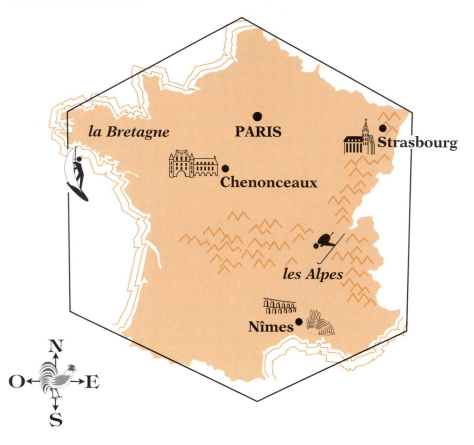

La Bretagne   **PARIS**

Strasbourg

Chenonceaux

les Alpes

Nîmes

N
O ← → E
S

La Vallée des Rois

—Eh bien, voici le château de Chenonceau! Il date de la Renaissance, tu
sais!
—Quel beau château!
—Écoute, une nouvelle visite commence. Allons-y!

En Bretagne

—Qu'est-ce qu'on fait en Bretagne en été?
—On va à la plage, on pêche, on fait de la planche à voile.
—C'est une très belle région, n'est-ce pas?
—Normal! C'est ma région!

En Alsace

—À Strasbourg, je voudrais visiter la cathédrale.
—Bonne idée! C'est un très vieux monument et un monument superbe! C'est aussi un vrai trésor de l'architecture gothique et…
—Oh là là! pas de grands discours, je t'en prie!

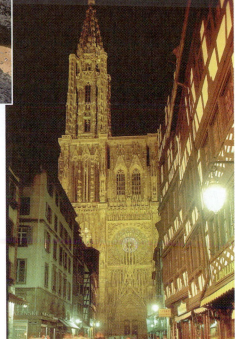

Le Sud de la France

—Qu'est-ce qu'on visite dans le sud de la France?
—Oh! Les plages, bien sûr, mais aussi de très vieilles villes et des monuments romains.
—Des monuments romains! Par exemple?
—Mais les arènes de Nîmes, par exemple, ou encore le pont du Gard! Ça, c'est un site extraordinaire!

Les Alpes

—Les Alpes, c'est vraiment un bel endroit pour faire du ski!
—Bien sûr! Et en été on fait de grandes randonnées.
—Un vrai paradis en toute saison, alors!

Le mot juste

Expressions

Allons-y!	*Let's go!*
en été	*in summer*
en toute saison	*in every season*
Je t'en prie!	*Please!*
je voudrais…	*I would like…*
Qu'est-ce qu'on fait?	*What are we going to do?*
Tu sais!	*You know!*

Verbes

aller	*to go*
dater	*to date from a certain period*
faire	*to do, to make*

Noms

les points cardinaux	*cardinal points*
le nord	*north*
le sud	*south*
l'est	*east*
l'ouest	*west*
l'architecture (f)	*architecture*
une arène	*arena*
une cathédrale	*cathedral*
un château	*castle*

un coin	*corner*
le centre	*center*
un discours	*speech*
un endroit	*place*
un paradis	*paradise*
la planche à voile	*windsurfing*
un pont	*bridge*
une randonnée	*hike*
la Renaissance	*Renaissance period (16th century)*
une saison	*season*
un trésor	*treasure*

Adjectifs

ancien, -enne	*old, ancient*
beau (bel), belle	*beautiful*
bon, bonne	*good*
extraordinaire	*extraordinary*
gothique	*gothic*
grand	*tall, big, large*
nouveau (nouvel), nouvelle	*new*
romain	*Roman*
vieux (vieil), vieille	*old*
vrai	*true*

À votre tour

 A. Vous avez compris? (*Did you understand?*) With a partner, take turns asking each other about places in different parts of France.

MODÈLE: On fait du ski dans les Alpes ou en Bretagne?
—On fait du ski dans les Alpes.

1. Un monument gothique, c'est le château de Chenonceau ou la cathédrale de Strasbourg?
2. C'est Strasbourg ou Nîmes dans le sud de la France?
3. On fait du ski dans les Alpes ou en Bretagne?
4. Un monument romain, c'est le pont du Gard ou le château de Chenonceau?
5. On trouve les arènes de Nîmes dans les Alpes ou dans le sud de la France?
6. À Strasbourg, on visite des arènes ou une cathédrale?

 B. C'est où ça? (*Where is it?*) With a partner, take turns asking where the following places are and pointing to them on a map.

MODÈLE: —La Vallée des Rois, c'est où ça?
—C'est ici (*point to map*), au centre de la France.

1. les Alpes
2. les arènes de Nîmes
3. les plages de Bretagne
4. la cathédrale de Strasbourg
5. des monuments romains
6. le château de Chenonceau
7. le pont du Gard
8. Paris, la capitale

C. Devinette (*Guessing game*). With a partner, take turns describing and identifying various settings in France by combining elements from each column.

MODÈLE: —C'est un château de la Renaissance.
—C'est Chenonceau?
—Bravo!

1. C'est une cathédrale gothique.	Nîmes
2. Il y a des plages où on pêche.	les Alpes
3. On fait du ski et des randonnées.	la Bretagne
4. C'est un monument romain.	le pont du Gard
5. On visite des arènes.	Paris
6. On fait de la planche à voile.	Chenonceau
7. C'est la capitale de la France.	Strasbourg
8. C'est un château au sud de Paris.	

 D. Et qu'est-ce qu'on fait chez vous? (*What's there to do where you live?*) Working with several other students, prepare a list of popular places near your school. Then describe them, using, if you want to, the expressions below. Don't forget to indicate whether they are north, south, east, or west of where you are.

MODÈLE: the resorts of Vail and Breckenridge
—C'est dans les montagnes, à l'ouest.

1. C'est dans les montagnes.
2. C'est une plage.
3. C'est un site superbe.
4. C'est un pont.
5. Il y a un beau monument.
6. On fait du ski.
7. On visite le Capitole.
8. On pêche.
9. On fait de la planche à voile.
10. C'est une belle région.

Outil 1 Les adjectifs qui précèdent le nom

- Remember:

  - Adjectives describe people, places, and things.

  - French adjectives agree in number and gender with the noun they modify.

  - A French adjective usually follows the noun it modifies:

    C'est un monument **superbe.**   *It is a superb monument.*
    Ce sont des monuments **romains.**   *These are Roman monuments.*

- Certain French adjectives precede the noun they modify. These include:

  - Adjectives describing abstract qualities:

bon(ne)	*good*	C'est une **bonne** visite du château.
mauvais	*bad*	Quelle **mauvaise** architecture!
vrai	*true, real*	C'est un **vrai** trésor.

  - Adjectives describing appearance:

beau (belle)	*beautiful*	Quel **beau** château!
gros(se)	*large*	C'est un **gros** château.
joli	*pretty*	Quelle **jolie** région!
long(ue)	*long*	Quelle **longue** rivière!
nouveau (nouvelle)	*new*	C'est un **nouveau** monument.
petit	*small*	C'est un **petit** château.
grand	*large, big*	C'est un **grand** lac.
jeune	*young*	Voilà un **jeune** homme.
vieux (vieille)	*old*	Voilà une très **vieille** ville.

- The adjectives **beau, nouveau,** and **vieux** have an additional masculine singular form used before nouns beginning with a vowel sound: **un vieil homme, un bel endroit, un nouvel hôtel.**

- Adjectives ending in **-eau** form their plural with **-x,** and adjectives ending in **-x** don't change in the plural: de **beaux** châteaux, de **vieux** monuments.

À votre tour

 A. Un peu de lyrisme! (*Dare to be lyrical!*) You've encountered some beautiful places in France. With a partner, describe them enthusiastically in your own words, using adjectives you have just learned in **Contexte 1.**

MODÈLE: —Chenonceau, c'est un beau château.
—C'est un bel endroit, un très bel endroit. C'est un très vieux monument. C'est un vrai trésor. C'est un grand trésor, un vrai paradis!

la cathédrale de Strasbourg
la Bretagne
les Alpes
le sud de la France

 B. Et chez vous? Talk with several other students about some of the beautiful places and sights in your own area. Identify them (see vocabulary in **Cultures en parallèles,** p. 92), then comment enthusiastically.

MODÈLE: —Le Missouri est une rivière.
—C'est une grande rivière, c'est une belle rivière.

C. Visite de groupe (*Group visit*). You are touring with a group. Who are the people in your group? classmates? family members? You may also select people you have met in previous **Contextes!**

MODÈLE: Il y a Paul Tremblay. C'est un retraité canadien. C'est un vieil homme. C'est un vrai ami.

Personnes:
1. Vos amis et votre famille
2. (*Choose among them!*) Kalissa Mossi / Dieudonné Plantin / Aïcha Kahidi et son mari Kaïs / Ginette Orville et ses parents / la famille Tremblay: Paul et Lucie, Jules et Suzanne avec Jacques et Sophie Tremblay / Sylvie Moulin / Aliou Badara / Céline Dion (incognito, bien sûr!)

Adjectifs précédant les noms:
beau / bon / grand / gros / jeune / joli / mauvais / nouveau / petit / premier / vieux / vrai

Adjectifs à recycler:
adorable / agréable / aimable / calme / drôle / énergique / ennuyeux / gai / honnête / impatient / intelligent / mince / obstiné /optimiste / passionné / patient / poli / sportif / timide / triste

---

 D. Autour de vous (*All around you*). Describe what makes your environment a pleasant one; mention beautiful places and interesting people.

MODÈLE: J'aime la Californie. Il y a de belles plages. Il y a de grandes villes. Et il y des personnes amusantes.

**Un climat tempéré mais varié:
Quel temps fait-il?**

En toute saison, il pleut.

En toute saison, il fait du soleil.

En toute saison, il y a des nuages.

Lille • 6

Reims • 6

Rouen 7

★ PARIS 7

Strasbourg • 5

Brest • 10

Rennes 10

Orléans • 9

Belfort • 6

Nantes 12

Bourges 10

Dijon • 9

Lyon • 10

Poitiers 12

Clermont 11

St-Etienne • 11

Grenoble 13

Bordeaux 13

Valence 12

Avignon • 15

Nice • 18

Toulouse 14

Vent 16

Bastia •

Marseille

Biarritz 14

Perpignan 16

Ajaccio • 22

SOLEIL

NUAGES

COUVERT

PLUIES

NEIGE

VENT

En été, il fait toujours beau.

En été, il y a des orages.

En été, il fait chaud.

Au printemps et en automne, il fait beau et doux.

En automne, il fait du vent.

En hiver, il fait mauvais.

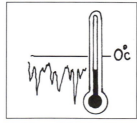

En hiver, il fait froid.

En hiver, il neige.

À votre tour

A. Quel temps fait-il aujourd'hui? (*What's the weather like today?*) Looking at the weather map on page 100, talk about the weather in different parts of France with a partner.

MODÈLE: Dans l'est, il y a des nuages.

B. Quelle température? (*And what about temperature?*) Now, with your partner take turns looking at the weather map and reviewing the day's temperatures.

MODÈLE: 6 degrés à Lille.

C. Oui, mais ça veut dire quoi? (*OK, but what does it mean?*) With your partner, look at both the weather map and the illustrations below it on page 100. Take turns indicating what the temperature is in different French cities and reacting appropriately.

MODÈLE: —À Lille, il fait 6 degrés.
        —Alors (*then*), il fait froid. Il ne fait pas chaud.

D. La date et le temps. Taking turns with your partner, indicate the dates of each season: **le printemps, l'été, l'automne** (*autumn*) **et l'hiver** (*winter*). Indicate what the weather is like in your area during each season.

MODÈLE: L'été est du 21 juin au 21 septembre. Ici, il fait très chaud.

E. De la pluie et du beau temps (*Fair weather and foul*). You have a new partner and the conversation topics are limited, so you discuss the weather...

MODÈLE: —Il fait beau aujourd'hui.
        —Oui, il fait très beau. J'aime le soleil.
        —Moi aussi! Il ne pleut pas souvent ici. C'est bien.
        —En été, en juillet et août, il fait très chaud.
        —Et il y a des orages?
        —Oui, mais pas souvent.

Outil 2 Le verbe **faire**

● The verb **faire** (*to do, to make*) can be used both literally and idiomatically.

faire			
je	fais	nous	faisons
tu	fais	vous	faites
il/elle/on	fait	ils/elles	font

Il fait beau aujourd'hui.   *It's nice out today.*

Nous faisons de la planche à voile.   *We windsurf.*

- The use of **faire** in questions sometimes calls for a verb other than **faire** in the answer.

  - Asking about someone's occupation:

    Qu'est-ce qu'il **fait?**   *What does he do (for a living)?*
    Il **est** architecte.   *He's an architect.*

  - Asking what activity someone is engaged in:

    Qu'est-ce que vous **faites?**   *What are you doing?*
    Je **regarde** la télévision.   *I'm watching television.*

- As you have seen, **faire** is used idiomatically to talk about the weather:

  Quel temps **fait**-il?   *What's the weather like?*
  Il **fait** beau, il **fait** chaud,   *It's nice, it's warm, it's not cold.*
  il ne **fait** pas froid.

- You have also seen that **faire** is used in a number of other idiomatic expressions, among them the following expressions for leisure-time activities:

faire du ski	*to go skiing*
faire de la planche à voile	*to go windsurfing*
faire des randonnées	*to go hiking*
faire un voyage	*to take a trip*
faire la visite de	*to take a tour of*

  Vous **faites du ski** dans les Alpes?   *Do you ski in the Alpes?*
  Tu **fais la visite** du château?   *Are you visiting the castle?*
  Les touristes **font de la planche**   *Tourists go windsurfing in Brittany.*
    à voile en Bretagne.

  - **Faire** is often associated with an activity name to mean that one is involved in this activity.

    Tu **fais du basket** ou **du foot?**   *Do you play basketball or soccer?*
    Tu **fais de la musique?**   *Do you study (or play) music?*

    Note the negative:

    Tu **fais** du volley? Non, je **ne**   *Do you play volleyball? No, I don't*
      fais pas de volley.   *play (any) volleyball.*

À votre tour

 A. On se connaît bien? (*How well do you know each other?*) Here is a list of leisure-time activities. With a partner, take turns guessing what activities various classmates probably enjoy (or don't enjoy).

MODÈLE: Jeanne fait du ski. Robert ne fait pas de foot.

> faire du ski / faire du volley / faire des randonnées /
> faire du foot / faire du karaté / faire du basket / faire du tennis /
> faire de la musique / faire du sport / faire de la planche à voile /
> faire de la pêche / faire des visites de monuments

 B. J'avais raison? (*Was I right?*) Now ask your classmates whether you were right.

MODÈLE: —Tu fais du ski?
　　　　—Exact! Je fais du ski *or* Moi? Je ne fais pas de ski!

 C. Comparaisons. Change partners and take turns indicating what activities you enjoy and how frequently you engage in them.

MODÈLE: —Je fais souvent du karaté.
　　　　—Je ne fais pas de karaté.

> **Activités:**
> faire la visite de monuments / faire du sport / faire du ski /
> faire du basket / faire du volley / faire du foot /
> faire de la planche à voile / faire du rugby / faire des randonnées /
> faire des voyages / faire du tennis
>
> **Adverbes:**
> très souvent / assez souvent / souvent /
> quelquefois / rarement / très rarement

 D. Le profil de la classe (*Class profile*). Circulate among your classmates and find out how many enjoy the activities above. Take notes. Then, share your results on the board. Rank the favorite activities of the group. Finally, assess the group activity level. Is the group **très actif? assez actif? pas très actif?**

MODÈLE: Huit personnes font du foot, deux personnes font du ski. En hiver, nous ne sommes pas très actifs. Seulement deux personnes font du ski.

Contexte 3 Activités saisonnières

Rachid est du sud de la France. Rachid est de Montpellier. Il est photographe. Il adore le climat de Montpellier. Il fait de la moto en toute saison, même en hiver. En été il va à la plage et il fait du bateau.

Florent est aussi du sud de la France. Il est de Marseille, mais maintenant il habite Lyon. En effet (*as a matter of fact*), il va à l'École Centrale et un jour, il va être ingénieur. Bien sûr, à Lyon, il ne fait pas le temps de Marseille! Les Lyonnais ne vont pas à la plage! Mais à Lyon, Florent va au musée, il visite des expositions et il va aux fêtes avec des copains.

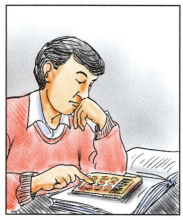  

Amina Doucet est journaliste. Elle est de Dakar. Aujourd'hui, elle habite Grenoble, dans les Alpes. Quel changement! Elle aime bien l'hiver, elle adore la neige et elle va faire du ski le plus souvent possible. En été, elle et un groupe d'amis sportifs vont faire des randonnées.

Henri et Françoise sont de Chambéry. Ils ne sont pas très jeunes. En hiver et en automne, ils restent à la maison, regardent la télé, écoutent de la musique. Ils vont souvent au concert. Le jeudi, ils vont jouer aux cartes chez des amis. Au printemps et en automne, ils vont faire des promenades à pied. Bien sûr, ils ne vont pas faire de promenade à moto!

Le mot juste

Expressions

à moto	*by motorbike*
à pied	*on foot*
à vélo	*by bike*
chez	*at, at the home of*
même	*even*
Quel temps fait-il?	*What's the weather like?*

Verbes

aller au concert	*to go to a concert*
aller à l'école	*to go to school*
aller aux fêtes	*to go to parties*
aller au musée	*to go to a museum*
écouter de la musique	*to listen to music*
faire du bateau	*to go boating*
faire de la moto	*to ride a motorbike*
faire des promenades	*to go for walks*
faire des randonnées	*to take hikes*
faire du ski	*to ski*
faire du vélo	*to ride a bike*
jouer aux cartes	*to play cards*
regarder la télévision	*to watch TV*
rester à la maison	*to stay home*
visiter des expositions	*to go see shows at museums and galleries*

Noms

un sportif/une sportive	*active person involved in sports*

Adjectif

saisonnier, -ière	*seasonal*

À votre tour

A. Avez-vous compris? Taking turns with a partner, indicate what the people you have just met do in their free time. Incorporate the suggestions in the right-hand column into your responses.

MODÈLE: Henri et Françoise vont jouer aux cartes.

Rachid	ne vont pas à la plage
Florent	va aux expositions
Amina Doucet	va aux fêtes
Henri et Françoise	va à l'École Centrale
	va à la plage
	va au musée
	va faire des randonnées
	va faire du ski
	vont au concert
	vont faire des promenades

B. Un sport pour chaque temps (*Sports and weather*). Take turns asking your partner's opinion as to what activity is best suited to what kind of weather.

MODÈLE: —Quand il fait chaud, on va à la plage ou au musée?
        —On va à la plage.

1. Quand il fait chaud, on fait de la planche à voile ou du ski?
2. Quand il neige, on fait du ski ou on fait du surf?
3. Quand il fait bon, on fait des randonnées ou on fait du foot?
4. Quand il fait du vent, on fait du volley ou on fait de la planche à voile?
5. Quand il y a des orages, on fait du sport ou on ne fait pas de sport?
6. Quand il fait froid, on fait du hockey ou on pêche?

C. C'est logique. With a partner, take turns completing each statement to indicate where people with different likes and dislikes probably go or don't go, or what they are likely to do or not do in their leisure time.

MODÈLE: Quand on aime la musique…
        —Quand on aime la musique, on va souvent au concert.
    ou: —On ne va pas faire de vélo!

1. Quand on aime le bateau…	on va à la plage
2. Quand on adore les randonnées…	on va aux expositions
3. Quand on aime la neige…	on va à la montagne
4. Quand on aime les arts…	on va au musée
4. Quand on déteste le froid…	on va dans les Alpes
5. Quand on aime beaucoup le sport…	on va en Bretagne
6. Quand on n'est pas très jeune…	on va faire de la moto
	on va faire du ski
	on va faire du vélo
	on va jouer au foot
	on va jouer aux cartes
	on va rester à la maison

D. Paré à tout… (*Prepared for anything …*) Discuss with a partner what one can do in different kinds of weather.

MODÈLE: En hiver, quand il neige…
—Qu'est-ce que tu fais en hiver quand il neige?
—Je vais jouer aux cartes. *ou:* Je ne vais pas à la plage!

1. En été, quand il y a un orage…
2. Au printemps, quand il fait beau…
3. En automne, quand il fait du vent…
4. En hiver, quand il fait froid…

Outil 3 | Le verbe **aller** et le futur proche

Le verbe **aller**

- The verb **aller** (*to go*) has both literal and idiomatic meanings. It indicates movement toward a place or expresses future plans. Idiomatically, it is used to tell how someone is feeling.

aller			
je	vais	nous	allons
tu	vas	vous	allez
il/elle/on	va	ils/elles	vont

- You already know how **aller** is used idiomatically in greetings:

—Comment **allez**-vous?	*How are you?*
—Je **vais** bien.	*I am fine.*

—Comment ça **va?**	*How is it going?*
—Ça **va** bien.	*It's going fine.*

- When used to express movement, **aller** is always followed by a preposition. The most common preposition is **à** (*to, in*):

Florent va **à** l'école **à** Lyon.	*Florent goes to school in Lyon.*
Ils vont **à** la maison.	*They are going home.*

- The preposition **chez** (*at the home of*) can also be used with **aller:**

Ils vont jouer aux cartes **chez** des amis, **chez** Paul et Geneviève.	*They are going to play cards at the home of some friends, at Paul's and Genevieve's.*

▆▆▆ À votre tour

A. Une après-midi de libre (*A free afternoon*). Everyone has the afternoon off. Tell where each person is going, choosing from among the following destinations: **à la plage, au café, au musée, au concert.**

1. Rachid
2. Florent et ses copains
3. nous
4. Henri et Françoise
5. tu
6. je
7. toi et elle

B. Et vous? Write down in descending order of preference the three places you would choose to go if given an afternoon off: **chez un copain? à la maison? au musée? à la plage? à la banque? au café?** Then compare your preferences with those of your classmates and summarize your findings.

C. Où passer le week-end? (*Where to spend the weekend*?) Working in small groups, take turns asking and answering questions about each other's weekend plans under the specified circumstances.

MODÈLE: Tu as envie de faire du ski.
—Tu as envie de faire du ski. Où est-ce que tu vas?
—Je vais dans les Alpes.

1. Vous voulez visiter un château.
2. On a envie de rencontrer des copains.
3. Il fait beau et vos copains ont une planche à voile.
4. Ta copine étudie l'art.
5. Nous étudions les monuments romains.
6. Tu voudrais visiter une cathédrale gothique.
7. C'est l'été et nous avons très, très chaud.

Le futur proche (*immediate or near future*)

- When followed directly by an infinitive, **aller** indicates future plans. In this construction, **aller** is the conjugated verb.

Un jour, il **va** être ingénieur.	*One day, he is going to be an engineer.*
Elle **va** faire du ski le plus souvent possible.	*She is going to go skiing as often as possible.*
Ils **vont** jouer aux cartes avec des amis.	*They are going to play cards at the home of friends.*

- In the negative, the **ne... pas** is placed around the conjugated verb **aller.**

Ils **ne vont pas** faire de promenade à moto.	*They are not going on motorbike rides.*

■ À votre tour

 A. L'an prochain encore! (*Next year again!*) Working with a partner, pick one person from **Contexte 3** and indicate that his or her routine will stay the same next year.

MODÈLE: Rachid va faire de la moto…

 B. Plus jamais ça! (*Never again!*) Now pick another person from the **Contexte** and indicate that next year he or she will break away from the current routine and do something else.

MODÈLE: L'an prochain, Rachid ne va pas faire de moto, il va faire de la planche à voile…

 C. Et vous? Qu'est-ce que vous allez faire? With a partner take turns indicating what you will do under these various circumstances. Are your choices similar?

MODÈLE: Il pleut.
　　　　—Je vais aller au concert.

1. Il y a une exposition au musée.
2. Il fait beau et nous avons des vélos.
3. Il fait très froid.
4. Il y a un match de foot à la télé.
5. Il neige.
6. C'est le printemps, il fait très bon.

 D. Visite d'amis. In small groups, contribute your ideas of things to do when a group of French students visits your campus. Indicate what season it is.

MODÈLE: —C'est l'été. Il fait beau.
　　　　—Lundi, nous allons visiter la capitale.
　　　　—Mardi, nous allons aller à la plage.

E. Ça va changer! (*It's going to change!*) Confess some bad habits to your partner. He/She will suggest what you might do to turn the situation around.

MODÈLE: —Je ne visite pas souvent les musées.
　　　　—Alors, tu vas visiter les musées plus souvent.

Volet 4

Contexte 4 Projets de vacances

Florent (21 ans). Pour moi, les vacances c'est la mer. Alors, en juillet, Thierry (mon nouveau copain) et moi, nous allons passer 15 jours sur le bateau de mon père mais sans lui, bien sûr! Juliette va aussi venir avec nous, elle et aussi son copain Martin! On ne va pas aller sous les Tropiques, évidemment, mais on va visiter toutes les calanques autour de Cassis!

Un jour peut-être Florent lui aussi va être le propriétaire d'un voilier!

Le mot juste

Expressions

à	at, in, to
à côté de	next to
avec	with
comme vous savez	as you know
dans	in, inside
de	of, from
derrière	behind
devant	in front of
en montagne	in the mountains
évidemment	evidently
loin de	far from
près de	near
sans	without
sous	under, beneath
sur	on, on top of
surtout	especially
vite	quickly

Verbe

passer (du temps)	to spend time

Noms

une calanque	cove surrounded by steep cliffs
un cousin/une cousine	cousin
un jardin	yard
une place	village square
les vacances (f)	vacation

Adjectifs

agréable	pleasant, nice
originaire	originally from, native of
tous, toute(s)	all, every

Annette (33 ans) et Robert (35 ans) Montand, de Bordeaux. Nous, nous allons passer les vacances à Ornans, un petit village du Jura près de Besançon. Moi, je suis de Bordeaux, comme vous savez. Mais Robert, lui, est originaire d'Ornans et nous avons toujours un petit appartement là. Les enfants, Anne et Julien, jouent sur la place du village devant la maison. Derrière la maison il y a un petit jardin très agréable. Des cousins habitent la

À Ornans les maisons ont les pieds dans la rivière!

maison juste à côté. Et puis ce n'est pas loin de la rivière. Robert adore aller à la pêche! Robert et moi, nous aimons surtout faire des randonnées en montagne, mais pas avec les enfants: sans eux, on va plus vite!

À votre tour

A. Avez-vous compris? First identify on your own the person or persons from the **Contexte** who are described below. Then compare your answers with those of your partner.

MODÈLE: adore la mer
—Florent adore la mer, et son père aussi.
ou: —Florent, Thierry, Martin et Juliette adorent la mer.

1. est originaire du Jura	Juliette
2. a un bateau	Robert Montand
3. passe les vacances sans les parents	Annette Montand
4. la place du village est devant sa maison	Florent
5. va visiter toutes les calanques	Martin
6. fait de grandes randonnées	le père de Florent
7. passe les vacances avec les parents	Thierry
8. rencontre des cousins en vacances	Julien Montand
9. passe les vacances près des cousins	Anne Montand
10. aime la pêche	
11. fait des randonnées sans les enfants	

B. Où sont-ils? Look at the drawings with a partner, then take turns asking each other about them.

1. Quand Florent pêche, il est sur ou sous le bateau?
2. Quand Florent répare le bateau, il est sur ou sous le bateau?
3. Juliette est-elle à côté de Florent ou loin de Florent?
4. Quand Florent répare le bateau, est-il avec ou sans son amie?
5. Le bateau est-il près ou loin de la plage?
6. Est-ce qu'il y a un autre bateau devant ou derrière le bateau de Florent?
7. Est-ce que Juliette est dans le bateau ou derrière le bateau?
8. Est-ce que le bateau est sur ou sous la mer?

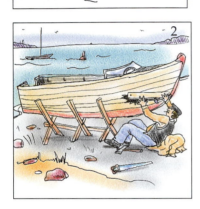

C. Interview. Interview two classmates about how they usually spend their vacations, asking them the following questions. Record their answers, then summarize them for the class.

1. Quand êtes-vous en vacances?
2. Où passez-vous les vacances?
3. Pourquoi allez-vous là (*there*)?
4. Avec qui passez-vous les vacances?
5. Qu'est-ce que vous faites là?

D. Vos coordonnées (*Your whereabouts*). Talk with your partner about your vacation plans.

1. Je vais aller en vacances à…
2. Je vais en vacances avec…
3. Je vais dans un endroit près de…
4. La maison est…
5. Là, j'aime surtout…
6. ?

Outil 4 Les pronoms toniques

- You have already encountered most forms of the stressed pronouns: (**les pronoms toniques**):

moi	*I*	nous	*we*
toi	*you (informal or singular)*	vous	*you (formal or plural)*
lui	*he*	eux	*they (plural, masculine and feminine)*
elle	*she*	elles	*they (plural, feminine)*

- Stressed pronouns may be used for emphasis:

  Moi, je suis de Bordeaux.　　　　*As for me, I am from Bordeaux.*
  Robert, **lui,** est originaire d'Ornans.　　*But Robert is from Ornans.*

- Stressed pronouns are used after prepositions:

  Pour moi, les vacances, c'est
  　la mer.
  *As for me, being on vacation is being
  　near the sea.*

  Pas avec les enfants: **sans eux** on
  　va plus vite!
  *Not with the children: without them,
  　we go faster!*

  On va sur le bateau de mon père
  　mais **sans lui,** bien sûr!
  *We are going on my father's boat, but
  　without him, of course!*

- They are used with **c'est:**

  Le nouveau copain, c'est Thierry?　　*The new friend is Thierry? Yes, that's*
  　Oui, **c'est lui!**　　　　　　　　　*the one!*

- Stressed pronouns may occur in isolation and in sentence fragments where there is no verb. They may mark agreement (with a positive statement or with a negative statement):

  —Qui va avec Florent?　　　　*Who is going with Florent?*
  —**Lui** et **elle** aussi!　　　　*He is, and so is she!*

  —Je n'aime pas le bateau.　　*I don't like to go boating.*
  —**Moi** non plus!　　　　　　*Me either!*

- Stressed pronouns may also mark disagreement:

  —Qui aime rester en ville?　　*Who likes to stay in the city?*
  —**Pas moi!**　　　　　　　　*Not I! (I don't!)*

  —Je n'aime pas le bateau.　　*I don't like to go boating.*
  —**Moi,** si!　　　　　　　　*I do! (However, I do.)*

■ À votre tour

A. Les copains d'abord! (*Friends come first.*) Several people are discussing their plans, all of them involving others. Rephrase their sentences, using stressed pronouns.

MODÈLE: Je vais faire du bateau avec *des copains.*
   —Je vais faire du bateau avec *eux.*

1. Je vais à la mer avec *Juliette.*
2. Nous passons 15 jours chez *les Martin.*
3. On va visiter Ornans avec *les Montand.*
4. Les enfants jouent avec *leurs* (their) *cousins*?
5. Annette ne va pas à la pêche *avec Robert.*

B. Chacun à son goût (*To each his/her own*). In the passage below, Julien and Anne speak about their summer at Ornans. Working with a partner, take turns inserting stressed pronouns for added emphasis.

MODÈLES: *Les Montand* habitent Bordeaux.
   —Les Montand, eux, habitent Bordeaux.

   Nous habitons Bordeaux.
   —Nous, nous habitons Bordeaux.

1. *La famille* passe l'été à Ornans.
2. *Nous* avons un petit appartement là.
3. *Nos cousins* habitent une maison juste à côté.
4. *J'*aime aller à la pêche.
5. *La rivière* est derrière la maison.
6. *Tu* aimes jouer sur la place du village.
7. *Le village* est toujours assez calme.
8. *Ma cousine* joue souvent dans le jardin.
9. *Les parents* préfèrent faire des randonnées.
10. *Les montagnes* sont tout près.

C. Degrés d'indépendance (*Degrees of independence*). First, write five sentences expressing your own tastes with regard to vacations (find some suggestions below). Then, with a partner, take turns sharing your preferences and reacting to them.

MODÈLES: passer les vacances à la mer / avec mon père
   —J'aime passer les vacances à la mer avec mon père.
   —Moi aussi! J'aime passer les vacances à la mer avec lui.
   ou: —Pas moi! J'aime aller à la montagne.

   aller en vacances / avec des cousins
   —Moi, je vais en vacances avec des cousins.
   ou: —Pas moi, je ne vais pas en vacances avec eux!

1. aller faire du bateau / avec les parents
2. voyager avec les parents / avec des copains
3. rester près des parents / près d'un copain (une copine)
4. faire des randonnées avec les parents / avec des copains
5. aller en vacances avec / sans un copain (une copine)
6. les parents / voyager loin/près de mes (my) parents

 *honétique*

Enchaînement et liaison, seconde étape

In this dossier, you learned that some adjectives precede the noun they modify. The noun phrase (article + adjective + noun) is always pronounced as an uninterrupted string, so there is always either **enchaînement** (*word linking*) or liaison between the adjective and the following noun.

Enchaînement

● The adjectives **beau, nouveau,** and **vieux** have an additional form which is used before masculine singular nouns beginning with a vowel sound. The final sound (consonant or semivowel) of the adjective is pronounced with the first syllable of the noun. Thus, **un nouvel étudiant** is pronounced [œ̃-nu-vɛ-le-ty-djã].

 **À votre tour**

A. Enchaînement. Écoutez et répétez.

1. un bel endroit
2. un nouvel ami
3. un vieil ami

Liaison

● Liaison occurs when a final consonant which is not normally pronounced *is* pronounced and linked to a following vowel sound.

À votre tour

B. Liaison. Écoutez et répétez.

1. de beaux‿endroits
2. de nouveaux‿hôtels
3. de vieux‿amis
4. de bons‿étudiants
5. de petits‿hôtels
6. un petit‿appartement
7. un grand‿appartement
8. de grands‿hôtels
9. de jolis‿endroits
10. de belles‿affiches
11. de bonnes‿adresses
12. de petites‿affiches
13. de vieilles‿amies
14. de grandes‿affiches
15. de longues‿années

Enchaînement et liaison

● Before a vowel sound, the masculine singular forms are pronounced like the feminine singular. For example, **un bon ami/une bonne amie** are distinguished only by the pronunciation of the article [œ̃ bɔ na mi]/[yn bɔ na mi].

À votre tour

C. Enchaînement et liaison. Écoutez et répétez.

1. une bonne amie / un bon ami
2. une mauvaise étudiante / un mauvais étudiant
3. une petite affiche / un petit hôtel
4. la première année / le premier examen
5. une vieille amie / un vieil ami
6. Bonne idée! / Bon anniversaire!

En direct

A. Projets. Listen to the telephone conversations in which various people talk about their plans. For each conversation, identify:

- who is talking (the relationship of the speakers);
- what the weather is going to be like;
- where the people are planning to go;
- what they're going to do there.

	Qui?	Temps?	Destination?	Projets?
1.				
2.				
3.				
4.				

B. Les incertitudes de la météo (*The uncertainty of weather forecasts*). Listen to the following exchange between Florent and Juliette, who run into each other one Wednesday night. Then indicate whether the statements are **vrai** (*true*) or **faux** (*false*) and make appropriate corrections.

1. ___ The weekend forecast is for very bad weather.
2. ___ Florent predicts that it will be nice and warm.
3. ___Juliette is inviting Florent to go hiking in the mountains.
4. ___Florent and his friends are going to watch TV and listen to music.
5. ___ Juliette reminds Florent that it is snowing in the mountains.
6. ___In the end, Florent decides not to go to the mountains.

Découvertes

Cultures en parallèles

À l'échelle de la France

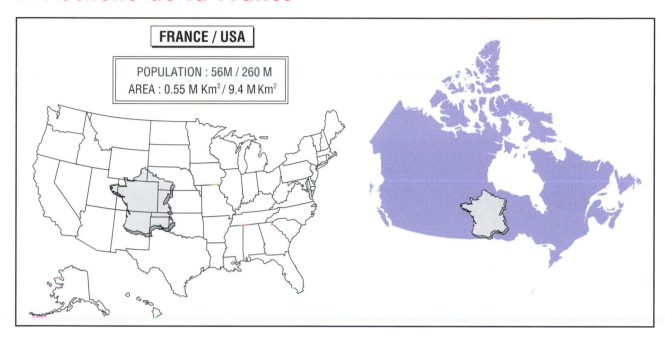

FRANCE / USA

POPULATION : 56M / 260 M
AREA : 0.55 M Km^2 / 9.4 M Km^2

Observer

Qu'est-ce que la France? Lisez le texte suivant.

La France continentale a la forme d'un hexagone. Cette forme est très compacte—la mer ou l'océan ne sont jamais à plus de 500 kilomètres. La distance maximale entre deux points n'est jamais plus de 1.000 kilomètres. Il est possible, en auto comme en train, de traverser la France d'est en ouest, ou du nord au sud en une petite journée.
(Adapté de G. Labrune, *La Géographie de la France*)

 Et maintenant, partagez avec un partenaire vos remarques sur:

1. La forme approximative de la France: Régulière ou irrégulière? symétrique ou asymétrique? À quelle figure géométrique ressemble-t-elle?
2. Le climat: On identifie trois types de climats en France. Le climat océanique: beaucoup de pluies et des températures douces. Le climat continental: froid et sec en hiver avec des orages en été. Le climat méditerranéen: très chaud l'été et doux en hiver, pluies en automne et au printemps. Mais ces climats sont aussi appelés «tempérés», avec des températures moyennes rarement inférieures à 10 degrés Celsius. Qu'est-ce qui influence donc le climat: la latitude de la France? la proximité de la mer ou de l'océan? l'altitude?
3. Les distances en France: Combien de kilomètres séparent les points les plus distants? En combien de temps est-ce qu'on peut traverser la France?

Réfléchir

A. Surprise! When a French person arrives for the first time in the United States or Canada, he/she is in for quite a surprise! Read the following remarks, then expand on the concepts.

«La première impression quand on arrive aux États-Unis, c'est le gigantisme: Dans ce pays tout est immense, tout est tellement grand! On ne garde pas la notion des distances.» (Perrine F., 23 ans)

«Ah! l'immensité des États-Unis par rapport à la France! Quand on voyage aux États-Unis on reste toute une journée avec le même paysage. Chez nous, en France, si on voyage toute une journée, le paysage change souvent: forêts, vallées, montagnes etc.… La France est si variée! Et puis après une journée de voyage on arrive dans un autre pays!» (Georges M., 45 ans)

B. Une grande variété. On the other hand, an American or a Canadian going to France is in for another surprise «**La France, si petite, est si variée!**» Look at the photos below and on the opposite page. Find the areas mentioned on the map at the front of the book. Describe the photos. Do similar regions exist in your country? Where?

Left: Les calanques de Cassis. Right: La cathédrale de Chartres.

Rivières et forêts, ville et solitude, chacun trouve son bonheur.

D'un parallèle à l'autre

Prepare notes on an index card to introduce your adopted Francophone country to your classmates. Where is it located? On which continent? What are its physical characteristics? What is its climate? What is the name of its capital and of important cities?

For help, go to the *Parallèles* Web page for Dossier 3. Click on the navigation button "Parallèles." Once there, find the *Quid* site that will provide you with general information on your adopted country. Find the information pertaining to your country, and print a map and perhaps one photo, and share your materials with your classmates.

Shippagan est une petite ville sur le golfe du Saint-Laurent.

À vous la parole

 A. Le relief de la France. Look at the map of France at the front of the book, and identify the following mountains and rivers.

Montagnes: les Alpes, le Jura, les Pyrénées, le Massif central, les Vosges
Fleuves: la Seine, le Rhône, la Garonne, la Loire, la Saône

MODÈLE: —Voilà les Alpes. Ce sont des montagnes.
—Voilà la Seine. C'est un fleuve.

 B. Je vais visiter... Pick out on the map a region that you want to visit and explain why. Then ask your partner where he/she intends to go.

MODÈLE: Moi, je vais visiter le sud-est de la France. J'aime les montagnes et la mer. Et toi?

 C. Conversation téléphonique. Call a friend to suggest things to do next weekend. Pay attention to the weather!

MODÈLE: Marc: Allô! Paul? Bonjour Paul, ici Marc, comment ça va? Écoute! Moi, j'ai envie d'aller faire du bateau ce week-end. Tu es libre?
Paul: Bonne idée. J'adore faire du bateau. Mais quel temps est-ce qu'il va faire?
Marc: Il va faire beau et chaud, c'est sûr!
Paul: Eh bien, d'accord! Où est le rendez-vous?
Marc: Devant chez Florent.

 D. Quel enthousiasme! (*What enthusiasm!*) Taking turns with your partner, exchange your impressions about a region, a city, or a monument you have recently visited. Try to share your enthusiasm!

MODÈLE: Moi, j'aime beaucoup Strasbourg. Quelle belle ville! C'est aussi une très vieille ville, et il y a une cathédrale superbe.

 Lecture

Bretagne et Provence

Travaux d'approche. These pages, introducing Brittany and Provence, have been taken from a guide to the French provinces. On the basis of your familiarity with guidebooks in general, what sort of information would you expect to be presented here? Probably you can expect a brief introduction to these areas and an overview of their geography and climate. Isn't it likely also that there may be some information about the historical context, the main cities, regional specialities, and famous people? You will find that anticipating the content of readings in this way can make them much more approachable and easy to follow.

La Bretagne

La Bretagne est une région naturelle et historique de l'ouest de la France. Elle est bordée par la Manche et l'Atlantique. Le climat est influencé par l'océan; il fait généralement doux et humide mais souvent le vent souffle assez fort. Les anciennes montagnes sont aujourd'hui une sorte de plateau, sans altitude. La côte nord a un aspect très sauvage parce qu'il y a beaucoup de rochers; la côte sud a de belles plages de sable.

Le tourisme est une ressource importante et essentielle. Quand on visite la Bretagne, on visite Brest, aujourd'hui la ville la plus moderne de Bretagne. On va aussi à Saint-Malo, une ville originale complètement entourée d'un rempart. Et puis on visite aussi Rennes, ville administrative et universitaire.

La Bretagne est une très belle région, fameuse pour ses crêpes et son cidre°, ses menhirs° préhistoriques et ses légendes celtiques comme l'histoire tragique de Tristan et Yseult. Cette région garde sa langue, le breton, et ses traditions. Parmi ses enfants les plus célèbres on compte le poète, romancier, voyageur et historien François René de Chateaubriand, le grand ennemi politique de Napoléon.

°fermented apple juice
°prehistoric monuments resembling huge upright stones (many of which are found at Carnac)

La Provence

La Provence d'aujourd'hui c'est d'abord l'ancienne province romaine. Le théâtre antique d'Orange, les arènes de Nîmes et sa Maison carrée°, les ruines d'une ville romaine à Vaison-la-Romaine le rappellent aux visiteurs.

Son climat est méditerranéen, chaud en été, doux en hiver. Son relief est aussi varié que les couleurs de la région! Quand on arrive par la vallée du Rhône, on trouve les terres rouges, plantées de vignes vertes ou d'oliviers presque gris, puis les champs de lavande bleue. Des cyprès toujours verts arrêtent le mistral, le vent du nord glacial qui souffle en hiver.

La montagne Sainte-Victoire, le Mont Ventoux, les dentelles de Montmirail continuent depuis Cézanne à tenter les artistes peintres. Les plages de sable blond de Fréjus alternent avec les rochers rouges des calanques de Cassis.

Les villes sont nombreuses: Aix-en-Provence, patrie du peintre Cézanne et ville universitaire; Toulon et son port; Avignon et son palais des Papes; Grasse et ses parfums. Marseille est la capitale économique et politique de la région où habitent plus de quatre millions d'habitants. Sa bouillabaisse, ou soupe de poisson, accompagnée d'un vin rosé des Côtes de Provence, est une spécialité gastronomique.

Le tourisme est une ressource importante. En toutes saisons, il y a des fêtes: le carnaval de Nice en février, le festival du cinéma à Cannes en mai, le festival de jazz à Juan-les-Pins en juillet.

Mais cette très vieille région a aussi des aspects très modernes symbolisés par la ville nouvelle de Sophia-Antipolis, une capitale de l'informatique, au nord de Nice.

°a Roman temple, today a museum

Exploration

After reading the guidebook pages, make two charts, one for **Bretagne** and one for **Provence,** supplying the following information:

Première(s) impression(s)   Intérêt historique
Géographie et climat   Personnages célèbres
Ressources   Signes particuliers
Villes importantes

Réflexion

Would you prefer to visit **Bretagne** or **Provence?** Discuss your preference— and the reasons for it—with several of your classmates. How similar or how diverse are your reactions?

À vos stylos

Envoyer des cartes postales

Look at and read the two postcards.
Can you determine:

- Who is writing to whom?
- The tone of the message: formal? informal?
- The subject of the message: description of a trip or vacation? of the surroundings? of the writers' activities?
- The opening and closing formulas?

La Tournette 2357 m

Meilleur souvenir d'une belle région où il fait très beau temps! Les enfants sont heureux et nous aussi! Nous faisons de grandes randonnées tous les jours. Notre hôtel est confortable et la cuisine abondante et...... délicieuse! Bien amicalement à vous
Simone Roger

M. et Mme Lebas
15 rue de Ker Tatupage
29200 Brest

Tu vois, on n'oublie pas notre vieux copain! Nous campons dans un site magnifique, près d'un petit village pittoresque. Demain nous allons visiter une vieille abbaye dans la montagne. C'est un peu loin, mais... on est plein de courage! Ne travaille pas trop! Bises. Marielle Charles
Jérôme Christine Luc Nathalie

Jean-François Saunier
27 rue Victor Hugo
69002 LYON

Now write two postcards of your own, using the guidelines given.

Carte postale numéro 1
À qui: À un/une camarade Sujet: Un petit voyage agréable. Indiquez où vous êtes, avec qui, quel temps il fait, quelles sont vos (*your*) activités.
Carte postale numéro 2
À qui: À vos parents Sujet: La visite d'un monument ou d'un endroit historique. Indiquez quel monument, dans quelle région. Est-il grand ou est-il petit? Est-il moderne ou ancien? Est-ce un exemple d'un certain style? A-t-il un intérêt historique? architectural? touristique? Indiquez votre réaction (Vous aimez? Vous n'aimez pas?)

Parallèles historiques

Le château de Chambord et la vallée des Rois

Au XVIe siècle, à la Renaissance, les rois de France s'intéressent aux arts et aux sciences. Mais ils désirent aussi profiter de «la douce France». Ils font construire des châteaux en pleine nature, dans la vallée de la Loire, aussi appelée «vallée des Rois». Le château de Chambord est le plus grandiose. C'est un château vraiment immense (440 salles, 85 escaliers et 365 cheminées!). Le grand artiste italien Léonard de Vinci a participé à sa conception, à l'invitation du roi François Ier.

À l'écran

Tour de France

Avant de regarder. Look at a map of France; then start a **Tour de France** counterclockwise by identifying the areas of Périgord, Côte d'Azur, Alpes, Alsace, Champagne, and ending up in Paris. Look up the names of these regions in an encyclopedia and/or the Internet and report your findings to the class.

Clip 3.1 La France tout en images

Maintenant je sais...

Below are some cultural questions we have been addressing from different points of view throughout this dossier. Can you elaborate, expanding on what you have learned and using precise examples whenever possible?

1. Which state(s) or province(s) have a surface almost equal to the surface of France?
2. Do North Americans and the French evaluate distances in an equivalent manner?
3. What are some physical characteristics that show the diversity inside the **Hexagone?**
4. What are the different types of climate one can encounter in France? Where?
5. Why is Brittany such a unique region?
6. Why are there so many **châteaux** in the Loire valley?
7. Why are the terms **ruines romaines, bouillabaisse, parfums,** and **couleurs** so often associated with **Provence?**

Tous les mots

Expressions

à	at, in, to
~ moto	by motorbike
~ pied	on foot
~ vélo	by bike
à côté de	next to
Allons-y!	Let's go!
avec	with
chez	at, at the home of
comme vous savez	as you know
dans	in, inside
de	of, from
derrière	behind
devant	in front of
évidemment	evidently
Je t'en prie!	Please!
Je voudrais…	I would like…
loin de	far from
même	even
près de	near
Qu'est-ce qu'on fait?	What are we going to do?
sans	without
sous	under, beneath
sur	on, on top of
surtout	especially
Tu sais!	You know!
vite	quickly

Verbes

aller	to go
~ au concert	to go to a concert
~ à l'école	to go to school
~ à des fêtes	to go to parties
~ au musée	to go to a museum
dater	to date from a certain period
écouter de la musique	to listen to music
faire	to do, to make
~ des promenades	to go for walks
~ du bateau	to go boating
~ de la moto	to ride a motorbike
~ du ski	to ski
~ du vélo	to ride a bike
imaginer	to imagine
jouer aux cartes	to play cards
passer (du temps)	to spend time
préparer	to prepare
regarder la télévision	to watch TV
rendre visite à	to pay a visit to someone
rester à la maison	to stay home
visiter	to visit a place
visiter des expositions	to go see shows at museums and galleries

Noms

l'architecture (f)	architecture
une arène	arena
une calanque	cove surrounded by steep cliffs
une caractéristique	feature
une cathédrale	cathedral
le centre	center
un château	castle
un coin	corner
une côte	coast
un cousin/une cousine	cousin
un discours	speech
un endroit	place
l'est	east
un état	state
un fleuve	river (flowing into a sea or ocean)
une forêt	forest
un habitant/une habitante	inhabitant
un invité/une invitée	guest
un jardin	yard
un lac	lake
une mer	sea
une montagne	mountain
le nord	north
un océan	ocean
l'ouest	west
un paradis	paradise
un pays	country
une place	village square
une plage	beach
une plaine	plain
la planche à voile	windsurfing
les points cardinaux	cardinal points
un pont	bridge
une randonnée	hike
une région	region
la Renaissance	Renaissance period (16th century)
une rivière	river (flowing into another river)
une saison	season
un site	site
un sportif/une sportive	active person involved in sports
le sud	south
un trésor	treasure
les vacances (f)	vacation
un village	village
une ville	city
un voyage	trip

Adjectifs

agréable	*pleasant, nice*
ancien, -enne	*old, ancient*
beau (bel), belle	*beautiful*
bon, bonne	*good*
continental	*continental*
divers	*diverse*
extraordinaire	*extraordinary*
gothique	*gothic*
grand	*tall, big, large*
gros (se)	*large*
historique	*historical*
joli	*pretty*
long (ue)	*long*
méditerranéen, -enne	*Mediterranean*
moyen, -enne	*average, middle-size*
nouveau (nouvel), nouvelle	*new*
originaire	*originally from, native of*
petite	*small*
romain	*Roman*
saisonnier, -ière	*seasonal*
tempéré	*temperate*
touristique	*touristic*
tous, toute(s)	*all, every*
vieux (vieil), vieille	*old*
vrai	*true*

Les saisons

le printemps / au printemps	*spring / in the spring*
L'été (m) / en été	*summer / in the summer*
L'automne (m) / en automne	*fall / in the fall*
L'hiver (m) / en hiver	*winter / in the winter*
en toute saison	*in every season*

Le temps

Quel temps fait-il?	*What's the weather like?*
Il fait beau / mauvais.	*It's nice / poor.*
Il fait chaud.	*It's hot.*
Il fait doux.	*It's mild.*
Il fait froid.	*It's cold.*
Il fait du soleil.	*It's sunny.*
Il fait du vent.	*It's windy.*
Il y a des nuages.	*It's cloudy.*
Il y a des orages.	*It's stormy.*
Il pleut.	*It's raining.*
Il neige.	*It's snowing.*

DOSSIER 4

Communication

- Locating landmarks and public buildings on a city map
- Following and giving directions
- Identifying stores and shops
- Talking about your daily comings and goings
- Telling time

Cultures en parallèles

- Chez nous
- Espace urbain et quartier

Outils

- Possessive adjectives
- Imperative; polite requests
- Regular **-re** verbs; the verb **prendre**
- Cardinal numbers 31–100; telling time

Phonétique: Oral vowels, Part 1: Open vowels

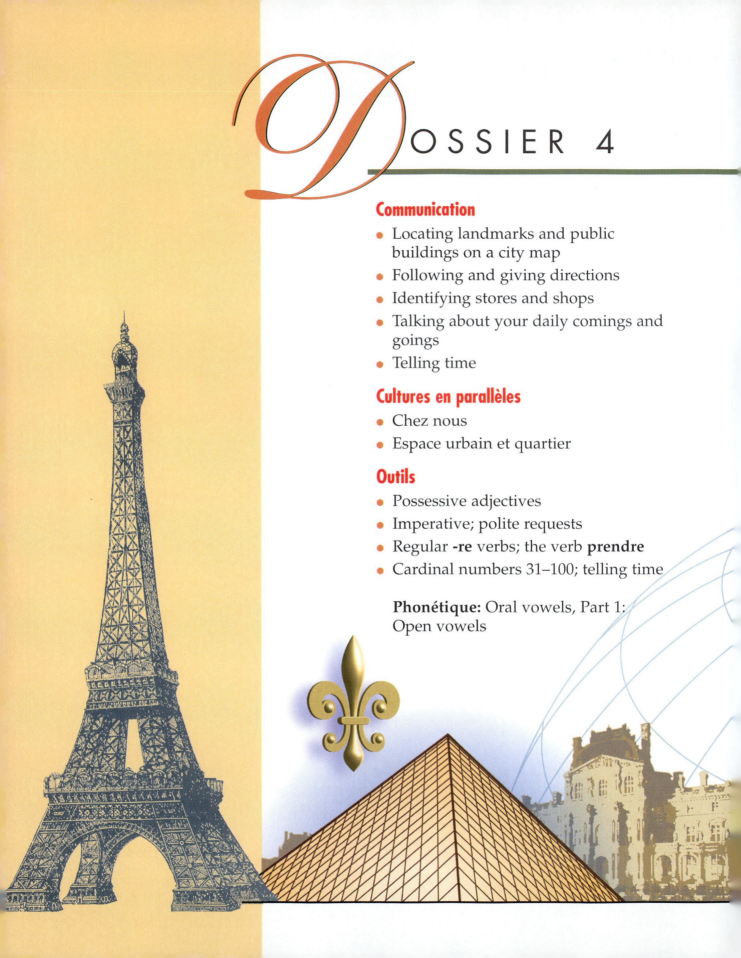

La ville et le quartier

C'est un architecte français, Pierre L'Enfant, qui a dessiné les plans de Washington, D.C.

Cultures en parallèles

Chez nous

Working in small groups, introduce the city where you live now (or where you used to live, or the city closest to your campus):

- La ville est-elle une grande ville, une petite ville ou une ville moyenne?
- Est-ce un centre politique? un centre industriel? une destination touristique?
- La ville a-t-elle une importance historique?

Next, draw a quick map of the city, and consider the following questions:

- Les bâtiments publics sont-ils au centre de la ville? à la périphérie de la ville?
- Leur emplacement (*their location*) est-il déterminé plutôt par des raisons historiques ou logiques?
- Y a-t-il des parcs?
- Est-ce qu'il y a des installations sportives?

Now describe to the others in your group the area where you live now (or where you used to live, or where the campus is situated):

- Le quartier est-il dans le centre-ville ou en banlieue?
- Y a-t-il beaucoup de résidents?
- Y a-t-il en majorité des maisons particulières ou des appartements?
- Y a-t-il des espaces verts?
- Est-ce que votre quartier a un nom spécial?
- Est-ce qu'il a une identité historique ou culturelle (un quartier italien, chinois, russe? un vieux quartier ou un quartier moderne?)?

Le mot juste

Expressions

à la périphérie de	*at the edge of*
en banlieue	*in the suburbs, the outskirts*
en majorité	*for the most part*

Noms

un appartement	*apartment*
une banque	*bank*
un bâtiment	*building*
une destination	*destination*
un emplacement	*location*

un espace vert	*green space*
des installations (f)	*buildings*
une maison particulière	*private residence*
un parc	*park*
la poste	*post office*
un quartier	*neighborhood*
une ville	*city*

Adjectifs

caractéristique	*characteristic*
chinois	*Chinese*
industriel, -elle	*industrial, industrialized*

À la Nouvelle-Orléans, les traces de son passé français et espagnol sont toujours bien vivantes (*alive*).

Finally, conclude by discussing the following question:

- Les exemples discutés avec vos camarades sont-ils ou non caractéristiques d'une ville nord-américaine «typique»? Pourquoi oui ou non?

italien, -enne	*Italian*
moyen, -enne	*average*
planifié	*planned*
politique	*political*
proche	*nearby*
public, -ique	*public*
russe	*Russian*
spécial	*special*
sportif, -ive	*sportive*
typique	*typical*

Contexte 1 Ma ville et mon quartier

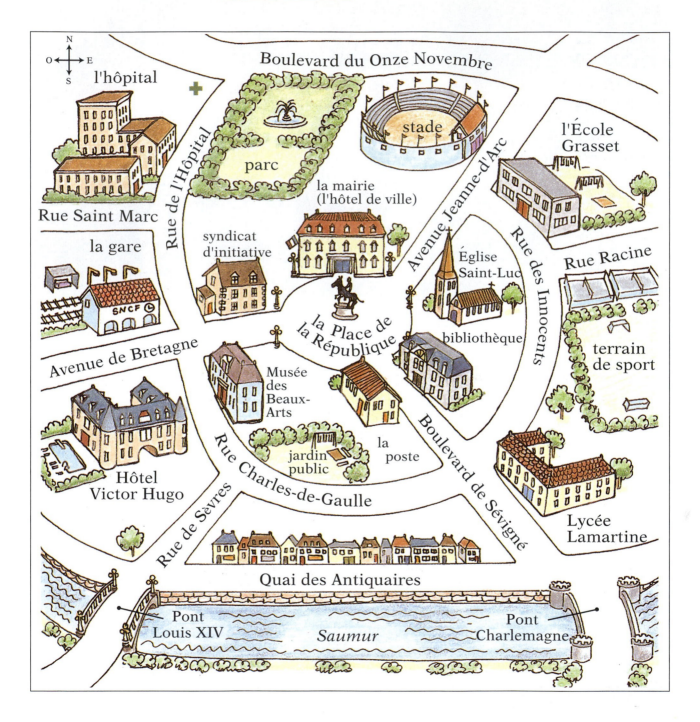

Dominique parle de sa ville:

Au centre-ville, il y a une grande place, la place de la République. C'est l'endroit où se trouve mon café favori. J'y rencontre tous (*all*) mes copains. L'hôtel de ville, la bibliothèque et le bureau de poste sont tout près. C'est pratique.

Mon amie Sylvie travaille à l'hôtel Victor Hugo, tout près de la gare. Mon lycée, le lycée Lamartine, est assez loin de notre maison, boulevard du Onze Novembre. Heureusement, moi, j'ai ma mobylette! Le stade est au nord de la ville. Au sud, notre quai des Antiquaires est très célèbre: ses boutiques d'antiquités attirent beaucoup d'amateurs de belles choses.

■■■ À votre tour

 A. Qu'est-ce que c'est? With a partner, take turns pointing out and identifying places shown on the map on page 130.

MODÈLE: —Qu'est-ce que c'est?
　　　　　—C'est la gare.

 B. C'est loin d'ici? C'est près d'ici? (*Is it far from here? Is it nearby?*) You have arrived at the train station with a friend. When he/she asks about various places in town, look at the map and respond.

MODÈLE: —Le parc, c'est loin d'ici?
　　　　　—Non, c'est tout près!
　　　　　—Le terrain de sport, c'est loin d'ici?
　　　　　—Oui, je regrette, c'est assez loin!

1. le parc
2. la bibliothèque municipale
3. le stade
4. l'hôpital

5. la mairie
6. le syndicat d'initiative
7. le musée

Le mot juste

Expressions

tout près (de)	*very close*

Verbes

attirer	*to attract*

Noms

un amateur	*connoisseur*
un antiquaire	*antique dealer*
une antiquité	*antique*
une boutique	*shop*

un café	*café*
une chose	*thing*
un endroit	*place*
une mobylette	*moped*

Adjectifs

célèbre	*famous*
favori, -ite	*favorite*

C. Où se trouve...? With a partner, take turns asking and telling where various places are. Use the map on page 130.

MODÈLE: —le bureau de poste: 14 bd. de Sévigné
 —Où se trouve le bureau de poste?
 —Le bureau de poste se trouve 14 boulevard de Sévigné.

1. le parc: 13 bd. du Onze Novembre
2. la bibliothèque: 17 pl. de la République
3. le stade: 15 av. Jeanne-d'Arc
4. l'hôpital: 18 r. Saint-Marc
5. la mairie: 5 pl. de la République
6. le syndicat d'initiative, 30 av. de Bretagne
7. le terrain de sport: 16 r. des Innocents
8. Les boutiques d'antiquaires: 14, 16, 20, 24, 26 et 30 q. des Antiquaires

 D. Votre ville. Draw a rough map of your neighborhood. Take turns indicating the places where you often go: **l'université (le lycée), la bibliothèque, le terrain de sport, le stade, l'hôtel de ville, le bureau de poste**, for example, and the ones where you do not go often: **l'hôpital, l'école, l'hôtel, le jardin public,** etc.

MODÈLE: Ici, c'est l'université. Il y a un restaurant tout près, ici est aussi une banque. C'est très pratique. La poste (ici) est loin!

Outil 1 Les adjectifs possessifs

● You have already learned two ways to express ownership or relationship in French:

C'est **le** livre **du professeur**.   *It's the professor's book.*
Le livre **est au professeur**.   *The book belongs to the professor.*

● Another way to express ownership or relationship is to use a possessive adjective (*my, your,* etc., in English). Like all French adjectives, possessive adjectives agree in gender and number with the nouns they describe.

les adjectifs possessifs		
singulier		**pluriel**
mon père, **ma** mère	*my*	**mes** parents
ton frère, **ta** sœur	*your*	**tes** frères/sœurs
son père, **sa** mère	*her/his/its*	**ses** fils/filles
son centre, **sa** banlieue		**ses** parcs/boutiques
notre enfant	*our*	**nos** enfants
votre enfant	*your*	**vos** enfants
leur enfant	*their*	**leurs** enfants

Voilà le plan de **ma** ville.   *Here's a map of my city.*
C'est **mon** café favori.   *This is my favorite café.*
J'y rencontre **mes** copains.   *I meet my friends there.*

- When a feminine singular noun begins with a vowel sound, the masculine singular form of the possessive adjective (**mon, ton, son**) is used:

Mon amie travaille à l'hôtel Victor Hugo.

My girlfriend works at the Hotel Victor Hugo.

À votre tour

A. Confirmation. Working with a partner, have one book open to the illustration on page 130. Then take turns imagining that you are Dominique and answering your friend's questions about several places in town.

MODÈLE: —Ici, c'est ton café favori?
—Oui, c'est mon café favori.

1. C'est ton lycée?
2. C'est ta maison?
3. Le quai et le parc, ce sont tes endroits favoris?
4. C'est le quartier favori de ta famille?
5. C'est le quartier favori de tes amis?
6. C'est la destination favorite des touristes?
7. Ce sont les écoles de la ville?
8. C'est l'hôpital du Dr. Joli?
9. C'est l'école de ton frère?
10. C'est le quartier des antiquaires?

B. Du bon et du mauvais (*Good and bad*). Taking turns, discuss in small groups the following features of your city, neighborhood, and apartment.

MODÈLE: Le quartier est agréable.
—Ton quartier est agréable?
—Oui, mon quartier est agréable.
ou: —Moi, mon quartier n'est pas très agréable.

1. L'appartement est près de / loin de l'université.
2. L'appartement est petit / grand / moyen.
3. Les camarades d'appartement ne sont pas sympas.
4. Le café favori est [*address*].
5. Les voisins sont très aimables / désagréables.
6. L'ancienne école est tout près / assez loin.
7. Le parc favori est [*name*].
8. Les boutiques favorites sont près / loin.
9. La ville en général est / n'est pas sympa.

C. Ton truc favori, c'est quoi? (*What is your favorite thing?*) Circulate in the class to find out your classmates' favorite places, things, and people in the city. Then tally your results.

MODÈLE: banque favorite
—Ta banque favorite, c'est quoi?
—Ma banque favorite, c'est First Bank.
later: —Nos banques favorites sont First Bank et National Bank.

1. café favori
2. restaurant (français, italien, chinois, russe) favori
3. boutiques favorites
4. radio favorite
5. journal favori
6. promenade favorite
7. église favorite
8. bibliothèque favorite

Contexte 2 On s'oriente et on se renseigne

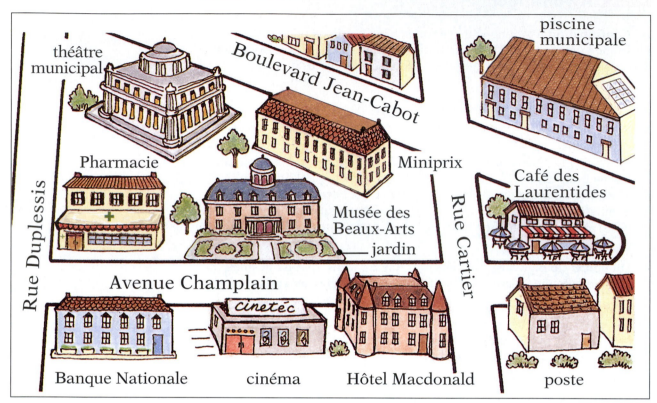

théâtre municipal

Boulevard Jean-Cabot

piscine municipale

Pharmacie

Miniprix

Musée des Beaux-Arts

Café des Laurentides

Rue Duplessis

Rue Cartier

jardin

Avenue Champlain

Cinétéc

Banque Nationale

cinéma

Hôtel Macdonald

poste

(Au centre-ville, devant le Miniprix, à l'angle du boulevard Jean-Cabot et de la rue Cartier)

—Pardon, Monsieur, vous pourriez m'aider, s'il vous plaît? Je voudrais trouver la Banque Nationale. C'est loin d'ici?

—Attendez! La Banque Nationale? Ah oui! c'est en face de la pharmacie. Non, ce n'est pas loin.

—Comment y arriver?

—Eh bien au carrefour, tournez à gauche. Non, non! Pardon! Ayez un peu de patience! Je ne suis pas du quartier. Ne tournez pas à gauche, tournez à droite, c'est ça, à droite. Puis continuez tout droit sur la rue Cartier. Prenez la première rue à droite, l'avenue Champlain. Passez devant le musée. Quand vous arrivez en face de la pharmacie, traversez la rue. La Banque Nationale est en face de vous.

—Merci beaucoup, Monsieur! Vous êtes très aimable.

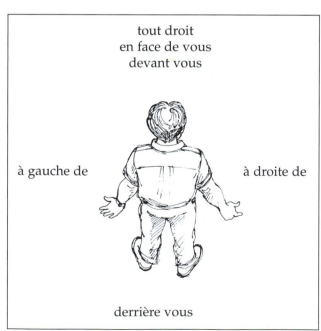

tout droit
en face de vous
devant vous

à gauche de

à droite de

derrière vous

À votre tour

 A. Qu'est-ce qu'il y a là-bas? (*What's over there?*) Take turns asking which buildings and businesses are found in the area.

MODÈLE: rue Cartier
—Qu'est ce qu'on trouve rue Cartier?
—On trouve le café des Laurentides, la poste et l'hôtel Macdonald.

1. avenue Champlain (côté sud)
2. avenue Champlain (côté nord)
3. boulevard Jean-Cabot (côté sud et côté nord)
4. rue Duplessis (côté est)

 B. Avez-vous compris? Take turns correcting the following statements. They are wrong from the perspective of the person in the illustration on page 134.

MODÈLE: La banque est en face du cinéma.
—La banque est à côté (à gauche, à l'ouest) du cinéma.
ou: —La banque est en face de la pharmacie.

1. La banque est en face du musée.
2. Le cinéma est à droite de l'hôtel.
3. Le café est en face de la pharmacie.
4. Le jardin est devant le Miniprix.
5. Le théâtre est à l'angle de la rue Cartier et du boulevard Jean-Cabot.
6. Le musée est au carrefour de l'avenue Champlain et de la rue Cartier.

C. Quel est le bâtiment? Ask your partner to identify the building in the illustration on p. 134 that corresponds to each description.

MODÈLE: —À gauche il y a une banque et à droite un hôtel.
—Alors, c'est le cinéma Cinétec.

1. C'est boulevard Jean-Cabot, à côté du théâtre.
2. C'est en face de la Banque Nationale.

 # *Le mot juste*

Expressions

Comment y arriver?	*How to get there?*
je voudrais	*I would like*
Vous pourriez m'aider?	*Could you help me?*
à droite	*on your right*
à gauche	*on your left*
à l'angle de	*at the corner of*
au centre-ville	*downtown*
en face de	*across from*
tout droit	*straight ahead*

Verbes

Attendez!	*Wait!*
Prenez!	*Take!*
Tournez!	*Turn!*
Traversez!	*cross!*

Noms

le carrefour	*intersection*
le Miniprix	*discount department store*
la pharmacie	*pharmacy*
la piscine	*swimming pool*
la première (rue)	*the first (street)*

3. C'est à l'angle de la rue Cartier et de l'avenue Champlain, en face du café.
4. C'est au carrefour de la rue Duplessis et de l'avenue Champlain, en face de la banque.
5. C'est au carrefour de l'avenue Champlain et de la rue Duplessis et en face de la pharmacie.
6. C'est derrière la poste et devant la piscine.

 D. Dans votre quartier. First identify some popular places on or near your campus. Explain where they are located in relationship to landmarks. If necessary draw a small map.

MODÈLE: un bar sympa: Duffy's
—C'est où le bar?
—C'est rue O, en face de JC Penney, à côté de Walgreen's.

Outil 2 L'impératif et le conditionnel de politesse

• Imperative verb forms are used for a variety of purposes:

  • To give direct commands or orders:

  Écoutez, puis **répétez**!   *Listen, then repeat.*
  Levez-vous!   *Get up!*
  Prenez un stylo! **Donnez** le   *Take a pen. Give the pen to X.*
    stylo à X.

  • To make requests:

  Ouvrez la porte, s'il vous plaît!   *Open the door, please!*

  • To give directions or information:

  Au carrefour, **tournez** à droite et   *At the intersection, turn right and*
    continuez tout droit sur la rue   *continue straight ahead on rue*
    Cartier.   *Cartier.*

  • To give advice or make suggestions:

  Téléphonons à la pharmacie!   *Let's call the pharmacy!*
  Allons à la piscine!   *Let's go to the swimming pool!*

• The imperative form of a verb has a subject which is understood but not expressed. To form the imperative, take the **tu, nous,** or **vous** form of the present tense of a verb and drop the subject pronoun. Note that the **-s** is dropped from the **tu** form of **-er** verbs.

Tu tournes à droite.   **Tourne** à droite!   *Turn right!*
Tu vas à la pharmacie.   **Va** à la pharmacie!   *Go to the pharmacy!*
Nous continuons tout   **Continuons** tout droit! *Let's go straight ahead!*
  droit.
Vous traversez la rue.   **Traversez** la rue!   *Cross the street!*

- The verbs **être** and **avoir** have irregular imperative forms:

être	avoir
Sois patient!	**Aie** un peu de patience!
Soyez poli!	**Ayez** un peu de patience!
Soyons aimables!	**Ayons** un peu de patience!

- To form the negative imperative, place **ne** before the verb, and **pas** immediately after it:

Ne tournez pas à gauche!	*Do not turn left!*
Ne soyez pas encore au café!	*Don't be at the cafe again! Be at the*
Soyez à la bibliothèque!	*library!*

- To make a request, it is more polite to avoid the imperative, using alternative forms of the verbs **pouvoir** (*to be able to*) and **vouloir** (*to want*).

  - formal:

Monsieur, **je voudrais** trouver la Banque Nationale.	*Sir, I would like to find the National Bank.*
Vous pourriez m'aider, s'il vous plait?	*Could you help me, please?*

  - informal:

Paul, **je voudrais** aller à la pharmacie. **Tu pourrais** m'aider?	*Paul, I would like to go to the pharmacy. Could you help me?*

À votre tour

A. Marche arrière (*Retrace your steps*). Using the map on page 134, start in front of the Banque Nationale and direct your partner to the Miniprix. Use the verbs indicated and fill in the directions.

—Pardon! Je (vouloir) _____ aller au Miniprix. Vous (pouvoir) _____ m'aider, s'il vous plaît?

—(Traverser) _____ la rue. (Passer) _____ devant le musée. Au carrefour, (tourner) _____ à _____. Non, non! Ne (tourner) _____ pas à _____, (tourner) à _____ . Puis (continuer) _____ tout _____ sur la rue Cartier. (prendre) la _____ à gauche, l'avenue Champlain. Le Miniprix est à _____.

B. Peine perdue (*Wasted efforts*). Your roommates are feeling lazy on a Saturday morning and want to do the opposite of what you advise them to do!

MODÈLE: —Allez à la piscine!
          —Non, n'allons pas à la piscine!

1. Allez au centre-ville!
2. Allez à la banque!
3. Téléphonez aux copains!
4. Faites du sport!
5. Envoyez des lettres!
6. Faites les devoirs!
7. Ayez une fête!

C. C'est comme ça! (*That's the way it is*!) You are visiting an unfamiliar neighborhood and are becoming impatient with the friend who is with you. Tell him/her exactly what to do and what not to do.

MODÈLE: —écouter bien les instructions
—Écoute bien les instructions!

1. trouver une carte du quartier
2. regarder la carte
3. étudier la carte
4. préparer un itinéraire
5. faire attention (*to pay attention*)
6. ne pas être nerveux/nerveuse (*nervous*)
7. ne pas aller en banlieue
8. rester au centre-ville
9. être devant le cinéma à 8 heures! (*8 o'clock*)
10. avoir un peu de patience; nous arrivons aussi à 8 h

D. Changer le monde (*To change the world*). Working in small groups, prepare a list of suggestions you would like to give others around you (professor, family members, friends, politicians, etc.).

MODÈLE: Pour les politiciens: Soyez honnêtes! Soyez énergiques aussi!

1. Un professeur: avoir de la patience / être énergique / être juste / ne... pas donner beaucoup de devoirs / ?
2. Membres de la famille: rester calme(s) / être aimable(s) / faire des efforts / ne... pas être pessimiste(s) / ?
3. Copains: être à l'heure / être amusant(s) / téléphoner plus souvent / avoir plus de fêtes / ?

E. Toujours plus loin (*Always further*). You are now very familiar with places in the neighborhood. You want to discover the whole city. Using the city map on page 130, work out different itineraries with your partner(s).

MODÈLE: l'hôpital / la bibliothèque
—Je voudrais aller à la bibliothèque. Comment y arriver?
—Vous êtes ici rue Saint-Marc. Tournez à droite sur la rue de l'Hôpital. Prenez la première à gauche. Traversez la place de la République. La bibliothèque est à l'angle de la place et du boulevard de Sévigné.
—Merci, vous êtes bien aimable.

Point de départ	Destination
la gare	la bibliothèque municipale
le syndicat d'initiative	la mairie
la bibliothèque municipale	le Musée des Beaux-Arts
le Musée des Beaux-Arts	le théâtre municipal

Volet 3

Contexte 3 Les commerçants du quartier

Pressé

—Où vas-tu?
—Je vais à la pharmacie. J'ai besoin de médicaments et d'aspirine.
—Eh bien, attends-moi! J'arrive!
—Ah, non! Je suis pressé: la pharmacie ferme dans dix minutes.

Fermé le lundi!

—Écoute, je ne comprends pas. J'ai envie de commander un gâteau au chocolat. Je téléphone à la pâtisserie Long, mais ils ne répondent pas. C'est bizarre, hein?

—Mais non, Betty! Pas du tout bizarre pour un Français! Aujourd'hui c'est lundi et les boulangeries et pâtisseries sont fermées. Beaucoup de magasins ferment le lundi. Et puis les coiffeurs et les musées aussi.
—Tiens, j'apprends quelque chose!

Au bureau de tabac

—Pardon Madame, est-ce que vous vendez des journaux américains?

—Mais oui, bien sûr. Ils sont là, derrière les cartes postales.

—Je prends aussi une carte de téléphone, des timbres et un paquet de Gitanes.

—Voilà Mademoiselle. Et avec ça?

—C'est tout. Merci!

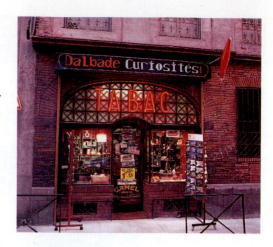

Boucherie ou charcuterie?

—Tu aimes le saucisson?

—C'est quoi le saucisson?

—Un genre de salami. On va aller à la charcuterie Morand, ils vendent des saucissons de Lyon absolument sensationnels.

—Il n'y a pas de saucisson à la boucherie Paul?

—Mais non, voyons! La spécialité d'une charcuterie, c'est la viande de porc et les plats tout préparés.

L'épicerie du quartier

—Pourquoi est-ce que tu vas souvent à l'épicerie du quartier? C'est bien plus cher que le supermarché.

—Oui, mais c'est plus près et plus rapide: je ne perds pas de temps. Leurs légumes sont

toujours très frais. Et puis c'est vraiment pratique: la semaine, ils restent ouverts jusqu'à 20 heures et le dimanche matin ils ouvrent jusqu'à treize heures.

Le mot juste

Expressions

jusqu'à	*until*

Verbes

apprendre	*to learn*
attendre	*to wait*
commander	*to order*
comprendre	*to understand*
fermer	*to close*
ouvrir	*to open*
perdre	*to lose*
prendre	*to take*
répondre	*to answer*
vendre	*to sell*

Noms

une boucherie	*butcher shop*
une boulangerie	*bakery*
un bureau de tabac	*tobacco shop*
une carte de téléphone	*phone card*
une carte postale	*postcard*
une charcuterie	*delicatessen*
un coiffeur	*hairdresser*
un commerçant	*shopkeeper*

une épicerie	*grocery*
un gâteau	*cake*
un genre	*type*
un journal	*newspaper*
un légume	*vegetable*
un magasin	*shop*
un médicament	*prescription drug*
un paquet	*package*
une pâtisserie	*pastry shop*
un plat tout préparé	*ready-to-serve dish*
un produit	*product*
un saucisson	*dry sausage*
une spécialité	*specialty*
un supermarché	*supermarket*
un timbre	*stamp*
la viande	*meat*

Adjectifs

cher/chère	*expensive*
fermé	*closed*
frais/fraîche	*fresh*
ouvert	*open*
pratique	*convenient*
pressé	*in a hurry*

 ## À votre tour

A. Vous avez compris? Take turns asking and answering the following questions. Base your answers on the **Contexte**.

MODÈLE: —En France, les coiffeurs sont ouverts le lundi?
—Non, en général les coiffeurs ne sont pas ouverts le lundi.

1. Le téléphone ne répond pas. La pâtisserie est-elle fermée ou ouverte?
2. Les coiffeurs ferment-ils le samedi ou le lundi?
3. On vend des cartes postales à la boulangerie ou au bureau de tabac?
4. On vend de la viande de porc à la boucherie ou à la charcuterie?
5. On perd plus de temps à l'épicerie ou au supermarché?
6. La pharmacie ou l'épicerie reste-t-elle ouverte le dimanche matin?
7. Où vend-on des cigarettes? à l'épicerie ou au bureau de tabac?

 B. Tu es là! When your partner pretends to be a customer, guess which shop he/she is in.

MODÈLE: —Pour moi, c'est le journal avec quatre timbres et quatre cartes postales.
—Tu es au bureau de tabac!

1. Avez-vous de l'aspirine?
2. C'est du saucisson de Lyon?

3. Une carte de téléphone, s'il vous plaît!
4. Je voudrais un gâteau au chocolat.
5. Ah non! On ne vend pas de viande de porc!
6. C'est un peu cher, mais on n'attend pas.

 C. Corrections! Take turns reading and correcting the following statements on the basis of the **Contexte**.

1. La pharmacie ferme dans une heure.
2. La pâtisserie Long répond au téléphone le lundi.
3. En France beaucoup de commerçants ferment le mardi.
4. On trouve des cartes postales à la boucherie.
5. À l'épicerie on vend des plats tout préparés.
6. Les gâteaux, c'est la spécialité d'une charcuterie.
7. L'épicerie du quartier reste ouverte jusqu'à minuit.
8. Quand on est pressé on attend ses amis.

 D. Client(e) ou commerçant(e)? Do you prefer to be a customer or a shopkeeper? Choose an identity, then role-play a conversation in a shop.

Outil 3 Les verbes réguliers en -re; le verbe prendre

Les verbes réguliers en -re

- Regular verbs of the third conjugation have an infinitive ending in **-re**: **attendre** (*to wait*). To conjugate these verbs, remove the infinitive ending **-re** to get the stem, and then add the endings shown in bold type.

attendre − re → attend-			
j'	attend**s**	nous	attend**ons**
tu	attend**s**	vous	attend**ez**
il/elle/on	attend	ils/elles	attend**ent**

Attends-moi! J'arrive!	*Wait for me! I'm coming!*
Ils ne **répondent** pas.	*They are not answering.*
Vous **vendez** des journaux américains?	*Do you sell American newspapers?*
Ils **vendent** des saucissons.	*They sell sausages.*
Je ne **perds** pas de temps.	*I am not wasting any time.*

- Here are some common regular **-re** verbs and idiomatic expressions:

attendre	*to wait (for)*
entendre	*to hear*
perdre	*to lose something*
perdre son temps	*to waste one's time*
rendre	*to hand in, give back*
rendre visite à quelqu'un	*to visit a person*
répondre	*to answer, respond*

À votre tour

 A. Une après-midi en ville (*An afternoon downtown*). Taking turns with a partner, tell how you spend an afternoon downtown.

MODÈLE: aller au café
—Je vais au café.
—Nous aussi, nous allons au café.
ou: —Nous n'allons pas au café.

rendre visite à des ami(e)s	entendre des choses intéressantes
attendre des amis au café	visiter de nouveaux endroits
ne pas perdre une minute	répondre aux questions des touristes
faire du sport	visiter une exposition d'art

B. Vous êtes comme moi? (*Are you like me?*) In small groups, take turns asking and indicating whether you share the following behaviors. How are you and your classmates most alike? How do you differ?

MODÈLE: entendre beaucoup de secrets
—En général vous entendez beaucoup de secrets!
—Non! Je n'entends pas beaucoup de secrets.

1. attendre avec patience
2. rendre les objets prêtés (*borrowed*)
3. vendre vos livres ou disques
4. perdre votre temps
5. entendre des conversations bizarres
6. répondre aux messages
7. rendre les livres à la bibliothèque
8. rendre souvent visite à vos grands-parents
9. perdre vos livres et disques
10. attendre vos amis
11. répondre aux questions avec patience

Le verbe **prendre**

- The irregular verb **prendre** (*to take*) is conjugated like regular **-re** verbs in the singular, but not in the plural. How do the plural forms differ from the pattern of regular **-re** verbs?

prendre			
je	prends	nous	prenons
tu	prends	vous	prenez
il/elle/on	prend	ils/elles	prennent

Je **prends** aussi une carte de téléphone.   *I am also picking up a phone card.*

- **Prendre** is also used with means of transportation.

Je **prends** le bus, le métro, l'avion, le train ou un taxi.

I take the bus, the subway, the plane, the train or a taxicab.

Il **prend** sa bicyclette, sa moto, et sa voiture.

He takes his bike, his motorbike, and his car.

- Other verbs conjugated like **prendre** are:

apprendre

to learn

J'apprends quelque chose.

I am learning something.

comprendre

to understand

Je ne comprends pas.

I don't understand.

■■■ À votre tour

 A. Faire des courses (*Going shopping*). Take turns asking what various people are buying (use **prendre**) in different shops. You can be imaginative in your answers; use the **Contexte** on pages 139–140 for ideas.

MODÈLE: les enfants / à la patisserie
—Qu'est-ce que les enfants prennent à la patisserie?
—Ils prennent des gâteaux.

mon/ma camarade de chambre	à la pharmacie
ma mère	à la boucherie
mes copains	au bureau de tabac
nous	à l'épicerie
mon professeur	au Miniprix
?	au supermarché
	à la charcuterie
	à la pâtisserie

 B. Un bilan (*An assessment*). You have been in the classroom for a few weeks. Assess your own experience so far, then work with several classmates to make a group assessment.

MODÈLE: comprendre tout (*understand everything*)
—Je ne comprends pas tout, mais je comprends beaucoup.
later: —Nous ne comprenons pas tout mais nous comprenons beaucoup.

1. comprendre quand le prof parle
2. rendre les devoirs à temps (*on time*)
3. comprendre quand les étudiants parlent
4. apprendre beaucoup de choses
5. avoir beaucoup de nouveaux copains
6. comprendre mieux en général
7. prendre des notes facilement (*easily*)
8. avoir des bonnes notes (*good grades*)
9. attendre les résultats d'un examen plus calmement (*more calmly*)
10. oublier beaucoup de choses
11. répondre plus souvent

Volet 4

Contexte 4 L'heure, c'est l'heure!

Scène 1. Yves est au café avec des copains.

YVES: Au fait, quelle heure est-il maintenant?

COPAIN: Regarde: Il est 8 h et quart.

YVES: 8 h et quart! Pas possible! J'ai rendez-vous avec Daniel devant le Cinétec à 8 h 30. Je suis très en retard!

Scène 2. Deux scénarios possibles: Quel scénario est le plus probable? Décidez!

Scène 2A

DANIEL: Toi, bien sûr, tu n'es jamais en avance! Il est 8 h 27.

YVES: Eh bien, je suis à l'heure! L'heure, c'est l'heure!

DANIEL: Tiens, voilà ton billet. Le film commence dans trois minutes, à 8 h 30 pile. Entrons vite!

Scène 2B

Yves arrive devant le cinéma à 9 heures moins le quart.

DANIEL: C'est incroyable! tu es un quart d'heure en retard! Moi, je rentre chez moi!

YVES: Voyons, tu ne vas pas rentrer chez toi avant minuit! J'ai une idée, on va danser au club?

DANIEL: Alors là, tu exagères! Tu es en retard, le film commence sans nous et Monsieur n'a pas de problème...! Eh bien non! Je rentre à la maison. Sois à l'heure, la prochaine fois!

Il est midi.

Il est minuit.

Il est midi moins le quart.

Il est minuit et demi.

Le mot juste

Expressions

à l'heure	*on time*
C'est incroyable.	*It's unbelievable.*
en avance	*early*
en retard	*late*
et quart	*a quarter past the hour*
midi	*noon*
minuit	*midnight*
moins le quart	*a quarter before the hour*
pile	*on the dot*
quelle heure est-il?	*what time is it?*
un quart d'heure	*quarter of an hour*
vite	*quickly*

Verbes

exagérer	*to exaggerate*
rentrer	*to go home*

Noms

un billet	*ticket*
l'heure (f)	*hour, time*
une idée	*idea*
une minute	*minute*
un problème	*problem*
un rendez-vous	*appointment*
un scénario	*script*

Adjectifs

possible	*possible*
probable	*probable, likely*

■■■■ À votre tour

 A. Avez-vous compris? Take turns asking and answering these questions. Indicate the exact time of the event talked about.

1. À quelle heure Yves est-il au café?   8 P.M.   8:15 P.M.   8:30 P.M.
                                                      8:45 P.M.   12 P.M.
2. À quelle heure est le rendez-vous   8 P.M.   8:15 P.M.   8:30 P.M.
   d'Yves avec son copain Daniel?   8:45 P.M.   12 P.M.
3. À quelle heure commence le film?   8 P.M.   8:15 P.M.   8:30 P.M.
                                                      8:45 P.M.   12 P.M.
4. À quelle heure Daniel rentre-t-il   8 P.M.   8:15 P.M.   8:30 P.M.
   chez lui?   8:45 P.M.   12 P.M.

 B. Corrections. Take turns correcting the following statements.

1. Yves est juste à l'heure au rendez-vous dans la scène 2B.
2. Dans la scène 2A, Yves a les billets.
3. Dans la scène 2B, Yves arrive à l'heure pile au rendez-vous.
4. Dans la scène 2B, Yves propose (*suggests*) d'aller au café.
5. Dans la scène 2B, Daniel va danser au club.

 C. Tu es à l'heure? Circulate among your classmates and ask them whether they are usually on time, late, or early for appointments. Tally and interpret the answers.

MODÈLE: —En général, tu es à l'heure, en avance ou en retard?
                —Moi, je suis toujours à l'heure!
               Résultats: Dans notre classe, la majorité est toujours en retard!

 D. Invitation. Votre partenaire téléphone pour aller au cinéma. Décidez quelle réponse va avec quelle question.

1. À quelle heure commence le film?   Rentrons avant minuit!
2. Dans combien de temps commence   Ce n'est pas nécessaire; arrive à
   le film?   l'heure!
3. Quelle heure est-il maintenant?   Il est 7 h 30.
4. Est-ce que j'arrive un peu en   Dans un quart d'heure.
   avance?   Il commence à 8 h 45.
5. À quelle heure rentrons-nous à   À 8 h 30, pile!
   la maison?

E. Rendez-vous. You arrive late for an appointment (**au cinéma, au théâtre, au travail, au café ou au restaurant, à la bibliothèque,** etc.). What is your excuse? What is the reaction of your friend? Imagine and act out the scene with a partner.

L'heure

- Note the following ways to ask and say what time it is:

Quelle heure est-il (s'il vous plaît)?	*What time is it?*
Vous avez l'heure (s'il vous plaît)?	*Do you have the time?*
Tu as l'heure, s'il te plaît?	*Do you have the time?*

Il est sept heures du matin.   Il est trois heures de l'après-midi.   Il est neuf heures du soir.

- Minutes up to the half-hour are added to the hour:

Il est une heure cinq.   Il est une heure dix.

Il est une heure vingt-cinq.   Il est une heure vingt et une.

- Minutes after the half-hour are subtracted from the next hour (**moins** = *minus*):

Il est deux heures moins vingt-cinq.	Il est deux heures moins vingt.	Il est deux heures moins dix.

- The quarter-hour and the half-hour are expressed as follows:

Il est une heure **et quart**.	Il est une heure **et demie**.	Il est deux heures **moins le quart**.

- There are special expressions for 12:00 noon and 12:00 midnight:

Il est midi.	*It's noon.*
Il est midi et demi.	*It's twelve-thirty*
Il est minuit.	*It's midnight.*
Il est minuit et demi.	*It's half past midnight.*

- To ask (at) what time something is scheduled, use:

À quelle heure est le film?	*What time is the movie?*
Il commence **à** huit heures et demie.	*It starts at 8:30.*

A. Quelle heure est-il? Taking turns with a partner, ask each other what time it is.

1.

2.

3.

4.

5.

6.

7.

8.

9.

10.

11.

12.

B. Une journée chargée (*A full day*). Take turns describing your schedule with your partner.

MODÈLE: arriver à l'université
—À quelle heure est-ce que tu arrives à l'université?
—À 7 h 30 du matin.

1. avoir ton premier cours
2. aller au labo
3. prendre rendez-vous avec le prof
4. aller à la bibliothèque
5. aller à la piscine

6. rencontrer tes copains
7. aller au restaurant
8. aller au cinéma
9. rentrer à la maison

Nombres cardinaux 31–100

- Numbers between 31 and 60 fall into groups of ten. Each group follows the same pattern. **Et** is used before **un**; the other numbers in each group are hyphenated.

30	trente	40	quarante
31	trente et un	41	quarante et un
32	trente-deux	42	quarante-deux
33	trente-trois		
34	trente-quatre	50	cinquante
35	trente-cinq	51	cinquante et un
36	trente-six	52	cinquante-deux
37	trente-sept		
38	trente-huit	60	soixante
39	trente-neuf	61	soixante et un

Note that the **-t** of **et** is never pronounced.

- Between 60 and 100, the French count in groups of twenty:

60	soixante	80	quatre-vingts
61	soixante et un	81	quatre-vingt-un
62	soixante-deux	82	quatre-vingt-deux
63	soixante-trois	83	quatre-vingt-trois
64	soixante-quatre	84	quatre-vingt-quatre
65	soixante-cinq	85	quatre-vingt-cinq
66	soixante-six	86	quatre-vingt-six
67	soixante-sept	87	quatre-vingt-sept
68	soixante-huit	88	quatre-vingt-huit
69	soixante-neuf	89	quatre-vingt-neuf
70	soixante-dix	90	quatre-vingt-dix
71	soixante et onze	91	quatre-vingt-onze
72	soixante-douze	92	quatre-vingt-douze
73	soixante-treize	93	quatre-vingt-treize
74	soixante-quatorze	94	quatre-vingt-quatorze
75	soixante-quinze	95	quatre-vingt-quinze
76	soixante-seize	96	quatre-vingt-seize
77	soixante-dix-sept	97	quatre-vingt-dix-sept
78	soixante-dix-huit	98	quatre-vingt-dix-huit
79	soixante-dix-neuf	99	quatre-vingt-dix-neuf
		100	cent

Note that **et** is retained in 71 (**soixante et onze**), but not in 81 or 91; the **-s** of **quatre-vingts** is omitted whenever another number follows.

À votre tour

 A. Les adresses du quartier? Taking turns, read the addresses and phone numbers of the following businesses.

MODÈLE: le musée—62, rue Cartier, tél: (418) 627-30-15
—le musée: soixante-deux, rue Cartier; quatre cent dix-huit, six cent vingt-sept, trente, quinze

1. le théâtre municipal—65, boulevard Jean-Cabot, tél: (418) 736-98-12
2. Miniprix—74 à 78, boulevard Jean-Cabot, tél: (418) 341-80-06
3. la piscine municipale—95, boulevard Jean-Cabot, tél: (418) 971-25-18
3. le café des Laurentides—33, rue Cartier, tél: (418) 766-21-34
4. la poste—45, rue Cartier, tél: (418) 586-51-20
5. la pharmacie—47, avenue Champlain, tél: (418) 369-91-38
6. le Musée des Beaux-Arts—53, avenue Champlain, tél: (418) 744-98-66
7. la Banque Nationale—44, avenue Champlain, tél: (418) 635-61-700
8. le cinéma Cinétec—48, avenue Champlain, tél: (418) 149-50-16
9. l'hôtel Macdonald—52, avenue Champlain, tél: (418) 292-84-18

 B. Des coups de fil (*Phone calls*). Pick some of the businesses listed above and make a few phone calls (T = la personne qui téléphone, R = la personne qui répond).

MODÈLE: R: Allô?
T: C'est bien le 627-30-15?
R: Oui, c'est bien ça.
ou: R: Non, c'est le 627-30-16.
T: Ah, pardon, c'est le mauvais numéro. Excusez-moi.

C. Vos numéros personnels. What are the numbers you call most often? Why?

MODÈLE: J'appelle souvent le 555-5067 [cinq cent cinquante-cinq, cinquante, soixante-sept]. C'est mon copain.

L'heure officielle

● To avoid confusion and save space, most schedules (train, plane, bus, television) as well as invitations use the 24-hour clock. This system eliminates reference to A.M. and P.M. and expresses minutes according to a 60-minute system (as digital watches do). Observe the following equivalents:

Heure	Heure officielle	Heure non-officielle
7 h 15	sept heures quinze	sept heures et quart du matin
12 h 30	douze heures trente	midi et demi
15 h 45	quinze heures quarante-cinq	quatre heures moins le quart de l'après-midi
18 h 30	dix-huit heures trente	six heures et demie du soir
20 h 15	vingt heures quinze	huit heures et quart du soir
23 h 40	vingt-trois heures quarante	minuit moins vingt

À votre tour

 A. À quelle heure? Take turns asking and answering questions about your schedule using official time.

MODÈLE: regarder le film
—À quelle heure (or jusqu'à quelle heure) est-ce que tu regardes le film?
—Je regarde le film à 22 h 30 (ou jusqu'à 20 h 30).

1. regarder le film
2. aller au concert
3. travailler à la bibliothèque
4. aller à la piscine
5. rendre les livres à la bibliothèque
6. aller danser au club
7. être au bureau

B. Un emploi du temps à la française (*A French schedule*). Damien is a student at the Lycée Champollion in Grenoble. With a partner, study his weekly schedule and answer questions about it.

EMPLOI DU TEMPS

Jours / Heures	LUNDI	MARDI	MERCREDI	JEUDI	VENDREDI	SAMEDI
8H30 – 9H30	Allemand	Allemand	////////	Math	Economie	Histoire-Géographie
9H30 – 10H30	Sport	Math	Français	Math	Math	Français
10H30 – 11H30	Sport	Histoire-Géographie	Français	////////	Latin	Histoire-Géographie
11H30 – 12H30	///////	Histoire-Géographie	Math	Anglais	Physique	Physique
12H30 – 13H30 Dejeuner						
13H30 – 14H30	Anglais	Physique/Biologie		Latin	Biologie	
14H30 – 15H30	Français	Physique/Biologie		Allemand	Anglais	
15H30 – 16H30	Français	Physique/Biologie			Anglais	
16H30 – 17H30	Latin	Economie				

1. La semaine de Damien est-elle organisée comme la semaine nord-américaine avec cinq jours de travail plus le week-end?
2. Damien a-t-il cours tous les jours? Quels jours n'a-t-il pas cours? ... le mercredi après-midi? Pourquoi n'a-t-il pas cours le mercredi après-midi?
3. À quelle heure est son premier cours chaque jour? À quelle heure est son dernier cours?
4. La journée scolaire de Damien est-elle plus longue ou plus courte que votre journée scolaire?

C. Un emploi du temps bien chargé! (*A full schedule!*) Pick a day of the week and share with a partner what your schedule is like on that day.

MODÈLE: —Qu'est-ce que tu as à 9 h?
    —Moi, j'ai un cours.
  ou: —Moi, je suis libre à 9 h.

être en classe   faire du sport
jouer au tennis   rendre visite à des amis
faire du vélo   apprendre mes verbes français
aller au labo   regarder la télévision
faire des devoirs   aller au restaurant
travailler à la bibliothèque

*honétique*

Les voyelles orales, première étape: Les voyelles ouvertes [ɑ] aller; [ɛ] belle; [œ] leur; [ɔ] bonne

● The above vowels are called open vowels (**les voyelles ouvertes**) because they are produced with the jaws rather far apart and the mouth in an open position.

La voyelle [ɛ]

● The vowel [ɛ] is similar to the English vowel in *west*. However, it is produced with the mouth slightly more open and the lips more pulled back. You have seen this vowel represented several different ways in writing:

è   fr**è**re
ê   vous **ê**tes
e + pronounced consonant   b**e**lle
avec le verbe **être**   tu **es**, elle **est**
ai, ais, ait   ch**ai**se, je v**ais**, il f**ait**
ei   n**ei**ge

■■■■ À votre tour

A. Écoutez et répétez les phrases suivantes. Faites bien attention à la voyelle [ɛ].

1. Qu'**e**st-ce que vous f**ai**tes?
2. Je v**ais** au Québ**e**c.
3. Il f**ait** un voyage avec **elle.**
4. Il n**ei**ge à Nice; c'**est e**xtraordin**ai**re.
5. Gis**è**le a une b**e**lle m**ai**son.
6. Vous **ê**tes le p**è**re de Mich**e**l, n'**est**-ce pas?

La voyelle [œ]

- The vowel [œ] does not exist in English, but is pronounced like [ə], except with the lips rounded instead of pulled back. This vowel is represented in writing by the letters **eu** or **œu** + pronounced consonant: **professeur, jeune, neuf, leur, sœur**.

█████ À votre tour

B. Écoutez et répétez les phrases suivantes. Faites bien attention à la voyelle [œ].

1. Les je**u**nes profess**eu**rs sont dans l'**Eu**re.
2. Je vais être à l'h**eu**re.
3. Voici le direct**eu**r du musée Past**eu**r.
4. C'est un act**eu**r amat**eu**r.
5. La chambre de ma s**œu**r, c'est la n**eu**f.

La voyelle [ɔ]

- The vowel [ɔ] is like the vowel in *bought* and *ball* and is usually represented in writing by the letter **o** + pronounced consonant: **joli, d'accord, notre, bonne**.

█████ À votre tour

C. Écoutez et répétez les phrases suivantes. Faites bien attention à la voyelle [ɔ].

1. B**o**rdeaux est un p**o**rt imp**o**rtant.
2. On annonce des **o**rages, al**o**rs!
3. Tu téléph**o**nes à Ge**o**rges?
4. Voilà un m**o**nument r**o**main.
5. P**au**l, Nic**o**le c**o**mmence? D'acc**o**rd!

La voyelle [a]

- The vowel [a] is produced with the mouth far open, jaws relaxed, and lips pulled back. This vowel is represented in writing by the letters **a**, **à**, or **â**: **ma, voilà, château**.

█████ À votre tour

D. Écoutez et répétez les phrases suivantes. Faites bien attention à la voyelle [a].

1. Il y **a** de belles pl**a**ges en Bret**a**gne.
2. L**a** c**a**thédr**a**le de Ch**a**rtres est m**a**gnifique.
3. Voil**à** un beau j**a**rdin **a**dmirable!
4. Nous **a**llons visiter ce ch**â**teau-l**à**, près du l**a**c.
5. Tu v**a**s au C**a**n**a**da?

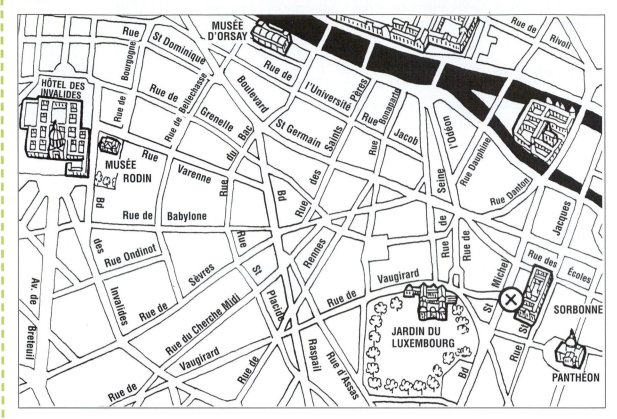

A. Pardon, Madame?

1. You're going to be listening to someone giving directions. Before doing so, make a list of verbs and expressions of location you might expect to hear.
2. You're in Paris in the square in front of the Sorbonne and you want to go to the Rodin Museum. You approach a passerby for help. Trace the route on the map as you listen to the directions.

B. Ouverture et fermeture. Listen to the recordings that indicate when the following businesses open and close.: Pâtisserie Long; Pharmacie Bonneval; Bureau de tabac le Bonaparte; Épicerie Casimir. Note the business addresses, phone numbers and business hours as well.

Cultures en parallèles

Espace urbain et quartier

Observer

Rennes

Atlantic City

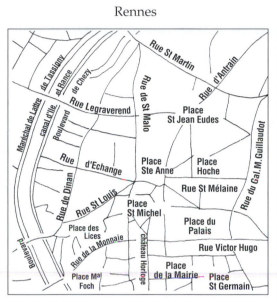

Voici les plans de deux villes différentes, toutes les deux de taille moyenne (*average size*) et situées l'une en Amérique du Nord et l'autre en Europe. Étudiez les deux plans et identifiez les similarités et les différences. Par exemple, les rues sont-elles disposées de la même manière: en étoile? ou suivant un quadrillage régulier? Remarque-t-on la présence d'un centre-ville? Comment les rues sont-elles nommées?

a= en quadrillage régulier

b= en étoile

Réfléchir

A. Comparez maintenant le plan de la ville de Rennes avec le plan de votre ville. Est-ce que votre ville diffère de Rennes comme Atlantic City le fait? Remarquez-vous d'autres différences? Au contraire remarquez-vous des ressemblances entre votre ville et Rennes? Pourquoi y a-t-il plus de différences ou de ressemblances? (Pensez à l'âge de votre ville, à l'héritage—espagnol, français, etc.—des fondateurs de votre ville.)

B. Maintenant comparez votre quartier—discuté dans **Cultures en parallèles** à la page 128—avec le quartier d'une ville française ou d'influence française (voir carte page 130, les illustrations du dossier et les indications données dans les **Contextes**). Comparez la présence de commerces, l'importance des services publics, le type et le nombre d'habitations, le nombre de jardins publics ou parcs, les distractions culturelles et sportives.

	Mon quartier	**Un centre-ville d'influence française**
services publics	_____	_____
habitations	_____	_____
loisirs	_____	_____
commerces	_____	_____

D'un parallèle à l'autre

Continuez l'étude de "votre pays adoptif" francophone. Quelle est la capitale? Quelles sont les grandes villes? Identifiez une de ces villes. Cherchez des renseignements (*information*) supplémentaires (population, quartiers, commerces, services publics, monuments). Partagez les résultats de votre recherche avec vos camarades.

Pour faciliter vos recherches, allez sur le site de *Parallèles* et cliquez sur le bouton «Parallèles» pour trouver de bonnes adresses.

À vous la parole

A. Rendez-vous. Un(e) ami(e) francophone (votre partenaire!) est en visite dans votre ville. Vous fixez un rendez-vous en ville. Expliquez à quelle heure et où est le rendez-vous. Donnez des directions précises, mentionnez aussi des activités (visite de monuments, dîner au restaurant, promenade, film ou concert). Votre partenaire répond et pose des questions.

Pour commencer
Écoute, tu es d'accord pour... (aller au cinéma, au restaurant, au jardin public, au musée, etc.)
Le rendez-vous va être à... (heure, endroit)
Pour arriver là, tu prends... (rue, avenue, boulevard)
Attends-moi... (combien de temps?) et où ? (devant le cinéma? la banque?)
On va... (activités)
Ensuite
Deux ou trois groupes vont jouer leur conversation devant la classe. Les conversations sont-elles très différentes?

B. Les avantages du quartier. À tour de rôle, donnez à votre partenaire une description du quartier où vous habitez (nom du quartier, commerces, services publics, restaurants, installations sportives, culturelles ou religieuses). Si possible, accompagnez votre description d'un petit plan.

MODÈLE: Moi, j'habite dans le quartier russe. C'est tout près de l'université. Il y a beaucoup de petites maisons. Il y a aussi une jolie église. Il n'y a pas beaucoup de commerces, mais il y a une boulangerie. Le bureau de poste n'est pas loin. Il y a aussi un parc où je vais souvent (quand il fait beau!).

 C. Supermarché ou petit commerce indépendant. À tour de rôle, vous et votre partenaire faites une liste des avantages et des inconvénients offerts par un petit commerce de quartier.

Avant de commencer, considérez: Pourquoi est-ce pratique? Qu'est-ce qu'on vend? Est-ce qu'on attend? On perd du temps? On entend des conversations intéressantes? On répond à vos questions? On rencontre des amis du quartier? On ferme le week-end? On accepte les cartes de crédit? etc.

Ensuite, comparez votre liste avec la liste d'autres groupes.

Les monuments de Paris

Travaux d'approche: Quand une carte accompagne un texte, étudiez la carte d'abord.

1. Identifiez les quatre points cardinaux sur la carte, page 160. Identifiez les repères principaux, ici: la Seine, l'île de la Cité, la rive droite, la rive gauche.
2. Avec quels monuments/quartiers de Paris êtes-vous déjà familier/familière? Faites une liste et trouvez ces endroits sur la carte. Lisez (*read*) la description, page 161, de ces endroits d'abord.
3. Maintenant, trouvez sur le plan les autres monuments mentionnés dans le texte (page 161).

1. la Grande Arche de la Défense

2. l'Arc de Triomphe

3. le palais de Chaillot

4. la tour Eiffel

5. le Champ-de-Mars

6. les Invalides

7. le palais Bourbon

8. le Grand Palais

9. la place de la Concorde

10. le jardin des Tuileries

11. le Louvre

12. la Madeleine

13. l'Opéra

14. le Sacré-Cœur et la butte Montmartre

15. Beaubourg et le Centre Pompidou

16. le musée d'Orsay

17. le Palais de Justice et la Sainte-Chapelle

18. l'île de la Cité

19. Notre-Dame

20. l'île Saint-Louis

21. l'Institut du monde arabe

22. le jardin des Plantes

23. le Panthéon

24. la Sorbonne

25. le palais et jardin du Luxembourg

26. la tour Montparnasse

27. la place de la République

28. le cimetière du Père Lachaise

29. la place de la Bastille

30. l'Opéra de la Bastille

Monuments de *Paris*

6) Les Invalides (RG). Monument classique construit par Louis XIV entre 1671 et 1676 pour ses soldats à la retraite. Célèbre par son dôme. Site du tombeau de Napoléon et du musée de l'Armée.

(9) La place de la Concorde et l'Obélisque (RD). Un endroit pour admirer à l'ouest, les Champs-Élysées, jusqu'à l'Arc de Triomphe, et à l'est le jardin des Tuileries et le Louvre. Au centre de la place un obélisque égyptien a remplacé la guillotine de 1789.

(16) Le musée d'Orsay (RG). Nouveau musée ouvert en 1983 sur le site d'une ancienne gare, la gare d'Orsay. Art du xixe siècle et superbe collection impressionniste.

(17) Le Palais de Justice et la Sainte-Chapelle (IC). Ancien Palais royal devenu Palais de Justice depuis la Révolution. Au centre, la Sainte-Chapelle, une merveille gothique aux vitraux renommés. Sur la Seine, la Conciergerie, antichambre de la guillotine, aux belles salles gothiques.

(25) Le palais et jardin du Luxembourg (RG). Ancien palais de Marie de Médicis (1593–1642). Peintures de Rubens. Aujourd'hui, siège du Sénat. Magnifiques jardins ornés de statues et de fontaines.

(24) La Sorbonne (RG). Centre d'études théologiques fondé en 1253 par Robert de Sorbon, aujourd'hui l'Université de Paris. Au centre du Quartier latin, sur le boulevard Saint-Michel.

(14) Le Sacré-Cœur et la butte Montmartre (RD). Basilique du xixe siècle. Au sommet, magnifique vue sur Paris. Cafés et cabarets attirent toujours artistes et touristes sur la place du Tertre.

(2) L'Arc de Triomphe et l'avenue des Champs-Élysées (RD). Construit par Napoléon pour honorer ses troupes. Au centre d'un carrefour de grandes avenues qui partent en étoile. La plus célèbre est l'avenue des Champs-Élysées.

(1) La Grande Arche de la Défense (RD). Dans l'axe de l'Arc de Triomphe et des Champs-Élysées, au centre du quartier neuf de la Défense. Achevée en 1989, elle abrite des bureaux d'entreprises publiques et privées.

(28) Le cimetière du Père Lachaise (RD). Le plus grand cimetière de Paris. Tombes de Chopin, Rossini, Oscar Wilde, Balzac, Modigliani, Edith Piaf, Jim Morrison, etc.

(21) L'Institut du monde arabe (RG). Sur les quais de la Seine. Ensemble architectural très moderne, de verre et métal. Il assure depuis 1987 la promotion de la culture arabe.

(13) & (30) L'Opéra et l'Opéra de la Bastille (RD). Le premier opéra, le palais Garnier, a été construit entre 1862 et 1874. Dans les années 80, on a construit le second opéra, moderne et fonctionnel, sur la place de la Bastille.

(15) Beaubourg et le Centre Pompidou (RD). Inauguré en 1977, on trouve dans le centre le musée national d'Art moderne, le Centre de création industrielle, une bibliothèque publique, une cinémathèque et des lieux d'exposition temporaire. L'architecture du bâtiment est toujours considérée comme très avant-garde.

(11) Le palais du Louvre (RD). À l'origine (1204) un château-fort, puis une résidence royale, devenu musée en 1791. Le plus grand musée d'art en France. La construction d'une Pyramide de verre dans la cour du Louvre (dans les années 80) a causé une controverse.

(8) Le Grand et Petit Palais (RD). Des galeries d'exposition construites pour l'Exposition universelle de 1900. Ils forment, avec le pont Alexandre III, un bel ensemble du style de la Belle Époque.

(4) & (5) Le Champ-de-Mars et la tour Eiffel (RG). La tour Eiffel (1889) est l'ornement le plus célèbre de ce grand jardin entre la Seine et les bâtiments de l'École militaire (1772).

Exploration

1. Classez les monuments selon leur époque historique:

   le Moyen Age (v^e–xve siècles)   l'Empire napoléonien (1804–1814)
   la Renaissance (xvie siècle)   le second Empire (1852–1870)
   la Royauté (xviie–xviiie siècles)   la Belle Époque (1890–1914)
   la Révolution (1789–1795)   l'époque contemporaine

2. Quels sont vos deux monuments ou endroits préférés? Dites pourquoi et indiquez où ils sont sur la carte.

   MODÈLE: Voilà le musée d'Orsay, sur la rive gauche. J'aime l'architecture et j'adore les impressionnistes.

3. Quels monuments ou endroits sont évoqués dans les phrases suivantes? Identifiez cinq monuments ou endroits.

   a. Ce bâtiment public aux fonctions multiples a le nom d'un président de la République.
   b. Résidence éternelle de nombreux artistes.
   c. Elle domine Paris et a célébré son centennaire en 1989.
   d. Les chanteurs d'opéra remplacent les prisonniers sur ce lieu historique de la Révolution française.
   e. Un exemple de l'architecture de la Belle Époque (1900).
   f. Un ancien centre d'études théologiques.
   g. Un batîment public avec des peintures de l'artiste Rubens.
   h. Le musée de France le plus grand, le plus célèbre.
   i. Un monument et un centre d'études célébrant une culture non-européenne.
   j. La tombe de Napoléon se trouve là.
   k. Artistes, touristes et catholiques aiment visiter cet endroit.
   l. Un monument égyptien est au centre de cette place.
   m. Cette chapelle gothique est au centre d'un palais.
   n. Ce bâtiment se trouve au centre d'un carrefour d'avenues en étoile.
   o. Un ancien monument fonctionnel recyclé en musée d'art.

Réflexion

Comparez la capitale de votre état ou province à Paris. Discutez les monuments ou sites célèbres, et leur diversité. À votre avis, sent-on aussi le poids (*weight, impact*) de l'histoire dans votre capitale? Expliquez.

À l'écran

La ville et le quartier

Rencontrez les habitants d'une petite ville. Puis rentrez à Paris pour faire une promenade parmi des sculptures géantes. Enfin allez à la gare pour observer des voyageurs en retard pour leur train!

Clip 4.1 Une petite ville
Clip 4.2 L'art dans la ville
Clip 4.3 Ça arrive à tout le monde!

Parallèles historiques

Carcassonne, une cité médiévale

Cette ville du sud de la France comprend deux parties: la ville basse, construite au XIIIe siècle et une forteresse plus ancienne. Il y a deux remparts autour de cette forteresse. Le rempart intérieur est le plus vieux (VIe siècle). Carcassonne, aujourd'hui restauré (peut-être avec beaucoup d'imagination par un architecte du XIXe siècle), reste un lieu de tourisme très important.

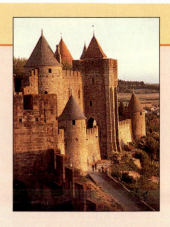

À vos stylos

Souvenir de Paris

Vous êtes à la terrasse d'un café à Paris et vous écrivez une carte postale pour parler de votre visite dans la capitale.

1. Décidez quelle carte vous allez envoyer: La tour Eiffel ou Notre-Dame de Paris?
2. Décidez à qui vous écrivez: parents, amis, prof, etc.
3. Trouvez des idées pour le contenu de votre message: description du monument? réaction personnelle? détails sur le temps? sur votre groupe d'amis?
4. Maintenant sélectionnez juste deux ou trois idées et écrivez votre carte.
5. Enfin, sélectionnez une formule pour a) commencer et b) finir la carte:
   a) Chers parents / Cher X / Cher M. X / Chère Mme X / Salut X
   b) Respectueusement / Sincères amitiés / Affectueusement / À bientôt / Grosses bises Signature

La tour Eiffel

Maintenant je sais...

Qu'avez-vous appris dans ce dossier? Vérifiez vos connaissances (*test your knowledge*) sur chaque (*each*) sujet et donnez des exemples précis.

1. Comparez le plan d'une ville française et d'une ville nord-américaine.
2. Pourquoi l'organisation ou l'aménagement de l'espace urbain n'est-il pas le même dans différentes cultures?
3. Quelle est la différence entre le mot **quartier** et le mot *neighborhood*?
4. Identifiez les commerces et les endroits publics qui ne sont pas ouverts certains jours.
5. Quels sont les endroits de Paris les plus touristiques? Placez ces endroits sur une carte et faites un petit commentaire.

Notre-Dame de Paris

Tous les mots

Expressions

à droite	*right, on your right*
à gauche	*on your left*
à l'angle de	*at the corner of*
à la périphérie de	*at the edge of*
à l'heure	*on time*
au centre-ville	*downtown*
C'est incroyable!	*It's unbelievable!*
Comment y arriver?	*How to get there?*
en avance	*early*
en banlieue	*in the suburbs, the outskirts*
en face de	*across from*
en majorité	*for the most part*
en retard	*late*
et quart	*a quarter past the hour*
je voudrais	*I would like*
jusqu'à	*until*
midi	*noon*
minuit	*midnight*
moins le quart	*a quarter before the hour*
pile	*on the dot*
un quart d'heure	*quarter of an hour*
Quelle heure est-il?	*What time is it?*
tout droit	*straight ahead*
tout près (de)	*very close*
vite	*quickly*
Vous pourriez m'aider?	*Could you help me?*

Verbes

apprendre	*to learn*
attendre	*to wait*
attirer	*to attract*
commander	*to order*
comprendre	*to understand*
entendre	*to hear*
exagérer	*to exaggerate*
fermer	*to close*
ouvrir	*to open*
perdre	*to lose*
prendre	*to take*
rendre	*to hand in, give back*
rentrer	*to go home*
répondre	*to answer*
tourner	*to turn*
traverser	*to cross*
vendre	*to sell*

Noms

un amateur	*connoisseur*
un antiquaire	*antique dealer*
une antiquité	*antique*
un appartement	*apartment*
une avenue	*avenue*
une banque	*bank*
un bâtiment	*building*
une bibliothèque	*library*
un billet	*ticket*
une boucherie	*butcher shop*
une boulangerie	*bakery*
un boulevard	*boulevard*
une boutique	*shop*
un bureau de tabac	*tobacco shop*
un café	*café*
le carrefour	*intersection*
une carte de téléphone	*phone card*
une carte postale	*postcard*
une charcuterie	*delicatessen*
une chose	*thing*
un coiffeur	*hairdresser*
un commerçant	*shopkeeper*
une demi-heure	*a half-hour*
une destination	*destination*
une école	*school*
une église	*church*
un emplacement	*location*
un endroit	*place*
une épicerie	*grocery*
un espace vert	*green space*
une gare	*station*
un gâteau	*cake*
un genre	*type*
un hôpital	*hospital*
un hôtel	*hotel*
~ de ville	*city hall*
une idée	*idea*
des installations (f)	*buildings*
un jardin public	*public square*
un journal	*newspaper*
l'heure (f)	*hour, time*
un légume	*vegetable*
un lycée	*high school*
un magasin	*shop*
la mairie	*city hall*
une maison particulière	*private residence*
un médicament	*prescription drug*
le Miniprix	*discount department store*
une minute	*minute*
une mobylette	*moped*
un musée	*museum*
un paquet	*package*
un parc	*park*
une pâtisserie	*pastry shop*

la pharmacie	pharmacy
la piscine	swimming pool
une place	square
un plat tout préparé	ready-to-serve dish
un pont	bridge
possible	possible
la poste	post office
la première (rue)	the first (street)
probable	probable, likely
un problème	problem
un produit	product
un quai	embankment (avenue)
un quartier	neighborhood
un rendez-vous	appointment
une rue	street
un saucisson	dry sausage
une spécialité	specialty
un stade	stadium
un supermarché	supermarket
un syndicat d'initiative	tourist office
un terrain de sport	playing field, athletic grounds
un timbre	stamp
la viande	meat
une ville	city

Les nombres cardinaux 31–100: see page 151 for complete list.

Adjectifs

caractéristique	characteristic
célèbre	famous
cher/chère	expensive
chinois	Chinese
favori, -ite	favorite
fermé	closed
frais/fraîche	fresh
industriel, -elle	industrial, industrialized
italien, -enne	Italian
moyen, -enne	average
ouvert	open
planifié	planned
politique	political
possible	possible
pratique	convenient
pressé	in a hurry
probable	probable, likely
proche	nearby
public, -ique	public
russe	Russian
spécial	special
sportif, -ive	sportive
typique	typical

DOSSIER 5

Communication
- Describing people: physical features, personality, character
- Learning to speak about past actions or events
- Making comparisons

Cultures en parallèles
- La diversité culturelle dans la région où vous habitez
- Clichés, stéréotypes et diversité culturelle

Outils
- Regular **-ir** verbs; verbs like **ouvrir**
- Irregular adjectives; **c'est** vs. **il est**
- The passé composé with **avoir**
- The comparative and superlative of adjectives

Phonétique: Oral vowels, Part 2: Closed vowels

Des gens de toutes sortes

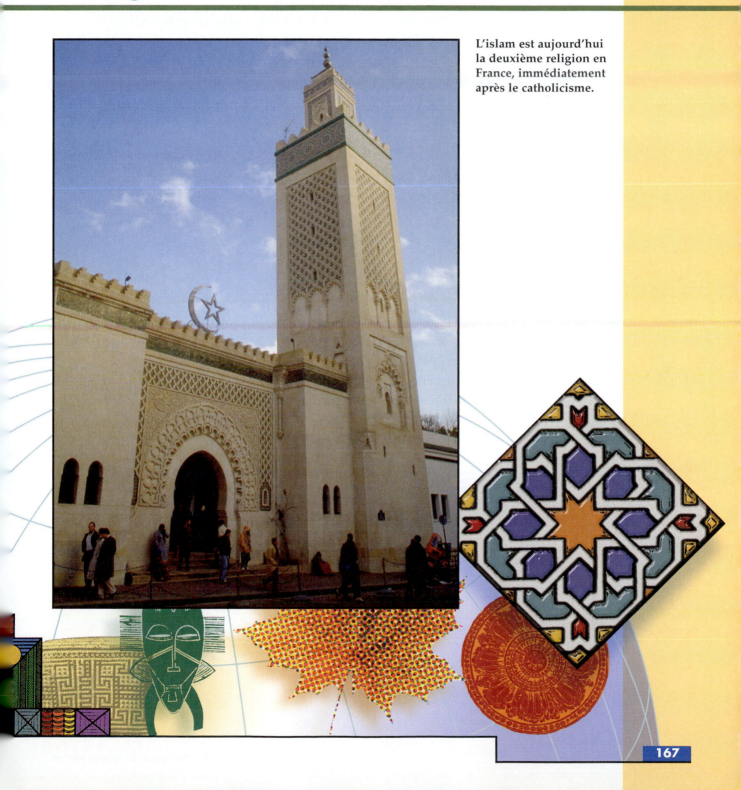

L'islam est aujourd'hui la deuxième religion en France, immédiatement après le catholicisme.

Cultures en parallèles

La diversité culturelle dans la région où vous habitez

Pensez à la région ou à l'état où vous habitez. La population est-elle très homogène? Y a-t-il une certaine proportion de personnes de races, origines et cultures différentes? Est-ce la même chose dans la ville où vous habitez maintenant? Pour identifier des évidences de la diversité culturelle, circulez dans la classe et posez les questions suivantes à vos camarades. N'oubliez pas de marquer leurs réponses!

	jamais	parfois	souvent
1. Assistez-vous aux festivals ethniques?	—	—	—
2. Achetez-vous des objets ou vêtements africains, indiens, mexicains, chinois?	—	—	—
3. Allez-vous dans des boutiques ou des marchés internationaux?	—	—	—
4. Écoutez-vous de la musique importée (nommez l'artiste ou le groupe)?	—	—	—
5. Jouez-vous d'un instrument de musique surtout utilisé dans une autre culture?	—	—	—

Le mot juste

Verbes

assister à	*to attend*
compter	*to count*
dîner	*to dine*
faire l'expérience de	*to have experience with*
identifier	*to identify*

Noms

un cirque	*circus*
la diversité	*diversity*
un instrument de musique	*musical instrument*
un marché	*market*
une mosquée	*mosque*
une occasion	*opportunity*
une origine	*origin*
la population	*population*
une proportion	*proportion*
la race	*race*
un spectacle	*show*
un temple	*temple*
un vêtement	*article of clothing*

6. Pratiquez-vous le yoga, le Tai-Chi? — — —

7. Avez-vous l'occasion (*opportunity*)
   de visiter une mosquée, un temple
   hindou ou bouddhiste? — — —

8. Allez-vous voir des films étrangers? — — —

9. Allez-vous voir des spectacles
   étrangers (Le Cirque du Soleil,
   du théâtre japonais, des ballets russes)? — — —

10. Dînez-vous dans des restaurants
    ethniques (mexicains, français,
    éthiopiens, indiens, russes,
    vietnamiens, chinois, etc.)? — — —

Maintenant comptez vos
réponses et tirez (*draw*) vos
conclusions. Par exemple: Notre
classe a peu, assez, beaucoup
d'expérience avec la diversité. La
majorité fait l'expérience de la
diversité d'abord au restaurant,
puis au marché, puis au cinéma.
La majorité a/n'a pas de contact
avec des religions hors de (*outside*)
la tradition judéo-chrétienne.

Danseuse de carnaval
(Guadeloupe).

Adjectifs

		importé	*imported*
		indien, -enne	*Indian (from India)*
africain	*African*	mexicain	*Mexican*
bouddhiste	*Buddhist*	russe	*Russian*
chinois	*Chinese*		
chrétien, -enne	*Christian*		
éthiopien, -enne	*Ethiopian*		
ethnique	*ethnic*		
étranger, -ère	*foreign*		
hindou	*Hindu*		
homogène	*homogenous*		

Contexte 1 Instantanés

les cheveux
le front
le nez
la bouche
les lèvres (f)

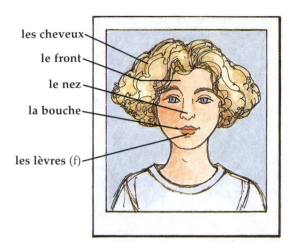

Marianna

la tête
le sourcil
l'œil, les yeux (m)
l'oreille (f)
les dents (f)
le cou
le visage

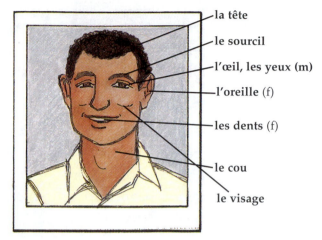

Karim

Aline et René choisissent des correspondants sur l'Internet. Ils ont imprimé des photos et échangent au téléphone la description de leurs nouveaux amis.

ALINE: Elle est comment, ta correspondante?

RENÉ: Marianna a le visage ovale, les cheveux blonds et longs. Elle a un joli nez et une bouche assez large. Elle semble jeune: 15 ou 16 ans.

ALINE: Et de quelle couleur sont ses yeux?

RENÉ: Écoute, je ne réussis pas à distinguer la couleur de ses yeux! Et toi, ton correspondant, il est comment?

ALINE: Karim est brun. Il a les cheveux courts, le visage rond, un long cou. Il a les yeux noirs avec des sourcils épais, des lèvres minces et des dents très blanches. Malheureusement, il a de grandes oreilles!

RENÉ: Allons, ne réagis pas négativement!

ALINE: Mais je ne réagis pas négativement! En fait il a vraiment une bonne tête, une tête sympa.

Pour faire le portrait d'un individu

Est-ce un adulte, un adolescent ou un enfant?
Est-ce un homme ou une femme? un garçon ou une fille?

Quel âge a-t-il/elle?

Est-il/elle plutôt grand(e) ou plutôt petit(e)?   Il/Elle fait 1, 58 m.
Est-il/elle plutôt fort(e) ou plutôt mince?   Il/Elle pèse 65 kilos.

De quelle couleur sont ses yeux? bleus, verts, noirs, gris?
De quelle couleur sont ses cheveux? blonds, châtain, roux, gris, blancs?

Comment est son visage? son nez, sa bouche, son front?
Comment sont ses oreilles? ses dents?
A-t-il/elle des signes particuliers? Par exemple, porte-t-il/elle des
lunettes? a-t-il une moustache?

Le mot juste

Expressions

de quelle couleur?	*what color?*
Il/Elle est comment?	*What does he/she look like?*
malheureusement	*too bad, alas*
vraiment	*really*

Verbes

choisir	*to choose*
distinguer	*to distinguish*
échanger	*to exchange*
imprimer	*to print*
porter	*to carry; to wear (clothes, accessories)*
réagir	*to react*
réussir	*to succeed*
sembler	*to appear*

Noms

un adolescent/ une adolescente	*adolescent, teenager*
un/une adulte	*adult*
un correspondant/ une correspondante	*pen pal*
un enfant	*child*
un individu	*person, individual*
un instantané	*snapshot*
des lunettes (f)	*glasses*
une moustache	*mustache*
un portrait	*portrait*

Adjectifs

blanc, blanche	*white*
bleu	*blue*
blond	*blond*
brun	*dark-haired*
châtain (inv.)	*chestnut brown*
court	*short*
épais, -aisse	*thick*
gris	*grey*
jeune	*young*
joli	*pretty*
large	*large, big*
long, longue	*long*
marron (inv.)	*brownish*
mince	*slim*
noir	*black*
ovale	*oval*
rond	*round*
roux, rousse	*redheaded*
vert	*green*

À votre tour

A. Mais ce n'est plus eux! (*But it's no longer the same people!*) Faites le portrait de deux autres correspondants: Maria est brune et Karl est blond. Changez le reste de la description.

B. Devinettes (*Riddles*). Réunissez les parties du visage et leurs définitions.

1. ___Utilisés pour regarder, admirer, ils ont des couleurs très différentes.
2. ___Sur la tête d'un individu, leur couleur et quantité sont variées!
3. ___Très nécessaires pour écouter de la musique, elles n'ont pas besoin d'être très grandes!
4. ___Elle reste toujours ouverte chez certaines personnes qui parlent trop!
5. ___Au dessus des yeux, ils sont épais ou minces.
6. ___Long ou court, il porte la tête.
7. ___Très utile pour apprécier les bonnes odeurs, mais il apporte aussi les mauvaises odeurs!
8. ___Elles sont parfois très blanches et très belles: hélas, on les (*them*) perd parfois!

a. la bouche
b. les cheveux
c. le cou
d. les dents
e. le nez
f. les oreilles
g. les sourcils
h. les yeux

 C. Monstres! (*Monsters!*) À tour de rôle, demandez à votre partenaire de dessiner (*to draw*) un monstre. Partagez (*share*) vos monstres avec la classe.

MODÈLE: Fais une tête très ronde, un œil sur le front, une petite bouche, les oreilles de Mickey Mouse!

D. Portraits. Vous avez apporté (*you brought*) en classe des photos de célébrités, des caricatures ou des dessins. Décrivez ces personnages.

Outil 1 Les verbes réguliers en -ir; les verbes comme ouvrir

Les verbes réguliers en -ir

- You have already studied two major conjugations of regular verbs: those like **parler,** whose infinitive ends in **-er,** and those like **vendre,** whose infinitive ends in **-re.** A third group of regular verbs has an infinitive ending in **-ir;** for example, **choisir** (*to choose*). To conjugate these verbs, remove the infinitive ending **-ir** to get the stem, and add the endings shown:

choisir – ir → chois-			
je	chois**is**	nous	chois**issons**
tu	chois**is**	vous	chois**issez**
il/elle/on	chois**it**	ils/elles	chois**issent**

- Here are some of the common **-ir** verbs:

  - Those having to do with daily life:

agir	*to act*
choisir	*to choose*
finir	*to finish*
obéir	*to obey*
réagir	*to react*
réfléchir	*to think, to reflect*
réunir	*to assemble, to gather*
réussir	*to succeed*

  - Those having to do with life processes:

établir (son indépendance)	*to establish one's independence*
grandir	*to grow (up)*
grossir	*to gain weight*
mincir	*to slim down*
vieillir	*to age*

Aline et René **choisissent** des correspondants sur l'Internet.	*Aline and René choose pen pals on the Internet.*
Je ne **réussis** pas à distinguer la couleur de ses yeux!	*I can't make out her eye color.*
Ne **réagis** pas négativement!	*Do not react negatively!*

Les verbes comme ouvrir

- Not all verbs whose infinitives end in **-ir** are regular. There is a small group like **ouvrir** (*to open*) that can be thought of as **-rir** verbs that take **-er** verb endings in the present tense.

ouvrir – ir → ouvr-			
j'	ouvre	nous	ouvr**ons**
tu	ouvre**s**	vous	ouvr**ez**
il/elle/on	ouvre	ils/elles	ouvr**ent**

Il **ouvre** les yeux.	*He opens his eyes.*
Nous **ouvrons** la porte.	*We open the door.*

- Because these verbs use **-er** verb endings, the **-s** is dropped from the **tu-** form of the imperative:

Ouvre la porte!	*Open the door!*

- Other verbs like **ouvrir** are:

découvrir	*to discover*
offrir	*to offer, to give [a gift]*

On **découvre** des correspondants sur l'Internet.	*They find pen pals on the Internet.*
L'Internet n'**offre** pas les adresses personnelles des correspondants.	*The Internet does not offer pen pals' personal addresses.*

A. Tant de choses à faire! (*So many things to do!*) À tour de rôle avec votre partenaire, évoquez certaines obligations pour vous, vos amis, votre professeur de français, vous et vos camarades, vos parents.

MODÈLE: Moi, je finis les devoirs.

finir les devoirs | réussir dans les études
réfléchir sur des problèmes | réunir souvent des amis
   de maths | ouvrir le courrier (*the mail*)
réagir vite | offrir des fleurs (*flowers*)
obéir aux ordres | découvrir des choses nouvelles

B. Que faire? (*What to do?*) Quels conseils donnez-vous dans les situations suivantes?

MODÈLE: Un étudiant ne réfléchit pas en classe.
       —Réfléchis en classe!

1. Un(e) camarade ne finit pas les devoirs.
2. Des enfants n'obéissent pas.
3. Un(e) camarade de chambre ouvre trop souvent la bouche.
4. Un copain/Une copine réagit sans réfléchir.
5. Votre frère offre un jeu électronique à votre mère.
6. Des camarades ouvrent toujours la fenêtre.
7. Des étudiants réagissent toujours négativement.
8. Un(e) camarade choisit mal ses amis.

C. Un portrait. D'abord faites votre propre portrait. Puis, circulez dans la classe pour trouver 1) une personne qui vous ressemble beaucoup, 2) une personne qui ne vous ressemble pas du tout.

MODÈLE: réagir vite / ne pas réagir vite
       —Je réagis vite. [Bruce] et [Andy] réagissent vite.
   ou: —Je ne réagis pas vite. [Bruce] et [Andy] ne réagissent pas vite.

1. finir / ne pas finir les devoirs
2. réfléchir / ne pas réfléchir en classe
3. grossir /maigrir au moment des examens
4. obéir / ne pas obéir
5. choisir bien / mal mes copains
6. ouvrir souvent / rarement les livres de classe
7. réussir / ne pas réussir dans les études
8. réunir / ne pas réunir mes amis
9. offrir des fleurs / ne pas offrir de fleurs à mes amis
10. découvrir toujours / découvrir rarement de nouveaux amis

Contexte 2 Personnalités diverses

Voici Hélène Roi, une très bonne amie de ma sœur. C'est une jeune lycéenne. Non seulement Hélène est la première de sa classe, mais c'est aussi une jeune fille très sportive, très compétitive. Sur cette photo, elle est très sérieuse, en réalité elle est toujours heureuse et très gaie.

Ici, c'est mon nouvel ami, Noc Phuen. C'est un artiste, un musicien très créateur. Plus tard, il va très bien réussir, j'en suis sûr, parce qu'il est ambitieux et travailleur. Mais aujourd'hui, Noc Phuen est un bon copain et un copain très amusant: il aime rire et plaisanter, comme moi!

Je vous présente Patricia, la nouvelle copine de mon frère Henri. Cet Henri, il est fou: lui qui est si gentil, il a trouvé une fille prétentieuse, superficielle et tout à fait ennuyeuse. Non, non, je n'exagère pas! Elle est insupportable! En plus elle n'a pas l'air d'être très franche. Pauvre Henri! Cette fois il a mal choisi!

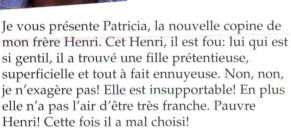

Le mot juste

Expressions

avoir l'air de	*to appear to be*
comme moi	*like me*
j'en suis sûr	*I am sure of it*
plus tard	*later, in the future*

Verbes

plaisanter	*to joke*
rire	*to laugh*

Adjectifs

ambitieux, -euse	*ambitious*

ce (cet), cette	*this*
compétitif, -ive	*competitive*
créateur, -trice	*creative*
fou (fol), folle	*crazy*
franc, franche	*frank*
gentil, -ille	*nice*
insupportable	*unbearable*
pauvre	*poor*
premier, -ière	*first*
prétentieux, -euse	*pretentious*
superficiel, -elle	*superficial*
travailleur, -euse	*hard-working*

À votre tour

 A. Avez-vous compris? Avec votre partenaire identifiez les personnes suivantes.

MODÈLE: une personne sportive
—Facile! C'est Hélène Roi!
ou: —Ce n'est pas Patricia!

1. une personne travailleuse
2. une personne ambitieuse
3. une personne amusante
4. une personne compétitive
5. une personne créatrice
6. une personne heureuse
7. une personne insupportable
8. une personne pas franche
9. une personne prétentieuse
10. une personne qui (*who*) est folle
11. une personne superficielle
12. une personne qui aime plaisanter

B. À chacun ses qualités et défauts (*To each his/her strengths and weaknesses*). À tour de rôle avec votre partenaire, indiquez les qualités (*good qualities*) et les défauts (*shortcomings*) d'Henri, d'Hélène Roi, de Noc Phuen et de Patricia. Utilisez des adjectifs ou des verbes.

MODÈLE: Henri, il est fou. Il ne choisit pas bien ses amies!

C. Impressions. À tour de rôle, donnez votre impression sur chaque (*each*) personne: Henri, Hélène Roi, Noc Phuen et Patricia. Expliquez pourquoi vous avez une telle (*such*) impression. Utilisez des adjectifs ou structures du **Contexte,** mais aussi des adjectifs déja (*already*) étudiés. Soyez créateurs!

MODÈLE: Henri est sympathique. Il n'est pas fou, mais un peu stupide; il a un problème avec sa nouvelle copine.

Outil 2 Adjectifs irréguliers; c'est vs. il est

Some adjectives have irregular feminine or plural forms.

- **Féminin irrégulier:** Observe the following patterns, which represent groups of adjectives that have irregular feminine forms:

  Jacques est très sportif, très compétitif et toujours heureux.

  Hélène est très **sportive,** très **compétitive** et toujours **heureuse.**

  Patrick est un garçon prétentieux, superficielle, ennuyeux et pas très franc.

  Patricia est une fille **prétentieuse, superficielle, ennuyeues** et pas très **franche.**

Some irregular adjectives have a predictable form:

masculin	féminin	
-c	-che	franc/franche (*frank*), blanc/blanche (*white*)
-er	-ère	cher/chère (*dear, expensive*), premier/première (*first*)
-eur	-euse	travailleur/travailleuse (*hard-working*)
-f	-ve	sportif/sportive (*athletic*), actif/active (*active*), naïf/naïve (*naive*)
-l	-lle	gentil/gentille (*nice*), naturel/naturelle (*natural*)
-s	-sse	gros/grosse (*big, large*)
-teur	-trice	créateur/créatrice (*creative*), conservateur/conservatrice (*conservative*)
-x	-se	ennuyeux/ennuyeuse (*boring*), heureux/heureuse (*happy*)

A few adjectives have a unique feminine singular form.

faux / fausse (*false*)   roux / rousse (*redheaded*)   fou / folle (*crazy*)
favori / favorite (*favorite*)   public / publique (*public*)

C'est une école **publique**.   Voilà une idée complètement **folle!**

The plurals of these irregular adjectives follow the regular patterns: **-s** is added to the singular forms, except when they already end in **-s** or **-x**.

actif**s**/active**s**, heureux/heureuse**s**, favori**s**/favorite**s**, etc.

- **Masculin pluriel irrégulier:** Adjectives ending in **-al** in the masculine singular end in **-aux** in the masculine plural:

libéral/libér**aux** (*liberal*)   loyal/loy**aux** (*loyal*)

The feminine singular and the feminine plural of these adjectives is regular: libérale**s**, loyale**s**.

Carcassonne est une cité **médiévale**.   *Carcassonne is a medieval city.*
Nous parlons de problèmes **sociaux**.   *We are talking about social problems.*

des contraires			
actif, -ive	passif, -ive	idéaliste	réaliste
agréable	désagréable	intéressant	ennuyeux, -euse
ambitieux, -euse	modeste	optimiste	pessimiste
amusant/drôle	ennuyeux, -euse	patient	impatient
calme	nerveux, -euse	prétentieux, -euse	modeste
compétitif, -ive	relax (e)	raisonnable	fou (folle)
compliqué	clair/simple	riche	pauvre
content	mécontent	sage	idiot
curieux, -euse	indifférent	sérieux, -euse	superficiel, -elle
débrouillard	peu habile	sincère	hypocrite
discipliné	indiscipliné	sociable/ouvert	renfermé
enthousiaste	réservé	timide	hardi
généreux, -euse	égoïste	travailleur, -euse	paresseux, -euse

À votre tour

A. Bien assortis. Imaginez qu'Henri a maintenant une autre copine: Indiquez qu'elle et lui sont parfaitement assortis.

MODÈLE: Il n'est pas compétitif.
——Elle n'est pas compétitive.

1. Il est créateur.
2. Elle est franche.
3. Il n'est pas fou.
4. Il est musicien.
5. Elle est travailleuse.
6. Elle est gentille.
7. Il est premier en classe.
8. Elle est sportive.
9. Il n'est pas ennuyeux.
10. Elle n'est pas conservatrice.
11. Il est un peu naïf.

B. Patricia, le mauvais choix! À tour de rôle, expliquez pourquoi Henri a fait un très mauvais choix avec Patricia: leurs personnalités sont totalement opposées.

MODÈLE: Elle est prétentieuse.
——Mais lui, il n'est pas prétentieux.

1. Elle n'est pas naturelle.
2. Elle est compliquée.
3. Il est compétitif.
4. Elle est ennuyeuse.
5. Il est débrouillard.
6. Elle n'est pas franche.
7. Elle est folle!
8. Il est enthousiaste.
9. Elle est nerveuse.
10. Elle est passive.

C. Quelle sorte de gens? Donnez votre opinion en utilisant les éléments suivants. Mélangez les éléments comme vous voulez. Attention à la forme et à l'accord de l'adjectif.

MODÈLE: J'aime / les personnes / gentil
——J'aime les personnes gentilles.

1. Je déteste / les personnes (f) / paresseux
2. Je respecte / les filles / sincère
3. J'apprécie / les professeurs / sportif
4. Je redoute (*fear*) / les artistes / un peu fou
5. Je n'aime pas beaucoup / les personnes / créateur
6. Je n'aime pas / les copines / débrouillard
7. Je n'aime pas / les partenaires / ennuyeux
8. J'apprécie / les amis / loyal

C'est vs. Il/Elle est

● Both the constructions **il est/elle est** and **c'est** can refer to persons and to things:

C'est une jeune lycéenne. **Elle est** toujours heureuse.	*She's a high school student. She's always happy.*
C'est mon nouvel ami. **Il est** très créateur.	*He's my new friend. He's very creative.*
C'est mon nouvel ordinateur: **il est** très pratique.	*It's my new computer; it is very convenient.*

● Use **c'est** or the plural form **ce sont** before:

• a proper noun or a pronoun:

C'est moi!	*It's me!*
C'est Hélène Roi.	*This is Hélène Roi.*
C'est Paris.	*It's Paris.*

• a noun modified by an article or adjective:

C'est la nouvelle copine d'Henri.	*It's Henri's new girlfriend.*
Ce sont des copains.	*These are friends.*
C'est une personne courageuse et dynamique.	*It's a dynamic and courageous person.*

• an adverb:

C'est loin? Non, c'est tout près.	*Is it far? No, it's quite close.*

● Use **il/elle est, ils/elles sont** before:

• an adjective:

Elle est courageuse et dynamique.	*She is courageous and dynamic.*
Mes voisins? **Ils** sont très gentils.	*My neighbors? They are nice.*
Mon ordinateur? **Il** est indispensable!	*My computer? It is a necessity!*

• an unmodified noun, such as the name of a profession:

Elles sont architectes.	*They are architects.*
Il est journaliste.	*He is a journalist.*

À votre tour

A. Erreur de jugement. Corrigez les opinions suivantes. Attention à la forme et à la place de l'adjectif.

MODÈLE: Il est actif.
—Pas du tout! C'est une personne paresseuse!

1. Il est travailleur.
2. Ils sont libéraux.
3. Elles sont raisonnables.
4. Ils sont optimistes.
5. Il est sérieux.
6. Ils sont sociables.
7. Ils sont intéressants.
8. Il est heureux.

 B. Qui inviter? Vous parlez avec un(e) partenaire au sujet d'une soirée. Discutez de la liste des invités.

MODÈLE: —Jean Dupont, qui est-ce?
—C'est un ami.
—Qu'est-ce qu'il fait?
—Il est dentiste. Il est gentil.
—Bon, alors. D'accord.

Invités	Rapport	Profession	Caractéristiques
Jean Dupont	un ami	dentiste	gentil
Marie Soulier	une cousine	architecte	amusant
Jean-Paul Aubain	un vieil ami	médecin	agréable
Sabine Marion	une cousine	avocate	ennuyeux
Kevin Smith	un jeune Anglais	étudiant	timide
Marc et Mimi Lebrun	des amis	commerçants	travailleur
Thierry et Odette Simonin	des collègues	journalistes	dynamique

C. Qui admirez-vous? Identifiez une personne que (*whom*) vous admirez beaucoup ou au contraire que (*whom*) vous n'admirez pas du tout. Partagez vos raisons avec vos camarades.

MODÈLE: —J'admire beaucoup mon père. C'est un homme libéral. Il est juste et honnête.

Volet 3

Contexte 3 — On raconte sa vie

Sébastien Léon parle de son collègue de travail.
J'ai toujours beaucoup apprécié mon collègue André Janin. Nous avons commencé notre carrière ensemble chez France-Télécom en 1967. M. Janin est un statisticien remarquable. Il a fait des études solides et il a toujours agi en collègue consciencieux. Il n'est pas très ambitieux et c'est un peu dommage: il n'a pas vraiment bien réussi dans cette entreprise.

Jean-Claude parle de son copain Noc Phuen.
Les parents de Noc Phuen ont quitté le Viêt-nam dans les années 70. Ils ont vendu leur maison pour venir (*to come*) en France. Noc Phuen, lui, n'a pas habité le Viêt-nam; il a toujours habité Paris, dans mon quartier. Nous avons grandi ensemble, joué ensemble. Maintenant nous restons de bons amis.

Marie-France parle de son amie Évelyne Ladois.
À 46 ans, mon amie, Évelyne Ladois, n'a pas eu de chance. D'abord, l'année dernière, cette mère de deux enfants a divorcé. Puis elle a perdu son poste d'ingénieur. Depuis, elle n'a pas retrouvé une autre situation. Alors, elle a demandé de l'aide à ses amis et relations. C'est une personne courageuse et dynamique, mais elle a de gros soucis sur son avenir professionnel et sur l'avenir de ses enfants.

Philippe Giraud parle de lui-même.
J'ai beaucoup voyagé et je voyage encore beaucoup parce que je suis journaliste. J'ai toujours été curieux de tout! Je n'ai pas fait d'études de journalisme. Très jeune, j'ai commencé à travailler pour un petit journal de province. Là, j'ai appris beaucoup de choses. Puis j'ai eu une grande chance! *Ailleurs* m'a offert un premier petit reportage. Aujourd'hui, je travaille exclusivement pour *Ailleurs*. Et j'adore mon travail!

Le mot juste

Expressions

d'abord	*first*
depuis	*since then*
ensemble	*together*
maintenant	*now*
puis	*then*

Verbes

apprécier	*to appreciate*
divorcer	*to divorce*
quitter	*to leave*
retrouver	*to find anew*

Noms

l'aide	*help*
l'avenir (m)	*future*
une carrière	*career*
la chance	*luck*

un/une collègue	*colleague*
une entreprise	*entreprise, firm, business*
une inquiétude	*anxiety*
un journal de province	*regional newspaper*
une maison	*house*
un poste	*position*
une relation	*acquaintance*
un reportage	*newspaper or magazine story*
une situation	*career, job*
un souci	*worry*
un statisticien/ une statisticienne	*statistician*

Adjectifs

consciencieux, -euse	*conscientious*
courageux, -euse	*courageous*
remarquable	*remarkable*

A. De qui s'agit-il? (*Who's it about?*) Pour chaque résumé biographique ci-dessous, identifiez l'individu en question: André Janin, Philippe Giraud, Noc Phuen, Évelyne Ladois.

1. On regrette la situation d'une amie divorcée et mère de deux enfants, qui a perdu son travail.
2. Un individu parle de sa profession, explique pourquoi il a choisi cette profession et comment il a réussi dans cette profession.
3. Cet individu est très courageux mais n'a pas eu de chance.
4. Cet individu n'a pas vraiment réussi dans sa carrière.
5. Cet individu a grandi avec son ami.

B. Qui a fait quoi? (*Who did what?*) À tour de rôle, posez la question et donnez la réponse (Attention, parfois la réponse concerne deux individus!)

MODÈLE: —Qui a habité le Viêt-nam?
—Les parents de Noc Phuen!

1. Qui a beaucoup voyagé?
2. Qui a commencé à travailler très jeune (cette personne n'a pas fait d'études)?
3. Qui a demandé de l'aide à ses amis et relations?
4. Qui a eu beaucoup de chance?
5. Qui a fait des études solides?
6. Qui a grandi et a joué avec Jean-Claude?
7. Qui a perdu son poste?
8. Qui a toujours été curieux (-euse)?
9. Qui a toujours habité Paris?
10. Qui a travaillé chez France-Télécom?
11. Qui a vendu sa maison?
12. Qui n'a pas encore gagné la place qu'il mérite?

C. Votre réaction. Avec votre partenaire, expliquez votre opinion de chaque personne et expliquez pourquoi.

MODÈLE: La personne la plus (*the most*) courageuse.
—Pour moi, c'est les parents de Noc Phuen. Ils choisissent un nouveau pays. Ils apprennent le français.

1. La personne la plus sympathique.
2. La personne la plus courageuse.
3. La personne avec le moins (*the least*) de chance.
4. La personne avec le plus de chance.
5. La personne la plus touchante (*touching*).
6. La personne la moins intéressante.

D. Un portait moral (*Describing one's personality*). Pour compléter votre portrait physique, vous allez faire votre portrait moral. Puis vous et votre partenaire décidez si vous êtes semblables ou différents.

MODÈLE: (*pour la conclusion*)
—Alors, nous sommes tous les deux compétitifs/toutes les deux compétitives.
ou: —Quel contraste! Toi, tu es sociable, moi, je suis timide.

Outil 3 Le passé composé avec avoir

● In talking about the past, you can describe what things were like, or you can tell what happened. In this dossier, you will learn how to use the *passé composé* to tell what happened. In Dossier 8, you will learn to use a different tense, called the *imparfait*, to talk about what things were like in the past.

● The *passé composé* is a compound tense formed with two elements: an auxiliary, or helping, verb + a past participle. Most French verbs use the auxiliary verb **avoir.** Although it is used to form a past tense verb, the auxiliary verb is conjugated in the present tense.

parler			
j'ai	parlé	nous avons	parlé
tu as	parlé	vous avez	parlé
il/elle/on a	parlé	ils/elles ont	parlé

● Most past participles are regular and are formed from the infinitive as follows:

infinitive	past participle ending		past participle
parler –er	é	→	parlé
finir –ir	i	→	fini
vendre –re	u	→	vendu

J'ai toujours beaucoup **apprécié** mon collègue.	*I always appreciated my colleague very much.*
Il a toujours **agi** en collègue consciencieux.	*He always acted as a conscientious colleague.*
Il n'a pas vraiment bien **réussi.**	*He really did not succeed all that well.*

● Often, irregular verbs have irregular past participles.

avoir	**eu**	j'ai	**eu**
être	**été**	j'ai	**été**
faire	**fait**	j'ai	**fait**
prendre	**pris**	j'ai	**pris**
apprendre	**appris**	j'ai	**appris**
comprendre	**compris**	j'ai	**compris**

Évelyne **n'a pas eu** de chance.	*Évelyne did not have any luck.*
André **a fait** des études solides.	*André has a solid background (literally: has studied seriously).*
J'ai toujours **été** curieux de tout.	*I have always been curious about everything.*
Là, **j'ai appris** beaucoup de choses.	*There, I learned lots of things.*

- The past participle of **-rir** verbs ends in **-ert:**

ouvrir	**ouvert**	j'ai	**ouvert**
découvrir	**découvert**	j'ai	**découvert**
offrir	**offert**	j'ai	**offert**

Ailleurs m'**a offert** un premier reportage.

Ailleurs offered me the chance to write my first story.

- The *passé composé* has several equivalents in English, depending on the context:

L'année dernière, Évelyne Ladois **a divorcé,** puis elle **a perdu** son poste. Depuis, elle **n'a pas retrouvé** une autre situation.

Last year, Évelyne Ladois got divorced, then she lost her job. Since then, she hasn't found another job.

Philippe Giraud **n'a pas fait d'études** de journalisme.

Philippe Giraud didn't study journalism.

- To make a verb in the *passé composé* negative, you place the two parts of the negative (**ne** + **pas**) around the auxiliary verb.

je **n'**ai **pas**	entendu	nous **n'**avons **pas**	entendu
tu **n'**as **pas**	entendu	vous **n'**avez **pas**	entendu
il/elle **n'**a **pas**	entendu	ils/elles **n'**ont **pas**	entendu

- To ask a question in the *passé composé*, you can use either **est-ce que** or inversion. Note that the inversion occurs between the subject pronoun and the auxiliary verb:

finir	
Est-ce que j'ai fini?	**Avons-nous** fini?
As-tu fini?	**Avez-vous** fini?
A-t-il/A-t-elle fini?	**Ont-ils/Ont-elles** fini?

- Note that short, common adverbs (**bien/mal, toujours/souvent, beaucoup/peu/assez, déjà/encore**) are placed between the auxiliary and the past participle:

Philippe Giraud a **beaucoup** voyagé.

Philippe Giraud has traveled a lot.

However, adverbs of time (**aujourd'hui/hier**) and place (**ici/là-bas**) are placed at the beginning or end of the sentence:

Hier, Évelyne Ladois a demandé un rendez-vous; ...elle a eu son rendez-vous **aujourd'hui**.

Évelyne Ladois asked yesterday for an appointment; she got one today.

À votre tour

A. Compte-rendu (*Report*). Philippe Giraud donne un compte-rendu de ses recherches à sa rédactrice en chef (*editor*). Jouez le rôle de Philippe.

MODÈLE: faire des recherches à la bibliothèque
      —J'ai fait des recherches à la bibliothèque.

1. attendre la publication de statistiques récentes
2. découvrir les questions importantes
3. consulter des spécialistes
4. visiter beaucoup de villes et de quartiers
5. choisir des personnes à interviewer
6. préparer des questions pour l'interview
7. faire beaucoup de travail

B. Une journée inhabituelle (*An unusual day*). Hélène Roi, malade (*ill*), a passé une très mauvaise journée au lycée. Indiquez les manifestations de sa maladie (*sickness*). Soyez logiques!

MODÈLE: A-t-elle fait attention?
      —Non, aujourd'hui elle n'a pas fait attention.

1. A-t-elle écouté attentivement?
2. A-t-elle entendu les conseils (*advice*) du professeur?
3. A-t-elle obéi à ses conseils?
4. A-t-elle parlé avec ses camarades?
5. A-t-elle rendu ses devoirs?
6. A-t-elle réussi à l'examen?

C. Bonne ou mauvaise idée? Henri et Patricia pensent avoir une soirée chez eux, mais ils n'ont pas fait leurs préparatifs!

MODÈLE: décider qui inviter
      —Nous n'avons pas décidé qui inviter.

1. décider la date
2. faire une liste d'invités
3. téléphoner aux invités
4. choisir la musique
5. prendre des initiatives
6. perdre du temps (*attention: positive or negative?*)

D. On raconte sa vie. D'abord, préparez une liste de cinq questions à poser à des camarades au sujet de leur vie. Puis circulez dans la classe pour vos interviews. Notez les réponses, puis faites une comparaison avec votre vie à vous.

MODÈLE: choisir une profession?
      —As-tu choisi une profession?
      —Oui, j'ai (déjà) choisi une profession.
Conclusion: [Pete, Ann et Karen] ont choisi une profession. Moi, je n'ai pas choisi de profession.

1. habiter où?
2. faire des études où?
3. réussir aux examens?
4. visiter des pays étrangers?
5. apprendre des langues étrangères?
6. découvrir des personnes intéressantes?
7. faire des compétitions sportives?
8. avoir de la chance?

Volet 4

Le 12 juillet 1998, l'équipe de France a gagné 3–0 la Coupe du Monde de football contre l'équipe du Brésil. Ce match historique est bien sûr la plus grande des victoires sportives.

Parmi les 23 membres de l'équipe de France on compte cinq héros plus grands que nature.

D'abord Aimé Jacquet, l'entraîneur. Il a eu la première et la plus grande des responsabilités: choisir les 22 meilleurs joueurs français. Il a aussi toujours été le plus juste possible avec ses joueurs. De l'avis de tous, il a été le meilleur entraîneur pour l'équipe.

Zinedine Zidane a été le joueur le plus brillant et le plus efficace.

Emmanuel Petit a marqué le but le plus important, le but de la victoire.

Marcel Dessailly a été comme toujours le joueur le plus rapide, le meilleur arrière.

Enfin Youri Djorkaeff a donné trois passes parmi les plus décisives.

Notons que David Trézéget, plus jeune que tous ses camarades, et Bernard Lama, le plus vieux joueur de l'équipe, n'ont pas joué dans la finale. Prenons note aussi que Didier Deschamps est plus titré que tous les autres membres de l'équipe.

Cette équipe de champions, avec ses joueurs d'origines marocaine, ghanéenne, guadeloupéenne et néo-calédonienne, illustre une France moderne, tricolore et multicolore, non pas moins unie et certainement plus diverse que la France traditionnelle.

Le mot juste

Expressions

aussi... que	*as ... as*
contre	*against*
de l'avis de tous	*in everyone's opinion*
le/la/les plus... de	*the most ... in*
moins... que	*less ... than*
parmi	*among*
plus... que	*more ... than*

Verbes

gagner	*to win, to earn*
illustrer	*to illustrate*
marquer un but	*to score*
noter	*to note*

Noms

un arrière	*rear guard (sport)*
le Brésil	*Brazil*
un but	*goal*
une coupe	*cup*
un entraîneur	*coach (sports)*
une équipe	*team*
un héro/une héroïne	*hero / heroine*
un joueur/une joueuse	*player*
un match	*game*
un membre	*member*
le monde	*world*
une passe	*pass*
une responsabilité	*responsibility*
une victoire	*victory*

Adjectifs

brésilien, -enne	*Brazilian*
brillant	*brilliant*
décisif, -ive	*decisive*
divers	*diverse*
efficace	*efficient*
ghanéen, -enne	*from Ghana*
guadeloupéen, -enne	*from Guadeloupe*
historique	*historical*
marocain	*Moroccan*
meilleur	*best*
multicolore	*multicolor*
néo-calédonien, -enne	*from New Caledonia*
titré	*with many awards*
traditionel, -elle	*traditional*
tricolore	*tricolor*

À votre tour

A. Famille de mots (*Related words*). Avec un partenaire, choisissez et lisez seulement les mots de la liste qui concernent le sport du football.

une équipe, la Coupe du Monde, un héros, efficace, un membre, compter, un entraîneur, un joueur, marquer un but, un arrière, faire une passe, la finale, tricolore, traditionnel

B. Priorités. Avec un partenaire, classer de 1 (très important) à 11 (beaucoup moins important) les qualités des joueurs. Comparez votre liste avec la liste d'autres groupes. Quelles sont les cinq qualités au sujet desquelles (*about which*) la majorité de la classe est d'accord?

> être énergique
> être agressif
> être rapide
> avoir de l'expérience
> être décisif
> faire de bonnes passes
> être jeune
> avoir une bonne technique
> être efficace
> marquer des buts

C. Questions pour un champion. Avec un partenaire, identifiez à quel(s) événement(s) ou à quel(s) individu(s) les descriptions ci-dessous se rapportent.

1. Qui a été le joueur le plus brillant? Zidane ou Petit?
2. Qui a été le joueur le plus rapide? Dessailly ou Deschamps?
3. Qui a fait les passes les plus décisives? Djorkaeff ou Trézéget?
4. Qui est plus vieux que le reste de l'équipe? Lama ou Trégézet?
5. Qui est l'individu le plus titré? Jacquet ou Deschamps?
6. Quelle est la date de la victoire française?
7. Quel est le score de la victoire?

D. Vos champions. En matière de sports, quelle est votre équipe favorite? D'abord, circulez dans la classe pour trouver des partenaires qui partagent (*who share*) votre opinion. Puis décrivez ensemble votre équipe.

MODÈLE: L'équipe de football américain de l'université du Nebraska est la meilleure équipe universitaire. Elle a eu plus de victoires que les autres équipes. Les joueurs sont plus rapides que les autres joueurs. Ils ont l'entraîneur le plus efficace. C'est une équipe de champions. Ils ont aussi un public très loyal.

Outil 4 — Le comparatif et le superlatif de l'adjectif

Le comparatif de l'adjectif

- In French, as in English, three kinds of comparisons of people or things are possible. Use **plus** (*more*), **moins** (*less*), or **aussi** (*as*) + an adjective + **que** to make comparisons. The adjective of course always agrees in number and gender with the noun it modifies.

L'équipe de France compte cinq héros **plus grands que** nature.	*The French team has five heroes larger than life.*
Les joueurs sont **aussi respectés que** leur entraîneur.	*The players are as repected as their coach.*
L'équipe brésilienne a été **moins bonne que** l'équipe de France.	*The Brazilian team has not been as good as (has done less well than) the French team.*
Cette équipe illustre une France moderne **aussi unie mais plus diverse que** la France traditionnelle.	*This team is an image of a modern France, as united as but more diverse than traditional France.*

- The adjective **bon** (*good*) has one irregular comparative form:
  bon(s)/bonne(s) → meilleur(s)/meilleure(s).

Les joueurs de l'équipe de France ont été **meilleurs que** les joueurs brésiliens.	*The players on the French team were better than the Brazilian players.*

However, the other comparative forms are regular:

Les autres arrières ne sont pas **aussi bons que** Dessailly.	*The other rear guards are not as good as Dessailly.*
Les autres arrières sont **moins bons que** Dessailly.	*The other rear guards are not as good (less good) than Dessailly.*

- Note that the stressed pronouns are used after **que** if you want to use a pronoun rather than a noun in a comparison.

Deschamps est **plus titré que** les autres membres de l'équipe. Il est **plus titré qu'eux.** Les autres sont **moins titrés que lui.**

Deschamps is more famous (has more awards/titles) than other members on the team. He is more famous than they are. They are less famous than he is.

▬▬▬ À votre tour

A. Photo de famille.
Avec votre partenaire, comparez les membres de cette famille.

MODÈLE: Rémi est un meilleur joueur de foot que Camille.

B. Vos équipes préférées: À partir des éléments donnés, établissez des comparaisons entre vos équipes préférées. Utilisez **plus… que, moins… que** ou **aussi… que.** Attention à l'accord de l'adjectif!

MODÈLE: l'équipe des Broncos / l'équipe des Green Bay Packers? (compétitif)
—L'équipe des Broncos est aussi compétitive que l'équipe des Green Bay Packers.

1. les matchs de ? / les matchs de ? (intéressant)
2. les résultats de ? / les résultats de ? (bon)
3. le sport ? / le sport ? (populaire)
4. l'entraîneur de ? / l'entraineur de ? (efficace)
5. les spectateurs de ? / les spectateurs de ? (enthousiaste)
6. les joueurs de ? / les joueurs de ? (bon)
7. l'équipe de ? / l'équipe de ? (professionnel)

C. Comparaisons personnelles. Pensez à d'autres personnes—un membre de votre famille ou un(e) ami(e), par exemple—et faites des comparaisons. Pensez à des traits de caractère et aussi à vos traits physiques.

MODÈLE: Je suis plus grand que ma mère. Mon frère est plus sportif que moi. Mais je suis plus compétitif que lui.

> **Choisissez parmi:** grand / petit / jeune / vieux / mince / généreux / patient / ambitieux / consciencieux / énergique / décisif / curieux / débrouillard / discipliné / timide / sociable / optimiste / fou / sincère / ouvert

Le superlatif de l'adjectif

- The superlative expresses the idea of "the most" or "the least." It is often expressed in English by the *-est* form of the adjective: *the tallest, the shortest, the fastest, the slowest.* In French, the superlative must be expressed as an adjective phrase, using the definite article before the word **plus** or **moins,** followed by the adjective:

le/la/les + **plus/moins** + adjective

Aimé Jacquet a eu **la plus grande responsabilité.**	*Aimé Jacquet had the biggest responsibility.*
David Trézéget est **le plus jeune.**	*David Trézéget is the youngest.*
Youri Djorkaeff a donné trois passes parmi **les plus décisives.**	*Youri Djorkaeff made three of the most critical passes.*

Note that, as in the comparative, both the article and the adjective must agree in number and gender with the noun they modify.

- The placement of the superlative corresponds to the usual placement of the adjective. Most adjectives normally follow the noun they describe, and the superlative also follows the noun. Note that in this case the definite article is repeated in the superlative construction:

Petit a marqué **le but le plus important.**	*Petit made the most important goal.*

The superlative of prenominal adjectives usually also precedes the noun. Note that in this construction, it is not necessary to repeat the article:

C'est **la plus grande victoire** sportive.	*It is the biggest victory in sports.*
Bernard Lama est **le plus vieux joueur.**	*Bernard Lama is the oldest player.*

- You have seen that the adjective **bon** always precedes the noun it describes and has an irregular pattern in the comparative. The superlative uses those same irregular forms:

bon(ne)(s):	C'est un **bon** joueur.
	He's a good player.
le/la/les meilleur(e)(s):	Aimé Jacquet a été **le meilleur** entraîneur pour l'équipe.
	Aimé Jacquet was the best coach for the team.
le/la/les moins bon(ne)(s):	C'est **le moins bon** score.
	It's the worst score (the least good).

- Note that *in* or *of* after the superlative is expressed as **de** in French.

Dessailly est le meilleur arrière **de** l'équipe.	*Dessailly is the best rear guard of the team.*
C'est le moins bon score **de** la saison.	*It's the worst score of the season.*

■■■■ À votre tour

A. À la Une des journaux (*Newspaper headlines*). Imaginez les gros titres des journaux français le jour après la Coupe du Monde.

MODÈLE: la victoire / beau / année
—La victoire la plus belle de l'année!

1. le match / fascinant / la décade
2. les joueurs / bon / le monde
3. les spectateurs / enthousiaste / l'histoire du foot
4. les héros / admiré / la France
5. Zidane, le joueur / efficace / équipe
6. la France, le pays / heureux / monde

B. Une légère exagération? Un membre de votre famille est fier (*proud*) de vos succès mais exagère un peu quand il/elle parle de vous.

MODÈLE: Vous avez des idées géniales.
—En fait, vous avez les idées les plus géniales!

1. Vous travaillez pour une grande compagnie française.
2. Vous avez un grand bureau.
3. Vous avez un ordinateur sophistiqué.
4. Vous allez avoir une belle promotion.
5. Vous avez un emploi intéressant.

 **C. Les réussites et échecs de l'année** (*Highs and lows of the year*). Avec un groupe de partenaires, faites une liste des événements les plus et les moins réussis dans votre vie personnelle ou sur votre campus.

> **Idées à mentionner:** mon anniversaire / mon nouvel appartement / mes camarades de chambre / mes résultats (sportifs et/ ou académiques) / la visite de X / le match de X / le film X / la pièce de théâtre X / la chanson X / le groupe musical X / etc.

𝒫honétique

Les voyelles orales, deuxième étape: les voyelles fermées [i] ici, [e] musée, [u] vous, [o] numéro

La voyelle [i]

● The vowel [i] is very much like the vowel sound in *see*, except that in French [i] is never diphthongized to [iʲ] as it is in the English words *see, deep, beat.* Keep the jaw and lip muscles tense to avoid diphthongizing this vowel, which may be represented in writing by the letters **i, î, ï,** or **y**: **i**l, dîner, maïs, stylo.

■■■■ À votre tour

A. Écoutez et répétez les phrases suivantes. Attention: pas de diphtongues!

1. Voici mon ami Philippe.
2. Caroline habite à Paris.
3. Il est dix heures et demie.
4. Rachid visite Nîmes avec Yves.

La voyelle [e]

● The vowel [e] is similar to the English vowel in *day* and *eight* [eʲ], except that, like [i], it is never diphthongized. Therefore, it is necessary to keep the jaw and lip muscles tense in order to avoid diphthongization, as you did for [i]. The vowel [e] may be represented in writing by the letters **é, ez, er, ée:** d**é**solé, ch**ez**, parl**ez**, parl**er**, mus**ée**. It may also be represented by the letters **es** in articles and possessive adjectives: l**es**, d**es**, m**es**, t**es**, s**es**. The conjunction **et** is also pronounced [e], as is **j'ai (avoir),** although this is an exception.

■■■■ À votre tour

B. Écoutez et répétez les phrases suivantes. Attention: pas de diphtongues!

1. Je vais all**er** au cin**é**ma avec d**es** copains.
2. D**é**sol**é**, mais l'**é**picerie est ferm**ée**.
3. Bonne id**ée**! All**ez** donc au march**é**.
4. J'**ai** t**é**l**é**phon**é** du caf**é**.
5. Ren**é** a pass**é** l**es** vacances ch**ez** s**es** parents.

La voyelle [u]

● The vowel [u] is close to the English vowel in *boot, you, two* [uʷ]; however, once again it is important not to diphthongize the French vowel. The vowel [u] is represented in writing by **ou, où, oû:** n**ou**s, **où**, c**oû**ter, a**oû**t.

■■■■ À votre tour

C. Écoutez et répétez les phrases suivantes. Attention: pas de diphtongues!

1. N**ou**s allons au L**ou**vre.
2. **Où** se tr**ou**ve le centre Pompid**ou**? À Beaub**ou**rg.
3. On va à la b**ou**langerie t**ou**s les j**ou**rs.
4. V**ou**s êtes d'**où**?

La voyelle [o]

● The vowel [o] is close to the English vowel in *throw* and *coat* [oʷ], but is never diphthongized in French. The vowel [o] is represented in writing by the letters **o, ô, au,** or **eau:** n**o**s, dipl**ô**me, **au**x, b**eau**. Remember that **o** + pronounced consonant is usually pronounced [ɔ]: n**o**tre, b**o**nne. The most notable exception to this general rule is the combination [oz] as in **une rose, une chose.**

D. Écoutez et répétez les phrases suivantes. Attention: pas de diphtongues!

1. Quel b**eau** chât**eau!**
2. Tournez à g**au**che **au** coin de la rue.
3. À B**eau**bourg il y a une exp**o**sition d'art nouv**eau.**
4. Prenez le métr**o** numér**o** onze en h**au**t de la rue.
5. Quel est le numér**o** de v**o**s parents **au**x États-Unis?

En direct

A. Un petit service? (*A small favor?*) Listen to the instructions and identify each of the people you're to pick up at the train station by writing the number 1, 2, 3, or 4 below the person's picture.

—   —   —   —   —

B. Jeux de la Francophonie. Use the chart below to take notes as you listen to the radio commentator telling about the various athletes attending the games.

Nom	Nationalité	Âge	Sport	Autres détails
Ahmadou Koly Yolande Sissoko Anne-Marie Amiel Moïsa Rakotonorina Maurice Legarec				

Cultures en parallèles

Clichés, stéréotypes et diversité culturelle

Observer

A. Dans les médias de votre pays, est-ce qu'il existe des «représentations typiques» de ses habitants? Apportez des images trouvées dans les médias (littérature enfantine, bandes dessinées, magazines, journaux, télévision, films, etc.). Indiquez les sources possibles de ces représentations (histoire? légendes? anecdotes? personnages historiques idéalisés? etc.).

B. Observer les images d'un Français (Superdupont, «un héros 100% français») et d'une Française typique («Madame Elégance»), proposées par une bande dessinée populaire et un magazine féminin. Ces images illustrent deux représentations du Français et de la Française «types». Décrivez les deux images en détail.

Réfléchir

A. Quelle est votre opinion des deux images ci-dessus? Sont-elles amusantes? choquantes? dérogatoires? bien choisies et vraies? Correspondent-elles totalement ou en partie à votre image des Français? Expliquez pourquoi oui ou pourquoi non.

B. Le grand historien Fernand Braudel a écrit: «En France les paysages, les esprits, les races, les toits (*roofs of houses*) et les fromages (*cheeses*) présentent le plus extraordinaire éventail (*range of images*)».[1] À votre avis les documents des cinq premiers dossiers—dans le manuel et la vidéo—ont-ils présenté cette diversité de la France? Donnez des exemples précis.

[1]*L'Identité de la France, Espace et Histoire.* Paris: Arthand-Flammarion, 1986, p. 31.

D'un parallèle à l'autre

Cherchez des renseignements sur la population de votre pays adoptif. Est-ce une population autochtone (*native*) ou est-elle composée d'immigrés? De quelles origines? La population comprend-elle des ethnies, des religions différentes? Quelle(s) langue(s) parle-t-elle? Partagez vos découvertes (*discoveries*) avec vos camarades.

Pour faciliter vos recherches, allez sur le site de *Parallèles* et cliquez sur le bouton «Parallèles» pour trouver de bonnes adresses.

À vous la parole

A. Photo de groupe. Apportez une photo de groupe—trouvée peut-être dans le journal de votre campus—puis identifiez et discutez, le plus en détail possible, les personnes présentées. Parlez de leur apparence physique et de leur personnalité.

MODÈLE: —Voici le président de notre université. Il s'appelle… Il est grand et mince. Il a les cheveux blancs. Il a un grand front et des sourcils épais. Il est très ambitieux. Il n'est pas sportif. Sa politique est assez conservatrice.

B. Le/La camarade de chambre idéal(e). Vous avez eu des problèmes avec votre camarade de chambre et maintenant vous interviewez des remplaçants potentiels. Vos questions portent sur les habitudes ou passe-temps des candidat(e)s, mais aussi sur leur personnalité. Jouez l'interview avec deux ou trois partenaires.

MODÈLE: —Est-ce que vous êtes très sociable?
—Ah oui! J'ai beaucoup d'amis très sympas. Nous adorons écouter de la musique, et regarder des vidéocassettes ensemble. J'adore inviter des copains, jour et nuit.
—Écoutez, je suis étudiant(e), j'ai des devoirs; j'ai besoin de calme!

Idées de questions:
Êtes-vous sérieux(-euse)?
Aimez-vous les plantes/les animaux?
Êtes-vous sportif(-ive)?
Êtes-vous débrouillard(e)?
Êtes-vous travailleur(-euse)?
Êtes-vous discret(-ète)?
Je suis fou (folle) d'électronique/de rap, etc., et vous?

C. Histoire de votre vie. Partagez l'histoire de votre vie avec un petit groupe de camarades. Ensuite écoutez leur histoire. S'il vous plaît, adoptez le schéma suivant:

Indiquez:

- où vous avez grandi
- où vous avez fait vos études secondaires
- quelles villes ou pays vous avez visité(s)
- quelles activités vous avez choisies de pratiquer
- quels genres de personnes vous aimez

Travaux d'approche. Vous n'êtes probablement pas familier avec Kofi Yamgnane. Mais vous êtes certainement familier avec des histoires similaires, et donc vous pouvez anticiper, par analogie, son développement. En formulant des hypothèses et anticipant le schéma d'une histoire assez typique—un succès malgré (*in spite of*) des débuts assez humbles—vous êtes déjà familier(ère) avec votre lecture. En effet cette histoire est l'histoire typique d'individus qui ont émigré, ont bien réussi dans leur vie personnelle et ont aussi réussi à avoir une influence sur les affaires de leurs pays d'adoption. Avez-vous des exemples précis de personnes dans cette situation à partager avec vos camarades? Quelles circonstances et quelles qualités ont aidé ces gens à réussir?

Kofi Yamgnane: Un député-maire pas comme les autres

continuer ses études à Lomé, la capitale, puis en France, à Brest.

Kofi a fini ses études d'ingénieur à la prestigieuse École des Mines à Paris, puis il a rencontré la jolie Anne-Marie. Après leur mariage il a pris la nationalité française et a participé à la vie politique française.

Cette histoire a commencé un jour d'octobre 1945 dans un petit village du Togo. C'était un vendredi parce que Kofi signifie « le bébé arrivé un vendredi ». Et Kofi a grandi dans son village de paysans.

read
write

Un jour, sept ans plus tard, un missionnaire catholique a remarqué l'intelligence de cet enfant. Avec la permission de ses parents, Kofi a appris à lire° et à écrire° à l'école de la mission.

Grâce à ses succès scolaires, Kofi a eu une aide financière pour

Maire de Saint-Coulitz, en Bretagne, il est député en 1983 et en 1991 ministre de l'intégration. Sa réussite personnelle est un symbole d'intégration réussie.

Pourtant Kofi refuse d'être un symbole. Il désire rester lui-même. Il respecte les valeurs du pays où il habite, mais il n'oublie pas les valeurs de son pays d'origine. Par exemple, Kofi a créé à Saint-Coulitz un « conseil des sages » composé d'habitants du village de plus de 60 ans. Son initiative est inspirée de son village africain où le conseil des Anciens est très respecté.

Aujourd'hui, Kofi retourne en été dans son village togolais. Là, il partage son expertise d'ingénieur pour amener de l'eau potable dans son village. Il aide aussi les jeunes de son village à compléter leur éducation.

Bonne chance, M. Yamgnane!

Exploration

A. Identifiez le paragraphe correspondant aux phrases ci-dessous. Puis replacez ces phrases dans un ordre chronologique.

le départ du village natal
l'École des Mines à Paris
la carrière politique
le retour au pays natal
les études universitaires et le mariage

les études dans la capitale
    togolaise
un exemple d'intégration réussi
la naissance et l'enfance de Kofi
l'initiative d'un missionnaire

B. Vrai ou faux? Indiquez si les phrases suivantes sont vraies ou fausses. Corrigez les phrases fausses en indiquant le paragraphe contenant les «vraies» informations.

1. Kofi est allé à l'école de la mission catholique.
2. La famille de Kofi a payé ses études a Lomé puis à Brest et Paris.
3. Kofi a fait des études universitaires pour être professeur.
4. Kofi ne s'intéresse pas beaucoup à la politique.
5. Kofi se marie avec une Française.
6. Kofi partage son héritage africain avec les habitants de son village de Bretagne.
7. Kofi a bien réussi dans la vie politique locale mais n'a pas réussi dans la vie politique nationale.
8. Kofi ne retourne jamais dans son village africain.

Réflexion

Qu'est-ce que vous trouvez d'intéressant ou d'original dans l'histoire de Kofi? Est-ce que son histoire est en effet similaire à l'histoire d'immigrants qui ont bien réussi? Expliquez comment.

À vos stylos

Une belle histoire

Racontez l'histoire d'une personne que vous admirez.

Avant d'écrire

1. Pour stimuler votre mémoire, relisez les textes des *Contextes* 2, 3 et 4.
2. Puis choisissez de quelle personne vous allez parler. Prenez des notes pour rédiger une courte biographie. Par exemple, notez la date de naissance (*birthdate*), le lieu de naissance (*birthplace*), l'adresse, la famille, l'apparence physique, les qualités personnelles, la profession de cette (*this*) personne.
3. Maintenant, réfléchissez: Pourquoi admirez-vous cette personne: est-ce à cause d'une performance physique? à cause de son caractère? parce qu'il/elle a influencé la société?

Au moment d'écrire. Décidez d'un plan: allez-vous d'abord faire une description physique ou écrire une petite biographie?

1. Transformez vos notes en phrases complètes et ajoutez des détails.
2. N'oubliez pas d'écrire une phrase d'introduction et une phrase de conclusion.
3. Relisez la composition pour trouver et corriger vos erreurs. Montrez (*show*) votre devoir à un (e) camarade pour qu'il/elle corrige vos erreurs.
4. Et bien sûr, trouvez un titre (*title*).

Parallèles historiques

Astérix le Gaulois

En 59 avant Jésus-Christ, le général romain Jules César a fait la conquête de la Gaule (ancien nom de la France). Les Gaulois ont d'abord résisté, puis ils ont perdu et la Gaule est devenue une province romaine. Des dessinateurs modernes ont trouvé leur inspiration dans cet épisode historique, mais ils ont changé l'histoire et ont inventé des héros nationaux comme Astérix.

Le personnage d'Astérix est un raccourci (*short version*) de qualités typiquement françaises. Astérix est petit, mais il remporte toujours la victoire parce qu'il est très intelligent, astucieux (*clever, astute*) et débrouillard. Astérix, le héros de ces aventures. Petit guerrier (*warrior*) à l'esprit malin (*quick-witted*), à l'intelligence vive. Il participe à toutes les missions périlleuses contre l'occupant romain. Le secret d'Astérix, c'est d'avoir une force surhumaine, grâce à la potion magique du druide (*gaul priest*) Panoramix.

À l'écran

Des gens de toutes sortes

Allez rendre visite à un peintre, à un joueur de tennis en fauteuil roulant, au directeur d'une école des métiers des images et du son, à un réparateur de porcelaine, à un vigneron amateur, à une danseuse des Folies-Bergères, à un prêtre passionné de planeur (*glider*), à de grands timides et à des jumeaux.

Clip 5.1 Série de portraits

Maintenant, je sais...

Qu'avez-vous appris dans ce dossier? Comment l'avez-vous appris? Vérifiez vos connaissances sur chaque sujet et donnez des exemples précis.

1. Tous les individus ont une identité culturelle, elle-même le produit d'influences multiples.
2. La France est aujourd'hui «tricolore et multicolore».
3. Tous les stéréotypes propagés par les médias ne sont pas nécessairement des créations imaginaires. Il est nécessaire de les analyser, de trouver leur origine dans l'histoire, dans les traditions du pays.
4. La diversité (des hommes, des paysages, des toits et des fromages!) est un atout (*asset*) de la France.
5. Pour les Français, le foot est un sport qui est aussi une source de fierté (*pride*), un facteur d'égalité dans la société.
6. Qui est Astérix? Qu'est-ce qu'il représente? Qui est Superdupont? Qu'est-ce que cet anti-héros représente?

Tous les mots

Expressions

aussi… que	as … as
avoir l'air de	to appear to be
comme moi	like me
contre	against
d'abord	first
de l'avis de tous	in everyone's opinion
depuis	since then
de quelle couleur?	what color?
ensemble	together
Il/Elle est comment?	What does he/she look like?
j'en suis sûr	I am sure of it
le/la/les plus… de	the most … in
maintenant	now
malheureusement	too bad, alas
moins… que	less … than
parmi	among
plus tard	later, in the future
plus… que	more … than
puis	then
vraiment	really

Verbes

agir	to act
apprécier	to appreciate
assister à	to attend
choisir	to choose
compter	to count
découvrir	to discover
dîner	to dine
distinguer	to distinguish
divorcer	to divorce
échanger	to exchange
établir (son indépendance)	to establish one's independence
faire l'expérience de	to have experience with
finir	to finish
gagner	to win, to earn
grandir	to grow [up]
grossir	to gain weight
identifier	to identify
illustrer	to illustrate
imprimer	to print
marquer un but	to score
mincir	to slim down
noter	to note
obéir	to obey
offrir	to offer, to give [a gift]
ouvrir	to open
plaisanter	to joke
porter	to carry; to wear (clothes, accessories)

quitter	to leave
réagir	to react
réfléchir	to think, to reflect
retrouver	to find anew
réunir	to assemble, to gather
réussir	to succeed
rire	to laugh
sembler	to appear
vieillir	to age

Noms

un adolescent/ une adolescente	adolescent, teenager
un/une adulte	adult
l'aide (f)	help
un arrière	rear guard (sport)
l'avenir (m)	future
le Brésil	Brazil
un but	goal
une carrière	career
la chance	luck
un cirque	circus
un/une collègue	colleague
un correspondant/ une correspondante	pen pal
une coupe	cup
la diversité	diversity
un enfant	child
un entraîneur	coach (sports)
une entreprise	entreprise, firm, business
une équipe	team
un héro/une héroïne	hero
un individu	person, individual
une inquiétude	anxiety
un instantané	snapshot
un instrument de musique	musical instrument
un joueur/une joueuse	player
un journal de province	regional paper
des lunettes (f)	glasses
un marché	market
un match	game
un membre	member
le monde	world
une mosquée	mosque
une moustache	mustache
une occasion	opportunity
une origine	origin
une passe	pass
la population	population
un poste	position
une proportion	proportion

la race	race	homogène	homogenous
une relation	acquaintance	importé	imported
un reportage	newspaper or magazine story	insupportable	unbearable
		jeune	young
une responsabilité	responsibility	joli	pretty
une situation	career, job	large	large, big
un souci	worry	long, longue	long
un spectacle	show	marocain	Moroccan
un statisticien/ une statisticienne	statistician	marron (inv.)	brownish
		meilleur	best
un temple	temple	mexicain	Mexican
un vêtement	article of clothing	mince	slim
une victoire	victory	multicolore	multicolor
		néo-calédonien, -enne	from New Caledonia

Adjectifs

		noir	black
africain	African	ovale	oval
ambitieux, -euse	ambitious	pauvre	poor
blanc, blanche	white	premier, -ière	first
bleu	blue	prétentieux, -euse	prétentious
blond	blond	rond	round
bouddhiste	Buddhist	roux, rousse	redheaded
brésilien, -enne	Brazilian	russe	Russian
brillant	brilliant	superficiel, -elle	superficial
brun	dark-haired	titré	with many awards
ce (cet), cette	this	traditionel, elle	traditional
châtain (inv.)	chestnut brown	travailleur, -euse	hard-working
chinois	Chinese	tricolore	tricolor
chrétien, -enne	Christian	uni	united
compétitif, -ive	competitive	vert	green
consciencieux, -euse	conscientious		
courageux, -euse	courageous		
court	short		
créateur, -trice	creative		
décisif, -ive	decisive		
divers	diverse		
efficace	efficient		
épais, -aisse	thick		
éthiopien, -enne	Ethiopian		
ethnique	ethnic		
étranger, -ère	foreign		
fou (fol), folle	crazy		
franc, franche	frank		
gentil, -ille	nice		
ghanéen, -enne	from Ghana		
gris	grey		
guadeloupéen, -enne	from Guadeloupe		
hindou	Hindu		
historique	historical		

Les adjectifs irréguliers: see page 177 for complete
lists of irregular adjectives presented in this Dossier.

DOSSIER 6

Communication
- Describing a house or apartment: location, layout, furniture, appliances
- Talking about household chores and daily routine
- Speaking about past actions or events

Cultures en parallèles
- L'endroit où on habite
- Bien chez soi

Outils
- The verbs **partir, sortir, dormir, venir;** the **passé récent**
- The interrogative adjective **quel;** the demonstrative adjective **ce**
- The **passé composé** with **être**
- Pronominal verbs

Phonétique: Oral vowels, Part 3: [ø], [y]

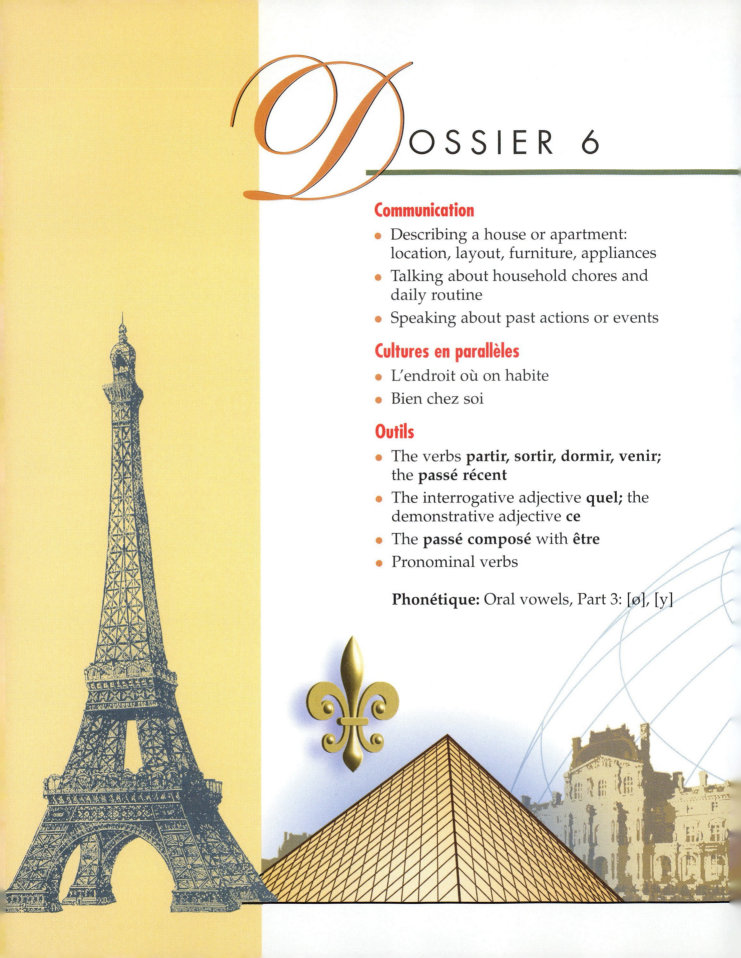

Chez soi

Des volets fermés défendent la maison du soleil
d'été qui fait fleurir les balcons.

Cultures en parallèles
L'endroit où on habite

Complétez les phrases suivantes au sujet de l'endroit où vous habitez avec votre famille.

1. Dans les grandes villes de ma région, la plupart des familles habitent
   _____ un appartement dans un immeuble.
   _____ une maison individuelle.

2. En général, les maisons individuelles sont
   _____ ouvertes sur la rue.
   _____ isolées de la rue par une barrière ou un mur.

3. Entre la rue et la maison, il y a plus souvent un espace
   _____ ouvert (par exemple, un beau gazon vert).
   _____ fermé (par exemple un jardin derrière un mur, souvent assez formel avec allées et massifs de fleurs).

4. Sur la façade principale, il y a plus souvent
   _____ une grande baie vitrée.
   _____ beaucoup de petites fenêtres.
   _____ des volets fonctionnels ou décoratifs.

5. À l'intérieur des maisons ou des appartements,
   _____ l'espace est le plus souvent ouvert.
   _____ l'espace est divisé par des portes.
   _____ les pièces sont divisées plutôt par leur fonction (ici on fait la cuisine, là on regarde la télé) que par des portes.

Le mot juste

Expressions

à l'intérieur de	*inside*
entre	*between*
la plupart de	*most of*

Verbes

défendre	*to defend*
partager	*to share*

Noms

une allée	*alley*
un appartement	*apartment*
une baie vitrée	*bay window*
une barrière	*fence, barrier*
un espace	*space*
une façade	*facade*
une fonction	*function, role*
un gazon	*lawn*
un immeuble	*apartment building*
un jardin	*yard, garden*

▼ Immeubles d'habitations

▲ Une banlieue résidentielle

Partagez vos réponses avec plusieurs camarades. Quelles sont vos conclusions sur le mode d'habitation de la majorité de vos camarades? Une majorité de familles habitent-elles une maison individuelle ou un appartement? À votre avis, est-ce qu'une majorité de familles semble préférer défendre ou partager son espace privé? Donnez des preuves (présence ou absence de murs ou barrières, larges fenêtres ouvertes sur la rue, volets, portes entre chaque pièce, etc.).

un massif de fleurs	*flower bed*	formel, -elle	*formal*
un mur	*wall*	individuel, -elle	*individual*
une pièce	*room*	isolé	*isolated*
une preuve	*proof*	vert	*green*
un volet	*shutter*		

Adjectifs

décoratif, -ive	*decorative*
divisé	*divided*
fonctionnel, -elle	*functional*

Volet 1

Contexte 1 Les Rollin et leur maison

Pierre Rollin, 42 ans, ingénieur commercial, et sa femme Dominique, 42 ans, secrétaire à mi-temps dans une école privée, viennent d'emménager aux environs de Paris. Ils font visiter leur nouvelle maison à des amis.

▲ Une maison moderne

A. la chambre des parents
B. la chambre d'enfants
C. la chambre d'enfants
D. la salle de bains
E. les W.C. (m)
F. l'escalier (m)
▼

LE REZ - DE-CHAUSSÉE

L'ÉTAGE

A. le hall d'entrée ▲
B. le séjour
C. la salle à manger
D. la cuisine
E. les W.C. (m)
F. le garage
G. le jardin

Au rez-de-chaussée

DOMINIQUE: D'abord, le hall d'entrée est spacieux et bien pratique. Et quand les enfants viennent de l'école, ils montent directement dans leurs chambres par l'escalier, ou bien ils entrent dans la salle à manger.

PIERRE: Mais les visiteurs, eux, entrent directement dans le séjour. Nous adorons cette grande pièce très claire. On sort sur le jardin par les portes-fenêtres.

DOMINIQUE: La cuisine est un peu petite mais très fonctionnelle, avec beaucoup de placards. Nous avons le luxe d'avoir une salle à manger: pour nous, c'est important de prendre nos repas en famille!

Au premier étage

DOMINIQUE: En haut de l'escalier et au bout du couloir, voilà notre chambre, avec une salle de bains à nous. Notre chambre donne sur la rue, mais vous savez, cette rue est très calme et nous dormons bien. Les enfants aussi ont leur propre salle de bains, avec baignoire et douche: une bénédiction! Nous avons donc deux W.-C., un au rez-de-chaussée, où il y a aussi un lavabo, et l'autre ici à l'étage.

PIERRE: (*il va près de la fenêtre et montre le garage*) En tout cas, moi, je suis vraiment content d'avoir un garage. Ma voiture ne dort plus en permanence dans la rue et… elle part au quart de tour le matin!

DOMINIQUE: (*aussi près de la fenêtre, elle admire son jardin*) Et moi, je suis ravie d'avoir enfin un petit jardin. Bien sûr, pour le moment on ne se sent pas trop chez soi. Les fenêtres des voisins donnent en plein chez nous, mais nous avons planté des arbustes. Espérons qu'ils vont pousser très vite!

Le mot juste

Expressions

au bout de	at the end of
au premier étage	on the second floor
au quart de tour	immediately (literally: need to turn the key only a quarter of the way for the engine to start)
au rez-de-chaussée	on the ground floor
chez soi	at home
directement	directly
en famille	as a family
en haut de	at the top of
en permanence	permanently, always
en tout cas	in any case
pour le moment	right now
tard	late
tôt	early

Verbes

donner en plein sur	to open right on, to look right out at
dormir	to sleep
faire visiter	to give a tour
partir	to leave
planter	to plant
pousser	to grow
prendre un repas	to eat a meal
se sentir chez soi	to feel at home
sortir	to go out
venir	to come

Noms

un arbuste	shrub
une baignoire	bathtub
une chambre	bedroom
un couloir	hallway
une cuisine	kitchen
un escalier	stairs
un étage	floor
un garage	garage
un hall d'entrée	entryway
un lavabo	bathroom sink
une pièce	room
un placard	closet
une porte-fenêtre	French door
une salle à manger	dining room
une salle de bains	bathroom
une salle de séjour (ou séjour)	living room
un visiteur	visitor
les W.-C.	toilet

Adjectifs

clair	light
propre	own
ravi	delighted
spacieux, -euse	spacious

À votre tour

A. Avez-vous compris? À tour de rôle, lisez les phrases suivantes et indiquez si elles sont vraies ou fausses. Corrigez les phrases qui sont fausses.

MODÈLE: Le séjour donne sur la rue.
—C'est faux! Le séjour donne sur le jardin.

1. Le hall d'entrée est très petit.
2. Il y a une chambre au rez-de-chaussée.
3. L'escalier ouvre sur la salle à manger.
4. Le séjour est une grande pièce très claire.
5. Le séjour donne sur la rue.
6. La famille prend ses repas dans la cuisine.
7. La cuisine est très fonctionnelle.
8. Il y a une salle de bains mais deux W.-C.
9. Pierre est content parce qu'il a un garage.
10. Le jardin a de grands arbres.

B. Pièces utiles. Lisez seulement les mots qui évoquent **les pièces** d'une maison.

l'escalier, le séjour, les W.-C., la chambre, la cuisine, les placards, la baignoire, le hall d'entrée, le jardin, la salle de bains.

C. Définitions. À tour de rôle, indiquez quelle pièce ou partie de la maison correspond à la définition donnée.

la chambre des parents / le couloir / la cuisine / le garage / le hall d'entrée / le jardin / la salle à manger / la salle de bains / le séjour / les W.-C.

MODÈLE: Il y a des arbustes.
—C'est le jardin!

1. Cette pièce se trouve au premier étage et au bout du couloir.
2. Les visiteurs entrent dans cette pièce, grande et claire.
3. Les Rollin prennent leur repas en famille dans cette pièce.
4. C'est une pièce fonctionnelle avec beaucoup de placards.
5. Là on trouve baignoire et douche.
6. Il n'a pas de baignoire, pas de douche mais il y a un lavabo.
7. C'est réservé à la voiture de Pierre.
8. L'escalier monte directement depuis cette pièce.
9. Les fenêtres des voisins ouvrent sur cette partie.
10. Nous dormons bien là, car la rue est très calme.

D. Préférences. À tour de rôle, indiquez quels aspects de la maison Pierre aime beaucoup et quels aspects Dominique préfère. Donnez leur raison si possible.

MODÈLE: Dominique aime bien le hall d'entrée: il est spacieux et pratique.

E. Qu'en est-il pour vous? Décrivez votre logement actuel. D'abord, dessinez le plan de votre appartement ou maison, puis préparez une petite description. Comment est-ce? grand ou petit? ancien ou moderne? Combien de pièces y a-t-il? Nommez-les.

Outil 1 Les verbes **partir, sortir, dormir, venir;** le passé récent

Partir, sortir et dormir

- The verbs **partir** (*to leave*), **sortir** (*to exit, go out*), and **dormir** (*to sleep*) have an **-ir** ending but are not conjugated like regular **-ir** verbs.

partir			
je	pars	nous	partons
tu	pars	vous	partez
il/elle/on	part	ils/elles	partent

sortir			
je	sors	nous	sortons
tu	sors	vous	sortez
il/elle/on	sort	ils/elles	sortent

- Although both verbs can mean *to leave*, **partir** is the opposite of the verb **arriver.**

Quand **pars**-tu? Je **pars** demain.	*When are you leaving? I leave tomorrow.*
Ils **partent** vraiment habiter en banlieue?	*Are they really leaving to go live in the suburbs?*

- In contrast, **sortir** means *to exit from* a building or place (the opposite of **entrer**), or *to go out with* someone, *to go out* on social occasions (for a party, to a restaurant, etc.).

On **sort** du séjour directement sur le jardin.	*You go out directly from the living room into the garden.*
Les enfants **sortent** de l'école vers 4 h.	*The children get out of school about 4 P.M.*
Tu **sors** souvent le samedi soir?	*Do you often go out on Saturday night?*

- The conjugation of dormir is similar to that of **partir** and **sortir**.

dormir			
je	dors	nous	dormons
tu	dors	vous	dormez
il/elle/on	dort	ils/elles	dorment

Nous **dormons** bien.	*We sleep well.*
D'habitude on **dort** tard le samedi.	*We usually sleep late on Saturdays.*

A. Des journées chargées. Dominique Rollin parle de la vie de sa famille. Identifiez le verbe qu'elle emploie dans chaque cas: **dormir, partir, sortir.**

MODÈLE: Pierre _____ pour le bureau tôt le matin, vers 7 h 30.
Pierre part pour le bureau tôt le matin, vers 7 h 30.

1. Les enfants ne _____ pas pour l'école avant 8 h 30.
2. Ma fille aînée _____ du lycée à quatre heures de l'après-midi, mais la cadette ne _____ pas avant cinq heures.
3. Les filles _____ toujours tard le mercredi matin, car elles n'ont pas cours.
4. Moi, je ne _____ jamais tard, car je préfère commencer ma journée très tôt.
5. Je _____ pour mon travail un peu avant neuf heures.
6. Le soir, je _____ généralement du bureau vers six heures.
7. Mon mari et moi, nous _____ souvent avec des amis le samedi soir.
8. Mais chez nous, on ne _____ pas souvent en semaine.
9. Toute la famille _____ tard le dimanche matin.

B. Votre routine, vos habitudes. Circulez dans la classe, et interrogez vos camarades sur leurs habitudes. Notez leurs réponses et partagez-les en petits groupes.

MODÈLE: Est-ce que / dormir / tard le matin?
Est-ce que tu dors tard le matin?
plus tard: [Phil] et [Susan] ne dorment pas tard le matin, mais [Matt] dort tard le matin.

1. À quelle heure / est-ce que / partir / pour l'université?
2. À quelle heure / est-ce que / sortir / de cours d'habitude?
3. Quel jour / est-ce que / dormir / tard?
4. Est-ce que / sortir / souvent?
5. Est-ce-que / sortir / souvent en semaine?
6. Est-ce-que / partir en vacances / avec des copains ou avec la famille?

C. Dialogue. Avec un partenaire, préparez et jouez un mini dialogue. Vous discutez de vos projets de week-end. Soyez prêt(e)s à jouer votre dialogue devant vos camarades.

Partez-vous ou restez-vous sur le campus/en ville? Pourquoi?
Sortez-vous vendredi et/ou samedi soir? Avec qui? Où: cinéma, fête, théâtre, concert, café, discothèque?
Dormez-vous tard samedi et dimanche matin? Pourquoi ou pourquoi pas?

Le verbe **venir**; le passé récent

- The verb **venir** (*to come*) can be used alone or in the idiomatic expression **venir de** + infinitive (*to have just done something*). Its conjugation is irregular:

venir	
je viens	nous venons
tu viens	vous venez
il/elle/on vient	ils/elles viennent

Quand des visiteurs **viennent,** ils entrent directement dans le séjour.	*When visitors come, they go straight into the living room.*
Les enfants **viennent** de l'école.	*The children are coming from school.*

- Other verbs conjugated like **venir** include:

convenir à	*to be suitable for*
devenir	*to become*
revenir	*to come back, to return*

Leur maison **convient** très bien aux Rollin.	*Their house fits the Rollins' needs perfectly.*
Quand la famille grandit, la maison **devient** de plus en plus petite.	*When the family gets bigger, the house becomes smaller and smaller.*
Ils **reviennent** samedi.	*They are coming back Saturday.*

- The verb **tenir** (*to hold*) is conjugated like **venir** and also has derivatives:

tenir à	*to want, insist on; to have one's heart set on (doing something)*
obtenir	*to get, to obtain*

Nous **tenons à** avoir un garage.	*We insist on having a garage.*
Dominique **obtient** de belles fleurs dans le jardin.	*Dominique gets beautiful flowers in her yard.*

- **Le passé récent** (*recent past*): The expression **venir de** + infinitive is used to indicate what someone has just done.

Les Rollin **viennent d'**emménager aux environs de Paris.	*The Rollins have just moved to the outskirts of Paris.*
Nous **venons d'**acheter une maison.	*We've just bought a house.*

A. Interview. À tour de rôle, posez les questions suivantes à votre partenaire. Notez les réponses et partagez-les en petits groupes.

MODÈLE: D'où vient-il/elle?
—D'où viens-tu?
—Je viens de Colombus.

1. D'où vient-il/elle?
2. Est-ce que ses parents viennent souvent en visite?
3. Est-ce qu'il/elle devient plus indépendant(e) de sa famille?
4. Quand il/elle part pour le week-end, revient-il/elle le dimanche ou le lundi matin?
5. Est-ce qu'il/elle tient à avoir une belle maison? un grand jardin? un garage?
6. Est-ce qu'il/elle tient à sortir beaucoup?
7. Est-ce qu'il/elle obtient de bons résultats en général?
8. Quand est-ce qu'il/elle va obtenir son diplôme?
9. Qu'est-ce qu'il/elle vient de faire avant le cours de français? (prendre un café, sortir de la maison, voir un film, arriver sur le campus, aller en cours, faire des exercices au labo, faire du sport, etc.)

 B. Bonne nouvelle/mauvaise nouvelle? À tour de rôle, faites part des nouvelles suivantes. Votre partenaire donne sa réaction: Quelle bonne nouvelle! *ou* Quelle mauvaise nouvelle!

MODÈLE: je / acheter une maison
—Je viens d'acheter une maison.
—Tu viens d'acheter une maison! Quelle bonne nouvelle!

1. je / avoir une bonne note à l'examen de français
2. mes amis et moi / trouver un nouvel appartement
3. Martin et Julie / acheter une belle maison
4. mon frère /avoir une promotion
5. Georges / perdre son travail
6. des étudiants / avoir un accident d'auto

Contexte 2 Vive le centre-ville!

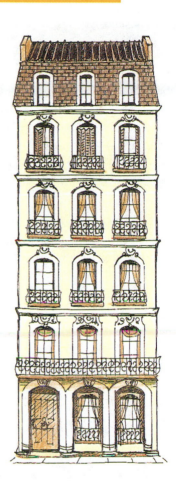

La sœur de Dominique Rollin, Marie-Agnès Lambert (35 ans, publicitaire à Lyon), parle de son appartement au centre-ville.

Quel est mon quartier préféré? Mais c'est le centre-ville! J'habite là, dans un immeuble ancien, 24 rue Victor Hugo. Mon appartement est un trois-pièces-cuisine au quatrième étage, sans ascenseur! J'adore habiter le centre-ville: d'abord, je peux aller au bureau à pied. Ça, c'est très pratique! Et puis, comme j'aime beaucoup sortir, j'apprécie la proximité des restaurants, théâtres et cinémas. J'ai choisi d'habiter dans un immeuble ancien, mais j'ai aussi le confort d'un appartement moderne: le chauffage central, et dans la cuisine, une cuisinière électrique, un réfrigérateur avec un congélateur (trop petit, peut-être!), un four à micro-ondes (super pratique, j'adore!), un lave-vaisselle et aussi un lave-linge (indispensables!).

Quand j'ai décoré l'appartement, j'ai mélangé les meubles anciens et modernes. Dans la salle à manger, cette table et ces chaises sont modernes (et solides!) mais le buffet est ancien. Dans le séjour, j'ai un canapé moderne et très confortable et une table basse très moderne aussi. Mais mon bureau et mes fauteuils sont anciens. Le tableau, lui, est moderne. Pas de tapis! Je déteste les tapis! Et pour ma chaîne-stéréo, j'exige du moderne! Dans ma chambre, le lit est un lit Empire et la commode aussi. Je n'ai pas la place d'avoir une armoire, mais j'ai de grands placards. La lampe est une lampe moderne, un cadeau de mon oncle Louis. Sur les murs de ma chambre j'aime avoir des photos prises en vacances.

Un intérieur confortable en Provence. ▶

Le mot juste

Expressions

en vacances	*on vacation*
je peux	*I can, am able to*

Verbes

apprécier	*to appreciate*
avoir la place	*to have room for*
décorer	*to decorate*
exiger	*to demand*
mélanger	*to mix*

Noms

une armoire	*wardrobe*
un ascenseur	*elevator*
un buffet	*buffet*
un cadeau	*gift*
un canapé	*sofa, couch*
une chaîne-stéréo (une stéréo)	*stereo*
le chauffage	*heating*
une commode	*chest of drawers*
le confort	*comfort*
un congélateur	*freezer*

une cuisinière	*(cooking) stove*
un fauteuil	*armchair*
un four à micro-ondes	*microwave oven*
une lampe	*lamp*
un lave-linge	*washer*
un lave-vaisselle	*dishwasher*
un lit	*bed*
un meuble	*furniture*
une photo(graphie)	*photo, photography*
la place	*(here) space, room*
la proximité	*proximity, closeness*
un réfrigérateur	*refrigerator*
une table	*table*
une table basse	*coffee table*
un tableau	*painting*
un tapis	*rug*

Adjectifs

ancien, -enne	*ancient, antique*
central	*central*
confortable	*comfortable*
électrique	*electric*
indispensable	*indispensable*
solide	*solid, sturdy*

 ## À votre tour

 A. Avez-vous compris? À tour de rôle, indiquez si les phrases suivantes sont vraies ou fausses. Corrigez les phrases qui sont fausses.

MODÈLE: Il y a un lave-linge dans la salle de bains.
—C'est faux! Le lave-linge est dans la cuisine.

1. Marie-Agnès Lambert habite un immeuble moderne.
2. Son appartement est un studio.
3. Son immeuble n'a pas d'ascenseur.
4. Pour aller travailler, Marie-Agnès prend le métro.
5. Elle déteste sortir.
6. Pour Marie-Agnès, habiter au centre-ville a des avantages.
7. L'appartement de Marie-Agnès n'a pas le chauffage central.
8. La cuisine n'a pas de lave-vaisselle.
9. Les meubles sont très modernes.
10. Il y a beaucoup de tapis dans l'appartement.

B. Décoration. Voici le plan de votre nouvelle salle de séjour. Mais où vont les meubles? Téléphonez à votre décorateur (un autre étudiant) pour avoir ses suggestions! Placez les meubles—représentés par un chiffre—à l'endroit suggéré. À la fin de la conversation, comparez vos deux plans avec les meubles en place. Avez-vous clairement communiqué?

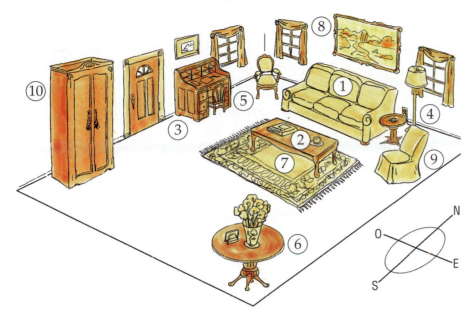

1. un canapé
2. une table basse
3. un bureau
4. une lampe
5. un fauteuil
6. une table ronde
7. un tapis
8. un tableau
9. une chaise
10. une armoire

MODÈLE: —Où va le canapé?
—Devant la fenêtre nord.
—Et où va la table basse?
—Devant le canapé.

C. En ordre d'importance. À votre avis, quels sont les éléments les plus importants pour votre confort? Travaillez individuellement, puis comparez vos listes.

	Indispensables	Très pratiques	Vrais luxes
MODÈLE:	un lave-vaisselle une chaîne-stéréo	un ascenseur	un congélateur

D. Allons à l'essentiel! Complétez la description de l'appartement de Marie-Agnès Lambert.

1. Marie-Agnès habite…
2. Son adresse est…
3. Dans l'immeuble son appartement est…
4. Son appartement se compose de…
5. Du point de vue confort, son appartement a…
6. Ses meubles sont…
7. Dans son quartier, on trouve…

E. À votre avis. Et vous? Où préférez-vous habiter: au centre-ville, dans un appartement ou en banlieue, dans une maison individuelle? Faites une liste des avantages de votre solution préférée. Puis en petits groupes, comparez vos listes: sont-elles très différentes?

Outil 2 — L'adjectif interrogatif **quel**; l'adjectif démonstratif **ce**

L'adjectif interrogatif **quel**

● The interrogative adjective **quel** (*which?, what?*) is used to ask for a choice among the items in a category. It agrees in number and gender with the noun it modifies.

Quel est mon quartier favori?	*Which is my favorite neighborhood?*
Quelles photos a-t-elle dans sa chambre?	*What pictures does she have in her bedroom?*

● **Quel** is often separated from the noun it modifies by the verb **être:**

Quelle est la maison des Rollin?	*What/Which house is the Rollins'?*
Quels sont les avantages de l'appartement de Marie-Agnès?	*What are the advantages of Marie-Agnès's apartment?*

● As you saw in Dossier 3, **quel** can also be used in exclamations to express feelings or opinions:

Quel bel appartement!	*What a beautiful apartment!*
Quels beaux meubles!	*What handsome furniture!*
Quelle bonne nouvelle!	*What great news!*

À votre tour

A. Le pour et le contre. À tour de rôle avec votre partenaire, commentez que vous appréciez ou n'appréciez pas les éléments mentionnés. Attention à la place de l'adjectif!

MODÈLE: —Le jardin est beau.
—Quel beau jardin!

1. L'appartement est beau.
2. La maison est grande.
3. Les pièces sont petites.
4. La cuisine est fonctionnelle.
5. La rue est isolée.
6. Les chambres sont spacieuses.
7. Les tapis sont beaux.

B. Préférences. Avec un(e) partenaire, regardez les logements présentés dans ce dossier et indiquez vos préférences dans chaque catégorie. Donnez vos raisons.

MODÈLE: logement
    —Quel logement préfères-tu?
    —Je préfère le logement de Marie-Agnès parce qu'il se trouve au centre-ville.

1. plan de maison
2. pièce
3. cuisine
4. séjour
5. jardin
6. meubles

L'adjectif démonstratif ce

- Demonstrative adjectives are used to point out or call attention to specific people or objects:

Cette table et **ces** chaises sont modernes.	*This table and these chairs are modern.*
Cet appartement est au quatrième étage.	*This apartment is on the third floor.*

- Like all adjectives in French, demonstrative adjectives agree in gender and number with the noun they modify.

	SINGULAR	PLURAL
MASCULINE	**ce** meuble	**ces** meubles
	cet appartement	
FEMININE	**cette** table	**ces** chaises

- Note that you use the alternate form of the masculine singular demonstrative adjective (**cet**) before a word beginning with a vowel sound.

- The singular forms of the demonstrative adjective can mean either *this* or *that* in English; the plural forms can mean *these* or *those*. To make a clear distinction, add the suffix **-ci** for *this, these* and **-là** for *that, those* to the noun.

Tu préfères **cet** appartement-**ci** ou **cet** appartement-**là**?	*Do you prefer this apartment or that apartment?*
On achète **ces** lampes-**ci** ou **ces** lampes-**là** pour le salon?	*Shall we buy these lamps or those lamps for the living room?*

■ À votre tour

A. À louer (*For rent*). Marie-Agnès part travailler six mois aux États-Unis. Elle décide de louer (*rent*) son appartement. Rédigez l'annonce au sujet de cet appartement. Attention: Changez juste les articles en italique.

MODÈLE: L'appartement est à louer.
  —Cet appartement est à louer.

*L'*immeuble est ancien, mais *l'*appartement a le confort moderne. *L'*étage est très agréable, avec des voisins sympas. *La* cuisinière électrique est très pratique, *le* lave-vaisselle est économique et *le* lave-linge marche très bien.

    Les meubles restent dans l'appartement, mais faites attention! *Le* buffet, *le* bureau et *les* fauteuils sont anciens! Je vais prêter à ma nièce *la* chaîne stéréo et je prends *les* photos avec moi. Mais *le* tableau reste dans le séjour. Dans *la* chambre, vous allez apprécier *les* placards: ils sont vraiment très grands.

B. Petites annonces (*Classified ads*). L'appartement de Marie-Agnès ne vous convient pas. Avec votre partenaire regardez les petites annonces dans le journal et discutez les avantages et inconvénients de chaque (*each*) endroit ou article (*items*).

MODÈLE: petite maison avec jardin
  —**Cette** petite maison a un jardin.
  canapé, style Empire
  —**Ce** canapé est style Empire.

1. appartement au quatrième étage, avec ascenseur
2. chambre d'étudiant, avec le confort moderne
3. bureau, au centre-ville
4. tapis, avec un prix raisonnable
5. armoire, grande
6. fauteuils, une très belle paire
7. chaises, très solides
8. table basse, ancienne

C. Goûts individuels (*Individual tastes*). Indiquez à un(e) camarade l'objet que vous préférez dans chaque catégorie et pourquoi. Votre camarade indique s'il/si elle est d'accord ou pas et donne ses raisons.

MODÈLE: table
  —Moi, je préfère cette table-ci.
  —Moi aussi, je préfère cette table-ci.
  ou: —Pas moi! Je préfère cette table-là. Elle est plus grande et plus belle.

1.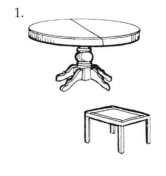

2.

3.

4.

Contexte 3 — Le week-end dernier, en banlieue

Vous avez déjà visité la nouvelle villa des Rollin. Maintenant découvrez leur routine du week-end dernier.

Les tâches domestiques

On fait les courses.

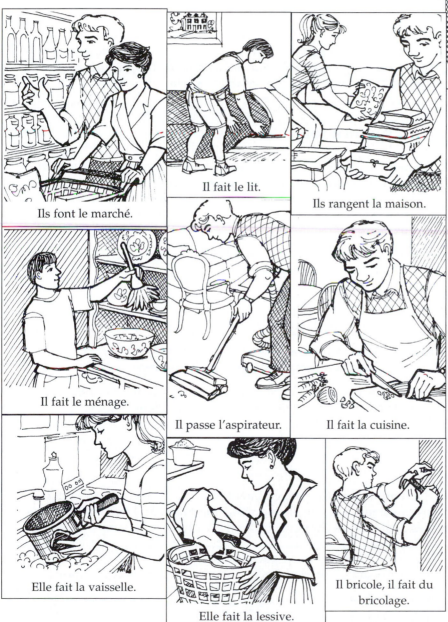

Ils font le marché.

Il fait le lit.

Ils rangent la maison.

Il fait le ménage.

Il passe l'aspirateur.

Il fait la cuisine.

Elle fait la vaisselle.

Elle fait la lessive.

Il bricole, il fait du bricolage.

Chez les Rollin, le week-end dernier

Qu'est-ce que vous avez fait le week-end dernier? Est-ce que vous êtes sorti avec des amis? Est-ce que vous avez nettoyé votre appartement ou votre chambre? Est-ce que vous avez fait des courses en ville? Avez-vous fait du sport ou une promenade à pied ou à vélo? Comparez vos activités avec les activités de la famille Rollin le week-end dernier.

Samedi matin, Pierre et Dominique sont allés faire les courses ensemble au supermarché. Au retour de l'école, les enfants, Perrine et Henri, sont montés dans leurs chambres pour faire leurs lits et ranger un peu. Ils ont fait (vite!) le ménage et ont passé l'aspirateur. Pierre est resté dans la cuisine pour préparer le repas (*meal*) parce qu'il adore faire la cuisine.

Après le déjeuner, Dominique est allée faire la vaisselle, et Perrine, leur fille, a fait la lessive. Pierre est descendu au centre commercial où il a acheté des articles de bricolage: Pierre adore bricoler!

Dimanche, les enfants ont dormi tard. Après le déjeuner chez leur grand-mère, toute la famille est sortie pour faire une grande promenade dans la forêt. L'après-midi Perrine et Henri sont allés au cinéma avec des copains et Pierre et Dominique ont rendu visite à des amis.

![] À votre tour

 A. Partenaire idéal(e). D'abord, faites une liste personnelle avec deux colonnes «**j'aime**» et «**je déteste**». Dans chaque colonne, indiquez les tâches (*tasks*) domestiques appropriées. Ensuite formez de petits groupes et essayez de trouver le camarade d'appartement idéal: il/elle aime les tâches que vous détestez!

MODÈLE: J'aime faire le marché. Je déteste faire la lessive.
—Est-ce que tu aimes faire la lessive?

 B. Est-ce exact? Vous indiquez qui a fait quelle tâche chez les Rollin, mais vous faites beaucoup d'erreurs. Votre partenaire vous corrige.

MODÈLE: —Les enfants Rollin ont fait les courses.
—Mais non! Les parents ont fait les courses.

1. Les enfants Rollin ont rangé un peu.
2. Dominique a fait les lits des enfants.
3. Pierre a rangé la maison.
4. Dominique a fait le ménage.
5. Pierre a passé l'aspirateur.
6. Dominique a fait la cuisine.
7. Pierre a fait la vaisselle.
8. Pierre a fait la lessive.
9. Dominique a bricolé.

 C. La routine quotidienne, vraiment? Circulez dans la classe et demandez à vos camarades avec quelle régularité (*how regularly*) ils font diverses tâches domestiques chez eux. Utilisez les adverbes de temps.

Adverbes de temps:
tous les jours / quelquefois / une, deux ou trois fois par semaine / rarement / jamais

MODÈLE: —Quand fais-tu les courses?
—Une fois par semaine!

D. Le bon pari (*A good bet*). Choisissez une personne dans la classe et devinez son emploi du temps du week-end dernier. Imaginez une liste de ses activités (cinq à huit), puis allez demander à votre camarade si vous avez fait le bon pari ou non. Qui dans la classe a deviné le plus juste?

MODÈLE: —Le week-end dernier tu as dormi tard?
—Oui, j'ai dormi tard.
—Tu n'as pas fait ton lit?
—Si, j'ai fait mon lit.

Outil 3 Le passé composé avec être

- In Dossier 5, you learned that most verbs are conjugated in the *passé composé* with the auxiliary verb **avoir.**

- However, certain verbs—many of which express movement or motion—are conjugated with the auxiliary verb **être; aller** (*to go*) is one example:

aller			
je **suis** allé(e)		nous **sommes** allé(e)s	
tu **es** allé(e)		vous **êtes** allé(e)(s)	
il/on **est** allé		ils **sont** allés	
elle **est** allée		elles **sont** allées	

- Note that the auxiliary verb **être** is conjugated in the present tense, and that the past participle agrees in gender and number with the subject of the verb.

- To remember the verbs conjugated with **être,** think of a "house of **être**":

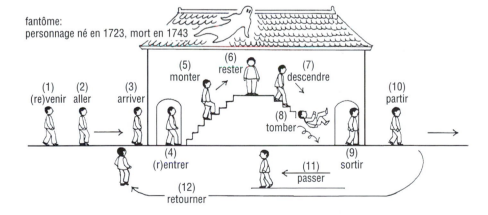

fantôme:
personnage né en 1723, mort en 1743

(1) (re)venir
(2) aller
(3) arriver
(4) (r)entrer
(5) monter
(6) rester
(7) descendre
(8) tomber
(9) sortir
(10) partir
(11) passer
(12) retourner

- Irregular verbs often have irregular past participles.

venir	venu	Les Rollin **sont venus** habiter une villa en banlieue.
naître	né	Ma mère **est née** en 1955.
mourir	mort	Le fantôme **est mort** en 1743.

- In the negative, the **ne** and **pas** are placed around the auxiliary verb, in the same way as for verbs conjugated with **avoir**.

Dominique **n'**est **pas** sortie. — *Dominique did not go out.*
Pierre et Dominique **ne** sont pas **allés** au cinéma. — *Pierre and Dominique did not go to the movies.*

- To ask a question, you can use **est-ce que** or inversion. In the case of inversion, the subject pronoun comes immediately after the auxiliary verb, again the same as for verbs conjugated with **avoir**.

Pourquoi les Rollin **sont-ils** venus habiter en banlieue? — *Why did the Rollins come to live in the suburbs?*
Êtes-vous sorti hier soir? — *Did you go out yesterday evening?*

■ À votre tour

A. Un profil-robot (*Composite*). L'université désire établir un profil-robot de ses étudiants. Donnez des renseignements basés sur votre journée d'hier.

MODÈLE: départ de la maison (partir / heure?)
    —Je suis parti(e) de la maison à 7 h 15.

1. arrivée sur le campus (arriver / heure?)
2. temps passé à la bibliothèque (rester / temps: minutes? heures?)
3. arrivée au gymnase (aller / heure?)
4. départ du gymnase (partir / heure?)
5. arrivée au labo de langues (entrer / heure?)
6. sortie avec des copains (sortir / heure?)
7. retour à la maison: (rentrer / heure?)

B. Un après-midi de libre. Vous et un(e) camarade retournez à l'université après un après-midi de libre. Vos camarades vous demandent de raconter (*to tell*) et vous répondez.

MODÈLE: descendre en ville
    —Êtes-vous descendu(e)s en ville?
    —Oui, nous sommes descendu(e)s en ville.
ou: —Non, nous ne sommes pas descendu(e)s en ville.

> descendre en ville   /   passer à la banque   /   aller au cinéma   /
> arriver à l'heure   /   après, monter chez des amis   /
> puis, sortir avec ces ami(e)s   /   enfin, rentrer sans difficulté

C. Avoir ou être? À tour de rôle avec un partenaire, transposez l'histoire ci-dessous au passé.

Le week-end dernier

Nous *faisons* beaucoup de choses. Samedi matin, nous *ne dormons pas* tard. Nous *faisons* le ménage. Je *passe* l'aspirateur et Julien *fait* la vaisselle de la semaine. À midi, nous *allons* déjeuner au restaurant. Puis nous *montons* en ville pour faire des courses. Nous *achetons* beaucoup de choses. Nous *rentrons* à la maison vers seize heures. Plus tard, nous *sortons* avec des copains pour aller à une fête. Nous *revenons* très tard. Alors dimanche nous *restons* au lit jusqu'à midi!

D. Qui a fait quoi? (*Who did what?*) En petits groupes, découvrez qui a fait quoi le week-end dernier. Puis compilez (*tally*) vos résultats et partagez-les avec le reste de la classe. En général le week-end a-t-il été ou non un week-end amusant?

MODÈLE: Qui est allé au cinéma?
—Es-tu allé(e) au cinéma?
—Non, je suis resté(e) à la maison.

Déterminez:
1. Qui est sorti faire les courses?
2. Qui est monté dans les chambres faire les lits?
3. Qui est resté dans la cuisine?
4. Qui a fait le ménage?
5. Qui a passé l'aspirateur?
6. Qui est allé au *Lavomatic* faire la lessive?
7. Qui est descendu en ville?
8. Qui est sorti faire une promenade?
9. Qui a rendu visite à des amis?
10. Qui est allé au stade?

Contexte 4 La journée de Pierre Rollin

La journée de Pierre Rollin s'annonce bien.

Pierre **se réveille** de bonne heure.

Il **se lève** tout de suite.

Il **se rase.**

Il **se lave.**

Il **s'habille.**

Il **se coiffe.**

Lui et Dominique **s'embrassent.**

Pierre **s'en va** de bonne humeur.

Mais cette belle journée ne dure pas.

Au bureau, Pierre **s'énerve** avec une collègue.

Lui et son patron **se disputent.**

Plus tard, il **se calme** et **il s'excuse** auprès de ses collègues. Ouf, ça va mieux!

Le soir, des embouteillages monstres (*monstrous traffic jams*) retiennent (*delay*) Pierre…

Dominique **s'inquiète.**

Elle **s'impatiente.**

Elle **s'installe** devant la télé.

Plus tard, elle décide d'aller au lit. Mais d'abord…

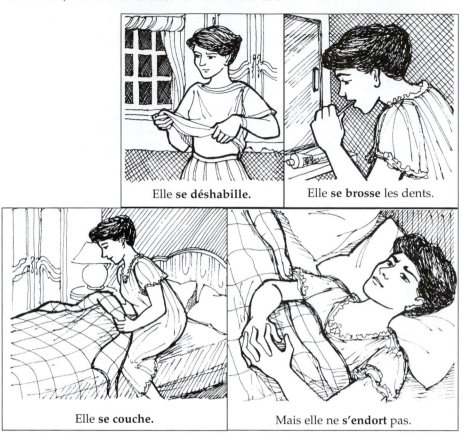

Elle **se déshabille**.

Elle **se brosse** les dents.

Elle **se couche**.

Mais elle ne **s'endort** pas.

Le mot juste

Expressions

ça va mieux	*that's better*
de bonne heure	*early*
de bonne humeur	*in a good mood*
en vitesse	*in a hurry*
tout de suite	*right away*

Verbes

se brosser	*to brush*
se calmer	*to quiet down*
se coiffer	*to comb one's hair*
se coucher	*to go to bed*
se déshabiller	*to get undressed*
se disputer	*to fight*

s'embrasser	*to kiss*
s'en aller	*to leave*
s'endormir	*to fall asleep*
s'énerver	*to get mad*
s'excuser	*to apologize*
s'habiller	*to get dressed*
s'impatienter	*to get impatient*
s'inquiéter	*to worry*
s'installer	*to settle*
se laver	*to wash oneself, to take a bath/shower*
se lever	*to get up*
se raser	*to shave*
se réveiller	*to wake up*

■■■ À votre tour

A. Changement de rôle. Regardez de nouveau les illustrations pages 225–228. Racontez la même histoire mais... cette fois il s'agit de la journée de Dominique.

MODÈLE: Dominique se réveille de bonne heure. Elle...

 B. Samedi matin! Enfin c'est samedi et Pierre ne travaille pas. À tour de rôle, vous et votre partenaire imaginez comment son emploi du temps est différent.

MODÈLE: Il ne se réveille pas de bonne heure, etc.

C. C'est logique! Organisez logiquement la liste suivante pour avoir une suite chronologique des actions d'Henri Rollin.

> il s'endort / il s'en va / il s'habille / il se lave /
> il se brosse (les dents, les cheveux) / il se couche /
> il se réveille / il se lève / il se déshabille

D'abord, il...

 D. Enquête criminelle. Pierre Rollin n'est pas rentré chez lui! Dominique a appelé la police et elle répond aux questions de l'inspecteur. Vous et votre partenaire jouez ces deux rôles.

MODÈLE: —Est-ce que Pierre se réveille toujours de bonne heure? (en général, assez tard)
—Non, en général il se réveille assez tard.

1. Est-ce qu'il se lève tout de suite? (en général, rester au lit un moment)
2. Se lave-t-il avant le petit déjeuner? (non, en général, le soir)
3. S'habille-t-il toujours «sports»? (non, en général, en blazer-pantalon)
4. Est-ce qu'il s'en va à 8 h 30? (non, en général, à 8 h 40)
5. S'énerve-t-il souvent à la maison? (non, jamais! rester calme)
6. Se dispute-t-il avec vous? (non, jamais!)

 E. Bonne ou mauvaise journée? Pierre et Dominique ont-ils une bonne ou mauvaise journée? Votre partenaire fait une liste des événements positifs (ou neutres) qui ont influencé leur journée, et vous faites une liste des événements négatifs. Comparez vos listes: Qui a la liste la plus longue?

 F. Et votre matinée, comment se déroule-t-elle? À partir des éléments suivants, décrivez à un(e) camarade votre matinée habituelle.

Moi, je me réveille	facilement (*easily*)	avec beaucoup de difficulté
Je me lève	tout de suite	quelques minutes plus tard
Je me lave	en vitesse	très lentement (*slowly*)
Je me brosse les dents	très vite	pendant trois minutes
Je m'habille	avec soin (*care*)	sans me regarder dans la glace (*mirror*)
Je me coiffe	en deux secondes	assez lentement

Outil 4 | Les verbes pronominaux au présent et à l'impératif

Le présent des verbes pronominaux

- You first encountered a pronominal verb when you learned how to ask people what their name is: **Comment vous appelez-vous? Je m'appelle Agnès Lançon.** In **Contexte 4,** you have just learned several other pronominal verbs that are often used to express daily routine: getting up, getting dressed, brushing teeth and hair, for example.

- Pronominal verbs are conjugated with a second pronoun, called a reflexive pronoun, in addition to the subject pronoun. Compare the following sentences:

Je lave ma voiture.	*I wash my car.*
Je me lave.	*I wash up (literally, I wash myself).*
Je me lave les cheveux.	*I wash my hair (for myself).*

- Notice that the use of the reflexive pronoun indicates that the subject does something to or for himself or herself. The reflexive pronoun refers back to the subject and is also an object of the verb.

- The reflexive pronouns are shown in the chart with the conjugation of the verb **se réveiller** (*to wake up*).

se réveiller	
je **me** réveille	nous **nous** réveillons
tu **te** réveilles	vous **vous** réveillez
il/elle/on **se** réveille	ils/elles **se** réveillent

- Before a vowel sound, the reflexive pronouns **me, te,** and **se** become **m', t', s':** Je **m'**impatiente, tu **t'**impatientes, elle **s'**impatiente.

- In the negative, **ne** precedes the reflexive pronoun and **pas** immediately follows the verb:

Je **ne** m'impatiente **pas.**	*I am not getting impatient.*
Il **ne** se réveille **pas** à 6 heures.	*He does not wake up at 6 A.M.*
Les enfants **ne** se lèvent **pas.**	*The children are not getting up.*

- In conversation, questions with rising intonation or **est-ce que** are most common with reflexive verbs. When inversion is used, the reflexive pronoun remains in its usual place preceding the verb:

Est-ce qu'elle s'habille très vite? **S'habille-t-elle** très vite?	*Does she get dressed very fast?*
À quelle heure est-ce qu'ils se lèvent? À quelle heure **se lèvent-ils?**	*What time do they get up?*

- When a pronominal verb is used in the infinitive form, the reflexive pronoun must agree in person and number with the subject of the verb:

Je vais **me** laver et ensuite je vais **m'**habiller.	*I am going to wash up and then I am going to get dressed.*
Demain, **nous** n'allons pas **nous** lever tôt.	*Tomorrow, we are not going to get up early.*
Tu viens de **te** réveiller.	*You just woke up.*
Pierre et Dominique viennent de **se** disputer.	*Pierre and Dominique just had an argument.*

- Pronominal verbs are used in three kinds of constructions:

   - They may be used reflexively, often to describe daily routine:

Je **me lève,** je **me coiffe,** je **me rase,** je **m'habille.**	*I get up, I fix my hair, I shave, I get dressed.*

   Most of these verbs were presented in **Contexte 3.**

   - Some verbs are used pronominally to describe interpersonal relationships or reciprocal actions:

s'embrasser	Pierre et Dominique **s'embrassent.**	*Pierre and Dominique kiss (each other).*
se disputer	Pierre et son patron **se disputent.**	*Pierre and his boss argue with each other.*
se regarder	Nous **nous regardons.**	*We are looking at each other.*
se téléphoner	Vous **vous téléphonez** souvent.	*You call each other often.*
se parler	Nous **nous parlons** très peu.	*We don't speak much with each other.*

   - Some pronominal verbs are used idiomatically:

s'appeler (*to be named*)	Sa femme **s'appelle** Dominique. *His wife's name is Dominique.*
s'en aller (*to leave, to go away*)	Il **s'en va** de bonne humeur. *He leaves in a good mood.*
se dépêcher (*to hurry*)	Je suis en retard et je **me dépêche.** *I am late and I am hurrying.*
se promener (*to take a walk*)	On **se promène** souvent. *We often take walks.*
se débrouiller (*to manage*)	Tu **te débrouilles** bien. *You manage very well.*
s'intéresser à (*to get interested in*)	Je **ne m'intéresse pas** au bricolage. *I am not interested in do-it-yourself projects.*
se souvenir de (*to remember*)	Je **me souviens** d'embouteillages monstres. *I remember monstrous traffic jams.*

- Several verbs you already know can be used reflexively or reciprocally.

Je **regarde** la télé.	*I am watching TV.*
Je **me regarde** dans le miroir.	*I look at myself in the mirror.*
Pierre et Dominique **se regardent.**	*Pierre and Dominique look at each other.*

À votre tour

 A. Comment se passe ta matinée? Posez des questions à un(e) camarade de classe.

MODÈLE: se réveiller facilement (*easily*)
　　　　—Est-ce que tu te réveilles facilement?
　　　　—Oui, je me réveille facilement.
　　ou:　—Non, je ne me réveille pas facilement.

1. se lever tout de suite
2. s'habiller vite pour aller en classe
3. se coiffer avec soin pour aller en classe
4. se lever tôt le samedi matin aussi

 B. C'est impossible, tu comprends! Racontez à un(e) ami(e) que vous avez des problèmes avec votre camarade de chambre parce que vos habitudes sont trop différentes.

MODÈLE: se réveiller tôt / tard le matin
　　　　—Moi, je me réveille tôt le matin. Et il/elle se réveille tard.

1. se laver très vite / lentement
2. s'énerver rarement / souvent
3. s'impatienter peu / beaucoup
4. se disputer rarement / souvent avec les voisins
5. se coucher tard / tôt
6. s'impatienter rarement / très souvent

 C. Vive les vacances! (*Long live vacation!*) Pendant (*during*) les vacances, votre emploi du temps va changer. Vous et votre partenaire discutez comment vos journées vont être différentes.

MODÈLE: Je me lève plus tard.
　　　　—Je vais me lever plus tard. Tu vas te lever plus tard aussi?

1. Je me couche plus tard.
2. Je m'habille relax (*casually*).
3. Je me promène beaucoup.
4. Je ne me dépêche pas.
5. Je m'amuse bien.
6. Je ne m'impatiente pas.
7. Moi et mes copains, nous nous retrouvons (*meet*) au café.
8. Je me dispute un peu avec mon copain/ma copine.

D. Sondage (*Poll*). En petits groupes comparez vos habitudes quotidiennes. Parlez, par exemple, de vos heures de lever, de coucher, d'arrivée au travail, de disputes, de promenade.

L'impératif des verbes pronominaux

- You are already familiar with classroom commands that use reflexive verbs: **Asseyez-vous! Levez-vous! Taisez-vous!**

To form the affirmative imperative of pronominal verbs, drop the subject pronoun and place the reflexive pronoun after the verb. Connect the reflexive pronoun to the verb with a hyphen. Note that **te** becomes **toi** in an affirmative command:

Tu te réveilles.	Réveill**e-toi!**	*Wake up!*
Nous nous levons.	Levons-**nous!**	*Let's get up!*

- To form the negative imperative, drop the subject pronoun but leave the reflexive pronoun in its usual place preceding the verb. **Ne** precedes the reflexive pronoun and **pas** immediately follows the verb.

Tu t'énerves.	**Ne** t'énerve **pas!**	*Don't get upset!*
Nous nous disputons.	**Ne** nous disputons **pas!**	*Let's not argue!*

███ À votre tour

 A. La journée s'annonce mal! Votre camarade de chambre va être en retard. Vous faites des suggestions, selon le modèle:

MODÈLE: se réveiller
          —Réveille-toi!

1. se lever
2. se laver
3. s'habiller vite
4. se brosser les dents et les cheveux

 B. Calmez-vous, Madame! Mme Rollin est nerveuse parce que son mari n'est pas rentré. Vous jouez le rôle de l'inspecteur de police.

MODÈLE: Je m'énerve.
          —Ne vous énervez pas, Madame!

1. Je m'impatiente.
2. Je m'inquiète.
3. Je ne me couche pas.
4. Je me sens très alarmée.
5. Je ne me calme pas.

 C. De bons conseils. Quelle suggestion faites-vous dans les situations suivantes?

MODÈLE: Ton frère et ta sœur se disputent.
          —Ne vous disputez pas!

1. Le prof s'impatiente: il attend une réponse.
2. Ton frère ne se lève pas, et il a un examen de maths aujourd'hui.
3. Tes copains ne se couchent pas et il est après minuit!
4. Ta copine s'énerve.
5. Des copains sont encore en pyjama à midi.
6. Toi et tes copains, vous êtes tous (*all of you*) en retard.
7. Inventez deux autres situations!

$\mathscr{P}$honétique

Les voyelles orales, troisième étape: [ø] deux, [y] tu

La voyelle [ø]

● The vowel [ø] does not exist in English. It is formed just like [e] except with the lips rounded instead of pulled back. This vowel is represented in writing by **eu** or **œu**: p**eu**, h**eu**r**eu**x, d**eu**x, v**œu**x. Remember, however, that when these letters are followed by a pronounced consonant, they usually represent the vowel [œ], as in **sœur** or **jeune** (see Dossier 4, p. 155).

▭ À votre tour

A. Écoutez et répétez les phrases suivantes.

1. D**eu**x cafés, Mons**i**eur!
2. Il est très h**eu**r**eu**x de visiter la banl**ieue**.
3. C'est un v**ieu**x quartier.
4. On va chez **eu**x sous p**eu** (*in a few minutes*).

La voyelle [y]

● The vowel [y] does not exist in English. It is produced like [i] except with the lips rounded instead of pulled back. This vowel is represented in writing by the letters **u** and **û**: t**u**, d**u**, vend**u**, s**û**r. The vowel [y] frequently contrasts for meaning with [u], as in **tu** and **tout,** so it is important to hear and produce them distinctly. Although the two vowels sound clearly different, the only difference in articulation between the two is that [y] is formed with the front part of the tongue tip pressing against the lower teeth, whereas [u] is formed by raising the back part of the tongue tip no longer pressing against the lower teeth.

▭ À votre tour

B. Écoutez et répétez les phrases suivantes.

1. L**u**c prend le b**u**s.
2. **U**ne min**u**te!
3. J**u**les aime la m**u**sique.
4. T**u** as rendez-vous r**u**e d**u** M**u**sée.
5. C'est **u**ne s**u**rprise.
6. T**u** as rend**u** visite r**u**e Boud**u**.

C. Récapitulation. Attention à bien prononcer les différentes voyelles dans les paires suivantes.

[u] / [y]	[u] / [ø]	[œ] / [ø]	[ɔ] / [o]	[e] / [ɛ]
t**ou**t / t**u**	d**ou**ze ans / d**eu**x ans	j**eu**ne / j**eu**	n**o**tre / n**o**s	rép**é**tez / rép**è**te
où / **eu**	**où** / **eu**x	prof**e**ss**eu**r / par**e**ss**eu**x	v**o**tre / v**o**s	prem**i**er / prem**iè**re
s**ou**s / s**u**r	p**ou**r / p**eu**	s**œu**r / mons**i**eur	f**o**rt / f**au**x	ch**ez** / ch**ai**se
			b**o**nne / b**eau**	av**ez** / av**ec**
				c**es** / c**et**

A. Appartements à louer. Listen to the conversation between a landlord and a potential renter. Match the three apartments the landlord describes with their corresponding floor plans. Below each floor plan, indicate the address of the apartment (a, b, or c from the list below) and the monthly rent in francs.

a. 24, rue Georges
b. 48, place des États-Unis
c. 67, rue de Paris

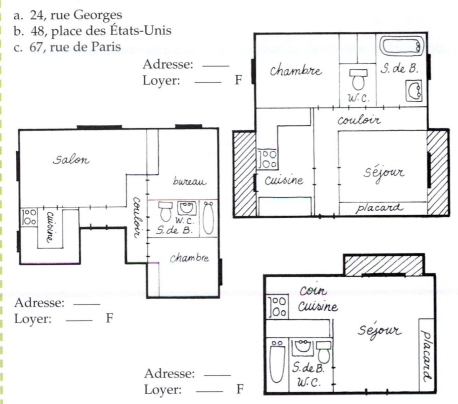

Adresse: ——
Loyer: —— F

Adresse: ——
Loyer: —— F

Adresse: ——
Loyer: —— F

B. Un village à la campagne. Listen as Jacques and Marinette Lambert, Marie-Agnès and Dominique's parents, talk about their life in the country. They have retired in the small village of Saint-Julien. Put a check mark only next to the advantages of life in the country that are mentioned.

> _____ environnement propre (*clean*) et calme
> _____ proximité d'un lac
> _____ liberté totale pour les enfants
> _____ promenades
> _____ golf et tennis
> _____ système scolaire excellent
> _____ solitude de la vie
> _____ amitiés faciles
> _____ beaucoup de magasins où faire les courses
> _____ commerçants très aimables
> _____ présence d'un jardin

Cultures en parallèles

Bien chez soi

Observer

A. Avoir une maison ou un appartement, c'est non seulement avoir un refuge—symbolisé par quatre murs et un toit—mais c'est aussi trouver là un refuge psychologique. En anglais, quelles expressions indiquent bien cette double signification du mot **maison?** Circulez dans la classe et demandez à vos camarades de commenter ces expressions.

B. En petits groupes discutez votre notion de l'hospitalité. Partagez-vous facilement votre *home* avec d'autres? Préférez-vous protéger votre intimité et inviter vos amis à l'extérieur? Votre groupe peut-il offrir une définition du concept d'hospitalité?

Réfléchir

Les Français ont parfois la réputation de ne pas être des gens très accueillants (*welcoming*), de ne pas ouvrir leurs portes facilement. Est-ce vrai? Avant de décider, écoutez ces Français parler de leur «chez soi».

«Pour moi, l'expression «chez soi» illustre la notion d'un espace personnel que l'on ne partage pas avec les autres. Voici un petit exemple. Quand on invite des amis, on leur dit souvent «Faites comme chez vous!» Mais attention! Ne prenez pas cette invitation littéralement! Comprenez bien que certaines pièces ne sont pas ouvertes au visiteur. Demandez donc la permission d'y entrer.»
(Geneviève S., 32 ans)

«Je déteste ces constructions modernes! On entend tout à travers les murs, le rasoir (*razor*) du voisin, le bébé de l'étage au-dessus, le téléphone et la radio de l'étage en dessous, les enfants dans l'escalier. Non, ici je ne me sens pas chez moi, le monde extérieur envahit (*invades*) mon espace privé. Je cherche autre chose».
(Robert J., retraité, 66 ans)

«Ma chambre en cité universitaire est toute petite, mais c'est chez moi. Partager une chambre, même grande, avec une inconnue, c'est au-dessus de mes forces!»
(Véronique N., 22 ans)

Relisez aussi les remarques de Dominique Rollin à propos de son jardin, page 209. Qu'est-ce que ces remarques vous ont appris? Le fait que les Français défendent leur «chez eux» reflète-t-il un manque d'hospitalité? Ou cette réaction révèle-t-elle un «malentendu culturel» (*cultural misunderstanding*) basé sur une distinction très forte entre l'espace de réception (là où les invités ont accès) et l'espace privé (espace réservé à la famille)? À votre avis, la notion française du «chez soi» correspond-elle à votre notion de *home?* Expliquez.

D'un parallèle à l'autre

Votre pays adoptif est-il un pays plutôt rural? plutôt très urbanisé? à la fois rural et urbanisé? Nommez quelques villes et villages, situez-les sur une carte et étudiez leur architecture. Partagez vos découvertes avec vos camarades.

Pour faciliter vos recherches, allez sur le site de *Parallèles* et cliquez sur le bouton «Parallèles» pour trouver de bonnes adresses.

À vous la parole

 A. Jeu de rôle. Il y a un appartement de libre dans l'immeuble où habite Marie-Agnès. Un camarade l'interroge sur les détails mentionnés ci-dessous. Avec un(e) partenaire, jouez les deux rôles.

En Haïti.

1. le quartier en général: calme, du bruit, proximité des commerçants
2. les théâtres, les cinémas
3. les transports: bus ou métro et aussi le stationnement
4. l'appartement: taille des pièces, confort, caractères distinctifs
5. les autres habitants de l'immeuble: jeunes, vieux, sympas, impossibles, bizarres

MODÈLE: —Comment trouves-tu le quartier en général?
　　　　—Très bien! J'adore habiter le centre-ville. Il y a…

 B. Recherche logement. Vous cherchez un logement, votre partenaire aussi. Lisez les annonces ci-dessous, prenez des notes, choisissez un logement et expliquez votre choix.

Locations

RUE GAMBETTA
Part. loue studio + balc., s. de bain séparée, 3e ét. sans vis à vis s/jardin, asc. interphone, calme. 2.400 F + charges

QUARTIER DE LA GARE
Studio, neuf, 25 m2, gd stand. 3.500 F + ch. Park. 47.46.24.12

RESIDENCE DES BORNES
Beau 2 P, 65 m2, 6.00 F
Tel 42.09.70.51

Résidence récente
4P 90m2, 6.405 F + ch.
3P 80m2, 5.309 F + ch.
40.04.08.46

A 10 min. centre-ville.
Immeuble neuf de standing, studio 32 m2 à partir de 2.650 F + charges.
2P 50 m2 envir. à partir de 2.650 F + charges
2P. 50 m2 envir. à partir de 3.300 F + charges
3P. 68 m2 envir. à partir de 4.650 F + charges
4P. 85 m2 envir. à partir de 5.800 F + charges
5P. 112 m2 envir. à partir de 8.717 F + charges
Sur place jeudi de 11h30 à 14h30 et de 17h à 19h30. 14 rue de la Sablière.

68 bd Beaumarchais
2 P cuis., bains 4.200 F + ch. Vis. ce jour 17h à 19h.

18 place de la Liberté
Gd studio, cuis, bains, W.C. 3 500 F. 42.90.26.17

6 av. de Port-Royal
Gd studio s/jardin
42 m2. 4 650 F cc.
45.86.58.21.

9 rue Dunkerque
3p. 90m2 refait neuf, parquet.
8.700 F net.
42.33.67.26.

24 rue de la Convention
Rue calme. Studio + alcôve 32 m2, cuis. équipée. S de bains, WC indép. 1er et asc. libre de suite.
TEL 50 77 85 72

Quartier	Taille? Avantages/Inconvénients	Loyer mensuel

C. Boulot d'été (*Summer job*). Imaginez que vous et votre partenaire avez obtenu un boulot d'été comme moniteurs (*camp counselors*) dans un camp de vacances. Vous allez écrire l'emploi du journée.

MODÈLE: Le camp ACTIVIE n'aime pas les paresseux: on se lève à 6 heures du matin. On s'habille vite et on va au gymnase. Après, on se douche et on va à la cafétéria à 8 h 30. Ensuite…

Évidences invisibles

Travaux d'approche. La lecture suivante est un extrait d'*Évidences invisibles: Américains et Français au quotidien*, un livre de Raymonde Carroll. Anthropologue de formation, Carroll, qui est française et mariée à un Américain, est aujourd'hui professeur de français aux États-Unis. Dans son livre, Carroll démontre combien il est facile de mal interpréter un comportement (*behavior*), même quand (*even when*) les cultures semblent se ressembler beaucoup. Carroll prend l'exemple de la maison. Pour un Français, il existe une vraie barrière entre son espace privé et son espace de réception. Dans une maison française, certaines pièces ne sont pas ouvertes aux visiteurs. (Le plan américain qui combine cuisine, salle à manger et salle de séjour ne se trouve pas souvent dans des maisons françaises traditionnelles.) L'histoire de Dick et Jill montre que ne pas respecter ces barrières invisibles est un vrai faux pas culturel.

Pour vous familiariser avec la situation décrite par Carroll, imaginez avant de lire que vous êtes invité(e) à dîner chez des amis, des personnes que vous connaissez (*know*) bien, mais pas des amis intimes. Comment vous comportez-vous (*do you behave*)? En petits groupes, comparez vos réponses aux questions suivantes:

1. À votre arrivée, dans quelle pièce vous installez-vous? Que faites-vous?
2. Dans quelle pièce dînez-vous?
3. Apportez-vous un plat (une soupe, un dessert) que vous avez préparé à l'avance?
4. Proposez-vous d'aider votre hôte dans la cuisine?
5. Débarrassez-vous la table après le dîner? Aidez-vous à faire la vaisselle?
6. Êtes-vous libre de circuler dans la maison ou l'appartement? En principe, avez-vous accès à toutes les pièces (la cuisine, le bureau, la chambre de vos amis)?

before-dinner drinks

on his way
to check

plates
not knowing
envahir = to invade
without manners

Dick et Jill sont invités à dîner chez Pierre et Jeanne. La conversation s'anime pendant l'apéritif°. Pierre, enthousiaste, parle d'un livre très intéressant. Et Pierre se lève pour aller chercher ce livre pour Dick dans son bureau. En route° il s'aperçoit, très surpris, que Dick l'accompagne. Jeanne va à la cuisine vérifier° que tout va bien. Elle est aussi très surprise quand Jill arrive, juste derrière elle, à la cuisine. Jill propose de l'aider: «Non, non, merci— répond Jeanne—tout est prêt... ». À la fin du repas, Jill se lève pour nettoyer la table et emporter les assiettes° à la cuisine. Dick propose de faire la vaisselle. Protestations de Pierre et Jeanne qui, ne connaissant pas° les habitudes américaines, trouvent Jill et Dick «envahissants»° et plutôt «sans gêne»°. Le couple français est embarrassé parce que Dick ou

Jill ont vu les pièces «dans un désordre incroyable»°. Mais Pierre et Jeanne ne savent pas° comment les arrêter... En fait, la solution était° de dire à Dick «Je vais chercher le livre et je reviens dans une minute». Dick s'est uniquement levé, parce qu'il se sentait obligé d'accompagner Pierre: après tout, c'est pour lui que Pierre «se dérange»°.

in an unbelievable mess
do not know / was

go to some trouble

(Adapté de Raymonde Carroll, *Évidences invisibles*, Editions du Seuil, 1987, p. 33)

Exploration

A. Petite vérification. Vérifiez que vous avez compris l'histoire en répondant aux questions suivantes.

1. Quelle est la nationalité de Dick et Jill?
   a. américaine   b. française

2. Quelle est la nationalité de Pierre et Jeanne?
   a. américaine   b. française

3. Où est-ce que cette histoire a lieu?
   a. Chez Dick et Jill.   b. Chez Pierre et Jeanne.

4. Pourquoi est-ce que Pierre est surpris?
   a. Parce que Dick est allé dans son bureau avec lui.
   b. Parce que Dick a pris son livre.

5. Pourquoi est-ce que Jeanne est surprise?
   a. Parce que Jill ne l'aide pas à préparer le dîner.
   b. Parce que Jill va dans la cuisine avec elle.

6. Jeanne et Pierre sont un peu gênés (*troubled*) parce que…
   a. Jill et Dick ne respectent pas les coutumes françaises.
   b. les hommes français ne font jamais la vaisselle.

7. Les actions de Jill et Dick sont probablement motivées par…
   a. le désir d'être aimables.   b. la curiosité.

B. Révisons les événements. Mettez les phrases suivantes en ordre chronologique, puis racontez l'histoire.

____ Dick suit (*follows*) Pierre dans le bureau. Pierre est surpris.

____ Pendant l'apéritif, Pierre et Dick parle d'un certain livre. Pierre va chercher ce livre dans son bureau.

____ Jeanne va dans la cuisine pour vérifier que tout va bien.

____ À la fin du dîner, Jill se lève pour nettoyer la table et emporter les assiettes à la cuisine.

____ Pierre et Jeanne ne comprennent pas les actions de leurs invités. Ils les trouvent mal élevés et impolis.

____ Dick et Jill, Américains, sont invités à dîner chez des Français, Pierre et Jeanne.

____ Jill suit Jeanne dans la cuisine. Elle propose de l'aider. Jeanne est très surprise. Elle refuse cette aide.

____ Dick propose de faire la vaisselle.

Réflexion

Essayez de trouver la source du malentendu culturel (*cultural misunderstanding*) en répondant aux questions suivantes.

1. Comment expliquer les actions de Dick et Jill? Pourquoi ont-ils suivi (*followed*) Pierre et Jeanne dans le bureau et dans la cuisine?
2. Comment Pierre et Jeanne ont-ils réagi aux actions de leurs invités? Quels mots et quelles phrases emploient-ils pour exprimer leurs réactions?
3. Pourquoi ont-ils réagi ainsi? Quel «faux pas» Dick et Jill ont-ils commis (*committed*)?
4. À votre avis, Dick et Jill sont-ils conscients de leur erreur? Pourquoi (pas)?

À vos stylos

À vendre

Vous êtes le propriétaire d'une maison à la campagne ou d'un appartement au centre-ville. Vous désirez vendre votre propriété et rédigez une description complète pour l'agence immobilière.

1. Choisissez d'abord de quelle habitation vous êtes le propriétaire. Pour stimuler votre créativité, lisez les phrases suivantes et ajoutez-y des notes:

   - type d'habitation
   - situation
   - nombre de pièces
   - confort
   - détails pratiques
   - un détail original
   - avantages

2. Dans quel but est-ce que vous rédigez cette description? Pour informer bien sûr, mais aussi pour faire envie à un acheteur éventuel: insistez sur les points positifs et déguisez les inconvénients.
3. Réfléchissez un peu et transformez vos notes en phrases complètes. Organisez vos idées pour créer un texte intéressant et cohérent. Vérifiez que vous avez incorporé à vos notes des mots de vocabulaire présentés dans ce dossier. N'oubliez pas de mettre une phrase d'introduction et une phrase de conclusion.
4. Recopiez votre texte et plus tard relisez-le pour trouver et corriger certaines fautes de grammaire et d'orthographe.

A l'écran

Chez soi

La majorité des Français habitent dans des villes. Visitez les banlieues de ces grandes villes, écoutez les enfants de ces cités modernes décrire leur maison idéale. Enfin partagez la vie de Delphine qui, elle, habite dans un foyer de l'Armée du Salut.

Clip 6.1 La maison idéale

Clip 6.2 Sans domicile fixe (ou S.D.F [*homeless*])

Parallèles historiques

Les immeubles de la Ville

À Paris, comme en province, l'immeuble fait partie depuis très longtemps du paysage urbain (*urban landscape*). Ce bâtiment d'habitation de plusieurs étages comprend en général une belle façade sur la rue. Le rez-de-chaussée est parfois occupé par un magasin, sauf dans les quartiers très résidentiels. On entre dans l'immeuble par une large porte d'entrée ou porte cochère. C'est au rez-de-chaussée qu'on trouvait hier le concierge et qu'on trouve aujourd'hui les boîtes aux lettres. Les appartements les plus beaux sont au premier et au deuxième étages. Aujourd'hui, on a transformé les anciennes chambres de domestiques dans les greniers (*attics*) d'hier en studios. L'immeuble est souvent construit en U ou L autour d'une cour intérieure commune.

Maintenant je sais...

Qu'avez-vous appris dans ce dossier? Comment l'avez-vous appris? Vérifiez vos connaisssances sur chaque sujet et donnez des exemples précis.

1. Les notions d'espace, comme les notions de distance, ne sont pas toujours absolues et varient suivant les cultures.
2. La manière d'organiser un espace dépend de facteurs concrets—par exemple, les dimensions du terrain où se trouve l'habitation—et de facteurs affectifs ou psychologiques—par exemple, le désir de garder sa vie privée pour soi.
3. La présence de murs et de portails devant des maisons françaises n'indique pas que les habitants sont froids, impersonnels et peu accueillants. Elle indique un besoin de protéger son intimité.
4. Pour un Français, le «chez soi» traduit assez bien le mot *home* dans la maxime anglaise «There's no place like home».

Tous les mots

Expressions

à l'intérieur de	inside
au bout de	at the end of
au premier étage	on the second floor
au quart de tour	immediately
au rez-de-chaussée	on the ground floor
ça va mieux	that's better
chez soi	at home
de bonne heure	early
de bonne humeur	in a good mood
directement	directly
en famille	as a family
~haut de	at the top of
~permanence	permanently, always
~tout cas	in any case
~vacances	while on vacation
~vitesse	in a hurry
entre	between
je peux	I can, am able to
la plupart de	most of
pour le moment	right now
tard	late
tôt	early
tout de suite	right away

Verbes

s'appeler	to be named
apprécier	to appreciate
avoir la place	to have room for
se brosser	to brush
se calmer	to quiet down
se coiffer	to comb one's hair
convenir à	to be suitable for
se coucher	to go to bed
se débrouiller	to manage
décorer	to decorate
défendre	to defend
se dépêcher	to hurry
se déshabiller	to get undressed
devenir	to become
se disputer	to fight
donner en plein sur	to open right on, to look right out at
dormir	to sleep
s'embrasser	to kiss
emménager	to move in
s'en aller	to leave
s'endormir	to fall asleep
s'énerver	to get mad
s'excuser	to apologize
exiger	to demand

faire visiter	to give a tour
s'habiller	to get dressed
s'impatienter	to get impatient
s'inquiéter	to worry
s'installer	to settle
s'intéresser à	to get interested
se laver	to wash oneself, to take a bath/shower
se lever	to get up
mélanger	to mix
obtenir	to get, to obtain
partager	to share
partir	to leave
planter	to plant
pousser	to grow
prendre un repas	to eat a meal
se promener	to take a walk
se raser	to shave
se réveiller	to wake up
revenir	to come back, to return
se sentir chez soi	to feel at home
sortir	to go out
se souvenir de	to remember
tenir	to hold
tenir à	to want, to insist on
venir	to come

Noms

une allée	alley
un appartement	apartment
un arbuste	shrub
une armoire	wardrobe
un ascenseur	elevator
une baie vitrée	bay window
une baignoire	bathtub
une barrière	fence, barrier
un buffet	buffet
un cadeau	gift
un canapé	sofa, couch
une chaîne-stéréo (une stéréo)	stereo
une chambre	bedroom
le chauffage	heating
une commode	chest of drawers
le confort	comfort
un congélateur	freezer
un couloir	hallway
une cuisine	kitchen
une cuisinière	(cooking) stove
les environs (m pl)	surroundings
un escalier	stairs
un espace	space

un étage	floor	isolé	isolated
une façade	facade	propre	own
un fauteuil	armchair	ravi	delighted
une fonction	function, role	solide	solid, sturdy
un four à micro-ondes	microwave oven	spacieux, -euse	spacious
un garage	garage	vert	green
un gazon	lawn		

un hall d'entrée	entryway
un immeuble	apartment building
un jardin	yard, garden
une lampe	lamp
un lavabo	bathroom sink
un lave-linge	washer
un lave-vaisselle	dishwasher
un lit	bed
un massif de fleurs	flower bed
un meuble	furniture
un mur	wall
une photo(graphie)	photography
une pièce	room
un placard	closet
la place	(here) space, room
une porte-fenêtre	French door
une preuve	proof
la proximité	proximity, closeness
un réfrigérateur	refrigerator
une salle à manger	dining room
~de bains	bathroom
~de séjour	living room
(ou séjour)	
une table	table
~basse	coffee table
un tableau	painting
un tapis	rug
un visiteur	visitor
un volet	shutter
les W.-C. (m pl)	toilet

Les tâches domestiques

faire du bricolage	to putter, to tinker
~des courses	to go shopping, to run errands
~la cuisine	to cook
~la lessive	to do the laundry
~le lit	to make the bed
~le marché	to go to the market
~le ménage	to do housework
~la vaisselle	to do the dishes
passer l'aspirateur	to vacuum
ranger la maison	to put the house in order

Adjectifs

ancien, -enne	ancient, antique
central	central
clair	light
confortable	comfortable
décoratif, -ive	decorative
divisé	divided
électrique	electric
fonctionnel, -elle	functional
formel, -elle	formal
indispensable	indispensable
individuel, -elle	individual

DOSSIER 7

Communication
- Discussing food preferences
- Talking about eating habits and attitudes toward eating
- Planning meals, shopping, and having friends over
- Recounting past events

Cultures en parallèles
- Le moment des repas
- Les plaisirs de la table

Outils
- The partitive
- The verbs **recevoir, mettre,** and **boire**
- Expressions of quantity
- Pronominal verbs in the **passé composé**

Phonétique: Nasal vowels

La table

Vous avez faim? Alors, à table!

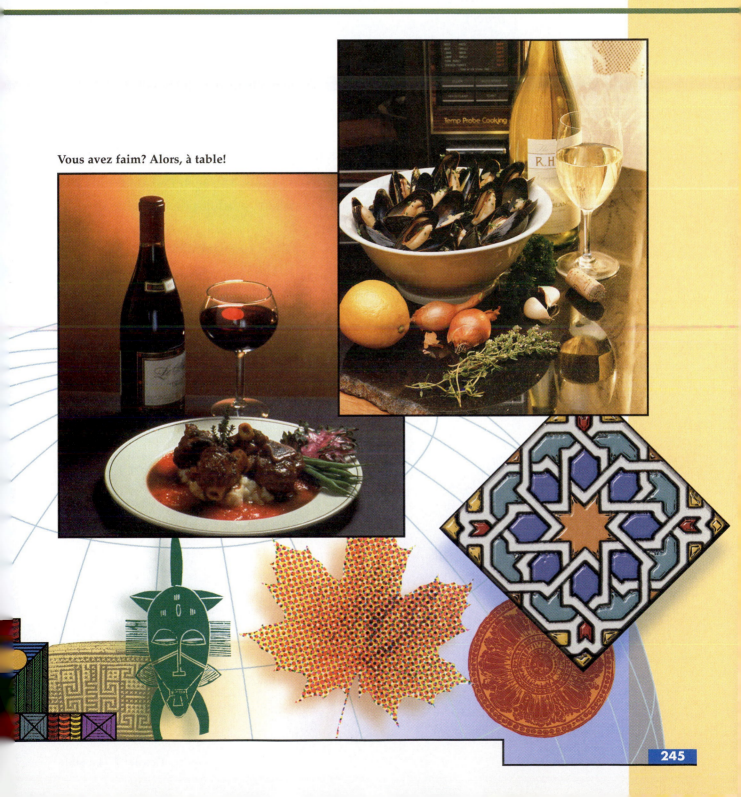

Cultures en parallèles

Le moment des repas

Que représente pour vous le moment des repas? Rangez vos priorités en ordre d'importance décroissante (*in descending order*).

Le moment des repas c'est pour moi en priorité:

— l'obligation de se nourrir...
 a. le plus vite possible   b. le meilleur marché possible

— l'occasion de passer un moment
 a. avec sa famille   b. avec des amis   c. seul

— l'occasion de se reposer et de se détendre hors du lieu de travail

— l'occasion d'écouter les nouvelles du jour à la télévision

— l'occasion de découvrir de nouveaux produits, de nouvelles recettes

— l'occasion de sortir en ville:
 a. s'habiller (*to get dressed up*)   b. faire des courses

— Franchement, je ne prends pas souvent de vrais repas: je mange quand j'ai faim et je bois quand j'ai soif!

Maintenant, comparez vos réponses en petits groupes. Quelles sont les réponses les plus fréquentes dans votre groupe? dans votre classe? À votre avis, ces réponses sont-elles typiques pour un groupe de votre âge, vivant (*living*) dans votre région avec un budget d'étudiant?

Le mot juste

Expressions

hors de	*outside of*
le meilleur marché possible	*cheapest possible*
le plus vite possible	*fastest possible*

Verbes

avoir faim	*to be hungry*
avoir soif	*to be thirsty*
boire	*to drink*
ranger	*to arrange, to sort*
représenter	*to represent, to symbolize*
se détendre	*to relax*
se nourrir	*to eat*
se reposer	*to rest*

Noms

le lieu de travail	*workplace*
une obligation	*obligation, necessity*
un produit	*product*
une recette	*recipe*
un repas	*meal*

Volet 1

Contexte 1 Les courses au supermarché

Retour du supermarché

Dominique Rollin rentre chez elle après une visite rapide au supermarché. Elle trouve son amie Florence devant sa porte.

DOMINIQUE: Florence, pardonne-moi! Je viens de Super-Géant. On attend toujours aux caisses!

FLORENCE: Ne t'en fais pas! Ce n'est rien! Je suis ici depuis cinq minutes seulement et je vais t'aider. Donne-moi un sac. Qu'est-ce que tu as acheté de beau? (Elles entrent dans la cuisine et ouvrent les sacs.)

DOMINIQUE: Tu vois, j'ai acheté de la viande, du bœuf plus précisément, parce que Pierre adore le bœuf aux carottes. J'ai aussi pris un gros poulet pour le déjeuner de samedi. C'est la routine chez nous: tous les samedis, on mange le même menu: du poulet, des frites et de la salade, avec un fruit pour le dessert.

FLORENCE: Ça c'est une très bonne idée, c'est un menu pratique et rapide! Mais dis-moi, tu as acheté beaucoup de yaourts!

DOMINIQUE: Nous adorons le fromage et les produits laitiers, tu sais. Alors j'achète toujours du fromage et des yaourts en quantité.

FLORENCE: Tiens, tu n'as pas acheté de fruits et de légumes?

DOMINIQUE: Non! Je préfère les produits frais du marché. Il y a un marché les mardis, jeudis et samedis sur le boulevard juste en bas de chez nous.

Le mot juste

Expressions

Ce n'est rien!	*It's nothing!*
depuis	*since, for*
en bas	*below, downstairs*
Ne t'en fais pas!	*Don't worry about it!*
tu sais	*you know*
tu vois	*you see*

Noms

un aliment	*food item*
la caisse	*cashier stand*
le menu	*menu*
la routine	*routine, habit*
un sac	*bag*

Adjectifs

frais/fraîche	*fresh*
même	*same*

CONDIMENTS **VIANDE** **VOLAILLE**

le poivre
la glace
le sel
la moutarde
la dinde
PRODUITS LAITIERS le beurre
le bœuf le porc
le yaourt
le poulet
le saumon
la sole
le lait
POISSON
le fromage
le thon
CHARCUTERIE
le jambon les bananes
les pommes
le pâté les poires
le saucisson les cerises
les oranges
les pommes
de terre
FRUITS
LÉGUMES
BOISSONS
l'ail le vin
(blanc, rosé, rouge)
les tomates
la bière
les carottes
les oignons les jus de fruits
les
haricots
verts l'eau minérale

Produits laitiers:	le lait, le beurre, le fromage, le yaourt, la glace
Viande:	le bœuf, le poulet, le porc, la dinde
Poisson:	la sole, le saumon, le thon
Charcuterie:	le pâté, le jambon, le saucisson
Fruits:	les bananes, les pommes, les oranges, les poires, les cerises
Légumes:	la salade, les tomates, les pommes de terre, les oignons, les haricots verts, les carottes
Boissons:	le vin, la bière, le jus de fruits, l'eau minérale
Grains:	le pain (*bread*), les pâtes (*pasta*) le riz (*rice*), les céréales

À votre tour

 A. À quel rayon? (*In which department?*) Regardez l'illustration p. 248 et à tour de rôle indiquez ce dont vous avez besoin (*what you need*) et à quel rayon le trouver:

MODÈLE: bœuf
—J'ai besoin de bœuf.
—Va au rayon viande!

1. bœuf
2. saumon
3. cerises
4. pommes
5. saucisson
6. camembert
7. vin
8. haricots verts

 B. Définitions. À tour de rôle identifiez le produit en question.

1. une viande rouge (*red*)
2. une viande blanche (*white*)
3. une autre viande blanche
4. un fruit exotique
5. On ne mange jamais un seul de ces fruits—plutôt une poignée (*by the handful*).
6. Le salami, par exemple, fait partie de cette catégorie.
7. Il y a le camembert, bien sûr, le brie, le bleu mais il y a encore 362 autres sortes de ce produit bien français. (Essayez un produit différent chaque jour de l'année!)
8. une boisson non alcoolisée, sans calorie, très populaire en France
9. une autre boisson non alcoolisée, souvent riche en calories
10. le beaujolais, le champagne sont des exemples appréciés

 C. Avez-vous compris? À tour de rôle, posez les questions suivantes et répondez-y (*answer them*).

1. Dominique a-t-elle acheté une ou deux sortes de viandes?
2. Quelle viande va-t-elle préparer avec des carottes? Du poulet ou du bœuf? Pourquoi?
3. Le samedi, le menu du déjeuner change-t-il souvent ou reste-t-il le même?
4. Le samedi, le dessert comprend-il des pâtisseries ou des fruits?
5. À votre avis, quel(s) achat(s) prouve(nt) que la famille Rollin adore les produits laitiers?
6. Dominique fait-elle ses courses exclusivement au supermarché? Expliquez pourquoi.

 D. Préférences. D'abord faites une liste de vos préférences dans chaque catégorie: **J'aime bien, j'aime assez, je déteste.** Ensuite formez de petits groupes et comparez vos listes. Trouvez-vous des personnes avec des goûts similaires?

MODÈLE: —Comme charcuterie, j'aime le pâté et le jambon.
—Moi j'aime le saucisson.
ou: —Moi, je n'aime pas la charcuterie!

Outil 1 L'article partitif; révision de l'article défini et indéfini

- We can talk about food and drink in terms of general categories or in terms of quantities and portions.

- To make a statement about a general category of food or to say you like or dislike a category of food, use the definite article:

Nous **adorons le** fromage et **les** produits laitiers. *We just love cheese and dairy products.*

Piere **adore le** bœuf aux carottes. *Pierre just loves beef cooked with carrots.*

Je **préfère les** produits frais du marché. *I prefer the produce from the open-air market.*

Although there often is no article in comparable statements in English, the definite article cannot be omitted in French.

- We can also talk about food or drink in terms of quantities, referring to whole units or to portions. To refer to one or several whole units, use the indefinite article.

J'ai pris **un gros poulet** pour le déjeuner. *I got a big chicken for lunch.*

On mange **un fruit** pour le dessert. *We eat a fruit for dessert.*

Je vais acheter **des** haricots verts et **des** carottes. *I'm going to buy green beans and carrots.*

Remember that the indefinite article becomes **de** (or **d'**) after a negative.

Tiens! Tu **n'**as **pas** acheté **de** fruits et **de** légumes? *Say, didn't you buy any fruit or vegetables?*

- To refer to a portion or an unspecified amount of an item that cannot be counted (often referred to as a mass noun), use the partitive article, which has the following forms:

	masculine noun	feminine noun	noun beginning with a vowel sound
singular	**du** lait	**de la** salade	**de l'**eau minérale

The partitive article, which may be translated as *some* or *any*, is usually omitted in English. In French, the partitive article may not be omitted. For the plural, use the indefinite article **des.**

On mange **du** poulet, **des** frites et **de la** salade.	*We eat (some) chicken, (some) fries and (some) salad.*
J'ai acheté **de la** viande.	*I bought some meat.*
Achetez **du** pain, **du** fromage et **du** vin.	*Buy (some) bread, (some) cheese, and (some) wine.*

The partitive article, like the indefinite article, becomes **de** (or **d'**) after a negative.

J'achète **un** poulet, je n'achète **pas de** salade.	*I'm buying a chicken; I'm not buying any lettuce.*
Il a pris **du** poulet, mais il n'a **pas** pris **de** salade.	*He ate (some) chicken, but he didn't eat (any) salad.*
Tu n'as **pas** acheté **de** fruits ou **de** légumes?	*Didn't you buy any fruit or vegetables?*

● Note that many nouns can be referred to as either a whole unit (with a definite or indefinite article) or in terms of portions (with the partitive). Contrast:

J'achète **un** poulet.	*I buy a (whole) chicken.*
Je prends **du** poulet.	*I'll have some chicken.*
J'aime **le** camembert.	*I love camembert.*
Je mange **du** camembert.	*I'll have some camembert.*
J'adore **la** dinde.	*I adore turkey.*
Je voudrais **de la** dinde.	*I would like some turkey.*

▬▬▬ À votre tour

 A. Quel menu choisir? Vous et votre partenaire avez invité des amis à dîner. À tour de rôle, vous proposez et vous décidez des idées de menu.

MODÈLE: thon, sole
—On prend du thon ou de la sole?
—Eh bien, on prend de la sole!

1. dinde, porc
2. haricots verts, salade
3. poires, cerises
4. vin, bière
5. fromage, salade
6. fruits, glace

B. Surtout pas! Cette fois, à tour de rôle, vous refusez des idées de menu.

MODÈLE: comme poisson
> —Comme poisson, on prend du saumon?
> —Ah non! Surtout (*especially*) pas de saumon.

1. comme viande
2. comme légumes
3. comme fruits
4. comme boisson
5. comme dessert

 C. Le gros marché du samedi! Vous allez au marché avec un(e) camarade. À tour de rôle, faites vos commentaires, puis tirez les conclusions appropriées. Attention à l'article!

MODÈLE: —Le saumon est frais.
> —Alors, on prend **du** saumon.
>
> —Le saumon n'est pas frais.
> —Alors, on ne prend **pas de** saumon.

1. La sole est très fraîche.
2. Je ne trouve pas la salade très belle.
3. Je n'aime pas beaucoup la dinde.
4. Les poires sont bien belles.
5. Nous n'avons pas de bananes à la maison.
6. Les haricots verts sont très fins (*extra fine*).
7. On n'a pas de pommes de terre pour demain.
8. Nous avons fini le fromage.
9. Les cerises sentent (*smell*) très bon.

 D. Tour de France culinaire. Regardez les photos et indiquez les ingrédients de ces plats français.

MODÈLE: la salade niçoise
> —C'est une salade avec du thon, des tomates, des concombres, des poivrons, des haricots verts, des olives.

▲ la salade niçoise (une salade: thon, tomates, concombres [*cucumbers*], poivrons [*green peppers*], haricots verts, olives)

la fondue (un plat régional du Jura: fromage de gruyère, vin blanc, pain)
◀

▲ la quiche lorraine (une tarte salée: œufs [*eggs*], crème fraîche, jambon, gruyère, sel)

▲ le bœuf bourguignon (un plat de Bourgogne: bœuf, vin rouge, carottes, oignons, pommes de terre)

▲ la bouillabaisse (une soupe de la région de Marseille: poisson, crabe, tomates, croûtons, aïl [*garlic*])

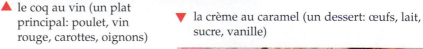

▲ le coq au vin (un plat principal: poulet, vin rouge, carottes, oignons)

▼ la crème au caramel (un dessert: œufs, lait, sucre, vanille)

◀ la mousse au chocolat (un dessert: œufs, sucre [*sugar*], chocolat)

Volet 2

Vous êtes devenus des intimes (*very good friends*) de la famille Rollin. Vous avez visité leur maison, passé un week-end avec eux et maintenant vous allez découvrir leurs habitudes alimentaires. Où prennent-ils leurs repas? Avec qui? Quel est un de leurs menus typique? Qu'est-ce qu'ils boivent? Avec un partenaire étudiez d'abord le tableau ci-dessous.

Notez aussi que, bien sûr, quand les Rollin reçoivent des amis, Dominique et Pierre font des efforts particuliers: on met une belle table, on prépare un menu spécial servi avec un vin spécial aussi.

	Pierre Rollin *42 ans, ingénieur*	**Dominique Rollin** *42 ans, secrétaire à mi-temps*	**Perinne Rollin** *10 ans, écolière*
Petit déjeuner à 7 heures	**à la maison** du café au lait du pain du beurre de la confiture	**à la maison** du thé deux biscottes du jus d'orange	**à la maison** du chocolat chaud des céréales
Déjeuner vers midi	**à la cafétéria de l'entreprise** des crudités un steak-frites du vin rouge un petit pain une tarte aux pommes du café	**à la maison** de la salade une côtelette de veau des petits pois du pain de l'eau minérale une poire du thé	**à la cantine de l'école** des carottes râpées du poulet rôti de la purée de pommes de terre des haricots verts de l'eau minérale de la mousse au chocolat
Pause-café/Goûter entre 4 et 5 heures			**à la maison** des biscuits au chocolat du jus d'orange
Dîner vers 8 heures	**à la maison** de la soupe de légumes des pâtes à la tomate de la salade du fromage du vin, de l'eau		

À votre tour

 A. Les repas chez les Rollin. Pour chaque membre de la famille Rollin donnez à tour de rôle les renseignements suivants.

1. l'heure du petit déjeuner?
2. l'endroit où la personne prend le petit déjeuner? le déjeuner? le dîner?
3. la composition du petit déjeuner? du déjeuner? de la pause café ou du goûter?

 B. Avez-vous compris? À tour de rôle, posez les questions suivantes et donnez une réponse.

1. Au petit déjeuner les Rollin boivent tous (*all of them*) la même chose?
2. Qui prend des céréales au petit déjeuner?
3. Qu'est ce que Pierre Rollin met sur son pain?
4. Qui boit du jus de fruit au petit déjeuner?
5. Les Rollin mangent-ils de la viande ou sont-ils végétariens?
6. Qui est un vrai amateur de café: est-ce Pierre ou est-ce Dominique?
7. Qui choisit les desserts les plus riches en calories?
8. Qu'est-ce que Perrine a pris en fin d'après-midi?
9. Quel est le repas le plus important de la journée pour la famille Rollin?
10. À quel repas les Rollin mangent-ils de la soupe?
11. Combien de fois les Rollin ont-ils mangé des légumes ce jour-là?

C. Et vous? À tour de rôle, partagez avec votre partenaire la composition de vos trois repas de la journée. (rien = *nothing*)

MODÈLE: —Pour le petit déjeuner, je prends des œufs, mais pas de jambon.
                    Je bois du lait, mais je ne bois jamais de café.

Le mot juste

Verbes

mettre la table	*to set the table*
recevoir	*to receive (guests), to entertain*

Noms

une biscotte	*melba toast*
un biscuit	*cracker*
le café	*coffee*
les céréales (f)	*cereal*
le chocolat	*chocolate*
la confiture	*jam*

une côtelette de veau	*veal chop*
les crudités (f)	*raw vegtables*
la purée	*mashed potatoes*
une tarte	*(fruit) pie*
le thé	*tea*
le veau	*veal*

Adjectifs

alimentaire	*having to do with nutrition*
râpé	*grated*
rôti	*roast*

Volet 2   Contexte 2

D. Diététicien pour un jour. Composez des menus pour les situations ou les personnes suivantes.

MODÈLE: Quand on est malade, on boit… , on mange…
—Quand on est malade, on boit du jus de fruit et on mange une biscotte.

1. Pour un dîner de famille traditionnel, on boit… , on mange…
2. Avec des amis végétariens, on boit… , on mange…
3. Un athlète, la veille (*eve*) du match, boit… , mange…
4. Pour un dîner élégant pour trois ou quatre ami(e)s, on boit… , on mange…

E. Ressemblances et différences. Maintenant formez de petits groupes et comparez vos habitudes avec les pratiques de la famille Rollin. Comparez l'heure des repas, l'endroit où on prend les repas, la composition des repas, le nombre de goûters ou pause café. Résumez et partagez vos conclusions.

Outil 2 Les verbes **mettre, boire** et **recevoir**

Les verbes **mettre** et **boire**

- The irregular verbs **mettre** (*to put*), **boire** (*to drink*), and **recevoir** (*to receive*) are all used frequently in talking about food and dining.

- The verb **mettre** has several equivalents in English:

to put or to place	Vous **mettez** du pain sur la table. *You are putting bread on the table.*
to serve, to propose something particular to eat	Elle **met** du poisson au menu. *She is serving fish.*
to set the table (**mettre la table**)	On **met** une belle table. *We set a pretty table.*
Je n'**ai** pas encore **mis** la table.	*No, I haven't set the table yet.*

mettre				
je	mets	nous	mettons	j'ai **mis**
tu	mets	vous	mettez	
il/elle/on	met	ils/elles	mettent	

Tu **mets** de l'eau sur la table?	*Will you put water on the table?*
Je vais **mettre** du pâté.	*I'm going to serve pâté.*
Mettez la table, s'il vous plaît.	*Set the table, please.*

- Other verbs conjugated like **mettre** include:

admettre	*to admit*
permettre	*to permit or allow*
promettre	*to promise*
remettre	*to turn in or hand in something (a report), to put off or postpone*
se mettre à	*to begin (to)*
se mettre à table	*to sit down at the table*

- The verb **boire** means *to drink*.

boire					
je	bois	nous	buvons	j'ai **bu**	
tu	bois	vous	buvez		
il/elle/on	boit	ils/elles	boivent		

Qu'est-ce qu'ils **boivent?**
Moi, je **bois** une bière. Et toi?
Qu'est-ce que tu **bois?**

What are they drinking?
I'm drinking a beer. And what about
you? What will you have to drink?

À votre tour

A. Les habitudes françaises. En ce qui concerne la table, il y a des habitudes spécifiquement françaises et d'autres plus internationales. Quelles sont ces habitudes? À vous de les identifier, en choisissant la forme convenable des verbes suivants: **boire, mettre, permettre, remettre.**

1. Quand on a des invités, on _____ une belle table. Alors, nous _____ une nappe (*tablecloth*) blanche!
2. Quand on célèbre un anniversaire, on _____ souvent du champagne.
3. Les Français _____ les fourchettes (*forks*) les dents posées contre la nappe.
4. En toute occasion, on _____ de l'eau minérale sur la table, mais on ne _____ pas toujours de beurre sur la table.
5. On ne _____ pas souvent aux enfants de se _____ à table avec les adultes.
6. On ne _____ pas de café pendant le repas.
7. Certaines personnes _____ encore (*still*) des cigarettes pendant le repas!
8. Les invités ne sont pas libres samedi prochain; on _____ le dîner pour une autre date.

B. Reproches. Est-ce que vous avez le/la camarade de chambre idéale? Sans doute que non! Quels sont vos reproches les plus fréquents? (Mettez-les en ordre d'irritation croissante [*increasing*]!)

MODÈLE: ne jamais mettre sa chambre en ordre
          —Il/Elle ne met jamais sa chambre en ordre.

1. promettre beaucoup de choses
2. ne pas admettre les opinions différentes
3. remettre toujours ses rendez-vous
4. se mettre à table après tout le monde
5. ne pas admettre ses erreurs
6. permettre tout à son chien
7. remettre les devoirs (*homework*) en retard
8. ne jamais mettre la table

C. Ouf! c'est fini! Le/La camarade de chambre irritant(e) est parti(e), mais vous êtes encore furieux/furieuse et discutez ses comportements passés.

MODÈLE: ne jamais mettre sa chambre en ordre
Il/Elle n'a jamais mis sa chambre en ordre!

D. Qu'est-ce qu'on boit? Dans différentes circonstances et aux âges différents, on préfère des boissons différentes. Expliquez!

MODÈLE: Votre petite sœur adore les oranges.
—Elle boit du jus d'oranges.

1. On est en retard, mais on prend un petit déjeuner «minimum».
2. Vous retrouvez des copains au café à 4 heures de l'après-midi.
3. On a besoin de calcium (ordres du docteur).
4. Des amis fêtent un anniversaire.
5. C'est l'été: il fait très chaud et vous avez fait du sport.
6. Il y a du poisson au menu.

Le verbe **recevoir**

● In the context of this dossier, the verb **recevoir** means *to invite someone to one's home* or *to have someone over*. In other contexts, it means simply *to receive, to get (a package in the mail, a diploma, a telephone call)*.

recevoir					
je	reçois	nous	recevons	j'ai **reçu**	
tu	reçois	vous	recevez		
il/elle/on	reçoit	ils/elles	reçoivent		

On reçoit souvent des amis le samedi soir.	*We often have friends over (on) Saturday evening.*
Les Rollin **reçoivent** le patron de Pierre.	*The Rollins are entertaining Pierre's boss at their home.*
Samedi dernier, nous **avons reçu** une dizaine d'amis.	*Last Saturday, we had ten or so friends over.*

● Other verbs conjugated like **recevoir** include:

décevoir	*to deceive, to disappoint*
apercevoir	*to see, to notice*
Ce restaurant ne **déçoit** jamais ses clients.	*This restaurant never disappoints its customers.*
J'**aperçois** Pierre dans la foule.	*I see Pierre in the crowd.*

A. Ça dépend. Complétez la phrase par la forme convenable du verbe **recevoir**. Puis, donnez l'équivalent en anglais, selon le contexte.

1. Quand on _____ une délégation officielle, on choisit le menu avec grand soin.
2. Vous _____ votre diplôme cette année?
3. Les Rollin _____ souvent.
4. Quand mes amis voyagent, je _____ de jolies cartes postales.
5. Tu _____ beaucoup de paquets, toi?

B. Pas d'habitude. Mettez les phrases suivantes au passé composé pour montrer que ces événements ne sont pas habituels.

MODÈLE: Elle ne met pas d'ordinaire du caviar. Hier soir...
        Hier soir, elle a mis du caviar.

1. Guy *déçoit* ses parents; il *ne reçoit pas* son diplôme. Le semestre dernier...
2. Je *reçois* un coup de téléphone à 5 h 30. Ce matin...
3. Le professeur *remet* la date de l'examen. La semaine dernière...
4. Ces films *déçoivent* le public. Après toute cette publicité...
5. D'habitude Dominique ne *boit* pas de café au petit déjeuner. Ce matin...
6. Nous ne *mettons* pas souvent du champagne en apéritif. Hier soir...

C. Habitudes et préférences. À tour de rôle, discutez en petits groupes certaines de vos habitudes et/ou préférences. Par exemple, discutez les points suivants:

1. Quand vous recevez des amis, quel est votre menu préféré?
2. Quand vous allez au café, qu'est-ce que vous buvez?
3. Quand vous promettez quelque chose (*something*), est-ce que vous tenez vos promesses?
4. Est-ce que vous permettez à vos amis de fumer (*smoke*) à table?
5. Est-ce que vous admettez des opinions différentes?
6. Est-ce que vos amis ont quelquefois déçu votre confiance (*trust*)?
7. Est-ce que vous avez toujours remis vos devoirs à temps?
8. Est-ce que vous vous mettez toujours à table ou est-ce que vous prenez plus souvent un sandwich?

Volet 3

Contexte 3 Le gros marché du samedi

Florence a décidé d'aller au marché recommandé par Dominique. Elle s'approche d'un stand où il y a beaucoup de beaux fruits et de légumes. Elle regarde les tomates.

MARCHAND: Et alors, ma petite dame, elles vous tentent, mes tomates? À 7 francs le kilo, c'est une bonne affaire!

FLORENCE: En effet, elles sont bien belles. Donnez-moi un kilo de tomates..., bien rouges, s'il vous plaît.

MARCHAND: Et avec ça?

FLORENCE: Eh bien, je vais prendre un peu de salade: la laitue est superbe!

MARCHAND: Vous l'avez dit! Superbe! Et vous m'en direz des nouvelles... Et avec ça? Vous prenez des fraises? Elles sont très belles et pas chères. Tenez, goûtez! (*Il offre une fraise à Florence.*)

FLORENCE: Merci! (*Elle mange la fraise.*) Eh bien, vous avez raison, elles sont très parfumées. Donnez-moi donc un kilo de fraises.

MARCHAND: Et voilà un bon kilo, et j'ajoute des cerises?

FLORENCE: Non, merci, pas de cerises, nous avons trop de cerises dans le jardin!

MARCHAND: Alors, ce sera tout?

FLORENCE: Oui, ce sera tout! Ça fait combien?

MARCHAND: Alors, les tomates, ça fait 7 francs, plus deux laitues à 3 francs 50 la pièce, ça nous fait 14 francs. Oh là là, un billet de 500 francs! Mais ma petite dame, c'est pas possible, ça! Vous n'avez pas la monnaie?

FLORENCE: Attendez! Mais si, voilà!

À votre tour

A. Avez-vous compris? À tour de rôle, posez les questions suivantes et donnez les réponses.

1. À 7 francs le kilo, les tomates sont-elle une bonne ou mauvaise affaire?
2. Quelle quantité de tomates la cliente achète-t-elle? un kilo de tomates? deux kilos de tomates? une livre de tomates?
3. La laitue est superbe, alors la cliente achète-t-elle un peu de salade ou beaucoup de salade?
4. Est-ce la cliente ou le marchand qui vante (*boasts about*) le parfum des fraises?
5. Où est-ce qu'il y a trop de cerises? dans le jardin du marchand? le jardin de la cliente? sur les marchés en général?
6. La cliente paie-t-elle avec un billet de 100 francs? de 200 francs? ou de 500 francs?
7. Le marchand a-t-il beaucoup de monnaie? peu de monnaie? pas de monnaie?
8. À votre avis, le marchand a-t-il une calculatrice (*calculator*) ou est-il bon en calcul mental (*mental arithmetic*)?

Le mot juste

Expressions

C'est une bonne/ mauvaise affaire.	*It's a good/bad deal.*
Ce sera tout.	*That will be all.*
un peu de	*a little bit of*
la pièce	*apiece*
tenez!	*see!*
trop	*too many, too much*
Vous l'avez dit!	*You said it!*
Vous m'en direz des nouvelles.	*Tell me about it.*

Verbes

ajouter	*to add*
s'approcher de	*to get near*
avoir raison	*to be right*
goûter	*to taste*
manger	*to eat*
tenter	*to tempt*

Noms

un billet	*bill*
une fraise	*strawberry*
un kilo	*kilo*
une laitue	*(head of) lettuce*
un livre	*a pound*
la monnaie	*change*
un stand	*outdoor display*

Adjectif

parfumé	*fragrant*

B. Bonnes et mauvaises affaires. Vous rentrez du marché et décrivez à votre camarade quels fruits et légumes on vend là, en quelle quantité et avec quelle conséquence. Utilisez un élément de chaque colonne dans l'ordre de votre préférence.

MODÈLE: —Il y a beaucoup de tomates. Elles ne sont pas chères!
ou: —Il y a peu de haricots verts! Et ils sont très chers!

Quantité	Fruits ou légumes	Conséquence
beaucoup de	tomates	très cher
peu de	haricots verts	une bonne affaire
très peu de	fraises	une mauvaise affaire
	cerises	raisonnable
	laitue	
	légumes	
	fruits	

 C. Mini dialogues. Travaillez avec un partenaire. Une personne va choisir une phrase ou expression dans la colonne de gauche et l'autre va choisir la réplique appropriée dans la colonne de droite, et inversement.

MODÈLE: —Je vais prendre un peu de salade.
—Ah, ma laitue! Vous m'en direz des nouvelles!

1. Ça fait combien?	Mais si!
2. Donnez-moi un kilo de tomates.	Merci, elles sont très parfumées.
3. Elles vous tentent, mes tomates?	Non, merci, il y en a dans le jardin.
4. Tenez, goûtez ces fraises!	Et avec ça?
5. Vous n'avez pas la monnaie?	Ah oui, elles sont très belles.
6. J'ajoute des cerises?	Attendez, je fais le total.

 D. Jeu de rôle. Maintenant c'est vous qui allez au marché. Imaginez votre propre conversation avec un marchand: Qu'est-ce qui vous tente? Qu'est-ce que vous achetez? Quel est le total de vos achats? Jouez votre dialogue, puis devenez «marchand» pour un(e) autre client(e).

Outil 3 Expressions de quantité

● You have already learned several ways to indicate quantities:

- using numbers:

  J'ai acheté **trois** tomates.   *I bought three tomatoes.*

- using the indefinite article:

  Dominique a acheté **un** gros poulet.   *Dominique bought a big chicken.*
  Je voudrais **des** bananes.   *I would like some bananas.*

- using the partitive article:

  Tu prends **de la** sole ou **du** saumon?   *Are you having sole or salmon?*

  Il mange **du** bœuf aux carrottes.   *He eats beef with carrots.*

- You can also use expressions of quantity.

peu	*few, little*
assez	*enough*
beaucoup	*much, many*
trop	*too much, too many*

Tu bois du champagne? —Oui, **beaucoup…** et peut-être **beaucoup trop!**	*Do you drink champagne? —Yes, a lot… perhaps way too much!*
Je vais prendre de la laitue, mais **peu.**	*I am going to buy lettuce, but just a little.*
Voulez-vous des fraises? —Une poignée, c'est **assez.**	*Do you want strawberries? —A handful, that's enough.*
Un kilo! C'est **trop!**	*Two pounds! That's too much!*

Used with a noun, these expressions of quantity take **de.**

Il y a **beaucoup de** beaux fruits et de légumes.	*There are lots of beautiful fruits and vegetables.*
Vous me donnez **trop** de cerises.	*You're giving me too many cherries.*
Nous ne mangeons pas **assez** de fruits.	*We don't eat enough fruits.*

- You can also express quantity using nouns of quantity which indicate size, weight, volume, etc. When followed by a noun, these expressions of quantity also take **de (d').**

Le poids (*weight*)

un gramme de sel	*one gram of salt*
une livre de tomates	*a pound of tomatoes*
un kilo de haricots	*two pounds of tomatoes*

Le volume (*volume*)

un verre d'eau	*a glass of water*
une tasse de thé	*a cup of tea*
un bol de chocolat	*a bowl of hot chocolate*
un litre de lait	*one liter of milk*
une bouteille d'eau minérale	*a bottle of minéral water*
une boîte de haricots verts	*a can of green beans*

La taille ou la présentation (*size or presentation*)

un morceau de beurre	*a pat of butter*
un bout de pain	*a piece of bread*
une part de gâteau	*a portion of cake*

Le nombre (*number*)

une douzaine d'œufs	*a dozen eggs*
une vingtaine de personnes	*a group of around twenty people*
une centaine de francs	*about a hundred francs*

Quel marché: **une douzaine d'œufs, neuf boîtes de** haricots verts, **six bouteilles d'**eau minérale, **un litre de** lait.	*What a shopping trip: a dozen eggs, nine cans of green beans, six bottles of mineral water, one liter of milk.*

■ À votre tour

A. Pas mal, mais… (*Not bad, but…*) Imaginez que vous et votre partenaire êtes au restaurant. Vous échangez vos opinions.

MODÈLE: la soupe / sel / trop
—Comment trouves-tu la soupe?
—Pas mal, mais il y a trop de sel.

1. le coq au vin / oignons / trop
2. les haricots / beurre / trop peu
3. la salade / aïl (*garlic*) / beaucoup trop
4. la vinaigrette / moutarde / ne… pas assez
5. la tarte / fruits / ne… pas assez
6. le gâteau (*cake*) / chocolat / beaucoup trop

B. À vos casseroles! Vous avez réuni les ingrédients nécessaires pour préparer les plats suivants, mais quelles sont les proportions exactes?

MODÈLE: bœuf (700 g)
—Du bœuf, oui, mais en quelle quantité?
—Prends 700 grammes de bœuf.

1. Bœuf bourguignon
   bœuf (700 g); jambon (100 g); beurre (50 g); oignons (60 g); champignons [*mushrooms*] (100 g); farine [*flour*] (30 g); vin rouge (1 verre); bouillon (1 verre); 1 bouquet garni [*herbs*]
2. Soupe aux poireaux (*leeks*)
   eau (1 litre); poireaux (200 g); pommes de terre (500 g); beurre (30 g); lait (1/2 litre)
3. Mousse au chocolat
   blancs d'œufs (6); chocolat (200 g); sucre [*sugar*] (80 g)
4. Soufflé au chocolat
   lait (1/2 verre); chocolat (140 g); sucre (125 g); farine (5 g); jaunes d'œufs (6)

C. Ça suffit! (*That is enough!*) Les placards de votre cuisine sont vides (*empty*). Regardez la liste de choses à acheter (*things to buy*) avant d'aller au supermarché et discutez les quantités avec votre partenaire.

MODÈLE: haricots verts
—Prenons des haricots verts, une douzaine de boîtes?
—Tu es fou! Trois boîtes de haricots, ça suffit!
ou: —D'accord! Mais, on mange beaucoup de haricots!

1. des œufs
2. des tomates
3. du lait
4. du gruyère
5. de l'eau minérale
6. du beurre
7. du coca
8. de la bière

D. Cette fois c'est sérieux! (*This time it's for real!*) D'abord faites votre liste d'épicerie pour la semaine. Soyez sérieux et honnêtes. Puis en petits groupes, comparez vos listes. Quelles sont les nourritures (*foods*) favorites de votre groupe?

Contexte 4 Un dîner bien réussi

À table: formules de politesse

Pour demander quelque chose (*to ask for something*):
Passe-moi/Passez-moi le/la/les …s'il te/vous plaît. *(Pass me the…, please.)*
J'aimerais…*(I would like…)*
Je reprendrais bien un peu de …*(I would love to have seconds of…)*

Pour offrir quelque chose (*to offer something*):
Encore un peu de…? *(A little bit more… ?)*
Reprends/Reprenez un peu de… *(Have a bit more…)*

Pour refuser quelque chose:
Merci, j'ai très bien mangé. *(Thank you, I have eaten very well.)*
Merci, j'ai fait un vrai festin. *(Thank you, I had a real feast.)*
Franchement, je n'en peux plus. *(Frankly, I can't eat any more/I am full [familiar].)*

Pour faire des compliments au chef:
C'est délicieux! *(It's delicious!)*
Tu es/Vous êtes un vrai cordon-bleu! *(You are a superb cook!)*
Ce repas est un vrai festin! *(This meal is a real feast!)*

Pour marquer la fin du repas:
Voulez-vous passer au salon? *(Would you like to come into the living room?)*

Le couvert

une tasse
un verre
un verre à vin
une cuillère
une fourchette
une assiette à soupe
une assiette
un couteau
une serviette
une nappe
une cuillère à soupe

On reçoit des amis

Pierre et Dominique Rollin se sont finalement décidés à recevoir le patron de Pierre à dîner.

Il se sont mis d'accord sur le menu: foie gras (*goose liver pâté*) en entrée, dinde aux marrons (*chestnuts*), salade, plateau de fromage et profiteroles pour le dessert, et ils se sont retrouvés chez Nicolas pour choisir les vins.

Ensemble ils se sont occupés de leur plan de table: ils ont mis le patron de Pierre à la droite de Dominique et sa femme à la droite de Pierre, les places d'honneur.

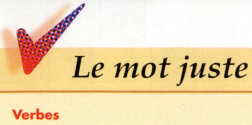

Le mot juste

Le grand jour est vite venu. Dominique a mis une jolie table et acheté des fleurs.

Elle a préparé le dîner assez tôt et elle s'est habillée. Elle s'est aussi un peu énervée car Pierre était (*was*) comme toujours en retard! Mais finalement le dîner s'est très bien passé. La femme du patron de Pierre s'est montrée une femme très drôle et tout le monde s'est bien amusé. En fait tout le monde s'est si bien amusé que Pierre et Dominique ne se sont pas couchés avant 2 heures du matin (et ils n'ont pas fait la vaisselle!).

 À votre tour

 A. Définitions. À tour de rôle, dites (*say*) à quel mot correspondent les définitions suivantes: une assiette, une fourchette,...

une assiette	une cuillère	une nappe
une fourchette	un couteau	un couvert
un verre	une serviette	une tasse

1. En France, elle remplace un bol pour manger la soupe.
2. Très utile pour y mettre de l'eau ou du vin.
3. Cet objet sert à piquer (*spear*) la nourriture pour la mettre dans sa bouche.
4. Cet objet de taille variée sert à mettre des aliments liquides dans sa bouche.
5. Attention: c'est un objet dangereux, mais indispensable pour couper la viande.
6. On couvre la table avec cela pour protéger la table mais aussi pour changer son apparence.
7. Pour servir du thé ou du café.
8. C'est très pratique pour nettoyer ses mains ou sa bouche.
9. Ce mot désigne la table préparée pour un repas.

B. La réaction attendue (*The expected reaction*). Imaginez que vous êtes à table. Qu'allez-vous dire; qu'allez-vous faire dans les situations suivantes?

MODÈLE: Vous désirez de la salade.
—J'aimerais un peu de salade, s'il vous plaît.

1. Vous désirez encore un peu de vin.
2. Vous avez beacoup aimé la dinde aux marrons et vous désirez en manger plus.

3. Votre hôte offre du fromage: il y a du camembert, du brie, du chèvre (*goat*).
4. Il reste du foie gras: que faites-vous? que dites-vous (*say*)?
5. Vous avez fini les profiteroles.
6. Vous quittez vos hôtes à 2 heures du matin.

C. Un peu d'organisation. Mettez en ordre chronologique les actions suivantes. Utilisez des phrases complètes. Qu'est-ce que vous faites d'abord?

MODÈLE: D'abord nous nous mettons d'accord sur la liste des invités. Puis...

___ acheter des fleurs
___ faire les courses
___ mettre le couvert
___ s'amuser
___ s'habiller
___ acheter les vins
___ se mettre d'accord sur une date
___ s'occuper du plan de table
___ se coucher
___ faire une liste d'invités
___ se décider à recevoir
___ se mettre d'accord sur le menu

D. Pas du tout comme ça! (*Not at all like that!*) À tour de rôle avec votre partenaire, rétablisssez la vérité (*truth*).

MODÈLE: —Les Rollin ont mis du poisson en entrée.
        —Pas du tout: ils ont mis du foie gras!

1. Les Rollin se sont retrouvés au supermarché.
2. Le patron de Pierre est venu sans sa femme.
3. Le patron de Pierre s'est placé à la gauche de Dominique.
4. Pierre a acheté des fleurs.
5. Dominique s'est trouvée très en retard pour le dîner.
6. Le patron de Pierre ne s'est pas amusé.
7. Pierre et Dominique n'ont pas apprécié la femme du patron de Pierre.
8. Les Rollin ont nettoyé et rangé la maison, puis ils se sont couchés.

E. C'est la fête! Quand vous recevez des amis, vous préparez peut-être une fête moins élaborée que chez les Rollin. En petits groupes, expliquez comment vous recevez vos amis.

MODÈLE: Souvent je décide au dernier moment d'inviter des amis. Je fais vite le ménage, etc.

Outil 4 Les verbes pronominaux au passé composé

- All pronominal verbs are conjugated with **être** in the *passé composé*:

Les Rollin **se sont décidés** à recevoir le patron de Pierre.	*The Rollins made the decision to entertain Pierre's boss.*
Ils **se sont mis d'accord** sur le menu.	*They agreed on the menu.*
Ils **se sont retrouvés** chez Nicolas.	*They met at Nicolas.*
Tout le monde **s'est bien amusé.**	*Everyone had a good time.*

- In most cases, the past participle agrees in number and gender with the subject, as in the conjugation of **se lever** (*to get up*).

se lever			
je	me suis levé(**e**)	nous	nous sommes levé(**e**)**s**
tu	t'es levé(**e**)	vous	vous êtes levé(**e**)(**s**)
il/on	s'est levé	ils	se sont levé**s**
elle	s'est levé**e**	elles	se sont levé**es**

- In the negative, **ne** precedes the reflexive pronoun and **pas** follows the auxiliary verb:

se coucher			
je	**ne** me suis **pas** couché(e)	nous	**ne** nous sommes **pas** couché(e)s
tu	**ne** t'es **pas** couché(e)	vous	**ne** vous êtes **pas** couché(e)(s)
il/on	**ne** s'est **pas** couché	ils	**ne** se sont **pas** couchés
elle	**ne** s'est **pas** couchée	elles	**ne** se sont **pas** couchées

Ils **ne** se sont **pas** couchés tôt.	*They did not go to bed early.*
Dominique **ne** s'est **pas** disputée avec Pierre.	*Dominique did not argue with Pierre.*

- In inversion questions, the reflexive pronoun remains in its usual place before the auxiliary verb and the subject pronoun is placed after the auxiliary verb, to which it is joined by a hyphen. Note that inversion questions are almost never used with the first-person singular form of reflexive verbs.

s'amuser	
est-ce que je me suis amusé(e)?	**nous sommes-nous** amusé(e)s?
t'es-tu amusé(e)?	**vous êtes-vous** amusé(e)(s)?
s'est-il/on amusé?	**se sont-ils** amusés?
s'est-elle amusée?	**se sont-elles** amusées?

Vous **êtes-vous** levé tôt ce matin?	*Did you get up early this morning?*
S'**est-il** bien amusé à la soirée?	*Did he have a good time at the party?*

À votre tour

A. Un dîner réussi. Jouez le rôle de Dominique Rollin et racontez à une collègue votre dîner récent.

MODÈLE: se décider à recevoir des amis
   —Nous nous sommes décidés à recevoir des amis.

1. se mettre d'accord sur le menu
2. se retrouver chez Nicolas
3. s'occuper du plan de table
4. s'habiller
5. s'amuser
6. se coucher à 2 heures du matin
7. se lever tard le lendemain

B. Mais ce matin… Contrastez ce qui se passe d'habitude et ce qui s'est passé ce matin pour les personnes indiquées.

MODÈLE: D'habitude, je me réveille à 7 h, mais ce matin…(7 h 30)
   —D' habitude, je me réveille à 7 h, mais ce matin je me suis réveillé(e) à 7 h 30.

1. D'habitude, Marc se réveille à 8 h, mais ce matin…(9 h 30)
2. Je me lève d'habitude à 7 h 30, mais ce matin…(8 h 15)
3. Tu te dépêches généralement pour être à l'heure, mais ce matin…
4. Généralement vous vous habillez avant le petit déjeuner, mais ce matin…(après)
5. Mes copains et moi, nous nous retrouvons au café après les cours, mais ce matin…(avant)
6. Jacqueline et son copain ne se disputent pas d'habitude, mais ce matin…

C. Un week-end réussi? Vous et un(e) camarade avez passé un week-end ensemble. Pourtant vos souvenirs sont bien différentes.

MODÈLE: —On s'est levé trop tôt!
   —Pas du tout! On ne s'est pas levé tôt!

1. On s'est couché trop tard!
2. On s'est fatigué!
3. On s'est énervé!
4. On s'est disputé!
5. On s'est ennuyé!
6. On ne s'est pas mis d'accord!
7. On ne s'est pas détendu!
8. On ne s'est pas bien amusé!

D. Un déjeuner d'affaires raté, mais… ! Hier, vous avez eu un déjeuner d'affaires important. Malheureusement, tout ne s'est pas passé comme prévu (*as planned*). Racontez votre mésaventure (*misfortune*) en vous basant sur les illustrations.

se réveiller très en retard

quitter l'appartement avec une heure de retard

tomber en panne en sortant du garage

manquer le bus

téléphoner au restaurant

expliquer la situation à mon invité

s'énerver

se disputer

raccrocher le téléphone, furieux

quitter le restaurant sans attendre plus longtemps

arriver enfin au restaurant

perdre le contrat, mais savourer un repas délicieux

*P*honétique

Les voyelles nasales: [ɑ̃] an; [ɛ̃] bien; [ɔ̃] on; [œ̃] un

- All the vowels you have studied so far are oral vowels. This means the air coming from the lungs goes out through the mouth, and the vowel is shaped by the lips, tongue, and position of the jaws. French also has nasal vowels which are produced by sending the air stream out through the nose and the mouth simultaneously. In English a vowel is nasalized whenever it precedes a nasal consonant, as in *can, wing, them, canyon.* In English, whether a vowel is oral or nasalized never affects meaning. In French, however, nasal vowels are often used to distinguish meaning. They are used contrastively with other nasal vowels, as in the pair **lent** [lɑ̃] and **long** [lɔ̃]. Nasal vowels in French also contrast with oral vowels for meaning, as in the pair **beau** [bo] and **bon** [bɔ̃], so it is important to learn to pronounce the nasal vowels correctly and also to be able to distinguish them when you hear them.

La voyelle [ɑ̃]

- This vowel is pronounced like the oral vowel [a] (see Dossier 4, p. 155), except that the air flow escapes simultaneously through the nose. The vowel [ɑ̃] may be represented in writing by the following combinations:

  an m**an**ger   **am** ch**am**pagne   **en** pr**en**dre   **em** cam**em**bert

- Important exceptions are the word **examen** (see below) and the verb ending **-ent,** as in **ils chantent.**

A. Écoutez et répétez.

1. Bl**an**che est **am**bitieuse.
2. Arm**and** est **en**nuyeux.
3. Les fraises du march**and** t**en**tent la cli**en**te.
4. Le Super-Gé**ant** est imm**en**se!
5. C'est un dîner élég**ant**; on pr**en**d du ch**am**pagne.
6. La fr**an**cophonie, c'est intéress**ant**!

La voyelle [ɛ̃]

- This vowel is pronounced just like the oral vowel [ɛ] (see Dossier 4, p. 154), except that the air flow escapes simultaneously through the nose. The vowel [ɛ̃] may be represented in writing by many combinations of letters:

in	**in**viter	**im**	**im**possible
ain	p**ain**	**aim**	f**aim**
yn	s**yn**thèse	**ym**	s**ym**pathique
ein	pl**ein**	**eim**	R**eim**s [rɛ̃s]
i, y + **en**	b**ien**, moy**en**		
é + **en**	lycé**en**, europé**en**		
o + **in** [wɛ̃]	m**oin**s, l**oin**, s**oin**		

B. Écoutez et répétez.

1. Ça fait combien, ce vin italien?
2. On prend le pain sans beurre.
3. Le jardin est plein de cerises.
4. Vous avez invité Hélène? Elle est très sympa.
5. C'est un repas simple mais délicieux.
6. C'est un lycéen.

La voyelle [ɔ̃]

- This vowel is pronounced like the oral vowel [ɔ] (see Dossier 4, p. 155), except that the air flow escapes simultaneously through the nose. The vowel [ɔ̃] may be represented in writing by the letters **on:** b**on** or **om:** c**om**bien. However, **Monsieur** is pronounced [məsjø].

C. Écoutez et répétez.

1. Le saumon? C'est au rayon des poissons.
2. Monsieur Dupont, le patron, est compétitif.
3. Qu'est-ce qu'on met comme boisson?
4. Ils ont adoré Lyon et ses bons restaurants.
5. On a rencontré l'oncle Paul.
6. Sur le pont d'Avignon, l'on y danse, l'on y danse.

La voyelle [œ̃]

- This vowel is pronounced just like the oral vowel [œ] (see Dossier 4, p. 155), except that the air flow escapes simultaneously through the nose. The vowel [œ̃] may be represented in writing by the letters **un:** l**un**di or **um:** parf**um**. Many modern speakers substitute the vowel [ɛ̃] for [œ̃].

D. Écoutez et répétez.

1. Ces fraises ont un parfum irrésistible.
2. Il y a un examen lundi.
3. Il a les cheveux bruns.

- Note that when the letters **n, nn, m,** or **mm** occur between two vowels, they represent a nasal consonant which is pronounced, and the preceding vowel is oral. Compare and contrast the following:

ancien / ancienne [ɑ̃sjɛ̃] / [ɑ̃sjɛn]
bon / bonne [bɔ̃]/ [bɔn]
campagne / ami [kɑ̃paɲ] / [ami]
voisin / voisine [vwazɛ̃] / [vwazin]
impatient / immense [ɛ̃pasjɑ̃] / [imɑ̃s]
un / une [œ̃] / [yn]

- Note that the nasal vowels are frequently used contrastively, to distinguish meaning:

on / en / un	beau / bon	vos / vont
ton / temps	sa / sans	sans / sont
ta / temps	très / train	gras / grand
vais / vend	va / vent	attendre / entendre
vingt / vent / vont	faux / font	nos / non

En direct

A. Quel est le contexte? You will hear three conversations. Before listening to each one, read the related questions. After listening, answer the questions and move on to the next conversation.

Conversation 1

- The first conversation takes place
  - a. in a restaurant.
  - b. at the dinner table.
- Marc is probably
  - a. the son of the person speaking.
  - b. the husband of the person speaking.
- There are probably
  - a. guests at the table.
  - b. only family members.

Conversation 2

- The second conversation takes place
  - a. in a restaurant.
  - b. at home.
- Both people are going to have
  - a. the same appetizer.
  - b. a different appetizer.
- Both people order
  - a. chicken.
  - b. wine.

Conversation 3

- The third conversation takes place
  - a. in a supermarket.
  - b. in an outdoor market.
- The people talking
  - a. are shopping together.
  - b. are splitting the tasks.
- The sentence which best summarizes the attitudes of the two people is:
  - a. One is in a hurry; the other has plenty of time.
  - b. Both are in a frantic hurry.

B. Préparatifs. Jean-Loup and Marc are planning a dinner party. They agree on some things, but not on others. Listen to their conversation and make a list of the items they agree they need in the categories below (if they apply).

Boissons	
Épicerie générale	
Fruits et légumes	
Pain	
Produits laitiers	
Dessert	

Découvertes

Cultures en parallèles

Les plaisirs de la table

Observer

A. Observez les photos ci-contre. Quels aspects des scènes évoquées vous frappent (*strike you*), par exemple, quels repas illustrent-elles? Où sont pris ces deux repas? Quels sont les personnages présents? À votre avis s'agit-il (*is it about*) d'une occasion spéciale ou non?

Trouvez-vous des ressemblances et des différences entre ces scènes et les scènes évoquées dans les photos et images que vous avez discutées au début de ce dossier? Expliquez.

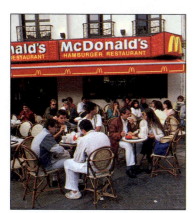

B. Maintenant, considérez des caractéristiques de la cuisine française qui ne sont pas évidentes sur les photos. Par exemple, essayez de comparer la sélection et l'origine des produits en France et chez vous, la composition des repas, l'heure des repas, la longueur des repas. Partagez vos conclusions.

Réfléchir

A. Des Français discutent avec vous le concept de «la table»: Non seulement les aliments que l'on mange, mais aussi «le plaisir que l'on prend à partager toutes ces bonnes choses si bien présentées». Lisez leurs remarques et décidez quelle est la signification de l'expression «les plaisirs de la table».

«Les plaisirs de la table? Eh bien, à mon avis, c'est trois choses: l'art culinaire, l'art de la table et l'art de la conversation. L'art culinaire, c'est choisir les meilleurs produits, les préparer avec soin et les présenter avec goût. L'art de la table, c'est présenter les objets de la table (nappe, serviettes, couverts, fleurs) d'une manière belle ou originale dans le but de stimuler l'appétit. Enfin, l'art de la conversation, c'est goûter le plaisir de se trouver tous réunis autour d'une bonne table, d'échanger à loisir des idées dans une ambiance chaleureuse et conviviale.»

(Alain G., 45 ans, ingénieur)

«Il faut bien comprendre que les plaisirs de la table ne sont pas réservés à une élite sociale: chacun les apprécie selon sa culture, selon son éducation et selon ses moyens».

(Odile M., 36 ans, artisane et mère de famille)

«Pour moi, cette notion ne s'applique pas aux repas de tous les jours. La finesse du plat et le temps nécessaire à sa préparation comptent pour beaucoup.»

(Laurent T., 50 ans, professeur d'université)

«C'est une expression un peu démodée peut-être, mais c'est vrai qu'un bon petit dîner entre copains, c'est toujours sympa; on aime bien.»

(Christine B., 26 ans, professeur de gestion)

«Chez ma grand-mère les déjeuners du dimanche sont une vraie fête: une jolie table, des plats simples mais extêmement bien préparés. Le déjeuner du dimanche est un moment de détente et de plaisir!— plaisir de partager de bonnes choses, bien sûr, plaisir de la conversation, et tout simplement, plaisir d'être ensemble.»

(Marie Josée F., secrétaire, 39 ans)

B. La définition des plaisirs de la table varie donc selon (*according to*) les individus. Maintenant faites une liste des mots et des phrases associés par ces gens à la notion des plaisirs de la table et classez-les dans le tableau ci-dessous.

Dimension psychologique	Dimension esthétique	Dimension sociale (convivialité)	Savoir-faire culinaire

C. À votre avis la notion des «plaisirs de la table» existe-t-elle dans votre culture? Discutez cette question en petits groupes et partagez vos conclusions avec le reste de la classe.

D'un parallèle à l'autre

Avec les camarades de votre groupe, faites l'inventaire des produits typiques de votre pays adoptif. Quel est leur rôle dans l'économie nationale? Suffisent-ils à nourrir (*to feed*) la population? Quel est le régime typique des habitants? Avez-vous trouvé des recettes typiques à partager avec vos camarades?

Pour faciliter vos recherches, allez sur le site de *Parallèles* et cliquez sur le bouton «Parallèles» pour trouver de bonnes adresses.

Les ingredients du couscous.

À vous la parole

A. Un dîner au restaurant. Avec deux partenaires—le garçon et votre invité(e)—vous allez jouer une scène de restaurant. Utilisez les menus ci-dessus pour commander le repas. D'abord regardez le menu et discutez votre sélection. Ensuite appelez le garçon (ou la serveuse) et commandez. Le rôle du garçon (ou de la serveuse) est déjà donné.

—Bonsoir, Monsieur/Madame. Vous allez prendre un apéritif?

RÉPONSE:

—Alors, qu'est-ce que vous prenez en entrée?

RÉPONSE:

—Et ensuite, prenez-vous de la viande ou du poisson?

RÉPONSE:

—Prenez-vous de la salade ou du fromage?

RÉPONSE:

—Et comme boisson?

RÉPONSE:

—Et comme dessert, je vous propose de la glace ou des profiteroles.

RÉPONSE:

Menu 80 F

au choix

Entrée

Pâté maison
ou Oeufs mimosa
ou Crudités

Plat principal

Rôti de porc pommes vapeur
ou Sole avec jardinière de légumes

Salade *ou* fromage

Desserts

Corbeille de fruits
ou Glace maison
ou Crème au caramel

Prix service compris,
vin et boissons
en sus

Menu 120 F

au choix

Entrée

Caviar Sevruga,
blinis, citron, crème
ou Quiche aux lardons fumés

Plat principal

Pavé de saumon frais
sauce béarnaise
ou Côte de bœuf
au cidre pommes vapeur
ou 1/2 langouste
froide mayonnaise

Salade verte
Plateau de fromage

Desserts

Corbeille de fruits
ou Oeufs à la neige
ou Profiterole au chocolat

Prix service compris,
vin et boissons
en sus

B. Un dîner entre ami(e)s. Vous et un(e) camarade décidez d'organiser un dîner. Quelle occasion fêtez-vous: un anniversaire? une promotion? le début des vacances? le retour d'un ami?

Précisez le lieu (*location*), la date et l'heure du dîner.

Discutez la liste des invités: combien de personnes? qui? des copains, vos parents, quelques professeurs?

Choisissez le menu. Il faut une entrée, un plat principal, un dessert, et du vin.

 C. Un plat typique de votre région ou de votre héritage. Partagez la recette d'un plat typique de votre région ou de votre héritage familial. Indiquez ses ingrédients. Expliquez à un(e) camarade pourquoi vous appréciez ce plat.

 D. Votre spécialité. Avez-vous une spécialité culinaire (*culinary*)? À tour de rôle en petits groupes, expliquez quelle est votre spécialité, quels sont les ingrédients nécessaires et en quelle quantité et comment vous préparez votre plat.

 # Lecture

Consommation: une révolution de palais

Travaux d'approche. Vous avez déja l'habitude de parcourir (*to scan*) un texte très vite pour obtenir une première idée du sujet traité. Souvent la typographie permet de se repérer (*to orient oneself*) visuellement. Dans ce texte par exemple, la petite introduction et les sous-titres sont bien évidents, grâce à la typographie, et donnent à première vue (*at first glance*) d'importants renseignements.

Qu'est-ce que le premier sous-titre vous apprend au sujet des habitudes alimentaires des Français pendant (*during*) les vingt dernières années? Regardez ensuite les phrases d'introduction en italiques. Ce paragraphe attire votre attention sur quatres faits. Identifiez ces faits. Enfin regardez le sous-titre en caractères gras (*bold*): apporte-t-il des éléments nouveaux? confirme-t-il des points importants? quels points?

Maintenant vous avez déja appris beaucoup de choses au sujet de la consommation alimentaire des Français. Le reste du texte va vous permettre de trouver des détails.

CONSOMMATION : UNE RÉVOLUTION DE PALAIS

Les habitudes changent : Plus de surgelés, moins de vin
Aujourd'hui, on mange léger, rapide et équilibré

En vingt ans, les habitudes alimentaires des Français ont profondément changé. Manger rapide, léger et équilibré est devenu le mot d'ordre[1]. Le surgelé[2] triomphe et les boissons non alcoolisée détrônent[3] le vin ou la bière.

Les habitudes alimentaires des Français ont profondément changé en vingt ans: ils mangent plus de surgelés, boivent moins de vin et se rendent beaucoup plus souvent dans les supermarchés au détriment des détaillants[4], selon les résultats d'une enquête que publie l'I.N.S.E.E. aujourd'hui.

Désormais, on s'efforce de manger léger, rapide et équilibré. Les produits «pratiques et modernes» connaissent une progression accélérée, en particulier les légumes surgelés, les plats préparés surgelés, les yaourts, les fromages et les boissons non alcoolisées, souligne l'Institut National de la Statistique.

Boissons non alcoolisées en très nette progression

Les Français, toujours classés numéro un dans le palmarès mondial[5] des plus grands consommateurs de boissons alcoolisées, boivent cependant nettement moins de vin puisque leur consommation à domicile, par personne et par an, est tombée de 90,6 litres en 1965 à 54,9 litres en 1979 et à 31,7 litres en 1989. La tendance est similaire pour la bière, dont la consommation passe de 20,8 litres en 1965 à 16,6 litres en 1979, puis à 11,8 litres en 1989.

En revanche[6], les boissons non alcoolisées font un bond en avant[7], passant de 65,6 litres en 1979 à 99,7 litres en 1989, les grandes gagnantes sur la table des Français étant les eaux minérales, dont la consommation passe de 49,3 litres en 1979 à 72,5 litres dix ans plus tard selon cette enquête réalisée auprès d'un échantillon[8] d'environ 10.000 «ménages[9] ordinaires».

Les Français ont tendance à dépenser de moins en moins pour leur alimentation, puisque la part de leur budget affectée à l'alimentation ne représente plus que 21% en 1989, contre 30% vingt ans auparavant.

Mais plus de repas pris à l'extérieur

Autre phénomène de société lié au nombre croissant de déjeuners pris dans les restaurants: la part des dépenses consacrées aux repas et consommations pris à l'extérieur est, dans le même temps, passée de 11% à 19,3%. Chez eux, les Français mangent moins de pain, de pâtes, de pommes de terre, d'œufs, de beurre, d'huile et de sucre. Ils consomment autant, sinon plus de fruits et de poisson, mais se tournent de plus en plus vers les plats surgelés dont la consommation a été multipliée par cinq entre 1979 et 1989.

L'urbanisation et la progression de l'activité féminine, de même que les effets de mode et les préoccupations nouvelles en matière nutritionnelle ont bousculé[10] l'offre[11], avec l'arrivée en force sur le marché des produits nouveaux, tout particulièrement les plats pré-cuisinés.

Source: *Le Dauphiné,* 16 avril 1992

1 watchword   2 frozen foods   3 oust, dethrone   4 small retailers   5 world record   6 on the other hand   7 make a leap forward
8 sample   9 households   10 upset   11 supply

Exploration

1. Résumez les changements dans la consommation affectant la population française.
2. Classez les thèmes de l'article dans l'ordre où ils apparaissent dans le texte.
   - ___ les changements dans la société qui ont causé les changements dans les habitudes alimentaires
   - ___ le lieu (*location*) des repas
   - ___ évolution dans le domaine des boissons et explication
   - ___ constat: les habitudes alimentaires des Français ont beaucoup changé
   - ___ évolution générale du budget des Français
3. En conclusion, faites une liste de tous les changements énumérés dans l'article. N'hésitez pas à affirmer vos conclusions avec des chiffres.

Réflexion

Au cours des vingt dernières années, votre pays a-t-il fait l'expérience d'une évolution dans les habitudes alimentaires? Comment caractérisez-vous cette évolution? Est-elle aussi spectaculaire que celles des Français? dans quels domaines en particulier? (Pensez par exemple au nombre de repas pris à la maison et à l'extérieur de la maison.)

À vos stylos!

Critique gastronomique

Imaginez que vous êtes le/la journaliste chargé(e) de la rubrique sur les restaurants de votre ville. Décrivez et critiquez un de ces restaurants.

1. Prenez des notes à propos:
   - des jours et heures d'ouverture
   - du type de cuisine offerte (chinoise, américaine, italienne, française)
   - du décor du restaurant
   - du menu: Y-a-t-il un grand choix? Quelles sont les spécialités de la maison? Qu'est-ce que vous avez essayé? Avez-vous beaucoup/peu apprécié les plats servis? Pourquoi?
   - de la carte des vins: qualité et prix
   - du service (rapide, lent, attentif)
   - des prix
   - votre impression générale.

2. Réfléchissez sur votre expérience dans l'ensemble: Le repas pris au restaurant a-t-il été une expérience positive ou négative? Pourquoi? Quelles sont vos conclusions?

3. Maintenant transformez vos notes en phrases complètes et organisez-les pour créer un texte intéressant. Trouvez un titre (*title*) pour votre article. Relisez!

Parallèles historiques

La poule au pot du bon roi Henri

Le roi Henri IV (1553–1610) est un des rois les plus célèbres de l'histoire de France. D'abord parce qu'il a mis fin aux terribles guerres de religion entre protestants et catholiques (en 1598, il a signé l'Édit de Nantes, permettant aux protestants de pratiquer leur religion).

Henri IV est aussi resté célèbre pour ses réformes économiques. La légende rapporte que parmi les promesses du «bon roi Henri» à ses sujets, sa promesse de mettre sur leur table chaque dimanche une belle poule au pot lui a gagné le cœur de tous pour des siècles à venir. L'allusion à **la poule au pot** reste un symbole de prospérité dans le discours des polititiciens!

À l'écran

La table

Allez d'abord faire votre marché, puis trouvez des idées pour mettre une jolie table et composer un repas bien équilibré. Toujours pas d'idées? Alors il reste le restaurant! Enfin, retournez à l'école pour affiner votre sens du goût.

Clip 7.1 Faire son marché

Clip 7.2 Les différents types de repas

Clip 7.3 Les aliments

Clip 7.4 L'école du goût

Maintenant je sais...

Qu'avez-vous appris dans ce dossier? Comment l'avez-vous appris? Vérifiez vos connaissances sur chaque sujet et donnez des exemples précis.

1. Supermarchés, marchés en plein air et boutiques traditionnelles coexistent dans la plupart des villes françaises.
2. Les heures des repas aussi bien que leurs compositions et leurs déroulements (*pace*) sont différents des deux côtés de l'Atlantique.
3. Mettre le couvert à la française est un peu différent que de mettre le couvert à l'américaine.
4. Certains plats régionaux sont devenus des succès nationaux et internationaux (donnez des exemples).
5. L'expresssion «les plaisirs de table» est une expression bien vivante dans la société française et n'évoque pas seulement l'action de se nourrir.
6. Les habitudes alimentaires des Français ont changé et elles continuent à changer pour certaines raisons.

Tous les mots

Expressions

Ce n'est rien!	It's nothing!
Ce sera tout.	That will be all.
C'est une bonne/ mauvaise affaire.	It's a good/bad deal.
depuis	since, for
en bas	below, downstairs
hors de	outside of
le meilleur marché possible	cheapest possible
le plus vite possible	fastest possible
ne t'en fais pas	don't worry about it!
un peu de	a little bit of
la pièce	apiece
tenez!	see!
trop	too many, too much
tu sais	you know
tu vois	you see
Vous l'avez dit!	You said it!
Vous m'en direz des nouvelles.	Tell me about it.

Verbes

admettre	to admit
ajouter	to add
s'amuser	to have a good time
apercevoir	to see, to notice
s'approcher de	to get near
attraper	to catch
avoir faim	to be hungry
~raison	to be right
~soif	to be thirsty
boire	to drink
décevoir	to deceive, to disappoint
se décider à	to make the decision to do something
se détendre	to relax
dormir	to sleep
goûter	to taste
manger	to eat
mettre	to put
~la table	to set the table
se mettre à	to begin (to)
se ~à table	to sit down at the table
se ~d'accord	to agree
se montrer	to show oneself, to eat
se nourrir	to take care of
s'occuper de	
se passer	to happen
partir	to leave, to go away
permettre	to permit or allow

Les aliments; see page 248.

À table: les formules de politesse, see page 265.

promettre	to promise
ranger	to arrange, to sort
recevoir	to receive (guests), to entertain
remettre	to turn in or hand in something (a report), to put off or postpone
se reposer	to rest
représenter	to represent to symbolize
se retrouver	to meet
sortir	to leave, go out
tenter	to tempt

Noms

un aliment	food item
un billet	bill
une biscotte	melba toast
un biscuit	cracker
le café	coffee
la caisse	cashier stand
les céréales (f)	cereal
le chocolat	chocolate
la confiture	jam
une fraise	strawberry
un kilo	kilo
une laitue	(head of) lettuce
le lieu de travail	workplace
un livre	pound
le menu	menu
la monnaie	change
les nouvelles (f) du jour	breaking news
une obligation	obligation, necessity
le patron/la patronne	boss
un produit	product
la purée	mashed potatoes
une recette	recipe
un repas	meal
la routine	routine, habit
un sac	bag
un stand	outdoor display
une tarte	(fruit) pie
le thé	tea
le veau	veal
le vin	wine

Adjectifs

alimentaire	having to do with nutrition
frais/fraîche	fresh
même	same
parfumé	fragrant
râpé	grated
rôti	roast

Tous les mots

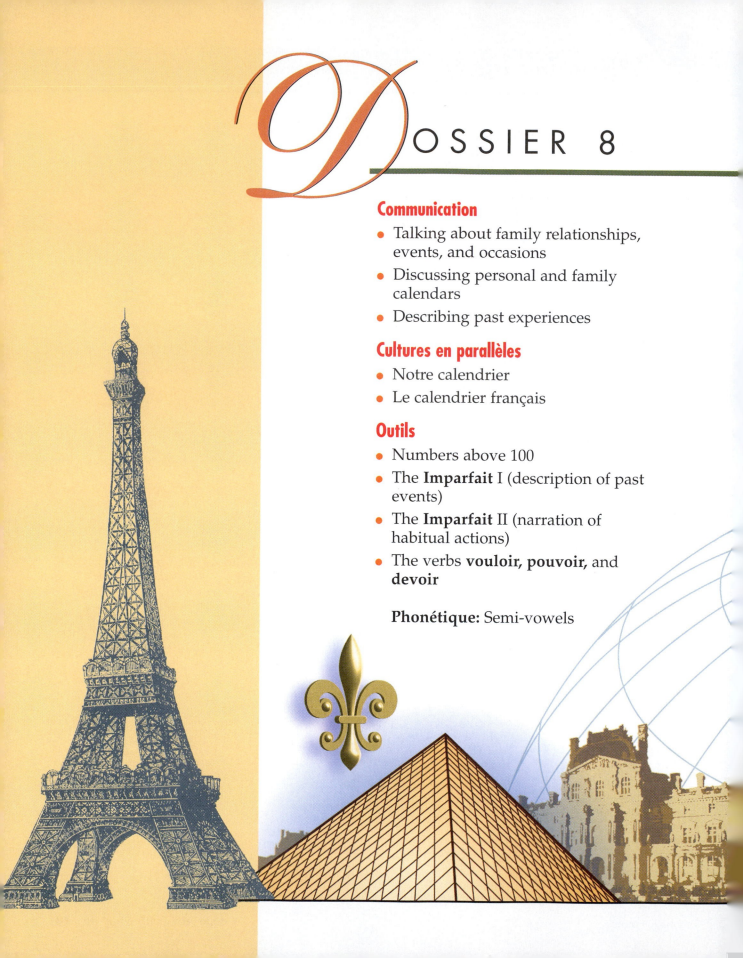

DOSSIER 8

Communication

- Talking about family relationships, events, and occasions
- Discussing personal and family calendars
- Describing past experiences

Cultures en parallèles

- Notre calendrier
- Le calendrier français

Outils

- Numbers above 100
- The **Imparfait** I (description of past events)
- The **Imparfait** II (narration of habitual actions)
- The verbs **vouloir, pouvoir,** and **devoir**

Phonétique: Semi-vowels

La famille et le calendrier

Beaucoup de familles célèbrent Noël avec un échange de cadeaux et un repas traditionnel servi sur une table décorée. La crèche et ses santons font souvent partie du décor traditionnel.

Cultures en parallèles:
Notre calendrier

A. En petits groupes, étudiez un calendrier utilisé dans votre pays. Cochez (*check*) dans la liste ci-dessous les renseignements donnés:

___ le commencement et la fin de chaque saison

___ les phases de la lune (*the phases of the moon*)

___ les fêtes nationales

___ l'anniversaire de personnes célèbres

___ les fêtes religieuses

___ des événements historiques

___ certaines traditions

B. Maintenant, formez trois plus grands groupes.

1. Le groupe 1 va faire une liste des fêtes religieuses: De quelle origine sont-elles? chrétienne? juive? chinoise? amérindienne? africaine? Ces fêtes sont-elles aussi des jours fériés (des jours où on ne travaille pas)?

2. Le groupe 2 va faire une liste des fêtes civiles qui sont aussi des jours fériés (c'est-à-dire des jours où on ne travaille pas): Quels événements ces fêtes célèbrent-elles? l'anniversaire d'un personnage important? l'anniversaire d'un événement important comme une armistice? une découverte importante? Certaines fêtes célèbrent-elles plutôt un concept comme la fête du travail? le souvenir des morts?

3. Le groupe 3 va faire une liste des jours de fête qui ne sont pas toujours fériés (on travaille! hélas!) mais où on respecte certaines traditions.

Le mot juste

Expression		**Noms**	
un jour férié	*official holiday*	une armistice	*armistice*
Verbes		un calendrier	*calendar*
		une découverte	*discovery*
célébrer	*to celebrate*	une fête	*celebration*
fixer une date	*to arrange a date*	les morts	*the dead*

Maintenant mettez au tableau, mois par mois, le calendrier qui affecte tous les membres de votre classe. Puis décidez pour chaque mois quels sont les événements culturels qui définissent la culture nord-américaine.

Beaucoup de familles utilisent le calendrier traditionnellemnt offert par les Postes et Télécommunications pour planifier leurs activités.

| un repère | reference | civil | civilian |
| une tradition | tradition | juif/juive | Jewish |

Adjectifs

| amérindien, -enne | Native American |
| chrétien, -enne | Christian |

Contexte 1 Un calendrier chargé!

lundi	mardi	mercredi	jeudi	vendredi	samedi	dimanche
St Thierry **1**	St Martinien **2**	St Thomas **3**	St Florent **4**	St Antoine **5**	Ste Mariette **6**	St Raoul **7**
St Thibaut *Départ Henri* **8**	Ste Amandine **9**	St Ulrich **10**	St Benoît **11**	St Olivier **12**	St Hènri, St Joël *Fête Hènri* **13**	Fête nationale *Visite chez Claire* **14**
St Donald **15**	Notre Dame du Mont Carmel **16**	Ste Charlotte **17**	St Frédéric **18**	St Arsène **19**	Ste Marina *Anniversaire Marie Toulouse* **20**	St Victor **21**
Ste Marie-Madeleine **22**	Ste Brigitte **23**	Ste Christine **24**	St Jacques **25**	Ste Anne, St Joachim **26**	Ste Nathalie **27**	St Samson **28**
Ste Marthe **29**	Ste Juliette **30**	St Ignace de Loyola **31**	**JUILLET**			

lundi	mardi	mercredi	jeudi	vendredi	samedi	dimanche
	AOÛT		Saint Alphonse *Départ Briançon* **1**	St Julien **2**	Ste Lydie **3**	St Jean-Marie Vianney **4**
St Abel **5**	Transfiguration **6**	St Gaétan **7**	St Dominique **8**	St Amour **9**	St Laurent **10**	Ste Claire **11**
Ste Clarisse **12**	St Hippolyte **13**	St Evrard *Départ Nice avec Juliette* **14**	Assomption **15**	St Armel **16**	St Hyacinthe **17**	St. Hélène *Retour Briançon* **18**
St Jean Eudes **19**	St Bernard **20**	St Christophe **21**	St Fabrice **22**	Ste Rose **23**	St Barthélémy **24**	St Louis **25**
Ste Natacha **26**	Ste Monique **27**	St Augustin **28**	Ste Sabine **29**	St Fiacre **30**	St Aristide *Retour Paris* **31**	

C'est le 14 juin. Dominique reçoit un coup de téléphone de son amie Florence. Forence et son mari Gilles désirent préciser une date pour recevoir Dominique et sa famille à Chamonix en juillet ou août. Vous entendez seulement le début de la conversation et seulement les réponses de Dominique.

Allô! Bonjour Florence! … Bien merci. Et toi, comment vas-tu? … Écoute, je ne sais pas! Cette année, nos vacances sont un peu compliquées. En fait notre calendrier est très chargé. D'abord, le 8 juillet, il y a le départ d'Henri. … Oui, il part en Angleterre. … Bien sûr, il est très content!

Mais tu sais, c'est la première fois que nous n'allons pas souhaiter sa fête tous ensemble! … Si! Si, c'est important parce que nous passons toujours le 14 juillet avec ma sœur et sa famille dans leur maison de campagne et comme la Saint Henri est le 13 juillet … Tu as raison, mais c'est dommage! … Le samedi après? Le week-end du 20? Ah non, pas possible! C'est les 75 ans de ma belle-mère … Comment, déjà? Elle est née en 1924, tu sais! Nous allons bien sûr aller fêter son anniversaire à Toulouse … Oui, 1.420 kilomètres aller-retour … Non, au mois d'août, nous sommes absents! Du premier au 31 août, nous louons une villa à Briançon. Une copine de Perrine, Juliette, vient avec nous pendant les deux premières semaines. Le week-end de l'Assomption, nous ramenons Juliette chez ses parents, en vacances à Nice. … Oui en effet, la circulation sur les routes me fait peur, mais Pierre est prudent! …

À votre tour

A. Avez-vous compris?

1. Pourquoi Florence téléphone-t-elle?
2. Où Florence va-t-elle être au mois d'août?
3. La famille Rollin va-t-elle passer ses vacances ensemble cette année?
4. Où les Rollin vont-ils passer le mois d'août?
5. Où Henri passe-t-il ses vacances cette année?
6. Quelles fêtes familiales sont célébrées en juillet?
7. Qui est Juliette? Avec qui et où passe-t-elle une partie des vacances?
8. Pourquoi les Rollin quittent-ils Briançon pour le week-end du 15 août?

Le mot juste

Expression

il/elle est né(e)   *he/she was born*

Verbes

fêter   *to celebrate*
louer   *to rent*
ramener   *to bring back*
souhaiter   *to wish*

Noms

un aller-retour   *round trip*
l'Assomption (f)   *Assumption, a Roman Catholic celebration*

une belle-mère   *mother-in-law, stepmother*
la circulation   *traffic*
un coup de téléphone   *telephone call*
une fête   *(here) name day; celebration, party*

une maison de campagne   *country home*
les vacances (f)   *vacation*

Adjectifs

chargé   *loaded, (here) busy*
compliqué   *complicated*
content   *happy*
prudent   *prudent*

B. Mini-dialogues. Avec votre partenaire, imaginez et pratiquez des bribes (*excerpts*) de la conversation entre Florence (ou Gilles, son mari) et Dominique (ou Pierre).

1. **Salutations.** Dominique (ou Pierre) répond au téléphone.

    FLORENCE (OU GILLES): Allô, Dominique? Florence à l'appareil.
    DOMINIQUE (OU PIERRE): ?
    Suggestion: Échange d'aménités (*pleasantries*).

2. **Invitation.** On invite les Rollin à Chamonix.

    FLORENCE (OU GILLES): Écoute, nous avons loué un châlet à Chamonix
    pour juillet et août, et …
    DOMINIQUE (OU PIERRE): ?
    Suggestions: Suggérer des dates, insister que parents et enfants sont invités, parler de choses à faire à Chamonix: grandes randonnées, etc. (*You may visit the Chamonix Web site for more ideas.*)

3. **Voyage à Toulouse.** Le week-end du 20 n'est pas possible.

    FLORENCE (OU GILLES): (*pose des questions*) Mais pourquoi aller à
    Toulouse? …
    Suggestions: Quel moyen de transport: en voiture, en train ou en avion? Quelle distance parcourue (*driven*)? Recommandations de prudence.

4. **Fin de la conversation.** Imaginez la fin de la conversation entre Florence (ou Gilles) et Dominique (ou Pierre).
    Suggestions: Dominique (ou Pierre) invite Florence et son mari à Briançon. Florence (ou Gilles) propose d'autres dates: fin juin, ou des vacances d'hiver en décembre. Remerciements et regrets. Souhaits (*wishes*) de bonnes vacances. Au revoirs.

C. Votre calendrier à vous. Discutez avec votre partenaire les événements notés dans votre calendrier pour le mois suivant (anniversaire, mariage, examens, matchs de sports, sorties avec des copains, visite chez vos parents ou amis, etc.).

MODÈLE: Le mois de… est un mois chargé. Le 3, il y a un match de foot. Puis le 7, c'est l'anniversaire de ma copine. Le 10, j'ai un examen de maths. Le 13 est un jour férié: je vais dormir tard.

Outil 1 Les nombres de 100 à un milliard

100	cent	1000	mille
101	cent un	1001	mille un
102	cent deux	1002	mille deux
110	cent dix	2000	deux mille
111	cent onze	2500	deux mille cinq cents
120	cent vingt	2550	deux mille cinq cent cinquante
121	cent vingt et un	10.000	dix mille
122	cent vingt-deux	100.000	cent mille
200	deux cents	1.000.000	un million
201	deux cent un	2.000.000	deux millions
210	deux cent dix	1.000.000.000	un milliard

- Note that the number **cent** takes an **-s** in the plural when no number follows it. In contrast, **mille** is invariable; it never takes an **-s**.

- The numbers **un million** and **un milliard** end in **-s** when used in the plural. Note that they take **de** when followed by a noun:

La France compte **soixante millions** d'habitants.

France has a population of 60 million.

Le budget national représente **des milliards** de francs.

The national budget represents billions of francs.

- Commas are used in French for decimals: **109,50 francs = cent neuf francs cinquante.**
  In statistics, the comma is pronounced: **19,3% = dix-neuf virgule trois pour cent.**

- Numbers above 1000 are written with a period instead of a comma, as shown in the list above. Alternatively, a space may take the place of a period: **1000, 1 001, 1 000 000, 2 000 000.**

- Numbers between 1100 and 2000, including dates, can be expressed either in hundreds or in thousands, just as in English:

1515 **quinze cent quinze** *or* **mille cinq cent quinze**
1789 **dix-sept cent quatre-vingt-neuf**
      or
      mille sept cent quatre-vingt-neuf

À votre tour

 A. Évolution de la population française. Lisez à haute voix (*read aloud*) les chiffres retraçant et projetant (*tracing and projecting*) l'évolution de la population française.

MODÈLE: En 2500 av J.C.   5.000.000
         —En deux mille cinq cents avant Jésus-Christ, on compte cinq millions d'habitants.

Sous César	6.700.00
Sous Charlemagne	8.800.000
En 1226	16.000.000
En 1345	20.200.000
En 1457	19.700.000
En 1789	27.600.000
En 1901	38.643.333
En 1939	41.900.000
En 1960	45.465.000
En 1980	53.731.400
En 1990	56.614.493
En 2000	58.226.000
En 2050	65.098.000

B. Le week-end familial en chiffres. La famille Rollin est allée passer un week-end (deux jours et une nuit) sur les plages de l'Atlantique, au Crotoy-Plage et Saint-Valéry. Étudiez le détail de leurs dépenses, puis faites le total.

Essence:	Un litre d'essence coûte 6,20 francs.
(La voiture consomme 8 litres au 100. Ils ont fait environ 500 kilomètres—400 km aller-retour et 100 km sur place.)	
Péage (*toll*):	120 francs
Restaurants:	525,80 francs
Hôtel:	526 francs, pour deux chambres
Visites de musées, expositions ou autres:	193,50 francs
Petits souvenirs, cartes postales, etc.:	176,25 francs
Apéritifs et boissons:	98 francs par jour

Calculez le prix du voyage en auto (essence et péage).
Calculez le prix total du voyage (deux jours + une nuit d'hôtel) en francs et en dollars!
Que conseillez-vous aux Rollin pour réduire leurs dépenses?

C. Chiffres et distances. À tour de rôle avec un partenaire, posez les questions suivantes et répondez-y (*answer them*).

1. Quelle est son adresse (avec le code postal, bien sûr)?
2. Quel est son numéro de téléphone?
3. Quel est le numéro de sa carte d'étudiant (carte de bibliothèque, carte de sécurité sociale)?
4. Quelle est sa date de naissance?
5. Quel est le nombre d'étudiants dans cette institution?
6. Quel est le nombre d'habitants dans la ville où se trouve cette institution?
7. Quel est le nombre d'habitants dans sa ville natale?
8. Quelle est la distance entre New York et Los Angeles?
9. Quelle est la distance entre sa ville natale et l'université?
10. Quelle est la distance entre Paris et New York?
11. Quelle est la distance de la terre à la lune?

D. De grosses dépenses (*Big expenses*). D'abord faites une liste de vos grosses dépenses de cette année. Puis vous et votre partenaire comparez vos listes. Avez-vous dépensé votre argent pour des choses similaires ou différentes: voiture, vélo, ordinateur, meubles, livres, CD, vacances et voyages, etc.? Comparez aussi les sommes totales.

MODÈLE: —J'ai acheté une voiture pour 1500 dollars. C'est une vieille voiture.
—Moi , j'ai acheté une voiture pour 17.567 dollars. C'est une voiture excellente.
—Pour ta voiture tu as dépensé 16.067 dollars de plus que moi!

E. Des dates personnelles. D'abord faites une liste des dates qui ont une signification personnelle pour vous. Puis partagez ces dates avec votre partenaire. Expliquez la signification de ces dates.

MODÈLE: —Le 22 juin 1979, c'est le mariage de mes parents. Le 30 octobre 1982, c'est quand je suis né. Décembre 1988, c'est mon premier vélo, etc.

Volet 2

Contexte 2 Familles et modernité

Photo de famille

Perrine Rollin discute la photo (historique!) du repas où sa cousine
Nathalie a présenté son fiancé
Philippe à leur grand-mère.

  Nous étions tous très heureux
d'être là. J'ai pris cette photo
pendant qu'on déjeunait. Ma
grand-mère Madeleine était au
centre, bien sûr (mon grand-
père Charles est mort en 1987).
À sa gauche Grand-mère avait
ma cousine Nathalie. Mon
oncle Georges était à côté de sa
fille (il est divorcé: dommage!
j'aimais beaucoup ma tante Hélène). Henri, mon frère,
était en bas à droite. Ma place était vide bien évidemment, parce que je
prenais la photo! En bas à gauche, il y avait ma mère (elle portait une jolie
robe bleue ce jour-là) et à côté d'elle mon père. À droite de Grand-mère il y
avait Philippe, le fiancé de Nathalie. Le chien, Médor, dormait sur un
fauteuil du salon, alors la photo de famille n'est pas complète sans lui!

Une famille recomposée

René Bellot (étudiant en sociologie): Regardez autour de vous! Il n'y a pas
besoin d'être sociologue pour remarquer que l'institution de la famille a

bien changé depuis nos grand-parents!
À cette époque, on se mariait souvent
très jeune, et le jeune couple habitait
la région où ils étaient nés. Seul le
père travaillait à l'extérieur; la mère
restait à la maison. Les familles étaient
souvent des familles nombreuses avec
sept ou huit enfants. Les grands-
parents habitaient tout près et
aidaient souvent beaucoup la famille.
On passait beaucoup de temps en
famille, on se connaissait bien (*knew each other well*) entre cousins et cousines
et le divorce était assez rare.

  Aujourd'hui il y a de plus en plus de familles recomposées, comme ma
famille. Mon père et ma mère ont eu ma sœur Monique et moi, puis ils ont
divorcé. Ma mère s'est remariée avec Robert Ledoux, le père de Sandrine.
J'ai maintenant deux petites sœurs. On dit qu'après une période de rodage
(*breaking in*), ce nouveau modèle de famille fonctionne bien. Mais ce n'est
pas le cas dans notre famille: ma sœur Monique refuse d'avoir des contacts
avec mon beau-père Robert!

Le mot juste

Expressions

à cette époque	*in those days*
autour	*around*
c'est/ce n'est pas le cas	*it is/it is not the case*
on dit que	*one says that*

Verbes

fonctionner (bien/mal)	*to work (well/badly)*
refuser	*to refuse*
se marier	*to get married*
se remarier	*to remarry*
porter	*(here) to wear*
présenter	*to introduce*

Noms

un beau-frère	*brother-in-law or stepbrother*
un beau-père	*father-in-law or stepfather*
une belle-fille	*daughter-in-law or stepdaughter*
une belle-mère	*mother-in-law or stepmother*
une belle-sœur	*sister-in-law*
un couple	*couple*
un demi-frère	*half brother or stepbrother*
une demi-sœur	*half sister or stepsister*
le fiancé/la fiancée	*fiancé*
un gendre	*son-in-law*
un neveu	*nephew*
une nièce	*nièce*
un oncle	*uncle*
une place	*(here) seat, place*
une robe	*dress*
une tante	*aunt*

Adjectifs

complet	*full*
divorcé	*divorced*
recomposée	*(here) blended*
vide	*vacant, empty*

À votre tour

A. Avez-vous compris? À tour de rôle, dialoguez avec votre partenaire (posez les questions et répondez).

1. Comment s'appelait le grand-père de Perrine et Henri?
2. Qui était au centre de la photo de famille?
3. Qui était à gauche de Nathalie?
4. Qui était la personne en bas de la photo, à droite?
5. Pourquoi Perrine n'était-elle pas à sa place?
6. Qui portait une robe bleue?
7. Où était Médor?
8. Que faisait-il?

B. Dîner en famille. Imaginez maintenant que la photo de famille représente des membres de votre famille ou des amis. Votre partenaire vous pose beaucoup de questions sur l'occasion du dîner et l'identité des participants. Improvisez vos réponses.

MODÈLE: —Quelle est la date de cette photo?
—C'est le (*date de votre choix*).

1. Pour quelle occasion toute la famille est-elle là? (C'est un anniversaire? une fête spéciale?)

2. Qui sont les personnes présentes? (Qui est à la droite/gauche de qui? en face de qui? à côté de qui? Qui est la femme en bleu? Qui est la jeune fille? l'homme aux cheveux gris? l'homme à la barbe (*beard*)? le jeune garçon en bas à droite?)
3. Pourquoi une personne est-elle absente? Qu'est-ce qu'elle fait?
4. Quel est le menu?
5. Qu'est-ce qu'on boit?
6. Est ce que tout le monde s'amuse bien ou s'ennuie?

 C. Avez-vous compris? Travaillez avec un partenaire pour dire si les phrases suivantes sont vraies ou fausses. Si elles sont fausses, corrigez-les (*correct them*)!

1. Il n'y a pas eu de grands changements dans l'institution historique de la famille.
2. Dans le passé, on se mariait plus tard.
3. Aujourd'hui les membres d'un couple ne restent pas toujours dans la région où ils sont nés.
4. Autrefois (*in the past*), la mère ne travaillait pas souvent en dehors de la maison.
5. Aujourd'hui les familles de huit enfants sont plus rares que dans le passé.
6. Aujourd'hui le rôle des grands-parents est moins important car ils habitent trop loin de leurs enfants et petits-enfants.
7. Autrefois, on se connaissait bien entre cousins et cousines.
8. Les familles recomposées sont une invention moderne.
9. Le modèle de la famille recomposée fonctionne très mal dans la société moderne.

 D. Faisons connaissance! En petits groupes, présentez à tour de rôle les membres de la famille Rollin. Utilisez votre imagination.

MODÈLE: —Je commence avec Perrine Rollin. Elle aime prendre des photos. Elle a un frère Henri, mais pas de sœur. Elle a 11 ans. Elle va à l'école.

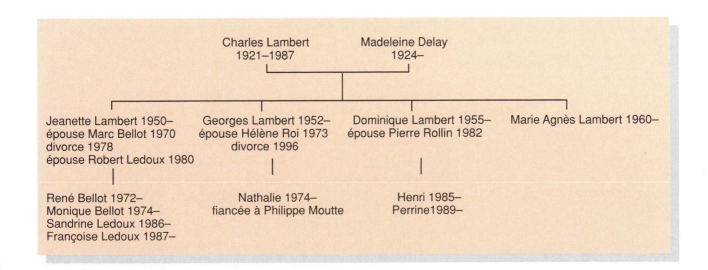

Outil 2 L'imparfait I

Emplois

● In Dossier 5 you were introduced to the *passé composé*, which is used to tell what happened in the past. In this dossier, you will learn to use the *imparfait*, another past tense, to:

• describe the way things were or used to be in the past:

Ma mère **portait** une jolie robe bleue ce jour-là.

My mother was wearing a pretty blue dress that day.

• evoke a past state of mind or attitude:

Nous **étions** tous très heureux d'être là.

We were all happy to be there.

J'aimais beaucoup ma tante Hélène.

I loved my aunt Hélène a lot.

Forme

● The *imparfait* is a simple tense consisting of a stem + endings. To find the stem, remove **-ons** from the **nous**-form of the present tense verb, and add the following imperfect endings, which are the same for *all* French verbs:

-ais	-ions
-ais	-iez
-ait	-aient

parler			
nous parlons → **parl-** (stem)			
je	parlais	nous	parlions
tu	parlais	vous	parliez
il/elle/on	parlait	ils/elles	parlaient

finir			
nous finissons → **finiss-** (stem)			
je	finissais	nous	finissions
tu	finissais	vous	finissiez
il/elle/on	finissait	ils/elles	finissaient

rendre			
nous rendons → **rend-** (stem)			
je	rendais	nous	rendions
tu	rendais	vous	rendiez
il/elle/on	rendait	ils/elles	rendaient

- Only the verb **être** has an irregular stem in the *imparfait:* **ét-**

j'	étais	nous	étions
tu	étais	vous	étiez
il/elle/on	était	ils/elles	étaient

- Verbs whose infinitive ends in **-cer** and **-ger** have spelling changes in the *imparfait*, as they do in the present tense:

  - **-cer:** add a *cédille* before all endings beginning with **a** (as you did before **o** in the **nous**-form of the present tense):

    commencer   je/tu commençais, il/elle/on commençait, ils/elles commençaient

  - **-ger:** add **e** before all endings beginning with **a** (as you did before **o** in the **nous**-form of the present tense):

    voyager   je/tu voyageais, il/elle/on voyageait, ils/elles voyageaient

    manger   je/tu mangeais, il/elle/on mangeait, ils/elles mangeaient

- Note that verbs like **étudier** have two **i**'s in the **nous**- and **vous**-forms of the *imparfait:*

  nous étudions → stem = **étudi-**   nous étudiions, vous étudiiez

- The *imparfait* has several equivalents in English, depending on the context; for example, **je parlais** can mean *I spoke, I was speaking,* or *I used to speak.*

![] À votre tour

 A. Rien ne se passe comme prévu (*Nothing happens as planned*). Exprimez vos regrets. Qu'est-ce on allait faire (*What were we going to do*)?

MODÈLE: Il pleut! on / aller / faire un pique-nique
      —Zut alors! Il pleut!
      —Et on **allait** faire un pique-nique!

1. Il n'y a pas de neige!   on / aller / faire du ski pendant les vacances
2. Tu n'es pas allé au marché!   tu / aller / apporter des fruits pour ce soir
3. J'ai oublié d'acheter des œufs!   je / aller / préparer une omelette
4. Il n'y a plus de chocolat!   vous / aller / faire une mousse au chocolat
5. Jean n'est toujours pas là!   il / aller / acheter du pain
6. Aline travaille ce soir!   nous /aller / dîner ensemble

B. Il y avait une bonne raison! Vous avez remarqué l'absence de certaines personnes à la réunion familiale. Mais il y a une bonne excuse pour expliquer cette absence.

MODÈLE: toi
—Tu n'étais pas là.
—Bien sûr! J'étais malade.

1. notre cousin Serge — faire un voyage
2. Grand-père Mathieu — être à l'hôpital
3. notre oncle Charles — avoir trop de travail
4. notre cousine Camille — se préparer aux examens
5. nos grands-parents — se reposer
6. la sœur de Philippe — attendre une invitation
7. notre fille Chantal — finir un projet
8. vous — avoir des invités

C. Quand j'étais petit (*When I was a kid*). Vous racontez à votre petit neveu comment se passait la fête du 14 juillet quand vous étiez petit(e). Utilisez à l'imparfait les verbes convenables ci-dessous. Attention: utilisez **être** plusieurs fois.

aller	écouter	prendre	retourner
attendre	être	regarder	se coucher
danser	jouer	rester	travailler
déjeuner			

C' __(1)__ comme un dimanche. Tout le monde __(2)__ en vacances. Tous les magasins __(3)__ fermés. Personne ne __(4)__ un jour férié. Le matin, nous __(5)__ au village. Nous __(6)__ de la musique militaire et des discours. Les parents __(7)__ l'apéritif avec les gens du village. Bien sûr, nous __(8)__ tard à la maison. Les grandes personnes __(9)__ longtemps à table. Les enfants __(10)__ dans le jardin. Nous __(11)__ le soir avec impatience. Après le dîner, nous __(12)__ tous au village. Nous __(13)__ le feu d'artifice (*fireworks*). Puis les parents __(14)__ sur la place du village, aux sons d'un orchestre local. Nous nous __(15)__ tous très tard.

 D. Souvenirs d'enfance. Interviewez un(e) camarade de classe au sujet de son enfance.

MODÈLE: Quand tu étais petit(e), où est-ce que tes parents habitaient? Est-ce que vous aviez un chien? Comment est-ce qu'il s'appelait? etc.

Voici quelques idées, mais utilisez votre imagination.

Quand tu étais petit(e)...
habiter: où? (logement, ville, état, pays)
être comment? (traits physiques et traits de caractère)
aimer l'école? aimer quelle(s) matière(s) (*subjects*)?
faire beaucoup de sport? pratiquer quel(s) sport(s)?
apprendre une langue étrangère?
jouer avec des cousins?
voyager avec tes parents?
avoir beaucoup de copains?

Volet 3

Contexte 3 — Le calendrier familial

Quand on fait partie d'une famille, on partage aussi «un calendrier familial»: anniversaires et fêtes des membres de la famille, réunions et événements divers qui donnent l'occasion de nombreuses célébrations. Écoutez les membres de la famille Rollin commenter leurs photos souvenirs.

L'anniversaire de Grand-mère (Henri Rollin)

L'anniversaire de Grand-mère était toujours une journée spéciale. Chaque année il y avait beaucoup de préparatifs pour cette journée, mais nous étions tous là pour aider Grand-mère à souffler ses bougies. Nous prenions toujours beaucoup de photos autour d'un gâteau géant. Grand-mère ouvrait toujours ses cadeaux avec enthousiasme bien sûr, mais, comme d'habitude, les photos de famille restaient son souvenir le plus précieux.

Souvenir d'étudiant (Pierre Rollin)

Voilà une photo d'une Saint-Sylvestre réussie. Quand j'étais étudiant, je finissais toujours l'année en beauté! Tous les 31 décembre, mes copains et moi faisions une grande fête. Nous nous réunissions d'habitude chez un

ami ou nous nous retrouvions dans un restaurant sympa pour un réveillon traditionnel avec champagne, confettis et serpentins! Nous dansions toute la nuit dans une boîte à la mode. Les lendemains étaient un peu pénibles (*difficult*): nous allions offrir nos vœux à Grand-mère, mais heureusement jamais avant 4 heures de l'après-midi!

La profession de foi de Perrine (Marie-Agnès Lambert)

C'est ma nièce Perrine le jour de sa profession de foi. Je lui ai offert sa croix en cadeau. Toute la famille était à l'église bien sûr. La cérémonie religieuse, préparée par les enfants eux-mêmes, était assez touchante. Sur un plan plus terrestre, je me souviens très bien aussi du déjeuner: superbe! C'était un déjeuner traditionnel avec saumon frais, gigot d'agneau, asperges et, pour finir, la traditionnelle pièce montée.

Le mot juste

À votre tour

A. Avez-vous compris? Avec un partenaire, distinguez quelles actions accompagnaient probablement chaque célébration: l'anniversaire de la grand-mère, la Saint-Sylvestre, la profession de foi.

MODÈLE: Tous les oncles et tantes venaient.
—Bien sûr, c'était l'anniversaire de Grand-mère!

1. La famille entière se réunissait.
2. On buvait du champagne.
3. On célébrait au restaurant ou dans une boîte.
4. Il y avait une cérémonie religieuse.
5. On dansait.
6. On dormait tard le lendemain.
7. On jetait (*threw*) confettis et serpentins.
8. On mangeait du gâteau.
9. On ouvrait des cadeaux.
10. On se réunissait dans la journée.
11. On sortait le soir.
12. On servait une pièce montée.
13. On soufflait des bougies.
14. Tous les amis et copains se retrouvaient.

B. Et les fêtes chez vous? En petits groupes, racontez comment on célèbre les occasions suivantes chez vous.

MODÈLE: Noël
> —Chez nous, nous ouvrons les cadeaux en famille la veille (*eve*) de Noël. Nous allons déjeuner chez mes grands-parents le jour de Noël.
> —Chez nous, Noël ne fait pas partie de nos traditions. C'est tout simplement un jour de congé.

offrir un cadeau	se réunir avec des amis	recevoir toute la famille
avoir une petite fête	offrir ses vœux	boire du champagne
inviter des amis	manger un bon gâteau	réveillonner
souffler les bougies	jeter (*throw*) des confettis	danser
manger au restaurant	faire un pique-nique	

1. la Saint-Sylvestre
2. la fin de l'année scolaire
3. le mariage d'un cousin
4. l'anniversaire d'un copain
5. la fête nationale
6. une occasion de votre choix

C. Sondage. Informez-vous sur le calendrier familial de plusieurs camarades de classe. Demandez:

1. combien de personnes il y a dans la famille proche (*immediate family*)
2. combien de personnes il y a dans la famille entière
3. en quel mois il y a le plus grand nombre d'anniversaires
4. combien de réunions ou occasions familiales on célèbre par an? lesquelles (*which ones*)? baptêmes, bar ou bat mitzvahs, mariages, anniversaires (*anniversaries or birthdays*), professions de foi, etc.?

Outil 3 L'imparfait II

- In *Outil 2*, you learned to use the *imparfait*

  - to describe the way things were in the past, the way they used to be:

    Le chien Médor **dormait** sur un fauteuil du salon.
    Autrefois on **se mariait** très jeune.

  - to describe a past state of mind or attitude in the past:

    Nous **étions** tous très heureux d'être là.
    J'**aimais** beaucoup ma tante Hélène.

- The *imparfait* is also used to indicate habitual or repeated past actions. Often this aspect is emphasized by adverbs or adverbial expressions: **chaque année, chaque mois, chaque semaine** (*every year, month, week*), **toujours, souvent, comme d'habitude** (*as usual*), **le mardi** (*every Tuesday*), **tous les dimanches** (*every Sunday*).

Chaque année **il y avait** beaucoup de préparatifs.	*Each year there were lots of preparations.*
Nous **prenions** toujours beaucoup de photos.	*We always took lots of pictures.*
Tous les 31 décembre mes copains et moi **faisions** une grande fête.	*Every New Year's Eve my friends and I would throw a big party.*

À votre tour

 A. Qu'est-ce qui a changé? (*What is different?*) En petits groupes, vous et vos camarades comparez les week-ends habituels de votre enfance aux week-ends de vos petits frères et sœurs.

MODÈLE: —Ils vont au cinéma tous les week-ends.
　　　　　—Nous, nous n'allions pas au cinéma tous les week-ends.

1. Ils font du sport.
2. Ils prennent le temps de visiter un musée.
3. Ils rendent visite aux grands-parents.
4. Ils vont à l'église.
5. Ils écoutent de la musique.
6. Ils finissent les devoirs.
7. Ils se promènent dans le parc.
8. Ils font une randonnée à bicyclette.
9. Ils jouent aux jeux électroniques.
10. Ils s'amusent beaucoup.

 B. Anniversaires. Interrogez votre partenaire sur ses souvenirs d'anniversaires quand il/elle était enfant.

MODÈLE: inviter la famille ou des copains?
　　　　　—D'habitude, tu invitais la famille ou des copains?

1. faire beaucoup de préparatifs
2. prendre beaucoup de photos
3. recevoir beacoup de cadeaux
4. ouvrir tes cadeaux avec enthousiasme
5. souffler seul(e) les bougies du gâteau
6. choisir le gâteau
7. offrir des petits cadeaux à tes amis
8. regarder un film
9. aller au cinéma
10. jouer des jeux amusants

 C. Comme toujours. Les fêtes en famille sont traditionnelles et certains faits et certaines actions sont des routines. Partagez avec un(e) partenaire les routines de votre dernière réunion de famille et vos propres (*own*) réactions. (Étiez-vous amusé(e)? étiez-vous content(e)? étiez-vous impatient(e)? étiez-vous furieux(euse)?)

MODÈLE: Comme toujours il pleuvait! Mais tout le monde était content.

Voici quelques idées:
parlez du lieu (*location*) et du temps
parlez du menu: est-ce qu'on mangeait/buvait toujours la même chose?
parlez du gâteau: toujours au chocolat?
parlez des invités: qui était absent? qui était en retard? qui prenait des photos? qui parlait trop? qui buvait trop? qui ouvrait les cadeaux? qui dansait comme un fou? qui agissait d'une manière amusante, stupide, etc.? Utilisez votre imagination!

Volet 4

Contexte 4 — Autour du calendrier

Le calendrier, officiel ou familial, offre beaucoup d'occasions à célébrer.
Qu'est-ce qu'on peut faire pour chaque occasion? Examinez les choix
discutés dans les dialogues suivants.

Le 14 juillet, les plus jeunes doivent demander des
permissions exceptionnelles:

—Est-ce que je peux sortir avec les copains ce soir?
—Pour faire quoi?
—Mais, avec les copains, on veut assister ensemble au
   feu d'artifice (*fireworks*)!
—D'accord, mais tu dois rentrer avant minuit.
—Pourquoi pas un peu plus tard? Une heure du
   matin? On veut aussi danser sur la place du village.

Pour préparer
l'anniversaire
d'un copain, on
doit partager les tâches:

—Il y a des tas de choses à faire.
D'abord, on doit ranger la maison et
faire le ménage.
—Moi, je peux faire ça. Julien, toi, tu
peux acheter le cadeau?
—Je veux bien, mais d'abord on doit
réunir assez d'argent… Je peux
contacter les copains, si tu veux.
—Ben oui, et plutôt vite!

Le mot juste

Expressions

ça non!	*not that!, don't do that!*
des tas de choses à faire	*lots to do*
ensuite	*then, next*
franchement	*frankly*
ne… plus	*no longer*

Verbes

célébrer	*to celebrate*
devoir	*must, to have to*

échapper à	*to escape*
invoquer	*to invoke, to mention*
pouvoir	*to be able*
vouloir	*to want*

Noms

un/une diplomate	*diplomat*
une tâche	*task*

Pour refuser une invitation, on invoque sa famille:

—Tu peux venir faire du ski avec nous le week-end de Pâques (*Easter*)?
—Écoute, je dois aller dans ma famille. Ça va être bien difficile!
—Tu ne peux pas ou tu ne veux pas échapper un peu à ta famille?
—Franchement, là tu vas trop loin!

Pour organiser une fête, on doit être diplomate:

—Qu'est-ce qu'on peut faire pour la fête d'Henri?
—On peut l'inviter au cinéma et ensuite au restaurant!
—En tout cas, on doit inviter sa copine Patricia.
—Ça non! Il ne veut plus sortir avec elle!

■ À votre tour

 A. Je peux...? Vous et votre partenaire êtes à tour de rôle parent et enfant. L'un(e) de vous demande des permissions, l'autre répond oui ou non, donnant ses raisons.

MODÈLE: assister au concert
      —Je peux sortir ce soir?
      —Pour faire quoi?
      —On veut assister au concert.
      —D'accord, mais tu dois rentrer avant minuit.

1. faire une promenade à vélo
2. aller au cinéma
3. regarder un match à la télé avec des copains
4. faire des courses avec les copains
5. aider un copain à faire ses maths
6. retrouver des copains au café

 B. Des choses à faire. C'est la fête de votre frère. Il y a un tas de choses à faire. Vous et votre frère/sœur partagez les tâches.

MODÈLE: téléphoner aux copains, rassembler de l'argent
      —On doit téléphoner aux copains et rassembler (*collect*) de l'argent.
      —Écoute! Je peux téléphoner. Toi, tu peux rassembler de l'argent.

1. fixer une date, téléphoner aux copains
2. faire un gâteau, acheter des boissons
3. acheter un cadeau, nettoyer la maison
5. louer une salle, trouver de la musique
6. acheter des décorations, décorer la salle

C. Jeu de rôle. Avec un partenaire, inspirez-vous des mini-dialogues du Contexte pour créer de nouvelles situations. Présentez vos dialogues au reste de la classe. Idées de situations:

1. Demandez une permission exceptionnelle, par exemple emprunter (*borrow*) la voiture d'un copain.
2. Partagez les tâches avant un grand événement, par exemple l'anniversaire de mariage de vos parents.
3. Refusez une invitation, par exemple en invoquant une grande quantité de travail.

Outil 4 Les verbes **vouloir, pouvoir** et **devoir**

Les verbes **vouloir** et **pouvoir**

- Two French proverbs—"**Vouloir, c'est pouvoir**" and "**Je veux donc je peux**" (*Where there's a will, there's a way*)—express the link between the verb **vouloir** (*to wish or want*) and the verb **pouvoir** (*to be able, can, may*). **Vouloir** expresses desire or will; **pouvoir,** the ability or authorization to do something. Thus, **pouvoir** is also used to ask for permission.

- **Vouloir** and **pouvoir** have very similar conjugations:

vouloir				
je	veux	nous	voulons	j'ai voulu
tu	veux	vous	voulez	
il/elle/on	veut	ils/elles	veulent	

pouvoir				
je	peux	nous	pouvons	j'ai pu
tu	peux	vous	pouvez	
il/elle/on	peut	ils/elles	peuvent	

- **Vouloir** can be followed by an infinitive, by the adverb **bien,** or by a noun; **pouvoir** can be used alone or with an infinitive:

—Est-ce que je **peux** sortir avec les copains ce soir? — *May I go out with my friends tonight?*

—On **veut** assister ensemble au feu d'artifice. — *We want to see the fireworks together.*

—Julien, tu **peux** acheter le cadeau? — *Julien, can you buy the gift?*

—Oui, je **veux** bien. — *OK, I agree.*

- You will recall that the forms **Je voudrais** and **Je pourrais** can be used to express desire or to request permission politely.

Je **voudrais** acheter un cadeau d'anniversaire pour Anne. — *I'd like to buy a birthday present for Anne.*

Est-ce que je **pourrais** vous aider? — *Could I help you?*

- As you saw in Dossier 4, the polite **vous**-forms are very common in questions:

  Voudriez-vous nous accompagner à la fête?

  Would you like to come along with us to the party?

  Pourriez-vous m'indiquer l'Hôtel de Ville, s'il vous plaît?

  Could you tell me where City Hall is, please?

Le verbe **devoir**; **devoir** + infinitif

- The verb **devoir** can stand alone or be combined with an infinitive.

devoir					
je	dois	nous	devons	j'ai dû	
tu	dois	vous	devez		
il/elle/on	doit	ils/elles	doivent		

- When used alone, **devoir** usually means *to owe money*:

  On vous **doit** combien?

  How much do we owe you?

- When used with an infinitive, **devoir** expresses obligation or necessity and means *to have to, must.* The equivalent in English depends on the tense of **devoir**:

  Présent: Je dois   *I must, I have to.*
  Passé composé: J'ai dû   *I had to.*
  Imparfait: Je devais   *I was supposed to.*

  Tu dois rentrer avant minuit.

  You must come home before midnight.

  Je suis en retard, **j'ai dû** attendre au supermarché.

  I am late, I had to wait at the supermarket.

  Je **devais** acheter un cadeau pour Anne, mais j'ai oublié.

  I was supposed to buy a gift for Anne, but I forgot.

■■■ À votre tour

A. Le 14 juillet. Vous organisez une fête pour le 14 juillet. Trouvez des «volontaires» pour les différentes tâches.

MODÈLE: composer le menu?
—Tante Christiane peut composer le menu.

acheter les provisions	servir le café	prendre des photos
préparer le repas	faire un gâteau	faire un petit discours
acheter des fleurs	organiser des jeux pour	ranger la maison
mettre la table	les enfants	après

1. tu
2. Sylvie
3. vous

4. Oncle Georges
5. les cousins Bellot
6. Nathalie

7. les parents

B. Vouloir, ce n'est pas toujours pouvoir. Proposez des activités à votre partenaire et demandez si c'est d'accord pour toute la bande de copains. Il/Elle indique qui accepte ou refuse les activités proposées et donne une raison pour le refus.

MODÈLE: —On va tous partir au ski. Ça va aussi pour Michel et Henri?
—Oui, ils veulent bien, ils peuvent venir.
ou: —Ils veulent bien, mais ils ne peuvent pas: ils ont du travail.

1. On va tous fêter l'anniversaire de Claude au restaurant. Ça va aussi pour Sophie?
2. On va tous en Bretagne pour le 14 juillet. Ça va aussi pour Jacques et toi?
3. On va tous à la montagne pour Noël. Ça va aussi pour Julien?
4. On va tous passer la Saint-Sylvestre ensemble. Ça va aussi pour François et toi?
5. On va tous assister à la profession de foi de Perrine. Ça va aussi pour tes grands-parents?

 C. Obligations. Les désirs ne correspondent pas toujours à la réalité. Les personnes suivantes veulent faire certaines choses, mais hélas, ils ont d'autres obligations. Imaginez avec un(e) partenaire quelle est cette obligation.

MODÈLE: Julien / faire du ski avec les copains
—Julien veut (*ou* voudrait) faire du ski avec les copains.
—Mais il doit aller dans sa famille.

1. Véronique / retrouver des copains au café
2. Annick / aller au cinéma ce soir
3. Henri / partir en vacances
4. Patricia / passer le week-end à la campagne
5. Françoise / dîner au restaurant avec son mari
6. Philippe / faire du bateau
7. Denis et Gisèle / assister au concert samedi

 D. Plaintes (*Complaints*). Vous deviez faire certaines choses amusantes mais vous avez dû faire d'autres choses moins amusantes. En petits groupes, plaignez-vous (*complain*) à vos camarades. Prenez des notes: plus tard vous allez comparez vos problèmes aux problèmes de vos camarades.

MODÈLE: —On devait aller au ski mais on a dû étudier pour l'examen.

Voici des idées, mais utilisez aussi votre expérience personnelle.

> partir en week-end? réparer la voiture
> aller au cinéma? attendre les copains
> assister à un pique-nique? travailler tout le week-end
> sortir avec un super-copain/une super-copine? emmener ma cousine au théâtre
> aller au mariage de mon cousin? faire un devoir très long
> faire du sport avec mes copains? aller à la bibliothèque

Phonétique

Les semi-voyelles [w] moi, [j] vieux, [ɥ] huit

These three sounds are called the semi-vowels; they always immediately precede or immediately follow a vowel sound. They closely resemble the vowels [u], [i], and [y] respectively, but are pronounced with the jaws even closer together than for the vowel sounds.

La semi-voyelle [w]

● This sound is produced like the vowel [u] but with the jaws closer together; it is also found in English in words like *win* and *how.* The semi-vowel [w] is usually represented by **oi, oî,** or **ou: toi,** b**oî**te, **ou**i.

A. Écoutez et répétez.

1. Et **toi**? Tu d**ois** aller à sa profession de f**oi**?
2. M**oi**, je lui ai offert sa cr**oi**x.
3. Je d**ois** aller chez m**oi**. —Pour faire qu**oi**?
4. À dr**oi**te ou tout dr**oit**? Dis-m**oi**!
5. Une f**ois**, deux f**ois**, trois f**ois**, combien de f**ois** d**ois**-tu recommencer?
6. L**ou**is d**oit** j**ou**er avec t**oi**.
7. Vous l**ou**ez une maison à cet endr**oit**?

La semi-voyelle [j]

● This sound is produced like the vowel [i] but with the jaws closer together; it is also found in English in words like *you, use,* and *million.* The semivowel [j] may be represented in writing by several combinations of letters:

i or **y** + vowel	v**i**ent, b**i**en, **y**eux	Exceptions: **ville, mille,**
vowel + **il**	trava**il**, sole**il**, fauteu**il**	**tranquille,** where **-ll-** is
i + **ll**	f**ill**e, fam**ill**e, gent**ill**e	pronounced [l].

● Note that the combination **oy** represents two different semi-vowels distributed over two syllables. Compare and contrast the following:

sois, soyons, soyez	aie, ayons, ayez	envoie, envoyons, envoyez
[swa] [swa jɔ̃] [swa je]	[ɛ] [ɛ jɔ̃] [ɛ je]	[ɑ̃v wa] [ɑ̃v wa jɔ̃] [ɑ̃v wa je]

B. Écoutez et répétez.

1. Sa f**ill**e est très gent**ill**e.
2. Ma grand-mère est très vie**ill**e.
3. Notre calendr**ier** n'est pas payé.
4. En ju**ill**et, je me suis b**ien** ennuyé.
5. Le calendr**ier** famil**ial** est très chargé en févr**ier**.
6. Réve**ill**e-toi! Le réve**ill**on va commencer sans toi!
7. A**y**ez un peu de pat**ien**ce!
8. Le ch**ien** dort sur un fauteu**il**.
9. Le premier janv**ier**, est un jour fér**ié**, ce n'est pas une fête relig**ieu**se.

La semi-voyelle [ɥ]

● This sound is produced like the vowel [y] but with the jaws closer together; it does not occur in English. It is represented in writing by the letter **u** + vowel: h**ui**t, n**ui**t, s**ui**s.

C. Écoutez et répétez.

1. Il pleut aujourd'h**ui**. Je déteste la pl**ui**e.
2. Je s**ui**s libre en j**ui**n et en j**ui**llet.
4. L**ui**, il a mangé h**ui**t bisc**ui**ts à la c**ui**llère.
5. Il fait la c**ui**sine à l'h**ui**le.
6. Tous les h**ui**t doivent rentrer avant min**ui**t.

En direct

A. Une période très chargée. You will hear someone describe a very hectic time in her life. Write down as many of the events she mentions as you can for the months of September, October, November, and December.

B. Quel est le contexte? You will hear four conversations. After each one, check the statement(s) below that pertain to it.

Conversation 1
1. The event being discussed is probably
   a. an elegant soirée to celebrate a couple's engagement.
   b. a wedding reception.
2. The people talking are
   a. responsible for planning the event.
   b. guests attending the event.

Conversation 2
1. The people are trying to plan
   a. a gathering of 40–50 family members on the occasion of their son's graduation.
   b. a wedding anniversary party for their parents.
2. They disagree about
   a. whether or not to have any celebration to mark the event.
   b. how elaborate a celebration to have.

Conversation 3
1. Here, people are clearly talking to
   a. their children.
   b. the babysitter.
2. They explain that
   a. they can be reached at Aunt Geneviève's house.
   b. it's OK for the children to watch a film before they go to bed.

Découvertes

Cultures en parallèles

Le calendrier français

JANVIER

1	L	J. de l'An
2	M	Basile
3	M	Geneviève
4	J	Odilon
5	V	Antoine
6	S	Mélaine
7	D	Epiphanie
8	L	Lucien
9	M	Alix
10	M	Guillaume
11	J	Paulin
12	V	Tatiana
13	S	Yvette
14	D	Nina
15	L	Rémi
16	M	Marcel
17	M	Roseline
18	J	Prisca
19	V	Marius
20	S	Sébastien
21	D	Agnès
22	L	Vincent
23	M	Barnard
24	M	Fr. de Sales
25	J	Conv. S. Paul
26	V	Paule
27	S	Angèle
28	D	Th. d'Aquin
29	L	Gildas
30	M	Martine
31	M	Marcelle

FEVRIER

1	J	Ella
2	V	Présentation
3	S	Blaise
4	D	Véronique
5	L	Agathe
6	M	Gaston
7	M	Eugénie
8	J	Jacqueline
9	V	Apolline
10	S	Arnaud
11	D	N. D. Lourdes
12	L	Félix
13	M	Béatrice
14	M	Valentin
15	J	Claude
16	V	Julienne
17	S	Alexis
18	D	Bernadette
19	L	Gabin
20	M	Mardi gras
21	M	Cendres
22	J	Isabelle
23	V	Lazare
24	S	Modeste
25	D	Carême
26	L	Nestor
27	M	Honorine
28	M	Romain
29	J	Auguste

MARS

1	V	Aubin
2	S	Charles
3	D	Guénolé
4	L	Véronique
5	M	Olive
6	M	Colette
7	J	Félicité
8	V	Jean de Dieu
9	S	Françoise
10	D	Vivien
11	L	Rosine
12	M	Justine
13	M	Rodrigue
14	J	Mathilde
15	V	Louise de M.
16	S	Bénédicte
17	D	Patrice
18	L	Cyrille
19	M	Joseph
20	M	PRINTEMPS
21	J	Clémence
22	V	Léa
23	S	Victorien
24	D	Cath. de Su.
25	L	Annonciation
26	M	Larissa
27	M	Habib
28	J	Gontran
29	V	Gwladys
30	S	Amédée
31	D	Rameaux

AVRIL

1	L	Hugues
2	M	Sandrine
3	M	Richard
4	J	Isidore
5	V	Irène
6	S	Marcellin
7	D	PÂQUES
8	L	Julie
9	M	Gautier
10	M	Fulbert
11	J	Stanislas
12	V	Jules
13	S	Ida
14	D	Maxime
15	L	Paterne
16	M	Benoît-J.
17	M	Anicet
18	J	Parfait
19	V	Emma
20	S	Odette
21	D	Anselme
22	L	Alexandre
23	M	Georges
24	M	Fidèle
25	J	Marc
26	V	Alida
27	S	Zita
28	D	Jour du Souv.
29	L	Catherine
30	M	Robert

MAI

1	M	F. du Travail
2	J	Boris
3	V	Phil., Jacq.
4	S	Sylvain
5	D	Judith
6	L	Prudence
7	M	Gisèle
8	M	VICT. 1945
9	J	Pacôme
10	V	Fête J.-d'Arc
11	S	Estelle
12	D	Achille
13	L	Rolande
14	M	Matthias
15	M	Denise
16	J	ASCENSION
17	V	Pascal
18	S	Eric
19	D	Yves
20	L	Bernardin
21	M	Constantin
22	M	Emile
23	J	Didier
24	V	Donatien
25	S	Sophie
26	D	Pentecôte/F. Mères
27	L	Augustin
28	M	Germain
29	M	Aymard
30	J	Ferdinand
31	V	Visitation

JUIN

1	S	Justin
2	D	Blandine
3	L	Kevin
4	M	Clotilde
5	M	Igor
6	J	Norbert
7	V	Gilbert
8	S	Médard
9	D	Fête-Dieu
10	L	Landry
11	M	Barnabé
12	M	Guy
13	J	Antoine de P.
14	V	Elisée
15	S	Germaine
16	D	F. des Pères
17	L	Hervé
18	M	Léonce
19	M	Romuald
20	J	ÉTÉ
21	V	Aloïse
22	S	Alban
23	D	Audrey
24	L	Jean Bapt.
25	M	Prosper
26	M	Anthelme
27	J	Fernand
28	V	Irénée
29	S	Pierre, Paul
30	D	Martial

JUILLET

1	L	Thierry
2	M	Martinien
3	M	Thomas
4	J	Florent
5	V	Antoine
6	S	Mariette
7	D	Raoul
8	L	Thibaut
9	M	Armandine
10	M	Ulrich
11	J	Benoît
12	V	Olivier
13	S	Henri, Joël
14	D	F. NATIONALE
15	L	Donald
16	M	N.D. Mt-Carmel
17	M	Charlotte
18	J	Frédéric
19	V	Arsène
20	S	Marina
21	D	Victor
22	L	Marie Mad.
23	M	Brigitte
24	M	Christine
25	J	Jacques
26	V	Anne, Joa.
27	S	Nathalie
28	D	Samson
29	L	Marthe
30	M	Juliette
31	M	Ignace de L.

AOUT

1	J	Alphonse
2	V	Julien-Ey
3	S	Lydie
4	D	J.M. Vianney
5	L	Abel
6	M	Transfiguration
7	M	Gaétan
8	J	Dominique
9	V	Amour
10	S	Laurent
11	D	Claire
12	L	Clarisse
13	M	Hippolyte
14	M	Evrard
15	J	ASSOMPTION
16	V	Armel
17	S	Hyacinthe
18	D	Hélène
19	L	Jean Eudes
20	M	Bernard
21	M	Christophe
22	J	Fabrice
23	V	Rose de L.
24	S	Barthélemy
25	D	Louis
26	L	Natacha
27	M	Monique
28	M	Augustin
29	J	Sabine
30	V	Fiacre
31	S	Aristide

SEPTEMBRE

1	D	Gilles
2	L	Ingrid
3	M	Grégoire
4	M	Rosalie
5	J	Raïssa
6	V	Bertrand
7	S	Reine
8	D	Nativité N. D.
9	L	Alain
10	M	Inès
11	M	Adelphe
12	J	Apollinaire
13	V	Aimé
14	S	La Ste Croix
15	D	Roland
16	L	Edith
17	M	Renaud
18	M	Nadège
19	J	Emilie
20	V	Davy
21	S	Matthieu
22	D	AUTOMNE
23	L	Constant
24	M	Thècle
25	M	Hermann
26	J	Côme. Dam.
27	V	Vinc. de Paul
28	S	Venceslas
29	D	Michel
30	L	Jérôme

OCTOBRE

1	M	Th. de l'E.J.
2	M	Léger
3	J	Gérard
4	V	Fr. d'Assise
5	S	Fleur
6	D	Bruno
7	L	Serge
8	M	Pélagie
9	M	Denis
10	J	Ghislain
11	V	Firmin
12	S	Wilfried
13	D	Géraud
14	L	Juste
15	M	Th. d'Avila
16	M	Edwige
17	J	Baudouin
18	V	Luc
19	S	René
20	D	Adeline
21	L	Céline
22	M	Elodie
23	M	Jean de C.
24	J	Florentin
25	V	Crépin
26	S	Dimitri
27	D	Emeline
28	L	Sim., Jude
29	M	Narcisse
30	M	Bienvenue
31	J	Quentin

NOVEMBRE

1	V	Toussaint
2	S	Défunts
3	D	Hubert
4	L	Charles
5	M	Sylvie
6	M	Bertille
7	J	Carine
8	V	Geoffroy
9	S	Théodore
10	D	Léon
11	L	ARMISTICE 18
12	M	Christian
13	M	Brice
14	J	Sidoine
15	V	Albert
16	S	Marguerite
17	D	Elisabeth
18	L	Aude
19	M	Tanguy
20	M	Edmond
21	J	Prés. de Marie
22	V	Cécile
23	S	Clément
24	D	Flora
25	L	Catherine L.
26	M	Delphine
27	M	Séverin
28	J	J. de la M.
29	V	Saturnin
30	S	André

DECEMBRE

1	D	Avent
2	L	Viviane
3	M	Xavier
4	M	Barbara
5	J	Gérald
6	V	Nicolas
7	S	Ambroise
8	D	I. Concept.
9	L	P. Fourier
10	M	Romaric
11	M	Daniel
12	J	Jeanne F.C.
13	V	Lucie
14	S	Odile
15	D	Ninon
16	L	Alice
17	M	Gaël
18	M	Gatien
19	J	Urbain
20	V	Abraham
21	S	HIVER
22	D	Fr. Xavier
23	L	Armand
24	M	Adèle
25	M	NOËL
26	J	Etienne
27	V	Jean
28	S	Innocents
29	D	David
30	L	Roger
31	M	Sylvestre

Dossier 8   La famille et le calendrier

Observer

A. Comme vous l'avez vu, un calendrier est un document culturel qui rappelle l'histoire, les croyances et les traditions des habitants d'un pays. Étudiez le calendrier français et faites, par mois, une liste des fêtes. À votre avis, que représente la différence de couleurs rose et bleue sur le calendrier?

Vous avez remarqué que chaque jour du calendrier français est consacré à un saint: c'est sa fête. Par exemple, la fête de Saint Luc est le 18 octobre, la fête de Sainte Sylvie est le 5 novembre. Beaucoup de gens célèbrent non seulement leur anniversaire mais aussi leur fête, c'est-à-dire le jour de leur saint patron.

Un jour férié est un jour où légalement on ne travaille pas, à l'occasion d'une fête civile ou religieuse.

Fêtes religieuses fériées	Fêtes civiles fériées
Pâques et le lundi de Pâques	Jour de l'an
Le jeudi de l'Ascension	1er mai
Le lundi de Pentecôte	8 mai
l'Assomption	14 juillet
la Toussaint	11 novembre
Noël	

On célèbre aussi d'autres fêtes. Si la plupart des Français travaillent, certains choisissent de célébrer ces dates par un échange de cadeau ou un repas spécial.

la fête des amoureux?	C'est facile: leur patron est Saint Valentin!
la fête des mères?	Un peu plus tard qu'en Amérique du Nord.
la fête des pères?	Comme en Amérique du Nord.
le Carnaval?	À Nice, par exemple, c'est une grande fête!
la Saint-Sylvestre?	Attention: c'est en hiver et à la fin de l'année.
l'Épiphanie?	La visite des rois mages à l'enfant Jésus peu après Noël, l'occasion de partager un gâteau spécial: la galette des rois!
la Chandeleur?	La présentation de l'enfant Jésus au temple, l'occasion de manger des crêpes!
l'Annonciation?	Une fête catholique célébrée par une messe.

B. Les photos ci-dessous illustrent certaines fêtes françaises. Notez qu'en France aujourd'hui une fête d'origine religieuse est bien souvent seulement l'occasion d'une réunion de famille (les courtes distances rendent ces rencontres plus fréquentes qu'aux États-Unis), d'une sortie entre amis, d'un jour de congé supplémentaire.

Le 1er Novembre, ou jour de la Toussaint, est une fête du calendrier catholique. Ce jour-là on honore les morts et les familles visitent les cimetières, et fleurissent les tombes. Bien sûr, c'est un jour férié.

Le 14 juillet est la fête nationale. Il y a un défilé militaire important sur les Champs-Élysées devant le président de la République. Dans la France entière, les Français sont en vacances, font des pique-niques et regardent le feu d'artifice.

Le jeudi de Pentecôte—encore une fête catholique—est traditionnellement un jour férié. C'est l'occasion d'un long week-end, si on fait le pont, et de réunions de famille: le beau temps permet souvent de déjeuner dehors.

Réfléchir

A. Bien sûr, il y a des fêtes semblables dans votre pays. Essayez de trouver des équivalents aux fêtes françaises. Quelles fêtes reflètent l'héritage national et religieux propre à chaque pays? Quelles manières de célébrer sont propres et communes à chaque pays?

B. Les fêtes fournissent-elles à votre famille et amis une occasion spéciale pour se réunir? Y a-t-il des traditions particulières associées avec la célébration de ces fêtes? Est-ce que ce sont des traditions nationales, religieuses, régionales ou tout simplement familiales ou amicales?

D'un parallèle à l'autre

Votre pays adoptif a bien sûr un calendrier qui reflète son histoire et sa culture. Cherchez des renseignements. Quelle est la date de la fête nationale? Comment est-elle célébrée? Quelles autres fêtes sont célébrées? Est-ce qu'il existe des traditions de carnaval? Partagez vos découvertes et peut-être aussi des photos avec vos camarades.

Pour faciliter vos recherches, allez sur le site de *Parallèles* et cliquez sur le bouton «Parallèles» pour trouver de bonnes adresses.

Le Carnaval au Québec!

À vous la parole

 A. Tiens! Moi aussi! Dessinez rapidement votre arbre généalogique. Puis, à tour de rôle, présentez votre famille à votre partenaire. Enfin repérez des similarités et des différences entre votre famille et sa famille.

MODÈLE: —Nous sommes cinq dans ma famille: mon père, ma mère, mes deux sœurs, et moi.
—Tiens, nous aussi! Nous sommes cinq dans ma famille, etc.

 B. Enquête. À tour de rôle, racontez à votre partenaire comment vous passez certaines fêtes. Puis comparez vos habitudes.

MODÈLE: —Moi, je fête le 4 juillet avec des amis. On fait un pique-nique, on nage, on joue au volley. Le soir on regarde le feu d'artifice. Et toi?
—Moi, je passe le 4 juillet avec ma famille, mais nous faisons aussi un pique-nique et des jeux et le soir nous regardons aussi un feu d'artifice.

 C. C'était il y a longtemps. Partagez avec votre partenaire les souvenirs d'un de vos anniversaires. Quelle année était-ce? quel âge aviez-vous? qui était là? qu'est-ce qu'il y avait à manger et à boire? les cadeaux étaient-ils intéressants?

D. La famille idéale. Vous et votre partenaire établissez deux listes: les obligations de la vie de famille (= **ce qu'on doit faire**); les facteurs qui rendent la vie de famille non seulement supportable, mais peut-être aussi agréable (= **ce qu'on veut faire**).

 Lecture

Halloween, conquérante citrouille

Travaux d'approche

1. Vous êtes bien sûr très familier avec la fête d'Halloween, représentée par le légume orange appelé **potiron** ou **citrouille.** Mais les Français, eux, commencent juste à se familiariser avec cette fête. D'après les titres de la presse française, et de l'article de *Libération*, l'arrivée de cette fête anglo-saxonne d'Halloween est-elle bien reçue dans la société française?

2. Comment les Français réagissent-ils à cette nouvelle importation? Essayez, en petits groupes, d'imaginer une variété de réactions, positives et négatives. Puis lisez le texte consacré par le journal *Libération* au phénomène d'Halloween.

"a pumpkin that makes a lot of money"

Halloween, une citrouille qui fait de l'oseille°

Importée des États-Unis, cette fête a pris l'allure d'une gigantesque opération de marketing. Entre la rentrée des classes et Noël, le commerce ralentit. Traditionnellement, à cette époque-là, le consommateur ne fait que dépenses indispensables. Mais ces derniers temps, les hommes de marketing ont ajouté une nouvelle fête à son calendrier: Halloween.

L'idée a mis quelques temps à être adoptée, mais cette fois, c'est fait. Popularisée à grand renfort de spots et d'affiches publicitaires par les Disney, McDonald's, Coca-cola et même France Télécom, le concept est en train de s'imposer au delà des espérances des commerçants les plus optimistes.

> **1. Halloween, conquérante citrouille.**
> Impossible d'échapper au phénomène importé depuis peu des États-Unis: une fête est née que les Français célèbrent chaque année un peu plus.
> *L'Express*, 15 octobre 1998

> **2. Le temps d'Halloween.**
> Cette fois la tendance est irréversible: Halloween, fête américaine d'origine celtique, a bel et bien fini par s'implanter chez nous, spécialement dans les grandes villes.
> *Marie-Claire*, Novembre 1998

fad

Tout le monde profite de cet engouement°. Il y a quatre ans, Thérèse Lirot, agricultrice à la Ville-du-Bois a senti que les choses changeaient. Fin octobre, les ventes de potiron, élément décoratif indissociable de Halloween, se sont mises à bouger, puis la demande a explosé. De 1994 à 1998 la consommation des courges et potirons a augmenté de 25% entre octobre et novembre. Et cette tendance continue à se renforcer cette année.

to put the brakes on, restrain

L'invasion du potiron n'amuse pas tout le monde. Au ministère de l'Éducation, un peu gêné par la tournure très commerciale et très américaine de la fête, on se contente d'affirmer qu'il n'y a pas de consignes concernant Halloween, ni pour encourager ni pour freiner° les maîtres qui voudraient organiser des activités autour de cette fête. C'est laissé à l'initiative de l'enseignant. Du côté politique, Philippe Séguin (président du RPR, parti politique de droite) s'est déclaré

struck

«sidéré° par l'enthousiasme avec lequel nous acceptons la tradition d'Halloween. C'est un effet de ce mouvement d'uniformisation culturelle du monde, qui, à nos yeux, est un danger».
Le potiron américain ne passera pas? Trop tard, il est déjà là.
Libération, 31 octobre 1998

> **3. Halloween es-tu là?**
> Fêtée le 31 octobre, d'origine celte, Halloween est devenue la grande fête des pays anglo-saxons. Par ludisme ou signe supplémentaire de l'américanisation de la société? La fête se répand dans toute l'Europe, notamment en France.
> *Le Nouvel Observateur*, 28 octobre 1998

Jacqueline Coignard, *Libération*, 1er novembre 1999.

Exploration

1. Les phrases suivantes résument les paragraphes du texte. Remettez-les dans l'ordre du texte.
   — Qui profite de cette nouveauté?
   — Comment le concept d'Halloween s'est-il popularisé?
   — Qui s'oppose à cette nouveauté? avec quel succès?
   — Quelles sont les raisons du succès d'Halloween?
2. Maintenant, répondez à chacune (*each*) des questions ci-dessus en paraphrasant le texte du journal.

Réflexion

1. Cet article a paru sur la page d'un journal consacrée à l'économie. Cela vous semble-t-il logique? Pourquoi?
2. À votre avis, comment qualifiez-vous le ton du journal: le trouvez-vous combatif? défaitiste? réaliste? satirique? humoristique? politique? Un peu tout à la fois? Justifiez vos réponses en vous basant sur certains mots-clés du texte.
3. À votre avis, la fête d'Halloween est-elle maintenant solidement implantée dans les habitudes françaises?

À vos stylos

Un beau souvenir

Écrivez une carte à un membre de votre famille qui était absent lors de la dernière réunion familiale.

1. Choisissez d'abord un événement familial: anniversaire, fête ou réunion de famille. Pour stimuler votre mémoire, prenez des notes sur les rubriques suivantes:

   - date
   - lieu
   - temps
   - participants
   - détails: vêtements, fleurs, menu, musique
   - un détail amusant
   - ambiance

2. Décidez à quel membre de la famille vous envoyez cette lettre. Pourquoi écrivez-vous cette lettre? pour informer? pour amuser? pour rendre jaloux? pour commenter la fête?
3. Réfléchissez un peu et transformez vos notes en phrases complètes et organisez-les pour créer un texte intéressant et cohérent. Vérifiez que vous avez incorporé à vos notes des mots de vocabulaire présentés dans ce dossier. N'oubliez pas les salutations d'usage!
4. Recopiez votre lettre et plus tard, relisez votre texte pour trouver et corriger certaines fautes de grammaire et d'orthographe.

*P*arallèles historiques

Le Code civil

Napoléon Ier a été un grand général, un grand
stratège. C'est lui qui a fait construire l'Arc de
Triomphe et la colonne de la Place Vendôme. Il a
aussi été un grand administrateur. C'est
Napoléon qui a fait rédiger le Code civil, c'est-à-
dire les lois qui régissent la vie des Français.
Beaucoup des lois qui régissent la vie familiale
sont encore en existence; les lois sur le divorce,
par exemple, n'ont changé qu'en 1975.

À l'écran

La famille et le calendrier

Vous comparez l'importance de Noël dans la vie de certains Français.
Puis vous êtes invité aux fêtes du 14 juillet et à la fête du vin nouveau.
Vous êtes accueilli dans l'intimité de trois familles bien différentes.
Enfin, vous êtes invité à un mariage.

Clip 8.1   Au hasard du calendrier: Noël, le 14 juillet, la fête du vin
nouveau.
Clip 8.2   Propos de famille: les enfants du divorce, la prière en famille,
l'adoption.
Clip 8.3   Par un bel après-midi d'été: mon mariage.

Maintenant je sais...

Qu'avez-vous appris dans ce dossier? Comment l'avez-vous appris?
Vérifiez vos connaissances sur chaque sujet et donnez des exemples précis.

1. Montrez comment le calendrier français représente le passé historique et
   religieux de la France.
2. Expliquez pourquoi certains Français célèbrent leur fête en plus de leur
   anniversaire.
3. Identifiez le nom et le nombre de jours fériés en France et expliquez leur
   signification.
4. Décrivez certaines traditions associées avec certaines fêtes.
5. Montrez comment d'autres pays et cultures influencent le calendrier.
6. Décrivez le calendrier d'un ou plusieurs pays francophones.
7. Discutez les changements récents subis (*undergone*) par l'institution de la
   famille.

Tous les mots

Expressions

à cette époque	*in those days*
autour	*around*
ça non!	*not that!, don't do that!*
c'est/ce n'est pas le cas	*it is/it is not the case*
des tas de choses à faire	*lots to do*
ensuite	*then, next*
franchement	*frankly*
il/elle est né(e)	*he/she was born*
ne… plus	*no longer*
on dit que	*one says that*
souvent	*often*
sur un plan plus terrestre	*on a more down-to-earth level*

Verbes

avoir des contacts	*to interact with*
célébrer	*to celebrate*
devoir	*must, to have to*
échapper à	*to escape*
fêter	*to celebrate*
fixer une date	*to arrange a date*
fonctionner (bien/mal)	*to work (well/badly)*
invoquer	*to invoke, to mention*
louer	*to rent*
se marier	*to get married*
offrir des vœux à	*to offer best wishes to*
porter	*(here) to wear*
pouvoir	*to be able*
présenter	*to introduce*
ramener	*to bring back*
refuser	*to refuse*
se remarier	*to remarry*
se réunir	*to gather*
souffler les bougies	*to blow out candles*
souhaiter	*to wish*
se souvenir de	*to remember*
vouloir	*to want*

Noms

un aller-retour	*round trip*
une armistice	*armistice*
les asperges (f)	*asparagus*
l'Assomption (f)	*Assumption, a Roman Catholic celebration*
un beau-frère	*brother-in-law or stepbrother*
un beau-père	*father-in-law or stepfather*
une belle-fille	*daughter-in-law or stepdaughter*
une belle-mère	*mother-in-law, stepmother*
une belle-sœur	*sister-in-law*
une boîte à la mode	*fashionable nightclub*
un cadeau	*gift, present*
un calendrier	*calendar*
la circulation	*traffic*
le confetti	*confetti*
un coup de téléphone	*telephone call*
un couple	*couple*
une croix	*cross*
une découverte	*discovery*
un demi-frère	*half brother or stepbrother*
une demi-sœur	*half sister or stepsister*
un/une diplomate	*diplomat*
une fête	*name day; celebration, party*
le fiancé/la fiancée	*fiancé*
un gâteau	*cake*
un gendre	*son-in-law*
un gigot d'agneau	*leg of lamb*
un jour férié	*official holiday*
le lendemain	*day after*
une maison de campagne	*country home*
les morts	*the dead*
un neveu	*nephew*
une nièce	*niece*
un oncle	*uncle*
une période de rodage	*breaking-in period*
une pièce montée	*traditional pyramid-shaped cake*
une place	*(here) seat, place*
les préparatifs (m)	*preparations*
un repère	*reference*
le réveillon	*New Year's Eve dinner, party*
une robe	*dress*
un serpentin	*streamer*
une tâche	*task*
une tante	*aunt*
une tradition	*tradition*
les vacances (f)	*vacation*

Adjectifs

amérindien, -enne	*Native American*
chaque	*every*
chargé	*loaded, (here) busy*
chrétien, -enne	*Christian*
civil	*civilian*
complet	*full*
compliqué	*complicated*
content	*happy*
divorcé	*divorced*
juif/juive	*Jewish*
précieux, -euse	*precious*
prudent	*prudent*
recomposé	*(here) blended*
religieux, -euse	*religious*
touchant	*touching*
vide	*vacant, empty*

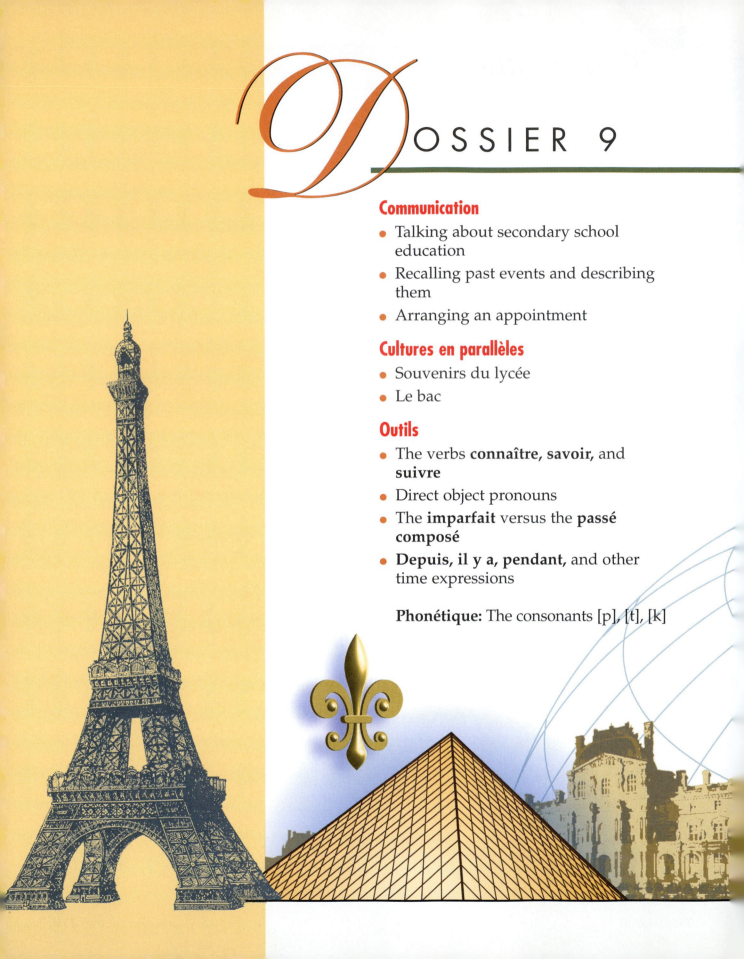

DOSSIER 9

Communication
- Talking about secondary school education
- Recalling past events and describing them
- Arranging an appointment

Cultures en parallèles
- Souvenirs du lycée
- Le bac

Outils
- The verbs **connaître, savoir,** and **suivre**
- Direct object pronouns
- The **imparfait** versus the **passé composé**
- **Depuis, il y a, pendant,** and other time expressions

Phonétique: The consonants [p], [t], [k]

Les années de lycée

Au moment de la récréation, des copains se réunissent pour parler.

Cultures en parallèles
Souvenirs de lycée

Quels souvenirs gardez-vous de vos années de lycée? Prenez quelques minutes pour vous souvenir et aidez-vous du tableau suivant pour évaluer votre expérience de 1 (horrible) à 3 (pas mal) et finalement 5 (super)!

	1	2	3	4	5
1. Le bâtiment lui-même	☐	☐	☐	☐	☐
2. Les cours de récréation	☐	☐	☐	☐	☐
3. Les salles de classes	☐	☐	☐	☐	☐
4. Les laboratoires	☐	☐	☐	☐	☐
5. Les cours	☐	☐	☐	☐	☐
6. La préparation à l'enseignement supérieur	☐	☐	☐	☐	☐
7. Les examens eux-mêmes	☐	☐	☐	☐	☐
8. Les profs	☐	☐	☐	☐	☐
9. Les copains	☐	☐	☐	☐	☐
10. Les installations sportives	☐	☐	☐	☐	☐
11. La cafétéria	☐	☐	☐	☐	☐
12. Les sorties	☐	☐	☐	☐	☐
13. Les clubs	☐	☐	☐	☐	☐
14. Votre impression générale	☐	☐	☐	☐	☐

Maintenant, comparez votre expérience du lycée avec un ou plusieurs partenaires. Partagez-vous le même degré de satisfaction sur certains points? quels points?

Ensuite choisissez les quatre éléments qui étaient les plus (ou les moins!) importants pour vous au lycée. Circulez dans la classe pour apprendre l'opinion de vos camarades. Partagez vos résultats avec le reste de la classe.

Le mot juste

Noms

une cafétéria	*cafeteria*
un club	*club*
une cour	*courtyard, recess area*
un degré de satisfaction	*degree of satisfaction*
un élément	*component*

l'enseignement supérieur (m)	*higher education*
une impression	*impression, opinion*
des installations sportives (f)	*sport facilities*
la récréation	*(here) recess*
une salle de gym(nastique)	*gym*

Volet 1

Contexte 1 Je me souviens...

Patrick et Marie-Hélène évoquent
leurs souvenirs de lycée.

Patrick

Vous voulez savoir quels sont mes
meilleurs souvenirs de lycée?
Franchement, je n'ai pas de très bons
souvenirs de ces trois années. Mon
emploi du temps était très chargé et
je détestais certaines matières
obligatoires, la physique, en
particulier! Le lundi et le jeudi, je
sortais à 6 heures, une heure après la
plupart de mes camarades. En effet,
je suivais un cours de latin, en
option facultative. Tous les soirs, je
passais en général trois heures sur mes devoirs. J'étais un élève sérieux. En
terminale, quand on prépare son bac, il faut de la discipline!
Heureusement, j'avais de bons copains: on jouait souvent au foot tous
ensemble.

La récré s'est terminée et à
l'intérieur du lycée Jean Vilar, les
cours ont recommencé.

Marie-Hélène

Ah, ma vie de lycéenne? Voyons... J'étais nulle en histoire-géo. Pour le
reste, mes résultats étaient assez satisfaisants, mais pas brillants. Au début,
j'ai eu assez de difficultés en cours parce que je ne savais pas bien prendre
des notes, je ne savais pas distinguer les choses importantes. Nous devions
non seulement mémoriser des faits, mais il fallait aussi faire des résumés et
des synthèses. Les profs nous indiquaient des sujets de recherche à
explorer. Mon meilleur souvenir c'est le cours de philo avec un prof super,
M. Amel. Dans sa classe, on se connaissait bien, on avait vraiment un bon
esprit d'équipe. Pour moi, sans hésitation, les années de lycée, c'étaient les
copains d'abord!

À votre tour

 A. Avez-vous compris? Avec votre partenaire, indiquez si les détails suivants caractérisent Marie-Hélène ou Patrick.

MODÈLE: Qui n'a pas de très bons souvenirs de ses années de lycée?
—Patrick n'a pas de très bons souvenirs de ses années de lycée.

1. Qui a eu assez de difficultés au début?
2. Qui était un élève sérieux?
3. Qui ne savait pas distinguer les choses importantes?
4. Qui avait beaucoup de discipline?
5. Qui avait un prof de philo super?
6. Qui connaissait tous ses camarades de classe?
7. Qui détestait la physique?
8. Qui était nul en histoire-géo?
9. Qui jouait souvent au foot?
10. Qui n'avait pas de résultats brillants?
11. Qui suivait un cours de latin?
12. Qui ne savait pas bien prendre des notes?
13. Qui passait en général trois heures sur ses devoirs?

Le mot juste

Expressions

au début	in the beginning
en cours	in class
non seulement… mais	not only … but
super	fantastic

Verbes

connaître	to know, to be acquainted with
distinguer	to distinguish
explorer	to explore
indiquer	to indicate
mémoriser	to memorize
prendre des notes	to take notes
savoir	to know (how)
suivre	to study a subject

Noms

le baccalauréat, le bac	national exam taken at the end of high school
un bulletin scolaire	report card
la discipline	discipline
une dissertation, une disserte (colloq.)	essay
un élève	high school student
un emploi du temps	schedule
l'esprit (m) d'équipe	team spirit

un fait	fact
l'histoire (f)	history
la géographie, la géo (colloq.)	geography
une interrogation, des interros (colloq.)	quizzes
le latin	Latin
une matière	academic subject
une option	option, elective
la philo(sophie)	philosophy
la physique	physics
un résultat	result
un résumé	summary, abstract
un sujet de recherche	research topic
une synthèse	synthesis
la terminale	senior year
la vie	life

Adjectifs

brillant	glowing, brilliant
facultatif, -ive	elective
nul/nulle	worthless
obligatoire	required
satisfaisant	satisfactory

B. Un emploi du temps chargé! (*A heavy schedule!*) Étudiez l'ancien emploi du temps hebdomadaire de Patrick. Puis à tour de rôle avec votre partenaire, posez les questions qui suivent (*that follow*) le tableau et répondez-y!

EMPLOI DU TEMPS de Patrick P., terminale.

Jours Heures	LUNDI	MARDI	MERCREDI	JEUDI	VENDREDI	SAMEDI
8 h	maths	maths	maths	histoire-géo		philo
9 h	maths	maths	histoire-géo	philo	philo	
10 h	philo	histoire-géo	maths			
11 h		maths		biologie	maths	maths
12 h	physique		philo			
13 h	anglais	physique		EPS*	biologie	
14 h	histoire-géo	physique		EPS*		
15 h	biologie	allemand		anglais		
16 h	allemand	allemand		histoire-géo	maths	
17 h	latin			latin		

EPS = Éducation physique et sportive

1. Quels jours Patrick avait-t-il cours? Avait-il du temps libre pendant la journée? Quand par exemple?
2. À quelle heure la journée scolaire de Patrick commençait-elle? À quelle heure se terminait-elle?
3. Combien d'heures de cours par semaine Patrick avait-il?
4. Quels cours suivait-il? Donnez-en une liste.
6. Avait-il des cours de sociologie? de psychologie? d'espagnol? de chimie? de droit? de sciences économiques? de sciences politiques?
7. Y avait-il une pause pour le déjeuner? Si oui, indiquez à quelle heure et combien de temps elle durait (*lasted*).

C. Qu'en était-il pour vous? Souvenez-vous de votre emploi du temps pendant votre dernière année de lycée? Comparez-le avec l'emploi du temps de Patrick. Pour élaborer un peu, incorporez vos réponses aux questions suivant le tableau.

	Vous	Patrick
Nombre de jours de cours par semaine		
Début de la journée scolaire		
Fin de la journée scolaire		
Nombre de matières enseignées		
Nombre d'heures consacrées à chaque matière		

1. Patrick étudiait-il des matières que (*that*) vous n'étudiez pas? Si oui (*if yes*), quelles matières?
2. Aviez-vous des activités et des réunions (*meetings*) que Patrick n'avait pas? Si oui (*if yes*), quelles activités?
3. Le sport tenait-il la même place? Si non (*if not*), expliquez.

D. Vos années de lycée. Comparez votre expérience personnelle à l'expérience de Patrick et Marie-Hélène. Soyez spécifiques et n'hésitez pas à réutiliser des éléments du contexte.

MODÈLE: Moi, je ne suis pas comme Patrick. J'ai de très bons souvenirs de mes années au lycée…

Outil 1 Les verbes **connaître, savoir** et **suivre**

Les verbes **connaître** et **savoir**

- The verbs **connaître** and **savoir** both mean *to know;* however, they cannot be used interchangeably.

- **Connaître** means *to be familiar with* or *acquainted with, to know of:*

Je **connais** assez bien Patrick.	*I know Patrick well enough.*
Je ne **connais** pas les Alpes.	*I do not know the Alps.*
On se **connaissait** bien.	*We knew each other well.*
Nous ne **connaissons** pas bien la vie au lycée.	*We are not really familiar with life in a lycée.*

connaître				
je	connais	nous	connaissons	j'ai connu
tu	connais	vous	connaissez	
il/elle/on	connaît	ils/elles	connaissent	

- **Savoir** means

  - *to know something that has been memorized or learned,* or *to know facts.*

—**Savez**-vous la date du bac?	*—Do you know when the bac is?*
—Non, je ne **sais** pas.	*—No, I don't know.*
Je ne **sais** pas beaucoup de dates historiques.	*I do not know very many (historical) dates.*

  - *to know how to do something* (**savoir** + infinitif):

Je ne **savais** pas bien prendre des notes.	*I did not know how to take notes well.*
Savez-vous faire ce problème de maths?	*Do you know how to solve this math problem?*
Tes copains **savent-ils** jouer au foot?	*Do your friends know how to play soccer?*

savoir				
je	sais	nous	savons	j'ai su
tu	sais	vous	savez	
il/elle/on	sait	ils/elles	savent	

- Note that the imperative of **savoir** is irregular:

  Sache!   Sachons!   Sachez!

Sachez le vocabulaire pour demain!	*Know the vocabulary for tomorrow.*
Sache que nous voulons de meilleurs résultats!	*Know that we want better results!*

- Note the difference in usage between **connaître** and **savoir. Connaître** must always be followed by a noun:

Je **connais** Patrick; je **connais** aussi son lycée.	*I know Patrick; I also know his high school.*

- **Savoir** can also be followed by a noun:

Je **sais** le vocabulaire.	*I know (memorized) the vocabulary.*

  However, **savoir** may also

  - be used alone:

Je ne sais pas.	*I don't know.*

  - be followed by a clause, often an embedded question:

Je **sais** où ils habitent.	*I know where they live.*

  - be followed by an infinitive:

Je **sais jouer** au foot.	*I know how to play soccer.*

- When used in the *passé composé,* the meaning of these verbs is idiomatic:

J'**ai connu** Patrick l'année dernière.	*I **met** Patrick last year.*
J'**ai su** cette nouvelle par Marie-Hélène.	*I **learned** that news from Marie-Hélène.*

À votre tour

A. À chacun son talent (*To each his/her own talents*). À tour de rôle, partagez des détails connus au sujet de différentes personnes: nommez une chose que ces personnes savent faire et un endroit ou une personne qu'elles connaissent bien.

MODÈLE: ta mère
—Ma mère sait parler français.
—Elle connaît bien le sud de la France.

1. ton père
2. tes grands-parents
3. tes copains
4. nous
5. notre prof
6. toi

B. Tu sais... ? Tu connais... ? Il y a une fête chez un membre de la classe, Luke. Vous et votre partenaire échangez beaucoup de questions.

MODÈLE: où on se retrouve
—Sais-tu où on se retrouve?
—Oui, je sais.   *ou*   Non, je ne sais pas.

1. où est le rendez-vous
2. à quelle heure on se retrouve
3. des copains qui (*who*) ont une voiture
4. comment aller chez Luke
5. pourquoi toute la classe n'est pas invitée
6. les copains de Luke
7. combien de personnes vont aller à cette fête
8. les parents de Luke

C. La vie au lycée. À tour de rôle avec votre partenaire, posez des questions au sujet de la vie au lycée (avec **savoir** ou **connaître**) et puis, répondez-y (*answer them*).

MODÈLE: faire les problèmes
—Tu savais faire les problèmes?

tout le monde dans ta classe
—Tu connaissais tout le monde dans ta classe?

prendre des notes   tes leçons par cœur (*by heart*)
faire des résumés   *combien d'heures tes copains*
tous les profs du lycée   *passaient sur leurs devoirs*
des profs nuls   **de bons profs**
des élèves sérieux   **faire des synthèses**
des élèves nuls   le latin   *travailler en équipe*

D. Interview. À tour de rôle, interviewez des camarades sur leurs talents cachés (*hidden talents*) et leurs connaissances (gens et endroits). Par exemple: Qu'est ce que tu sais ou ne sais pas faire? Qui connais-tu? Quel(s) endroit(s) connais-tu? Partagez ces détails en petits groupes.

Le verbe **suivre**

- The verb **suivre** means *to follow:*

Pour trouver le lycée, **suivez** le boulevard!	*To reach the high school, follow the boulevard!*
On **suit** les conseils des profs?	*Do people follow their teachers' advice?*

- It is also used idiomatically to express the idea of *taking a course* or *keeping up with* (current events, sports, etc.):

Combien de cours **suis**-tu ce semestre?	*How many courses are you taking this semester?*
Je **suivais** un cours de latin au lycée.	*In high school I was taking a Latin course.*
Mes amis **suivent** la politique européenne.	*My friends keep up with European politics.*

suivre				
je	suis	nous	suivons	j'ai suivi
tu	suis	vous	suivez	
il/elle/on	suit	ils/elles	suivent	

À votre tour

A. Quel cursus pour quelle carrière? (*Which curriculum for which career?*) Avec un partenaire, indiquez à tour de rôle quels cours suivent les personnes suivantes.

MODÈLE: Je veux être professeur de sciences, alors je suis des cours de maths et physique.

Tu veux être interprète.	latin
On veut être journaliste.	biologie
Nous voulons être historiens.	anglais
Ils veulent être médecins.	histoire-géo
Vous voulez être ingénieurs.	espagnol
	physique
	allemand
	éducation physique
	français
	maths
	chimie

B. Petit sondage. Interviewez plusieurs camarades de classe sur leurs cours, leur emploi du temps et leurs intérêts scolaires, puis faites un résumé de leurs réponses. Demandez-leur:

1. combien de cours ils suivaient au lycée
2. quels cours ils suivaient à cette époque-là
3. combien de cours ils suivent aujourd'hui
4. quel programme de télé ils suivent régulièrement
5. quel sujet ils suivent régulièrement (sports? politique nationale? internationale? films? livres? religion? voyages? histoire?)

Contexte 2 Tu m'aides un peu?

Martin a fait des progrès mais il a besoin d'aide en maths. Solange a accepté de l'aider. C'est le moment de prendre rendez-vous!

Martin: Dis, tu es vraiment sympa de m'aider en maths. On fixe un jour?

Solange: Écoute, moi, c'est le jeudi qui m'arrange le mieux.

Martin: Moi aussi, le jeudi ça m'arrange!

Solange: Es-tu libre pendant l'heure du déjeuner?

Martin: Parfait. Où est-ce que je te retrouve?

Solange: Au foyer. On achète des sandwiches et des cocas et on travaille là.

Martin: Mais les copains ne vont pas nous laisser tranquilles!

Solange: Bien sûr que si, ils vont nous laisser tranquilles: les maths, ça ne les intéresse pas trop à l'heure du déjeuner, je t'assure!

Martin: Alors à jeudi midi. Je file à mon cours d'histoire. Je l'ai raté la semaine dernière!

Solange: Eh bien, dépêche-toi, sinon, tu vas le rater encore une fois!

Le mot juste

Expressions

Ça m'arrange le mieux.	*It works best for me.*
Dis!	*Say!*
encore une fois	*one more time*
Je t'assure!	*I assure you!*
vraiment sympa	*really nice*

Verbes

accepter de	*to accept*
faire des progrès	*to make progress*
filer	*to run along*

fixer un jour, une date	*to set a day, a date*
laisser tranquille	*to leave alone*
prendre rendez-vous	*to set, to make an appointment*
rater	*(here) to miss or to cut (a class)*

Noms

le foyer	*student center*

■■■■ À votre tour

 A. Avez-vous compris? Avec votre partenaire, remplissez l'aide-mémoire ci-dessous pour parler du rendez-vous de Solange et Martin. Ensuite, résumez les renseignements trouvés.

MODÈLE: Alors, Solange et Martin ont pris rendez-vous le…

Date du rendez-vous:
Heure du rendez-vous:
But(s) du rendez-vous:
Endroit du rendez-vous:

 B. Un rendez-vous important. Vous avez demandé de l'aide à votre partenaire dans une matière de votre choix. Maintenant vous prenez rendez-vous. Suivez le contexte comme modèle.

Vous…	**Votre partenaire…**
Proposez un jour qui vous arrange.	Propose un jour différent.
Précisez l'heure.	Négocie l'heure.
Demandez où vous retrouver.	Propose un endroit.
Présentez une objection.	Réfute l'objection.
Résumez les conditions du rendez-vous.	Exprime son accord; dit au revoir.

C. Pas vraiment le temps! Votre partenaire n'a pas envie de vous aider. Quand vous demandez de l'aide et essayez de prendre rendez-vous, il/elle semble être trés occupé(e).

Vous…	**Votre partenaire…**
Demandez de l'aide.	Donne une réponse affirmative (mais peu enthousiaste!).
Proposez une date.	Donne une excuse (sport, visite de famille, examen).
Proposez une autre date.	Donne une autre excuse et propose une date éloignée.
Proposez un endroit.	Doit filer mais promet un coup de téléphone.

Outil 2 Les pronoms compléments d'objet direct

- A direct object receives the action of the verb; it answers the question *Whom?* or *What?*

Marie-Hélène prépare **le bac**?	*Is Marie-Hélène preparing the **bac**?*
Solange aide **Martin**.	*Solange is helping **Martin**.*

- Direct object pronouns can be substituted for direct object nouns or noun phrases. They have the same gender and number as the nouns they replace. They normally precede the verb of which they are the object (this may be the main verb or an infinitive).

- The direct object pronouns are given below. All forms that end in a vowel elide before a verb beginning with a vowel sound.

SINGULAR	PLURAL
me (m')	nous
te (t')	vous
le (l') / la (l')	les

—Marie-Hélène prépare **le bac?**	—*Is Marie-Hélène studying for the bac?*
—Oui, elle **le** prépare.	—*Yes, she's studying for it.*
—Solange aide **ses copains?**	—*Is Solange helping her friends?*
—Oui, elle **les** aide.	—*Yes, she is helping them.*
—Tu connais **la copine de Martin**?	—*Do you know Martin's friend?*
—Mais oui, je **la** connais: c'est Solange!	—*Yes, I know her: it's Solange!*
—Est-ce que tu **m'**aides un peu?	—*Can you help me a little?*
—Oui, d'accord, je **t'**aide.	—*Sure, I'll help you.*
—Martin va rater **son cours d'histoire?**	—*Is Martin going to miss his history class?*
—Oui, il va **le** rater encore une fois.	—*Yes, he is going to miss it again.*

- In the negative, **ne** never comes between the direct object pronoun and the verb:

Les copains **ne nous** laissent **pas** tranquilles!	*Our friends are not leaving us alone!*
Jeudi? Non, ça **ne m'**arrange **pas**!	*Thursday? No that does not suit me!*
Solange et Martin? Je **ne les** connais **pas.**	*Solange and Martin? I don't know them.*

- Note that in inversion questions—rarely used in conversation—the object pronoun precedes the verb:

—**M'**aides-tu un peu?	—*Can you help me a little?*
—Oui, d'accord, je **t'**aide.	—*Sure, I'll help you.*
—**La** connais-tu?	—*Do you know her?*

- The affirmative imperative is the only exception to the normal word order for direct object pronouns. Direct object pronouns are placed immediately after the verb and are connected to it with a hyphen. **Me** becomes **moi** after an affirmative imperative.

  Attends-**moi**!   *Wait for me!*
  Laissez-**nous** tranquilles!   *Leave us alone!*

- There is no change in word order in the negative imperative:

  Ne **m'attends** pas!   *Do not wait for me!*
  Ne **nous écoutez** pas!   *Do not listen to us!*

- In the *passé composé*, direct object pronouns directly precede the auxiliary verb. The past participle of the verb agrees in number and gender with the preceding direct object pronoun.

  —As-tu fait tes devoirs?
  —Oui, je **les** ai fait**s**.
  —Moi, je ne **les** ai pas commencé**s**.

  —As-tu compris la leçon?
  —Bien sûr, je **l'**ai compris**e**.
  —Moi, je ne **l'**ai pas compris**e** du tout!

- Certain French verbs are followed by a direct object (without a preposition), although their English equivalents are not. It's important to learn these very common verbs:

  attendre   *to await, wait for*
  chercher   *to look for*
  écouter   *to listen to*
  regarder   *to look at*

  On **attend** les copains. On **les** attend.   *We're **waiting for** them.*

  On **cherche** la cassette. On **la** cherche.   *We're **looking for** it.*

  On **regarde** le prof. On **le** regarde.   *We're **looking at** him.*
  On **écoute** nos parents. On **les** écoute.   *We **listen to** them.*

■■■■ À votre tour

A. La vie scolaire. Vous questionnez un groupe de jeunes lycéens sur leur vie au lycée. Ils vous répondent en phrases courtes (un pronom objet remplace l'objet direct).

MODÈLE: On apprécie beaucoup **les bons profs**?
        —Oui, on **les** apprécie.
   ou: —Non, on ne **les** apprécie pas.

1. On suit **les conseils** (*advice*) des parents?
2. On regarde **les films du prof?**
3. On écoute **les cassettes au labo?**
4. On fait **les devoirs** tous les jours?
5. On reçoit **les corrigés** (*answer keys*) des devoirs?
6. On fait **la rédaction** à la dernière minute?
7. On invite **les copains** pour travailler?
8. On prépare **l'examen** ensemble?
9. On attend **les résultats** avec impatience?
10. On célèbre **la réussite** (*success*) ensemble?

B. Mais oui!/Mais non! Quelles sont les règles au lycée? Peut-on, doit-on faire les choses suivantes?

MODÈLE: Peut-on appeler **l'assistante**?
        —Mais oui, on peut l'appeler.
   ou: —Mais non, on ne peut pas l'appeler.

1. Peut-on rendre **les devoirs** en retard?
2. Doit-on suivre **les cours d'éducation physique?**
3. Peut-on inviter **les copains** chez soi?
4. Doit-on faire **les devoirs** tous les jours?
5. Doit-on suivre **les conseils** (*advice*) des profs?
6. Doit-on attendre **les résultats** longtemps?
7. Peut-on célébrer **la réussite** avec une fête?

 C. Travail d'équipe. Avant la période des examens, proposez un échange de bons services à votre partenaire et à vos camarades.

MODÈLE: Toi, tu m'aides en histoire et moi, je _____ aide en physique.
        Toi, tu m'aides en histoire et moi, je t'aide en physique.

1. Toi, tu m'aides en maths et moi, je _____ aide en français.
2. Eux, ils nous aident en histoire et nous, nous _____ aidons en géographie.
3. Vous, vous m'aidez en maths et moi, je _____ aide en biologie.
4. Elle, elle nous aide en orthographe et nous, nous _____ aidons en grammaire.
5. Moi, je t'aide en français, et toi, tu _____ aides en calcul.

D. Conseils (*Good advice*). Vous et votre partenaire donnez des conseils à un(e) jeune ami(e) qui vient de passer le bac.

MODÈLE: Attends **les résultats** avec calme!
—Attends-les avec calme!

1. Ne redoute pas (*to fear*) *les résultats*!
2. Invite *ta copine/ton copain* pour célébrer!
3. Accepte *les félicitations de ta famille*!
4. Informe *tes profs* des résultats!
5. Vends *tes livres de classe*!
6. Ne regrette pas *le lycée*!
7. Prépare *ton départ en vacances*!
8. Donne *ta nouvelle adresse* aux copains!
9. Apprécie *ta liberté*!

E. Tu as bien fait! (*You did well!*) Votre ami(e) a reçu ses résultats: il/elle a réussi son bac parce qu'il/elle a bien travaillé toute l'année.

MODÈLE: Il/Elle a écouté **les conseils des profs.**
—Ça oui, il/elle les a écoutés!

1. Il/Elle a fait *les devoirs* toute l'année.
2. Il/Elle a appris *toutes les leçons*.
3. Il/Elle n'a jamais raté *les cours*.
4. Il/Elle n'a pas oublié *les dates historiques*.
5. Il/Elle a fait *ses meilleurs efforts*.
6. Il/Elle a organisé *son emploi du temps*.
7. Il/Elle n'a pas perdu *son temps*.
8. Il/Elle a découvert *la meilleure méthode de travail*.
9. Il/Elle a étudié *toutes les matières*.
10. Il/Elle a présenté *les options facultatives*.
11. Il/Elle a attendu *les résultats* avec calme.
12. Il/Elle a souvent aidé *ses copains*.
13. Résultat: le bac a ouvert *les portes de l'université* pour lui/elle.

F. Et maintenant, la fête! (*Now, let's party!*) Votre ami(e) a reçu ses résultats: il/elle a réussi son bac. Vous—et votre partenaire en écho indiquez quoi faire ou ne pas faire.

MODÈLE: Annonce **tes résultats** à tout le monde!
—C'est ça! Annonce-les à tout le monde!

1. Invite *tes copains* à une fête!
2. Fête *ta réussite*!
3. Accepte *les félicitations*!
4. Montre *ton diplôme* à tes grands-parents!
5. N'ouvre pas *les manuels scolaires*!
6. Nettoie *ton bureau*!
7. Ne jette pas *tes notes*!
8. Encourage *tes copains qui ont raté*!
9. N'oublie pas *tes copains de classe*!
10. Remercie *tes profs*!

G. Spontanément (*Spontaneously*). En petits groupes, demandez à vos camarades quelle est leur réaction spontanée quand ils entendent certains mots reliés (*connected*) à leurs années de lycée. Ils répondent en phrases très courtes.

MODÈLE: les examens?
—Oh! Je les trouvais faciles!

Suggestions: les copains, les cours, l'emploi du temps, la cafétéria, le labo, les installations sportives, le bal *(prom),* etc.

Utilisez votre imagination et votre expérience pour trouver d'autres mots-clés des années-lycée.

Volet 3

Contexte 3 Le jour du bac

Rémi raconte son expérience.

Le jour du bac, je me suis levé très tôt parce que l'examen avait lieu dans un lycée loin de mon quartier. J'étais un peu nerveux et je n'ai pas pu prendre mon petit déjeuner. Ma mère n'était pas contente, mais vraiment je n'avais pas faim! Nous nous disputions quand mon copain Julien et son père sont arrivés en voiture et je suis parti avec eux.

Le jour de l'oral du bac, on cherche sa salle d'examen.

À 7 h 15, le père de Julien nous a laissés, Julien et moi, devant le lycée. Nous étions contents d'être en avance parce que nous voulions repérer notre salle d'examen. Mais les portes du lycée étaient fermées, alors nous sommes allés dans un petit café tout près. Nous avons rencontrés d'autres copains, l'ambiance était très sympa. Je ne me sentais plus du tout nerveux.

De retour au lycée, quand j'ai vu (*I saw*) les sujets, j'ai su que je n'allais pas avoir de problèmes. Les quatre heures ont passé très vite. On est retourné au café pour déjeuner et là j'avais vraiment faim.

L'après-midi, la seconde épreuve, histoire, s'est aussi bien passée. Puis Julien et moi avons pris deux bus différents pour rentrer chez nous. Il pleuvait un peu, alors nous nous sommes arrêtés dans un magasin de disques. Le lendemain, le reste des épreuves m'a semblé tout à fait routine.

Le soir, il y avait une grande fête chez Charlotte pour marquer le début des vacances et bien sûr, nous y sommes allés. Tous les copains de la classe étaient là. On était tous soulagés d'avoir le fameux bac derrière nous, mais nous devions maintenant attendre les résultats!

Le mot juste

Expressions

de retour à	*upon returning to*
pendant que	*while*

Verbes

avoir lieu	*to take place*
laisser	*to leave*
repérer	*to locate*
bien/mal se passer	*to go well/badly*
marquer	*to mark, to celebrate*
sembler	*to appear*

Noms

le début	*beginning*
une épreuve	*test*
la routine	*routine*
une expérience	*experience*

Adjectif

soulagé	*relieved*

À votre tour

 A. Avez-vous compris? À tour de rôle avec votre partenaire, complétez les phrases suivantes.

1. Le jour du bac, Rémi s'est levé très tôt parce que...
2. La mère de Rémi n'était pas contente, parce que...
3. Rémi est parti en voiture avec...
4. Rémi n'a pas pu entrer immédiatement dans la salle d'examen parce que...
5. Selon Rémi, les sujets d'examens étaient...
6. Au retour, Rémi et Julien sont entrés dans un magasin de disques parce qu'il...
7. Le soir du second jour, Rémi et Julien sont allés...

 B. Émotions! La journée du bac est très importante et les candidats, leurs parents et amis ont beaucoup d'émotions. À tour de rôle avec votre partenaire, imaginez les émotions du candidat et de sa famille. Choisissez vos commentaires parmi les expressions suivantes:

| on était calme | / | on était nerveux | / | on avait peur | / | on était soulagé |

1. Le matin au réveil...
2. Pendant le voyage en voiture jusqu'au lycée...
3. Devant les portes fermées du lycée...
4. Avant de recevoir les sujets d'examens...
5. Après avoir reçu des sujets assez faciles...
6. Au moment du déjeuner avec les copains...
7. À la fête immédiatement après l'examen...
8. Pendant les trois semaines d'attente des résultats...

C. Vos souvenirs personnels. Avez-vous passé des examens (*ACT, SAT, others?*) durant votre dernière année au lycée? Rappelez-vous comment vous avez passé cette journée et partagez vos souvenirs avec vos camarades.

À quelle heure vous êtes-vous levé(e)? Le centre d'examen était-il près ou loin? À quelle heure commençait l'examen? Étiez-vous seul(e)? avec des copains? Étiez-vous détendu(e) (*relaxed*) ou nerveux(euse)? Qu'est-ce que vous avez fait après l'examen? Combien de temps avez-vous attendu les résultats?

Outil 3 | La narration au passé: l'imparfait vs. le passé composé

The *imparfait* and the *passé composé* are both used to talk about the past. Whether the *imparfait* or *passé composé* is used depends upon the context and the speaker's perspective.

The imparfait

- describes how things were, the the way things used to be
- indicates what a situation was like
- describes what was going on, or a state of mind
- recalls habitual or repeated past actions

The passé composé

- tells what happened (next)
- narrates past events, actions which occurred only a few or a known number of times
- relates a series of past actions or events
- introduces an interruption to an ongoing action

• The *imparfait* enables the speaker or writer to set the scene, provide background information, or describe particular circumstances. The *passé composé* enables the speaker or writer to tell what happened.

• Study the following illustrations and sentences. Explain the choice of the *passé composé* or the *imparfait* in each case.

Au moment où Cécile est sortie de l'appartement, il pleuvait.

Quand Jules est entré dans la classe, il n'y avait plus de place.

Quand Patrick et Annie sont arrivés au cinéma, beaucoup de gens attendaient.

Quand Sophie et Mireille sont allées au café, les copains n'étaient pas là.

● Certain adverbs are more commonly associated with one tense or the other.

Adverbs commonly used with the passé composé:

un jour (*one day*)
d'abord (*first*)
puis (*then*)
ensuite (*next*)
enfin (*finally*)
soudain (*suddenly*)
tout d'un coup (*all at once, suddenly*)
brusquement (*abruptly*)

Adverbs commonly used with the imparfait:

généralement (*generally*)
d'habitude (*usually*)
toujours (*always*)
souvent (*often*)
rarement (*seldom*)

À votre tour

A. Des détails. Relisez (*read again*) l'histoire de Rémi et Julien le jour du bac (à la page 332). Ajoutez des détails en répondant aux questions ci-dessous. (*Provide additional details by answering the questions below.*)

Rémi s'est levé très tôt. Pourquoi?
Il n'a pas pris de petit déjeuner. Pourquoi?
À 7 h 15 le père de Julien les a laissés devant le lycée. Pourquoi les garçons étaient-ils si en avance (*so early*)?
Ils ont rencontré des copains au café. Quelle était l'ambiance dans le café?
Rémi n'a pas eu de problèmes avec la première épreuve. Les sujets étaient-ils faciles ou difficiles pour lui?
Après la première épreuve, ils sont retournés au café. Pourquoi?
Après les épreuves, Rémi et Julien se sont arrêtés dans un magasin de disques. Pourquoi?
Le lendemain soir Rémi et Julien sont allés chez Charlotte. Pourquoi?
Quelle atmosphère y avait-il là?

B. Pas comme d'habitude! (*Not as usual!*) Avec un partenaire, contrastez la routine quotidienne (*daily*) de Rémi avec ses actions le jour du bac.

MODÈLE: Ne... pas venir chercher Rémi en voiture.
　　　　　—D'habitude, le père de Julien ne venait pas chercher Rémi en voiture.
　　　　　—Mais le jour du bac, il est venu chercher Rémi en voiture.

1. se lever à 7 h
2. ne pas être nerveux le matin
3. avoir faim
4. prendre son petit déjeuner
5. sa mère ne... pas superviser son petit déjeuner
6. aller dans le lycée dans le quartier
7. ne... pas aller au café avant la classe
8. ne... pas prendre le bus pour rentrer
9. ne... pas aller chez Charlotte le soir
10. ne... pas rencontrer tous ses copains le soir

C. Interruptions. Combinez un élément de chaque colonne pour expliquer ce que vous faisiez hier en classe ou à la maison (Colonne A) quand une interruption (Colonne B) a soudain tout changé.

MODÈLE: je (s'endormir) / le prof poser une question
—Je m'endormais quand soudain le prof a posé une question.

A	B
je (s'ennuyer) à la bibliothèque	un copain (venir) me retrouver
je (regarder) la télévision	le téléphone (sonner) (*ring*)
je (penser) à mon week-end	je (se rappeler) mon devoir de maths
je (déjeuner) au foyer	je (penser) à mon cours d'histoire
je (faire) mes devoirs	mon frère (mettre) la radio
je (finir) ma disserte	le prof (s'arrêter) de parler
je (prendre) des notes	?

D. Une journée pas comme les autres. Échangez avec un partenaire l'histoire d'une journée pas comme les autres. C'était quand? Quel âge aviez-vous? Où étiez-vous? Qui était avec vous? Que faisiez-vous? Quelle était l'atmosphère? Soudain, qu'est-ce qui a changé? Qu'est-ce qui est arrivé d'abord? Qu'est-ce que vous avez fait ensuite? pourquoi? avec quels résultats?

MODÈLE: J'avais 15 ans. J'allais au lycée avec mon vieux vélo. Soudain une voiture est arrivée. Elle a tourné devant moi et je suis tombé. Ensuite la voiture s'est arrêtée. Puis le conducteur m'a aidé. Moi j'allais bien, mais mon vélo ne marchait plus! Alors le conducteur m'a ramené chez moi. Finalement il a payé un nouveau vélo!

1. se réveiller, avoir toujours sommeil, être fatiguée

2. s'habiller, les couleurs / ne pas aller bien ensemble, se changer

3. sortir, pleuvoir, faire froid, être de mauvaise humeur, le bus / ne pas arriver

4. rentrer dans son appartement, le lit / être déja défait, se recoucher, s'endormir

E. Une journée qui tourne court. Racontez au passé la mini-histoire d'Annie illustré ci-dessus.

Volet 4

Contexte 4 — Un vrai cancre?

Il y a toujours quelqu'un qui a la réputation d'être le cancre de la classe. Prenez l'exemple de Sébastien. Au collège, Sébastien a toujours eu cette réputation. Et ça continue au lycée! Il est vrai que Sébastien est extrêmement indépendant et son comportement le prouve. Depuis toujours, il sèche certains cours qui ne l'intéressent pas trop—mais il est là quand le reste de la classe passe un examen! Et il réussit même à avoir la moyenne. Pendant le cours, on ne sait pas si Sébastien fait attention ou non: est-ce qu'il rêve? ou est-ce qu'il dort, les yeux ouverts? Comme Sébastien est toujours poli et gentil, ses profs le laissent tranquille. Quand Sébastien décide de participer, il pose des questions, et il partage de bonnes idées. En fait, il adore participer aux discussions, là il prend souvent l'initiative et il est même brillant. Depuis qu'il va à l'école, le comportement de Sébastien surprend ses profs: est-ce un vrai cancre? est-ce un génie? Cette année, il y a eu un changement important depuis que son professeur est M. Hamel: Sébastien assiste au cours de philo régulièrement, il fait presque tous ses devoirs. Va-t-il enfin perdre sa réputation de cancre?

On sèche le cours.

On réussit.

On passe un examen.

On fait ses devoirs.

On fait attention.

On rêve.

On rate un examen.

On assiste au cours.

On fait des progrès.

Le mot juste

Expressions

depuis que	*since*
depuis toujours	*forever*
extrêmement	*extremely*
pendant que	*while*
quelqu'un	*someone*
régulièrement	*regularly*

Verbes

avoir la moyenne	*to get a passing grade*
avoir une réputation	*to have a certain reputation*
participer	*to participate*
prendre l'initiative	*to take the initiative*
prouver	*to prove*
surprendre	*to surprise*

Noms

un cancre	*dunce*
un comportement	*behavior*
une discussion	*discussion*
un génie	*genius*

Adjectif

indépendant	*independent*

À votre tour

A. Des comportements différents. Avec votre partenaire, faites deux listes contrastant les comportements d'un(e) étudiant(e) modèle dans la colonne 1 et les comportements d'un cancre dans la colonne 2, puis comparez-les.

MODÈLE: l'étudiant modèle   le cancre
      —Il assiste aux cours.   —Il sèche les cours.

L'étudiant modèle	Le cancre

B. Quelques conseils. Un(e) amie vous demande conseil pour avoir de bons résultats en classe. Indiquez les bonnes habitudes à suivre. Utilisez des expressions comme **toujours, tous les jours, rarement.**

MODÈLE: Ne sèche pas la classe! Assiste toujours au cours.

C. Un vrai miracle! Sébastien est maintenant un élève modèle. Avec un partenaire, contrastez ses anciennes et ses nouvelles habitudes.

MODÈLE: —Avant, il séchait ses cours.
      —Maintenant, il assiste au cours.

D. De bonnes habitudes qui paient (*Good habits that pay off*). Partagez en petits groupes quelles sont vos habitudes de travail avant un examen très important—ou un long essai ou une présentation orale—que vous préparez depuis des mois et des semaines (*prepare over the course of months and weeks*).

MODÈLE: —Moi, depuis des mois, je fais tous mes devoirs.
      —Moi, depuis des mois, je pose des questions en classe.

> **Depuis des mois:** être sérieux en classe; faire mes devoirs; apprendre mes leçons; participer en classe; poser des questions; réussir les examens blancs (*practice exams*); avoir beaucoup de chance
>
> **Depuis des semaines:** faire attention aux cours; prendre des notes; faire des progrès; passer du temps à la bibliothèque; travailler en groupe
>
> **Depuis une semaine:** se coucher tôt/tard? se lever tôt/tard? faire des révisions (*review*)? sortir moins avec des copains? travailler seul?

E. Et vous? Quel type d'étudiant(e) êtes-vous? Vous et vos partenaires examinez vos habitudes de travail. Quelle(s) sont vos conclusion(s)?

MODÈLE: Mon partenaire et moi parlons beaucoup; nous faisons les exercices assez vite. Nous ne dormons jamais en classe, mais moi je rêve parfois.

Outil 4 Depuis, pendant et il y a

Depuis + time expression = *for, since*

● The present tense is used with the preposition **depuis** to indicate that an action begun in the past is still going on in the present.

Depuis des mois, Sébastien **sèche** certains cours.	*For months, Sebastian has been skipping certain classes.*
Nous **sommes** en classe **depuis** 45 minutes.	*We've been in class for 45 minutes.*

● **Depuis** is also used to pinpoint the time or date when an ongoing action started.

J'étudie le français **depuis** 1998.	*I have been studying French since 1998.*
Nous sommes en classe **depuis** 9 h 30.	*We have been in class since 9:30 A.M.*

● To ask *How long … ?* use **depuis quand** or **depuis combien de temps** and the present tense:

—**Depuis quand** est-ce que Sébastien **a** la réputation d'être un cancre?	—*How long has Sebastian had the reputation of being a dunce?*
—Il **a** cette réputation **depuis** le collège.	—*He has had this reputation since junior high school.*
—**Depuis combien de temps préparez-vous** le bac?	—*How long have you been studying for the bac?*
—**Je prépare** le bac **depuis** des mois.	—*I have been studying for the bac for months.*

Pendant + time expression = *for (during)*

● **Pendant** + a time expression expresses the duration of an action, whether past, present, or future.

En général, on attend les résultats du bac **pendant** trois semaines.	*In general, people wait for the results of the bac for three weeks.*
Mais nous, nous **avons attendu** les résultats du bac **pendant** un mois.	*But we waited for the results of the bac for a month.*
Vous, vous **allez attendre** les résultats **pendant** cinq semaines.	*And you are going to wait for the results for five weeks.*

Il y a + time expression = *ago*

● To indicate the point or moment in time that something happened (expressed in English by the use of the word *ago*), use **il y a** + a time expression and a past tense verb.

Sébastien **était** au collège **il y a** deux ans.	*Sebastian was in junior high school two years ago.*
Il y a plus d'un millénaire (*millennium*), Charlemagne a créé les premières écoles en France.	*More than a 1000 years ago, Charlemagne created the first schools in France.*

- Compare the following sentences, which contrast the use of **depuis, pendant,** and **il y a:**

J'ai préparé le bac **pendant** des mois. Je l'ai réussi **il y a** un an, et je suis à l'université **depuis** un an.

I studied for the bac for months. I passed it a year ago, and I've been at the university for a year.

Notice that **depuis** indicates how long the action has been going on, **pendant** expresses the duration of an action, and **il y a** marks a point in time when something happened.

■■■■■ À votre tour

A. Enquête. Vous demandez à un(e) camarade de classe s'il/si elle s'engage dans les activités suivantes et, si oui, depuis combien de temps.

MODÈLE: jouer au tennis
—Tu joues au tennis?
—Oui, je joue au tennis. *ou:* Non, pas du tout.
—Et tu joues depuis combien de temps?
—Depuis [trois ans].

1. jouer au tennis
2. avoir un petit boulot (*job*)
3. jouer au basketball
4. faire partie d'une équipe sportive
5. s'intéresser au français
6. suivre des cours de français
7. posséder un ordinateur
8. avoir un diplôme similaire au bac

B. Traditions. Dites depuis quand ou depuis combien de temps votre université et les bâtiments suivants existent.

MODÈLE: l'université
—L'université existe depuis 1895/depuis à peu près (*almost*) 100 ans/depuis un siècle (*century*).

1. l'université
2. le bâtiment X
3. le parc
4. la bibliothèque
5. le théâtre
6. le gymnase

C. Comportements divers. En petits groupes, décrivez les comportements des personnes suivantes. Utilisez les suggestions données et aussi utilisez votre imagination!

Un cancre: Quel est son comportement en classe?
Vos amis pendant les soirées d'hiver: Qu'est-ce qu'ils font? (rester à la maison? regarder la télé? aller au cinéma? étudier? se coucher tôt? etc.)
Vous: Qu'est-ce que vous avez fait / n'avez pas fait pendant le week-end dernier? (des tâches domestiques? du travail scolaire? du sport? des visites de famille?)

D. Des événements qui comptent (*Significant dates*). Ne soyez pas trop nostalgiques, mais vous et votre partenaire vous rappelez combien de temps a passé depuis certains événements. Ensuite en petits groupes, partagez avec d'autres des événements qui ont compté pour vous.

MODÈLE: avoir son premier vélo
—J'ai eu mon premier vélo il y a 12 ans.

avoir son premier rendez-vous

faire son premier voyage sans sa famille/à l'étranger (*abroad*)

donner son premier concert

gagner son premier prix (*prize*)

obtenir son permis de conduire

acheter (recevoir) sa première voiture

partir en camp de vacances

prendre ses premières photos

sécher son premier cours

E. Vive la diversité. Circulez dans la classe et identifiez parmi vos camarades qui a fait les choses suivantes. Puis en petits groupes comparez vos résultats.

1. Qui a travaillé pendant l'été?
2. Qui a fait du ski alpin pendant les vacances d'hiver ou de printemps?
3. Qui a séché des cours pendant ce semestre/trimestre?
4. Qui est allé en Europe il y a deux ou trois ans maximum?
5. Qui est étudiant depuis le plus longtemps?
6. Qui a commencé ses études il y a juste un an?

𝒫honétique

Les consonnes [p], [t], [k]

- These three consonant sounds—[p], [t], [k]—also exist in English in words like *pie, top,* and *cool.* However, they are not always pronounced identically in the two languages. In English, when these consonants occur at the beginning of a word, they are pronounced with aspiration; that is, a small burst or puff of air accompanies the consonant sound: [pʰ], [tʰ], [kʰ]. (This would be the case for *pie, top,* and *cool.*) However, in the words *spy, stop,* and *school* the [p], [t], and [k] are not aspirated. In French, these three consonants are always pronounced without the aspiration.

- The consonant sound [p] is almost always represented in writing by the letter **p**: **p**our, **p**ot, **P**aris, **p**omme.

- The consonant sound [t] is usually represented in writing by the letter **t**: **t**able, **t**oi, **t**ante, **t**u. Remember that the combination **th** is also pronounced [t]: Na**th**alie, **th**on, **th**é, ma**th**s. However, the letter **t** in the combination **ti** is usually pronounced [s]: pa**ti**ence, na**ti**on.

- The consonant sound [k] may be represented in writing in several ways:

c + a, o, u	**c**afé, **c**omment, **c**uisine
qu	**qu**i, dis**qu**e, pour**qu**oi
k	**k**ilo, **k**ilomètre, **k**iosque
c	par**c**, Mar**c**, publi**c**

À votre tour

A. Écoutez et répétez. Attention à ne pas aspirer [p], [t], ou [k].

1. **P**ourquoi **p**as **P**aul?
2. **N**ous **p**ouvons **p**oser la lam**p**e sur ce**tt**e **t**able.
3. Les chaises de la **c**uisine ne sont pas **c**onfor**t**ables.
4. **C**arl, **c**alme **t**a **c**opine **C**amille!
5. **P**ierre, **p**asse l'aspirateur sur les **t**a**p**is, s'il **t**e **p**laît.
6. **T**u vas au centre de ré**c**réation **p**our **t**e détendre.
7. **Att**end-elle depuis long**t**emps?
8. **N**athan, dépêche-**t**oi! **T**u vas rater **t**on bus!
9. On va faire un **p**ique-ni**qu**e dans un joli **p**arc.
10. **Q**ui **p**eut **c**ourir un mara**th**on? Ça fait beaucoup de **k**ilomètres!

En direct

A. De qui, de quoi s'agit-il? You will hear the comments of five people at a **lycée.** In each case, indicate whether the speaker is a teacher (**professeur**) or a student (**elève**) and then choose the word that best describes the speaker's intention or tone.

	Professeur	Élève	De quoi s'agit-il?	
1.	—	—	a. enthousiasme	b. reproches
2.	—	—	a. incertitude	b. colère (*anger*)
3.	—	—	a. reproches	b. félicitations
4.	—	—	a. enthousiasme	b. fatigue
5.	—	—	a. enthousiasme	b. fatigue

B. Choisir son aide-mémoire. It's your last year of **lycée** and you'll be taking the **bac** in June. One day you turn on the radio and you hear an evaluation of **aide-mémoire** (*review books*) available to help you review. Listen and fill in as much information as you can about each one.

Aide-mémoire	Prix	Présentation	Contenu	Appréciation
L'Histoire au bac (Tibert)				
Histoire (Collection *Bac sans peine,* Naman)				
Gé-O-Bac (Tibert)				
La Géographie au bac en 30 dossiers (Michelon)				

Sur la base de ses renseignements, quel aide-mémoire allez-vous acheter? Pourquoi?

Cultures en parallèles

Le bac

Observer

PUISQU'ON VOUS DIT QUE LE BAC, FAUT PAS EN AVOIR PEUR!

EXAMINATEUR

LYCÉE

PLANTU

A. Le texte du dessin humoristique qui accompagne ces pages veut rassurer (*reassure, comfort*) les lycéens: n'ayez pas peur du bac! Mais... le dessin lui-même est-il rassurant? Justifiez votre réponse.

	Plutôt rassurant	Plutôt effrayant
1. Taille (*size*) du bâtiment du lycée		
2. Taille de l'examinateur		
3. Expression de l'examinateur		
4. Voix de l'examinateur		
5. Attitude de l'examinateur		
6. Taille des candidats		
7. Expressions des candidats		
8. Mouvement des candidats		

B. Pour Marie-Hélène (*Contexte 1*) les années de lycée c'étaient «les copains d'abord». Mais ces trois années se définissent aussi par l'importance du «bac», soulignée dans le tableau ci-dessous:

Le Bac

- un fait de société:
  - —la fin des études secondaires mais aussi une orientation presque définitive pour l'avenir d'un jeune
  - —un sujet de préoccupation pour la famille entière des candidats (et aussi pour leurs voisins et amis)
  - —résultats publiés dans la presse régionale
  - —un phénomène économique: vente de publications spécialisées (*les ABC du BAC et Sujets corrigés du Bac,* écoles spécialisées dans la préparation du bac ou «boîtes à bac», souvent chic et chères)
- un programme commun à tous les établissements secondaires, publics ou privés
- un examen national passé le même jour dans toute la France
- des sujets d'examen qui sont les mêmes dans toute une région
- des épreuves qui durent entre 4 heures (pour la dissertation) et 2 heures
- la correction anonyme des copies par des professeurs désignés par l'état
- un taux d'échecs de 25%

Réfléchir

A. Regardez encore une fois très attentivement le tableau ci-dessus: à votre avis quels facteurs rendent le bac un peu effrayant (*frightening*)?

 B. Comparez maintenant la dernière année de lycée en Amérique du Nord et en France. Avec un partenaire faites une liste des éléments qui vous semblent moins stressants, aussi stressants, plus stressants. Pensez:

- au format des examens: dissertations ou choix multiples, à leur durée, à leur difficulté
- aux efforts nécessaires durant la dernière année de lycée
- aux risques d'échec (*failure*)
- au rôle et à l'importance de ces examens pour le candidat et sa famille, pour l'avenir du candidat

	France	Amérique du Nord
moins stressants		
aussi stressants		
plus stressants		

Maintenant organisez en petits groupes un débat sur la question suivante: Une série d'examens complètement objectifs (ACT, SAT) accompagnée des recommandations des professeurs vous semble-t-elle plus ou moins juste qu'une série d'épreuves comprenant dissertations, essais et problèmes (le Bac)? Partagez vos remarques et vos conclusions avec le reste de la classe.

On travaille en classe.

D'un parallèle à l'autre

Continuez à étudier votre pays adoptif. Renseignez-vous sur le système scolaire: l'enseignement primaire et secondaire est-il obligatoire pour filles et garçons? Jusqu'à quel âge? Est-il gratuit? Ressemble-t-il plus au système français ou au système nord-américain? Comment?

Pour faciliter vos recherches, allez sur le site de *Parallèles* et cliquez sur le bouton «Parallèles» pour trouver de bonnes adresses.

À vous la parole

 A. Souvenirs. En groupes de trois ou quatre, évoquez à tour de rôle vos souvenirs de lycée: Votre lycée était-il important ou assez petit? Quelles matières étudiez-vous? Comment étaient vos professeurs? Qui étaient vos meilleurs amis? Quels sports, activités pratiquiez-vous? Que faisiez-vous après les cours?

B. Une rentrée mémorable. Partagez avec votre partenaire les souvenirs de votre première semaine au lycée. Connaissiez-vous beaucoup de gens? Saviez-vous où était votre salle de classe/la bibliothèque/le laboratoire? Connaissiez-vous beaucoup de professeurs? Saviez-vous prendre des notes? Connaissiez-vous un endroit/café sympa où rencontrer vos amis? Saviez-vous quelles matières vous deviez suivre? Connaissiez-vous des élèves plus âgés? Saviez-vous comment vous habiller? Connaissiez-vous les règles du lycée? Saviez-vous où aller pour demander conseil? En conclusion, indiquez si vos souvenirs sont plutôt semblables ou différents et pourquoi.

C. Une anecdote. Échangez avec votre partenaire une anecdote concernant votre vie au lycée. Évoquez les circonstances: Quel jour était-ce? Quel temps faisait-il? Où étiez-vous? Avec qui? Puis discutez ce qui est arrivé: qu'est-ce que vous avez dit ou fait? à qui? Quelles ont été les conséquences?

D. On sort ensemble? Vous et votre partenaire essayez de trouver un moment où vous pouvez faire quelque chose ensemble: aller au cinéma, faire du sport, rendre visite à un(e) ami(e), faire un petit voyage, etc. Vous comparez votre emploi du temps: c'est difficile mais ça peut s'arranger (*it can be worked out*)!

E. Traditions. D'abord faites un peu de recherche sur les traditions de votre université. Puis partagez vos résultats avec vos camarades. Indiquez quelles sont les traditions les plus anciennes et depuis quand elles existent.

Lecture

Un entretien avec Jean-René Fourtou

Travaux d'approche. Le texte suivant est la transcription d'une rencontre entre Jean-René Fourtou, Président du groupe Rhône-Poulenc depuis 1986, et des élèves d'une classe de terminale du lycée Montaigne à Bordeaux. Que devez-vous anticiper? En petits groupes, imaginez quels vont être les sujets traités par cet homme qui a bien réussi et de jeunes lycéens.

    La lecture d'un texte qui transcrit un dialogue est facilitée si on lit *(reads)* d'abord les questions pour connaître les «grandes lignes» de l'entretien. Lisez donc tout de suite les questions posées par les lycéens. Parmi les sujets anticipés, quels sont les sujets qui sont en réalité discutés? Maintenant lisez attentivement les questions et leurs réponses.

1. **Quels souvenirs gardez-vous de votre jeunesse, quelles étaient vos ambitions à notre âge?**
   À l'époque, j'étais plus préoccupé de mon classement au tennis que de mon avenir professionnel. Je n'étais pas poussé par l'ambition de réussir. À votre âge, je ne savais pas vraiment ce que j'allais faire. Mais c'est vrai qu'on réussit d'abord ce qu'on aime, ce qui correspond à votre tempérament. Moi, par exemple, je serais incapable de rester des heures assis à analyser un dossier. Choisissez un métier qui correspond à votre tempérament.

2. **Quels sont vos souvenirs de lycée?**
   Il n'y avait pas trop de pression, contrairement à ce que je vois aujourd'hui. On prenait le temps de jouer au basket, à la pelote… Bien sûr, les périodes d'examens étaient un peu dures car on nous demandait de savoir énormément de choses. Mais on s'accrochait.°   *hung on*

3. **Vous avez une réussite exemplaire. Quels conseils donneriez-vous aux jeunes qui veulent réussir?**
   Travaillez! Il ne faut pas être seulement préoccupé avec la réussite. Il faut s'ouvrir aux autres, être à l'écoute. Et quand une opportunité passe, il faut la saisir. Quant à ma réussite, si je regarde le passé, il y a des années entières de tunnel, sans perspectives. Et puis une opportunité passe, et là il faut être prêt à la saisir. Dites-vous bien que si vous êtes ouverts aux autres, si vous êtes actifs, il se passe toujours quelque chose, même s'il y a des périodes noires où rien n'avance, où tout est bouché°…   *blocked up*

4. **Faut-il être plutôt audacieux ou au contraire privilégier la sécurité?**
   Bien sûr qu'il faut oser.° Mais quand vous sortez de l'école, même si vous avez   *to dare* fait de grandes études, vous ne savez rien de la vie. Alors il faut apprendre à vivre en société, à travailler avec les autres. Cette phase d'apprentissage est indispensable. Ensuite, il faut prendre des risques à certains moments, oser. Finalement, prendre des risques c'est être actif, c'est prendre l'initiative. Et ça c'est important.

d'après *Les Années lycée*, Ministère de l'Éducation Nationale et le Groupe AXA. Darjeeling, Paris: 1994.

Exploration

À quelle(s) question(s) correspondent les idées exprimées ci-dessous?

1. Les examens sont toujours difficiles, aujourd'hui comme hier.
2. Votre personnalité doit vous aider à déterminer quelle profession choisir.
3. L'ambition de réussir ne commence pas toujours très tôt.
4. Le contact avec les autres est important.
5. On ne réussit pas sans une période d'apprentissage.
6. Il faut savoir prendre des risques.
7. Il y a des périodes noires bien sûr, mais il ne faut pas se décourager.
8. Le lycéen d'aujourd'hui connaît plus de pression que le lycéen d'hier.
9. Le travail est indispensable.
10. Il faut avoir de l'audace.

Réflexion

1. Faites une liste des conseils les plus importants selon Jean-René Fourtou. À votre avis, y a-t-il d'autres conseils aussi ou plus importants?
2. Que pensez-vous de l'idée d'inviter une personne célèbre dans le lycée où elle a fait ses études? Partagez et comparez votre opinion avec celle de vos camarades.

À vos stylos

Pour ou contre le travail des lycéens

Les lycéens français rêvent de trouver un «petit boulot» après les cours pour leur permettre de gagner un peu d'argent de poche. En Amérique du Nord, certains parents et éducateurs pensent que les lycéens travaillent aux dépens de (*at the expense of*) leurs études. Expliquez quelle est votre position et essayez de la justifier le plus complètement possible.

1. Réfléchissez d'abord sur la position que vous voulez défendre.
2. Dans quel but est-ce que vous rédigez cet essai? pour exprimer et défendre un point de vue accepté ou votre point de vue personnel? pour trouver un compromis?
3. Pour stimuler votre créativité, considérez les points suivants et ajoutez des notes:

   - le point de vue des jeunes
   - le point de vue des adultes
   - le point de vue de la société
   - les avantages
   - les inconvénients
   - des exemples et des expériences

4. Organisez vos idées pour créer une présentation intéressante et cohérente. Vérifiez que vous avez incorporé à vos notes des mots de vocabulaire présentés dans ce dossier. Reprenez vos notes et transformez-les en phrases complètes. N'oubliez pas de mettre une phrase d'introduction et une phrase de conclusion.
5. Recopiez votre texte et plus tard relisez-le pour trouver et corriger certaines fautes de grammaire et d'orthographe.

Parallèles historiques

Vive l'école!

L'empereur Charlemagne a créé des écoles près des cathédrales et dans les monastères. Il a aussi établi une école dans son palais. On dit qu'il la visitait souvent, punissait les paresseux et récompensait les bons élèves.

Jean-Jacques Rousseau était un philosophe du siècle des Lumières. Son livre *Émile, ou de l'éducation,* a influencé la conception de l'éducation en France et aux États-Unis. Il voulait en effet une éducation très complète pour les futurs citoyens: formation morale, formation pratique et civique.

Jules Ferry était un homme politique resté célèbre pour ses réformes de l'enseignement public. Il a fait adopter des lois pour rendre l'enseignement primaire obligatoire, gratuit (*free*) et laïque, et pour permettre aux filles de faire des études secondaires.

Charlemagne (742–814)

Jean-Jacques Rousseau (1712–1778)

Jules Ferry (1832–1893)

Maintenant je sais...

Qu'avez-vous appris dans ce dossier? Comment l'avez-vous appris? Vérifiez vos connaissances sur chaque sujet et donnez des exemples précis.

1. Indiquez quel est l'emploi du temps typique d'un lycéen (jours de classe, nombre de cours).
2. Expliquez la différence entre matières obligatoires et matières à option.
3. Discutez la signification du «bac»: parlez de son organisation et de son importance dans la société française.
4. Comparez la place des activités extrascolaires (le sport, la musique, etc.) dans un lycée français et dans un lycée d'Amérique du Nord.

À l'écran

Les années de lycée

Rencontrez une jeune sportive qui vous décrit son emploi du temps chargé. Écoutez de jeunes Français vous donner leur opinion sur l'importance du bac.

Clip 9.1 Mon emploi du temps.
Clip 9.2 À quoi sert le «bac»? (entretiens avec des étudiants)

Tous les mots

Expressions

au début	in the beginning
Ça m'arrange le mieux.	It works best for me.
depuis que	since
depuis toujours	forever
de retour à	upon returning to
Dis!	Say!
encore une fois	one more time
en cours	in class
extrêmement	extremely
Je t'assure!	I assure you!
non seulement… mais	not only … but
pendant que	while
quelqu'un	someone
régulièrement	regularly
super	fantastic
vraiment sympa	really nice

Verbes

accepter de	to accept
assister au cours	to attend class
attendre	to wait for
avoir la moyenne	to get a passing grade
~lieu	to take place
~une réputation	to have a certain reputation
bien/mal se passer	to go well/badly
chercher	to look for
connaître	to know, to be acquainted with
distinguer	to distinguish
ecouter	to listen to
explorer	to explore
faire des progrès	to make progress
filer	to run along
fixer un jour, une date	to set a day, a date
indiquer	to indicate
laisser	to leave
laisser tranquille	to leave alone
marquer	to mark, to celebrate
mémoriser	to memorize
participer	to participate
passer un examen	to take a test
prendre des notes	to take notes
~l'initiative	to take the initiative
~rendez-vous	to set, to make an appointment
prouver	to prove
rater	(here) to miss or to cut (a class)
~un examen	to fail a test

regarder	to look at
repérer	to locate
réussir	to succeed
rêver	to dream
savoir	to know (how)
sécher un cours	to cut class
sembler	to appear
suivre	to study a subject
surprendre	to surprise

Noms

le baccalauréat, le bac	national exam taken at the end of high school
un bulletin scolaire	report card
une cafétéria	cafeteria
un cancre	dunce
un club	club
un comportement	behavior
une cour	courtyard, recess area
le début	beginning
un degré de satisfaction	degree of satisfaction
la discipline	discipline
une discussion	discussion
une dissertation, une disserte (colloq.)	essay
un échec	failure
un élément	component
un élève	high school student
un emploi du temps	schedule
l'enseignement supérieur	higher education
une épreuve	test
l'esprit (m) d'équipe	team spirit
une expérience	expérience
un fait	fact
le foyer	student center
un génie	genius
la géographie, la géo (colloq.)	geography
l'histoire (f)	history
une impression	impression, opinion
des installations sportives (f)	sport facilities
une interrogation, des interros (colloq.)	quizzes
le latin	Latin
une matière	academic subject
une option	option, elective
la philo(sophie)	philosophy
la physique	physics
la récréation	(here) recess
un résultat	result

un résumé	*summary, abstract*	
la routine	*routine*	
une salle de gym(nastique)	*gym*	
un sujet de recherche	*research topic*	
une synthèse	*synthesis*	
la terminale	*senior year*	
la vie	*life*	

Adjectifs

brillant	*glowing brilliant*
facultatif, -ive	*elective*
indépendant	*independent*
nul/nulle	*worthless*
obligatoire	*required*
satisfaisant	*satisfactory*
soulagé	*relieved*

Les adverbes employés avec le passé composé ou l'imparfait: see page 335 for lists.

$\mathcal{D}$OSSIER 10

Communication

- Talking about post-secondary education
- Talking about student life and concerns

Cultures en parallèles

- L'enseignement supérieur en Amérique du Nord
- Les études supérieures en France

Outils

- The verbs **dire, lire,** and **écrire**
- Indirect object pronouns
- The pronouns **y** and **en**
- The conditional

Phonétique: The consonant [r]

À la fac!

Un cours magistral dans un amphithéâtre.

Cultures en parallèles

L'enseignement supérieur en Amérique du Nord

Discutez en petits groupes l'organisation de l'enseignement supérieur dans votre pays:

L'organisation

L'enseignement supérieur dépend-il d'une autorité centrale publique? d'autorités locales? d'autorités privées?
Comprend-il à la fois des établissements publics et privés?
Enseigne-t-on toutes les disciplines—des mathématiques à l'art dramatique—dans le même établissement?
Tous les établissements donnent-ils les mêmes diplômes?

Le financement des études

Les études coûtent-elles très cher ou sont-elles presque (*almost*) gratuites?
Est-il possible d'obtenir des bourses? Est-il possible de trouver du travail à temps partiel?

L'accès à l'enseignement supérieur

Qui a accès à l'enseignement supérieur? Y-a-t-il un système de sélection? Est-il national ou local? Comment fonctionne-t-il?

Le mot juste

Verbes

avoir accès	*to have access*
dépendre	*to depend*
développer	*to develop*
enseigner	*to teach*
fonctionner	*to function, to work*
former	*to mold, to train*
produire	*to produce*

Noms

l'art dramatique (m)	*drama*
une assurance médicale	*health insurance*
l'autorité (f)	*authority*
une bourse	*scholarship*
une conférence	*lecture*
un diplôme	*diploma, degree*
une discipline	*discipline, academic subject*
l'enseignement (m)	*teaching, education*
l'enseignement supérieur	*higher education*
un établissement	*institution*
le financement	*financing*

La vie étudiante

Où habitent la plupart des étudiants? dans des résidences universitaires? en ville? Ont-ils des restaurants à leur disposition? Ont-ils une assurance médicale? L'accès aux bibliothèques et laboratoires est-il facile? Y a-t-il des installations sportives? des activités sportives organisées? L'organisation d'activités culturelles (conférences, ciné-clubs, concerts, etc.) est-elle la responsabilité d'autorités officielles? Vient-elle plutôt de groupes individuels?

Conclusions

Partagez vos conclusions avec le reste de vos camarades. À votre avis, quelles sont les caractéristiques les plus remarquables de l'enseignement supérieur en Amérique du Nord? Est-ce que notre enseignement supérieur est plutôt centralisé ou décentralisé? assez cher ou très abordable (*affordable*)? assez ouvert ou très élitiste? Son but est-il surtout de développer l'intellect ou la personne entière? Veut-on former un individu ou produire un membre bien adapté de la société? Donnez des exemples précis.

Les bibliothèques se modernisent: la Bibliothèque Nationale de France s'est ouverte en 1996.

une organisation	*organization*	élitiste	*elitist*
une résidence universitaire	*dormitory*	gratuit	*free*
une sélection	*selection*	local	*local*
le travail à temps partiel	*part-time work*	officiel, -elle	*official*
		privé	*private*
Adjectifs		remarquable	*remarkable*
abordable	*affordable*		
adapté	*adapted*		
centralisé	*centralized*		
culturel, -elle	*cultural*		
décentralisé	*decentralized*		

Contexte 1 On fait des études!

Formalités

Après les résultats du bac, on s'inscrit dans la faculté de son choix. (par ordinateur? par téléphone? en personne?) ▶

◀ On règle les frais d'inscription. (par chèque, carte de crédit, en personne?)

On se renseigne sur les cours et les horaires: on lit le livret de l'étudiant, on consulte les tableaux d'affichage, on écoute les avis des copains. (Les consultations avec un conseiller académique n'existent pas.) ▶

Les cours et les examens

◀ On se spécialise en… (*See list of academic disciplines in* Le mot juste.)

◄ On suit un cours magistral. Il est parfois difficile de trouver de la place dans les amphithéâtres.

On assiste à une séance de travaux pratiques (TP, Sciences) ou de travaux dirigés (TD, Lettres et Sciences humaines). ►

◄ À la bibliothèque, on lit, on prépare un exposé, on écrit un mémoire.

Les diplômes

Les diplômes universitaires français		
+1–4 ans	3ème cycle	Doctorat D.E.A.[1] ou D.E.S.S.[2]
+2 ans	2ème cycle	Maîtrise, Licence
+2 ans	1er cycle	D.E.U.G. 1ère année de D.E.U.G.[3]
Baccalauréat		

1. Diplôme d'Études Approfondies
2. Diplôme d'Études Supérieures Spécialisées
3. Diplôme d'Études Universitaires Générales

La vie collective

On cherche une chambre.

C.R.O.U.S. de Versailles

Ticket restaurant universitaire 1998-1999

On achète des tickets de restaurants.

On s'inscrit au ciné-club. ▶

On fait partie de l'équipe de volley.

On cherche un petit boulot: par exemple on distribue des tracts (*advertising or political announcements*). ▶

Le mot juste

Les disciplines

l'architecture (f)	*architecture*
les arts plastiques	*visual arts*
la biologie	*biology*
la chimie	*chemistry*
la communication	*communication*
le dessin	*drawing*
le droit international	*international law*
la géographie	*geography*
la gestion	*management*
l'histoire	*history*
l'histoire de l'art	*art history*
l'informatique	*computer science*
la littérature	*literature*
la musique	*music*
la peinture	*painting*
la philosophie	*philosophy*
la physique	*physics*
la psychologie	*psychology*
les sciences économiques	*economics*
les sciences politiques	*political science*
la sculpture	*sculpture*
la sociologie	*sociology*
les statistiques	*statistics*

Les langues *(languages)*

l'arabe (m)	*Arabic*	le grec	*Greek*
l'allemand (m)	*German*	le japonais	*Japanese*
l'anglais (m)	*English*	le latin	*Latin*
le chinois	*Chinese*	le russe	*Russian*
l'espagnol (m)	*Spanish*		

À votre tour

 A. Vos matières préférées (*Your favorite subjects*). En petits groupes indiquez vos matières préférées. Indiquez pourquoi. Puis indiquez les matières qui vous font peur et indiquez pourquoi aussi.

MODÈLE: Je veux être médecin et j'adore la biologie. Aussi le prof est super.
Mais je déteste l'anglais: je ne réussis pas bien en anglais.

 B. Je m'inscris où? (*Where to register?*) Imaginez que vous êtes en France. Vous conseillez les camarades de votre petit groupe pour leur indiquer l'établissement qui correspond à leur spécialité.

MODÈLE: —Pour étudier les arts plastiques, je m'inscris où?
—Alors, inscris-toi aux Beaux-Arts!

 C. On fait des études supérieures. Rassemblez les phrases ci-dessous autour de quatre points de repère: (1) l'inscription, (2) les cours, (3) le système d'examens et de notation, (4) la vie collective.

On se renseigne sur les cours et les horaires.	On remplit un dossier d'inscription.
On s'inscrit au ciné-club.	On passe un examen.
On prépare un exposé.	On écrit un mémoire.
	On règle les frais d'inscription.

 D. Et dans votre établissement? Avec un partenaire, réutilisez les expressions ci-dessus pour décrire les formalités dans votre établissement.

MODÈLE: On s'inscrit par ordinateur. On règle les frais d'inscription par chèque. On regarde le programme des cours, etc.

Outil 1 Les verbes **dire, lire** et **écrire**

● The verbs **dire** (*to say, to tell*), **lire** (*to read*), and **écrire** (*to write*) all relate to studies and academic life.

Dites-moi comment s'inscrire.	*Tell me how to register!*
On **lit** le livret de l'étudiant.	*One reads the student handbook.*
On **écrit** à la fac de son choix.	*One writes to the college of one's choice.*

dire					
je	dis	nous	disons	j'ai dit
tu	dis	vous	**dites**	
il/elle/on	dit	ils/elles	disent	

- **Dire** has the following meanings:

  - to say something:

    Dites la vérité!   *Tell the truth!*

  - to say yes/no/perhaps:

    Je **dis non** aux examens!   *I say no to exams!*

  - to say that:

    Je **dis que** cette matière est difficile.   *I say that this subject is difficult.*

  - to tell someone something:

    Il **m'a dit que** l'examen était facile.   *He told me that the exam was easy.*

- In addition to its literal meaning, the verb **dire** is often used as a filler or to attract someone's attention:

  Dis-moi, comment tu as trouvé l'interro de français?   *So, what did you think of the French quiz?*

  Dis, Maryse, tu as envie d'aller au concert ce week-end?   *Hey, Maryse, do you want to go to the concert this weekend?*

  Dites, les copains, on va prendre un petit café?   *Hey, you guys, let's go for coffee.*

lire					
je	lis	nous	lisons	j'ai lu
tu	lis	vous	lisez	
il/elle/on	lit	ils/elles	lisent	

écrire					
j'	écris	nous	écrivons	j'ai écrit
tu	écris	vous	écrivez	
il/elle/on	écrit	ils/elles	écrivent	

Inscrire (*to enroll someone*), and **s'inscrire** (*to enroll in*) are conjugated like **écrire.**

On **s'inscrit** dans la faculté de son choix.   *One registers at the college of one's choice.*

À votre tour

A. Conseils pour de futurs étudiants. En petits groupes de trois ou quatre, préparez, en ordre d'importance décroissante, une liste de vos dix (meilleurs) conseils pour un futur étudiant et une liste de trois choses à ne pas faire.

Ensuite comparez votre liste avec la liste d'autres groupes: êtes-vous toujours d'accord?

MODÈLE: dire toujours la vérité
—Numéro un: **Dites** toujours la vérité!

___ lire avec attention les règles administratives
___ écrire beaucoup de lettres à la famille et aux amis
___ écrire juste des messages électroniques
___ dire des bêtises (*to talk nonsense*) en cours
___ écrire directement sur l'ordinateur
___ relire les compositions avec attention
___ écrire sur une feuille de papier
___ lire un journal électronique
___ lire des messages personnels au labo de langues
___ dire des choses intelligentes
___ toujours dire quelque chose en classe
___ écrire un journal
___ inscrire les horaires du labo/de la bibliothèque dans un agenda
___ lire le journal en classe
___ lire les textes français en traduction anglaise
___ écrire autant de (*as many*) compositions que possible
___ lire le journal tous les jours
___ s'inscrire à un ciné-club
___ s'inscrire dans une association sportive

B. Enquête (*Survey*). Jouez le rôle d'un enquêteur. Préparez une feuille avec trois colonnes **Lecture, Écriture, Clubs et associations.** Puis circulez dans la classe. Notez les réponses aux questions posées. Utilisez le **vous** de politesse.

MODÈLE: —Est-ce que vous lisez beaucoup?
—Oui, je lis beaucoup.
ou: —Oui, ici, nous lisons beaucoup.

Demandez à vos camarades:

1. s'ils lisent beaucoup et, si oui, ce qu'ils lisent (roman [*fiction*], science-fiction, article de journal ou de revue, etc.). Quel est le dernier livre/article qu'ils ont lu? (Note: **ce que** = *what*)
2. s'ils écrivent beaucoup, et si oui, ce qu'ils écrivent (notes, mémoires, compositions, journal, etc.). Sur quel sujet ont-ils écrit leur dernier devoir?
3. dans quelles organisations académiques, politiques, sociales, culturelles, sportives ils se sont déjà inscrits ou veulent s'inscrire.

Plus tard, en petits groupes, présentez et discutez les résultats de votre enquête. Quelle est la lecture la plus populaire?

Contexte 2 | La vie d'étudiant: de nos jours et autrefois

De la vénérable Sorbonne aux facs les plus modernes, l'université française se transforme.

Henri Junot compare sa (lointaine) expérience à la fac avec la situation de Martin, son petit-neveu, qui est étudiant aujourd'hui.

Aujourd'hui Martin parle d'une année divisée en deux semestres, mais c'est toujours le même calendrier universitaire. On commence en octobre et on finit en juin. Et la session de septembre existe toujours pour gâter les vacances des malheureux qui n'ont pas réussi en juin.

    Mais il est vrai que le cadre de l'université a changé. De mon temps tous nos cours étaient au centre-ville dans les vieux bâtiments de l'université.

Aujourd'hui Martin a la plupart de ses cours dans des bâtiments tout neufs construits juste en dehors de la ville. Cela lui donne une bonne excuse pour m'emprunter ma voiture. Je la lui prête bien volontiers d'ailleurs!

L'amphithéâtre est plein, le prof est populaire!

Quand j'étais étudiant, nous avions presque tous nos cours dans un amphithéâtre comme cet amphithéâtre de 300 places. Presque tout l'enseignement nous était donné sous forme de cours magistral. Quand le prof était bien, il fallait arriver tôt pour pouvoir s'asseoir. Mais si on savait que le prof était ennuyeux, alors on trouvait toujours de la place! Martin me dit que c'est la même chose aujourd'hui. Le professeur ne nous posait pas de questions et nous ne lui posions pas de questions. Mais il nous faisait gratter des pages et des pages de notes! Si on était trop paresseux pour ça, l'Association des Étudiants nous vendait les polycopiés du cours, pas chers il est vrai, mais souvent bien incomplets! On rendait juste un ou deux devoirs pendant l'année entière, la notation continue n'existait pas. Nous restions des étudiants anonymes car on ne nous demandait jamais de nous réunir en petits groupes de travail!

Il paraît que maintenant les choses ont un peu changé: Les étudiants sont moins anonymes. On leur impose beaucoup moins de cours magistraux. On leur apprend aussi à écrire et ils doivent écrire plus… Martin s'en plaint assez! Il me raconte aussi que lui et ses camarades participent davantage aux cours, car on leur demande de faire des exposés, individuels ou en groupes. Chaque semaine des séances de travaux pratiques leur permettent de travailler ensemble. Ça me semble bien plus sympa ça: on doit se faire des copains plus vite et se sentir moins isolé.

Le mot juste

Expressions

bien volontiers	*quite willingly, gladly*
d'ailleurs	*in any case*
de mon temps	*in my time*
il fallait	*it was necessary*
il s'en plaint assez	*he complains enough about it*

Verbes

comparer	*to compare*
emprunter	*to borrow*
exister	*to exist*
gâter	*to spoil*
gratter *(familiar)*	*to take notes*
prêter	*to lend*
s'asseoir	*to sit down*
se faire des copains	*to make friends*
se sentir moins isolé	*to feel less isolated*

Noms

un amphithéâtre	*amphitheater, auditorium*
un cadre	*setting*
un cours magistral	*lecture course*
un malheureux/une malheureuse	*unlucky person*
la notation continue	*continuous grading*
un polycopié	*mimeographed material*
une séance	*session*
un semestre	*semester*

Adjectifs

anonyme	*anonymous*
construit	*constructed, built*
incomplet	*incomplete*
lointain	*far away, distant*

 A. Avez-vous compris? Avec votre partenaire, faites une liste des choses qui ont changé (*things that have changed*) et des choses qui n'ont pas changé pour les étudiants français.

Les choses qui n'ont pas changé	Les choses qui ont changé
On trouve toujours de la place quand le prof est ennuyeux.	On doit écrire plus.

 B. Toujours des plaintes! (*Always complaining!*) Avec votre partenaire, utilisez la liste des plaintes ci-dessous pour établir une liste correspondante à votre propre situation. N'hésitez pas à faire les changements qui conviennent.

MODÈLE: Les profs nous donnent trop de devoirs.
　　　　—Ça oui! Les profs nous donnent trop de devoirs.
　ou: —Mais non! Les profs ne nous donnent pas trop de devoirs.

Les exposés sont trop fréquents.
Le prof nous ennuie.
Le prof nous répète toujours la même chose.
Il n'y a pas assez de place dans l'amphi.
On ne sait pas notre note avant la fin du semestre.
L'ambiance est trop anonyme.
Il est impossible de se faire des copains.
On nous impose trop de cours magistraux.
On ne nous offre pas assez de travaux pratiques.
Il faut toujours arriver en avance pour trouver de la place.
On ne nous apprend pas à écrire.
On ne nous donne pas les sujets d'exposés en avance.

 C. Jeu de rôle. Avec un partenaire, développez un dialogue entre vous et un ancien/une ancienne de votre université. Vous discutez ce qui a changé et ce qui n'a pas changé. Jouez votre dialogue pour le reste de la classe.

> **Idées à discuter:**
> le calendrier? (semestre ou trimestre? cours d'été? etc.)
> le nombre des étudiants et leur recrutement?
> le nombre des bâtiments?
> les installations sportives?
> les labo?
> la bibliothèque?
> le développement de certains programmes (études à l'étranger,
> programmes culturels, stages [*internships*] en entreprise)?

Outil 2 Les pronoms compléments d'objet indirect

Usage et forme

- In Dossier 9, you learned that a direct object is a word or group of words that follow the verb and that answer the question *What?* or *Whom?*

J'étudie **les maths.** J'écoute **le prof** avec attention.	*I'm studying math. I listen to the professor attentively.*

- An indirect object is a word or group of words that follows the verb and that is linked to it by a preposition. The indirect object refers to one or more people and usually answers the question *To whom?* or *For whom?*

Martin parle **à** son oncle. Il **lui** parle de sa vie d'étudiant.	*Martin speaks to his uncle. He speaks to him about his life as a student.*
—Vous posiez des questions **au** prof? —Non, on ne **lui** posait pas de questions.	*—Did you ask the professor any questions? —No, we did not ask him any questions.*

- The indirect object pronouns, which can replace **à** + *person,* are shown below. Note that only the third-person forms (**lui, leur**) are different from the direct object pronouns:

SINGULAR		PLURAL	
me (m')	*to me*	nous	*to us*
te (t')	*to you*	vous	*to you*
lui	*to him, to her*	leur	*to them*

La place des pronoms compléments d'objet indirect dans la phrase

- The rules for word order are the same as those for direct object pronouns: an indirect object pronoun normally directly precedes the verb of which it is the object (this may be the main verb of the sentence or an infinitive). The exception to this word order is the affirmative imperative. In the affirmative imperative, the indirect object pronoun follows the verb and is linked to it by a hyphen. Note that the pronoun **me** becomes **moi** in the affirmative imperative.

—Martin, parle-**moi** de tes cours!	*—Martin, speak to me about your classes!*
—**Ne me parle pas** de tes copains!	*—Don't speak to me about your friends!*
—Mais oui Henri, prête-**lui** ta voiture!	*—Of course, Henry, loan her/him your car!*

On ne **nous** demandait pas de faire des exposés.	*They did not ask us to do oral presentations.*
—Tu vas téléphoner **à Martin**? —Oui, je vais **lui** téléphoner, je veux **lui** parler.	*—Are you going to call Martin?* *—Yes, I am going to call him, I want to speak to him.*
—Tu vas demander de l'aide **à tes copains**? —Non, je ne vais pas **leur** demander de l'aide.	*—Are you going to ask your friends for help?* *—No, I'm not going to ask them for help.*

- In the *passé composé*, the indirect object pronoun precedes the auxiliary verb:

La prof **leur** a demandé un devoir écrit.	*The professor asked them for a paper.*
Elle **ne leur a pas** demandé un exposé.	*She did not ask them for an oral presentation.*

- Certain French verbs, because they mean communicating or transferring something to another person, take an indirect object to indicate the person to whom one communicates or transfers something. Notice, however, that some verbs, such as **répondre à, téléphoner à,** and **permettre à** simply work differently than their English equivalents, which take direct objects.

Verbes indiquant une communication	Verbes indiquant un échange ou transfert
parler à	donner à
demander à	emprunter à
dire à	envoyer à
écrire à	louer à
indiquer à	montrer à
obéir à	prêter à
poser une question à	rendre à
répéter à	vendre à
répondre à	
téléphoner à	

Le prof a demandé leurs devoirs **aux étudiants.**	*The professor asked the students for their homework.*
Le prof **leur** a demandé leurs devoirs.	*The prof asked them for their homework.*
—Le prof a répondu à Martin? —Oui, il **lui** a répondu.	*—Did the professor answer Martin?* *—Yes, he answered him.*

▬▬ À votre tour

 A. Qu'en penses-tu? (*What do you think?*) Votre partenaire fait certaines suggestions. Exprimez votre accord ou désaccord, et dans votre réponse n'oubliez pas de remplacer l'objet indirect (en italique) par un pronom complément d'objet indirect.

MODÈLE: —On parle *à l'assistant(e)* après le cours?
　　　　　—Oui, on lui parle après le cours.
　　ou: —Non, on ne lui parle pas après le cours.

1. On pose ces questions *à l'assistant(e)* après le cours?
2. On demande de l'aide *au prof*?
3. On envoie une invitation *à Élise et sa cousine*?
4. On prête nos notes d'histoire *à Jean-Pierre*?
5. On donne de nos nouvelles *à nos parents*?
6. On montre notre mémoire *aux autres étudiants*?
7. On dit tout *à nos copains*?
8. On répond tout de suite *au prof*?
9. On téléphone *à Robert* ce soir?
10. On permet *à Julien* de travailler avec nous?

 B. Tout de suite! (*Right away!*) À tour de rôle, exigez (*demand*) que votre partenaire agisse (*act*) tout de suite.

MODÈLE: —Tu dois répondre *au prof.*
　　　　　—Alors, réponds-lui tout de suite!

　　　　　—Tu ne dois pas prêter tes notes d'anglais *à Jeanne.*
　　　　　—Alors, ne lui prête pas tes notes d'anglais!

1. Tu dois répéter les instructions *aux membres du groupe.*
2. Tu ne dois pas poser de telles (*such*) questions *au prof.*
3. Tu dois écrire *à tes grands-parents.*
4. Tu ne dois pas montrer notre exposé *aux autres étudiants.*
5. Tu ne dois pas prêter ta voiture *à Michel.*
6. Tu dois obéir *à ton père.*
7. Tu ne dois pas envoyer cette lettre *aux profs.*
8. Tu dois indiquer ton adresse *à la secrétaire.*
9. Tu ne dois pas «emprunter» le devoir *à ton copain.*
10. Tu dois demander la permission *aux assistants.*

C. Des échanges (*Exchanges*). À tour de rôle, faites des échanges avec des camarades.

MODÈLE: —Tu me prêtes ton dictionnaire…
　　　　　—Et alors, je te prête mes cassettes.

1. Ils nous donnent leurs notes. Et alors, nous _____ donnons nos anciens examens.
2. Vous leur obéissez. Et alors, ils _____ obéissent aussi.

3. Tu nous poses une question embarrassante. Et alors, nous _____ posons aussi une question embarrassante.
4. Je vous rends visite cette semaine. Et alors, vous _____ rendez visite la semaine prochaine.
5. Elle me téléphone souvent. Et alors, je _____ téléphone souvent aussi.
6. Vous nous demandez des conseils. Et alors, nous _____ demandons aussi des conseils.
7. Tu m'écris souvent. Et alors, je _____ écris aussi.
8. Je t'écris de temps en temps. Et alors, tu _____ écris aussi.

D. Bien sûr, il faut faire ça! (*Of course, it is necessary to do that!*) Un(e) ami(e) est responsable d'un groupe de travail. Faites écho à ses suggestions mais sans répéter les noms objets. (Attention à la place du pronom complément.)

MODÈLE: Il faut (*It is necessary*) parler *au prof* dès (*starting*) cette semaine.
    —En effet, il faut lui parler dès cette semaine.

1. Il faut parler *au prof* dès cette semaine.
2. Il faut téléphoner *à Jean-Philippe* ce soir.
3. Il ne faut pas montrer le plan de l'exposé *à tous les copains.*
4. Il faut parler *à nos partenaires* le plus vite possible.
5. Il faut montrer les nouvelles conclusions *aux membres du groupe.*
6. Il faut poser des questions supplémentaires *aux assistants.*
7. Il ne faut pas prêter nos documents *aux copains.*
8. Il faut demander *à la secrétaire* de réserver une salle.

E. Sur la bonne voie (*On the right track*). Rassurez ou conseillez un(e) camarade qui est inquiet/inquiète au sujet de son exposé. Ne répétez pas les phrases en italique; utilisez des pronoms.

MODÈLE: —Tu as choisi *ton sujet?*
    —Oui, je l'ai choisi.
    —Bravo!
  ou: —Non, je n'ai l'ai pas choisi.
    —Alors choisis-le vite!

1. Tu as décidé *le plan de ton devoir?*
2. Tu as parlé *au prof?*
3. Tu as montré le plan *à tes copains?*
4. Tu as trouvé *les meilleurs co-équipiers* (*teammates*)?
5. Tu as emprunté les livres nécessaires *à l'assistante?*
6. Tu as fait des suggestions *à tes co-équipiers?*
7. Tu as lu *les articles de base sur le sujet?*
8. Tu as indiqué la date exacte *à tous les étudiants?*
9. Tu as écrit *l'introduction* (f)?

F. Messages. En petits groupes, partagez à tour de rôle trois messages que vous voudriez communiquer à votre prof.

MODÈLE: Il doit nous rendre nos devoirs plus vite.

Volet 3

Contexte 3 | Soucis d'étudiants

La scène se passe au café. Guy y retrouve une bande de copains en train de discuter.

GUY: Alors, qu'est-ce qui s'est passé au cours? Vous faites tous de drôles de têtes!

ANNE: D'abord, quand on est arrivé dans l'amphi, il n'y avait plus de place. On a dû rester debout. Tu penses si c'était pratique pour prendre des notes!

LUC: Et d'ailleurs, des notes on n'en a pas pris parce qu'on n'entendait rien: le micro ne marchait pas. On a essayé de protester, mais ça ne nous a servi à rien! Le prof ne s'est pas arrêté de parler: il était complètement perdu dans ses calculs.

GUY: Alors vous avez eu le bon réflexe: vous avez immédiatement quitté l'amphi.

ANNE: Mais avant d'en sortir, on a quand même entendu le prof demander nos mémoires deux semaines plus tôt que prévu. Et des mémoires et des exposés, on en a des tonnes en ce moment!

GUY: Ah! là! là! Ça devient plus sérieux!

LUC: Ce n'est surtout pas juste du tout.

GUY: Alors, qu'est-ce que vous allez faire?

LUC: D'abord on va prendre un autre café et, ensuite, on va aller au cinéma pour se changer les idées.

GUY: Eh bien, j'y vais avec vous!

Le café continue à servir de salle d'études, de lieu de rencontres et de discussions pour ses fidèles habitués.

Le mot juste

Expressions

debout	*standing up*
Ça sert à rien!	*It does not help at all!*
immédiatement	*immediately*
plus tôt que prévu	*sooner than expected*
y	*there*

Verbes

protester	*to protest*

s'arrêter	*to stop*
se changer les idées	*to think about something else, to relax*

Noms

une bande de copains	*a group of friends*
un calcul	*calculation*
un mémoire	*written report*
un micro(phone)	*microphone*
une scène	*stage*
des tonnes (*familiar*)	*lots of, tons of*

À votre tour

A. Avez-vous compris? À tour de rôle, posez les questions suivantes à votre partenaire et répondez-y.

1. La scène est dans un café. Qui y arrive d'abord?
2. Quelles personnes est-ce que Guy rencontre?
3. À votre avis, qui a des problèmes? Guy ou ses copains?
4. Dans l'amphi, qu'est-ce qui ne marchait pas? un micro ou un projecteur?
5. Qui n'a pas pris de notes? Guy n'en a pas pris ou ses copains n'en ont pas pris?
6. Le prof a-t-il réagi aux protestations des étudiants? Pourquoi oui ou non?
7. Qu'est-ce que le prof a demandé aux étudiants?
8. Les étudiants sont-ils sortis de l'amphi avant ou après la fin du cours?
9. Qui a des tonnes de mémoires et d'exposés, Guy ou ses copains?
10. Les copains de Guy vont au cinéma: est-ce que Guy y va avec eux ou est-ce que Guy n'y va pas?
11. Si (*if*) les étudiants ont beaucoup de travail, pourquoi veulent-ils aller au cinéma?

B. Jeu de rôle. En petits groupes, jouez le dialogue mais changez le sujet de vos plaintes (*complaints*) et trouvez une autre raison pour quitter l'amphi avant la fin du cours.

C. Le climat du campus. En petits groupes faites deux listes: la liste des choses «super» sur votre campus, puis la liste des choses «pas terribles». Ensuite, comparez vos listes avec les listes d'autres groupes: en général, les membres de votre classe sont-ils plutôt d'accord ou pas d'accord?

Outil 3 Les pronoms y et en

Les pronoms y et en

Emplois

- The pronoun **y** generally replaces expressions formed by the prepositions **à, dans, en, sur,** or **chez** + noun or noun phrase. These expressions are usually, but not exclusively, expressions of location.

La scène se passe **au café.** Guy **y** rejoint une bande de copains.	*This takes place at the café. Guy meets a group of his friends there.*
Si le prof est ennuyeux, on trouve toujours de la place **dans l'amphi.** On **y** trouve même beaucoup de places!	*If the professor is boring, you always find lots of seats in the auditorium. In fact you find lots of seats there!*
Zut! J'ai laissé mon devoir **sur mon bureau!** J'**y** ai laissé mes lunettes aussi.	*Darn! I left my homework on my desk. I also left my glasses there.*
—Tu as réussi **à l'examen**?	—*Did you pass the exam?*
—Oui, j'**y** ai réussi et maintenant je n'**y** pense plus!	—*Yes, I passed it and now I no longer think about it!*

Y does not refer to people, except when it replaces the expression **chez** + a person's name.

—Après le cinéma, on va **chez Guy**?
—Oui, on **y** va.

—*After the movie, are we going to Guy's house?*
—*Yes, we're going there.*

- The pronoun **en** replaces an expression introduced by any form of **de**:

  - the indefinite article (**des, pas de/d'**)

—Tu as pris **des notes?**
—Non, on n'**en** a pas pris.

—*Did you take notes?*
—*No, we did not take any.*

  - the partitive article (**du, de la, de l', pas de**)

—Vous avez **du** travail?
—Bien sûr, on **en** a!

—*Do you have work?*
 Of course we do!

  - an expression consisting of **de (d')** + a phrase

—Tu fais partie **de l'équipe de volley?**
—Oui, j'**en** fais partie.
—Tu as envie **d'aller au café après le cours?**
—Oui, j'**en** ai envie!

—*Do you belong to the volleyball team?*
—*Yes, I belong to it.*
—*Do you want to go to the café after class?*
—*Yes, I want to.*

En is also used to replace nouns that are part of an expression of quantity. The expression of quantity is placed after the verb.

En ce moment, on a **des tonnes de mémoires** et **d'exposés!** On **en** a **des tonnes** en ce moment!

Right now we have tons of written and oral reports. We have tons of them right now!

—Vous avez **trois examens** le même jour?
—Oui, nous **en** avons **trois** le même jour.

—*Do you have three exams the same day?*
—*Yes, we have three of them the same day.*

—Tu suis **un cours magistral?**
—Oui j'**en** suis **un.**

—*Are you taking a lecture course?*
—*Yes, I am taking one.*

—Tu as posé **des questions?**
—Oui, j'**en** ai posé **une.**

—*Did you ask (any) questions?*
—*Yes, I did ask one.*

Place de **y** et **en** dans la phrase

- You have seen that, like other object pronouns, **y** and **en** immediately precede the verb of which they are the object (this may be the main verb or an infinitive). The only exception is the case of affirmative commands (see below).

—Vous trouvez de la place **dans l'amphi?**
—Oui, on **y** trouve de la place.

—*Do you find seats in the auditorium?*
—*Yes, we find some there.*

—Avez-vous pris **des notes?**
—Non, on n'**en** a pas pris.

—*Did you take notes?*
—*No, we did not take any!*

—Est-ce qu'on va prendre **un autre café?**	—*Are we going to have another cup of coffee?*
—Bien sûr, on va **en** prendre un autre.	—*Of course, we are going to have another one.*
Ne sortez pas **de l'amphi** avant la fin du cours. N'**en** sortez pas!	*Don't leave the auditorium before the end of the class. Don't leave.*

● In an affirmative command, **y** and **en,** like other pronouns, follow the verb and are linked to it by a hyphen. Note that the **-s** is restored to all second-person singular imperatives that end in a vowel when they are followed by the pronoun **en** or **y.**

—On va **au cinéma?**	—*Are we going to the movies?*
—Oui, allons-**y!**	—*Yes, let's go there!*
—Va au café! Va**s-y!**	—*Go to the café! Go there!*
—Écoute, pose **des questions intelligentes!** Pose**s-en!**	—*Listen, ask intelligent questions! Ask some!*

À votre tour

A. Bien ou mal équipée? Avec votre partenaire discutez quel équipement on utilise assez souvent dans votre université. Décidez en conclusion si votre université est bien ou mal équipée.

MODÈLE: Des micros? On en utilise souvent?
　　　　—Oui, on en utilise souvent.
　　ou: —Non, on n'en utilise pas souvent.

1. Des ordinateurs?
2. Des projecteurs?
3. Des téléviseurs?
4. Des films commerciaux?
5. Des imprimantes (*printers*)?
6. Des camescopes (*camcorders*)?
7. Des minicassettes?
8. Des magnétoscopes (*VCRs*)?
9. Des disques lasers?
10. Des vidéocassettes?

B. Refuges favoris. Quand vous avez des problèmes, quels sont vos refuges favoris? Comparez-les avec les endroits où votre partenaire aime se réfugier pour se changer les idées. En conclusion décidez qui est le plus «sauvage» et qui est le plus «sociable».

MODÈLE: Tu vas chez tes parents?
　　　　—Oui, j'y vais quelquefois.
　　ou: —Non, je n'y vais pas.

1. Tu vas au café?
2. Tu vas dans ta chambre?
3. Tu vas à la bibliothèque?
4. Tu vas au cinéma?
5. Tu vas chez des copains?
6. Tu vas dans le bureau d'un prof?
7. Tu vas chez ton conseiller?
8. Tu vas dans un parc, faire une promenade?
9. Tu vas dans ta voiture, faire un tour?
10. Tu vas en ville?

C. La vie étudiante: gens, endroits et sujets de conversation. Travaillez en petits groupes pour savoir ce que (*what*) vos camarades ont fait hier soir. Choisissez quelques questions sur la liste, puis faites un résumé des réponses obtenues. Comparez-les avec les réponses d'autres groupes.

MODÈLE: Qui a retrouvé *des copains* hier soir?
—Moi! j'en ai retrouvé quatre ou cinq.

1. Qui est resté *chez soi* hier soir?
2. Qui est allé *au café* hier soir?
3. Qui a étudié *à la bibliothèque* hier soir?
4. Qui a parlé *de politique? de sports? de problèmes personnels?*
5. Qui a eu envie *d'aller au cinéma? d'aller au théâtre? d'aller au concert? d'aller au restaurant?*
6. Qui a demandé *de l'aide? de l'argent* (money)? *des conseils? des références* pour un exposé?

D. Changeons la situation. Imaginez que le petit groupe des amis de Guy veut protester auprès (*to*) des autorités. Mais tout le monde n'est pas d'accord! Jouez la scène.

MODÈLE: Allons en masse *au secrétariat* (administration)!
—Super idée! Allons-y en masse!
ou: —Stupide! N'y allons pas en masse!

1. Allons *dans le bureau du doyen* (dean)!
2. Demandons *des réformes!*
3. Exigeons *des amphi plus grands!*
4. Achetons *des micros qui marchent!*
5. Allons *chez le prof!*
6. Exigeons *des dates plus élastiques* (flexible)!
7. Demandons moins *de travail!*
8. Demandons plus *de justice!*

E. Pas mal pour l'instant (*So far so good*). Interrogez votre partenaire pour savoir comment va son semestre. Utilisez certaines des idées ci-dessous mais posez-lui aussi deux questions originales.

MODÈLE: S'il/si elle est souvent allé(e) aux fêtes.
—Tu es souvent allé(e) aux fêtes?
—Oui j' y suis allé(e) souvent .
ou: —Non, je n'y suis pas allé(e) souvent.

Demandez-lui par exemple:

1. s'il/si elle a rencontré beaucoup d'amis
2. s'il/si elle a participé aux compétitions sportives
3. s'il/si elle a passé beaucoup de temps au cinéma
4. s'il/si elle a réfléchi à beaucoup de problèmes
5. s'il/si elle est resté(e) des heures à la bibliothèque
6. s'il/si elle a pris des tonnes de notes

Contexte 4 Je vous conseillerais…

Aujourd'hui on peut faire des études sans frontières, mais attention au choc culturel!

Les anciens discutent leurs expériences d'assistants dans une fac de lettres américaine. S'ils repartaient aux États-Unis, qu'est-ce qu'ils changeraient pour mieux profiter de leur séjour? Écoutez-les parler.

Antoine S., 22 ans. Le campus où je travaillais était très joli, très propre, avec des installations sportives de rêve. Mais on était trop isolé du reste de la ville. Si vous pouviez faire des économies dès maintenant, vous auriez intérêt à acheter une voiture en arrivant. Les voitures d'occasion ne sont pas chères et l'essence est donnée. Je vous conseillerais fortement de ne pas habiter sur le campus, même si c'est un campus idéal: on y étouffe un peu! Enfin c'est mon opinion. Si c'était à refaire, j'achèterais une voiture dès mon arrivée.

Aïcha M., 21 ans. Dans mon département, les profs n'acceptaient pas de devoirs écrits à la main! Alors moi, je vous conseillerais fortement d'apprendre à taper vos devoirs sur un ordinateur, si vous ne le savez pas déjà. Vous auriez tort de ne pas faire cet effort et vous seriez très handicapé par rapport aux autres.

Arthur B., 23 ans. Je voudrais vous rappeler de ne pas oublier vos tenues de sports: la pratique du sport est une vraie priorité et la majorité des étudiants s'entraînent sérieusement dans des installations de rêve. Et puis inscrivez-vous aux cours de tennis, de karaté qui sont offerts comme des cours normaux. Enfin, essayez aussi de faire partie d'une équipe de sports: c'est une bonne occasion de se faire des copains! Et si par hasard vous étiez très bon, vous feriez peut-être quelques voyages gratuits pour défendre les couleurs de votre université.

Paul L., 22 ans. Il ne faut pas que vous hésitiez à prendre la parole en cours. Ici nous avons trop l'habitude d'assister aux cours magistraux dans le silence le plus complet. L'éducation, ça devrait toujours être un dialogue!

Véronique F., 21 ans. Je voudrais dire un mot du système de «dating». Pour ma part j'ai détesté ces sorties en couples et j'ai beaucoup regretté ma bande de copains. Moi, je préférerais toujours payer ma part et garder mon indépendance.

À votre tour

 A. Le bon ordre. À tour de rôle avec un partenaire, identifiez les deux phrases qui pourraient suivre logiquement (*could logically follow*) les assertions 1–5.

> 1. Les campus sont très agréables.
> 2. Acheter une voiture est une bonne idée.
> 3. Savoir taper est un atout (*asset*) important.
> 4. Il faut faire du sport.
> 5. On sort plutôt en couple qu'en groupe.

a. À l'intérieur d'un groupe, il est plus facile de conserver son indépendance.
b. Avoir une voiture change les conditions de vie et bénéficie le moral.
c. C'est une bonne manière de rencontrer de nouveaux amis.
d. L'essence n'est pas chère comparé à la France.
e. La présentation des devoirs comptent pour beaucoup.
f. Il y a la possibilité de faire des voyages gratuits.
g. Mais on est un peu trop isolé du reste de la population.
h. Les profs n'acceptent pas les devoirs écrits à la main.
i. Mais il est difficile d'en sortir sans voiture.
j. On est parfois mal à l'aise d'être traité en invité quand on veut être copains.

Le mot juste

Expressions

ça devrait	*it should*
d'occasion	*used* (voiture d'occasion = *used car*)
de rêve	*dreamlike*
dès maintenant	*starting now*
en arrivant, dès mon arrivée	*upon arrival*
il ne faudrait pas	*one should not*
par hasard	*by chance*
par rapport à	*in regard to, in comparison with*
pour la plupart	*for the most part*
si c'était à refaire	*if I had to do it over*

Verbes

avoir intérêt à	*to be to one's advantage*
avoir tort	*to be wrong*
conseiller	*to advise*
étouffer	*to suffocate*
faire des économies	*to save money*
garder	*to keep*
hésiter	*to hesitate*
payer ma part	*to pay my own way*
prendre la parole	*to speak up*
regretter	*to regret; to miss*
repartir	*to go back*
rester en forme	*to stay in shape*
s'entraîner	*to train*
taper	*to type*
varier	*to vary*

Noms

un assistant/ une assistante	*assistant, teaching assistant*
un couple	*couple*
l'essence (f)	*gasoline*
l'indépendance (f)	*independence*
une obsession	*obsession*
un programme d'échange	*exchange program*
la tenue de sports	*sports clothes*

Adjectifs

handicapé	*handicapped*
universitaire	*college-level*

B. Les raisons cachées (*The hidden reasons*). En petits groupes, essayez d'expliquer les raisons cachées derrière certaines remarques lues dans le Contexte. Pourquoi les assistants français ont-ils fait ces remarques? Comment peut-on expliquer leurs commentaires sur leurs expériences aux États-Unis? Lisez ensemble les commentaires des assistants cités dans le Contexte, puis partagez vos hypothèses avec le reste de la classe.

1. «Sur le campus on était trop isolé du reste de la ville.»
   En France, les bâtiments universitaires font-ils généralement partie de la ville?
2. «Les profs n'acceptaient pas de devoirs écrits à la main.»
   Les cours de dactylographie (*typing*) font-ils partie du cursus (*curriculum*) scolaire en France?
3. «Inscrivez-vous aux cours de tennis, de karaté qui sont offerts comme des cours normaux.»
   L'université française considère-t-elle que les sports ont leur place dans le cursus académique?
4. «La pratique du sport est une vraie priorité et la majorité des étudiants s'entraîne sérieusement dans des installations de rêve.»
   Les équipements sportifs sont-ils une priorité de l'université française? Pouvez-vous imaginer pourquoi?
5. «Il ne faut pas hésiter à prendre la parole en cours.»
   Les cours «magistraux» permettent-ils le dialogue? Qui a la parole?
6. «J'ai détesté ces sorties en couples et j'ai regretté ma bande de copains.»
   Les habitudes des étudiants français sont-elles plutôt de sortir en groupe ou de sortir en couples? d'inviter un copain ou une copine ou de partager les dépenses d'une sortie?

C. Nous, on vous conseillerait de... Identifiez les conseils donnés. Puis décidez si oui ou non vous êtes d'accord avec les conseils donnés par les personnages du Contexte.

MODÈLE: «Vous auriez intérêt à acheter une voiture en arrivant.» (Antoine).
—Antoine a raison (*is right*): Achetez une voiture.
ou: —Antoine n'a pas raison (*is wrong*): Avoir une voiture n'est pas nécessaire: tous vos copains vont avoir une voiture!

Outil 4 Le conditionnel

- The conditional forms of verbs enable a speaker to express wishes, to make polite requests and suggestions, and to extend and/or accept invitations. Note that in English the use of the word *would* in a verb phrase often corresponds to the conditional in French.

Pourriez-vous m'indiquer la bibliothèque, s'il vous plaît?	*Could you please tell me which way is the library?*
Je vous **conseillerais** fortement de ne pas habiter sur le campus.	*I would advise you strongly not to live on campus.*

- The conditional is also used to express the likely consequence or result of a hypothetical situation. The hypothetical situation itself is introduced by **si** and expressed in the imperfect tense.

  Si c'était à refaire, **j'achèterais** une voiture d'occasion.

  If I had to do it all over, I would buy a used car.

- The conditional form of the verb is formed by adding the imperfect tense endings to a stem, which for all regular verbs is the infinitive (minus **-e** for **-re** verbs):

aimer			
j'	aimer**ais**	nous	aimer**ions**
tu	aimer**ais**	vous	aimer**iez**
il/elle/on	aimer**ait**	ils/elles	aimer**aient**

choisir			
je	choisir**ais**	nous	choisir**ions**
tu	choisir**ais**	vous	choisir**iez**
il/elle/on	choisir**ait**	ils/elles	choisir**aient**

attendre			
j'	attendr**ais**	nous	attendr**ions**
tu	attendr**ais**	vous	attendr**iez**
il/elle/on	attendr**ait**	ils/elles	attendr**aient**

- A number of verbs have irregular stems in the conditional:

  - Irregular stems:

aller	ir-	j'irais
avoir	aur-	j'aurais
savoir	saur-	je saurais
être	ser-	je serais
faire	fer-	je ferais
pouvoir	pourr-	je pourrais
envoyer	enverr-	j'enverrais
falloir (il faut)	faudr-	il faudrait
tenir	tiendr-	je tiendrais
venir	viendr-	je viendrais
vouloir	voudr-	je voudrais
devoir	devr-	je devrais

■ À votre tour

A. À votre place. Dans votre petit groupe, certaines personnes ne sont pas satisfaites de leur situation. Dites quelle serait votre solution.

MODÈLE: —Je déteste les sorties en couples. (sortir en groupe)
        —À ta place, je sortirais en groupe.

1. Je grossis. (faire du sport)
2. Je ne sais pas taper. (suivre un cours de dactylographie)
3. Je m'ennuie en classe. (prendre la parole)
4. Je ne peux pas faire d'économies. (vendre la voiture)
5. Je ne parle pas bien français. (aller en France)
6. Je suis trop isolé(e). (avoir une voiture)
7. J'ai de mauvais résultats. (obtenir de l'aide)
8. Le bus est toujours en retard. (venir à vélo)

B. Très (peut-être trop) poli! À tour de rôle avec votre partenaire, reformulez les questions ci-dessous de façon très polie.

MODÈLE: Allez-vous à la fête?
        —Iriez-vous à la fête?

1. Trouves-tu l'adresse de la fac?
2. Voulez-vous changer de place avec moi?
3. As-tu 50 francs à me prêter?
4. Peux-tu me rendre un petit service?
5. Venez-vous demain soir?
6. Devons-nous avoir une autre réunion?
7. Faut-il savoir taper?
8. Êtes-vous d'accord pour sortir ce soir?
9. Hésites-tu à prendre la parole?
10. Avons-nous tort de ne pas faire cet effort?

C. Ah, si je pouvais! (*Oh! If I only could!*) Vous et votre partenaire rêvez un peu: si les circonstances étaient différentes, que feriez-vous?

MODÈLE: savoir taper/faire mes devoirs plus vite
        —Si je savais taper, je ferais mes devoirs plus vite.

1. avoir le temps / faire du sport
2. mes copains être présents / nous / nous amuser
3. les profs faire moins de conférences / le dialogue / être possible
4. aller plus souvent au gymnase / pouvoir rester en forme
5. savoir taper / ne…pas écrire mes devoirs à la main
6. faire un effort / avoir de meilleurs résultats
7. faire des économies / acheter une voiture
8. pouvoir / vouloir habiter sur le campus
9. être meilleur(e) / faire des compétitions sportives
10. avoir de l'argent / il faut faire une très grande fête

D. Une utopie? Avec votre partenaire, imaginez l'établissement idéal pour y faire des études. Vous pourriez d'abord considérer les points suivants. Puis ajoutez deux souhaits (*wishes*) personnels.

Le cadre (*setting*): Où serait le campus? au centre-ville? à la campagne? près d'une plage?

Les horaires: Quels jours travaillerait-on? Y aurait-il des vacances? Quand commenceraient ou finiraient les cours?

Les profs: Ils seraient sympas? ils aideraient les étudiants? ils ne feraient pas de cours magistraux? Les ordinateurs remplaceraient les profs? Les devoirs seraient très courts? Les examens n'existeraient pas?

La vie collective: Il y aurait des cafés sympas tout près? Tout le monde ferait du sport l'après-midi? Le cinéma et les concerts seraient gratuits? Il y aurait de vrais restaurants?

L'atmosphère en général: On serait heureux? On serait en forme? On apprendrait beaucoup?

Phonétique

La consonne [r]

- The two consonant sounds represented in both French and English by the letter **r** differ markedly from each other.

- In standard English, this consonant is produced with the tip of the tongue curled back. In French, the [r] is formed with the tip of the tongue behind the lower front teeth and the back of the tongue raised toward the roof of the mouth, as in the production of [k] and [g]. The only difference is that the air flow is not completely blocked as it is in the formation of [k] and [g]. The characteristic French [r] sound results from the friction caused by this restriction of the air flow.

- Remember that final written -**r** is never pronounced in the infinitive ending -**er** and usually not in nouns or adjectives with that ending: **parler, aller, boucher, cahier, premier.** The word **cher,** however, is a notable exception.

Écoutez et répétez.

1. pour, cours, car, jour, voiture, histoire, plaisir, acteur
2. carottes, arranger, autorité, dirait, feraient, diriger
3. personne, confortable, appartement, journée, sportif, dormir
4. trois, amphithéâtre, premier, droit, grand, microphone, froid
5. rue, rôle, restaurant, rare, rond, raconter, raison, riz
6. Leurs séjours et leurs expériences varient, bien sûr.
7. C'est trop isolé du reste de la rue.
8. C'est sûr, si c'était à refaire j'achèterais une voiture.
9. Les voitures ne sont pas chères.
10. Vous auriez tort de ne pas faire cet effort.
11. Je vous conseillerais fortement d'apprendre bien le français.
12. Il faudrait sûrement prendre la parole.
13. Ça devrait toujours être vrai.
14. Je voudrais dire pourquoi je sors ce soir.
15. Je préfèrerais toujours payer ma part.

 # En direct

A. Réflexions. Listen to the reflections of Juliette, a French student who spent a year in a North American university. What does she say about each of the following aspects of university life? Write down as much detail as you can, then summarize your findings in a paragraph.

1. l'apparence du campus et l'ambiance
2. le matériel
3. les examens
4. les rapports entre profs et étudiant(e)s
5. le calendrier universitaire

B. Des opinions prises sur le vif. Listen as three French students describe their fields of study, their life in general, and their plans for the future. Complete the chart below, including as many details as possible.

	Éric Roy	Julie Pons	Serge Mallet
Spécialisation: Degré de satisfaction: Futurs projets:			

Cultures en parallèles

Les études supérieures en France

▲ La Bibliothèque Nationale de France, l'une des plus grandes et plus modernes bibliothèques du monde, offre à tous ses ressources.

Observer

Au début de ce dossier, vous avez considéré les études supérieures dans votre pays. À travers les Contextes et les documents sonores de ce dossier, vous avez rencontré des étudiants français qui vous ont fait connaître le système français et la vie des étudiants français. Révisez rapidement ces documents et notez les éléments ou aspects du système français qui vous ont frappés.

Réfléchir

A. Vous pouvez donc maintenant faire quelques comparaisons entre les deux systèmes d'enseignement supérieur. Utilisez les catégories suivantes pour orienter et organiser votre réflexion sur les ressemblances et les différences.

- l'autorité (les autorités)—publique, privée, civile, religieuse—gouvernant l'enseignement supérieur
- les structures (bâtiments, résidences, services)

- la durée et le rythme de l'année universitaire
- le regroupement des diverses disciplines
- la sélection et l'orientation des étudiants
- le coût des études
- la formation donnée (strictement académique?)
- les diplômes (nationaux?)
- les activités sportives et culturelles
- les possibilités de travail pour les étudiants

B. La condition d'étudiant se ressemble-t-elle? Pour vous aider à savoir si les jeunes en France ont les mêmes craintes, les mêmes espoirs que vous et vos amis, étudiez le sondage «Étudiants: vos craintes (*fears*), vos espoirs». Quelles ressemblances et quelles différences trouvez-vous entre les craintes et les espoirs des jeunes Français et les vôtres (*and your own*)?

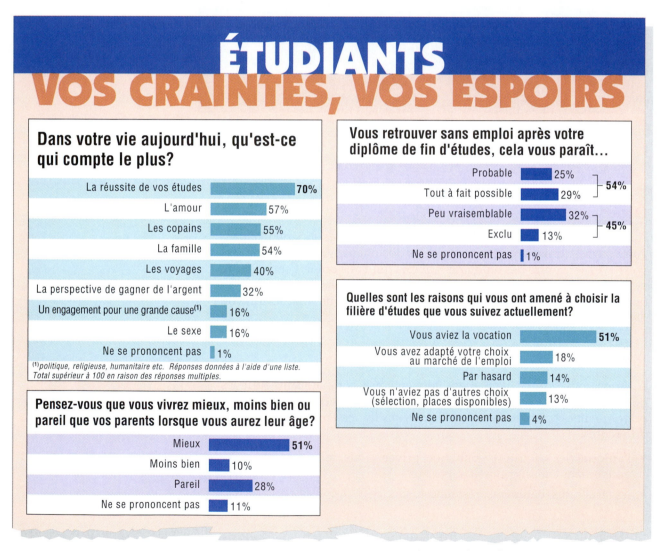

Source: Talents, décembre 1992–janvier 1993

D'un parallèle à l'autre

Faites un résumé de la situation de l'enseignement supérieur dans votre pays adoptif: Qui y a accès? Comment y a-t-on accès? Est-il gratuit? payant? public? privé? Quelles sont les conséquences pour les jeunes de votre pays? Partagez vos découvertes avec vos camarades.

Pour faciliter vos recherches, allez sur le site de *Parallèles* consacrée au Dossier 10. Cliquez sur le lien suggéré et cliquez sur le bouton «Parallèles» pour trouver de bonnes adresses.

Une université marocaine.

À vous la parole

 A. Jeu de rôle. Un(e) étudiant(e) francophone—votre partenaire—qui va faire des études dans votre université vous pose des questions sur le fonctionnement de l'université. Vous répondez à ses questions sur les sujets suivants:

- les différentes facultés
- les diplômes offerts
- les devoirs
- les exposés et les mémoires

- les examens
- le système d'examen et de notation
- les activités extra-scolaires
- les sorties entre étudiants

MODÈLE: —Qu'est-ce qu'il y a comme cours?
—Beaucoup! Tu as vraiment un grand choix. Qu'est-ce que tu veux étudier? etc.

 B. Satisfaction? Un journaliste pour la télévision vous arrête dans la rue pour vous demander (1) si vous êtes satisfait(e) de votre vie personnelle; (2) si vous êtes satisfait(e) de vos études universitaires; (3) ce que vous changeriez dans votre vie ou votre université si vous le pouviez. Que lui dites-vous? Jouez la scène avec un(e) camarade de classe.

 # Lecture

Travaux d'approche. Vous allez lire l'histoire de Jean-Michel Le Breton, un jeune Français récemment rentré en France après un séjour aux États-Unis.

1. D'abord regardez sa photo. À votre avis, quel âge a-t-il? Comment est-il sur la photo?
2. Anticipez le contenu de l'article: Quels sujets vont sans doute être traités? Regardez la liste ci-dessous. Vous semble-t-elle complète? Si non, complétez-la! Dans quel ordre traiteriez-vous les sujets mentionnés?

___ compagnons de voyage
___ coût du voyage
___ dates et durée du voyage
___ description de la destination
___ description des expériences faites
___ description des personnes rencontrées

___ détails autobiographiques
___ détails sur les raisons du voyage
___ enseignement(s) du voyage
___ étapes du voyage

Jean-Michel Le Breton de retour des États-Unis
Impressionné par le gigantisme et l'immensité

Jean-Michel Le Breton, jeune Kernévellois de 22 ans, vient de rentrer après avoir passé un an aux États-Unis. Huit mois de stage dans une exploitation laitière[1] du Minnesota, suivis de trois mois d'études à l'université. Des souvenirs.

Muni d'un bac D de sciences agronomiques et d'un BTS ACSE (Analyse et conduite de systèmes d'exploitation), Jean-Michel Le Breton a souhaité élargir son horizon et par la même occasion améliorer[2] son anglais. Ses parents, Jos et Mimi Le Breton, qui exploitent une ferme à Kéramboyec, ont l'habitude d'accueillir des stagiaires[3], français et originaires des pays francophones, et depuis plusieurs années Jean-Michel caressait l'espoir de partir en stage[4] à l'étranger. Déjà, au cours de ses études, il avait effectué deux stages d'un mois chacun (en Irlande et en Hollande).

C'est grâce au Service d'échanges de stages agricoles dans le monde (Sesam) à Paris, qui travaille en relation avec les chambres d'agriculture, qu'il a pu partir en juillet 1992 au Minnesota, un état situé dans le nord des États-Unis, de la taille d'un tiers de la France, qui compte 4,3 millions d'habitants, dont la moitié habite dans et autour de la capitale, Minnéapolis-Saint-Paul.

Un séjour[5] en deux étapes[6]: d'abord huit mois de stage dans une exploitation laitière de quarante-huit vaches[7]; travail quotidien de la ferme, alimentation des vaches et génisses[8], traites[9] et, dans les champs, 200 ha de maïs, luzerne et soja. «Sur le plan technique je n'ai pas appris grand chose mais beaucoup de choses sont organisées différemment là-bas, en raison notamment du climat.»

Le lisier[10] va où il veut

Les agriculteurs américains ne sont pas aussi sensibles que nous aux problèmes d'environnement: «C'est tellement grand qu'ils pensent avoir de la place, le lisier va où il veut pour l'instant, mais ça va devenir de plus en plus strict là-bas aussi.» L'immensité du pays se remarque aussi dans la façon de cultiver les champs: «Ils ne perdent pas de temps à cultiver au ras des talus[11].»

À l'issue du stage pratique, qui consistait en des journées de travail, de 5 h du matin à 21 h 30, avec trois jours de repos par mois, le jeune Kernévellois a terminé son séjour outre-Atlantique par trois mois d'études à l'université de Minnéapolis. L'informatique qu'il connaissait d'avance, puisqu'il l'utilise déjà dans la ferme à Kéramboyec, et la gestion[12]. «Ils ont des manières différentes d'organiser le travail, ils nous ont appris à raisonner l'exploitation dans son ensemble, et à nous poser des questions sur nos objectifs et nos moyens.»

Au cours de son séjour il a effectué deux grands voyages en compagnie d'autres stagiaires étrangers. Le premier, en décembre, l'a conduit vers le sud: Iowa, Arkansas, Louisiane, Floride et retour par Chicago. Le second en juin, dans l'ouest, où il a été particulièrement impressionné par le parc national de Yellowstone. Au total plus de 16.000 km en voiture qui lui ont permis de voir de nombreux aspects d'un pays qui l'a surtout frappé par son immensité.

«Cette expérience m'a donné une ouverture d'esprit: le monde est plus petit. Je n'ai pas trouvé l'idéal là-bas. Ce que j'y ai vu va venir en France, je ne vois pas comment on pourrait l'empêcher.»

---

1 dairy farm   2 improve   3 interns   4 internship   5 stay   6 stages   7 cows   8 heifers   9 milking
10 cattle urine   11 to the very edge   12 management

Impression de la société américaine

Jean-Michel a été déconcerté par le libéralisme poussé à l'outrance au pays des Yankees. Une société de consommation, la plupart du temps à crédit: les magasins sont ouverts, 24 h sur 24 h, 365 jours par an. **«Le pouvoir de l'argent compte énormément, tout est business.»**

Les Américains sont très influencés par la télévision, qu'ils regardent quatre à cinq heures par jour. **«Aux informations ils ne parlent que des États-Unis.**

Ils se voient toujours comme les leaders du monde; bien que le «rêve américain» n'existe plus vraiment, il y a toujours des possibilités pour qui a de l'initiative.» Les émissions sont coupées toutes les sept minutes pour laisser place à la publicité, et deux mois après un fait divers, les téléspectateurs le retrouvent en téléfilm.

La société américaine est un «melting-pot» composé d'habitants de toute origine. **«Ils ont peu de traditions et pas d'histoire;** cela leur manque. Leur acceptation des différences n'est qu'une façade; après la journée de travail, ils se retrouvent par communautés.»

Il n'a pas été impressionné par la culture gastronomique des Américains, qui se nourrissent principalement de sandwichs, steaks hachés et pizzas. **«On n'y trouve pratiquement pas de morceaux de viande, tout est transformé en haché, et la bouteille de ketchup est toujours sur la table.»**

(Adapté de *Ouest France,* 18 Août 1993)

Exploration

Maintenant que vous avez lu le texte, reprenez la liste des sujets anticipés, cochez les sujets traités par le journaliste et indiquez dans quel ordre ils ont été présentés. Solidifiez vos nouvelles connaissances au sujet de l'expérience de Jean-Michel en complétant les tableaux suivants avec le plus de détails possibles:

Jean-Michel Le Breton
Identité:
Vie:

Séjour de Jean-Michel aux E.-U.	Où?	Durée?	Activités?	Observations?
Première étape				
Deuxième étape				

Impressions de la société américaine
L'environnement:
La gestion:
Les valeurs dans la société de consommation:
La télévision:
L'intégration (*melting-pot effect*):
La gastronomie:

Réflexion

Résumez l'expérience américaine de Jean-Michel (où est-il allé? a-t-il travaillé? a-t-il étudié? a-t-il fait du tourisme? qu'a-t-il observé?) et ses impressions (à votre avis son opinion est-elle plutôt positive, négative ou neutre?). Êtes-vous d'accord avec les observations de Jean-Michel et ses conclusions? Expliquez pourquoi.

À vos stylos

Petite annonce

Étudiez l'annonce ci-dessus. Remarquez la brièveté (*brevity*) du texte publicitaire, sa présentation très visuelle. Inspirez-vous de cette annonce pour écrire un texte publicitaire au sujet de votre université ou de votre collège ou simplement au sujet de votre département.

1. D'abord décidez quels aspects vous voulez souligner (*emphasize*):

   - le cursus innovateur
   - les méthodes d'enseignement
   - la location stratégique de l'université
   - les installations du campus
   - les programmes d'échange avec d'autres universités à l'étranger
   - les qualifications des professeurs
   - le programme de recherche
   - les possibilités de stage pratiques
   - le programme d'aide financière
   - le réseau (*network*) d'entraide des anciens
   - autres

2. Prenez des notes sur les sujets retenus. Transformez vos notes en phrases courtes pour attirer l'attention de votre lecteur.

3. Faites un effort spécial pour les phrases d'introduction et de conclusion: elles doivent marquer le lecteur!

4. Finalement, décidez si vous allez utiliser une ou des illustrations. Si oui, choisissez-les et ajoutez-les (*add them*).

Departement Information et Communication
Département Information et Communication

Bouchée la communication?

NON si on prépare aux métiers de demain. c'est le choix que nous avons fait.

Nos atouts pour gagner ce pari

❏ Une équipe de créateurs, de professionels et d'universitaires très complémentaires.

❏ Des moyens techniques à la pointe du progrès, l'anticipant quand il le faut.

❏ De petits groupes de travail bien encadrés. Des stages-action en enterprises.

Un objectif

❏ Opérationalité, adaptabilité, polyvalence dans un univers professionel en perpétuelle évolution.

IUT
Ville Nouvelle 59310
Tel 20 76 52 81

Parallèles historiques

La Sorbonne et le Quartier latin

En 1257, Robert de Sorbon, un théologien, a fondé un collège pour permettre aux étudiants pauvres d'avoir accès à l'enseignement, un enseignement donné en latin, bien sûr! Voilà pourquoi le quartier de la Sorbonne est appelé le Quartier latin: c'est le quartier où l'on parlait latin.

Le collège de la Sorbonne est vite devenu un grand centre d'études théologiques. Des controverses célèbres ont marqué l'histoire de la Sorbonne jusqu'en 1790, quand les révolutionnaires l'ont supprimée. Quelques années plus tard—en 1808—Napoléon a attribué ses bâtiments à l'Université, une institution récemment créée par lui.

La Sorbonne occupe toujours une place spéciale dans la vie intellectuelle française. Centre de savoir et d'échanges, c'est aussi aujourd'hui un lieu symbolique de rassemblement. Les étudiants se réunissent toujours là—notamment en 1968 et en 1986—pour faire entendre au gouvernement et au reste du pays leurs protestations et leurs désirs.

A l'écran

À la fac!

Des étudiants discutent de leurs études, de leur genre de vie, de leurs préoccupations et de leurs projets pour l'avenir.

Clip 10.1 On fait des études: entretiens avec des étudiants
Clip 10.2 La vie d'étudiant: avantages et inconvénients
Clip 10.3 Et demain?

Maintenant je sais...

Qu'avez-vous appris dans ce dossier? Comment l'avez-vous appris? Vérifiez vos connaissances sur chaque sujet et donnez des exemples précis.

1. Expliquez l'organisation de l'enseignement supérieur en France.
2. Précisez qui a accès à l'enseignement supérieur.
3. Décrivez les formalités d'inscription.
4. Évoquez plusieurs aspects de la vie étudiante: vie académique, vie collective, petits et grands problèmes.

Tous les mots

Expressions

bien volontiers	quite willingly, gladly
ça devrait	it should
Ça sert à rien!	It does not help, it's to no avail!
d'ailleurs	in any case
debout	standing up
de mon temps	in my time
de rêve	dreamlike
dès maintenant	starting now
des tonnes (colloq.)	lots of, tons of
d'occasion	used (voiture d'occasion = used car)
en arrivant, dès mon arrivée	upon arrival
il fallait	it was necessary
il ne faudrait pas	one should not
il s'en plaint assez	he complains enough about it
immédiatement	immediately
par hasard	by chance
par rapport à	in regard to, in comparison with
plus tôt que prévu	sooner than expected
pour la plupart	for the most part
si c'était à refaire	if I had to do it over

Verbes

s'arrêter	to stop
s'asseoir	to sit down
avoir accès	to have access
avoir intérêt à	to be to one's advantage
avoir tort	to be wrong
se changer les idées	to think about something else, to relax
comparer	to compare
conseiller	to advise
dépendre	to depend
développer	to develop
dire	to say
écrire	to write
emprunter	to borrow
enseigner	to teach
s'entraîner	to train
étouffer	to suffocate
exister	to exist
se faire des copains	to make friends
faire des économies	to save money
faire partie de	to be part of
fonctionner	to function, to work
former	to mold, to train
garder	to keep

gâter	to spoil
gratter (colloq.)	to take notes (literally: to scratch paper)
hésiter	to hesitate
inscrire	to enroll someone
s'inscrire	to register
lire	to read
payer ma part	to pay one's own way
prendre la parole	to speak up
prêter	to loan
produire	to produce
protester	to protest
régler (les frais)	to pay tuition
regretter	to regret; to miss
se renseigner	to get information
repartir	to go back
rester en forme	to stay in shape
se sentir moins isolé	to feel less isolated
se spécialiser en	to major in
taper	to type
varier	to vary

Noms

un amphithéâtre	amphitheater, auditorium
l'art dramatique (m)	drama
un assistant/ une assistante	assistant, teaching assistant
une assurance médicale	health insurance
l'autorité (f)	authority
une bande de copains	a group of friends
une bourse	scholarship
un cadre	setting
un calcul	calculation
une conférence	lecture
un couple	couple
un cours magistral	lecture course
un diplôme	diploma, degree
une discipline	discipline, academic subject
l'enseignement (m)	teaching, education
l'enseignement supérieur	higher education
l'essence (f)	gasoline
un établissement	institution
un exposé	oral presentation
le financement	financing
l'indépendance (f)	independence
un livret d'étudiant	student handbook
un malheureux/une malheureuse	unlucky person
un mémoire	written report
un micro(phone)	microphone
la notation continue	continuous grading
une obsession	obsession

une organisation	*organization*
un polycopié (*colloq.* polycop)	*mimeographed material*
un programme d'échange	*exchange program*
une résidence universitaire	*dormitory*
une scène	*stage*
une séance	*session*
une séance de travaux pratiques (dirigés)	*lab practicum*
une sélection	*selection*
un semestre	*semester*
la session de septembre	*a second round of exams in September*
un tableau d'affichage	*bulletin board*
la tenue de sports	*sports clothes*
le travail à temps partiel	*part-time work*

Adjectifs

abordable	*affordable*
adapté	*adapted*
anonyme	*anonymous*
centralisé	*centralized*
construit	*constructed, built*
culturel, -elle	*cultural*
décentralisé	*decentralized*
élitiste	*elitist*
gratuit	*free*
handicapé	*handicapped*
incomplet	*incomplete*
local	*local*
lointain	*far away, distant*
officiel, -elle	*official*
privé	*private*
remarquable	*remarkable*
universitaire	*college level*

Les disciplines

See page 358 for complete list.

Les langues *(languages)*

See page 358 for complete list.

DOSSIER 11

Communication
- Discussing career choices
- Talking about job hunting and work
- Selecting a professional wardrobe

Cultures en parallèles
- Tant de décisions!
- Les décisions qui accompagnent l'entrée dans la vie active

Outils
- Interrogative pronouns **qu'est-ce qui, qu'est-ce que,** etc.
- Interrogative pronoun **lequel**
- The verbs **voir** and **croire**
- Formation of the present subjunctive; use of the subjunctive after expressions of obligation

Phonétique: Released Consonants

Les nombreuses décisions de la vie active

D'abord choisir son partenaire, puis choisir une robe, et si on a trouvé du travail, agrandir la famille!

Cultures en parallèles
Tant de décisions!

Dans les mois ou les années à venir vous allez prendre des décisions importantes. Vous allez prendre des décisions personnelles: choix d'un partenaire, fiançailles, mariage, achat d'un logement, enfants. Vous allez aussi prendre au même moment des décisions professionnelles: choix d'un premier poste, d'une carrière, d'un lieu de résidence.

Des facteurs très personnels vont influencer ces décisions: votre personnalité, vos goûts, votre éducation, votre situation familiale, vos propres valeurs. D'autres facteurs plus rationnels vont influencer vos décisions professionnelles: vos qualifications, le nombre de postes ouverts dans votre spécialité, un salaire motivant, des possibilités de promotion.

Pensez un peu aux décisions professionnelles que vous allez prendre vous-mêmes. Puis, dans la liste ci-dessous, classez par ordre d'importance les éléments qui vont influencer le choix de votre future profession.

Le mot juste

Verbes

influencer	*to influence*
poursuivre	*to pursue*
prendre une décision	*to make a decision*
servir	*to serve*

Noms

l'argent (m)	*money*
les avantages sociaux	*benefits*
une carrière	*career*
un congé	*vacation*
un emploi	*employment*
un facteur	*factor*
les fiançailles (f)	*engagement*

— les avantages sociaux

— les conditions de travail

— les congés

— le contact avec le public

— un patron sympathique

— la possibilité d'initiatives personnelles

— la possibilité de voyager

— le prestige social

— la possibilité de promotion rapide

— un salaire avantageux

— la sécurité de l'emploi

— le travail d'équipe

— l'occasion de contribuer à la société

— l'occasion de servir son pays

Maintenant analysez vos résultats: quelles priorités révèlent vos trois premiers et derniers choix? Par exemple, l'ambition? l'argent? le désir de servir les autres?

Comparez vos classements en petits groupes. Avez-vous les mêmes priorités? Établissez un profil de votre groupe. Ses priorités sont-elles typiques de votre génération?

l'indépendance (f)	*independance*	la stabilité	*stability*
l'initiative	*initiative*	la valeur	*value*
le lieu de résidence	*residence*		
le mariage	*marriage*	**Adjectifs**	
un poste	*(here) job*		
un salaire	*salary*	avantageux, -euse	*advantageous*
la sécurité	*safety*	motivant	*motivating*
la souplesse	*flexibility*		

Contexte 1 Le choix d'un métier

Colette Moulin

Qui se cache derrière ces grosses lunettes? C'est Colette Moulin, soudeur de son métier. Cette situation peu traditionnelle pour une femme a piqué l'intérêt du journaliste Philippe Giraud. Il a voulu en savoir plus.

Colette Moulin, soudeur

Qu'est ce que vous avez fait comme études?
D'abord, aucune. Après mon bac, j'ai trouvé du travail comme vendeuse dans un magasin de disques. Je n'avais pas de diplôme, j'aimais la musique, le contact avec les jeunes… Oui, mais j'avais aussi un salaire dérisoire. Alors, j'ai cherché un autre emploi.

Qu'est-ce que vous avez trouvé?
Et bien, je suis devenue serveuse dans un restaurant. Là, la situation était même pire: le travail était très fatigant et le salaire n'était pas supérieur à mon salaire de vendeuse. Mais j'ai fait une rencontre intéressante.

Qui est-ce que vous avez rencontré?
Charles, un client, m'a parlé d'une formation de soudeur qu'il allait suivre. Ça m'a tentée, et j'ai décidé de me lancer, même si j'avais un peu peur.

De quoi aviez-vous peur?
J'avais peur de ne pas réussir, et j'avais peur de travailler dans un milieu masculin.

Qu'est-ce qui vous a décidé?
Franchement, c'est la perspective d'un bon salaire. Et puis les encouragements de mes amis: Après tout, ce métier était réservé aux hommes seulement par habitude!

Meddi Ben Belaïd

Meddi Ben Belaïd, comptable.

Qu'est-ce qui fait sourire cet homme? Selon Philippe Giraud, Meddi Ben Belaïd est fier de son succès, heureux de sa situation de comptable dans une petite entreprise de la région marseillaise.

Qu'est ce que vous avez fait comme études?

Eh bien après le bac, je suis entré à l'IUT. Je voulais absolument être capable de trouver du travail rapidement. J'ai choisi la comptabilité parce que j'ai toujours aimé les chiffres. En fait, quand j'étais adolescent j'ai pris la responsabilité des finances familiales.

À qui est-ce que vous avez demandé des conseils?

Le père de mon meilleur copain était le trésorier du club de foot. Un jour je lui ai offert de l'aider et il a accepté. Il a trouvé que je me débrouillais bien et il m'a encouragé à continuer.

Qu'est-ce qui a été le plus difficile?

Sans hésiter, l'entretien avec mon futur employeur! Je voulais faire une bonne impression mais j'étais très nerveux. Je savais aussi qu'il y avait beaucoup d'autres candidats!

Qu'est-ce que vous conseillez aux jeunes d'aujourd'hui?

Je leur conseille de ne pas perdre courage: les statistiques du chômage sont alarmantes mais si on persévère on a des chances de s'en sortir (*to make it*)!

De quoi rêvez-vous pour l'avenir?

J'aimerais trouver le temps de préparer un diplôme d'expert-comptable. Ça, je voudrais vraiment!

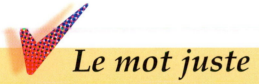

Le mot juste

Expressions

aucun	*none*
en savoir plus	*to know more about it*
pire	*worse, worst*

Verbes

se cacher	*to hide*
se lancer	*to embark on (something)*
persévérer	*to persevere*
piquer l'intérêt	*to stimulate interest*
suivre une formation	*to receive training*
tenter	*to tempt*

Noms

un candidat/une candidate	*candidate*
le chômage	*unemployment*
la comptabilité	*accounting*
un/une comptable	*accountant*
des conseils (m)	*advice*
un entretien	*interview*
un expert-comptable	*certified public accountant*
les finances (f)	*finances*
un métier	*job*
le milieu social	*environment*
une perspective	*perspective*
un salaire	*salary*
un serveur/une serveuse	*waiter/waitress*
une situation	*job, position*
un soudeur	*welder*
un sourire	*smile*
les statistiques (f)	*statistics*
un trésorier	*treasurer*
un vendeur/ une vendeuse	*salesclerk*

Adjectives

alarmant	*alarming*
dérisoire	*derisory, ridiculous*
fier/fière de	*proud of*
traditionnel, -elle	*traditional*

À votre tour

A. Avez-vous compris? Identifiez la personne en question et donnez les détails appropriés.

1. Qui aime la musique? Qui aime les chiffres?
2. Qui a fait une rencontre déterminante pour son choix de carrière? Expliquez.
3. Qui a fait des études? Expliquez.
4. Qui a envie de continuer des études? Expliquez.
5. Qui discute de son salaire? Expliquez.
6. Qui a des conseils pour les jeunes? Expliquez.
7. Qu'est-ce qui a été difficile pour Colette? Expliquez.
8. Qu'est-ce qui a été difficile pour Meddi? Expliquez.

B. Expériences et espoirs. En petits groupes, posez les questions suivantes aux camarades. Puis partagez vos renseignements (*information*) avec le reste de la classe.

1. Qui n'a pas peur de travailler dans un milieu assez sexiste par tradition?
2. Qui a travaillé comme vendeur (euse)? dans quel magasin? Quels étaient les avantages ou inconvénients?
3. Qui a travaillé dans un restaurant ou dans un fast-food? Quels étaient les avantages ou inconvénients?
4. Qui aime les chiffres?
5. Qui aime le contact avec les jeunes?
6. Qu'est-ce qu'on pense des statistiques du chômage dans votre pays? Sont-elles alarmantes ou non?
7. Qui préférerait continuer son éducation plutôt que (*rather than*) trouver du travail? Pourquoi oui ou pourquoi non?

C. Et vous? Votre partenaire est étudiant comme vous mais peut-être a-t-il/elle déjà travaillé? Ou travaille-t-il/elle maintenant? Questionnez votre partenaire pour apprendre s'il/si elle travaille maintenant? Où? Avec qui? Pourquoi a-t-il/elle décidé de travailler? Quels sont les avantages et les inconvénients de son travail?

Outil 1 Les pronoms interrogatifs

Interrogative pronouns enable you to ask the identity of a person (*Who?* or *Whom?*) or to identify a thing or fact *(What?).*

Questions about people

- **Qui** is used to ask *Who?*

  —**Colette** travaille comme soudeur.
  —Pardon? **Qui** travaille comme soudeur?

  —*Colette works as a welder.*
  —*Pardon me? Who works as a welder?*

  —**Meddi Ben Belaïd** adore les chiffres.
  —Pardon? **Qui** adore les chiffres?

  —*Meddi Ben Belaïd loves to work with numbers.*
  —*Pardon me? Who loves to work with numbers?*

  Note that the final **-i** of **qui** is never elided:

  Qui est soudeur?   *Who is a welder?*

- **Qui est-ce que** is usually used when you are asking who is affected by the action of the verb.

  —Colette a rencontré **un client intéressant.**
  —Tiens! **Qui est-ce que** Colette a rencontré?

  —*Colette met an interesting client.*
  —*Really? Whom did Colette meet?*

  —Philippe Giraud a interviewé **un soudeur et un comptable.**
  —Pardon? **Qui est-ce que** Philippe Giraud a interviewé?

  —*Philippe Giraud interviewed a welder and an accountant.*
  —*Pardon me? Whom did Philippe Giraud interview?*

  Note that **Qui est-ce que** must be preceded by the preposition required by certain verbs:

  —Phillipe Giraud a parlé **avec Colette.**
  —**Avec qui est-ce que** Philippe Giraud a parlé?

  —*Philippe Giraud spoke with Colette.*
  —*With whom did Philippe Giraud speak?*

  —Meddi a demandé des conseils **au père de son copain.**
  —**À qui est-ce que** Meddi a demandé des conseils?

  —*Meddi went to his friend's father for advice.*
  —*To whom did Meddi go for advice?*

  —Meddi a reçu les encouragements **de ses amis.**
  —**De qui est-ce que** Meddi a reçu les encouragements?

  —*Meddi received encouragement from his friends.*
  —*By whom was he encouraged?*

Questions about things

- **Qu'est-ce qui** is used to ask *what?* when *what* is the subject of a question. In other words, **qu'est-ce qui** asks what is responsible for an action or has a particular characteristic.

  —**Son succès** fait sourire cet homme.

  —Pardon? **Qu'est ce qui** fait sourire cet homme?

  —*Success makes this man smile.*

  —*Pardon me? What makes this man smile?*

- **Qu'est-ce que** is used to ask *what?* when *what* is the direct object of a question. In other words, **qu'est-ce que** asks what is affected by the action.

  —J'ai cherché un autre emploi.

  —**Qu'est-ce que** vous avez trouvé?

  —*I looked for another job.*

  —*And what did you find?*

- After prepositions, use **quoi** instead of **qu'est-ce que** when referring to things.

  —De **quoi est-ce que** vous aviez peur?

  —J'avais peur **de ne pas réussir.**

  —*What were you afraid of?*

  —*I was afraid of not succeeding.*

- Here is a summary of these interrogative pronouns:

	Persons	Things
SUBJECT	qui	qu'est-ce qui
DIRECT OBJECT	qui est-ce qu(e)	qu'est-ce qu(e)
AFTER A PREPOSITON	*preposition* + qui + est-ce qu(e)	*preposition* + quoi + est-ce qu(e)

 ## À votre tour

 A. Pardon? Quelle était la question? Avec un partenaire, imaginez quelles questions (**qui?** or **qu'est-ce qui?**) ont élicité les réponses en italiques.

MODÈLE: *Philippe Giraud* est un bon journaliste.
      —Pardon? Qui est un bon journaliste?

1. *Colette* est capable de faire un métier non traditionnel.
2. *Le sourire de Meddi* fait toujours bonne impression.
3. *Meddi* a dû persévérer.
4. *Le métier de Colette* a piqué la curiosité de Philippe Giraud.
5. *Colette* s'est bien sortie de ses problèmes financiers.
6. *Le père d'un copain* s'est occupé de Meddi.
7. *De grosses lunettes* cachent le visage de Colette.
8. *Meddi* se débrouille bien.
9. *Le chômage* est alarmant.
10. *Préparer un nouveau diplôme* tente Meddi.

B. Quelles priorités? Vous avez entendu les remarques suivantes, mais… vous ne faisiez pas attention! Posez la question (**Qu'est-ce qui?** or **Qu'est-ce que?**) pour éliciter à nouveau les réponses en italiques.

MODÈLE: *Avoir un diplôme* compte beaucoup.
      —Pardon? Qu'est-ce qui compte beaucoup?

1. Certains veulent d'abord *un salaire avantageux.*
2. *Le prestige social* est important.
3. Tout le monde n'aime pas *le contact avec le public.*
4. *La possibilité de voyager* tente beaucoup les jeunes.
5. Beaucoup de gens recherchent *la sécurité de l'emploi.*
6. *Une promotion rapide* fait toujours plaisir.
7. Certains détestent *le travail en équipe.*
8. *L'occasion de servir leur pays* ne motive pas beaucoup de gens.
9. Un bon emploi doit offrir *l'occasion de contribuer à la société.*

C. Un entretien difficile. Votre camarade discute de l'entretien avec Meddi. Vous avez mal entendu les mots en italiques et vous demandez des précisions.

MODÈLE: Meddi a un entretien *avec son futur patron.*
      —Pardon? Avec qui est-ce qu'il a un entretien?

      Ils vont parler *d'un poste de comptable.*
      —De quoi vont-ils parler?

1. Meddi a un entretien *avec Jean-Michel Lomme.*
2. Jean-Michel Lomme est *le futur patron de Meddi.*
3. C'est le patron *d'une petite entreprise.*
4. Cette entreprise fabrique *des poteries en céramiques.*
5. Le patron veut le présenter *à certains de ses futurs collègues.*

D. De quoi s'agit-il? (*What is it all about?*) Vous vous approchez d'un groupe d'amis et vous essayez de vous intégrer à la conversation. Vous posez alors des questions.

MODÈLE: parler de / [une chose]
      —De quoi est-ce que vous parlez?

1. parler de / [une chose]
2. partir avec / [une personne]
3. faire allusion à / [une personne]
4. faire attention à / [une chose]
5. avoir besoin de / [une chose]
6. se préoccuper de / [une chose]
7. penser à / [une personne]
8. faire allusion à / [une personne]
9. s'intéresser à / [une chose]
10. se mettre d'accord sur / [une chose]
11. se souvenir de / [une personne]

E. L'Interviewer interviewé. Votre partenaire joue le rôle de Philippe Giraud. Interviewez-le! N'hesitez pas à vous inspirer du contexte.

MODÈLE: —Qu'est-ce qui vous a décidé à devenir journaliste?
      —Eh bien, j'ai toujours été curieux de tout.

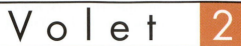

Volet 2

Contexte 2 Offres d'emplois

Imaginez que vous cherchez un emploi, mais lequel? En principe votre formation vous dirige vers un poste d'attaché commercial. Vous avez retenu deux offres d'emploi intéressantes. Laquelle vous tente le plus? À laquelle allez-vous répondre?

EXDELEC

Importateurs et distributeurs de matériel de sonorisation,[1] jeux de lumières[2] et vidéos destinés aux professionnels. C.A. 35 MF[3], notre développement exige le renforcement de notre équipe de vente. Nous recherchons:

un Attaché commercial

Responsable de la gestion[4] de notre portefeuille clients[5], vous menez aussi une action dynamique de prospection auprès des clientèles-cibles.[6]

À 25 ans environ, de formation commerciale (niveau Bac + 2 minimum), vous justifiez d'une première expérience réussie dans le domaine des ventes.

Vos qualités commerciales ne font pas de doute. Autonome et dynamique, vous êtes bien sûr motivé par la qualité de nos produits et services.

Merci d'adresser votre dossier (lettre manuscrite, curriculum vitae + photo et prétentions[7]) sous référence 12-70041 à notre Conseil[8] ONIMO, BP[9] 34, 69431 Lyon cedex 03.

[1]audio equipment, [2]lighting equipment, [3]C.A. = chiffre d'affaire (gross income); MF = millions de francs, [4]management, [5]client list, [6]targeted customers, [7]salary range, [8]laywer, legal representative, [9]BP = Boîte Postale (post office box)

NORMAGRO

Industrie Agro-Alimentaire—250 personnes. Basée au centre de la Normandie, notre société fabrique une gamme de[1] fromages réputés pour leur qualité. Nos produits sont commercialisés par un réseau[2] de spécialistes. Nous créons de nouveaux postes: **attachés commerciaux.** En liaison avec[3] la direction des ventes, vous nous représentez auprès de nos clients et prospects: grande distribution et grossistes.[4] Nous vous proposons: salaire important + commissions + voiture de fonction[5] + frais. Merci d'adresser votre dossier de candidature à notre Société Conseil JNLK Consultants 21, rue du colonel Lemy—14000 Caen. Confidentialité assurée.

[1]an array of, [2]network, [3]working closely with, [4]wholesalers, [5]company car

Le mot juste

Expressions

auprès de	*with, near*
montrer de l'originalité	*to show creativity*
ne pas faire de doute	*to be obvious*

Verbes

bien s'exprimer	*to express oneself clearly*
constituer un dossier	*to assemble a file*
embaucher	*to hire*
fabriquer	*to manufacture*
mener	*to lead*
proposer	*to offer*
rechercher	*to look for*
rembourser	*to reimburse*
renforcer	*to strengthen*
représenter	*to be the representative of*
travailler en équipe	*to work as a team*

Noms

un attaché commercial	*sales representative*
un client/une cliente	*customer*
la clientèle	*customer base*
la direction des ventes	*sales management*
une équipe de vente	*sales force*
une formation commerciale	*business training*
les frais (m)	*expenses*
une offre d'emploi	*job offer*
un salaire fixe	*fixed salary*
le sens de l'humour	*sense of humor*
le sens de l'organisation	*sense of organization*
le sens des affaires	*business acumen*
le sens du contact humain	*friendliness, warm personality*
la vente	*sale*

Adjectifs

assuré	*guaranteed*
autonome	*autonomous*
destiné à	*designed for*
motivé	*motivated*
réputé	*well-known*

À votre tour

A. Des offres bien rédigées. Avec un partenaire étudiez la composition de ces offres d'emplois. Identifiez pour chaque (*each*) offre quelles lignes sont consacrées aux sujets suivants et résumez-les.

- présentation de l'entreprise
- ses raisons pour embaucher
- le profil du candidat idéal
- la constitution du dossier
- à qui et où envoyer le dossier

B. Comparaisons. Avec votre partenaire, identifiez de quelle entreprise il s'agit: EXDELEC? NORMAGRO? les deux? À tour de rôle, posez les questions et répondez-y en plaçant une marque dans la colonne appropriée.

MODÈLE:	—Laquelle vend des fromages?	Exdelec	Normagro	Les Deux
	—Normagro vend des fromages.	___	✓	___

	Exdelec	Normagro	Les Deux
1. Laquelle vend des produits alimentaires?	___	___	___
2. Laquelle a un seul poste d'attaché commercial?	___	___	___

3. Laquelle a plusieurs postes
   d'attachés commerciaux?   —   —   —
4. Laquelle offre un salaire fixe +
   commissions?   —   —   —
5. Laquelle mentionne l'âge idéal
   du nouvel employé?   —   —   —
6. Laquelle demande une lettre
   manuscrite?   —   —   —
7. Laquelle offre une voiture de
   fonction?   —   —   —
8. Laquelle assure la confidentialité
   de votre demande?   —   —   —
9. Laquelle décrit ses produits?   —   —   —
10. Laquelle exige un certain niveau
    d'éducation?   —   —   —

C. Comparaisons. En petits groupes, comparez ces offres d'emplois avec le format d'offres d'emplois similaires dans votre pays. Comment sont-elles semblables? Comment sont-elles différentes? Essayez d'expliquer ces ressemblances et ces différences. Vous pouvez considérer une offre à la fois (*at a time*) ou les deux ensemble.

MODÈLE: l'âge du candidat
—EXDELEC mentionne l'âge du candidat. Mais chez nous, en général il n'est pas légal de le mentionner.

1. qualités personnelles du candidat
2. expérience du candidat
3. motivation du candidat
4. curriculum vitae
5. lettre manuscrite
6. photo
7. avantages (*benefits*)
8. le ton (*form*) de l'annonce: plus ou moins personnalisé? plus ou moins objectif?

D. Votre décision. À tour de rôle, expliquez à votre partenaire quelle offre vous préférez. Donnez vos raisons. Vous pouvez aussi expliquer pourquoi vous n'allez pas faire votre demande auprès de l'autre compagnie.

E. Le profil idéal. Vous considérez un emploi chez EXDELEC ou NORMAGRO. Faites une liste des qualités personnelles qui vont vous permettre de réussir chez NORMAGRO ou EXDELEC. Votre partenaire (qui vous connaît bien) est-il/elle d'accord?

MODÈLE: Je suis ambitieux.
—Ça, c'est vrai!
ou: —Non! Pas assez!
ou: —Oui! Un peu trop!

Outil 2 Le pronom interrogatif **lequel**

- You have learned to ask about the identity of a person (*Who?*) or the identification of a thing (*What?*) using interrogative pronouns.

- To inquire about people or things already mentioned, use the interrogative pronoun **lequel,** which is the equivalent of *which one?* or *which?* It may refer to either persons or things. It agrees in number and gender with the noun it represents:

	SINGULAR	PLURAL
MASCULINE	lequel	lesquels
FEMININE	laquelle	lesquelles

Vous cherchez **un emploi,** mais **lequel?**

You are looking for a job, but which one?

Parmi **les emplois possibles, lesquels** préférez-vous?

Among the possible jobs, which ones do you prefer?

Voici **deux offres d'emploi intéressantes. Laquelle** vous tente le plus? **À laquelle** allez-vous répondre?

Here are two interesting job offers. Which one tempts you the most? To which one are you going to respond?

EXDELEC et NORMAGRO sont **deux excellentes compagnies. Pour laquelle** voulez-vous travailler?

EXDELEC and NORMAGRO are two excellent companies. For which (one) do you want to work?

À votre tour

 A. Des précisions. Votre partenaire vous présente les raisons pour lesquelles il/elle est tenté(e) par une offre. Mais vous demandez des détails.

MODÈLE: Nous vendons des *jeux vidéos.*
       —Ah oui? Lesquels?

1. On demande aux candidats *certains tests.*
2. On demande aux candidats *une bonne formation.*
3. On fabrique toute une gamme de *fromages.*
4. On rembourse *certains frais.*
5. On recherche *certaines qualités* dans le candidat.
6. On va créer *un nouveau poste.*
7. On a déja de *nombreux clients.*
8. On a des équipes de vente dans beaucoup de *domaines.*

B. Une impression favorable. Pendant votre entrevue professionnelle, vous dites pourquoi c'est vous le/la candidat(e) idéal(e). La directrice du personnel demande des précisions. Attention! C'est une situation professionnelle; le niveau de formalité demande des phrases complètes.

MODÈLE: J'ai *le diplôme* nécessaire.
　　　　　Lequel avez-vous?

1. J'ai *les qualités* que vous recherchez.
2. Je sais parler *deux langues étrangères*.
3. J'ai *une expérience réussie* dans le domaine des ventes.
4. Je connais *vos produits*.
5. J'ai des *prétentions réalistes*.
6. J'ai travaillé pour *une compagnie similaire*.

 C. Chasseur de têtes (*Headhunter*). Vous présentez les dossiers de nombreux candidats et candidates à un chasseur de têtes. Cette personne vous demande lequel/laquelle a la qualification désirée.

MODÈLE: Ils ont tous (*all*) des diplômes. (un diplôme d'ingénieur?)
　　　　　—Mais lequel a un diplôme d'ingénieur?

1. Ils ont tous une forte motivation. (formation solide?)
2. Elles parlent toutes (*all*) deux langues. (japonais?)
3. Ils savent tous prendre des responsabilités. (des initiatives?)
4. Elles ont toutes le sens des affaires. (le sens du contact humain?)
5. Ils ont tous beaucoup de sérieux. (le sens de l'humour?)
6. Elles ont toutes des recommandations. (de l'expérience?)
7. Ils aiment tous travailler en équipe. (montrer de l'originalité?)
8. Elles ont toutes le sens de l'organisation. (savoir bien s'exprimer?)

D. Retour a la réalité. La réalité est que vous ne choisissez pas encore (*not yet*) parmi des offres d'emploi. Vous choisissez plutôt vos cours pour le semestre prochain. Apportez un catalogue et discutez vos choix avec un partenaire.

MODÈLE: —Je dois suivre un cours d'histoire.
　　　　　—Lequel?
　　　　　—Histoire 210.
　　　　　—Ce cours est bien. Il y a deux super profs.
　　　　　—Lesquels? etc.

Contexte 3 Le monde du travail

SEMAINE DE 35 HEURES

congés payés

chômage

travail partiel

travail à mi-temps

petit boulot

population active

Que faut-il savoir sur le monde du travail en France?

Eh bien, voyez tout d'abord° que la population active a augmenté à un rythme rapide depuis le milieu des années soixante°. Sachez aussi que cette population active s'est beaucoup transformée.

see first of all
since the middle of the sixties

On note que dans les années cinquante l'immigration a beaucoup contribué à la croissance de la population active. Mais à la fin des années soixante, on a remarqué un phénomène nouveau: la présence croissante des femmes dans le monde du travail. On dit qu'elles sont aujourd'hui 45% de la population active. On croit d'ailleurs° que leur nombre va encore° augmenter.

moreover, they believe
still

Dans les années soixante-dix on a vu que le chômage se mettait à progresser assez rapidement. Aujourd'hui le taux de chômage reste important (12% de la population active, plus de 20% pour les moins de 25 ans). Pourtant les jeunes entrent plus tard dans le monde du travail. Et on *elders* sait que leurs aînés° le quittent plus tôt (l'âge de la retraite est aujourd'hui fixé à 60 ans). La révolution technologique permet de produire plus avec le même nombre d'heures de travail.

jobs Pour augmenter le nombre de postes de travail°, pour contrôler le chômage, beaucoup de politiciens croient aujourd'hui que la solution est de réduire le temps de travail. Une nouvelle loi vient de fixer la semaine de travail à 35 heures.

Il ne faut pas oublier non plus que les professions elles-mêmes ont aussi beaucoup changé. Notons que:

% = pour cent, percentage

- Les agriculteurs représentent seulement 4%° de la population active.
- Le nombre des ouvriers a beaucoup diminué (26% des actifs aujourd'hui *as opposed to* contre° 45% en 1962).
- Les employés et les membres des professions intermédiaires° *middle management* (techniciens, contremaîtres°, instituteurs) comptent pour la moitié° de la *foremen / half* population active.
- Le nombre des cadres et «professions intellectuelles supérieures» (professeurs, professions de l'informatique, des arts et du spectacle, ingénieurs et cadres techniques, professions de la santé) connaît une forte augmentation.

Les domaines du travail

Professions de l'agriculture: agriculteur(-trice), ingénieur agronome
Professions de la santé: dentiste, médecin, infirmier(-ère) (*nurse*), kiné (kinésithérapeute = *physical therapist*)
Professions de l'enseignement et de son administration: instituteur(-trice) (*grade school*), moniteur(-trice) d'éducation physique, professeur
Professions de l'industrie et du commerce:
    Les patrons: industriel, banquier, commerçant(-e)
    Les cadres (*management*): chercheur, ingénieur, informaticien (-enne), publicitaire, technicien(-enne)
    Les employé(e)s de bureau: réceptionniste, secrétaire, comptable
    Les employés de commerce: vendeur(-euse), attaché(-e) commercial(-e)
    Les ouvriers(-ières)
Professions libérales: architecte, avocat(-e), médecin
Professions au service de l'État: fonctionnaire
Professions des arts: artistes: acteur/actrice, chanteur(-euse), danseur(-euse), musicien(-enne), photographe

Le mot juste

 À votre tour

A. Classifications. Utilisez le tableau ci-dessus pour faire d'autres classifications. Regroupez

- les professions qui vous attirent personellement (*personally*),

- les professions qui ont beaucoup de prestige auprès des jeunes,

- les professions qui ont beaucoup de prestige auprès des aînés,

- les professions qui demandent de très longues études,

- les professsions où on a beaucoup de contacts humains,

- les professions où on a besoin d'un talent individuel.

 Puis comparez et discutez vos listes. Sont-elles plutôt (*rather*) différentes ou semblables?

 B. Les facteurs déterminants. Avec un partenaire, remplissez le tableau ci-dessous pour identifier les facteurs influençant le monde du travail à chaque époque.

	Années 50	Années 60	Années 70	Aujourd'hui
L'entrée tardive des jeunes sur le marché du travail: L'immigration: La progression du chômage: La réduction de temps de travail: Le travail des femmes: Les départs en retraite:				

C. Des chiffres. Continuez à travailler avec votre partenaire et à tour de rôle répondez aux questions suivantes.

1. Dites quel chiffres correspondent à quelles professions:
   52% de la population active
   4% de la population active
   26% de la population active
2. Indiquez les professions où l'on remarque (a) une forte progression, (b) une forte diminution des postes d'emploi.

D. Métiers préférés. En petits groupes indiquez à vos partenaires le domaine dans lequel vous voulez travailler. Spécifiez quelle profession vous attire. Plus tard, résumez vos observations, partagez-les—au tableau—avec le reste de la classe et essayez d'établir les professions préférées de tout votre groupe.

MODÈLE: —Moi je veux travailler dans le domaine de la santé. Je veux être kiné. Et toi?
—Moi, je ne sais pas encore. Les domaines de la santé et du commerce m'intéressent. Peut-être infirmier ou attaché commercial!

E. À votre avis. Comparez le monde du travail en France avec le monde du travail dans votre pays ou état.

1. Quel est le taux (*rate*) de chômage? Qui est-ce qu'il touche en priorité?
2. Les femmes sont-elles nombreuses à travailler?
3. Quel est l'âge de la retraite?
4. Quelle est la durée légale du travail pendant la semaine?
5. Comment l'immigration a-t-elle affecté ou affecte-t-elle le monde du travail?
6. Quels sont les professions en progression? en baisse?

Outil 3 Les verbes **croire** et **voir**

- The irregular verbs **croire** (*to believe, to think*) and **voir** (*to see*) have similar conjugations.

croire						
je	crois	nous	croyons		j'ai	cru
tu	crois	vous	croyez		je	croirais
il/elle/on	croit	ils/elles	croient			

voir						
je	vois	nous	voyons		j'ai	vu
tu	vois	vous	voyez		je	verrais
il/elle/on	voit	ils/elles	voient			

Voyez tout d'abord que la population active a augmenté à un rythme rapide.

See first of all that the work force grew quite rapidly.

On croit que le nombre des femmes qui travaillent va encore augmenter.

We believe that the number of women working is still going to grow.

On a vu que le chômage se mettait à progresser assez rapidement.

They saw that unemployment was growing quite fast.

Les politiciens **croient** que la solution au chômage est de réduire le temps de travail.

Politicians believe that the solution to the problem of unemployment is to reduce the length of the work week.

- In conversation, various forms of **voir** are used as a "filler."

Mais **voyons,** la solution n'est pas là.

Come on! The solution is not there!

Ça, c'est une généralité, **vous voyez,** et il y a beaucoup d'exceptions.

This is a generality, you see, and there are many exceptions.

- Note the special construction **croire à** which means to *believe in*.

Je **crois au** progrès.

I believe in progress.

However, use **croire en** to indicate that you believe in God.

Croyez-vous **en** Dieu? Moi, je **crois en** lui.

Do you believe in God? I believe in him.

Les propositions complétives

- The verbs **voir** and **croire** may be followed by another clause introduced by the conjunction **que (qu')**. The conjunction **que** must be used; it cannot be omitted, as is often the case in English.

Je vois **que** nous avons de nouvelles statistiques.

I see (that) the new statistics are in.

Je crois **que** c'est vrai.

I think that it's true, or, *I think it's true.*

A. Table ronde. En petits groupes, répondez aux questions suivantes en imaginant (*while guessing*) l'opinion des différents groupes listés.

MODÈLE: Qui voit des problèmes avec une forte immigration en France? (le gouvernement? les politiciens? une grande proportion de Français? un petit nombre de Français?)
—À mon avis, les politiciens ne voient pas de problème.
et: —Mais, nous, nous voyons des problèmes.
et: —À mon avis, une grande proportion de Français voit des problèmes!

1. Qui voit des progrès dans la condition des chômeurs (*unemployed*)? (le gouvernement? les politiciens? les statisticiens? nous?)
2. Qui croit que les métiers de l'agriculture vont devenir plus nombreux? (le gouvernement? les polititiciens? les agriculteurs? nous? le public?)
3. Qui a vu des injustices dans le salaire des femmes? (le gouvernement? les politiciens? les statisticiens? les femmes? les hommes? vous?)
4. Qui a cru au progrès et n'y croit plus? (le public en général? les Français? les vieux? les femmes? les politiciens? les intellectuels? les ouvriers?)

B. De nouveaux métiers. En petits groupes, lisez à tour de rôle la description des nouveaux métiers, mais commencez vos phrases avec **croire que, voir que.** La dernière personne ajoute une remarque personnelle.

MODÈLE: **Mécatronicien:** Sa spécialité est double: c'est la mécanique et l'électronique. Il travaille surtout dans l'industrie automobile.
—Nous voyons qu'un mécanotricien travaille dans l'industrie automobile. Je crois que j'aimerais être mécatronicien(ne).

Domoticien: Il fait de votre maison une maison intelligente; il peut par exemple régler son chauffage à distance. Il peut améliorer votre confort et sécurité. Il va vous aider à faire des économies d'énergie.
Qualiticien: Il n'inspecte pas seulement les produits finis. Il essaie d'améliorer la qualité des services et de la communication dans une entreprise.
Éco-conseiller: Il est employé par des collectivités ou des entreprises privées. Il les aide à protéger l'environnement.
Urbaniste-paysagiste: Ces deux métiers différents sont aujourd'hui réunis en un. Ces professionnels aident les collectivités à contrôler et améliorer leur environnement.
Infographiste: Les métiers du multimédia doublent chaque année. Les jeux sur CD-ROM exigent beaucoup de talents divers.

C. Le marché du travail. En petits groupes, demandez à vos camarades de partager leurs impressions sur le marché du travail. Notez-les et classez-les. D'un groupe à l'autre (*from one group to the other*) partagez et comparez vos listes.

MODÈLE: Nous croyons que les professions de la santé se développent: nous voyons que le nombre des kinés augmente.

Contexte 4 Quelle garde-robe pour un entretien professionnel?

RAYON FEMMES

un tailleur
1.520 F

une robe
650 F

un manteau
1475 F

un survêtement
455 F

un maillot de bain
565 F

un foulard
225 F

un chemisier
250 F

une jupe
315 F

un sac à main
375 F

des bottes
750 F

des bijoux

des gants
120 F

des chaussures à talon
525 F

Jaune · Orange · Rouge · Rose · Beige · Blanc · Vert · Bleu · Violet · Gris · Noir

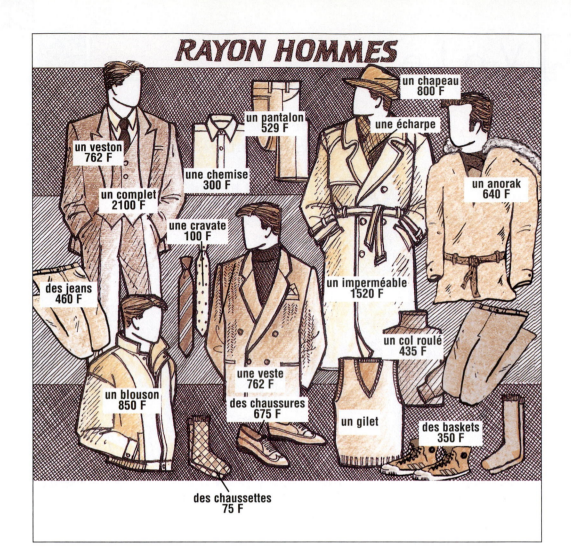

RAYON HOMMES

un chapeau 800 F
une écharpe
un pantalon 529 F
un veston 762 F
une chemise 300 F
un complet 2100 F
une cravate 100 F
un anorak 640 F
des jeans 460 F
un imperméable 1520 F
un col roulé 435 F
un blouson 850 F
une veste 762 F
des chaussures 675 F
un gilet
des baskets 350 F
des chaussettes 75 F

Le mot juste

Expression

il est essentiel   *it is essential*

Verbe

impressionner   *to impress*

Noms

un accessoire   *accessory*
des bas (m)   *stockings*
un collier   *necklace*
un entretien professionnel   *interview*
une garde-robe   *wardrobe*
un sac à dos   *backpack*

un sac à main   *purse*
des sandales (f)   *sandals*
un short   *shorts*
un sourire   *smile*
un t-shirt   *tee-shirt*
un vêtement   *garment, clothes*

Adjectifs

bien coupé   *well cut*
court   *short*
discret, -ète   *discrete*
humain   *human*
propre   *clean*

Les Conseils de Lucie

La question de la semaine:

Je cherche un emploi depuis 3 mois et finalement j'ai un entretien professionnel. Ça, c'est super, mais j'ai un problème. Je m'habille toujours comme un étudiant. Problème: Quels vêtements est-ce que je dois acheter et surtout qu'est-ce que je dois porter pour mon entretien?

Il est essentiel que vous choisissiez des vêtements classiques. Cela est vrai et pour votre garde-robe professionnelle et pour votre entretien.

Pour les femmes: Ne mettez pas une jupe trop courte, ni une robe trop ajustée; mettez plutôt un tailleur, avec un chemisier — ou un pull si c'est l'hiver — des bas, des chaussures avec un petit talon.

Pour les hommes: Ne portez pas obligatoirement un complet, mais mettez un ensemble veste plus pantalon. Attention! Pas de polo ni de col roulé: portez une chemise, de couleur peut-être, mais portez une chemise. Pas de sandales, pas de baskets: des

chaussures classiques, noires ou marron.

Choisissez des accessoires discrets. Pour les femmes: un simple collier, un seul bracelet et un sac à main pas trop bourré.[1] Laissez votre sac à dos à la maison! Pour les hommes: attention à la cravate: pas de Mickey Mouse et pas de couleurs qui flashent![2]

Pour tous: il n'est pas nécessaire que vous achetiez des vêtements neufs, mais il est important que vous portiez des vêtements propres, bien coupés. Il est préférable que vos vêtements n'impressionnent pas votre futur patron plus que vos diplômes ou votre expérience.

Et puis n'oubliez pas votre sourire! L'heure est grave, soit,[3] mais montrez que vous êtes aussi humain!

Lucie

1. (familier) crammed full   2. (familier) loud colors 3. This is a serious occasion, indeed

■■■ À votre tour

 A. Bien habillé(e) en toutes circonstances. À tour de rôle avec votre partenaire, indiquez quels vêtements vous mettez dans les situations suivantes. Faites-vous toujours les mêmes choix?

MODÈLE: Pour aller faire du sport je mets un short et un t-shirt. S'il fait froid, je mets aussi un survêtement. Je porte des baskets.

1. pour aller en classe
2. pour aller à une soirée chez des amis
3. pour aller à un entretien professionnel
4. pour passer un week-end de détente (*of relaxation*) à la campagne avec des amis
5. pour rencontrer les parents de votre fiancé(e)

 B. Et en toute saison. Indiquez, avec votre partenaire, quels vêtements vous allez emporter (*take with you*) dans vos valises (*suitcases*). Prenez des vêtements différents suivant la saison et l'occasion.

MODÈLE: un week-end à la campagne en automne
—Moi, j'emporte deux jeans, trois t-shirts, des chaussettes, un col roulé et un blouson.
—Moi, j'emporte aussi un imperméable!

1. une semaine au ski en décembre
2. une semaine à la plage en juillet
3. une semaine à Paris en avril
4. une semaine de randonnées en montagne en septembre

C. Ça va bien ensemble (*It all goes well together*). Certaines personnes préfèrent certaines combinaisons de couleurs, de forme, de style. D'autres détestent ces mêmes combinaisons. À tour de rôle, donnez votre avis:

MODÈLE: —Qu'est-ce qui va bien avec un blazer bleu marine?
 —Un pantalon gris va bien.

1. Est-ce que des bottes vont toujours très bien avec une robe?
2. Est-ce que le vert va bien avec le violet?
3. Est-ce qu'on porte des bijoux avec des jeans?
4. Est-ce qu'un manteau est moins pratique qu'un bon imperméable?
5. Est-il indispensable de porter un chapeau pour être élégant(e)?
6. Est-ce qu'un blouson est un vêtement unisexe?
7. Les cravates doivent-elles être d'une seule couleur?
8. Est-ce qu'un uniforme peut être élégant?

D. Un gros chèque. Imaginez que vous avez reçu un chèque de 2.500 francs pour votre anniversaire. En petits groupes, indiquez quels vêtements et quelles couleurs vous allez ajouter à votre garde-robe. Qui dépense le plus?

MODÈLE: Je ne porte pas souvent de jupe mais j'adore les pantalons. Je vais acheter un pantalon noir et un pantalon blanc: ça fait déjà dans les 1.200 francs. J'aime beaucoup le violet alors je vais acheter un accessoire violet: un chapeau (500 francs) ou bien des gants violets (125 francs) ou un foulard (154 francs).

E. Et vous? Quels sortes de vêtements aimez-vous porter? N'oubliez pas de mentionner leurs couleurs.

MODÈLE: J'aime porter mes jeans avec un t-shirt rouge (rouge est ma couleur favorite) et un blouson, en jean aussi. Je porte toujours des baskets (noirs!).

Outil 4 Le présent du subjonctif: verbes réguliers; expressions impersonnelles d'obligation

- You have learned to express facts through descriptions and narratives, both in the present and the past tenses. In this and subsequent *Outils*, you will now learn to incorporate a personal perspective into your speech and writing by using the present subjunctive. You will be able to express obligation and necessity, wishes and desires, emotion, or doubt, through use of the subjunctive.

- Compare the sentences below and notice how the speaker's perspective is reflected in the second sentence, which expresses necessity. The first sentence simply makes a factual statement.

Pour un entretien professionnel, nous **ne mettons** pas une mini-jupe. Il faut que **nous mettions** une jupe pas trop courte.

- To form the present subjunctive of all regular verbs and many irregular verbs, remove the **-ent** ending from the third-person plural (**ils/elles**) form of the present indicative and add the following endings:

-e	-ions
-es	-iez
-e	-ent

rentrer (rentr-)	
que je rentre	que nous rentrions
que tu rentres	que vous rentriez
qu'il/elle/on rentre	qu'ils/elles rentrent

choisir (choisiss-)	
que je choisisse	que nous choisissions
que tu choisisses	que vous choisissiez
qu'il/elle/on choisisse	qu'ils/elles choisissent

attendre (attend-)	
que j'attende	que nous attendions
que tu attendes	que vous attendiez
qu'il/elle/on attende	qu'ils/elles attendent

- The subjunctive is used in sentences with two parts, or clauses. When the main clause expresses necessity or obligation, the verb in the second clause must be in the subjunctive. The second clause is always introduced by **que (qu')**:

Il est essentiel que vous choisissiez des vêtements classiques.
It is essential that you pick classic clothes.

Il est important que nous portions des vêtements propres et bien coupés.
It is important that we wear clothes that are clean and well cut.

- Note that in the sentences above there are two subjects: the impersonal **il** and the noun/pronoun subject of the second clause (**vous** in the first sentence, **nous** in the second sentence). You have already used some of these impersonal expressions with infinitives in sentences that have only one subject, the impersonal **il**.

Il faut faire une bonne impression.
One must make a good impression.

Il est important de porter des vêtements propres et bien coupés.
It is important to wear clothes that are clean and well-cut.

- The following impersonal expressions can be used with an infinitive or a subjunctive to express obligation or necessity, or to give advice:

il est possible	*it is possible*
il faut/il est nécessaire	*it is necessary (necessity or obligation)*
il est préférable/il vaut mieux	*it is better*
il est essentiel/il est indispensable	*it is essential/indispensable*
il est important	*it is important*
il ne faut pas	*you must not (warning)*
il n'est pas nécessaire	*it is not necessary [you need not]*

À votre tour

A. Des règles essentielles. À tour de rôle, reprenez les conseils du Contexte, mais ne donnez pas d'ordres. Faites précéder chaque (*each*) conseil d'une expression d'obligation: **il est essentiel, il est indispensable, il est nécessaire, il faut, il est important, il vaut mieux que.**

MODÈLE: Habillez-vous de façon assez classique!
　　　　—Il faut que vous vous habilliez de façon assez classique.

1. Ne mettez pas une jupe trop courte!
2. Ne portez pas une robe trop ajustée!
3. Mettez un tailleur!
4. Portez des bas et des chaussures avec un petit talon!
5. Ne portez pas obligatoirement un complet!
6. Choisissez un ensemble veste plus pantalon!
7. Portez une chemise, de couleur peut-être!
8. Ne mettez pas de sandales!
9. Choisissez des accessoires discrets!
10. Laissez votre sac à dos à la maison!
11. Montrez-vous humain!
12. Répondez aux questions avec politesse!

B. Les étapes d'une recherche d'emploi (*Steps to be followed when looking for a job*). À tour de rôle, vous et votre partenaire récapitulez (*recapitulate*) les étapes nécessaires dans la recherche d'un emploi. Commencez vos phrases par une expression appropriée, par exemple: **il est essentiel, il est indispensable, il est nécessaire, il faut, il est important, il vaut mieux que.**

MODÈLE: consulter des listes spécialisées
　　　　—Il faut que nous consultions des listes spécialisées.

1. lire les journaux spécialisés
2. répondre à une annonce
3. envoyer votre curriculum vitae
4. passer des tests
5. attendre une réponse
6. ne pas se décourager (*not to get discouraged*)
7. on nous invite à passer un entretien
8. choisir des vêtements appropriés
9. arriver à l'heure pour l'entretien
10. réfléchir avant de répondre
11. poser des questions intelligentes
12. réagir toujours de façon polie
13. réussir à vendre nos talents et notre personnalité

C. Quoi emporter? (*What to take?*) Vous voyagez avec un groupe d'amis et vous leur rappelez quels vêtements il est indispensable/essentiel/nécessaire d'emporter.

MODÈLE: un week-end à la campagne en automne: un imperméable? un short?
—Il vaut mieux emporter un imperméable.

1. une semaine au ski en décembre: un manteau? un anorak?
2. une semaine à la plage en juillet: un maillot de bain? un blouson?
3. une semaine à Paris en avril: des bottes? des chaussures à talon?

 D. Une nouvelle garde-robe. Votre partenaire commence un nouveau travail la semaine prochaine. Vous discutez avec lui/elle sa nouvelle garde-robe. Essayez de contraster une garde-robe d'étudiant avec une garde-robe plus professionnelle.

MODÈLE: —Il est essentiel que tu portes une cravate!
—Zut alors! Je déteste porter une cravate!

 honétique

Consonnes: la détente

- A consonant sound in any language is produced when the air flow coming from the lungs is at least partially obstructed. One defining feature of any consonant sound is the "place of articulation," which refers to the spot where this obstruction is produced. For instance, the consonant [p] is formed by the complete obstruction of the air flow when the two lips are brought into contact. The term **la détente** refers to the release of this contact at the place of articulation. Certain consonants in English may be "released" or "unreleased." For example, a speaker of English may say "Here's a tip" with the [p] of *tip* released or unreleased (that is, the lips remain together). In spoken French certain consonants are *always* released whether they occur at the end of a one-word utterance or at the end of a phrase or sentence. Compare the English word *film* (unreleased final consonant) with the French word **film** (final consonant always released).

À votre tour

A. Écoutez, comparez, répétez et faites attention à la détente des consonnes finales en français.

English / French

1. natural / naturelle
2. film / film
3. Philip / Philippe
4. Madam / Madame
5. cat / chatte
6. picnic / pique-nique
7. excellent / excellente
8. Canadian / Canadienne
9. candidate / candidate
10. rapid / rapide
11. active / active
12. Frances / Françoise

B. Écoutez et répétez en faisant attention à la détente des consonnes finales.

1. une personne compétente
2. une femme sportive
3. des vacances fabuleuses
4. une étudiante américaine
5. Il est journaliste.
6. Ce tailleur est très chic.
7. J'ai une entrevue professionnelle.
8. Il faut des diplômes.

En Direct

A. Identifiez le suspect. Écoutez la déposition de la femme qui a été témoin (*witness*) d'une aggression dans la rue et identifiez le suspect en entourant (*by circling*) le numéro approprié.

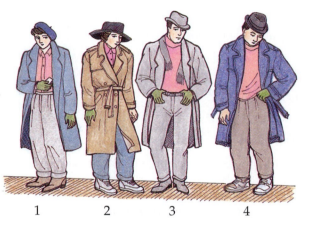

1   2   3   4

B. Des succès qui inspirent! Deux anciens élèves du lycée Colbert, le journaliste Philippe Giraud, et une jeune femme, Dominique Andretti, parlent de leur vie professionnelle aux élèves d'aujourd'hui. Écoutez et prenez des notes sur les sujets suivants pour rédiger un compte-rendu de leur présentation.

	Philippe Giraud	Dominique Andretti
Importance de qualités personnelles Raison(s) du choix professionnel Éducation nécessaire Joies du métier Difficultés ou exigences du métier		

Maintenant, rédigez un petit compte-rendu des présentations de Philippe et Dominique. Pour conclure, indiquez lequel des deux métiers vous trouvez le plus intéressant. Pourquoi? À votre avis quels sont les avantages des deux métiers? Et les inconvénients?

Découvertes

Cultures en parallèles

Les décisions qui accompagnent l'entrée dans la vie active

EPARGNE LOGEMENT

Une épargne constructive

CL CREDIT LYONNAIS

D'abord le permis de conduire, puis le mariage devant le maire et une visite à la banque avant d'acheter un logement.

Observer

Dans **Cultures en parallèles,** à la page 392, vous avez noté certains facteurs variés qui vont influencer le choix de votre future profession et votre entrée dans la vie active. Maintenant considérez explicitement des facteurs qui influencent les décisions des jeunes Français—et qui leur sont en quelque sorte dictés par leur environnement.

Avec un ou deux partenaires, analysez un des faits suivants. Quelles sont ses implications probables pour les jeunes Français qui doivent prendre des décisions? Qu'est-ce qui leur rend telle ou telle décision (*one decision or the other*) assez facile ou difficile? Résumez ensuite vos hypothèses pour vos camarades.

- L'âge de la majorité légale est 18 ans. Il n'y a aucune réservation: on peut donc voter, conduire, boire, fumer et jouer (*gamble*) comme l'adulte que l'on est.

- L'essence (*gas*) est très chère (plus d'un dollar le litre, presque quatre fois plus cher qu'en Amérique du Nord!).

- Le permis de conduire se passe à 18 ans. Pour pouvoir passer l'examen du permis de conduire il faut avoir réussi à un examen sur le code (*the laws*) de la route. Il faut aussi avoir suivi des cours de code et de conduite dans une auto-école. Avec les cours obligatoires, le coût du permis est d'environ 2.500 francs. Il existe un système de conduite accompagnée qui permet aux jeunes de 16 ans de conduire avec un accompagnateur de 26 ans minimum qui a plus de trois ans de conduite.

- Quitter la maison de parents est une décision difficile quand un jeune n'a pas encore de travail. Rappelez-vous que le taux (*rate*) de chômage des jeunes entre 18 et 25 était plus de 20% en 1998!

- Il est rare pour un jeune d'avoir un petit boulot (*small job*) pendant qu'il fait ses études. La première raison est qu'on pense que les jeunes doivent se concentrer sur leurs études. La seconde raison est une raison économique: le taux de chômage est trop élevé pour donner une chance de travailler aux jeunes.

- Les jeunes qui travaillent sont encouragés à ouvrir très tôt un compte épargne-logement aux taux (*rates*) avantageux pour leur permettre de devenir propriétaire de leur futur logement.

- À 16 ans on peut ouvrir un compte en banque (*open a bank account*). On peut aussi avoir une carte de «retrait» (*debit card*) pour tirer (*withdraw*) des sommes limitées (cette somme est fixée à l'ouverture du compte, environ 200 francs par mois). Il faut avoir 18 ans pour être titulaire d'une vraie carte de crédit, type Visa.

- Les chemins de fer, les compagnies aériennes, les cinémas, certaines organisations de vacances et agences de voyages font d'importantes réductions aux jeunes de moins de 25 ou 28 ans, surtout quand ils sont aussi étudiants.

- Le service militaire d'un an—qui était obligatoire pour tous les hommes de 18 ans—vient d'être aboli. La France a choisi d'avoir une armée de métier. Aujourd'hui les jeunes Français de 18 ans doivent passer deux journées dans des centres qui les informent sur la défense en général et le choix possible d'une carrière militaire.

- Le mariage est une formalité civile. Seuls les représentants du gouvernement sont abilités à prononcer des mariages. Une cérémonie religieuse peut suivre le mariage civil, selon le désir des fiancés.

Réfléchir

A. En vous aidant des résumés faits par vos camarades, essayez d'imaginer comment les décisions prises par de jeunes Français vont différer de vos décisions. Est-ce que les étapes de leur entrée dans la vie active vont aussi être différentes? Partagez vos idées avec vos camarades et votre professeur.

B. Vous avez contrasté les étapes de l'entrée dans la vie active en France et dans votre pays. Quelles conclusions pouvez-vous tirer sur les degrés de difficulté de cette étape?

D'un parallèle à l'autre

Vous êtes maintenant bien familiarisés avec l'économie, les ressources, les traditions de votre pays adoptif. Essayez de trouver des renseignements sur le monde du travail dans votre pays: Quelle est l'importance de l'agriculture? de l'industrie? Quels sont les métiers exercés par la population?

Pour faciliter vos recherches, allez sur le site de *Parallèles* et cliquez sur le bouton «Parallèles» pour trouver de bonnes adresses.

Une économie rurale.

À vous la parole

 A. Mon signalement. Vous allez arriver en visite chez un(e) ami(e)... mais il/elle travaille au moment de votre arrivée! Vous expliquez à son frère/sa soeur (votre partenaire) qui va venir vous chercher comment il va pouvoir vous reconnaître. Discutez votre apparence physique et décrivez les vêtements que vous allez porter.

 B. Reportage. Vous vous préparez à interviewer une personne—votre partenaire—sur la profession qu'il/elle va choisir. Demandez-lui pourquoi il/elle a choisi ce métier, quelles sont les qualités importantes dans l'exercice de ce métier, et quelles sont les joies et les exigences de ce métier.

 C. Conseils. Des camarades ont obtenu des situations diverses. Vous discutez de la nouvelle garde-robe qu'ils/elles doivent acheter. N'oubliez pas que les nouveaux vêtements doivent convenir à la fois aux nouvelles fonctions, au mode de transport, au climat et enfin au budget d'un débutant!

1. Stagiaire (*intern*) dans un gros cabinet d'avocat. Atmosphère très conservatrice. En général peu de contacts avec les clients, mais peut être appelé(e) à en rencontrer. Travail de recherche dans la bibliothèque (en général surchauffée [*overheated*]) du cabinet.
   Mode de transport: bus
   Climat: assez doux en toute saison
2. Dessinateur/Dessinatrice dans une entreprise de publicité. La firme a une image très moderne, un peu avant-garde. Parmi les meilleurs clients: une marque de chaussures de sports, une marque d'accessoires pour hommes (cravates et montres), une station de radio très populaire.
   Mode de transport: moto
   Climat: assez continental
3. Professeur dans un lycée.
   Mode de transport: bus
   Climat: méditerranéen

Lecture

Travaux d'approche. Une décision importante pour un jeune est la décision de quitter le domicile familial pour s'installer «chez lui». Travaillez en petits groupes et interrogez vos camarades pour savoir:

1. quand ils ont quitté le domicile familial pour la première fois: pendant ou après leurs études universitaires
2. pour quelle(s) raison(s) ils ont choisi d'habiter ailleurs (*elsewhere*)
3. à quel intervalle ils retournent chez eux (toutes les semaines, tous les mois, aux vacances scolaires, etc.)
4. à quel âge ils espèrent ne plus dépendre de leurs parents

Chaque (*each*) groupe met ses résultats au tableau pour déterminer le profil de la classe. Maintenant considérez le titre de la lecture: **Quitter ses parents, ça prend du temps.** Le titre vous donne l'idée principale du passage. Avant de lire tout le texte, concentrez-vous sur chaque paragraphe et identifiez la phrase clé ou les mots clés qui montrent comment cette idée est développée. Puis, relisez le texte entier pour bien apprécier l'ensemble.

Quitter les parents, ça prend du temps

Finie l'époque où, la majorité à peine atteinte, on claquait la porte[1] de chez ses parents pour aller vivre sa vie. Les statistiques le disent: 55% des 20-25 ans vivent encore chez leurs parents, contre 46% en 1982.

En fait, c'est plus compliqué. Un pied dedans, un pied dehors, le départ s'étire[2] dans le temps. Une vraie révolution dans les relations parents-enfants.

De plus en plus les jeunes tardent à partir de la maison. Un pied chez les parents, l'autre dehors, ils hésitent . . . La tête pleine de projets d'avenir, mais le cœur[3] accroché[4] au cocon familial et le porte-monnaie[5] plus ou moins tributaire[6] de la générosité parentale.

Pour Olivier Galland, chercheur à l'Observatoire sociologique du changement, « Ce n'est pas seulement dû au fait — selon une idée très répandue — que les jeunes trouvent plus confortable de vivre avec leurs parents. En fait, ils sont plus souvent scolarisés, ils étudient plus longtemps et ils sont surtout plus souvent chômeurs qu'avant. Car le facteur essentiel reste le chômage. »

Catherine Villeneuve-Gokalp, chercheur à l'Ined (Institut national d'études démographiques) a aussi étudié le phénomène. « Les jeunes partent de plus en plus progressivement. La première étape relève davantage[7] de l'absence de la maison. » Ce sont les jeunes qui reviennent tous les week-ends avec leur linge[8] pour la lessive[9] hebdomadaire et qui repartent avec pulls et chaussettes propres jusqu'au week-end suivant. « Et les parents considèrent qu'ils habitent toujours chez eux. C'est le cas des étudiants totalement

d'après Anne Ricou, *Phosphore* Novembre '98.

dépendants: leurs parents payent même le transport pour rentrer à la maison. » Le retour régulier chez papa-maman protège d'un départ trop brutal.

« Ensuite, après l'étape de l'absence de la maison, il y a les jeunes financièrement dépendants mais qui habitent trop loin pour rentrer tous les week-ends. Enfin la troisième étape vers l'indépendance totale voit les jeunes prendre progressivement leur budget en main. » Le départ est alors consommé.

Et les parents dans tout ça? Pour eux, les enfants sont encore « à la maison » même si ces derniers sont déjà partis dans leur tête. Face au vide,[10] ils doivent bien admettre la nouvelle vie de leur enfant, une vie d'adulte. . . Quand un jeune part de la maison, il n'est pas le seul à devoir tourner une page . . .

Ce n'est plus Maman qui fait la lessive mais c'est toujours la machine de Maman!

1. slammed the door   2. stretches   3. heart   4. clinging   5. wallet   6. dependent on   7. is more closely associated with
8. laundry   9. wash   10. emptiness

Exploration

A. Copiez dans chaque case les phrases ou mots clés de chaque paragraphe du texte.

Idée principale
paragraphe 1
paragraphe 2
paragraphe 3
paragraphe 4
paragraphe 5
paragraphe 6
paragraphe 7

B. Maintenant, relisez les paragraphes 3 et 4. Ils peuvent en effet se subdiviser encore. Identifiez ces subdivisions.

paragraphe 3
paragraphe 4

C. Finalement, expliquez les raisons (économiques et sentimentales) pour lesquelles on dit que «quitter ses parents, ça prend du temps».

Réflexion

 A. En petits groupes, comparez les étapes des jeunes Français vers leur indépendance avec les étapes prises par les membres de votre groupe. Comment expliquez-vous les différences et les ressemblances entre ces «départs de la maison» dans chaque culture?

B. Que pensez-vous de l'analyse du phénomène du départ de la maison donné par Ricou: ses raisons sont-elle plausibles? A-t-on raison d'insister que «le facteur essentiel reste le chômage»? Expliquez pourquoi oui ou non.

À vos stylos

Courrier du cœur

Imaginez que vous travaillez dans un journal et que vous êtes chargé(e) de la rubrique (*column*) «Chère Monique». Vous allez répondre à la lettre d'un cœur brisé, Sophie.

Chère Monique:

Je vous écris parce que ma situation est très compliquée. Je ne sais pas quelle décision prendre. Voilà: j'aime Julien et il m'aime. Nous sortons ensemble depuis quatre mois. Il vient de trouver une excellente situation mais... c'est au Sénégal! Il n'a pas hésité: il a décidé d'accepter.

Pour lui pas de problèmes: nous nous marions et partons ensemble au Sénégal! Très bien pour lui, mais moi je n'ai pas du tout envie de me marier maintenant et j'ai encore moins envie de partir si loin! Julien ne comprend pas que je ne veux pas me marier maintenant. Je veux continuer mes études et obtenir mon diplôme dans deux ans (je suis en deuxième année de droit). Pour Julien, mes études et mon avenir professionnel sont secondaires. Pour lui c'est simple: je l'aime et il m'aime, je dois partir avec lui! Nos discussions sont de plus en plus longues et de plus en plus pénibles. Aidez-moi à prendre une décision:

est-ce que je dois renoncer à mon avenir avec Julien ou bien renoncer à mon avenir de future avocate?

Un cœur brisé,

Sophie

Réfléchissez un peu au cas de Sophie.
1. Décidez quelle est votre réaction: êtes-vous du côté de Julien? ou de Sophie? Pour qui avez-vous plus de sympathie? Que pensez-vous de la situation?
2. Décidez de votre réponse: allez-vous lui conseiller d'attendre? de partir avec lui? de trouver un autre amour?
3. Avez-vous des questions pour Sophie? Par exemple, connaît-elle Julien depuis assez longtemps? L'a-t-il consultée avant de prendre sa décision? Avait-il parlé de mariage avant son offre d'emploi? Julien va-t-il habiter dans un petit village ou dans une grande ville avec une université?

Maintenant répondez. Développez quelques (*a few*) idées suggérées ci-dessous. Ajoutez vos propres commentaires.

Vous remerciez Sophie pour sa lettre.
Sympathisez avec sa peine (*heartache*).
Expliquez que vous ne pouvez pas prendre une décision pour elle.
Demandez-lui de se poser plusieurs questions.
Offrez plusieurs alternatives.
Demandez-lui de partager sa décision avec vous.
N'oubliez pas de vous relire!

Parallèles historiques

L'homme de la décision

En juin 1940, l'armée allemande a envahi la France, la guerre est finie, les Français sont battus. Seul un jeune officier, Charles de Gaulle, refuse d'accepter cette défaite. Il prend une décision qui va changer sa carrière et le futur de la France. Il part pour Londres et continue le combat, même s'il est le seul Français à le faire. Le 18 juin 1940, il lance à la radio un appel à ses concitoyens: qu'ils continuent la lutte à côté des Anglais, qu'ils résistent aux Allemands! Le gouvernement français collabore officiellement avec les Allemands et le désigne promptement comme traître, le condamne à mort. Mais sa décision est prise: la lutte continue… jusqu'à la libération de Paris en août 1944. Chef du gouvernement provisoire après la guerre, il ne peut pas faire accepter son projet de constitution. Alors il se retire de la vie politique pour écrire ses mémoires. En 1958, les Français se tournent une nouvelle fois vers lui et il revient à Paris en tant que président d'une nouvelle république, la Ve République.

À l'écran

Décisions

Écoutez de jeunes travailleurs vous expliquer pourquoi et comment ils ont choisi leur métier. Partagez la perspective de quelques jeunes sur le chômage, l'utilité des diplômes.

Clip 11.1 Le choix d'un métier.
Clip 11.2 Quelles perspectives?

Maintenant je sais…

Qu'avez-vous appris dans ce dossier? Comment l'avez-vous appris? Vérifiez vos connaissances sur chaque sujet et donnez des exemples précis. Parlez, par exemple:

1. de l'évolution de la population active depuis les annés 50.
2. du travail des femmes en France.
3. de la législation du travail en France: nombres d'heures de travail par semaine, âge de la retraite.
4. de l'impact du chômage sur les jeunes.
5. des entreprises françaises et leur manière de recruter.
6. des nouveaux métiers.
7. du poids des facteurs culturels et économiques dans les décisions que l'on croit exclusivement personnelles (pourquoi par exemple les jeunes Français choisissent d'habiter chez leurs parents plus longtemps que dans le passé).

Tous les mots

Expressions

aucun	*none*
auprès de	*with, near*
en savoir plus	*to know more about it*
il est essentiel	*it is essential*
montrer de l'originalité	*to show creativity*
ne pas faire de doute	*to be obvious*
pire	*worse, worst*
quoi	*what*
lequel/laquelle	*which one*

Verbes

augmenter	*to augment, to increase*
bien s'exprimer	*to express oneself clearly*
se cacher	*to hide*
constituer un dossier	*to assemble a file*
contribuer	*to contribute*
croire	*to believe*
diminuer	*to shrink*
embaucher	*to hire*
fabriquer	*to manufacture*
impressionner	*to impress*
influencer	*to influence*
se lancer	*to embark on (something)*
mener	*to lead*
persévérer	*to persevere*
poursuivre	*to pursue*
prendre une décision	*to make a decision*
progresser	*to advance*
proposer	*to offer*
rechercher	*to look for*
réduire	*to reduce*
rembourser	*to reimburse*
renforcer	*to strengthen*
représenter	*to be the representative of*
s'en sortir	*to make it*
servir	*to serve*
suivre une formation	*to receive training*
tenter	*to tempt*
se transformer	*to change*
travailler en équipe	*to work as a team*
voir	*to see*

Noms

l'argent (m)	*money*
un accessoire	*accessory*
un anorak	*ski jacket*
un attaché commercial	*sales representative*
une augmentation	*increase, rise*
les avantages sociaux (m)	*benefits*

des bas (m)	*stockings*
des baskets	*hightop shoes*
un bijou	*piece of jewelry*
un blouson	*short jacket*
des bottes (f)	*boots*
un candidat/une candidate	*candidate*
une carrière	*career*
un chapeau	*hat*
des chaussettes(f)	*socks*
des chaussures (f)	*shoes*
des chaussures à talon (f)	*high-heeled shoes*
une chemise	*shirt*
un chemisier	*woman's shirt or blouse*
le chômage	*unemployment*
un client/une cliente	*customer*
la clientèle	*customer base*
un collier	*necklace*
un col roulé	*turtleneck*
la comptabilité	*accounting*
un/une comptable	*accountant*
un congé	*vacation*
des conseils (m)	*advice*
un costume	*man's suit*
une cravate	*tie*
la croissance	*growth*
la direction des ventes	*sales management*
un emploi	*employment*
un entretien	*interview*
une équipe de vente	*sales force*
un expert-comptable	*certified public accountant*
un facteur	*factor*
les fiançailles (f)	*engagement*
les finances (f)	*finances*
une formation commerciale	*business training*
un foulard	*scarf*
les frais (m)	*expenses*
des gants (m)	*gloves*
une garde-robe	*clothes (also wardrobe)*
un imperméable	*raincoat*
l'indépendance (f)	*independance*
l'initiative (f)	*initiative*
un jean	*blue jeans*
une jupe	*skirt*
le lieu de résidence	*residence*
un maillot de bain	*bathing suit*
un manteau	*coat*
le mariage	*marriage*
un métier	*job*
le milieu social	*environment*
une offre d'emploi	*job offer*

un pantalon	*pair of pants*	
une perspective	*perspective*	
un poste	*(here) job*	
les prétentions (f)	*salary range*	
un rayon	*department, in a department store*	
la retraite	*retirement*	
une robe	*dress*	
un sac	*handbag*	
un sac à dos	*backpack*	
un sac à main	*purse*	
un salaire	*salary*	
un salaire fixe	*fixed salary*	
des sandales (f)	*sandals*	
la sécurité	*safety*	
le sens de l'humour	*sense of humor*	
le sens de l'organisation	*sense of organization*	
le sens des affaires	*business acumen*	
le sens du contact humain	*friendliness, warm personality*	
un serveur/une serveuse	*waiter/waitress*	
un short	*shorts*	
une situation	*job, position*	
un soudeur	*welder*	
la souplesse	*flexibility*	
la stabilité	*stability*	
les statistiques (f)	*statistics*	
un sourire	*smile*	
un survêtement	*sweatsuit*	
un tailleur	*woman suit*	
un trésorier	*treasurer*	
un t-shirt	*tee-shirt*	
la valeur	*value*	
un vendeur/ une vendeuse	*salesclerk*	
la vente	*sale*	
un vêtement	*garment, clothes*	
une veste	*jacket*	

Adjectifs

alarmant	*alarming*
assuré	*guaranteed*
autonome	*autonomous*
avantageux, -euse	*advantageous*
beige	*beige*
bien coupé	*well cut*
blanc	*white*
bleu	*blue*
court	*short*
croissant	*growing*
dérisoire	*derisory, ridiculous*
destiné à	*designed for*
discret, -ète	*discrete*
fier/fière de	*proud of*
gris	*grey*
humain	*human*
jaune	*yellow*
motivant	*motivating*
motivé	*motivated*
noir	*black*
orange	*orange*
propre	*clean*
réputé	*well-known*
rose	*pink*
rouge	*red*
traditionnel, -elle	*traditional*
vert	*green*
violet	*purple*

See *Les domaines du travail* box on p. 406. Also, see the impersonal expressions in Outil 4, p. 416.

DOSSIER 12

Communication
- Talking about leisure-time activities
- Planning and describing vacations
- Expressing desires, wishes, emotions, and doubts

Cultures en parallèles
- Définitions du temps libre
- Les Français et leur temps libre

Outils
- Relative pronouns
- Prepositions with geographical names
- The subjunctive; its use after expressions of wishing, wanting, emotion, and doubt
- Irregular subjunctives

Phonétique: The vowel [ə]; mute **e**

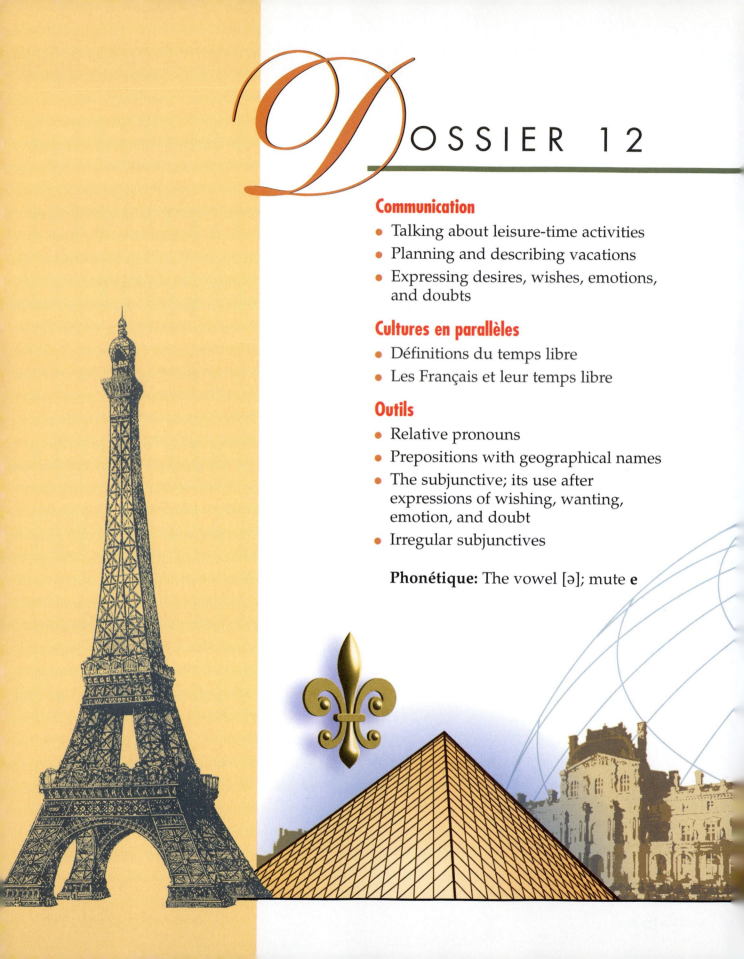

Loisirs et vacances

Les vacances c'est la mer, le soleil, la plage et... la foule!

Cultures en parallèles
Définitions du temps libre

Dans un pays industrialisé, en théorie du moins, les machines et la technologie permettent à un grand nombre de citoyens de bénéficier d'un luxe: avoir du temps libre.

Comment vous et vos camarades définissez-vous le temps libre? Lisez les définitions suivantes. Avec laquelle êtes-vous le plus d'accord? Selon votre réponse, répatissez-vous en quatre groupes. Faites ensemble une liste des activités de loisirs préférés par ce groupe. Puis partagez votre liste avec le reste de la classe. Quelles sont les cinq activités préférées par chaque groupe? Les listes sont-elles différentes ou similaires?

A. Le temps libre, c'est un droit. Chacun a le droit de se reposer. Même Dieu s'est reposé le septième jour de la création!

B. Le temps libre, c'est plutôt une récompense qui vient après le travail. Il faut «mériter» ses loisirs, pour éviter des excès comme la paresse et même la débauche!

C. Le temps libre, c'est une échappatoire. C'est l'occasion d'échapper aux contraintes et problèmes de la vie quotidienne avec un bon roman policier, un nouveau jeu électronique, une activité sportive.

D. Le temps libre, c'est une occasion unique d'équilibrer et d'enrichir sa vie. Les activités du temps libre donnent à chacun la possibilité de réaliser son potentiel.

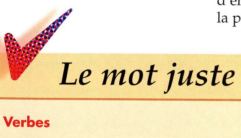

Le mot juste

Verbes

bénéficier	*to benefit*
définir	*to define*
enrichir	*to enrich*
équilibrer	*to balance*
éviter	*to avoid*
mériter	*to deserve*
réaliser	*to realize, to fulfill*
se reposer	*to rest*

Noms

un citoyen/une citoyenne	*citizen*
une contrainte	*constraint*

la débauche	*lax lifestyle, debauchery*
Dieu	*God*
un droit	*right*
une échappatoire	*escape*
un excès	*excess*
un inconnu/une inconnue	*unknown person*
un loisir	*leisure*
un luxe	*luxury*
la paresse	*laziness*
le potentiel	*potential*
une récompense	*reward*

Contexte 1 Loisirs et personnalité

▼ Confort de la maison.

▲ Hommes-oiseaux!

◀ A chacun son goût!

▲ Sous la mer.

▲ Poids et haltères.

▲ Plages de neige!

L'organisation du temps libre dépend des ressources de chacun, et aussi de l'endroit où on vit et surtout de ses goûts personnels. Vous et votre partenaire êtes-vous d'accord que certains comportements correspondent à des personnalités-types?

En général les pantouflards sont des gens qui…

- ont un super-équipement électronique: chaîne-stéréo, disques, téléviseur et magnétoscope
- retrouvent les mêmes partenaires pour jouer aux cartes tous les jeudis soirs
- s'occupent de leur collection (timbres, papillons, etc.)
- lisent le journal de A à Z
- défendent jalousement leur fauteuil préféré devant la télé

Les cultivés sont des gens qui…

- sont présents à toutes les nouvelles expositions
- visitent un site historique ou un musée chaque (*each*) week-end
- lisent les critiques de film avant d'aller au cinéma
- ne regardent pas la télévision avant minuit (et alors, exclusivement des films classiques ou des films en version originale)
- passent leur week-end à la bibliothèque
- donnent rendez-vous à leurs ami(e)s dans une librairie

Le mot juste

Expressions

à cheval	*on horseback*
exclusivement	*exclusively*
jalousement	*jealously*
la coupe d'Europe de football	*European soccer competition*
par tous les temps	*in any kind of weather*
rien	*nothing*

Verbes

avoir honte	*to be ashamed*
collectionner	*to collect*
défendre	*to defend*
faire de l'escalade	*to go rock climbing*
faire du footing	*to jog*
faire la sieste	*to take a nap*
jouer aux cartes	*to play cards*
se rappeler	*to remember*

Noms

un agent de voyage	*travel agent*
un aventurier/ une aventurière	*adventurer*
un chemin de grande randonnée	*hiking trail*
un cirque	*circus*
un comportement	*behavior*
un cultivé(e)	*cultured, well-educated person*
une exposition	*exhibit*
les gens (m)	*people*
un magnétoscope	*VCR*
une médaille	*medal*
un musclé/une musclée	*(here) athlete*
un/une non-conformiste	*nonconformist*
un pantouflard/ une pantouflarde	*homebody, couch potato*
un papillon	*butterfly*
le parachutisme	*parachuting*
le parapente	*hang gliding*
la plongée sous-marine	*deep-sea diving*
un timbre	*stamp*
un trophée	*trophy*

Les aventuriers sont les gens qu'on trouve...

- sur les chemins de grande randonnée: à pied, à ski, à vélo, à moto ou à cheval
- dans l'Himalaya en train de faire de l'escalade et sur l'Orénoque en canoë
- dans l'air (parachutisme, parapente) et sous la mer (plongée sous-marine)
- chez leur agent de voyage (qu'ils tutoient!)

Les musclés sont les gens qui...

- font du footing deux heures par jour par tous les temps
- passent leur week-end au stade
- sont membres de plusieurs associations sportives
- collectionnent les chaussures de sports
- décorent les murs de leur chambre avec leurs médailles et trophées

Les non-conformistes sont les gens qui...

- font la sieste l'après-midi de la coupe d'Europe de football
- emmènent leurs petits voisins au cirque quand leurs copains vont au concert
- ne se rappellent pas comment ils ont passé le week-end dernier
- n'ont pas honte d'avoir envie de ne rien faire
- vont à la piscine en décembre et font du ski d'été dans les Alpes

À votre tour

 A. Avez-vous compris? Reliez (*link*) chaque photo avec le type de personnalité qu'elle illustre: **les pantouflards, les cultivés, les aventuriers, les musclés, les non-conformistes.** Identifiez la photo puis justifiez votre réponse avec un commentaire approprié.

MODÈLE: Voilà un aventurier. Il fait du parachutisme.

 B. Classement. Avec un(e) camarade, essayez de regrouper les activités évoquées ci-dessus dans d'autres catégories. Par exemple, indiquez quelles activités:

1. demandent de la force physique
2. exigent beaucoup de temps ou d'argent
3. peuvent se pratiquer en solitaire (*alone*)
4. demandent un équipement spécial

C. Jugement pour rire (*Tongue-in-cheek judgment*). En petits groupes, demandez à vos camarades s'ils ont adopté certains comportements. Après trois réponses positives pour le même type, rendez votre jugement.

MODÈLE: —Est-ce que tu collectionnes les chaussures de sport? etc.
—Alors, je crois que tu es du type musclé. Tu n'es pas un pantouflard!

D. Une réalité complexe. Et vous? Quel est votre type de personnalité? Il est certainement plus complexe que les types présentés ci-dessus! Faites une description honnête de votre personnalité. Est-elle assez typique des gens de votre âge qui sont étudiants?

MODÈLE: Moi, je défends mon fauteuil, comme les pantouflards. Je passe le week-end au stade, comme les musclés.

Outil 1 Les pronoms relatifs **qui** et **que**

- A simple sentence contains only one clause. Relative pronouns enable us to create complex sentences containing two or more clauses to provide additional information about people and things. Note how the relative pronouns **qui** and **que** are used to create complex sentences in the examples below.

Un pantouflard, c'est **Patrick.** **Il** a un super-équipement électronique.
A couch potato is someone like Patrick. He has fantastic electronic equipment.

Un pantouflard, c'est Patrick **qui** a un super-équipement électronique.
A couch potato is someone like Patrick who has fantastic electronic equipment.

Une aventurière, c'est **Jeanne.** On **la** rencontre dans l'Himalaya.
An adventurer is someone like Jeanne. You meet her in the Himalayas.

Jeanne est une aventurière **qu'**on rencontre dans l'Himalaya.
Jeanne is an adventurer whom you meet in the Himalayas.

- In introducing additional information in the second clause, the relative pronoun refers back to a person or thing in the main clause. In the sentence below, the relative pronoun **qui** refers to Jean-Claude:

Un aventurier, c'est mon copain Jean-Claude **qui** pratique des sports assez dangereux.
An adventurer is someone like my friend Jean-Claude who practices dangerous sports.

- The relative pronoun also has a grammatical function in the clause it introduces. It functions as the subject (**qui**) or direct object (**que**) of the clause it introduces. In the first sentence below, for example, the relative pronoun **qui** is the subject of the second clause. In the second sentence the relative pronoun **que** is the direct object of the second clause.

Mon professeur est une personne cultivée **qui** visite toutes les nouvelles expositions.
My professor is a well-educated person who visits all new exhibits.

Le Musée d'Orsay est le dernier musée **qu'**il a visité.
The Orsay Museum is the last museum (that) he visited.

- Always choose **qui** (*who, which, that*) as the subject of the clause it introduces. **Qui** may represent a person or a thing and is always immediately followed by a verb. The final **-i** is never elided.

Les non-conformistes sont les gens **qui** vont à la piscine en décembre et **qui** font du ski d'été dans les Alpes.	*Nonconformists are the people who go swimming in December and who go skiing in the Alps in the summer.*
La plongée sous-marine est un sport **qui** n'est pas très populaire.	*Scuba diving is a sport which is not very popular.*

- Choose **que** (*who, whom, that, which*) as the direct object of the clause it introduces. **Que** may represent a person or a thing and always must be followed by a subject and a verb. The final **-e** is dropped before a vowel sound.

Les films classiques sont les films **que** les cultivés préfèrent.	*Classic films are the films that well-educated people prefer.*
Le parapente est un sport **que** peu de gens pratiquent.	*Hang gliding is a sport that few people practice.*

- Although relative pronouns are frequently omitted in English, this is never possible in French.

Un non-conformiste fait les choses **qu'**il aime.	*A nonconformist does the things (that) he loves.*

- You will recall that in the *passé composé*, the past participle agrees in number and gender with a preceding direct object. Therefore, when **que/qu'** refers to a feminine or plural noun, the corresponding form of the past participle is used.

Les médailles **qu'**ils ont collectionn**ées** décorent leurs murs.	*The medals (that) they have collected decorate their walls.*
Les randonnées **qu'**ils ont fait**es** ont été dans l'Himalaya.	*The hikes (that) they went on took place in the Himalayas.*

▬▬▬ À votre tour

 A. Retour en arrière. À tour de rôle avec un partenaire, inspirez-vous du Contexte pour compléter les descriptions suivantes. Donnez au moins deux caractéristiques chacun (*each*).

MODÈLE: Un «pantouflard» est une personne…
—Un «pantouflard» est une personne qui a un super-équipement électronique et…

1. Un «pantouflard» est une personne…
2. Un «cultivé» est un individu…
3. Les «non-conformistes» sont des gens…

 B. Où rencontrer des aventuriers. Votre partenaire vous propose différents endroits où rencontrer des «aventuriers». Vous êtes d'accord avec lui/elle.

MODÈLE: —Les aventuriers? On les trouve sur les chemins de grande randonnée?
—C'est ça! Les aventuriers sont *les gens qu'* on trouve sur les chemins de grande randonnée.

1. Les aventuriers? On les rencontre dans l'Himalaya en train de faire de l'escalade?
2. Les aventuriers? On les remarque sur l'Orénoque en canoë?
3. Les aventuriers? On les voit traverser les airs?
4. Les aventuriers? On les retrouve sous la mer?
5. Les aventuriers? On va bientôt les voir dans l'espace?
6. Les aventuriers? On les trouve chez leur agent de voyage?

C. Une classification. Complétez les phrases suivantes avec **qui** ou **que**. Puis classifiez la personne par son comportement.

MODÈLE: Les musées et les bibliothèques sont des endroits _____ il/elle visite chaque week-end.
—Les musées et les bibliothèques sont des endroits qu'il/elle visite chaque week-end. C'est un(e) cultivé(e)!

1. Il/Elle a des occupations _____ ses amis n'approuvent pas toujours.
2. Les films _____ il/elle regarde doivent être en version originale.
3. Il/elle aime les sports _____ sont un peu dangereux.
4. Le cirque est un spectacle _____ il/elle apprécie plus que le foot.
5. Il/Elle aime des activités _____ sont routinières.
6. Il/Elle achète le journal _____ il/elle lit de A à Z.
7. Les activités _____ il/elle choisit ne sont pas les plus populaires.
8. Son passeport est un document _____ est indispensable.
9. Il/Elle possède une collection de chaussures de sports _____ est très importante.

D. Il en a toujours été ainsi (*It has always been this way*). À tour de rôle décrivez le comportement d'amis que vous classifiez d'aventuriers. Votre partenaire insiste qu'il en a toujours été ainsi.

MODÈLE: Ils prennent des photos formidables.
—Ah oui, les photos *qu'ils ont prises* sont formidables!

1. Ils font des randonnées incroyables.
2. Ils ont des collections très intéressantes.
3. Ils obtiennent des médailles très nombreuses.
4. Ils font des voyages très exotiques.
5. Ils rencontrent des amis très divers.
6. Ils pratiquent des activités un peu dangereuses.

E. Des personnalités intéressantes! En petits groupes, partagez vos remarques sur des personnes que vous avez rencontrées et qui ont quelque chose de spécial (*something special*).

MODÈLE: —Je connais une personne qui a 32 chats.
—Moi, je connais un homme qui habite au Pôle Nord.
—Moi, j'ai un ami que le président a invité à la Maison Blanche.

Contexte 2 Destinations de vacances

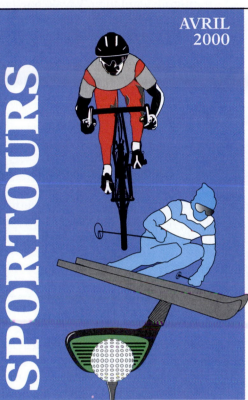

AVRIL 2000

SPORTOURS

Une mosquée au Maroc

La montagne en Oisans
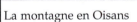

SPORT PASSION
SPORT DÉTENTE
SPORT AVENTURE

Un temple au Tibet

Le Grand Canyon aux États-Unis

Vous aimez le sport et l'aventure et vous organisez vos prochaines vacances: Qu'allez-vous faire? Où allez-vous aller? Étudiez la brochure de l'agence Sport-Tours qui vous offre les destinations suivantes en France et à l'étranger.

En Oisans, les Deux-Alpes sont la capitale européenne du ski d'été. Le matin, débutant ou très bon skieur, goûtez les joies du ski d'été. L'après-midi, pratiquez vos sports favoris ou découvrez-en d'autres: golf, VTT, mini-golf, équitation, kayak, bowling, tennis. Et le soir, plus de 50 restaurants et 6 night-clubs vous attendent pour dîner ou danser. Retenez vite votre place: 7 jours pour 2.780 francs.

Au Maroc, Agadir vous offre des espaces très variés au bord de la mer, des plages désertes ou fréquentées, une forêt d'eucalyptus, un arrière-pays traditionnel. Notre équipe vous propose un programme de visites et d'activités organisées. Ou bien, si vous le préférez, louez moto, scooter, vélo ou voiture pour visiter les environs. Vous allez rentrer du Maroc avec des souvenirs plein la tête°: pour 6 jours 7 nuits, de Paris à Paris: 4.010 francs.

lots of memories

En Chine et au Tibet. La Chine millénaire° et le Tibet toit° du monde ont toujours fasciné les Occidentaux. Après quelques jours en Chine, notre balade tibétaine allie la découverte culturelle à un trek parmi les nomades qui s'installent durant l'été sur les hauts pâturages°. Hôtel en Chine et à Lhassa. Auberge locale pendant le voyage et tente pendant le trek. Aucune° difficulté technique mais plus de 4.000 mètres d'altitude. 22 jours, 20.900 francs, au départ de Paris ou Lyon.

a thousand years old, roof

high pastures
not any

Aux États-Unis, découvrez les paysages les plus grandioses et les plus insolites du monde. Visitez les parcs nationaux de l'Ouest américain. Chacun possède des phénomènes naturels remarquables et différents: les sequoias géants de Yosemite, les dentelles° de pierre de Bryce Canyon, les couleurs du Grand Canyon, les grands arcs de pierre° d'Arches, et deux jours à cheval dans les décors westerns de Monument Valley. Commencez votre voyage à Las Vegas, au Névada, et repartez de Californie: votre point de départ est en effet San Francisco: 22 jours, 12.600 francs.

lace
stone arches

Le mot juste

Expressions

à l'étranger	*abroad*
au bord de la mer	*at the seaside*

Verbes

goûter les joies de	*to appreciate the pleasures of*
organiser	*to organize*
repartir	*to depart*
retenir une place	*to make a reservation*

Noms

l'arrière-pays (m)	*back country*
une auberge	*inn*
une balade (colloq.)	*hike*
une brochure	*brochure*
les environs (m)	*surroundings*
l'équitation (f)	*horseback riding*
le paysage	*landscape*
un point de départ	*point of departure*
une tente	*tent*
un vélo tout terrain (VTT)	*mountain bike*

Adjectifs

fréquenté	*frequented*
grandiose	*grandiose, imposing*
insolite	*unusual*

 **À votre tour**

 A. Avez-vous compris? Avec un partenaire, associez les expressions de la colonne de gauche avec une destination.

MODÈLE: —Monument Valley?
　　　　　—C'est aux États-Unis, voyons!

un contact avec les populations nomades	en Chine
des décors western	au Maroc
des dentelles de pierre	en Oisans, en France
des sequoias géants	au Tibet
un hébergement en tente	aux États-Unis
du kayak	
des grands arcs de pierre	
le toit du monde	
une location de voitures	
des plages variées	
du ski d'été	
une randonnée à cheval	
une civilisation millénaire	
du tennis	
une très haute altitude	
visites de l'arrière-pays	
VTT	

B. Une organisation solide. Vous et votre partenaire organisez vos vacances. D'abord établissez individuellement dans quel ordre vous allez faire les démarches suivantes (*take the following steps*).

___ acheter des cartes　　　　　___ lire un guide
___ obtenir un passeport　　　　 ___ louer une tente
___ comparer les prix　　　　　　___ retenir des places à l'avance
___ consulter des brochures　　　 ___ téléphoner à l'agence de voyage

Puis comparez vos listes: Êtes-vous compatibles? Si non, cherchez un partenaire qui a la même organisation que vous. Si oui, partagez les tâches.

MODÈLE: —Écoute, moi je vais acheter des cartes.
　　　　　—Et moi, je vais retenir des places.

C. Alors, c'est fait? (*So, is it done?*) Deux semaines plus tard, vous vérifiez que votre partenaire a rempli ses responsabilités.

MODÈLE: —Alors, tu as acheté des cartes?
　　　　　—Non, je n'ai pas acheté de cartes.
ou: 　—Oui, j'ai acheté trois cartes.

acheter des cartes　/　obtenir un passeport　/　comparer les prix　/　consulter des brochures　/　lire un guide　/　louer une tente　/　retenir des places　/　téléphoner à l'agence de voyage

D. Aime voyager, cherche compagnon/compagne de route (*Love to travel, looking for a travelmate*). Cherchez dans la classe des camarades qui partagent vos goûts (*tastes*) ou passions.

MODÈLE: camper? aller à l'hôtel?
—Tu préfères camper ou aller à l'hôtel?
—Je préfère camper.
—Chic alors (*What luck*)! Moi aussi!
ou: —Ah non! pas moi!

1. descendre à l'hôtel? coucher dans une auberge?
2. faire des pique-niques? aller au restaurant?
3. rechercher des endroits fréquentés? rechercher des endroits peu fréquentés?
4. explorer l'arrière-pays? rester à la plage?
5. photographier les paysages? photographier les gens?
6. rechercher l'insolite? éviter (*avoid*) les surprises?
7. admirer les paysages? rencontrer des gens?
8. faire du VTT? louer une voiture?

E. Un peu de psychologie. Interrogez d'abord un(e) camarade…

1. sur ses goûts (Qu'est-ce que tu aimes: les voyages, les sports, les rencontres culturelles, la nature? Es-tu très indépendant(e) ou préfères-tu les activités de groupes?)
2. sur ses ressources (Combien peux-tu dépenser?)
3. sur son temps libre (Combien de jours/semaines de vacances as-tu?)

Puis, basez-vous sur ses réponses pour lui indiquer la destination idéale (eh bien va… en Oisans, en Chine et au Tibet, au Maroc, aux États-Unis).

F. Descriptions rapides. Avec votre partenaire prenez un paragraphe du Contexte comme modèle et parlez d'un endroit intéressant que vous avez visité ou que vous allez visiter.

MODÈLE: J'ai fait un voyage à Hawaï avec mes parents. Nous sommes restés à l'hôtel trois jours. J'ai joué au golf, je suis allé(e) à la plage, j'ai aussi fait du VTT.

Outil 2 Les noms géographiques et les prépositions

- You have already learned the use of **à** (meaning *in* or *to*) and **de** (meaning *from*) with the names of cities.

Je vais **à** Agadir.	*I am going to Agadir.*
Nous restons trois jours **à** Las Vegas.	*We are staying three days in Las Vegas.*
Il rentre **de** Lhassa.	*He is returning from Lhassa.*

- Note that a few city names include a definite article, among them **Le Havre, Le Mans, les Deux-Alpes, Le Caire** (*Cairo*), and **la Nouvelle-Orléans.** The rules of contraction with **à** and **de** apply to the names of these cities.

Je vais d'abord **au Havre,** puis je passe une semaine **aux Deux-Alpes.**	*First, I am going to Le Havre, then I am spending a week in Les Deux-Alpes.*
Quand je rentre **des Deux-Alpes,** je vais aller **au Mans.**	*When I return from Les Deux-Alpes, I am going to Le Mans.*

- To express *at, in, to,* or *from* a country or a continent, use prepositions as follows:

	FEM. COUNTRY OR CONTINENT	MASC. COUNTRY BEGINNING WITH A VOWEL SOUND	MASC. COUNTRY BEGINNING WITH A CONSONANT	PLURAL COUNTRIES
to, at, in	**en** France **en** Europe	**en** Iran **en** Haïti	**au** Canada **au** Maroc	**aux** Antilles **aux** États-Unis
from	**de** France **d'**Europe	**d'**Iran **d'**Haïti	**du** Canada **du** Maroc	**des** Antilles **des** États-Unis

Note that:

- All continents are feminine. There are only five continents according to French geography books and dictionaries:

  l'Afrique   l'Asie   l'Océanie
  l'Amérique   l'Europe

- Most country, region, and state names that end in **-e** are feminine:

  l'Argentine   la Guinée   la Bourgogne
  la Chine   l'Italie   la Californie
  l'Égypte   la Suisse

  Je vais **en Égypte** et vais visiter **Le Caire.** Puis je pars **au Chili** où je reste deux semaines **à Santiago.**
  Je ne connais pas l'Asie, mais mon père a habité **en Chine** et **au Japon.**

- Most country and state names that do not end in **-e** are masculine:

  le Chili   le Luxembourg   le Canada
  le Danemark   le Sénégal   le Tibet

  There are two notable exceptions: **le Mexique, le Maine.**

  Quand nous rentrons **du** Mexique,   *When we get back from Mexico, we*
  nous allons aller **au** Chili.   *are going to Chile.*

- For U.S. states and Canadian provinces that are masculine, the expression **dans le** is preferred to **au**:

  Je suis né **dans le** Texas, mais   *I was born in Texas, but I live in*
  j'habite **dans le Maine.**   *Maine.*
  Ma famille passe ses vacances   *My family takes vacations in*
  dans l'Ontario.   *Ontario.*

▮▮▮▮ À votre tour

A. Les capitales du monde. En petits groupes, identifiez correctement le pays et le continent où se trouvent les capitales suivantes:

MODÈLE: Alger se trouve en Algérie, en Afrique.

Londres	Angleterre	Afrique
Lisbonne	Portugal	Asie
Berlin	Allemagne	Amérique
Vienne	Autriche	Europe
Rome	Italie	Océanie
Melbourne	Australie	
Dakar	Sénégal	
Rabat	Maroc	
Tunis	Tunisie	
Jérusalem	Israël	
Moscou	Russie	
Téhéran	Iran	
New Delhi	Inde	
Tokyo	Japon	
Buenos Aires	Argentine	

B. Géographie francophone. Étudiez la carte du monde francophone à l'intérieur de la couverture de *Parallèles*. Sur chaque continent identifiez à tour de rôle les pays francophones et leurs capitales.

MODÈLE: En Europe, il y a la France. Sa capitale est Paris.

C. D'où sont-ils venus? Savez-vous de quels pays sont venus vos ancêtres? Si oui, partagez cette information avec les partenaires de votre petit groupe. Si non, dites d'où les habitants de votre état sont venus en majorité.

MODÈLE: —Mes grands-parents paternels venaient d'Irlande, mais mes grand-parents maternels venaient de l'état de Floride.
ou: —Dans notre (état, ville, quartier) beaucoup de gens viennent d'Irlande.

Consultez la liste suivante pour vous aider:

Afrique / Allemagne / Bénin / Chine / Colombie / Congo / Corée / Danemark / Inde / Iran / Irlande / Italie / Japon / Liban / Mexique / Philippines / Russie / Sénégal / Suède / Tchécoslovaquie / Viêtnam

D. Biographie. Travaillez en petits groupes. Indiquez de quel état et de quelle ville vous venez. Indiquez si vous êtes aussi né(e) dans cette ville-là ou non.

MODÈLE: J'habite à Denver dans l'état de Colorado, mais je suis né(e) à Rome, en Italie.

E. Itinéraires sur mesure. Avec un(e) partenaire, établissez les étapes d'un grand voyage, puis partagez votre itinéraire avec le reste de la classe.

MODÈLE: Nous allons d'abord une semaine en Chine. Puis nous partons et nous allons au Tibet.

Contexte 3 Un bonne organisation: le secret des vacances réussies

Agence de Location

À louer

Villages de vacances

✈ Agence de voyage

Billets

Hôtels

Réservations

Voyages

C o m p l e t

Auberges

Vous voulez que vos vacances soient réussies? Alors il est essentiel que vous ayez une bonne organisation.

Plusieurs mois à l'avance

—Alors, c'est décidé, cette année…
>on va à l'hôtel?
>on fait du camping?
>on loue une villa?
>on fait un voyage?
>on part en village de vacances?

—Oui, mais on doit se renseigner: je veux bien passer à l'agence prendre des brochures, vérifier les prix et les comparer.

—Et moi, je vais écrire…
>au syndicat d'inititative de la station pour avoir des adresses.
>à plusieurs villages de vacances pour avoir des renseignements.

—J'ai peur qu'il soit bien tard pour avoir des places; il faut absolument…
>prendre une décision assez rapidement!
>faire des réservations assez rapidement!

La veille du départ

—Demain, on va…
>prendre la route très tôt.
>partir très tôt.

—As-tu laissé…
>un double des clés chez la concierge?
>notre adresse et notre numéro de téléphone chez la concierge?

—Mais oui, ne t'inquiète pas! Elle va aussi venir arroser les plantes une fois par semaine. Je m'occupe de la concierge! Mais toi, je doute que tu aies fait le plein d'essence!

—Je vais y aller. Je dois aussi acheter une autre carte; je n'ai jamais réussi à trouver notre guide!

—Pendant ce temps je vais finir les valises. Il faut que les valises soient bouclées ce soir.

Le mot juste

Expressions

à l'avance	*ahead of time*
bien tard	*very late*

Verbes

arroser	*to water*
avoir peur	*to be afraid*
avoir des places	*to get seats, reservations*
douter	*to doubt*
faire du camping	*to camp*
faire le plein	*to fill up the car*
faire des réservations	*to book (rooms, seats, etc.)*
laisser	*to leave*
passer à	*to stop by*
prendre la route	*to hit the road*
s'inquiéter	*to worry*
vérifier	*to check*

Noms

une clé	*key*
un concierge	*caretaker*
un renseignement	*information*
une station	*resort*
une valise	*suitcase*
la veille	*the eve, the day before*
un village de vacances	*family camp*

Adjectif

bouclé (*colloq.*)	*buckled, closed*

 À votre tour

 A. Pas drôle du tout! (*Absolutely no fun!*) À votre avis, quels sont les quatre préparatifs les plus importants (I1, I2, I3, I4), les quatre préparatifs les moins nécessaires (N1, N2, N3, N4) et les quatre préparatifs les plus ennuyeux (E1, E2, E3, E4) avant un départ en vacances? Établissez d'abord votre classement individuellement, puis en petits groupes comparez vos listes: êtes-vous tous d'accord?

MODÈLE: Pour moi, comparer les prix, c'est très ennuyeux.

__ vérifier les dates des vacances pour tout le monde
__ se mettre d'accord sur une destination
__ comparer les prix
__ établir un itinéraire
__ trouver des copains pour nourrir le chat (*cat*)
__ trouver un endroit où laisser le chien
__ trouver des copains pour arroser les plantes
__ essayer de faire des économies
__ boucler les valises
__ écrire au syndicat d'initiative (*tourist office*)
__ vérifier la limite de sa carte de crédit
__ faire des réservations

B. Bilan. Partagez avec un partenaire les erreurs faites l'année dernière en organisant vos vacances. Il/Elle vous indique comment vous pouvez vous organiser mieux. Utilisez le Contexte pour trouver des idées.

MODÈLE: —L'année dernière, je n'ai pas fait de réservations.
　　　　　—Cette année, tu dois faire des réservations à l'avance.

C. En scène. Inspirez-vous du Contexte pour jouer le dialogue entre deux partenaires qui essaient d'organiser les vacances. Travaillez en groupes de trois personnes: les deux partenaires plus un narrateur qui donne les indications scéniques.

MODÈLE: Narrateur: C'est trois mois avant le départ. Julie et Marc font des projets de vacances. L'atmosphère n'est pas très détendue! Écoutons-les!
           Julie: Moi, je voudrais aller à la mer.
          Marc: Mais moi, je veux faire un grand voyage.

D. Chacun à son goût (*To each his/her own*). En petits groupes, posez-vous les questions suivantes et notez les réponses. Ensuite, partagez les réactions de votre groupe avec le reste de la classe.

1. Comment est-ce que tu te renseignes pour organiser tes vacances?
2. Comment est-ce que tu choisis tes compagnons de voyage?
3. Est-ce que tu dépenses beaucoup d'argent pour tes vacances?
4. Comment est-ce que tu préfères-voyager?
5. Quel matériel essentiel est-ce que tu emportes avec toi?
6. Qu'est-ce que tu fais avec ton chien/ton chat/tes plantes?

Outil 3   Le subjonctif de **être** et **avoir**; l'emploi du subjonctif après les expressions de volonté, doute et émotion

Formation du subjonctif: **être** et **avoir**

- The verbes **être** and **avoir** are irregular in the present subjunctive:

être	
que je sois	que nous **soyons**
que tu sois	que vous **soyez**
qu'il/elle/on soit	qu'ils/elles soient

avoir	
que j' aie	que nous **ayons**
que tu aies	que vous **ayez**
qu'il/elle/on ait	qu'ils/elles aient

Les expressions de volonté, doute et émotion et le subjonctif

- When the main clause of a sentence expresses a wish or desire, the verb in the second clause is usually in the subjunctive.

Vous **voulez que** vos vacances **soient** réussies.	*You want your vacation to be a success.*
J'**exige que** nous n'**emmenions** pas le chat en vacances.	*I demand that we not take the cat with us on vacation.*

Nous **souhaitons que** vous **ayez** du beau temps.	*We hope that you will have nice weather.*
Je **veux bien qu'**on **parte** à la montagne cette année.	*I would like for us to go to the mountains this year.*

- Note that the verb **espérer** (*to hope*) is not followed by a subjunctive:

J'**espère que** vous **allez** passer de bonnes vacances.	*I hope (that) you will have a great vacation.*

- In addition to **vouloir,** the following verbs and expressions express wishes or desires:

aimer mieux	*to like better, prefer*
demander	*to ask*
désirer	*to wish, want*
exiger	*to require, demand*
préférer	*to prefer*
souhaiter	*to wish*

Many of these verbs may be used with an infinitive when there is only one subject.

Je veux m'amuser pendant les vacances.	*I want to have a good time on vacation.*
Je veux que mes amis s'amusent aussi.	*I want my friends to have a good time, too.*

- When the main clause of a sentence expresses emotion or doubt, use the subjunctive in the second clause.

J'ai peur qu'il **soit** bien tard pour avoir des places.	*I am afraid it's too late to reserve seats.*
Je doute que tu **aies** fait le plein.	*I doubt that you filled up the car.*

- The following common verbs and expressions indicate emotion or doubt:

avoir peur	*to fear, to be afraid*
douter	*to doubt*
être content/mécontent	*to be glad/annoyed*
être fâché	*to be mad*
être heureux/triste	*to be happy/sad*
être surpris	*to be surprised*
regretter	*to regret*
il est regrettable	*it is regrettable*
il est dommage	*it is a pity*
il est heureux	*it is fortunate*
il est douteux	*it is doubtful*

- Remember that expressions of emotion (except **douter**) can also be combined with **de** + the infinitive when the subject is the same for both clauses.

Je suis content(e) de partir bientôt en vacances.	*I'm glad I'm (I'm glad to be) leaving soon for vacation.*
Je suis content(e) que vous partiez aussi en vacances.	*I am glad you are also leaving for vacation.*

À votre tour

 A. On peut toujours rêver. À tour de rôle avec votre partenaire, exprimez vos désirs pour vos vacances. Variez vos expressions: **je veux, je désire, je souhaite,** etc.

MODÈLE: Les vacances sont une réussite.
—Je veux que les vacances soient une réussite.

1. Il y a du soleil.
2. Les membres du groupe sont compatibles.
3. Le prix des vacances n'est pas excessif.
4. Tout le monde a un passeport.
5. Les hôtels ne sont pas trop chers.
6. Vous avez tous (*all of you*) des réservations.
7. Nous avons un peu d'indépendance.
8. Le contact avec la nature est une priorité.
9. Les activités sportives sont nombreuses.
10. Les membres du groupe ont une bonne expérience.

 B. Oh! Dites à votre partenaire que vous êtes surpris(e), content(e), etc. qu'il/elle prenne des responsabilités pour organiser ses vacances.

MODÈLE: choisir une destination de vacances.
—Je vais choisir une destination de vacances.
—Je suis content(e) que tu choisisses une destination de vacances.

1. être d'accord pour camper
2. être responsable des réservations
3. acheter les chèques de voyage
4. écrire des cartes postales à la famille
5. lire des guides de voyage
6. suivre l'itinéraire sur la carte
7. s'occuper des valises
8. répondre aux agences
9. être prêt(e) à partir la veille du départ
10. rendre le matériel de camping au retour (*upon returning*)

C. Des volontaires enthousiastes (*Enthusiastic volunteers*). En petits groupes, réutilisez les phrases de l'exercice précédent (excepté 1 et 9), mais cette fois indiquez votre propre réaction.

MODÈLE: choisir une destination de vacances
—Je suis content(e) de choisir une destination de vacances.

D. Conflits. Vous et votre partenaire ne partagez pas les mêmes idées.

MODÈLE: me reposer / s'amuser
—Moi, je veux (souhaite, aime mieux, préfère) avant tout me reposer.
—Alors moi, je doute (veux, souhaite) que nous nous amusions.
ou: —J'ai peur que nous ne nous amusions pas.

1. partir seul / partir en groupes
2. partir à l'étranger / rester chez nous
3. passer du temps à la plage / séjourner à la montagne
4. être très occupé / avoir beaucoup de temps libre
5. contacter beaucoup de copains / être tranquilles
6. organiser des pique-niques / manger dans de bons restaurants
7. camper / descendre dans un hôtel confortable
8. acheter beaucoup de souvenirs / ne pas mettre les pieds dans un magasin
9. choisir un endroit à la mode / choisir un endroit calme
10. essayer de nous mettre d'accord / ne pas passer nos vacances ensemble

E. Optimistes et pessimistes. En petits groupes, chaque fois qu'un(e) optimiste parle, un(e) pessimiste lui répond.

MODÈLE: être compatibles
—Je souhaite que nous soyons compatibles.
ou: —J'ai peur que nous ne soyons pas compatibles.

1. dépenser beaucoup d'argent
2. être de bonne humeur
3. s'amuser
4. essayer de nouveaux sports
5. trouver de la place
6. avoir de soleil
7. partir à la bonne saison
8. connaître l'arrière-pays

Volet 4

Contexte 4 | Vacances sur mesure

En vacances chacun (*everyone*) peut choisir ses activités: il y a beaucoup de manières différentes de profiter de ses congés.

Luc Mourin

(26 ans, agent technique, célibataire)
Cette année, j'ai changé de boulot en mars et j'avais peur que mon nouvel employeur ne veuille pas être très coopératif. Mais j'ai pu négocier trois semaines de vacances avec lui! Il m'a même payé une semaine de vacances. Alors j'ai pu partir aux États-Unis avec trois copains. À Denver, nous avons loué une voiture pour voyager dans le Colorado et descendre jusqu'au Nouveau Mexique et en Arizona. Le voyage a été formidable! Je regrette seulement que nous n'ayons pas rencontré plus d'Américains de mon âge. Quand on voyage en groupe et qu'on fait de longues distances chaque jour, il est difficile de rencontrer beaucoup de gens!

Sandrine Goutal

(31 ans, informaticienne, mariée, un enfant)
Chaque été nous voulons que Justin, notre fils unique, puisse aller en colonie de vacances pour y rencontrer des copains. Il part en général deux semaines en juillet. En août, nous passons trois semaines dans un village familial ou un gîte rural à la montagne. Je me repose beaucoup quand je n'ai pas de responsabilités ménagères. La dernière semaine d'août, nous allons chez mes parents en Bourgogne. Il est très agréable que ma sœur et ses enfants y viennent aussi. Justin adore jouer avec ses cousins et cousines.

Ah! Les jolies colonies de vacances...

▲ Le calme d'un gîte rural.

◀ Les cars de touristes.

Emmanuel de Grassin

(32 ans, employé de banque, célibataire)
Mes amis s'étonnent que je n'aille pas en vacances avec eux. Ils sont très surpris que je sois si content de rester à Paris en juillet et août. Mais j'ai horreur de la foule! J'aime redécouvrir Paris quand il est calme et vidé de ses habitants. Et je peux enfin profiter des environs de Paris parce que je n'ai pas peur qu'il y ait trente-six embouteillages sur l'autoroute! On voit seulement quelques cars de touristes étrangers qui vont à Versailles.

✔ *Le mot juste*

Expressions

chacun	*everyone*
pourtant	*however*
sur mesure	*custom-made*

Verbes

avoir horreur	*to hate*
faire la dépense de	*to spend money on*
négocier	*to negociate*

Noms

une colonie de vacances	*summer camp*
un embouteillage	*traffic jam*

la foule	*crowd*
un gîte rural	*bed-and-breakfast (in the countryside)*
les responsabilités (f) ménagères	*household responsibilities*
un village familial	*family vacation village*

Adjectifs

coopératif, -ive	*cooperative*
vidé de	*emptied of*

À votre tour

A. Avez-vous compris? Complétez le tableau ci-dessous pour détailler les vacances différentes des individus suivants.

	Mourin	Goutal	de Grassin
Circonstances familiales:			
Lieu(x) de vacances:			
Raisons de ce choix:			
Activités choisies:			
Bons souvenirs/regrets:			

B. Des vacances idéales. Quelles sont les conditions essentielles pour que vous ayez des vacances idéales? En petits groupes, classez les facteurs suivants en ordre d'importance décroissante. Mettez vos résultats aux tableaux et comparez-les avec les résultats des autres groupes. Êtes-vous une classe composée d'individus très similaires ou très différents?

___ Il faut qu'il y ait du soleil.
___ Il faut qu'on soit avec des copains.
___ Il est essentiel qu'on ait assez d'argent.
___ Il vaut mieux que les enfants soient en colonie de vacances.
___ Il faut qu'il y ait des activités sportives.
___ Il est essentiel qu'on ait son indépendance.
___ Il ne faut pas qu'il y ait une foule énorme.
___ Il faut qu'on soit en contact avec la nature.
___ Il est essentiel qu'on soit près d'une ville avec de bons restaurants et des discothèques.

C. Et vous? Quel type de vacances se rapproche le plus de votre propre situation ou de vos propres goûts? Dites pourquoi.

MODÈLE: Comme Luc, j'aime les voyages. J'espère aller en Europe un jour. Je veux aller à Versailles.

Outil 4 Le subjonctif des verbes irréguliers

- Several groups of verbs—in addition to **être** and **avoir**—are irregular in the present subjunctive.

- Irregular verbs that have two stems in the present indicative—one for the **nous**- and **vous**-forms, and another for all of the other four forms—also have two stems in the present subjunctive:

PRESENT INDICATIVE			
je	vais	nous	allons
tu	vas	vous	allez
il/elle/on	va	ils/elles	vont

PRESENT SUBJUNCTIVE	
que j' aille	que nous allions
que tu ailles	que vous alliez
qu'il/elle/on aille	qu'ils/elles aillent

- Note that the endings for the subjunctive follow the normal pattern.

- Other verbs with two stems in the present indicative and present subjunctive include:

boire	que je boive	que nous buvions
croire	que je croie	que nous croyions
prendre	que je prenne	que nous prenions
recevoir	que je reçoive	que nous recevions
venir	que je vienne	que nous venions
voir	que je voie	que nous voyions
vouloir	que je veuille	que nous voulions

- Three verbs—**faire, pouvoir,** and **savoir**—have a single irregular stem in the subjunctive.

faire (subjonctif)	
que je fasse	que nous fassions
que tu fasses	que vous fassiez
qu'il/elle/on fasse	qu'ils/elles fassent

pouvoir (subjonctif)	
que je puisse	que nous puissions
que tu puisses	que vous puissiez
qu'il/elle/on puisse	qu'ils/elles puissent

savoir (subjonctif)	
que je sache	que nous sachions
que tu saches	que vous sachiez
qu'il/elle/on sache	qu'ils/elles sachent

À votre tour

A. Des exemples. Avec un partenaire, trouvez les exemples de subjonctifs irréguliers dans le Contexte. Dites pourquoi le subjonctif y est utilisé.

B. Réaction. À tour de rôle, vous et votre partenaire partagez vos réactions **(il est douteux, il est bon, il est préférable, il est souhaitable, il est regrettable, il est dommage.)**

MODÈLE: savoir où trouver un hôtel pas cher
—Il est souhaitable qu'il/elle sache où trouver un hôtel pas cher.

1. vouloir venir avec nous
2. pouvoir obtenir un congé
3. faire de l'équitation
4. savoir le prix des billets
5. aller au Tibet
6. faire des balades à pied
7. prendre un parasol
8. faire la dépense d'un hôtel
9. savoir l'adresse d'un gîte rural
10. pouvoir louer une tente

C. D'accord ou pas? En petits groupes, dites si vous êtes d'accord avec les opinions de vos partenaires.

Si vous êtes d'accord, utilisez **il est certain que**... ou **je crois que**..., et utilisez l'indicatif présent.

Si vous n'êtes pas d'accord, utilisez le subjonctif présent précédé d'une expression de doute: **il est douteux que**... ou **je doute que**....

MODÈLE: On part toujours en vacances en août.
—Il est douteux qu'on parte toujours en vacances en août.

1. On boit beaucoup d'eau en altitude.
2. On reçoit des amis avec plaisir quand on campe.
3. On peut rester en ville pendant les vacances.
4. On peut voir des choses intéressantes dans son quartier.
5. On prend ses vacances durant le mois de juin ou juillet.
6. On reçoit une cinquième semaine de congé en hiver.
7. On fait ses valises la veille du départ.
8. On sait que des réservations sont essentielles.
9. On va au restaurant plus souvent en vacances.
10. On peut rester avec ses parents.

 **D. Surprise!** Exprimez votre surprise à l'égard du comportement d'un groupe d'amis.

MODÈLE: Ils reviennent de Las Vegas.
—Je suis surpris(e) que vous reveniez de Las Vegas!

Utilisez les idées suivantes, puis imaginez d'autres situations.

1. Ils font du camping.
2. Ils veulent descendre à l'hôtel.
3. Ils savent la liste des hôtels par cœur.
4. Ils peuvent obtenir des places.
5. Ils prennent la route seuls.
6. Ils veulent partir en mai.
7. Ils font un voyage au Maroc.

*P*honétique

La voyelle [ə]; le **e muet**

- The vowel [ə] as in **je, ne, te,** or **de** is not always pronounced. As a general rule, it *is* pronounced if omitting it would leave three consonants to be pronounced together (with no vowel sound to separate them).

 **À votre tour**

A. Écoutez et répétez en faisant attention à ne pas prononcer les **e** barrés.

1. J̷ **te** l̷ passe?
   Oui, passe-**le**-moi!
   Non, n**e** m̷ **le** passe pas, merci!
2. On a passé d̷ bonnes vacances.
   On a pris d̷ belles photos.
   On en garde d**e** beaux souvenirs.
3. Tu l̷ connais?
   Oui, je l̷ connais bien.
   Non, je n̷ **le** connais pas.
4. Tu sais l'heure qu'il est? Non, je n̷ sais pas.
   Tu sais son numéro d̷ téléphone?   Oui, je l̷ sais.
   Non, je n̷ **le** sais pas.
5. On s̷ retrouve au café?
   On s̷ téléphone c**e** soir?

En direct

A. Que font les Français le week-end? D'abord écoutez et notez le pourcentage de Français pratiquant les loisirs suivantes. Puis indiquez si ces statistiques confirment ou non les opinions qui les suivent.

Saviez-vous que parmi les Français:

_____% restent à la maison, à lire, à regarder la télévision, à bricoler ou à écouter de la musique.

_____% sortent au moins une journée, se promènent dans les rues ou à la campagne.

_____% travaillent à la maison ou ailleurs (*elsewhere*).

_____% partent à la campagne dans leur résidence secondaire, chez des parents ou des amis.

_____% bricolent.

_____% jardinent.

_____% quittent leur résidence une journée ou plus pour faire un tour à vélo, à moto, en voiture, train ou car.

_____% font des courses.

_____% font du sport, seul ou en club, en salle ou en plein air.

_____% vont au cinéma, au théâtre, au restaurant.

_____% s'occupent de cuisine, de réceptions et font des excès gastronomiques.

_____% vont danser, vivent la nuit.

_____% s'occupent d'eux-mêmes: rendez-vous de coiffeur, manicure, etc.

_____% font des excursions, des visites culturelles.

_____% visitent des musées et des expositions.

B. Tourisme culturel. Écoutez les explications données par les guides, puis indiquez (1) le site ou monument en question, (2) la période historique concernée, (3) les personnages illustres associés à ce site ou monument, (4) ses caractéristiques les plus marquantes, et (5) la/les raison(s) de son succès auprès des touristes.

	N°1	N°2	N°3	N°4
Monument ou site:				
Renseignements historiques:				
Personnages illustres:				
Caractéristiques marquantes:				
Raison(s) de son succès:				

- D'après les commentaires que vous avez entendus, quel site trouvez-vous le plus intéressant? Expliquez pourquoi.

Découvertes

Cultures en parallèles

Les Français et leur temps libre

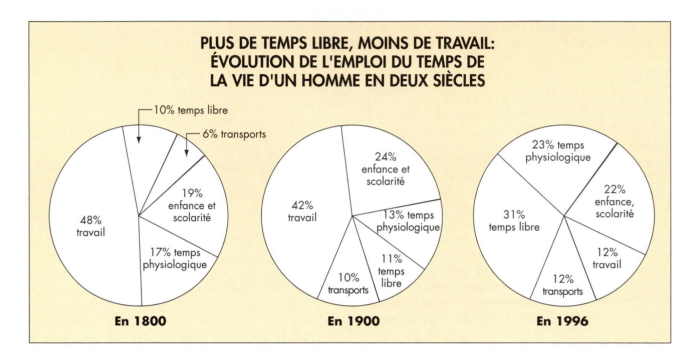

**PLUS DE TEMPS LIBRE, MOINS DE TRAVAIL:
ÉVOLUTION DE L'EMPLOI DU TEMPS DE
LA VIE D'UN HOMME EN DEUX SIÈCLES**

En 1800

- 10% temps libre
- 6% transports
- 19% enfance et scolarité
- 48% travail
- 17% temps physiologique

En 1900

- 24% enfance et scolarité
- 42% travail
- 13% temps physiologique
- 10% transports
- 11% temps libre

En 1996

- 23% temps physiologique
- 22% enfance, scolarité
- 31% temps libre
- 12% travail
- 12% transports

Observer

Les schémas ci-dessus vous montrent l'évolution du temps de travail et du temps libre durant les deux siècles passés. Comparez les chiffres des époques différentes, mais n'oubliez pas qu'en 1800 un Français espérait vivre 33 ans—ou 21 ans de vie éveillée (*awake*)—et qu'aujourd'hui, on espère vivre 74 ans—51 ans de vie éveillée.

La quantité de temps libre à la disposition de chacun varie en fonction de son âge, de ses revenus, de ses goûts et talents. Mais elle varie aussi suivant les pratiques culturelles établies dans chaque pays: reportez-vous par exemple au nombre de jours fériés répertoriés dans le calendrier français à la page 308.

Utilisez les renseignements fournis par les dossiers précédents, pour répondre aux questions suivantes sur l'emploi du temps des Français:

1. Quelles sont les heures d'ouvertures des magasins? celles des bureaux? Sont-elles différentes dans les grandes villes et les petites villes?
2. Quelle est la durée légale du travail en France chaque semaine?
3. La journée de travail typique est-elle de 8 h à 17 h ou de 9 h à 18 h?
4. Combien de temps est en général consacré au déjeuner?

5. Quelle est la durée de la semaine scolaire? Est-ce la même pour les écoliers et les lycéens?
6. À quelle heure les écoliers rentrent-ils de l'école? et les lycéens?
7. Qu'est-ce qu'un week-end typique pour une famille dont les enfants ont entre 7 et 15 ans?
8. Combien de jours de vacances légales prévoit le calendrier?
9. Quelle est la durée légale des congés?
10. Quand la plupart des travailleurs prennent-ils leurs congés annuels?
11. Les employeurs et le gouvernement font-ils un effort spécial pour aider leurs employés à profiter de leur temps libre?

Réfléchir

En vous basant sur vos réponses précédentes ainsi que sur les documents sonores et visuels de ce dossier, comparez la quantité du temps libre et la durée des vacances entre les deux cultures française et américaine. À votre avis, qu'est-ce que les ressemblances ou différences nous indiquent à propos des priorités et des traditions de chaque (*each*) culture?

D'un parallèle à l'autre

Vous avez déjà étudié le calendrier de votre pays adoptif. Rappelez combien de jours fériés il y a dans l'année. Vous avez étudié votre pays assez en détails au cours des 11 premiers dossiers pour savoir à quel stade de développement votre pays adoptif se trouve. Il est en effet évident qu'une culture en majorité paysanne ne bénéficiera pas des mêmes occasions de temps libre qu'une culture post-industrielle. Quelles sortes de loisirs sont populaires dans votre pays? Hommes et femmes les partagent-ils également? Le tourisme est-il une ressource importante? Que pensent les habitants de ces touristes, disposant de beaucoup de temps libre et ressources?

Une fête en Afrique du Nord

Pour faciliter vos recherches, allez sur le site de *Parallèles* et cliquez sur le bouton «Parallèles» pour trouver de bonnes adresses.

À vous la parole

A. Vivent les vacances! D'abord choisissez votre formule de vacances (*vacation plan*) préférée sur la publicité à la page suivante. Puis, en petits groupes, échangez des questions avec vos camarades pour connaître leur choix, les raisons de leurs choix et justifiez le vôtre (*yours*).

B. Sondage express. Faites un sondage concernant les loisirs de vos camarades. Circulez dans la classe et posez les questions suivantes. N'oubliez pas de marquer les réponses. Puis en petits groupes, partagez vos résultats et comparez-les avec les résultats des autres groupes.

Questions:

As-tu beaucoup de loisirs? pourquoi oui ou non? Exactement combien d'heures de jour par semaine?

En général, avec qui passes-tu tes loisirs?

Où les passes-tu? À l'intérieur: appartement ou chambre, café, gymnase, discothèque, cinéma, centre commercial, etc? À l'extérieur: parcs, piscines, plages, montagnes, pistes cyclables, lacs, etc?

Dépenses-tu beaucoup ou peu d'argent pour tes loisirs?

C. Et chez vous? Est-ce que votre région (où votre université) offre des loisirs particuliers? Avec un partenaire, récitez-en une liste aussi complète que possible. Pour vous aider à vous organiser, vous pouvez faire une liste par saison.

Ensuite travaillez en petits groupes et évaluez les ressources de loisirs qui sont offertes par votre région: sont-elles nombreuses? sont-elles variées? sont-elles coûteuses?

MODÈLE: Au Nébraska en été il fait très chaud. Nous avons beaucoup de lacs et on va à la plage pour nager, faire du bateau et du ski nautique.

Lecture

Les pontonniers

Travaux d'approche

Claire Bretécher. Claire Bretécher est une artiste très connue pour ses bandes dessinées qui mettent en scène des jeunes femmes stéréotypées: en général, ce sont des femmes modernes qui travaillent. Elles font partie de la classe moyenne mais prétendent être des intellectuelles libérales. Claire Bretécher se moque du décalage entre la réalité de leur situation (très moyenne) et leurs aspirations (très élevées) d'intellectuelles de gauche. Ses bandes dessinées sont férocement satiriques.

Les pontonniers. Comme vous l'avez appris au fil des lectures précédentes, la compréhension d'un texte dépend de plusieurs facteurs. En plus d'une lecture littérale, un texte doit aussi être interprété d'un point de vue historique et/ou culturel. Les bandes dessinées (ou BD) et leurs images accompagnées de «bulles» (*bubbles*) contenant des expressions du langage parlé dramatisent peut-être le mieux le besoin de déchiffrer cette alliance entre langue et culture. C'est ce que vous allez essayer de faire en «partant à l'exploration» du texte.

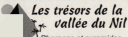

LES PONTONNIERS [1]

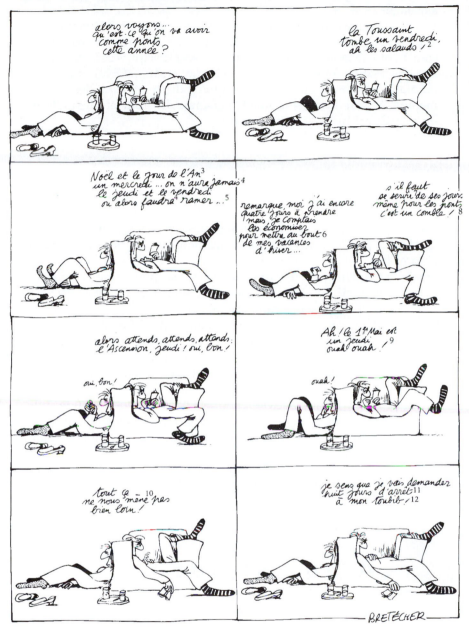

[1]Pontonnier: Littéralement, un ingénieur qui construit des ponts (bridges). Attention: le mot n'est peut-être pas pris littéralement ici!

[2]salaud: un mot d'argot pour désigner une personne mauvaise et méchante (bastard).

[3]Jour de l'An: C'est le Premier janvier.
[4]on n'aura jamais: aura est le futur du verbe avoir: we will never have
[5]ramer: mot d'argot, synonyme de travailler dur
[6]mettre au bout de: ici, ajouter à
[7]se servir: ici, utiliser
[8]C'est un comble! expression qui exprime un sentiment d'injustice et de dégoût (that tops it all!).
[9]o-ouah: familier pour oui.

[10]Tout ça ne nous mène pas loin: (ici) Franchement ces dates ne nous sont pas favorables. (This does not take us very far.)
[11]jour d'arrêt: jour de congé donné par un docteur (sick leave)
[12]toubib: argot (slang) pour docteur

Exploration

Regardez rapidement la succession de scènes qui constituent l'histoire de cette bande dessinée et arrêtez-vous pour considérer les points suivants.

1. **Le titre.** Quelle est sa signification littérale (traduction)? Parce que cette signification n'a pas de sens ici, il faut se demander si le mot **pont** a une autre signification dans le contexte du vocabulaire des vacances. La première bulle vous indique l'autre signification du mot **pont** (et donc de **Pontonnier**) dans le contexte des vacances et des congés.

2. **Le décor.** Quel est le décor de l'histoire? Change-t-il au cours de l'histoire? Comparez le premier dessin et le dernier dessin: qu'est-ce qui a changé?
3. **Les personnages.** Qui sont les personnages principaux? Que vous apprend leur position et leur attitude sur leur personnalité: est-ce que ce sont à votre avis des personnes ambitieuses? disciplinées? énergiques?
4. **La conversation.** Quel est le sujet de la conversation? Est-ce un dialogue ou plutôt un monologue? Qu'est-ce qui l'indique dans les dessins eux-mêmes? À votre avis, est-ce que la personne de droite étudie un livre ou un calendrier? Justifiez votre réponse.

Réflexion

Trouvez-vous cette bande dessinée très drôle?

1. Par exemple, avez-vous remarqué la vraie signification du titre? Quels sont les ponts que les deux jeunes femmes sont en train de «construire»?
2. Quel est le problème avec les dates mentionnées: la Toussaint, Noël, le 1er janvier?
3. Quelle est la solution d'une des jeunes femmes pour compenser le manque de pont? Son amie est choquée par cette solution; à votre avis, est-ce pour une bonne ou mauvaise raison?
4. Finalement, que prouve la dernière remarque de l'histoire? Ces «pontonnières» modernes sont-elles des personnes ambitieuses? motivées par leur travail ou par leur désir de vacances?
5. À votre avis, de quoi est-ce que l'artiste se moque ici: (1) des «pontonnières» elles-mêmes (comment sont-elles représentées? dans quelle position? le dialogue est-il animé?) (2) d'une société où le culte des vacances est peut-être devenu extrême? (3) des deux à la fois?
6. Trouvez-vous cette page amusante? décourageante? irritante? Expliquez pourquoi.
7. Cette bande dessinée a-t-elle autant de sens (*makes as much sense*) dans le contexte de la société nord américaine que dans le contexte de la société française?

À vos stylos

Une brochure touristique

Vous avez souvent reçu et consulté des brochures touristiques. Maintenant vous allez concevoir et rédiger une brochure similaire pour vendre votre région (ou votre ville) auprès de voyageurs francophones.

1. **Trouvez des modèles.** Visitez quelques sites sur l'Internet ou consultez des brochures existantes. Décidez quels éléments vous aimez et désirez incorporer dans votre brochure.
2. **Trouvez des idées.** Vous allez d'abord faire une liste de certaines choses spécialement intéressantes dans votre région et prendre quelques notes. Par exemple, pensez:

   • au climat et à la géographie: merveilles naturelles: caves, canyons, les parcs régionaux ou nationaux, la végétation, la faune, etc.

La Foire du Trône: 1037 ans et toujours jeune!

Que faire au printemps? Eh bien, si vous êtes à Paris, allez donc faire un tour à la Foire du Trône. On y vient pour s'amuser depuis 957! Cette année-là, le roi a donné aux moines de l'abbaye Saint-Antoine la permission de vendre leur fameux pain d'épices (*gingerbread*). Cette vente qui était une vente de charité est vite devenue le prétexte de nombreuses festivités: clowns, danseurs, mimes viennent amuser le public. Plus tard, on a ajouté des jeux, puis des attractions: manèges de toutes sortes, grande roue, grand huit (*roller coaster*). Aujourd'hui, plus de 370 attractions attendent cinq millions de visiteurs sur la pelouse de Reuilly au bois de Vincennes. La tradition de la fête foraine se porte bien!

- à l'histoire: lieux historiques, personnages historiques
- aux spécialités gastronomiques
- aux activités proposées: sportives et culturelles
- aux hôtels et campings: leur nombre, leur qualité
- aux qualités de ses habitants

3. Réfléchissez et choisissez un thème pour votre brochure. Développez seulement les aspects qui vont illustrer ce thème, par exemple, les spécialités gastronomiques.
4. Choisissez des illustrations et faites une mise en page (*layout*) spéciale: N'oubliez pas d'écrire une phrase d'introduction et une phrase de conclusion. Trouvez un titre.
5. Enfin, relisez la brochure pour trouver et corriger les erreurs qui restent.

Maintenant je sais...

Qu'avez-vous appris dans ce dossier? Comment l'avez-vous appris? Vérifiez vos connaissances sur chaque sujet et donnez des exemples précis. Par exemple:

1. Parlez de la durée légale du travail en France, du nombre de jours fériés (augmenté par les **ponts** possibles!) et de la durée légale des vacances.
2. Expliquez le calendrier scolaire français à vos camarades.
3. Identifiez et discutez diverses activités de loisirs.
4. Parlez de l'importance du mois d'août dans la vie des Français.
5. Donnez votre opinion personnelle sur le droit au loisir (droit ou privilège gagné?) et le proverbe bien connu «l'oisiveté (*idleness*) est la mère de tous les vices».

A l'écran

Loisirs et vacances

Partagez les loisirs, vacances et passions de certains Français: la Foire du Trône, camping et pique-nique, visites de musées et expositions, musique et danse moderne, matches de foot, cafés à la mode, le saut à l'élastique, le raft.

Clip 12.1 Temps libre
Clip 12.2 Passionnés de…
Clip 12.3 Partir en vacances

Tous les mots

Expressions

à cheval	*on horseback*
à l'avance	*ahead of time*
à l'étranger	*abroad*
au bord de la mer	*at the seaside*
bien tard	*very late*
chacun	*everyone*
des souvenirs plein la tête	*lots of memories*
en théorie du moins	*in theory at least*
exclusivement	*exclusively*
jalousement	*jealously*
par tous les temps	*in any kind of weather*
pourtant	*however*
rien	*nothing*
sur mesure	*custom-made*

Verbes

arroser	*to water*
avoir des places	*to get seats*
~ honte	*to be ashamed*
~ horreur	*to hate*
~ peur	*to be afraid*
bénéficier	*to benefit*
collectionner	*to collect*
défendre	*to defend*
définir	*to define*
douter	*to doubt*
enrichir	*to enrich*
équilibrer	*to balance*
éviter	*to avoid*
faire de l'escalade	*to go rock climbing*
~des réservations	*to book (rooms, seats, etc.)*
~du camping	*to camp*
~du footing	*to jog*
~la dépense de	*to spend money on*
~la sieste	*to take a nap*
~le plein	*to fill up the car*
goûter les joies de	*to appreciate the pleasures of*
s'inquiéter	*to worry*
jouer aux cartes	*to play cards*
laisser	*to leave*
mériter	*to deserve*
négocier	*to negociate*
organiser	*to organize*
passer à	*to stop by*
prendre la route	*to hit the road*
se rappeler	*to remember*
réaliser	*to realize, to fulfill*
repartir	*to depart*
se reposer	*to rest*
retenir une place	*to make reservation*
vérifier	*to check*

Noms

un agent de voyage	*travel agent*
l'arrière-pays (m)	*back country*
une auberge	*inn*
un aventurier/ une aventurière	*adventurer*
une balade (familier)	*hike*
une brochure	*brochure*
un chemin de grande randonnée	*hiking trail*
un cirque	*circus*
un citoyen/une citoyenne	*citizen*
une clé	*key*
une colonie de vacances	*summer camp*
un comportement	*behavior*
un concierge	*caretaker*
une contrainte	*constraint*
la coupe d'Europe de football	*European soccer competition*
un cultivé(e)	*cultured, well-educated person*
la débauche	*lax lifestyle, debauchery*
Dieu	*God*
un droit	*right*
une échappatoire	*escape*
un embouteillage	*traffic jam*
les environs (m)	*surroundings*
l'équitation (f)	*horseback riding*
un excès	*excess*
une exposition	*exhibit*
la foule	*crowd*
les gens (m)	*people*
un gîte rural	*bed-and-breakfast (in the countryside)*
un inconnu/une inconnue	*unknown person*
un loisir	*leisure*
un luxe	*luxury*
un magnétoscope	*VCR*
une médaille	*medal*
un musclé/une musclée	*(here) athlete*
un/une non-conformiste	*nonconformist*
un pantouflard/ une pantouflarde	*homebody, couch potato*
un papillon	*butterfly*
le parachutisme	*parachuting*
le parapente	*hang gliding*
la paresse	*laziness*
le paysage	*landscape*
la plongée sous-marine	*deep-sea diving*
un point de départ	*point of departure*

le potentiel	potential
une récompense	reward
un renseignement	information
les responsabilités (f) ménagères	household responsibilities
une station	resort
une tente	tent
un timbre	stamp
un trophée	trophy
une valise	suitcase
la veille	the eve, the day before
un vélo tout terrain (VTT)	mountain bike
un village de vacances	family camp
un village familial	family vacation village

Adjectifs

bouclé (*colloq.*)	buckled, closed
coopératif, -ive	cooperative
fréquenté	frequented
grandiose	grandiose, imposing
insolite	unwonted, unusual
vidé de	emptied of

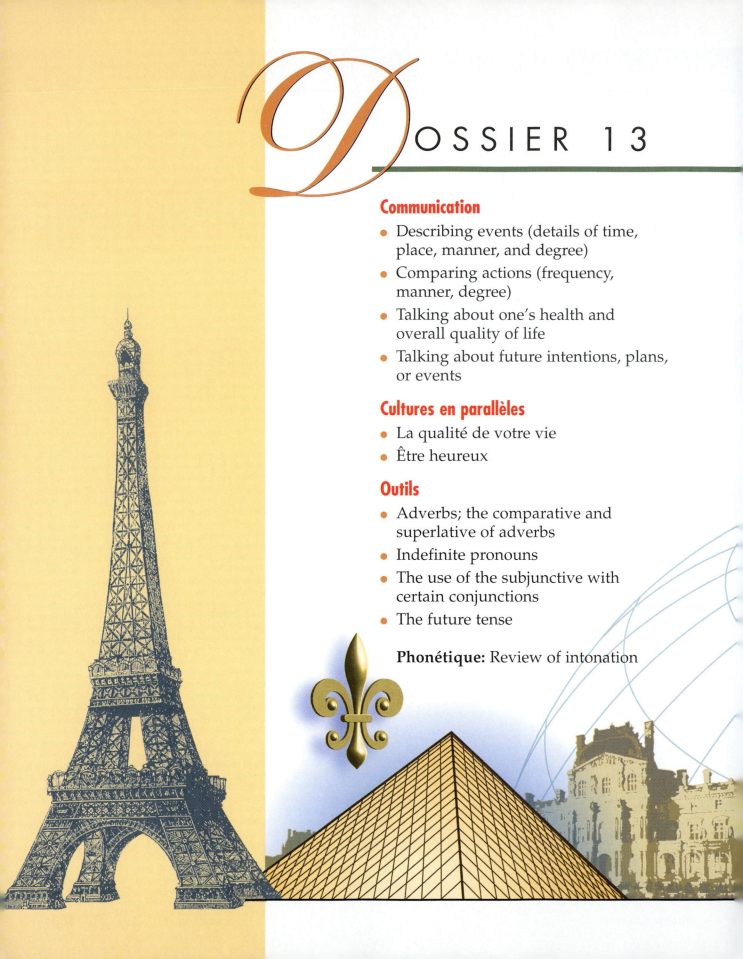

DOSSIER 13

Communication

- Describing events (details of time, place, manner, and degree)
- Comparing actions (frequency, manner, degree)
- Talking about one's health and overall quality of life
- Talking about future intentions, plans, or events

Cultures en parallèles

- La qualité de votre vie
- Être heureux

Outils

- Adverbs; the comparative and superlative of adverbs
- Indefinite pronouns
- The use of the subjunctive with certain conjunctions
- The future tense

Phonétique: Review of intonation

La qualité de vie

Le président Jacques Chirac n'hésite pas à donner l'exemple!

Les Français veulent rester en forme et profiter de la vie!

Cultures en parallèles

La qualité de votre vie

La qualité de la vie dépend de plusieurs facteurs. Il y a bien sûr des facteurs affectifs très importants (vos amis, votre famille) et des facteurs économiques (vous avez du travail ou vous allez en trouver; vous avez des ressources financières suffisantes). Mais êtes-vous d'accord qu'il y a aussi un facteur essentiel, le facteur santé? La santé, c'est d'abord une question d'hérédité, bien sûr. Mais rester en bonne santé, c'est aussi un choix personnel et la conséquence d'un environnement sain. La qualité de vie dans un pays dépend donc aussi de la politique et des choix de son gouvernement.

Que pensez-vous de votre qualité de vie aujourd'hui? Répondez honnêtement et donnez-vous les points correspondants.

1. L'air que vous respirez est d'une qualité
   ☐ excellente (6 pts)   ☐ acceptable (4 pts)
   ☐ médiocre (2 pts)

2. L'eau que vous buvez est d'une qualité
   ☐ excellente (6 pts)   ☐ acceptable (4 pts)
   ☐ médiocre (2 pts)

3. Vous consommez des produits biologiques ou naturels
   ☐ toujours (6 pts)   ☐ souvent (4 pts)
   ☐ rarement (2 pts)

4. Les nuisances de la vie moderne (excès de bruit, de déchets et pollution) vous affectent
   ☐ beaucoup (2 pts)   ☐ assez (4 pts)
   ☐ un peu (6 pts)

5. Les efforts de recyclage sont
   ☐ sérieux (6 pts)   ☐ médiocres (4 pts)
   ☐ inexistants (0 pt)

6. Les lois qui protègent votre environnement sont
   ☐ nombreuses (6 pts)   ☐ raisonnables (4 pts)
   ☐ inexistantes (0 pt)

7. L'accès aux soins médicaux est
   ☐ cher (2 pts)   ☐ raisonnable (4 pts)
   ☐ gratuit ou subventionné (6 pts)

8. La vente des médicaments est
   - ☐ très contrôlée (6 pts)   ☐ assez contrôlée (4 pts)
   - ☐ libre (2 pts)

9. La pratique du sport est
   - ☐ facilitée (6 pts)   ☐ recommandée (4 pts)
   - ☐ considérée un luxe (2 pts)

10. Le gouvernement protège la santé des citoyens
    - ☐ la plupart du temps (6 pts)   ☐ en cas de crise (2 pts)

11. Dans votre pays, l'espérance de vie est
    - ☐ longue (6 pts)   ☐ moyenne (4 pts)
    - ☐ courte (2 pts)

Maintenant faites le total de vos points et, en petits groupes, discutez ses implications:

- **De 60 à 55:** Votre qualité de vie est sans doute excellente. Dites pourquoi: est-ce le résultat d'efforts individuels? de ressources suffisantes? d'un environnement affectif très riche? d'un environnement sain? d'une politique intelligente?
- **De 54 à 44:** Votre qualité de vie est satisfaisante. Vous êtes heureux. Discutez les bons points de votre situation et les aspects qui pourraient être meilleurs.
- De 43 à 26: Votre qualité de vie pourrait être améliorée. Quels changements voulez-vous y apporter? Dites comment: par des efforts individuels? par une politique différente?
- Moins de 25: La situation est très sérieuse: vous devez absolument faire des changements. Indiquez lesquels sont possibles immédiatement.

Le mot juste

Verbes

consommer	*to consume, to use up*
respirer	*to breathe*

Noms

un accès	*access*
le bruit	*noise*
un déchet	*waste*
l'environnement (m)	*environment*
l'espérance de vie (f)	*life expectancy*
l'hérédité	*heredity*
un médicament	*medicine, drug*
une nuisance	*nuisance*
la pollution	*pollution*
la qualité de vie	*quality of life*
le recyclage	*recycling*
la santé	*health*
les soins médicaux (m)	*medical care*

Adjectifs

amélioré	*improved*
sain	*healthy*
subventionné	*subsidized*
suffisant	*sufficient*

V o l e t　1

Contexte 1 Un corps en bonne santé

Les parties du corps

la figure

la poitrine
le bras
le coude

le ventre

le genou

le poignet

la main

le doigt

la cuisse

la jambe

le pied

la tête
le cou
l'épaule
le dos

le derrière

la cheville
le talon

Plaintes et conseils

En petits groupes, écoutez les plaintes (*complaints*) de vos camarades (colonne de gauche). Choisissez dans la colonne de droite le conseil qui convient le mieux à leur situation.

Problèmes

1. J'ai souvent mal à la tête!
   (**avoir mal** = *to hurt somewhere*)
2. Je cours plus lentement que mes camarades!
3. J'ai très mal au dos (*back*).
4. J'ai constamment mal au coude.
5. Mon poignet me fait horriblement souffrir (*suffer*).
6. J'ai des chevilles très délicates.
7. J'ai des genoux extrêmement fragiles.
8. Je tousse (*cough*) beaucoup et ma poitrine me fait très mal.

Conseils

A. Il faut mieux choisir vos chaussures de sport: achetez des baskets (*high-top sneakers*).
B. Il faut arrêter le tennis immédiatement..
C. Pauvres poumons (*lungs*)! Jetez (*throw away*) vos cigarettes le plus vite et le plus loin possible!
D. Les muscles des jambes et des cuisses ne sont pas assez développés.
E. Finis les marathons! Donnez-leur du repos et essayez la natation (*swimming*) régulièrement.
F. Exercez vos abdominaux plus souvent: votre ventre n'est pas musclé!
G. Immobilisez votre bras et votre main.
H. Vous ne portez pas vos lunettes assez régulièrement.

À votre tour

 A. Diagnostic. À tour de rôle, vous proposez votre diagnostic à votre partenaire. Inspirez-vous du Contexte pour votre diagnostic.

MODÈLE: Je ne porte pas mes lunettes régulièrement.
—Alors, est-ce que tu as souvent mal à la tête? (ou aux yeux?)

1. Je tape des pages et des pages à l'ordinateur.
2. Je cours des marathons très souvent.
3. Je ne fais pas d'abdominaux.
4. Je joue beaucoup au tennis.
5. Je n'aime pas les baskets: je porte des tennis.
6. Je fume (*smoke*) beaucoup.

 B. Des ordonnances (*prescriptions*) **énergiques!** Échangez plaintes et conseils avec votre partenaire. Mais attention: cette fois votre partenaire vous donne une ordonnance très énergique car il/elle utilise **il faut/il vaut mieux, il est essentiel** + le subjonctif!

MODÈLE: —J'ai souvent mal aux dents.
—Il faut que vous téléphoniez au dentiste!

Voici des idées de solutions pour d'éventuels problèmes de santé:

> prendre de l'aspirine / manger moins / arrêter le tennis /
> passer moins de temps à l'ordinateur / arrêter le footing /
> ne pas porter d'objets lourds (*heavy*) / rester couché et élever la jambe /
> ne pas porter les mêmes chaussures trop souvent

C. Bon ou mauvais? Votre partenaire discute la pratique de certains sports. Vous êtes ou n'êtes pas de son avis et précisez les bons et mauvais effets.

MODÈLE: La marche à pied est pour tout le monde. (bon / jambes, poumons, cœur [*heart*])
—C'est très bon pour (*pick only one*) le cœur.

1. Le tennis est un sport excellent et complet. (mauvais / coude)
2. Faire du cheval peut être dangereux. (mauvais / dos)
3. La natation est un sport très bénéfique. (bon / dos, cœur)
4. Le footing n'est pas pour tout le monde. (mauvais / genoux, chevilles, dos)
5. La boxe est parfois dangereuse. (mauvais / yeux, dents, tête)
6. La gymnastique est excellente. (bon / muscles)
7. L'aspirine est un médicament universel. (attention! mauvais / estomac [*stomache*])
8. Le soleil est très bénéfique. (attention! mauvais / peau [*skin*], yeux)

D. Votre qualité de vie. En petits groupes, échangez à tour de rôle vos opinions sur les questions suivantes.

MODÈLE: la pratique du sport
—Dans ma ville il y a des stades, des tennis et des piscines publiques.

1. la consommation de médicaments
2. les pires (*worst*) nuisances de la vie moderne
3. l'air que vous respirez
4. l'espérance de vie moyenne dans votre pays ou état
5. le recyclage dans votre ville
6. les soins médicaux à l'université
7. les cigarettes
8. le soleil

Outil 1 Les adverbes; le comparatif et le superlatif de l'adverbe

Les adverbes

● Adverbs describe verbs, adjectives, or other adverbs. Adverbs specify *when, where, how much,* and *in what manner.*

J'ai **souvent** mal à la tête.	*I often have heachaches.*
J'ai **très** mal au dos.	*My back hurts very badly.*
J'ai **constamment** mal au coude.	*My elbow hurts constantly.*
Je tousse **beaucoup** et **souvent.**	*I am coughing a lot and often.*

● You already know many short, common adverbs:

Time	Quantity	Location	Manner
aujourd'hui/hier	peu	ici/là	bien
avant/après	assez	derrière/devant	mal
aussitôt	beaucoup	loin/près	
déjà/bientôt	trop		
d'habitude/quelquefois	très		
jamais/toujours			
rarement/souvent			
soudain			

Formation régulière

● Most adverbs are formed from adjectives. Usually the suffix **-ment** is added to the feminine singular form of the adjective:

heureux	**heureuse**ment
long	**longue**ment
franc	**franche**ment
général	**générale**ment
habituel	**habituelle**ment
régulier	**régulière**ment

- However, the suffix **-ment** is usually added directly to the masculine singular form of adjectives that end in a vowel:

facile	**facile**ment
absolu	**absolu**ment
vrai	**vrai**ment
poli	**poli**ment

Adverbes irréguliers

- To form adverbs from adjectives ending in **-ent/-ant,** drop **-ent/-ant** and add the adverb suffix **-emment/-amment:**

fréquent	**fréque**mment	brillant	**brilla**mment
intelligent	**intellige**mment	courant	**coura**mment
(im)patient	**(im)patie**mment	élégant	**éléga**mment
évident	**évide**mment	suffisant	**suffisa**mment
(im)prudent	**(im)prude**mment	constant	**consta**mment
violent	**viole**mment		

Exception: the one-syllable adjective **lent/lentement.**

Place des adverbes

- In French, adverbs are usually placed immediately after the verb.

J'ai **fréquemment** mal à la tête.	*I frequently have headaches.*
Mon poignet me fait **horriblement** souffrir.	*My wrist hurts horribly.*

- Adverbs of time, however, may be placed at the beginning or end of the sentence.

Aujourd'hui, il ne se sent pas bien.	*Today, he does not feel very well.*
Il va chez le médecin **demain.**	*He goes to see the doctor tomorrow.*

Le comparatif et le superlatif de l'adverbe

- The comparison of adverbs follows the pattern of **plus/moins/aussi** + adverb + **que**:

Je cours **plus lentement que** mes camarades.	*I run more slowly than my friends.*
Je ne cours pas **aussi vite qu'**eux.	*I do not run as fast as they do.*
Je fais de l'exercice **moins souvent qu'**eux.	*I exercise less often than they do.*

Exception: The comparative form of **bien** (*well*) is **mieux** (*better*).

Je joue **bien** au tennis, mais mon frère joue **mieux** que moi.	*I play tennis well, but my brother plays better than I do.*

- To form the superlative of an adverb, always use **le** + the comparative form:

Jetez vos cigarettes **le plus vite** et **le plus loin** possible.

Bravo! Tu joues **bien** maintenant! En fait, tu joues **mieux** que moi. Mais c'est Marianne qui joue **le mieux.**

Throw away your cigarettes as fast and far as possible.
Good! You play well now. In fact you play better than I do. But it is Marianne who plays the best.

À votre tour

A. Attention! Tous les entraîneurs (*trainers*) ne donnent pas de bons conseils. Rectifiez les erreurs faites par l'entraîneur du club GYMNASIO en vous servant d'adverbes formés sur les adjectifs en italique.

MODÈLE: —Ne soyez pas *fidèle* à votre gym quotidienne.
　　　　 —Ah si! Faites-la *fidèlement.*

1. —Perdez vos kilos d'une façon *rapide!*
 —Ah non! Ne les perdez pas ＿＿＿!
2. —Commencez votre entraînement d'une façon *brutale.*
 —Ah non! Ne commencez jamais ＿＿＿!
3. —Soyez très *impatient* quand vous commencez un régime.
 —Au contraire! N'agissez pas ＿＿＿!
4. —Laissez passer une *longue* période d'inactivité entre les entraînements!
 —Mais pas du tout! Ne vous arrêtez pas ＿＿＿!
5. —Faites toujours des mouvements *violents.*
 —Surtout pas! Ne bougez (*move*) jamais ＿＿＿!
6. —Arrêtez toujours votre séance d'une façon *subite.*
 —Ça non! Ne vous arrêtez jamais ＿＿＿!

B. De meilleurs conseils! Reprenez les mêmes sujets, mais donnez de meilleurs conseils! Utilisez l'expression **Il faut...** et un adverbe:

MODÈLE: gymnastique *régulière* (faire de la gymnastique)
　　　　 Il faut faire de la gymnastique régulièrement!

1. perte de poids *lente* (perdre du poids)
2. alimentation *normale* (manger et boire)
3. entraînement *progressif* (s'entraîner)
4. mouvements très *doux* et non pas *violents* (bouger)
5. arrêt très *lent* de la séance d'entraînement (arrêter)
6. attente *patiente* des résultats (attendre)

C. Comparaison. Avec un(e) partenaire, comparez vos habitudes en utilisant les adverbes appropriés.

MODÈLE: nager trois fois par semaine
—Moi, je nage trois fois par semaine.
—Moi, je nage moins souvent que toi!

1. manger de la viande tous les jours
2. gagner tous mes matchs au tennis
3. courir très vite (1,5 km en sept minutes!)
4. skier mal
5. dormir quatre heures par nuit en période d'examen
6. aller au gymnase trois fois par semaine
7. boire un litre d'eau par jour

D. Petits et grands problèmes. Échangez avec un(e) camarade les petits et grands problèmes de santé (imaginaires, on l'espère) que vous avez. Discutez leur intensité (**horriblement, extrêmement, légèrement** [*lightly*]) et leur fréquence (**constamment, fréquemment, régulièrement, souvent, rarement**).

MODÈLE: —Écoute, j'ai horriblement mal à la tête.
—Ça t'arrive fréquemment?
—Oui, très fréquemment.

E. Vos habitudes. Circulez dans la classe pour connaître les habitudes de vos camarades. Prenez des notes; puis, en petits groupes essayez d'établir un compte-rendu (*account*) des habitudes de vos camarades. Partagez-le avec le reste de la classe.

1. Quand cours-tu le plus souvent? le matin? le soir?
2. Quand nages-tu le plus souvent? en semaine? le week-end?
3. Quel sport pratiques-tu le plus régulièrement?
4. Quel sport pratiques-tu le plus rarement?
5. Dans quel sport est-ce que tu réussis le mieux?
6. Quels endroits fréquentes-tu le plus souvent? le stade? la bibliothèque?
7. Comment passes-tu le plus agréablement le week-end? seul(e)? en famille? avec des copains?

Contexte 2 Chez le médecin

◀ Des symptômes certains

—Tu as très mauvaise mine. Qu'est-ce qu'il y a?

—Je me sens très mal. En plus, j'ai très peu dormi.

—Toi, tu es malade. Téléphone au docteur! Il va certainement te donner quelque chose pour la toux.

Il faut prendre une décision ▶

—Allô, ici le cabinet du docteur Blondel.

—Bonjour. Ici Maurice Chopinot. Je ne me sens pas bien du tout. Pourrais-je avoir un rendez-vous cet après-midi?

—Voulez-vous un rendez-vous à 3 heures?

—Non, ce n'est pas possible, pouvez-vous en arranger un autre?

◀ Dans la salle d'attente

M. Chopinot se présente au cabinet médical. Il patiente dans la salle d'attente avec d'autres malades. Certains semblent en bonne santé, mais plusieurs ont l'air malades, tous ont l'air de s'ennuyer. Chacun espère (secrètement) que les autres ne sont pas contagieux!

Consultation et diagnostic ▶

—J'ai mal à la tête et à la gorge. Je souffre beaucoup.

—Voyons si vous avez de la fièvre. J'entends que vous toussez aussi? Vous avez une angine. Ce n'est rien de grave, mais il faut vous soigner énergiquement. Restez au lit et buvez beaucoup de liquide. Faites remplir cette ordonnance à la pharmacie.

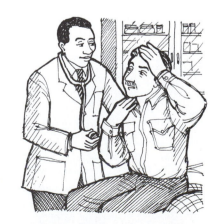

À la pharmacie

—M. Chopinot, voilà vos médicaments: des antibiotiques avec un sirop pour la toux et des cachets et pilules. Attention: N'arrêtez pas les antibiotiques quand vous vous sentirez mieux: il est essentiel que vous les preniez tous!

À votre tour

A. Avez-vous compris? Identifiez dans quel acte (A 1, A 2, A 3, A 4, A 5) de cette petite tragi-comédie on entend les phrases suivantes.

Acte 1: Les symptômes; Acte 2: La décision; Acte 3: Dans la salle d'attente; Acte 4: Le diagnostic et l'ordonnance; Acte 5: À la pharmacie.

__ a. Chacun espère que les autres ne sont pas contagieux!
__ b. Voilà vos médicaments.
__ c. Tu as très mauvaise mine.
__ d. Pouvez-vous arranger un autre rendez-vous?
__ e. Il faut vous soigner énergiquement.
__ f. Tous ont l'air de s'ennuyer.
__ g. J'ai mal à la tête et à la gorge.

B. Chasse au trésor. Avec votre partenaire trouvez les mots du Contexte qui correspondent aux définitions suivantes. Allez-vous finir la chasse au trésor les premiers?

1. quelque chose pour arrêter une infection
2. quelque chose pour transmettre les ordres du docteur au pharmacien

Le mot juste

Expressions

en bonne/mauvaise santé	*in good/bad health*
Qu'est-ce qu'il y a?	*What's the matter?*

Verbes

arranger	*to arrange*
avoir l'air	*to appear*
avoir mal à	*to hurt somewhere*
avoir mauvaise mine	*to not look good*
patienter	*to wait*
remplir	*to fill*
se présenter	*to arrive*
se sentir (bien/mal)	*to feel (good/bad)*
soigner	*to take care of, to cure*
se soigner	*to take care of oneself*
souffrir	*to suffer*

Noms

une angine	*sore throat*
un antibiotique	*antibiotic*
un cabinet	*doctor's office*
un cachet	*tablet*
un diagnostic	*diagnosis*
la fièvre	*fever*
la gorge	*throat*
une ordonnance	*prescription*
une pilule	*pill*
la salle d'attente	*waiting room*
un sirop	*syrup*
un symptôme	*symptom*
une toux	*cough*

Adjectifs

contagieux, -euse	*contagious*
malade	*sick*

3. quelque chose pour arrêter la toux
4. quelqu'un qui transmet sa maladie à d'autres…
5. une maladie qui cause un fort mal de gorge
6. le diagnostic quand votre température est de 40° C (*102° F*)
7. le bureau d'un docteur
8. ne pas avoir l'air en bonne santé
9. prendre soin de sa santé
10. des médicaments sous forme solide

C. Conseils d'ami. Un(e) de vos camarades ne se sent pas bien. Vous n'êtes pas médecin, mais vous voulez l'aider. Il/Elle vous dit où il/elle a mal et vous le/la conseillez… sans engager votre responsabilité, bien sûr!

D. Jeu de rôles. Préparez et jouez deux scènes avec votre partenaire. Inspirez-vous du Contexte mais modifiez-le un peu; par exemple changez les symptômes, l'heure du rendez-vous, ajoutez les salutations d'usage à la pharmacie, etc.

Outil 2 Les pronoms indéfinis

● Indefinite pronouns refer to unidentified, rather than specific, people or things. They may be grouped as follows:

Affirmative	Negative
quelqu'un, on (*somebody, one*)	
quelques-un(e)s (*some*)	
l'un(e)… , l'autre (*one, the other*)	
chacun(e) (*each*)	personne (ne) (*no one, nobody*)
plusieurs (*several*)	aucun(e) (ne) (*not a one*)
certain(e)s (*certain*)	
d'autres (*others*)	
tous/toutes (*all*)	
quelque chose (*something*)	rien (*nothing*)

Le docteur va certainement te donner **quelque chose** pour la toux.	*The doctor will certainly give you something for the cough.*
Parmi les patients, **certains** semblent en bonne santé, **plusieurs** ont l'air malade, mais **tous** ont l'air de s'ennuyer.	*Among the patients, certain of them seem in good health, several look sick, but all seem bored.*
—J'espère que **personne n'**est contagieux.	*—I hope nobody is contagious!*
Vous prenez des médicaments? Non, **aucun.**	*Are you taking medications? None!*
—Non, je **ne** prends **rien.**	*—No, I am not taking anything.*

● Note that with the negative pronouns, **ne** must precede the verb.

■ À votre tour

A. Parmi nos amis (*Among our friends*). Signalez la diversité des comportements autour de vous en utilisant les pronoms indéfinis **certains/d'autres** ou **les uns/les autres.**

MODÈLE: dormir très bien / prendre des médicaments
—Parmi nos amis, certains (les uns) dorment très bien, et d'autres (les autres) prennent des médicaments.

1. préférer les pilules / prendre des cachets
2. aller chez le docteur / se soigner eux-mêmes
3. acheter des médicaments avec une ordonnance / prendre des médicaments en vente libre
4. être en bonne santé / être en mauvaise santé
5. s'ennuyer toujours / ne s'ennuyer jamais
6. consulter un docteur / demander conseil au pharmacien

 B. Rien ne va plus! Vous avez organisé une réunion sur la santé des étudiants dans votre université. Mais cette réunion ne prend pas un bon départ! Les réponses à vos questions sont toutes négatives!

MODÈLE: *Tout le monde* est arrivé?
—Mais non! Personne n'est arrivé.

1. *Tout le monde* est arrivé?
2. *La salle* est prête?
3. *Quelqu'un* a préparé du café?
4. Il y a *quelque chose* d'autre à boire?
5. On a prévu *des questions?*
6. On a demandé *à quelqu'un* d'organiser les photos?
7. *Quelqu'un* est allé chercher le conférencier?
8. *Tout* marche bien?

 C. Dites-moi! Enfin, le public est arrivé et on vous demande des précisions. Vous répondez en utilisant les pronoms indéfinis: **chacun/chacune, tous/toutes** ou **aucun/aucune.**

MODÈLE: *On* a un projet à compléter? (Oui)
—Oui, chacun a un projet!
ou: —Oui, tous ont un projet!

1. *On* a des responsabilités? (Oui)
2. On est obligé de venir *à toutes les réunions?* (Non)
3. *Toutes les réunions* ont lieu le samedi? (Oui)
4. *On* doit contribuer quatre heures de travail par mois? (Oui)
5. Il y a *quelques obligations financières?* (Non)
6. *Tous les membres* ont entre 15 et 25 ans? (Oui)

 D. De bonnes excuses. Parfois il n'y a pas beaucoup d'étudiants en classe. Imaginez les excuses qu'on donne pour les absences.

MODÈLE: Certains sont malades, d'autres ont des examens, etc.

Volet 3

Contexte 3 L'environnement

Les champs de blé, les rivières, les forêts, les ports du bord de mer c'était hier. Aujourd'hui ce sont les constructions modernes, les embouteillages, les réacteurs nucléaires, la haute technologie. Tout cela peut-il continuer à coexister?

▶

◀ Faut-il donc renoncer aux champignons pour toujours? Quel est votre avis?

La qualité de notre vie, c'est aussi la qualité de notre environnement. Les deux sont inséparables. Alors dans quels buts est-ce que nous devons changer nos comportements avant que le monde devienne invivable? Peut-être, pour que:

• l'air soit moins pollué

• nos rivières soient plus propres

• notre santé soit meilleure

• notre style de vie soit moins destructeur

• le calme remplace le bruit

• la nature soit protégée et reste belle

• nos enfants et petits-enfants puissent eux aussi profiter de notre planète Terre.

Le mot juste

Verbes

imposer	*to impose*
profiter de	*to enjoy*
protéger	*to protect*
recycler	*to recycle*
soutenir	*to support*
trier	*to sort*
vivre	*to live*
voter	*to vote*

Noms

l'écologie (f)	*ecology*

un produit chimique	*chemical*
un produit vert	*ecologically safe product*

Adjectifs

bio-dégradable	*biodegradable*
destructeur, -trice	*destructive*
écologiste	*ecological*
invivable	*unlivable*
pollué	*polluted*
renouvelable	*renewable*
solaire	*solar*

Voici quelques idées simples pour sauver notre planète:

- prendre son vélo ou le bus plutôt que sa voiture
- partager sa voiture avec d'autres
- trier et recycler ses déchets sans qu'une loi l'impose
- voter pour les candidats d'un parti écologiste
- donner plus de pouvoir au ministère de l'environnement
- ne pas mettre la radio quand on travaille ou quand on se repose dans le jardin
- recycler le papier pour que les forêts continuent à vivre
- acheter des produits verts qui sont bio-dégradables
- donner quelques jours de ses vacances pour nettoyer les rivières
- soutenir des formes d'énergie renouvelable comme l'énergie solaire, éolienne (*from the wind*), géothermique, par exemple
- acheter des produits naturels qui ont poussé sans produits chimiques
- Et bien sûr, on peut aussi refuser de consommer plus.

À votre tour

 A. Priorités. En petits groupes, classez les buts énumérés ci-dessus selon leur importance pour les membres du groupe. Quelles sont vos trois priorités principales? Comparez votre classement avec le classement d'autres groupes. Êtes-vous plutôt d'accord? Ou vos priorités sont-elles très différentes?

_____ moins de pollution de l'air	_____ un environnement plus calme
_____ des rivières plus propres	_____ la protection de la nature
_____ une meilleure santé	_____ nos enfants et petits-enfants
_____ un style de vie soit moins destructeur	_____ la survie (*survival*) de la planète Terre

B. Passons aux actes! (*A call for action!*) Avec les membres de votre groupe, décidez quelles actions vous recommandez pour réaliser vos trois priorités principales. Inspirez-vous du Contexte.

MODÈLE: Un environnement plus calme est notre première priorité. Alors on peut ne pas mettre toujours la radio.

C. Un bilan personnel. À tour de rôle avec votre partenaire, identifiez les actions du Contexte que vous avez déja adoptées pour protéger l'environnement.

MODÈLE: Moi, je prends le bus (je viens à pied, à vélo) tous les jours (trois fois par semaine).

D. Des idées originales. En petits groupes, essayez de trouver d'autres idées pour protéger et améliorer notre environnement.

MODÈLE: Je n'achète pas le journal. Je lis le journal à la bibliothèque.

Outil 3 Le subjonctif après les conjonctions avant que, sans que, pour que, à condition que, jusqu'à ce que

- You have learned that using the subjunctive allows you to incorporate a personal perspective into your speech and writing. You know how to express obligation and necessity, wishes and desires, emotion, or doubt, through use of the subjunctive. Now you will learn to use the subjunctive after conjunctions stating possible conditions under which actions might take place. Some of these conjunctions are:

  - **avant que** (*before*)

    Il faut changer nos comportements **avant que** le monde **devienne** invivable!

    We have to change our ways before the world becomes uninhabitable!

    (The speaker anticipates that a first action must take place before another can be completed.)

  - **pour que** (*in order to*)

    On peut partager sa voiture avec d'autres **pour que** l'air **soit** moins pollué.

    We can share our cars with others so that the air is less polluted.

    (The speaker is introducing a possible goal to achieve.)

  - **à condition que** (*on the condition that*)

    On peut faire beaucoup de progrès **à condition que** nous tous **travaillions** ensemble.

    We can make lots of progress if we all work together.

    (The speaker outlines a possible outcome, should all conditions be met.)

- **jusqu'à ce que** (*until*)

Il faut continuer nos efforts **jusqu'à ce que** nos rivières et nos lacs **soient** tout à fait propres.	*We must continue our efforts until our rivers and lakes become really clean.*

(The speaker is anticipating a long wait for possible results.)

- **sans que** (*unless*)

On peut trier et recycler ses déchets **sans qu'**une loi l'**impose**.	*We can sort and recycle our trash without there being a law to require it.*

(The speaker is introducing conditions to be met before another action can occur.)

● Note that the infinitive is used after **pour** and **sans** in sentences that have only one subject:

Certains ne font pas d'efforts **pour sauver** notre environnement.	*Some don't make any efforts to save our environment.*
Les gens ne peuvent pas continuer à espérer une amélioration **sans changer** leur comportement.	*People cannot continue to hope for progress without changing their behavior.*

● Note also the constructions **à condition de** and **avant de** before an infinitive:

Nous allons réussir, **à condition de changer** nos habitudes.	*We will succeed provided that we change our habits.*
Réfléchissez bien **avant de voter** pour un candidat!	*Think hard before voting for a candidate!*

À votre tour

A. Est-ce possible? À tour de rôle, échangez questions et réponses avec votre partenaire.

MODÈLE: Pouvons-nous avoir un style de vie moins destructeur? (Oui, à condition que / on / consommer moins)
—Oui, à condition qu'on consomme moins.

1. Pouvons-nous profiter des rivières? (Non, pas avant que / nous / les nettoyer)
2. Pouvons-nous changer le monde? (Non, pas sans que / vous / voter)
3. Pouvons-nous améliorer notre environnement? (Non, pas jusqu'à ce que / tout le monde / recycler tous plus sérieusement)
4. Pouvons-nous réduire la pollution de l'air? (Oui, à condition que / vous / prendre vos vélos)
5. Pouvons-nous passer de nouvelles lois? (Oui, pour que / vos enfants / pouvoir profiter de la nature)

B. Dans quel but? Avec votre partenaire, expliquez le but des mesures suivantes avec **pour que**.

MODÈLE: Prenons notre vélo. Comme ça, l'air est moins pollué.
   —Prenons notre vélo *pour que l'air soit moins pollué.*

1. Achetons des produits bio-dégradables. Comme ça, la nature peut rester belle.
2. Consommons moins d'énergie. Comme ça, notre style de vie est moins destructeur.
3. Votons pour les candidats écologistes. Comme ça, le monde ne devient pas invivable.
4. Prenons moins souvent la voiture. Comme ça, on respire mieux.

C. À quelle condition? Avec votre partenaire, prévoyez (*foresee*) les conditions nécessaires pour réaliser les idées suivantes.

MODÈLE: On peut protéger l'environnement si nous utilisons des formes d'énergie renouvelable.
   —On peut protéger l'environnement *à condition que nous utilisions* des formes d'énergie renouvelables.

1. On peut protéger les forêts si nous recyclons le papier.
2. Vous protégez la nature si tout le monde recycle.
3. On peut faire des progrès si nous achetons des produits verts.
4. Notre santé peut être meilleure si l'air est moins pollué.
5. On peut réduire le bruit si nous mettons la radio moins fort.
6. On peut réduire la pollution si nous prenons moins souvent la voiture.

D. À mon avis... Avec un(e) partenaire, exprimez vos opinions sur la question de l'environnement en complétant les phrases suivantes avec les phrases de la colonne B. N'en changez pas l'ordre!

MODÈLE: Il faut consommer moins avant que… (Nous constatons de vrais progrès.)
   —Il faut consommer moins avant que nous constations de vrais progrès.)

1. Il faut changer nos habitudes avant que… (Nous pouvons changer le monde.)
2. Tout le monde devrait recycler ses déchets afin que… (Notre environnement devient plus propre.)
3. On peut protéger et améliorer l'environnement à condition que… (Chacun fait un effort.)
4. On ne peut pas réduire la pollution sans que… (Nous prenons tous des responsabilités.)
5. Les Américains vont continuer à prendre leur voiture jusqu'à ce que… (L'essence devient plus rare et plus chère.)

Volet 4

Contexte 4 — Le troisième millénaire

Qu'est-ce que le troisième millénaire nous apportera? Les espoirs sont immenses. Mais quelle sera la réalité? Comment se passera, par exemple, une matinée typique en 2020? Laissez-vous emporter par votre imagination et voyagez dans le temps: C'est le matin chez une nouvelle génération de Rollin.

6 h 45: Un réveil-matin surveille les ondes alpha de votre cortex pour vous réveiller en douceur et avec votre musique préférée.

La fenêtre s'ouvre automatiquement s'il fait beau, mais reste fermée s'il pleut.

Dans la salle de bains—appelée salle de santé—vous montez sur votre vélo-labo. Il analyse votre état de santé pendant que vous pédalez. Bien sûr, il calcule aussi la durée et l'intensité de votre exercice!

Finis les vêtements traditionnels! Vous mettez une combinaison adaptive, climatisée et parfumée. Vous en programmez la couleur comme vous le voulez. Les Net-lunettes avec écouteurs sont indispensables pour vous protéger du soleil (la couche d'ozone est devenue très mince!). Elles vous permettent aussi de rester branché sur vos programmes Major-d'Home et Buro-Net.

Le mot juste

Expression

en douceur — *softly*

Verbes

alerter — *to alert*
pédaler — *to pedal*
programmer — *to program*
surveiller — *to check*

Noms

une combinaison — *jumpsuit*
une couche — *layer*

un écran — *screen*
une onde alpha — *alpha wave*
un réveil-matin — *alarm clock*
une salle de santé — *health room*
un tram — *tramway*
un vélo-labo — *combination bicycle and laboratory*

Adjectifs

adaptif, -ive — *adjustable*
branché — *tuned in*
climatisé — *air-conditioned*
téléguidé — *remote controlled*

Quand vous arrivez dans la cuisine, votre petit déjeuner est tout prêt. Un écran dans la porte du réfrigérateur vous indique qu'il faut commander du lait via ALIM-NET, votre connection directe avec le supermarché.

Attention! la voix de votre Major-d'Home vous alerte: le tram téléguidé qui vous emmène au travail sera là dans cinq minutes.

▆▆ À votre tour

 A. Réalistes ou pas? À tour de rôle avec votre partenaire, décidez quelles innovations vous allez apprécier le plus ou le moins. Rangez-les en ordre d'utilité croissant. Comparez vos listes. Vos journées en 2020 vont-elles se ressembler?

— un réveil en douceur
— l'ouverture automatique des fenêtres
— la notification immédiate du temps
— l'invention du vélo-lab
— la combinaison adaptive, climatisée et parfumée, avec des couleurs programmables
— les Net-lunettes indispensables
— les écouteurs branchés en permanence sur vos programmes maison et bureau
— les robots dans la cuisine
— la connection directe avec le supermarché
— le tram téléguidé pour vous emmener au travail

B. Quelles priorités? Le troisième millénaire apportera des changements dans d'autres domaines que la vie personnelle. Parmi les changements mentionnés ci-dessous, partagez en petits groupes vos trois plus grands espoirs dans le domaine de la santé et de l'environnement.

MODÈLE: En 2020, j'espère que personne ne va avoir faim. J'espère aussi que…
— On a un traitement pour le cancer et le Sida.
— On vit plus longtemps et mieux.
— Les soins médicaux sont (presque!) gratuits.
— On utilise des énergies propres et renouvelables.
— On sait nettoyer la mer et les rivières.
— On rend les déchets radioactifs inoffensifs (*harmless*).
— On utilise les ressources de l'espace.

C. Au delà de l'Atlantique. Utilisez la liste des grands sujets d'inquiétude des Français pour identifier vos propres sujets d'inquiétude. Faites en une liste et en petits groupes comparez vos listes. Est-il possible d'établir une liste type pour votre classe?

En 2020, quelles seront selon vous les grandes peurs des Français?	Réponses données à l'aide d'une liste %
Une population vieillie et des retraites diminuées	41
La pollution et des changements dans le climat	36
L'extrémisme politique et religieux	20
Une rébellion générale chez les exclus	19
Une recrudescence des maladies mortelles	13
La toute puissance de la technologie sur les individus	12
L'augmentation du terrorisme	11
Une guerre mondiale	8
Ne se prononcent pas	4
Total	total supérieur à 100, les interviewés avant pu donner 2 réponses.

D. Comparaisons. Comparez les sujets qui inquiètent le plus les Français et les sujets qui vous inquiètent le plus vous-mêmes. Quelles différences et ressemblances voyez-vous? Qui semble être plus optimistes ou plus pessimistes?

Outil 4 Le futur

- As you have already learned, the future tense is often replaced in everyday conversation by the present tense or by **aller** + infinitive. French also has a future tense, **le futur,** which corresponds to the English *will (shall)* + verb.

Que nous **apportera** le troisième   *What will the third*
     millénaire?   *millennium bring?*
Qu'est-ce qu'on **apprendra**?   *What will we learn?*

- To form the future of most verbs, add the endings shown in bold to the future stem. For all regular verbs, the future stem is the infinitive (minus **-e** for **-re** verbs):

parler			
je	parler**ai**	nous	parler**ons**
tu	parler**as**	vous	parler**ez**
il/elle/on	parler**a**	ils/elles	parler**ont**

finir			
je	finir**ai**	nous	finir**ons**
tu	finir**as**	vous	finir**ez**
il/elle/on	finir**a**	ils/elles	finir**ont**

rendre			
je	rendr**ai**	nous	rendr**ons**
tu	rendr**as**	vous	rendr**ez**
il/elle/on	rendr**a**	ils/elles	rendr**ont**

- You may have already anticipated that a number of verbs have irregular future stems, which are the same as those used in the conditional (page 376).

aller	ir-	j'irai
avoir	aur-	j'aurai
devoir	devr-	je devrai
envoyer	enverr-	j'enverrai
être	ser-	je serai
faire	fer-	je ferai
falloir (il faut)	faudr-	il faudra
pouvoir	pourr-	je pourrai
savoir	saur-	je saurai
tenir	tiendr-	je tiendrai
venir	viendr-	je viendrai
voir	verr-	je verrai
vouloir	voudr-	je voudrai

Mais quelle **sera** la réalité?	*But what will the reality be?*
Est-ce qu'on **saura** nettoyer la mer et les rivières?	*Will we know how to clean up the sea and the rivers?*
Ira-t-on travailler en tram téléguidé? N'**aura**-t-on plus besoin de voiture?	*Will we go to work in a remote controlled tramway? Will we no longer need cars?*
Tout le monde **voudra**-t-il bien porter des Net-lunettes?	*Will everybody be willing to wear Net-glasses?*
Pourrez-vous refuser d'être branché sur un ordinateur en permanence?	*Will you be able to refuse to be permanently linked to a computer?*

À votre tour

 A. Vive le futur. À tour de rôle avec un partenaire, transformez le texte du Contexte. Mettez tous les verbes au futur.

1. Un réveil-matin surveille les ondes alpha de votre cortex.
2. La fenêtre s'ouvre automatiquement.
3. Vous montez sur votre vélo-labo.
4. Il analyse votre état de santé.
5. Le vélo-labo calcule aussi l'intensité de votre exercice.
6. Vous portez une combinaison adaptive, climatisée et parfumée.
7. Les Net-lunettes sont indispensables.
8. Elles vous permettent aussi de rester branché(e).
9. À la cuisine, votre petit déjeuner est tout prêt.
10. Il faut commander du lait via ALIM-NET.

B. Boule de cristal. À tour de rôle avec un partenaire, faites des prédictions (positive ou négative) pour l'avenir.

MODÈLE: Nous restons tous jeunes et beaux.
—Nous resterons tous jeunes et beaux.

1. Vous mangez tous à votre faim.
2. Nous buvons tous de l'eau potable (*drinkable, safe*).
3. On contrôle mieux la nutrition et la médecine.
4. Les médecins ont un traitement pour le cancer et le Sida.
5. Nous vivons plus longtemps et mieux.
6. Les effets de l'âge sont complètement réversibles.
7. Les soins médicaux sont (presque!) gratuits.

C. Enfin, des progrès? En petits groupes, discutez si à votre avis les progrès suivants se réaliseront.

MODÈLE: Nous utilisons l'énergie solaire.
—À mon avis, nous utiliserons beaucoup d'énergie solaire.
—À mon avis, nous n'utiliserons pas assez l'énergie solaire.

1. La protection de la nature est une vraie valeur.
2. Les forêts sont sauvées de la destruction.
3. Vous utilisez des énergies propres et renouvelables.
4. On sait nettoyer la mer et les rivières.
5. Tous recyclent leurs déchets.
6. Les savants (*scientists*) rendent les déchets radioactifs inoffensifs.
7. Nous profitons des ressources de l'espace.

D. Le reste de la journée. Imaginez le reste de la journée en 2020. Comment seront les conditions de travail? À quelle heure finira la journée? Où prendrez-vous vos repas? Que ferez-vous le soir?

E. Cette fois, c'est personnel! Partagez vos propres idées et résolutions pour un meilleur futur.

𝒫honétique

Intonation (Reprise)

- You will recall that in French, pitch rises at the end of each phrase within a sentence, and either rises or falls on the very last syllable of a statement or question.

Statements or imperatives

- The pitch rises at the end of each phrase within a sentence and falls on the very last syllable.

A. Écoutez et répétez.

1. Entrez!↓
   Entrez↑ et asseyez-vous!↓
   Répondez!↓
   Répondez↑ au téléphone!↓
   Répondez↑ poliment!↓
   Parlez-lui!↓
   Parlez-lui-en!↓
   Parlez-lui-en↑ tout de suite!↓
   Sachez les verbes!↓
   Sachez les verbes↑ pour l'interro!↓
   Sachez↑ qu'il est peut-être↑ contagieux!↓

2. Je crois↑ que c'est vrai.↓
   Le prof veut↑ que nous réussissions.↓
   Le prof veut↑ que nous réussissions↑ à l'examen.↓
   Le prof veut↑ que nous réussissions↑ à l'examen final.↓
   Il est incroyable↑ que les vacances↑ soient déjà terminées.↓
   Il est incroyable↑ que les vacances↑ soient déjà terminées↑ et que nous ayons déjà↑ envie de repartir.↓

3. Je connais cette fille.↓
   Je connais la fille↑ qui aide Martin.↓
   Je connais la fille↑ qui aide Martin↑ en maths.↓
   Voilà les cours↑ que j'ai choisis.↓
   Voilà les cours↑ que j'ai choisis↑ pour le semestre prochain.↓
   Voilà les cours obligatoires↑ que j'ai choisis↑ pour le semestre prochain.↓
   Si je faisais plus d'effort,↑ j'aurais de meilleurs résultats.↓
   Nous pourrions acheter une voiture↑ si nous faisions des économies.↓

Yes/no questions

● The pitch rises at the end of each phrase within a question and also on the very last syllable.

■ À votre tour

B. Écoutez et répétez.

1. Tu sais?↑
   Tu sais conduire?↑
   Tu sais l'heure qu'il est?↑
   Tu sais où ils habitent?↑
   Tu sais si elle vient ce soir?↑

2. Est-ce que↑ vous avez jamais visité la Chine?↑
   Est-ce que↑ vous avez jamais visité la Chine↑ ou le Japon?↑
   Est-ce qu'on aura une cure↑ contre le Sida?↑
   Est-ce qu'on vivra longtemps↑ et heureux?↑

Information questions

● The pitch starts high on the question word(s), rises at the end of each phrase, then falls, with a final drop on the last syllable.

C. Écoutez et répétez.

1. Qui travaille comme sou-
   eur?↓
   Qui est-ce que Philippe a
   interviewé?↓
   À qui↑ est-ce que Meddi a
   demandé des conseils?↓
   De qui↑ est-ce que Meddi a
   eu les encouragements?↓

2. Qu'est-ce que tu veux?↓
   Qu'est-ce que tu veux faire?↓
   Qu'est-ce que tu veux faire ce week-end?↓
   Qu'est-ce que tu veux qu'on fasse?↓
   Qu'est-ce que tu veux qu'on fasse ce soir?↓
3. Lequel préférez-vous?↓
   Laquelle vous tente le plus?↓
   Lesquelles recherche-t-on?↓
   Lesquels va-t-on interviewer?↓

En direct

A. Inquiétudes. Écoutez le dialogue suivant où Jacqueline et Bernard s'inquiètent au sujet de leur camarade Patrick, et indiquez ses symptômes, leur(s) diagnostic(s), les solutions proposées et la solution retenue.

	Jacqueline	Bernard
Symptôme(s)		
Diagnostic(s)		
Solutions proposées		
Solution retenue		

- À votre avis, quelle solution est la meilleure? Expliquez pourquoi.

B. Deux auto-portraits. Écoutez deux jeunes gens, Sabine et Karim, parler de leur vie actuelle, de leurs rêves pour le futur. Puis remplissez le tableau ci-dessous.

Sabine	Karim
Âge:	Âge:
Occupation: actuellement: dans le passé:	Occupation:
Situation de famille actuelle:	Situation de famille actuelle:
Goûts:	Goûts:
Rêve(s):	Rêve(s):
Habitation:	Projets d'été:
Ville de résidence:	Avenir professionnel:
Occupation:	Changement dans la société:

- Partagez-vous les rêves de l'un ou l'autre de ces deux jeunes? Qui vous paraît avoir le plus de chances de réussir? Expliquez votre raisonnement.

Cultures en parallèles

Être heureux

Observer

En octobre 1998, le *Figaro Magazine* célébrait ses vingt ans avec un numéro spécial anniversaire consacré au thème du bonheur. Avant de savoir si les Français sont heureux ou non, prenez quelques minutes pour répondre vous-même au questionnaire du *Figaro Magazine.*

1. Si on vous demandait soudainement «est-ce que vous êtes heureux?» que répondriez-vous?

    —— Très heureux
    —— Plutôt heureux
    —— Plutôt malheureux
    —— Très malheureux
    —— Sans opinion

2. Parmi les choses suivantes, quelles sont celles qui contribuent le plus à vous rendre heureux? Rangez-les en ordre d'importance.

    —— Avoir de l'argent
    —— Avoir du temps pour vous
    —— D'autres choses, pas sur la liste
    —— Être avec vos amis
    —— Faire du sport, vous promener dans la nature
    —— L'amour
    —— La vie de famille
    —— Lire, aller au cinéma, écouter de la musique
    —— Ne rien faire de spécial
    —— Pratiquer un passe-temps (bricolage, jeux, etc.)
    —— Regarder la télévision
    —— Votre travail

Mettez vos résultats au tableau. Quel pourcentage d'entre vous pensent être heureux? Calculez les cinq choses qui vous rendent le plus heureux.

Bonheur
Félicité
Prospérité
Délices
Réussite
Chance
Plais
Satisfation
Contentement
Bonne étoile

Si on vous demandait à brûle-pourpoint : "Est-ce que vous êtes heureux ?", que répondriez-vous ?

	Rappel enquête Le Nouvel Observateur/ Sofres août 1973	Rappel enquête La Croix/ Sofres octobre 1978	Septembre 1998
Très heureux	26	22	18
Plutôt heureux	63	68	72
Plutôt malheureux	8	8	7
Très malheureux	1	1	1
Sans opinion	2	1	2
	100 %	100 %	100 %

Parmi les choses suivantes, quelles sont celles qui contribuent le plus à vous rendre heureux ?

	Septembre 1998	Rang
La vie de famille	75	1
Avoir de l'argent	53	2
L'amour	46	3
Etre avec vos amis	45	4
Votre travail	37	5
Avoir du temps pour vous	31	6
Faire du sport, vous promener dans la nature	24	7
Pratiquer un passe-temps (bricolage, jeux, etc)	22	8
Lire, aller au cinéma, écouter de la musique	19	9
Regarder la télévision	11	10
Ne rien faire de spécial	6	
Autres choses	3	
Sans opinion	0	
	% (1)	

(1) Le total des pourcentages est supérieur à 100, les personnes interrogées ayant pu donner plusieurs réponses.

Réfléchir

Maintenant lisez les réponses des Français au questionnaire. Comparez vos réponses et vos sélections aux réponses données par les Français. Quelles sont vos conclusions? Quelles raisons pouvez-vous donner pour expliquer vos résultats et les résultats des Français?

D'un parallèle à l'autre

Vous avez étudié votre pays en beaucoup de détails au cours des douze premiers dossiers. Pouvez-vous maintenant prédire son futur? À quels problèmes votre pays doit-il faire face? (problèmes politiques: indépendance, établissement d'un nouveau type de gouvernement et/ou d'économie; questions d'éducation, de santé, de population, de modernisation; quelle

L'architecture moderne de la ville d'Abidjan coexiste avec des façons de vivre très anciennes, mais cela existera-t-il encore demain?

importance est accordée à l'environnement?) Quels sont ses atouts (*assets*)? Comment voyez-vous le rôle de ce pays dans le monde de demain?

 Pour faciliter vos recherches, allez sur le site de *Parallèles* et cliquez sur le bouton «Parallèles» pour trouver de bonnes adresses.

À vous la parole

 A. Style de vie. Discutez avec un partenaire le style de vie de la plupart des étudiants sur votre campus. Contrastez les habitudes d'hier avec les habitudes d'aujourd'hui et offrez vos opinions.

MODÈLE: —Aujourd'hui, on fume (*smokes*) rarement.
         —On fume plus rarement qu'avant, c'est sûr!

Considérez les «habitudes» suivantes, mais n'hésitez pas à utiliser votre propre expérience:

> faire du sport (souvent)   /   défendre (passionnément) l'environnement   /
> trouver du travail (facilement)   /   passer du (trop de) temps avec les ordinateurs   /
> utiliser (fréquemment) les vélos   /   coexister (pacifiquement) avec la nature   /
> s'intéresser (intensément) à la politique

B. Jeunesse et sports? Comment encourager les jeunes à faire du sport? Quels sont les avantages du pratique d'un sport? Discutez vos idées avec votre partenaire, puis présentez-les au reste de la classe. Y a-t-il beaucoup d'idées originales?

 C. Science-fiction. À votre avis, comment les futurs habitants de notre planète vivront-ils? Échangez vos idées et tenez compte des progrès de la médecine, des changements du style de vie, de vos souhaits personnels.

MODÈLE: Nous porterons tous des uniformes. Ils nous protègeront contre la maladie et la contagion, etc.

 ## Lecture

«L'espace utile», facteur d'évolution

Travaux d'approche. Le document suivant est un document de vulgarisation scientifique, c'est-à-dire un document qui rend accessible des connaissances scientifiques ou techniques à un lecteur non spécialiste. Pour faciliter la lecture de ce texte, utilisez plusieurs des stratégies que vous avez pratiquées dans vos lectures précédentes.

1. Saisissez l'importance du titre. Un titre définit le sujet d'une manière assez large. Par exemple, ici quel est le mot-clé qui vous indique le sujet traité? Le titre contient-il aussi d'autres indications qui précisent le sujet? si oui, les quelles?
2. Relisez le sujet traité aux connaissances antérieures et donc anticipez déjà le sujet de l'article. Que savez-vous de l'exploration de l'espace? Quelle est votre opinion sur ce sujet: est-ce important? est-ce un jeu pour les savants? une manœuvre politique? une distraction pour le peuple? Voyez-vous des bénéfices concrets à l'exploration de l'espace?
3. Si le texte lui-même est précédé d'une introduction, la comprenez-vous bien? Essayez de déterminer l(es) idée(s) principale(s) qui y est/sont présentée(s).
4. Faites une première lecture rapide pour essayer de saisir la structure du texte. La typographie vous y aide-t-elle? Pouvez-vous identifier les parties principales du texte? sa conclusion?
5. Relisez attentivement chaque partie. Avant d'utiliser votre dictionnaire, essayez d'abord de deviner le sens des mots d'après le contexte.

«L'espace utile», facteur d'évolution

 Ce sont tous les chapitres de la science qu'il faudrait passer en revue pour faire l'inventaire des apports, actuels ou futurs, des techniques spatiales. Deux grands champs d'action se détachent, cependant: les télécommunications et l'observation.

AU SERVICE DE L'HOMME

«Avec le prix d'un seul satellite, vous pourriez donner un bol de riz à chaque Indien» reprochaient certains à Indira Ghandi (premier ministre de l'Inde) il y a une vingtaine d'années. «Une fois qu'ils l'auront mangé, le problème restera le même. Mais avec un seul satellite, j'apprends aux dizaines de millions de personnes comment produire le riz pour qu'ils en mangent tous les jours. En plus, je leur apporte les notions d'hygiène et de soins qui leur font cruellement défaut» répondait-elle.

Grâce à l'espace, en Inde comme en Afrique, la télévision s'est installé dans des milliers de villages pour apporter le savoir. Dès à présent, il suffit d'un téléviseur pour cent personnes, c'est-à-dire d'un investissement à la portée de n'importe quel pays, pour diffuser les informations de base sur la santé, l'agriculture ou le contrôle des naissances aux nombreux illettrés que la Terre compte encore parmi sa population.

Demain les communications spatiales se trouveront plus encore au service de l'homme en favorisant la croissance économique et la qualité de la vie. Véritable système nerveux des entreprises, elles permettent de plus en plus de regrouper l'ensemble des informations nécessaires à la gestion d'une activité dans des centres de décision qui sont eux-mêmes connectés à l'ensemble des pôles opérationnels de l'entreprise, aussi dispersés soient-ils à la surface de la planète. La carte de la richesse des nations coïncide déjà avec la densité des lignes téléphoniques…

Téléconférence et télétravail commencent à remplacer les voyages d'affaires. Demain, en favorisant les activités professionnelles à domicile—qui devraient représenter plus de la moitié du temps de travail global dans le secteur tertiaire dès 2025—ce sont les satellites qui supprimeront une grande partie du temps perdu dans les trajets domicile–bureau. La fin des embouteillages via l'espace. Aujourd'hui, qui réalise que les satellites de télécommunications ont déjà largement commencé à instaurer un nouveau mode de vie qui rapproche les hommes et en fait peu à peu des citoyens de la planète?

(Adapté de *Textes et Documents pour la Classe*, N° 719, 1er au 15 septembre 1996.)

Exploration

1. Comparez les coûts et les bénéfices de l'enseignement par satellite avec l'enseignement traditionnel dans les pays en voie de développement.
2. Quels sont les avantages de communications bien développées dans un pays riche?
3. Pour chaque partie du texte que vous avez identifiée, essayez de résumer ou paraphraser l'idée (ou les idées) principale(s).

Réflexion

1. Formulez votre opinion sur le texte: Qu'avez-vous appris? Avez-vous déjà rencontré des idées semblables? Où? Êtes-vous d'accord ou plutôt pas d'accord?
2. En conclusion, partagez avec vos camarades vos opinions personnelles sur la conquête de l'espace: Faut-il s'arrêter? Faut-il continuer? Faut-il dépenser plus ou moins d'argent? Dans quels buts?

À vos stylos

Une utopie

Imaginez et décrivez un environnement idéal, parfaitement adapté aux besoins de ses habitants, qui y seront tous très heureux.

1. D'abord vous devez décider plusieurs choses, par exemple:

   - Choisir un endroit où vous situerez votre monde utopique.
   - Définir quel sera le climat et quel sera le relief. Si vous choisissez une station dans l'espace, dans quelle galaxie sera-t-elle située?
   - Donner des détails sur l'environnement: est-ce qu'il y aura des plantes et des animaux? des rivières et des océans?
   - Penser à expliquer pourquoi tout le monde est heureux.

2. Transformez vos notes en phrases complètes et organisez-les pour créer une vraie composition.
3. Donnez un nom à votre terre d'utopie et n'oubliez pas l'introduction ni la conclusion.
4. Relisez la rédaction pour trouver et corriger les fautes.

La Déclaration des droits de l'homme, 1789

Si aujourd'hui 90% des Français se déclarent heureux, c'est peut-être parce que, depuis le 26 août 1789, la *Déclaration des droits de l'homme et du citoyen* fixe les principes fondamentaux de la nouvelle société qui remplace l'ancien régime (*the old regime where kings were kings by the grace of God and their "bon plaisir" was the law*). C'est un document qui s'inspire fortement de la déclaration américaine de 1776, qui s'inspirait elle-même des idées des philosophes français du siècle des lumières comme Montesquieu et Voltaire.

Comme sa cousine (ou grande sœur?) américaine, la *Déclaration des droits de l'homme et du citoyen* affirme les «droits naturels de l'homme»: la liberté, la sûreté et la résistance à l'oppression. Sans ces droits, il est difficile d'offrir une qualité de vie aux citoyens. Aujourd'hui une *Déclaration universelle des droits de l'homme* (adoptée le 10 décembre 1948 par l'Assemblée générale des Nations Unies) reconnaît des mêmes droits à tous les humains. À votre avis, cette déclaration est-elle toujours et partout appliquée?

A l'écran

La qualité de vie

Apprenez comment garder ou retrouver la forme, réfléchissez sur la question du Sida et partagez les efforts des jeunes enfants pour protéger l'environnement.

Clip 13.1 La forme, pas les formes
Clip 14.1 L'école à l'hôpital
Clip 14.4 L'alcool au volant

Maintenant je sais...

Qu'avez-vous appris dans ce dossier? Comment l'avez-vous appris? Vérifiez vos connaissances sur chaque sujet et donnez des exemples précis.

Discutez pourquoi, malgré une crise économique qui a durement touché l'emploi, 90% des Français s'estiment heureux et sont satisfaits de leur qualité de vie. Essayez de discuter les raisons de ce contentement. Par exemple est-ce parce que:

1. la famille reste une valeur sûre?
2. un système de médecine socialisée (la Sécurité sociale) rembourse une grande partie des dépenses de santé?
3. les citoyens bénéficient depuis presque un quart de siècle de la protection des droits de l'homme?
4. les Français profitent d'un climat tempéré, d'une grande variété du relief?
5. l'amour et les amis sont à peine moins importants que l'argent?

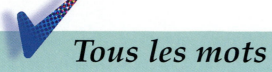

Tous les mots

Expressions

en bonne/mauvaise santé	*in good/bad health*
en douceur	*softly*
Qu'est-ce qu'il y a?	*What's the matter?*

Verbes

alerter	*to alert*
arranger	*to arrange*
avoir l'air	*to appear*
~mal à	*to hurt somewhere*
~mauvaise mine	*to not look good*
consommer	*to consume, to use up*
imposer	*to impose*
patienter	*to wait*
pédaler	*to pedal*
profiter de	*to enjoy*
programmer	*to program*
protéger	*to protect*
recycler	*to recycle*
remplir	*to fill*
respirer	*to breathe*
se présenter	*to arrive*
se sentir (bien/mal)	*to feel (good/bad)*
se soigner	*to take care of oneself*
soigner	*to take care of, to cure*
souffrir	*to suffer*
soutenir	*to support*
surveiller	*to check*
trier	*to sort*
vivre	*to live*
voter	*to vote*

Noms

un accès	*access*
une angine	*sore throat*
un antibiotique	*antibiotic*
le bruit	*noise*
un cabinet	*doctor's office*
un cachet	*tablet*
une combinaison	*jumpsuit*
une couche	*layer*
un déchet	*waste*
un diagnostic	*diagnosis*
l'écologie (f)	*ecology*
un écran	*screen*
l'environnement (m)	*environment*
l'espérance de vie (f)	*life expectancy*
la fièvre	*fever*
la gorge	*throat*
l'hérédité (f)	*heredity*
un médicament	*medicine, drug*
une nuisance	*nuisance*
une onde alpha	*alpha wave*
une ordonnance	*prescription*
une pilule	*pill*
la pollution	*pollution*
un produit chimique	*chemical*
un produit vert	*ecologically safe product*
la qualité de vie	*life quality*
le recyclage	*recycling*
un réveil-matin	*alarm clock*
la salle d'attente	*waiting room*
une salle de santé	*health-room*
la santé	*health*
un sirop	*syrup*
les soins médicaux (m)	*medical care*
un symptôme	*symptom*
une toux	*cough*
un tram	*tramway*
un vélo-labo	*a combination bicycle and laboratory*

Adjectifs

adaptif, -ive	*adjustable*
amélioré	*improved*
bio-dégradable	*biodegradable*
branché	*tuned in*
climatisé	*air-conditioned*
contagieux, -euse	*contagious*
destructeur, -trice	*destructive*
écologiste	*ecological*
éolien, -ienne	*from the wind*
invivable	*unlivable*
malade	*sick*
pollué	*polluted*
renouvelable	*renewable*
sain	*healthy*
solaire	*solar*
subventionné	*subsidized*
suffisant	*sufficient*
téléguidé	*remote controlled*

continued

Les parties du corps

le bras	*arm*	l'estomac (m)	*stomach*
la cheville	*ankle*	la figure	*face*
le coeur	*heart*	le genou	*knee*
le cou	*neck*	la jambe	*leg*
le coude	*elbow*	le pied	*foot*
la cuisse	*thigh*	la poitrine	*chest*
le derrière	*bottom, buttock*	les poumons (m)	*lungs*
le dos	*back*	le talon	*heel*
l'épaule (f)	*shoulder*	la tête	*head*
		le ventre	*belly*

The International Phonetic Alphabet

Les symboles de l'alphabet phonétique international suivants représentent les voyelles, les consonnes et les semi-voyelles du français.

Les voyelles	Les consonnes	Les semi-voyelles
[i] il	[p] pas	[j] bien
[e] étudiant	[b] bureau	[ɥ] suis
[ɛ] elle	[t] toi	[w] oui
[a] allez	[d] dix	
[y] une	[k] cahier	
[ø] deux	[g] gare	
[œ] professeur	[f] fermez	
[u] vous	[v] vingt	
[o] stylo	[s] sept	
[ɔ] porte	[z] onze	
[ə] je	[ʃ] chic	
[ɛ̃] demain	[ʒ] je	
[œ̃] lundi	[l] la	
[ɑ̃] sans	[r] répétez	
[ɔ̃] sont	[m] mais	
	[n] nous	
	[ɲ] campagne	
	[ŋ] jogging	

Appendix 2

Regular Verbs

Infinitive	Future	Present indicative			Present subjunctive		Imperfect	Passé composé	Imperative
parler (*to speak*)	parlerai	parle parles parle	parlons parlez parlent		parle parles parle	parlions parliez parlent	parlais	j'ai parlé	parle parlons parlez
finir (*to finish*)	finirai	finis finis finit	finissons finissez finissent		finisse finisses finisse	finissions finissiez finissent	finissais	j'ai fini	finis finissons finissez
rendre (*to return*)	rendrai	rends rends rend	rendons rendez rendent		rende rendes rende	rendions rendiez rendent	rendais	j'ai rendu	rends rendons rendez

Stem-changing Verbs

Infinitive	Future	Present indicative	Present subjunctive	Imperfect	Passé composé	Imperative
commencer (to begin)	commencerai	commence commençons commences commencez commence commencent	commence commencions commences commenciez commence commencent	commençais	j'ai commencé	commence commençons commencez
manger (to eat)	mangerai	mange mangeons manges mangez mange mangent	mange mangions manges mangiez mange mangent	mangeais	j'ai mangé	mange mangeons mangez
essayer (to try)	essaierai	essaie essayons essaies essayez essaie essaient	essaie essayions essaies essayiez essaie essaient	essayais	j'ai essayé	essaie essayons essayez
appeler (to call)	appellerai	appelle appelons appelles appelez appelle appellent	appelle appelions appelles appeliez appelle appellent	appelais	j'ai appelé	appelle appelons appelez
acheter (to buy)	achèterai	achète achetons achètes achetez achète achètent	achète achetions achètes achetiez achète achètent	achetais	j'ai acheté	achète achetons achetez
préférer (to prefer)	préférerai	préfère préférons préfères préférez préfère préfèrent	préfère préférions préfères préfériez préfère préfèrent	préférais	j'ai préféré	préfère préférons préférez

Irregular Verbs

Infinitive	Future	Present indicative	Present subjunctive	Imperfect	Passé composé	Imperative
aller (*to go*)	irai	vais vas va / allons allez vont	aille ailles aille / allions alliez aillent	allais	je suis allé(e)	va allons allez
avoir (*to have*)	aurai	ai as a / avons avez ont	aie aies ait / ayons ayez aient	avais	j'ai eu	aie ayons ayez
boire (*to drink*)	boirai	bois bois boit / buvons buvez boivent	boive boives boive / buvions buviez boivent	buvais	j'ai bu	bois buvons buvez
connaître (*to know*)	connaîtrai	connais connais connaît / connaissons connaissez connaissent	connaisse connaisses connaisse / connaissions connaissiez connaissent	connaissais	j'ai connu	connais connaissons connaissez
croire (*to believe*)	croirai	crois crois croit / croyons croyez croient	croie croies croie / croyions croyiez croient	croyais	j'ai cru	crois croyons croyez
devoir (*to owe*)	devrai	dois dois doit / devons devez doivent	doive doives doive / devions deviez doivent	devais	j'ai dû	
dire (*to say*)	dirai	dis dis dit / disons dites disent	dise dises dise / disions disiez disent	disais	j'ai dit	dis disons dites
dormir (*to sleep*)	dormirai	dors dors dort / dormons dormez dorment	dorme dormes dorme / dormions dormiez dorment	dormais	j'ai dormi	dors dormons dormez
écrire (*to write*)	écrirai	écris écris écrit / écrivons écrivez écrivent	écrive écrives écrive / écrivions écriviez écrivent	écrivais	j'ai écrit	écris écrivons écrivez

Infinitive	Future	Present indicative			Present subjunctive		Imperfect	Passé composé	Imperative
envoyer (to send)	enverrai	envoie envoies envoie	envoyons envoyez envoient		envoie envoies envoie	envoyions envoyiez envoient	envoyais	j'ai envoyé	envoie envoyons envoyez
être (to be)	serai	suis es est	sommes êtes sont		sois sois soit	soyons soyez soient	étais	j'ai été	sois soyons soyez
faire (to do)	ferai	fais fais fait	faisons faites font		fasse fasses fasse	fassions fassiez fassent	faisais	j'ai fait	fais faisons faites
lire (to read)	lirai	lis lis lit	lisons lisez lisent		lise lises lise	lisions lisiez lisent	lisais	j'ai lu	lis lisons lisez
mettre (to put)	mettrai	mets mets met	mettons mettez mettent		mette mettes mette	mettions mettiez mettent	mettais	j'ai mis	mets mettons mettez
mourir (to die)	mourrai	meurs meurs meurt	mourons mourez meurent		meure meures meure	mourions mouriez meurent	mourais	je suis mort(e)	meurs mourons mourez
naître (to be born)	naîtrai	nais nais naît	naissons naissez naissent		naisse naisses naisse	naissions naissiez naissent	naissais	je suis né(e)	
ouvrir (to open)	ouvrirai	ouvre ouvres ouvre	ouvrons ouvrez ouvrent		ouvre ouvres ouvre	ouvrions ouvriez ouvrent	ouvrais	j'ai ouvert	ouvre ouvrons ouvrez
pouvoir (to be able)	pourrai	peux peux peut	pouvons pouvez peuvent		puisse puisses puisse	puissions puissiez puissent	pouvais	j'ai pu	

Infinitive	Future	Present indicative			Present subjunctive			Imperfect	Passé composé	Imperative
prendre *(to take)*	prendrai	prends prends prend	prenons prenez prennent		prenne prennes prenne	prenions preniez prennent		prenais	j'ai pris	prends prenons prenez
recevoir *(to receive)*	recevrai	reçois reçois reçoit	recevons recevez reçoivent		reçoive reçoives reçoive	recevions receviez reçoivent		recevais	j'ai reçu	reçois recevons recevez
savoir *(to know)*	saurai	sais sais sait	savons savez savent		sache saches sache	sachions sachiez sachent		savais	j'ai su	sache sachons sachez
sortir *(to go out)*	sortirai	sors sors sort	sortons sortez sortent		sorte sortes sorte	sortions sortiez sortent		sortais	je suis sorti(e)	sors sortons sortez
venir *(to come)*	viendrai	viens viens vient	venons venez viennent		vienne viennes vienne	venions veniez viennent		venais	je suis venu(e)	viens venons venez
voir *(to see)*	verrai	vois vois voit	voyons voyez voient		voie voies voie	voyions voyiez voient		voyais	j'ai vu	vois voyons voyez
vouloir *(to want)*	voudrai	veux veux veut	voulons voulez veulent		veuille veuilles veuille	voulions vouliez veuillent		voulais	j'ai voulu	veuille veuillons veuillez

Lexique Français–Anglais

à in; at; to; **~ partir de** from; **~ qui?** to whom?
abbaye *(f)* abbey
abolir to abolish
abonné, -e *(m, f)* subscriber
abonnement *(m)* subscription; season ticket
abordable affordable
aborder to approach (a person/ a subject)
abréviation *(f)* abbreviation
abriter to shelter
absent, -e absent
absolument absolutely
abstrait, -e abstract
abus *(m)* abuse, grievance, misuse
accent *(m)* accent; stress
accepter (de) to accept
accès *(m)* access
accessoire *(m)* accessory
accident *(m)* accident
accompagner to accompany
accord *(m)* agreement; **d'~** O.K.; **être d'~** to agree
accueillir to greet; to welcome
achat *(m)* purchase
acheter to buy
acier *(m)* steel
acquérir (acquis) to acquire
acteur, -trice *(m, f)* actor
actif, -ive active; employed
activité *(f)* activity
actuel, -elle current, present
adapté, -e adapted
adaptif, -ive adjustable
addition *(f)* restaurant check
admettre (admis) to admit
admirer to admire
adolescent, -e *(m, f)* adolescent
adorable adorable
adorer to adore
adulte *(m, f)* adult
adresse *(f)* address
aéroport *(m)* airport
affaire: c'est une bonne/mauvaise ~ it's a good/bad deal

affaires *(f pl)* belongings; business; **homme (femme) d'~** businessman (-woman)
affectif, -ive affective
affectueusement affectionately
affiche *(f)* poster
afficher to post
affreux, -euse horrible
afin que in order to
Afrique *(f)* Africa
âge *(m)* age; **Quel ~ avez-vous?** How old are you?
âgé, -e old
agence *(f)* agency; **~ de location** rental agency; **~ de voyage** travel agency; **~ immobilière** real estate agency
agent, -e *(m, f)* agent; employee; **~ de police** policeman; **~ publicitaire** advertising agent, publicity agent; **~ de voyage** travel agent
agir to act; **Dans cet article, il s'agit de...** This article is about...
agréable affable, pleasant, likeable
agriculteur, -trice *(m, f)* farmer
aide *(f)* help
aider to help
ail *(m)* garlic
aimable nice, pleasant
aimer to like; to love; **~ mieux** to like better, to prefer; **~ le mieux** to like the best
aîné, -e eldest
ainsi thus; **~ que** as well as
air: avoir l'~ to seem, to appear
aise: mal à l'~ uneasy; **se mettre à l'aise** to get comfortable
aisé, -e easy, well off
ajouter to add
ajusté, -e adjusted; tight-fitting
alarmant, -e alarming
alerter to alert
Algérie *(f)* Algeria
algérien, -enne Algerian
alimentaire pertaining to food, nutrition
alimentation *(f)* food; **l'~ générale** grocery store
aliments *(m pl)* food(s)

allée *(f)* path, alley
Allemagne *(f)* Germany
allemand, -e German
allemand *(m)* German (language)
aller to go; **s'en ~** to go away; **Je vais bien.** I'm fine.
aller: ~ simple (-retour) *(m)* one-way (round-trip) ticket
allô hello (telephone)
allons-y! let's go!
alors so; then
amateur *(m)* connoisseur; lover
ambitieux, -euse ambitious
amélioré, -e improved
aménager (une maison) to set up a house
amener to bring (someone) along; to take
amer, -ère bitter
américain, -e American
amérindien, -enne Native American
Amérique *(f)* America
ameublement *(m)* furnishings; furniture
ami, -e *(m, f)* friend; **petit(e) ami(e)** boy(girl)friend
amitié *(f)* friendship; **~s** best wishes
amour *(m)* love
amoureux *(m pl)* lovers
amoureux, -euse de in love with
amphi = amphithéâtre
amphithéâtre *(m)* amphitheater, large lecture hall
amusant, -e amusing, fun
amuser: s'~ to have a good time, to have fun
an *(m)* year; **depuis 2 ans** for 2 years; **J'ai 15 ans.** I'm 15 (years old).; **le Nouvel An** New Year's
analyser to analyze
anatomie *(f)* anatomy
ancêtres *(m pl)* ancestors
ancien, -enne old; ancient; antique; former
angine *(f)* sore throat
anglais *(m)* English (language)
angle: à l'~ de at the corner of
Angleterre *(f)* England
année *(f)* year; **les années 90** the 90s
anniversaire *(m)* birthday; anniversary; **Bon ~!** Happy Birthday!
annonce: les petites ~s *(f pl)* classified ads

annoncer to announce; **ça s'annonce bien** it augurs well, it looks promising

anonyme anonymous

anorak *(m)* ski jacket

anthropologie *(f)* anthropology

anti-biotique *(f)* antibiotic

antiquaire *(m)* antique dealer

antiquité *(f)* antique

août *(m)* August

apercevoir (aperçu) to see, to notice

apéritif *(m)* before-dinner drink

appareil *(m)* apparatus; **C'est qui à l'~?** Who's calling (on the telephone)?

apparence *(f)* appearance

appartement *(m)* apartment

appel *(m)* call; roll call

appeler to call; **s'~** to be named; **Comment vous appelez-vous?** What is your name?; **Je m'appelle...** My name is...; **Tu t'appelles comment?** What is your name?

appétit *(m)* appetite; **Bon ~!** Enjoy your meal!

apporter to bring

apprécier to appreciate; to enjoy

apprendre (appris) to learn

approcher: s'~ de to approach

approprié, -e appropriate

après after; afterwards

après-midi *(m)* afternoon; **de l'~** P.M.; in the afternoon

arabe *(m)* Arabic

arbre *(m)* tree

arbuste *(m)* shrub

architecte *(m, f)* architect

architecture *(f)* architecture

arène *(f)* arena

argent *(m)* money; **~ liquide** cash

Argentine *(f)* Argentina

armistice *(f)* armistice

armoire *(f)* wardrobe

arranger to arrange; **s'~** to work out fine; **ça m'arrange le mieux** it works best for me

arrêt *(m)* stop; **sans ~** non-stop; **~ de bus** bus stop; **~ de travail** medical excuse for not being able to work

arrêter: s'~ to stop

arrière *(f)* rear guard (sport); **à l'~** in (the) back

arrière-pays *(m)* back country

arrivée *(f)* arrival

arriver to arrive; to happen; **en arrivant** upon arrival

arrondissement *(m)* administrative division of Paris

arroser to water (plants, flowers, a lawn); to baste (a roast)

art *(m)* art; **~s dramatiques** drama; **~s plastiques** visual arts; **beaux-~s** fine arts

artiste *(m, f)* artist; performer

ascenseur *(m)* elevator

Asie *(f)* Asia

asperges *(f pl)* asparagus

aspirateur *(m)* vacuum cleaner; **passer l'~** to run the vacuum cleaner

aspirine *(f)* aspirin

asseoir: s'~ to sit; **Assieds-toi! (Asseyez-vous!)** Sit down!

assez rather; **~ bien** well enough; **~ de** enough

assiette *(f)* plate

assis, -e seated

assistant, -e *(m, f)* assistant; teaching assistant

assister à to attend (an event)

associer: s'~ à to be associated with

Assomption *(f)* Assumption

assorti: bien ~ well-matched

assurance *(f)* **médicale** health insurance

assuré, -e guaranteed

assurer: je t'assure! I assure you!

atout *(m)* asset

attaché *(m)* **commercial** sales representative

attendre to wait (for)

attention: faire ~ à to pay attention (to); to be careful of

attirer to attract

attraper to catch

auberge *(f)* inn

aucun, -e not a one, none

au-dessous de below; underneath

au-dessus de above

augmentation *(f)* increase, rise

augmenter to increase

aujourd'hui today

auprès de with, near

aussi also; **~ ... que** as ... as

Australie *(f)* Australia

autant que as much as; **~ de... que** as much ... as

auteur *(m)* author

auto *(f)* car

autobus *(m)* bus

automne *(m)* autumn

autonome autonomous

autorité *(f)* authority

autour around

autre other; **d'~s** others; **l'un... , l'** one ... , the other

autrefois in the past

Autriche *(f)* Austria

avance: à l'~ in advance; **en ~** early

avancé, -e advanced

avant before; **~ d'entrer** before entering; **~ Jésus-Christ** B.C.

avantage *(m)* advantage; **les ~s sociaux** benefits

avantageux, -euse advantagious

avant-hier the day before yesterday

avec with; **l'un ~ l'autre** with each other; **Et ~ ça?** And what else?

avenir *(m)* future; **à l'~** in the future

aventure *(f)* adventure

aventurier, -ière *(m, f)* adventurer

avenue *(f)* avenue

averse *(f)* rain shower

avion *(m)* airplane

avis *(m)* opinion; **à votre ~** in your opinion; **changer d'~** to change one's mind; **de l'~ de tous** in everyone's opinion

avocat, -e *(m, f)* lawyer

avoir (eu) to have; **~ besoin de** to need; **~ de la chance** to be lucky; **~ envie de** to want, to feel like; **~ faim** to be hungry; **~ honte** to be ashamed; **~ l'air** to appear, to look, to seem; **~ lieu** to take place; **~ l'intention de** to intend; **~ l'occasion de** to have the chance, to have the opportunity; **~ mal** to hurt; **~ peur** to be afraid; **~ raison** to be right; **~ soif** to be thirsty; **~ tort** to be wrong

avril *(f)* April

ayant having

B

bac = baccalauréat

baccalauréat *(m)* exam taken at the end of secondary school

baguette *(f)* long, thin loaf of French bread

baie *(f)* bay; **~ vitrée** bay window

baigner to bathe; **se ~** to go swimming

baignoire *(f)* bathtub

baisser to lower

bal *(m)* dance

balade *(f)* hike (colloq,)

balcon *(m)* balcony

ballet *(m)* ballet

banane *(f)* banana

banc *(m)* bench

bande *(f):* **~ de copains** group of friends; **~ dessinée** comic strip

banlieue *(f)* suburbs; **en ~** in the suburbs, the outskirts

banque *(f)* bank

banquier *(m)* banker

barbe *(f)* beard

barrière *(f)* fence, barrier

bas, base low

bas *(m)* bottom; **là-~** over there; **en ~ de** at the bottom of

bas *(m pl)* stockings

base-ball *(m)* baseball

baser: en vous basant sur based on

basket *(m)* basketball; **faire du ~** to play basketball; **~s** sneakers

bataille *(f)* battle

bateau *(m)* boat; **~ à voile** sailboat; **faire du bateau** to go boating

bâtiment *(m)* building

beau (bel), belle beautiful; **Il fait beau.** It's beautiful weather; the weather is nice.; **de beau** actually

beaucoup a lot; much; many

beau-frère (m) brother-in-law; stepbrother

beau-père (m) father-in-law; stepfather

bébé (m) baby

beige beige

belge Belgian

Belgique (f) Belgium

belle-fille (f) daughter-in-law; stepdaughter

belle-mère (f) mother-in-law; stepmother

belle-sœur (f) sister-in-law

bénédiction (f) blessing

bénéficier to benefit

besoin (m) need; **avoir ~ de** to need

beurre (m) butter

bibliothèque (f) library

bicyclette (f) bicycle

bien well; **~ des** many; **~ entendu** of course; **Ça a l'air -.** That looks good (O.K.).; **~ sûr** of course; **Tu vas ~?** How are you? (informal)

bientôt soon; **À ~.** See you soon.

bienvenue à welcome to

bière (f) beer

bifteck (m) steak

bijou (m) a piece of jewelry

billet (m) ticket; bill (money)

bio-dégradable biodegradable

biographie (f) biography

biologie (f) biology

biscotte (f) melba toast

biscuit (m) cookie; cracker

bise (f) kiss

blanc, blanche white

blé (m) wheat

bleu, -e blue

blond, -e blond

blouson (m) jacket

bœuf (m) beef; steer

boire (bu) to drink

boisson (f) drink; **~ gazeuse** carbonated beverage

boîte (f) box; can; **~ aux lettres** mailbox; **~ de nuit** nightclub

bol (m) bowl

bon, bonne good; **Il fait bon.** The weather's nice.; **bon vivant** one who enjoy's life's pleasures

bonheur (m) happiness

bonjour hello, good morning

bonsoir good evening

bord (m) edge; **au ~ de** along; **au ~ de la mer** at the seashore

bottes (f pl) boots

bouche (f) mouth

bouché, -e blocked

boucherie (f) butcher shop

bouclé, -e buckled; closed (colloq.)

bouddhiste Buddhist

bouger to move

bougie (f) candle

boulangerie (f) bakery

boulot (m) job (colloq.)

bourgeois, -e middle-class

bourgeoisie (f) the middle class

bourse (f) scholarship

bout (m) end; piece; **au ~ de** at the end of

bouteille (f) bottle

boutique (f) shop

bracelet (m) bracelet

branché, -e connected, plugged in; "in," "with it"

bras (m) arm

bref (brève) brief

Brésil (m) Brazil

brésilien, -enne Brazilian

Bretagne (f) Brittany

bricolage (m) **faire du ~** to putter, to tinker

bricoler to putter, to tinker

brie (m) type of French cheese

brillant, -e brilliant, glowing

brochure (f) brochure

brosser: se ~ les dents to brush one's teeth

bruit (m) noise

brun, -e brown; dark-haired

brusquement abruptly

buffet (m) buffet

bulletin (m): **~ d'inscription** registration form; **~ scolaire** report card

bureau (m) desk; office; **~ de poste** post office; **~ de tabac** tobacco shop; **~ de tourisme** tourist office

bus (m) bus

but (m) goal

C

ça that; **Ça va?** How's it going? How are you?; **Ça va.** It's going fine.; **C'est pour ~ que...** That's why...; **C'est ~.** That's it. O.K.; **Ça fait combien?** How much is it?; **~ fait un mois que...** It's been a month since...; **~ non!** not that! don't do that!

cabinet (m) doctor's office

cacher: se ~ to hide

cachet (m) tablet, pill

cadeau (m) gift, present

cadet, -ette youngest

cadre (m) setting; executive

café (m) cafe, coffee

cafétéria (f) cafeteria

cahier (m) notebook; workbook

Caire: Le ~ (m) Cairo

caisse (f) cash register; check-out counter

calanque (f) cave surrounded by steep cliffs, cove

calcul (m) calculation

calculatrice (f) calculator

calculer to calculate

calendrier (m) calendar

calme calm

calmer: se ~ to quiet down

camarade (m, f) friend; **~ de classe** classmate; **~ de chambre** roommate

camembert (m) type of French cheese

caméra (f) movie camera

Cameroun (m) Cameroon

camerounais, -e from Cameroun

campagne (f) country; **à la ~** in the country

camper to camp

camping (m) camping; **faire du ~** to go camping

campus (m) campus

Canada (m) Canada

canadien, -enne Canadian

canapé (m) sofa; couch

cancre (m) dunce

candidat, -e (m, f) candidate

canoë: faire du ~ to go canoeing

capitale (f) capital

car because

car (m) inter-city bus

caractère (m) character; **avoir bon ~** to be easy to get along with

caractéristique (f) characteristic

carotte (f) carrot

carré square

carrefour (m.) intersection

carrière (f) career

carte (f) map; card; **~ de crédit** credit card; **~ postale** postcard; **~ de téléphone** phone card; **jouer aux ~s** to play cards

cas: en tout ~ in any case

cassette (f) **audio** audiotape

cathédrale (f) cathedral

cause: à ~ de because of

CD-ROM (m) CD-ROM

ce (cet), cette, ces this, these

célèbre famous

célébrer to celebrate

célibataire single (not married)

celui (celle)-là that one

cent hundred; **vingt pour ~** 20%

centaine: une ~ de about a hundred

centimètre (m) centimeter

central, -e central

centralisé, -e centralized

centre (m) center; **~ commercial** shopping mall; **le ~-ville** downtown

céréales (f pl) cereal

cerise (f) cherry

certain, -e certain; sure

certainement certainly

ces these; those

chacun, -e each one

chaîne (f) chain; assembly line; **~ stéréo** stereo

chaise *(f)* chair
chaleureux, -euse warm
chambre *(f)* bedroom; **~ à coucher** bedroom
champ *(m)* field
champagne *(m)* champagne
champignon *(m)* mushroom
chance *(f)* luck; **avoir de la ~** to be lucky; **Quelle ~!** What a stroke of luck!
changement *(m)* change
changer (de) to change, to modify; **se ~ les idées** to think about something else, to relax
chanson *(f)* song
chanter to sing
chanteur, -euse *(m, f)* singer
chapeau *(m)* hat
chapitre *(m)* chapter
chaque each
charcuterie *(f)* pork butcher's shop, delicatessen; pork-based products that are purchased there
chargé, -e full; loaded; busy; **~ de** in charge of
chat *(m)* cat
châtain *(inv.)* chestnut brown
château *(m)* castle; **~-fort** fortified castle
chaud, -e hot; warm; **Il fait ~.** It's warm (hot).
chauffage *(m)* heat; heating
chaussette *(f)* sock
chaussure *(f)* shoe; **des ~s à talon** high-heeled shoes
chef *(m)* leader; **~ d'entreprise** company head; **~-d'œuvre** masterpiece
chemin *(m)* road; **~ de grande randonnée** hiking trail; **~ de fer** railroad
cheminée *(f)* chimney
chemise *(f)* shirt
chemisier *(m)* blouse
chèque *(m)* check
cher, chère dear; expensive
chercher to look for; **~ à** to try to, to seek to; **aller ~** to go and get, to pick up
chercheur *(m)* researcher
cheval: à ~ on horseback
cheveux *(m pl)* hair
cheville *(f)* ankle
chèvre *(m)* goat
chez at the home (place) of; **~ le dentiste** at the dentist's office; **~ lui** at his house; **travailler ~ _** to work for (name of company)
chic stylish; **~ alors!** Great!
chien *(m)* dog
chiffre *(m)* number; digit
chimie *(f)* chemistry
chimique pertaining to chemicals
Chine *(f)* China
chinois, -e Chinese
chinois *(m)* Chinese (language)

chocolat *(m)* chocolate; **un ~** a hot chocolate
choisir to choose
choix *(m)* choice
chômage *(m)* unemployment; **être au ~** to be unemployed
choquant, -e shocking
chose *(f)* thing; **autre ~** something else; **quelque ~** something; **quelque ~ à manger** something to eat; **quelque ~ de nouveau** something new
chrétien, -enne Christian
Chut! Shush! Be quiet!
-ci: ce livre-ci this book
cidre *(m)* cider
ciel *(m)* sky
ciné-club *(m)* film club
cinéma *(m)* cinema; movie theater; **aller au ~** to go to the movies
circonstance *(f)* circumstance
circulation *(f)* traffic
circuler to circulate
cirque *(m)* circus
cité *(f)* : **~ universitaire** dormitory complex
citoyen, -enne *(m, f)* citizen, civilian
citrouille *(f)* pumpkin
clair, -e clear; light; **bleu ~** light blue
classe *(f)* class
classer to rank
classique classic; classical
clé *(f)* key
client, -e *(m, f)* customer, client
clientèle *(f)* customer base
climat *(m)* climate
climatisé, -e air-conditioned
clip *(m)* video clip; music video
club *(m)* club
cocher to check off
cœur *(m)* heart
coiffer: se ~ to comb one's hair
coiffeur, -euse *(m, f)* hairdresser
coin *(m)* corner; **~ petit-déjeuner** breakfast nook
col *(m)* collar; **~ roulé** turtleneck
colère *(f)* anger
collectif, -ive collective, group
collectionner to collect
collège *(m)* junior high school; middle school
collègue *(m, f)* colleague
Colombie *(f)* Colombia
colonie *(f)* colony; **~ de vacances** (children's) summer camp
combien (de) how much; how many
combinaison *(f)* combination; jumpsuit
commander to order
comme as; like; **~ d'habitude** as usual; **~ vous savez** as you already know
commencer to begin
comment how; **~ allez-vous?** How are you?; **~ ça va?** How's it going?; **~ dit-**

on... ? How does one say .... ?; **Comment?** What did you say?; **Il/Elle est ~?** What does he/she look like?
commentaire *(m)* comment
commerçant, -e *(m, f)* small business owner; shopkeeper; store owner
commerce *(m)* business
commercial, -e commercial
commode *(f)* dresser
commun, -e common, shared
communication *(f)* communication; communications
compact *(m)* CD, compact disk
compagnon *(m)* companion
comparer to compare
compétitif, -ive competitive
complet, -ète full; complete; no vacancy
complet *(m)* man's suit
compliment: faire des ~s to congratulate
compliqué, -e complicated
comportement *(m)* behavior
comprendre (compris) to understand; to be comprised of
compris, -e included
comptabilité *(f)* accounting
comptable *(m, f)* accountant; **expert-~** certified public accountant
compte: se rendre ~ de to realize; **tenir ~ de** to take account of, to take into account
compter to count
compte-rendu *(m)* account
concerner: en ce qui concerne concerning
concert *(m)* concert
concierge *(m)* caretaker
condition *(f)* condition; **à ~ que** on the condition that
conducteur, -trice *(m, f)* driver
conduire to drive
conférence *(f)* lecture
confetti *(m)* confetti
confiture *(f)* jam
confort *(m)* comfort
confortable comfortable
congé *(m)* time off; **~ payé** paid vacation; **prendre ~** to say good-bye
congélateur *(m)* freezer
connaissance *(f)* acquaintance; **faire la ~ de** to meet
connaître (connu) to know; **Je l'ai connu il y a deux ans.** I met him two years ago.
connu, -e known
consacré, -e à devoted to
consciencieux, -euse conscientious
conseil *(m)* piece of advice
conseiller *(m)* **académique** adviser
conseiller to advise; to suggest
conséquent: par ~ consequently
conservateur, -trice conservative

consommateur, -trice (*m, f*) consumer
consommer to consume
consonne (*f*) consonant
constamment constantly
constater to note
constituer un dossier to assemble a file
construire (construit) to build
contacts: avoir des ~ to interact with
contagieux, -euse contagious
contenir (contenu) to contain
content, -e happy; pleased
contenu (*m*) contents
continental, -e continental
continuer to continue
contrainte (*f*) constraint
contraire (*m*) opposite
contre against; par ~ on the other hand
contribuer to contribute
contrôle (*m*) test, checkpoint
convenable appropriate
convenir à to be suitable for
coopératif, -ive cooperative
copain, copine (*m, f*) friend; se faire des ~s to make friends
corbeille (*m*) basket
cordon (*m*) bleu superb cook (*lit.* blue ribbon)
corps (*m*) body
correspondant, -e (*m, f*) pen pal
correspondre à to correspond to
corriger to correct
cosmopolite cosmopolitan
costume (*m*) man's suit
côte (*f*) coast; rib
côté (*m*) side; d'un ~ ... de l'autre on the one hand ... on the other; à ~ de beside, next to; la maison à ~ the house next door
Côte-d'Ivoire (*f*) Ivory Coast
cou (*m*) neck
couche (*f*) layer
coucher to put (a child) to bed; se ~ to go to bed
coude (*m*) elbow
couleur (*f*) color; De quelle ~ est (sont)...? What color is (are)...?
couloir (*m*) hallway
coup (*m*): ~ de téléphone (de fil) telephone call
coupe (*f*) cup; cut (of hair, clothes)
couper to cut; se faire ~ les cheveux to get a haircut; bien coupé well cut
couple (*m*) couple
cour (*m*) courtyard, recess area
courage: Bon ~! Courage!
couramment fluently
courge (*f*) squash
courir (couru) to run
courrier (*m*) mail
cours (*m*) course; classe; ~ magistral lecture course; J'ai ~ dans 2 minutes.

I have class in 2 minutes; au ~ de in the course of, during; en ~ in class
course (*f*) errand; faire des ~s to go shopping, to run errands
court, -e short
cousin, -e (*m, f*) cousin
coût (*m*) cost
couteau (*m*) knife
coûter to cost; ~ cher to be expensive
couvert, -e covered; Le ciel est couvert. It's cloudy.
couvert (*m*) place setting
craie (*f*) chalk
craindre (craint) to fear
crainte (*f*) fear
cravate (*f*) necktie
crayon (*m*) pencil
créateur, -trice creative
créer to create
crème (*f*) cream
crêpe (*f*) crepe
critique (*f*) criticism; review (of film)
croire (cru) to believe; to think; ~ à to believe in
croissance (*f*) growth
croissant, -e growing
croix (*m*) cross
croyance (*f*) belief
cuillère (*f*) spoon; ~ à café teaspoon; ~ à soupe tablespoon
cuisine (*f*) kitchen; cooking, cuisine; faire la ~ to cook
cuisinière (*f*) (cooking) stove
cuisse (*f*) thigh
cultivé, -e (*m, f*) cultured, well-educated person
culturel, -elle cultural
curieux, -euse curious
curriculum vitae (CV) (*m*) résumé
cursus (*m*) curriculum

D

d'abord first
d'accord O.K.; être ~ avec to agree with
dactylographie (*f*) typing
Danemark (*m*) Denmark
dangereux, -euse dangerous
dans in; inside; dans la rue Lafayette on Lafayette Street
danse (*f*) dance
danser to dance
danseur, -euse (*m, f*) dancer
date (*f*) date
dater de to date from
davantage more
de from; of; about
débarrasser: ~ la table to clear the table; se ~ de to get rid of
débauche (*f*) lax lifestyle, debauchery
debout standing up

débrouillard, -e smart; resourceful; clever
débrouiller: se to manage (to do something)
début (*m*) beginning; dès le ~ from the beginning; au ~ in the beginning
débutant, -e beginner
décalage (*m*) discrepancy
décembre December
décentralisé, -e decentralized
décevoir (déçu) to deceive; to disappoint
déchet (*m*) waste
décider (de) to decide; se ~ to make up one's mind; Alors, c'est décidé! Then it's decided, my mind is made up.
décisif, -ive decisive
décision (*f*) decision; prendre une ~ to make a decision
décontracté, -e relaxed
décorer to decorate
décoratif, -ive decorative
décourager to discourage; se laisser ~ to become discouraged
découverte (*f*) discovery
découvrir (découvert) to discover
décrire (décrit) to describe
décrocher to unhook; to pick up (telephone, university degree)
décroissant, -e descending
déçu, -e disappointed
défendre to defend; to forbid
défi (*m*) challenge
défilé (*m*) parade
définir to define
degré (*m*) degree
déguiser to disguise
dégustation (*f*) tasting
déguster to taste
dehors outside; en ~ de outside of
déjà already
déjeuner (*m*) lunch; le petit ~ breakfast
déjeuner to have lunch
delà: au ~ beyond
délicieux, -euse delicious
délimité, -e (pre-)defined
demain tomorrow; À ~. See you tomorrow.
demander to ask (for)
déménager to move
demeurer to remain; to stay
demi, -e half; une heure et ~e 1:30 A.M.; une ~-heure a half-hour
demi-frère (sœur) half brother (sister); stepbrother (sister)
dent (*f*) tooth
dentelle (*f*) lace; filigree
dentiste (*m, f*) dentist
départ (*m*) departure
dépêcher: se ~ to hurry; Dépêchez-vous! Hurry up!
dépendre to depend; Ça dépend de... That depends on...

dépense: faire la ~ de to spend money on

dépenser to spend (money)

déplacement (m) movement; trip

dépression (f) depression

déprimant, -e depressing

depuis since; for; **~ quand...?** since when; **~ combien de temps...?** for how long; **~ toujours** forever

dérisoire derisory, ridiculous

dernier, -ère last; latest; **le mois dernier** last month

dérouler: se ~ to take place; to unfold

derrière behind

derrière (m) bottom, buttock

des some

dès from; **~ maintenant** starting now; **~ mon arrivée** upon arrival; **~ que** as soon as

désagréable disagreeable

descendre to go down; to get off (train, etc.); **~ dans un hôtel** to stay at a hotel

déshabiller: se ~ to get undressed

désir (m) desire; wish

désirer to wish, to want; to desire

désolé, -e sorry

désormais from now on

dessert (m) desert

desservir to serve an area (train or bus)

dessin (m) drawing; **~ animé** cartoon

dessinateur, -trice (m, f) illustrator

dessiner to draw

dessous: ci-~ below

dessus: ci-~ above

destination (f) destination

destiné, -e à designed for

destructeur, -trice destructive

détail (m) detail

détendre: se ~ to relax

détester to dislike

D.E.U.G. (Diplôme d'Études Universitaires Générales) first university degree

deux two; **tous les ~** both of them

devant in front of

développer to develop

développement (m) development

devenir (devenu) to become

deviner to guess

devoir (dû) must, to have to; to owe; **Je devais...** I was supposed to...; **Vous devriez...** You should...

devoirs (m pl) homework; **faire ses ~** to do one's homework

d'habitude normally; usually

diagnostic (m) diagnosis

dialogue (m) dialogue

dictionnaire (m) dictionary

diététique nutritionally sound

Dieu God

différent, -e different

différer de to differ from

difficile difficult

difficulté difficulty; **avoir des ~s** to have trouble; **en ~** in trouble

dimanche (m) Sunday

diminuer to diminish

dinde (f) turkey

dîner (m) dinner

dîner to have dinner

diplôme (m) diploma; degree

dire (dit) to say; to tell; **c'est-à-~** that is (to say); **Que veut dire?;** What does ... mean? **Dis...** Say...; Hey...; **Vous m'en direz des nouvelles.** Tell me about it.

directement directly

direction (f) direction; management; **~ des ventes** sales management

discipline (f) discipline, academic subject

discipliné, -e disciplined

discothèque (f) discotheque

discours (m) speech

discret, -ète (f) discreet

discussion (f) discussion

discuter (de) to discuss

disponible available

disposé, -e situated

disposer de to have at one's dispoal

disputer: se ~ to have an argument, to fight

disque (m) record; **~ compact** CD

disquette (f) diskette

disserte = dissertation

dissertation (f) term paper

distinguer to distinguish

distraction (f) entertainment

distribuer to distribute

divers diverse; miscellaneous

diversité (f) diversity

diviser to divide

divorcer to (get a) divorce

d'occasion used

doigt (m) finger

dommage: C'est ~. It's a pity.; **Il est -~ que...** It is unfortunate that ...

donc therefore; **Mais dis donc...** Look...

donner to give; **~ en plein sur** to open right out on, to look right out at

dont about whom; of which; whose

dormir to sleep

dos (m) back

dossier (m) file

douane (f) customs

double (m) duplicate

douche (f) shower

doué, -e pour talented in

doute (m) doubt; **ne pas faire de ~** to be obvious; **sans ~** probably

douter to doubt

douteux, -euse doubtful

doux, douce soft; mild (climate)

douzaine (f) dozen

dramatique dramatic

drame (m) drama; **~ psychologique** psychological drama

droit (m) law; right

droit: tout ~ straight ahead

droite (f) right; **à ~** on your right

drôle amusing

dû (due) à due to

dur, -e hard

durant during

durée (f) length

durer to last

dynamique dynamic

E

eau (f) water; **~ minérale** mineral water

échange (m) exchange

échanger to exchange

échappatoire (f) escape

échapper à to escape

échec (m) failure; **~s** chess

échelle (f) scale; ladder

échouer à to fail (a test)

école (f) school; **Grande École** French elite graduate school

écologie (f) ecology

écologique ecological

économie (f) economy; **faire des ~s** to save money

écouter to listen (to)

écran (m) screen

écrire (écrit) to write

écrivain (m) writer

effectué, -e completed

effet (m) effect; **En ~** True... (That's true...)

efficace efficient

effrayant, -e frightening

égal: Ça m'est ~. It doesn't matter to me.

également equally

égalité (f) equality

égard: à l'~ de concerning

église (f) church

égoïste selfish

Égypte (f) Egypt

égyptien, -enne Egyptian

électrique electric

électronique electronic

élégant, -e elegant

élément (m) element

élève (m, f) elementary school student; secondary school student

élevé, -e high

elle she; her

élitiste elitist

éloigner to move away

embaucher to hire

embouteillage (m) traffic jam

embrasser: s~ to kiss; to hug

émission (f) broadcast

emmener to take along
empêcher to prevent
emplacement *(m)* location
emploi *(m)* employment; job; use; **~ du temps** schedule
employé, -e *(m, f)* employee
emporter to take (out); to bring
emprunter to borrow
en in; at; to; **~ attendant** while waiting; **~ avion** by plane; **~ fait** in reality; **~ groupe** in a group; **si vous ~ avez besoin** if you need it (some)
encadré, -e trained
encore still; **pas ~** not yet; **~ plus** even more; **~ un, une** (still) one more; **~ une fois** once again
endormir: s'~ to fall asleep
endroit *(m)* place
énergique energetic
énervé, -e upset
énerver: s'~ to get mad
enfance *(f)* childhood
enfant *(m, f)* child; **les petits-~s** grandchildren
enfin finally
ennui *(m)* problem; boredom
ennuyer to bore; **s'~** to be bored
ennuyeux, -euse boring
énormément enormously; **~ de** a lot of
enquête *(f)* survey
enrichir to enrich
enseignement *(m)* teaching; education; **~ supérieur** higher education
enseigner to teach
ensemble together
ensuite then; next
entendre (entendu) to hear; **~ parler de** to hear about; **s'~ (bien/mal) avec** to get along (well/badly) with; **Ça s'entend.** That's understood.
enthousiasme *(m)* enthusiasm
enthousiaste enthusiastic
entier, -ère entire; whole
entourer to surround
entraînement *(m)* training; practice (sport)
entraîner: s'~ to work out; to train
entraîneur *(m)* trainer
entre between
entrée *(f)* entrance; first course (of a meal)
entreprise *(f)* enterprise, firm; business
entrer (dans) to enter
entretien *(m)* interview
envahir to invade
envie: avoir ~ de to feel like; to want
environ about; approximately; around
environnement *(m)* environment
environs *(m pl)* surroundings
envoyer to send
éolien, -enne from the wind
épais, -aisse thick

épargne *(f)* savings
épaule *(f)* shoulder
épicerie *(f)* grocery store
époque: à cette ~ at that time; **à l'~ de** at the time of
épouser to marry
épreuve *(f)* test
éprouver to feel
équilibre *(m)* balance
équilibrer to balance
équipe *(f)* team; **~ de vente** sales force; **travailler en ~** to work as a team
équitation *(f)* horseback riding
escalade: faire de l'~ to go rock climbing
escalier *(m)* stairs
espace *(m)* space; **~ vert** green area
Espagne *(f)* Spain
espagnol, -e Spanish
espagnol *(m)* Spanish (language)
espérance *(f)* **de vie** life expectancy
espérer to hope
espoir *(m)* hope
esprit *(m)* **d'équipe** team spirit
essayer to try; to try something on
essence *(f)* gasoline
essentiel: Il est ~ que... It is essential that...
est *(m)* east
estomac *(m)* stomach
et and
établir to establish
établissement *(m)* institution
étage *(m)* floor; **à l'~** on the first floor; **au premier ~** on the second floor
étagère *(f)* bookcase
étape *(f)* stage (in a journey); step (in a process)
état *(m)* state; **les États-Unis** the United States; **l'État** the federal government
été *(m)* summer
éthiopien, -enne Ethiopian
ethnique ethnic
étoile *(f)* star
étonné, -e astonished, surprised
étouffer to suffocate
étranger, -ère foreign
étranger: à l'~ abroad
être (été) to be; **Comment est-il?** What's he like?; **~ à** to belong to; **~ en train de** (+ infinitif) to be in the process of doing something, to be busy doing something
étroit, -e narrow; tight (clothing)
étude *(f)* study; **~s** studies
étudiant, -e *(m, f)* student
étudier to study
européen, -enne European
eux them
événement *(m)* event
évidemment evidently
évident, -e obvious
évier *(m)* sink

éviter to avoid
évoquer to recall
exagérer to exaggerate
examen *(m)* exam; **~ de fin de semestre** final exam
exceptionnel, -elle exceptional
excès *(m)* excess
exclusivement exclusively
excursion *(f)* day trip; **faire une ~** to take a trip (a tour)
excuse *(f)* excuse
excuser: s'~ to apologize; **Je m'excuse.** I'm sorry.; Pardon me.; Excuse me.
exemple *(m)* example; **par ~** for example
exercice *(m)* exercise
exigeant, -e demanding; strict
exiger to demand
exister to exist
expérience *(f)* experience
explication *(f)* explanation
expliquer to explain
exploiter to operate (a farm)
explorer to explore
exposé *(m)* oral presentation
exposition *(f)* museum/gallery show; exhibit
exprès on purpose
exprimer to express; **bien s'~** to express oneself clearly
extérieur *(m)* exterior; outside
extrait *(m)* excerpt
extraordinaire extraordinary
extrême *(m)* extreme
extrêmement extremely

F

fabriquer to make; to manufacture
fac = faculté
face: en face de across from
fâché, -e angry
facile easy
facilement easily
façon *(f)* way, method; **de toute ~** in any event; in any case; **de ~ différente** in a different way
facteur *(m)* factor
facultatif, -ive elective; optional
faculté *(f)* division of a French university (e.g., School/College of Liberal Arts)
faible weak
faim *(f)* hunger; **avoir (très) faim** to be (very) hungry
faire (fait) to do; to make; **~ construire** to have built; **~ du foot** to play soccer; **~ l'expérience de** to have experience with; **~ une drôle de tête** to look strange; **~ un mètre 60** to be 1.6 meters tall; **~ part** to announce; **~ visiter** to give a tour; **ça fait...** it costs ...; **ne t'en fais pas** don't worry

fait (*m*) fact; **~ divers** (short) news item; **en ~** in reality; **au ~** by the way
falloir: il fallait it was necessary
familial, -e pertaining to the family
familier, -ère familiar
famille (*f*) family; **en ~** as a family; **une belle ~** a large family
fana(tique) (*m, f*) fan
farine (*f*) flour
fascinant, -e fascinating
fatigué, -e tired
faut: il ~ ... it's necessary; **il me faut...** I need...; **il ne ~ pas** you must not; **Il ~ combien de temps pour aller...?** How long does it take to go...?
faute (*f*) fault
fauteuil (*m*) armchair; **~ roulant** wheelchair
faux, fausse false
faux-pas (*m*) foolish mistake
favori, -ite favorite
femme (*f*) woman; wife
fenêtre (*f*) window
fer (*m*) **à repasser** iron
ferme (*f*) farm
fermé, -e closed; **~ à clé** locked
fermer to close
festin (*m*) feast
festival (*m*) festival
fête (*f*) party; celebration; name day; **jour de ~** holiday
fêter to celebrate
feu (*m*) **d'artifice** fireworks
feuille (*f*) sheet (of paper); leaf
février (*m*) February
fiançailles (*f pl*) engagement
fiancé, -e (*m, f*) fiancé, -e
fiancer: se ~ (avec) to get engaged (to)
fidèle faithful
fier, fière proud
fièvre (*f*) fever
figure (*f*) face
filer to run along
fille (*f*) girl; daughter; **jeune ~** young woman; **petite-~** granddaughter
film (*m*) movie
fils (*m*) son; **petit-~** grandson
fin (*f*) end
financement (*m*) financing
finances (*f*) finances
financier, -ère financial
finir to finish; **~ par** (+ infinitif) to finally (do something)
fixer (un jour, une date) to set (a day, a date)
fleur (*f*) flower
fleuve (*m*) river (flowing into a sea or ocean)
foi (*f*) faith
fois (*f*) time; **à la ~** at the same time; **une ~ par semaine** once a week; **des ~** at times

foncé: bleu ~ dark blue
fonction (*f*) function, role
fonctionnaire (*m, f*) civil servant
fonctionnel, -elle functional
fonctionner (bien/mal) to work well/badly
fondateur, -trice (*m,f*) founder
fondé, -e founded
foot = football; faire du ~ to play soccer
football (*m*) soccer; **~ américain** football
forêt (*f*) forest
formalité (*f*) registration process
formation (*f*) education; training; **~ commerciale** business training
forme: être en ~ to be in shape; **sous ~ de** in the form of
formel, -elle formal
former to form; to mold; to train
formidable great; tremendous
fort, -e strong; loud
fou (fol), folle crazy
foulard (*m*) scarf
foule (*f*) crowd
four (*m*) oven; **~ à micro-ondes** microwave oven
fourchette (*f*) fork
fournir to furnish
foyer (*m*) hearth; home; university housing unit; entryway; student center
frais, fraîche fresh; **Il fait ~.** It's cool.
frais (*m pl*) expenses
fraise (*f*) strawberry
franc (*m*) franc
franc, franche frank; honest
français, -e French
franchement frankly
francophone French-speaking
frapper to knock, to strike
freiner to apply the brakes
fréquent, -e frequent
fréquenté, -e frequented
fréquemment frequently
frère (*m*) brother
frites (*f pl*) French fries
froid (*m*) cold
froid, -e cold; **Il fait froid.** It's cold.
fromage (*m*) cheese
front (*m*) forehead
fruit (*m*) fruit; **~s de mer** seafood
fumer to smoke
furieux, -euse furious
futur (*m*) future

G

gagner to win; to earn
gai, -e gay, joyous
gamme (*f*) line (of products)
gant (*m*) glove
garage (*m*) garage

garçon (*m*) boy; waiter
garder to keep; **~ sa ligne** to keep one's figure
garde-robe (*f*) wardrobe
gare (*f*) train station
garni, -e garnished; **bouquet garni** bunch of mixed herbs
gastronomique gastronomical
gâter to spoil
gâteau (*m*) cake
gauche (*f*) left; **à ~** on your left
Gaule (*f*) Gaul
gazon (*m*) lawn
géant, -e giant
gêné, -e bothered
gendre (*m*) son-in-law
général, -e general; **en ~** in general
généralement generally
généreux, -euse generous
génial, -e inspired, brilliant
génie (*m*) genius
genou (*m*) knee
genre (*m*) kind; type; gender
gens (*m pl*) people
gentil, -ille kind; nice
géo = géographie
géographie (*f*) **geography**
geste (*m*) gesture
gestion (*f*) management
ghanéen, -enne from Ghana
gigot (*m*) **d'agneau** leg of lamb
gîte (*f*) **rurale** bed-and-breakfast (in the countryside)
glace (*f*) ice cream; ice; mirror
golf (*m*) golf
golfe (*m*) gulf
gorge (*f*) throat
gothique Gothic
goût (*m*) taste
goûter (*m*) snack
goûter to taste
gouvernement (*m*) administration
grâce à thanks to
grammaire (*f*) grammar
gramme (*m*) gram
grand, -e big; large; tall; great
Grande-Bretagne (*f*) Great Britain
grandiose grandiose, imposing
grandir to grow
grand-mère (*f*) grandmother
grand-père (*m*) grandfather
gras, grasse fat
gratter (*colloq.*) to take notes (*lit.*, to scratch paper)
gratuit, -e free
grave serious
grec (*m*) Greek (language)
grec, -que Greek
Grèce (*f*) Greece
grippe (*f*) flu
gris, -e gray
gros, -grosse big; fat

grossir to gain weight
groupe *(m)* group
gruyère *(m)* type of French cheese
guadeloupéen, -enne from Guadeloupe
guerre *(f)* war; **la Seconde ~ mondiale**
  World War II
guide *(m)* guide; guidebook
guitare *(f)* guitar
gym(nastique): faire de la ~ to work out;
  to exercise
gymnase *(m)* gymnasium

H

habile clever, capable
habiller: s'~ to dress; to get dressed
habitant, -e *(m, f)* inhabitant
habitation *(f)* dwelling
habiter to live
habituer: s'~ to get used to
haïtien, -enne Haitian
***hall** *(m)* **d'entrée** entryway
handicapé, -e handicapped
***hardi, -e** bold
***haricot** *(m)* bean; **~s verts** green beans
hasard: par ~ by chance
***haut: en ~ de** at the top of
hebdomadaire weekly
hébergement *(m)* lodging
***hein?** huh?
***hélas** alas
hérédité *(f)* heredity
héroïne *(m, f)* heroine
***héros, -(m)** hero
hésitation: sans ~ without hesitation
hésiter à to hesitate
heure *(f)* hour; time; **à l'~** on time; **à
  quelle ~?** (at) what time?; **à 9 ~s** at 9
  o'clock; **À tout à l'~** See you in a
  while.; **Quelle ~ est-il?** What time is
  it?; **Vous avez l'heure?** Do you have
  the time?; **de bonne ~** early; **120 km à
  l'~** 120 km per hour
heureusement fortunately
heureux, -euse happy
hier yesterday
hindou Indian (from India); Hindu
histoire *(f)* history; story
historique historic
hiver *(m)* winter
homme *(m)* man
homogène homogenous
honnête honest
hôpital *(m)* hospital
horaire *(m)* timetable; schedule
horreur: avoir ~ to hate
horrible horrible, very ugly
***hors: ~ campus** off campus; **~ de**
  outside of
hôte *(m)* host
hôtel *(m)* hotel; **~ de ville** city hall

***** indicates an aspirate **h.**

hôtesse *(f)* hostess
huile *(f)* oil
humain, -e human
humeur: de bonne (mauvaise) ~ in a
  good (bad) mood
humour *(m)* humor
hypocrite hypocritical

I

ici here
idéal, -e ideal
idéaliste idealistic
idée *(f)* idea
identifier to identifier
idiot, -e stupid
idole *(f)* idol
île *(f)* island
illettré, -e illiterate
illustrer to illustrate
il y a there is, there are; ago
image *(f)* image; picture
imaginaire imaginary
imaginer to imagine
immédiatement immediately
immense immense, huge
immeuble *(m)* apartment building
impatient, -e impatient
impatienter: s'~ to get impatient
important, -e important; large
importé, -e imported
importer: n'importe quel(le) no matter
  which
imposer to impose
impression *(f)* impression, opinion; **avoir
  l'~** to have the impression; **faire une
  bonne ~** to make a good impression
impressionner to impress
imprimer to print
incomplet, -ète incomplete
inconnu, -e *(m, f)* unknown person
inconvénient *(m)* disadvantage;
  inconvenience
incroyable unbelievable
Inde *(f)* India
indépendance *(f)* independence
indépendant, -e independent
indicatif *(m)* area code
indien, -enne Indian (from India)
indiquer to indicate
indiscipliné, -e undisciplined
indispensable essential, indispensable
individu *(m)* individual
individuel, -elle individual
industrie *(f)* industry
industriel, -elle industrial, industrialized
infirmier, -ère *(m, f)* nurse
influencer to influence
informaticien, -enne *(m, f)* computer
  scientist
informatique *(f)* computer science

ingénieur *(m)* engineer
initiative *(f)* initiative
inquiéter: s'~ to worry
inquiétude *(f)* anxiety
inscrire: s'~ to enroll; to register
insolite unwonted, unusual
inspirer: s'~ de to get inspiration from
installations *(f pl)* buildings; **~ sportives**
  sport facilities
installer: s'~ to move to; to get settled
instant *(m)* moment
instantané *(m)* snapshot
instituteur, -trice *(m, f)* grade school
  teacher
instrument *(m)* **de musique** musical
  instrument
insupportable unbearable
intellectuel, -elle intellectual
intelligent, -e bright; intelligent
intention: avoir l'~ de to intend
interdit, -e forbidden
intéressant, -e interesting
intéresser: s'~ à to be interested in
intérêt *(m)* interest; **avoir ~ à** to be to
  one's advantage
intérieur: à l'~ de inside
interro = interrogation
interrogation *(f)* quiz
interroger to question
interrompu, -e interrupted
interview *(f)* interview
interviewer to interview
intime *(m, f)* close friend
inventer to invent
investissement *(m)* investment
invitation *(f)* invitation
invité, -e *(m, f)* guest
invivable unlivable
invoquer to invoke, to mention
Iran *(m)* Iran
isolé, -e isolated
Israël *(m)* Israel
israélien, -enne Israeli
Italie *(f)* Italy
italien, -enne Italian
itinéraire (m) itinerary
ivresse *(f)* intoxication

J

jaloux, -ouse *(f)* jealous
jamais ever; **ne... ~** never
jambe *(f)* leg
jambon *(m)* ham
janvier *(m)* January
Japon *(m)* Japan
japonais, -e Japanese
japonais *(m)* Japanese (language)
jardin *(m)* garden; **~ public** public
  square
jaune yellow

je I

jean *(m)* blue jeans

jeter to throw

jeu *(m)* game; **~ électronique** electronic game; **~ de rôle** role-play

jeudi *(m)* Thursday

jeune young

jeunesse *(f)* youth; childhood

job *(m)* job

jogging *(m)* sweatsuit, jogging suit; jogging; **faire du ~** to go jogging

joie *(f)* joy

joli, -e pretty

jongler to juggle

jouer to play; **~ à** to play (a sport); **~ de** to play (a musical instrument)

joueur, -euse *(m, f)* player

jour *(m)* day; **~ férié** official holiday; **de nos ~s** nowadays; **Quel ~ est-ce?** What day is it?; **un ~** some day, one day; **huit ~s** a week; **quinze ~s** two weeks

journal *(m)* *(pl* **journaux***)* newspaper; **~ de province** regional paper

journalisme *(m)* journalism

journaliste *(m, f)* journalist

journée *(f)* day

juif, juive Jewish

juillet *(m)* July

juin *(m)* June

jumeau, -elle *(m, f)* twin

jupe *(f)* skirt

jus *(m)* juice; **~ d'orange** orange juice

jusqu'à to (time); until; as far as (distance)

juste just

justement exactly; precisely

K

karaté *(m)* karate

ketchup *(m)* ketchup

kilo *(m)* kilo

kiné (sithérapeute) *(m, f)* physical therapist

L

là there; **ce jour-~** that day; **~-bas** over there

labo = laboratoire

laboratoire *(m)* **laboratory**

lac *(m)* lake

laïque lay, secular

laisser to leave; **~ tranquille** to leave alone

lait *(m)* milk

laitier: produits ~s dairy products

laitue *(f)* (head of) lettuce

lampe *(f)* lamp

lancer: se ~ to embark on (something)

langoustine *(f)* prawn

langue *(f)* language; tongue

large large, big; wide

latin *(m)* Latin

lavabo *(m)* (bathroom) sink

lave-linge *(m)* washer

laver to wash; **se ~** to wash oneself, to take a bath/shower

lave-vaisselle *(f)* dishwasher

leçon *(f)* lesson

lecture *(f)* reading

légende *(f)* legend

léger, -ère light

légume *(m)* vegetable

lendemain *(m)* the following day; the next day; **le ~ matin** the next morning

lent, -e slow

lentement slowly

lequel, laquelle which (one)

lesquel(le)s which ones

lessive: faire la ~ to do the laundry

lettre *(f)* letter; **les ~s** liberal arts

leur their; them; to them

lever: se ~ to get up

lèvre *(f)* lip

libéral, -e liberal

liberté *(f)* freedom

librairie *(f)* bookstore

libre free

licence *(f)* B.A. or B.S. degree

lien *(m)* link; bond; tie

lieu *(m)* place; **~ de travail** workplace; **avoir ~** to take place

ligne *(f)* line; figure

linge *(m)* laundry

lingerie *(f)* laundry room

lire (lu) to read

lisse smooth

liste *(f)* list

lit *(m)* bed; **~ jumeau** twin bed; **~s superposés** bunk beds; **au ~** in bed; **faire le ~** to make the bed

litre *(m)* liter

littérature *(f)* literature

livre *(f)* pound

livre *(m)* book

livret *(m)* **d'étudiant** student handbook

local, -e *(m pl* **locaux***)* local

location *(f)* rental

logement *(m)* dwelling; housing

loi *(f)* law

loin (de) far (from)

lointain, -e far away

loisir *(m)* leisure

long, longue long; **le ~ de** along

longtemps a long time

lors de at the time of

lorsque when

louer to rent; **à ~** for rent

lourd, -e heavy

loyer *(m)* rent

lui him; to him; her; to her

lundi *(m)* Monday

lune *(f)* moon

lunettes *(f pl)* glasses; **~ de soleil** sunglasses

lutte *(f)* struggle

luxe *(m)* luxury; **hôtel de ~** luxury hotel

luxueux, -euse luxurious

luzerne *(f)* alfalfa

lycée *(m)* high school

lycéen, -enne *(m, f)* high school student

M

machine *(f)* machine; **~ à écrire** typewriter; **~ à laver** washing machine

Madame Mrs.

Mademoiselle Miss; young lady

magasin *(m)* store; shop; **grand ~** department store; **~ de sport** sporting goods store

magazine *(m)* magazine

magnétophone *(m)* tape recorder

magnétoscope *(m)* videocassette recorder, VCR

mai *(m)* May

maigrir to lose weight

maillot *(m)*: **~ de bain** bathing suit

main *(f)* hand

maintenant now

mairie *(f)* town hall

mais but; **~ si!** but of course!

maïs *(m)* corn

maison *(f)* house; **à la ~** at home; **~ de campagne** country home; **~ particulière** private residence

maître *(m)* master

maîtrise *(f)* master's degree; mastery

majorité *(f)* majority; **en ~** for the most part

mal *(m)* illness; pain; **avoir ~ à la tête** to have a headache; **Elle s'est fait mal au bras.** She hurt her arm.; **avoir du ~ à** to have difficulty (trouble) doing something

mal poorly, not good; **Pas ~.** O.K., Not bad.; **pas ~ de** quite a bit of

malade sick; ill

malgré in spite of; despite

malheureux, -euse unfortunate; unhappy

malheureusement unfortunately

malhonnête dishonest

manche *(f)* sleeve; **la Manche** the English Channel

manège *(f)* fairground attraction

manger to eat

manière *(f)* manner

manifestation *(f)* demonstration

mannequin *(m)* fashion model

manque *(m)* lack

manquer to miss; to be lacking

manteau *(m)* coat
manuel *(m)* textbook
manuscrit, -e handwritten
marché *(m)* market; **~ en plein air** open-air market; **~ aux puces** flea market; **Marché Commun** Common Market; **faire le ~** to go to the market
marché: bon ~ inexpensive; **le meilleur ~ possible** the cheapest possible
marcher to walk; to work, function (machine)
mardi *(m)* Tuesday
mari *(m)* husband
mariage *(m)* marriage
marié, -e married
marier: se ~ to get married
Maroc *(m)* Morocco
marocain, -e Moroccan
marquer to mark; to celebrate; **~ un but** to score
marron *(inv.)* brown
mars *(m)* March
massif *(m)* **de fleurs** flower bed
match *(m)* game
maternel, -elle maternal
mathématiques *(f pl)* math
maths = mathématiques
matière *(f)* material; academic subject; **en ~ de** in matters of
matin *(m)* morning; **du ~** A.M., in the morning
mauvais, -e bad; **Il fait ~.** The weather's bad.
mayonnaise *(f)* mayonnaise
me me, to me
mécanicien, -enne *(m, f)* mechanic
mécanique *(f)* mechanics
méchante, -e nasty
mécontent, -e unhappy
médaille *(f)* medal
médecin *(m)* doctor
médecine *(f)* medicine; **faire sa ~** to study medicine
médical, -e medical; **les soins médicaux** medical care
médicament *(m)* medicine; medication
Méditerranée: mer ~ Mediterranean Sea
méditerranéen, -enne Mediterranean
meilleur, -e better; best; **~ que** better than
mélanger to mix
membre *(m)* member
même even; same; **moi-~** myself; **quand ~** anyway; just the same
mémoire *(f)* written report, research paper
mémoriser to memorize
ménage: faire le ~ to do housework
mener to lead
mensuel, -elle monthly
mentionner to mention
menu *(m)* menu; **~ à prix fixe** set menu

mer *(f)* sea
merci thank you
mercredi *(m)* Wednesday
mère *(f)* mother
mériter to deserve
merveille *(f)* marvel
message *(m)* message
messe *(f)* mass
météo *(f)* weather forecast
métier *(m)* profession; trade; occupation
mètre *(m)* meter
métrique metric
métro *(m)* subway
mettre (mis) to put; to serve; **~ une heure pour aller** to take an hour to go; **~ la table (le couvert)** to set the table; **se ~ à + *inf.*** to begin (to); **se ~ à table** to sit down at the table; **se ~ d'accord** to agree
meublé, -e furnished
meuble *(m)* (piece of) furniture
mexicain, -e Mexican
Mexique *(m)* Mexico
micro(phone) *(m)* microphone
midi *(m)* noon; **le Midi** the southern part of France
mieux better; **~ que** better than; **Ça va ~.** That's better.; **faire de son ~ (pour)** to do one's best (to); **Je vais ~.** I'm feeling better.; **Tant ~.** So much the better.
milieu *(m)* middle; **~ social** environment; **au ~ de** in the middle of
mille thousand
millénaire ancient
millénaire *(m)* millennium
milliard *(m)* billion
millier: des ~s de thousands of
million *(m)* million
mince thin, slim
mincir to slim down
mine: avoir bonne (mauvaise) ~ to look good (bad)
Miniprix *(m)* discount department store
minuit *(m)* midnight
minute *(f)* minute
miroir *(m)* mirror
mi-temps: à ~ part-time
mobylette *(f)* moped
mode *(f)* fashion; **à la ~** in fashion
mode *(m)* method; **~ d'habitation** living arrangement
modèle *(m)* model
moderne modern; **du ~** something very modern
modeste modest
moi me
moindre least
moins (de) less; **~ que** less than; **~ de... que** less ... than; **deux heures ~ le quart** 1:45; **au ~** at least; **le ~** the least

mois *(m)* month; **au ~ de septembre** in September
moitié *(f)* half
moment *(m)* moment; **au ~ où** when; at the time when; **en ce ~** now; **pour le ~** right now
monde *(m)* world; people; **tout le ~** everybody
mondial, -e international
moniteur, -trice *(m, f)* instructor, coach
monnaie *(f)* change (money); **pièce de ~** coin
monsieur *(m)* *(pl* **messieurs)** gentleman; Mr.
Monsieur Sir
montagne *(f)* mountain
monter to go up; **~ dans le train** to get on the train
montrer to show; **se ~** to show oneself, to reveal oneself
moquer: se ~ de to make fun of
morceau *(m)* piece; bit; pat (of butter)
mort *(f)* death
mosquée *(f)* mosque
mot *(m)* word
motiver to motivate
moto = motocyclette; à ~ by motorbike
motocyclette *(f)* **motorcycle**
mou, molle soft, mushy
mourir (mort) to die
mousse *(f)* mousse
moustache *(f)* moustache
moutarde *(f)* mustard
moyen *(m)* means
moyen, -enne average; **avoir la moyenne** to get a passing grade
multicolore multicolor
mur *(m)* wall
musclé, -e muscular; athletic
musée *(m)* museum
musicien, -enne *(m, f)* musician
musique *(f)* music
musulman, -e Moslem
mystérieux, -euse mysterious

N

nager to swim
naïf, naïve naive
naissance *(f)* birth
naître (né) to be born
nappe *(f)* tablecloth
natal, -e pertaining to birth
natation *(f)* swimming
national, -e *(m pl* **nationaux)** national
nationalité *(f)* nationality
nature *(f)* nature; **plus grand que ~** larger than life
naturel, -elle natural
né, -e: Je suis ~. I was born.
néanmoins nevertheless

nécessaire necessary
négativement in a negative manner
négliger to neglect
négocier to negotiate
neige *(f)* snow
neiger: Il neige. It's snowing.
néo-calédonien, -enne from New Caledonia
nerveux, -euse nervous
n'est-ce pas? isn't it?
nettoyer to clean
neuf, neuve new
neveu *(m)* nephew
nez *(m)* nose
ni: ne... ~ ... ~ neither...nor
nièce *(f)* niece
niveau *(m)* level
Noël *(m)* Christmas
noir, -e black
nom *(m)* name; noun; **~ de famille** last name
nombre *(m)* number; **le plus grand ~ (de)** the most
nombreux, -euse numerous
nommé, -e called; **~ d'après** named after
nommer to name
non no
non-conformiste *(m, f)* nonconformist
nord *(m)* north
normal, -e normal; **Normal!** That goes without saying!
note *(f)* grade; **~s** notes
notation *(f)* **continue** continuous grading
noter to note
nourrir: se ~ to eat
nourriture *(f)* food
nous we; us; to us
nouveau (nouvel), nouvelle new; **de nouveau** again
nouveau, nouvelle *(m, f)* newcomer
nouvelle *(f)* a piece of news; **les ~s du jour** breaking news; **demander des ~s** to ask about
novembre *(m)* November
nuage *(m)* cloud; **Il y a des ~s.** It's cloudy.
nuisance *(f)* nuisance
nuit *(f)* night
nul, nulle worthless
numéro *(m)* number; ; issue (of magazine); **~ de téléphone** telephone number

O

obéir à to obey
obélisque *(m)* obelisk
objet *(m)* object
obligation *(f)* obligation, necessity
obligatoire mandatory; obligatory
obsession *(f)* obsession

obstiné, -e stubborn
obtenir (obtenu) to get; to obtain
occasion *(f)* chance; opportunity; **avoir l'~ de** to have the opportunity to; **d'~** used; second-hand
occidental, -e western
occupé, -e busy
occuper to occupy; **s'~ de** to take care of
œil *(m)* *(pl* **yeux***)* eye
œuf *(m)* egg
officiel, -elle official
offre *(f)* offer; **les ~s d'emploi** want ads; **une ~ d'emploi** job offer
offrir (offert) to offer; to give as a gift; **~ des vœux à** to offer best wishes to
oignon *(m)* onion
oisiveté *(f)* idleness
omelette *(f)* omelet
on one; people; they; we; you
oncle *(m)* uncle
onde *(f)* **alpha** alpha wave
opinion *(f)* opinion
optimiste optimistic
option *(f)* option, elective
or *(m)* gold
orage *(m)* storm
orange orange-colored
orange *(f)* orange
ordinateur *(m)* computer
ordonnance *(f)* prescription
ordre *(m)* order
oreille *(f)* ear
organisation *(f)* organization
organiser to organize; **s'~** to get organized
originaire originally from, native of
original, -e original
origine *(f)* origin
orné, -e de decorated with
orthographe *(m)* spelling
ou or
où where; **le jour ~ ...** the day when...
oublier to forget
ouest *(m)* west
oui yes
outil *(m)* tool
ouvert, -e open; open-minded
ouvrier, -ère *(m, f)* factory worker; manual laborer
ouvrir (ouvert) to open
oval, -e oval

P

pacifiquement peacefully
page *(f)* page; **à la ~ 4** on page 4
pain *(m)* bread
palais *(m)* palace; **~ de justice** courthouse
panne: tomber en ~ to break down
pantalon *(m)* (pair of) pants

pantouflard *(m, f)* homebody, couch potato
papier *(m)* paper
papillon *(f)* butterfly
Pâques *(f pl)* Easter
paquet *(m)* package
par by; per; **~ ici (là)** this (that) way
parachutisme *(m)* parachuting
paradis *(m)* paradise
paragraphe *(m)* paragraph
paraître (paru) to appear; to seem
parapente *(m)* hang gliding
parasol *(m)* beach umbrella
parc *(m)* park
parce que because
pardon... excuse me...
pardonner: pardonne-moi forgive me
pareil, -eille similar, equal
parenthèse *(f)* parenthesis
parents *(m pl)* parents; relatives
paresse *(f)* laziness
paresseux, -euse lazy
parfait, -e perfect
parfaitement perfectly
parfois sometimes; at times
parfum *(m)* perfume
parfumé, -e fragrant
pari *(m)* bet
parisien, -enne Parisian
parler to speak, to talk; **se ~** to speak to one another
parmi among
parole *(f)* word; speech; **adresser la ~ à** to speak to; **demander la ~** to ask to speak; **prendre la ~** to begin to speak, to speak up
part *(f)* piece; portion; **C'est de la ~ de qui?** Who's calling? (on the phone); **nulle ~** nowhere; **quelque ~** somewhere
partager to share
partenaire *(m, f)* partner
parti *(m)* political party
participer à to take part in, to participate
particulier, -ère distinctive; **en ~** in particular, specially
particulièrement particularly
partie *(f)* part; **en ~** in part; **faire une ~ de tennis** to play a game of tennis; **faire ~ de** to belong to; to be a part of
partir (parti) to leave; to go away; **à partir de** from; beginning
partout everywhere
pas: ne... ~ not; **n'est-ce ~?** right? isn't that so?; **~ du tout!** not at all!
passe *(f)* pass
passé *(m)* past
passeport *(m)* passport
passer to spend (time); to stop by; to go by (time); **se ~** to happen; **se ~ de** to do without; **~ par** to go through; **~ un examen** to take a test

passif, -ive passive
passionné, -e passionate
pâté *(m)* pâté (meat spread)
pâtes *(f pl)* pasta
patience *(f)* patience
patient, -e patient
patienter to wait
patinage: faire du ~ to go skating
patineur, -euse *(m, f)* skater
pâtisserie *(f)* pastry shop; pastry
patron, -onne *(m, f)* boss
pauvre poor
payer to pay (for); **~ sa part** to pay one's own way
pays *(m)* country; **~ voisins** neighboring countries
paysage *(m)* landscape
paysan, -anne *(m, f)* small farmer; peasant
pêche *(f)* peach; fishing; **aller à la ~** to go fishing
pédaler to pedal
peine *(f)* trouble; **à ~** barely, scarcely; **Ce n'est pas la ~.** Don't bother.
peinture *(f)* painting
pelouse *(f)* lawn
pendant for, during; **~ une heure** for an hour; **~ que** while
penderie *(f)* closet
pénible tiresome
penser to think; **~ à** to think about; **Qu'est-ce que tu en penses?** What do you think (about it)?
pension *(f)* boarding house; inn
percevoir (perçu) to perceive
perdre (perdu) to lose; **~ du temps** to waste time
père *(m)* father
périphérie: à la ~ de at the edge of
période *(f)* period; **une ~ de rodage** breaking-in period
permanence: en ~ permanently, always
permanent, -e permanent
permettre (permis) to permit; to allow; **vous permettez?** may I?
permis *(m)* **de conduire** driver's license
persévérer to persevere
personnage *(m)* character
personnalité *(f)* personality
personne *(f)* person; **ne... ~** nobody; **en ~** in person
personnel, -elle personal
perspective *(f)* perspective
peser to weigh
pessimiste pessimistic
petit, -e small; short
petite-fille *(f)* granddaughter
petit-fils *(m)* grandson
petits-enfants *(m pl)* grandchildren
peu little; **à ~ près** nearly; approximately; **un ~** a little

peur: avoir ~ (de) to be afraid (of); **ça me fait ~** it scares me
peut-être maybe; perhaps
pharmacie *(f)* drugstore
phase *(f)* phase
philo(sophie) *(f)* philosophy
photo(graphie) *(f)* photograph
photographe *(m, f)* photographer
photographier to photograph
phrase *(f)* sentence
physique *(f)* physics
physique physical
piano *(m)* piano
pièce *(f)* room; **~ de théâtre** play; **~ de monnaie** coin; **~ montée** traditional pyramid-shaped cake; **la ~** apiece
pied *(m)* foot; **à ~** on foot
pile on the dot
pilule *(f)* pill
pique-nique *(m)* picnic
piquer l'intérêt to stimulate interest
pire worse, worst
piscine *(f)* swimming pool
pizza *(f)* pizza
placard *(m)* closet; cupboard
place *(f)* seat; place; space, room; village square
plage *(f)* beach
plaindre: se ~ de to complain; **Il s'en plaint assez.** He complains enough about it.
plaine *(f)* plain
plainte *(f)* complaint
plaisanter to joke
plaisir *(m)* pleasure
plaît: s'il vous ~ please
plan *(m)* map; floor-plan; level
planche: faire de la ~ à voile to go windsurfing
planifié, -e planned
planter to plant
plat *(m)* dish; **~ principal** main dish; **~ tout préparé** ready-to-serve dish
plein, -e full; **faire le ~** to get a full tank of gas
pleuvoir to rain; **Il pleut.** It's raining.
plongée *(f)* **sous-marine** deep-sea diving
pluie *(f)* rain
plupart: la ~ de most of; the majority of; **pour la ~** for the most part
plus more; **~ que** more than; **~ de... que** more... than; **~ tard** later; **non ~** neither; **de (en) ~** in addition; **le/la/les ~ ... de** the most ... in; **ne... ~** no longer; no more; not any more
plusieurs several
plutôt rather, quite
poche *(f)* pocket
poète *(m)* poet
poids *(m)* weight
poignet *(m)* wrist
points *(m pl)* **cardinaux** cardinal points

poire *(f)* pear
poireau *(m)* leek
pois *(m pl)* polka dots; **des petits ~** peas
poisson *(m)* fish
poitrine *(f)* chest
poivre *(m)* pepper
poli, -e polite
policier: un film (roman) ~ a detective movie (novel)
politique *(f)* politics
politique political
pollué, -e polluted
pollution *(f)* pollution
polonais, -e Polish
polycop = polycopié
polycopié *(m)* mimeographed material
pomme *(f)* apple; **~ de terre** potato; **~s frites** French fries
pont *(m)* bridge; **faire le ~** to take an extra day off
population *(f)* population
porc *(m)* pork
porte *(f)* door; gate (airport)
portée *(f)* bearing, scope; **à la ~** within reach
porte-fenêtre *(f)* French door
portefeuille *(m)* wallet
porter to carry; to wear; **~ sur** to be about; to bear upon
porte-serviettes *(m)* towel rack
portrait *(m)* portrait
Portugal *(m)* Portugal
poser to place; to pose; **~ une question** to ask a question
posséder to possess
possible possible
poste *(f)* poste office
poste *(m)* position, job
potentiel *(m)* potential
potiron *(m)* pumpkin
poulet *(m)* chicken
poumons *(m pl)* lungs
pour for; in order to
pourboire *(m)* tip
pourcentage *(m)* percentage
poursuivre (poursuivi) to pursue; to undertake
pourtant yet; nevertheless
pousser to grow; to push; **~ à l'outrance** to take to extremes
pouvoir (pu) to be able; **Ça se peut bien.** That's possible.; **Il se peut que...** It's possible that...; **Je n'en peux plus.** I'm full. *(fam.)*; **Vous pourriez m'aider?** Could you help me?
pratique practical; convenient
pratiquer to practice; to be involved with
préciser to give details; to specify
précieux, -euse precious
préférable preferable
préféré, -e favorite

préférer to prefer
premier, -ère first
prendre (pris) to take; to buy (a ticket); **~ quelque chose** to eat something
prénom (m) first name
préoccuper: se ~ de to worry about
préparatifs (m pl) preparations; **faire des ~** to make plans
préparer to prepare; **se ~ à** to get ready to; **se ~ pour** to get ready for; **~ un examen** to study for a test
près: ~ de close to; **à peu ~** nearly, approximately
présent, -e present
présenter to present; to introduce; **se ~** to arrive
président, -e (m, f) president
presque almost
pressé, -e in a hurry
pression (f) pressure
prêt, -e ready
prétensions (f pl) salary range
prétentieux, -euse pretentious
prêter priest
prêtre to lend
preuve (f) proof
prévoir (prévu) to predict; **plus tôt que prévu** sooner than expected
prier to beg; **Je t'en prie!** Please!; **Je vous en prie.** You're welcome.
primaire primary
printemps (m) spring
priorité: en ~ first of all
privé, -e private
prix (m) price; prize
probable likely; **peu ~** unlikely
probablement probably
problème (m) problem
prochain, -e next
proche close to; nearby
produire to produice; **se ~** to occur
produit (m) product; **~ chimique** chemical; **~ vert** ecologically safe product
prof = professeur
professeur (m) teacher; professor
professionnel, -elle professional
profiter de to enjoy
programme (m) program; **~ du cours** course syllabus; reading list
programmer to program
programmeur, -euse (m, f) computer programmer
progrès: faire des ~ to make progress; to improve
progresser to advance
projet (m) project, plan
promenade: faire une ~ to take a walk (ride)
promener to walk; **se ~** to go for a walk; to walk around
promesse (f) promise

promettre (promis) to promise
promotion (f) promotion
pronom (m) pronoun
proportion (f) proportion
propos: à ~ de about; concerning
proposer to propose; to offer
propre own; clean
propriété (f) property
protéger to protect
protester to protest
prouver to prove
province (f) province
proximité (f) proximity, closeness
prudence (f) prudence; care
prudent, -e prudent
psychologie (f) psychology
public, publique public
publicitaire (m, f) advertising executive
publicité (f) advertising; advertisement
puis then; next
pull-over (m) sweater
punir to punish
purée (f) mashed potatoes

Q

quadrillage (m) square pattern
quai (m) platform (train station); embankment (avenue)
qualifié, -e qualified
qualité (f) quality
quand when
quantité: en ~ in large quantity
quart (m) quarter-liter bottle
quart: midi et ~ 12:15; **au ~ de** tour immediately; **moins le ~** quarter before the hour; **un ~ d'heure** quarter of an hour; **un ~ de litre** one-quarter of a liter
quartier (m) neighborhood
que what; whom; which; that; **ne... ~** only
quel, quelle what; which
quelque chose something
quelquefois sometimes
quelques a few
quelques-uns, -unes some
quelqu'un someone
qu'est-ce que what; **~ c'est?** What is it?; **~'il est beau!** How beautiful it is! Is it ever beautiful!!; **~'il y a?** What's the matter?
question (f) question
qui who; which; whom; **à ~** to whom; **~ est-ce?** Who is this?
quitter to leave
quoi what; **Il n'y a pas de ~.** You're welcome; **Quoi?** What'd you say?; **~ d'autre?** What else?; **C'est ~?** What is that?
quotidien, -enne daily

R

raccrocher to hang up (telephone)
race (f) race
raconter to tell (a story)
radio (f) radio
raison (f) reason; **la ~ pour laquelle** the reason why; **avoir ~** to be right
raisonnable reasonable
ralentir to slow down
ramener to bring back
randonnée (f) hike; **faire des ~** to go hiking
ranger to clean up; to put in order; to sort
râpé, -e grated
rapide quick
rappeler to call again; to remind; **se ~** to remember
rapport (m) relationship; report; **par ~ à** in regard to, in comparison with
rarement rarely, seldom
raser: se ~ to shave
rater to fail (a test); to miss or cut (a class or appointment)
ravi, -e delighted
rayon (m) department of a store
réagir to react
réaliser to realize, to fulfill
réaliste realistic
récemment recently
recette (f) recipe
recevoir (reçu) to receive
recherche (f) research; search; **faire des ~s** to do research
rechercher to look for
recomposé, -e blended
reconnaître (reconnu) to recognize
récréation (f) recess
recruter to recruit
recyclage (m) recycling
recycler to recycle
rédaction (f) writing, drafting
rédiger to compose, to write
réduire (réduit) to reduce
refaire (refait) to do (make) again
réfléchir à to think over; to reflect (about something)
refléter to reflect
réflexe (m) reflex
réfrigérateur (f) refrigerator
refuser to refuse; to turn down
regarder to watch; to look at; **se ~** to look at each other, to look at oneself
régime (m) diet
région (f) region
régir to govern
règle (f) rule
régler to arrange; to pay; **~ les frais d'inscription** to pay tuition
regret (m) regret
regrettable regrettable
regretter to be sorry; to miss

régulièrement regularly
relation (f) acquaintance
religieux, -euse religious
religion (f) religion
remarier: se ~ to marry again
remarquable remarkable
remarquer to notice
rembourser to reimburse
remerciement (m) thanks; acknowledgment
remercier to thank
remettre (remis) to turn in something; to put off, postpone
rempart (m) rampart, city wall
remplacer to replace
remplir to fill; to fill out (a form)
Renaissance (f) Renaissance period (16th century)
rencontrer to meet (unexpectedly)
rendez-vous (m) meeting; appointment; **prendre ~** to set, to make an appointment
rendre (rendu) to return something; ~ **visite à** to visit a person; ~ **facile** to make easy
renfermé, -e uncommunicative
renforcer to stengthen
renfort: à grand ~ de with the help of
renommé, -e renowned
renouvelable renewable
renseignement (m) information
renseigner: se ~ (sur) to get information (about), to find out (about)
rentrée (f) beginning of the school year
rentrer to go home; to go back; to go back to school
répandre: se ~ to spread
réparer to repair
repartir to leave again
repas (m) meal; **prendre un ~** to eat a meal
repère (m) reference
repérer to locate
répéter to repeat
répondre à (répondu) to answer
réponse (f) answer; response
reportage (m) newspaper or magazine story
repos (m) rest
reposer: se ~ to rest
reprendre (repris) to take a second helping of food; to take back
représenter to represent; to symbolize
réputé, -e well-known
réservation (f) reservation
réservé, -e reserved
réserver to reserve; to put aside
résidence (f) residence; ~ **universitaire** dormitory
respirer to breathe
responsabilité (f) responsibility; **les ~s ménagères** household responsibilities
ressource (f) resource

restaurant (m) restaurant
reste: pour le ~ for the rest
rester to stay, remain; ~ **en forme** to stay in shape; **Il n'en reste plus.** There isn't any more left.
résultat (m) result
résumé (m) summary; abstract
retard: être en ~ to be late
retenir une place to make a reservation
retour (m) return trip; **être de ~** to be back; **Te voilà de ~!** You're back!
retourner to go back
retrait (m) withdrawal
retraite (f) retirement; **être à la ~** to be retired
retraité, -e (m, f) retired individual
retrouver to meet; to find anew; **se ~** to meet (by prior arrangement); to assemble, to gather
réunir to bring together; **se ~** to meet; to gather
réussir (à) to succeed (in); to pass (a test)
réussite (f) success
rêve: de ~ dreamlike
réveil-matin (m) alarm clock
réveiller: se ~ to wake up
réveillon (m) New Year's Eve dinner, party
revenir (revenu) to come back
rêver to dream
réviser to review
revoir to see again; **au ~** good-bye
revue (f) magazine
rez-de-chaussée (m) ground floor
riche rich
rien: ne ~ nothing; **Ça ne fait ~.** It doesn't matter; **De ~.** You're welcome.
rire to laugh
risquer to risk
rive (f) river (flowing into another river); bank (of a river)
riz (m) rice
robe (f) dress
rocher (m) rock
roi (m) king
rôle (m) role
romain, -e Roman
roman (m) novel
rond, -e round
rose pink
rôti (m) roast
rouge red
route (f) road; **en ~ pour** on the way to; **prendre la ~** to hit the road
routine (f) routine, habit
roux, rousse red-headed
Royaume-Uni (m) United Kingdom
rue (f) street
ruines (f pl) ruins
rural, -e rural
russe Russian
Russie (f) Russia

S

sable (m) sand
sac (m) bag; ~ **à main** purse, handbag; ~ **à dos** backpack
sage wise; **Sois ~.** Be good.
sain, -e healthy
saison (f) season; **en toute ~** in every (any) season
saisonnier, -ière seasonal
salade (f) salad; head of lettuce
salaire (m) salary; ~ **fixe** fixed salary
saler to put salt on one's food
salle (f) room; ~ **de bains** bathroom; ~ **de classe** classroom; ~ **à manger** dining room; ~ **d'attente** waiting room; ~ **de gym(nastique)** gym; ~ **de séjour** living room
salon (m) living room
salut hello; good-bye
salutation (f) greeting
samedi (m) Saturday
sandales (f pl) sandals
sandwich (m) sandwich
sans without; ~ **rien faire** without doing anything
santé (f) health; **en bonne/mauvaise ~** in good/bad health
satisfaisant, -e satisfactory
saucisson (m) salami, dry sausage
sauf except
saumon (m) salmon
sauvage wild
saveur (f) flavor
savoir (su) to know (how); **en ~ plus** to know more about it
savoir-vivre (m) manners, etiquette
savourer to savor
scénario (m) script
scène (f) scene; stage
science (f) science; ~**s politiques** political science; ~ **économiques** economics; ~~**fiction** science fiction
scolaire pertaining to school
sculpture (f) sculpture
séance (f) session; showing of a film
sec, sèche dry
sécher: ~ un cours to skip a class, to cut class
secondaire secondary
secours (m) help
secrétaire (m, f) secretary
sécurité (f) security
séjour (m) stay; living room
sel (m) salt
sélection (f) selection
sélectionner to select
selon according to
semaine (f) week; **en ~** during the week
semblable similar
sembler to seem, to appear
semestre (m) semester

Sénégal (*m*) Senegal

sénégalais, -e Senegalese

sens (*m*) direction; sense; **bon ~** common sense; **~ des affaires** business acumen

sensationnel, -elle sensational

sensible sensitive; noticeable

sentir: se ~ to feel; **se ~ bien (mal)** to feel well (bad); **se ~ chez soi** to feel at home

septembre (*m*) September; **la session de ~** second round of exams in September

série (*f*) series

sérieux, -euse serious

serpentin (*m*) streamer

serveur, -euse waiter (waitress)

service (*m*) service; **~ compris** tip included; **demander un ~** to ask for a favor; **~s publics** public utilities

serviette (*f*) towel; napkin; briefcase

servir (servi) to serve

seul, -e alone; **un ~ objectif** a single objective

seulement only; **non ~ ... mais** not only ... but

short (*m*) (pair of) shorts

si if; **~ grand** so tall; **~ longtemps** such a long time, so long; **Mais ~!** But of course! Yes!

Sida AIDS

siècle (*m*) century; **le ~ des lumières** Enlightenment

siège (*m*) seat

sieste: faire la ~ to take a nap

signe (*m*) sign; symbol

simple simple

sincère sincere

sirop (*m*) syrup

site (*m*) site

situation (*f*) situation; location; status; job, position

situé, -e located

ski: faire du ~ to go skiing

sociable sociable

société (*f*) company; society

sociologie (*f*) sociology

sociologue (*m*) sociologist

sœur (*f*) sister

soif (*f*) thirst; **avoir ~** to be thirsty

soigner to care for; to cure; **se ~** to take care of oneself

soi-même oneself

soin (*m*) care; **~s médicaux** medical care; **avec ~** carefully

soir (*m*) evening; **du ~** P.M., in the evening

soirée (*f*) party

solaire solar

soldat (*m*) soldier

sole (*f*) sole (fish)

soleil (*m*) sun; **Il fait du ~.** It's sunny.

solide solid, sturdy

son (*m*) sound

sondage (*m*) survey

sonner to ring

sorte (*f*) kind; type

sortie (*f*) exit; outing

sortir (sorti) to leave; to go out; **s'en ~** to make it

souci (*m*) worry

soudain suddenly

soudeur (*m*) welder

souffler to blow

souffrir (souffert) to suffer

souhaitable desirable

souhaiter to wish; **~ la bienvenue** to welcome

soulagé, -e relieved

soupe (*f*) soup

souplesse (*f*) flexibility

sourcil (*m*) eyebrow

sourire to smile

sous under; **~ la pluie** in the rain

sous-titre (*m*) subhead

soutenir to support

souvenir (*m*) souvenir; memory

souvenir: se ~ de to remember

souvent often

spacieux, -euse spacious, roomy

spécial, -e special

spécialisation (*f*) major (in college)

spécialiser: se ~ en to major in

spécialité (*f*) specialty

spectacle (*m*) show

sport (*m*) sport; **faire du ~** to participate in sports

sportif, -ive athletic; sports-minded

stabilité (*f*) stability

stade (*m*) stadium

stage (*m*) practicum; internship

station (*f*) station; resort; **~ service** service station

stationnement (*m*) parking

statisticien, -enne (*m, f*) statistician

statistiques (*f pl*) statistics

steak (*m*) **haché** ground beef

stéréo (*f*) stereo

stylo (*m*) pen

subit, -e sudden

substituer to substitute

subventionné, -e subsidized

succès (*m*) success

sucre (*m*) sugar

sud (*m*) south; **au ~ (de)** to the south (of)

suffire (suffit) to be enough

suffisant, -e sufficient

suggérer to suggest

Suisse (*f*) Switzerland

suite (*f*) continuation; **par la ~** in the end

suivant, -e following; **la page ~** the next page

suivi, -e de followed by

suivre (suivi) to follow; **~ un cours** to take a class; **~ une formation** to receive training

sujet (*m*) subject; **au ~ de** about; on the subject of

Super! Great! Real good! Fantastic!

superbe superb

superficie (*f*) surface area

superficiel, -elle superficial

supérieur, -e superior; **l'enseignement ~** higher education

supermarché (*m*) supermarket

supplémentaire extra

supporter to bear; to stand; to put up with

supprimer to suppress

sur on; about; on top of

sûr, -e sure; certain; **bien ~** of course; **j'en suis ~.** I'm sure of it.

surgelé, -e frozen

surprendre (surpris) to surprise

surpris, -e surprised

surtout especially, mainly

surveiller to check

survêtement (*m*) sweatsuit

syllabe (*f*) syllable

symbole (*m*) symbol

sympa = sympathique

sympathique nice, sympathetic

symptôme (*m*) symptom

synagogue (*f*) synagogue

syndicat (*m*) **d'initiative** tourist office

système (*m*) system

T

tabac (*m*) tobacco; tobacconist's

table (*f*) table; **~ à repasser** ironing board; **~ basse** coffee table

tableau (*m*) chart; table; chalkboard; painting; **~ d'affichage** bulletin board

tâche (*f*) task

taille (*f*) size

tailleur (*m*) woman's suit

taire: se ~ (tu) to be quiet; **Taisez-vous!** Be quiet!

talent (*m*) talent

talon (*m*) heel

tante (*f*) aunt

tant de so many

taper to type

tapis (*m*) rug

tard late; **plus ~** later

tardif, -ive late

tarte (*f*) (fruit) pie

t'as = tu as

tas: des ~ de choses à faire lots to do

tasse (*f*) cup

taux (*m*) rate; **~ de chômage** unemployment rate

taxi (*m*) taxi

te you; to you

technicien, -enne (*m, f*) technician

tel, telle such

télé = télévision
téléphone *(m)* telephone
téléphoner (à) to make a phone call; **se ~** to call each other
téléviseur *(m)* television; **~ couleur** color television
télévision *(f)* television
tellement so; really; **~ de** so much (so many)
température *(f)* temperature; **Quelle est la ~?** What's the temperature like?
tempéré, -e temperate, moderate
temple *(m)* temple
temps *(m)* time; weather; **Quel ~ fait-il?** What's the weather like?; **avoir le ~ de** to have the time to do; **de ~ en ~** from time to time; **de mon ~** in my time; **en même ~** at the same time
tendance: avoir ~ à to tend to
tenir to hold; **~ à** to want, to insist on; **~ une promesse** to keep a promise; **Tiens!** Hey! See!
tennis *(m)* tennis; **jouer au ~** to play tennis; **des ~** tennis sneakers
tente *(f)* tent
tenter to tempt; **~ sa chance** to try one's luck
tenue *(f)* outfit; **~ de sports** sports clothes
terminale *(f)* senior year
terrain *(m)* **de sport** playing field, athletic grounds
terrasse *(f)* terrace; sidewalk in front of a café
terre *(f)* earth
terrestre earthly, down-to-earth
tête *(f)* head
TGV (Train à Grande Vitesse) *(m)* French high-speed train
thé *(m)* tea
théâtre *(m)* theater
thon *(m)* tuna
ticket *(m)* **de restaurant** student meal ticket
timbre *(m)* postage stamp
timide shy
tirer une conclusion to draw a conclusion
titre *(m)* title; headline
titré, -e with many awards
toi you
toit *(m)* roof
tomate *(f)* tomato
tomber to fall; **~ en panne** to have a breakdown; **~ malade** to become sick
tonne: des ~s *(colloq.)* lots, tons
tôt early
touchant, -e touching
toujours always; still
tour *(f)* tower

tour: faire un ~ (à vélo / en voiture / à moto) to take a ride (on a bike/in a car/on a motorcycle); **faire un ~ à pied** to go for a walk; **à votre ~** it's your turn; **à ~ de rôle** in turn
tourisme *(m)* tourism
touriste *(m, f)* tourist
touristique touristic
tourner to turn; **~ à droite** to turn right
tousser to cough
tout, -e all; every; **toute une boîte** a whole box; **tous les ans** every year; **tous les deux** both of them; **tous les dimanches** every Sunday; **c'est tout** that's all
tout: pas du ~ not at all; **~ à fait** exactly; really; **~ de suite** right away; immediately; **~ d'un coup** all at once, suddenly; **~ près** very close
toux *(f)* cough
tradition *(f)* tradition
traditionnel, -elle traditional; conservative
train *(m)* train
train: en ~ de in the process of
trait *(m)* **de caractère** character trait
traître *(m)* traitor
trajet *(m)* trip
tram *(m)* tramway
tranquille calm, peaceful
transformer: se ~ to change
travail *(m)* work; job; **~ à mi-temps /à temps partiel** part-time work; **des travaux dirigés (pratiques)** lab practicum
travailler to work
travailleur, -euse *(m, f)* worker
travailleur, -euse hard-working
travers: à ~ across; over
traverser to cross
très very
trésor *(m)* treasure
trésorier *(m)* treasurer
tricolore tricolor
trier to sort
trimestre *(m)* trimester
triomphe *(m)* triumph
triste sad
trois-pièces-cuisine *(f)* three-bedroom apartment
tromper: se ~ to be mistaken
trop (de) too much; too many
trophée *(f)* trophy
tropiques *(m pl)* tropics
trouver to find; to think; **vous ne trouvez pas?** don't you think?; **se ~** to be located
t-shirt *(m)* tee-shirt
Tunisie *(f)* Tunisia
tunisien, -enne Tunisian
tutoyer to use **tu**
typique typical

U

uni, -e united; one color
universitaire college level
université *(f)* university
utile useful
utiliser to use

V

vacances *(f pl)* vacation; **en ~** on vacation
vache *(f)* cow
vaisselle: faire la ~ to do the dishes
vallée *(f)* valley
valise *(f)* suitcase; **faire les ~s** to pack one's bags
valoir to be worth; **Il vaut mieux...** It is better...
vanille *(f)* vanilla
varier to vary
varié, -e various
variété *(f)* variety
veau *(m)* calf; veal
vedette *(f)* movie or television star
véhicule *(m)* **de fonction** company car
veille *(f)* eve, the day before
vélo *(m)* bicycle; **~ tout terrain (VTT)** mountain bike; **à ~** by bike; **faire du ~** to ride a bike
vendeur, -euse *(m, f)* salesperson
vendre (vendu) to sell; **à ~** for sale
vendredi *(m)* Friday
venir (venu) to come; **~ de** (+ infinitif) to have just...
vent *(m)* wind; **Il fait du ~.** It's windy.
vente *(f)* sale
ventre *(m)* stomach; belly
verbe *(m)* verb
vérifier to check
vérité *(f)* truth
verre *(m)* glass; **~ à vin** wine glass
vers towards; **~ 4h** around 4:00
vert, -e green
veste *(f)* sports jacket, blazer
vêtement *(m)* article of clothing; **~s** clothes
viande *(f)* meat
victoire *(f)* victory
vide empty
vidé, -e emptied
vidéo *(f)* videotape
vidéocassette *(f)* videotape
vie *(f)* life
vieillir to grow old
Viêt-nam *(m)* Vietnam
vietnamien, -enne Vietnamese
vieux (vieil), vieille old
vigne *(f)* vine
vigneron *(m)* vintner, vine grower

village *(m)* village; **~ de vacances** family camp; **~ familial** vacation village
ville *(f)* city; **en ~** to (in) town
vin *(m)* wine
vinaigre *(m)* vinegar
vingtaine *(f)* around twenty
violent, -e violent
violet, -ette purple
visage *(m)* face
visite: être en ~ to be visiting; **faire la ~ de** to take a tour of; **rendre ~ à** to visit (a person)
visiter to visit (a place)
vite quickly
vitesse *(f)* speed; **~ maximale** maximum speed; **en ~** quickly
vitre *(f)* window pane
vivre (vécu) to live
vocabulaire *(m)* vocabulary
voici here is; **Le ~.** Here it (he) is.
voilà there is, there are; here is
voile: faire de la ~ to go sailing

voir (vu) to see; **faire ~** to show; **Voyons!** Let's see!; **On verra.** We'll see.
voisin, -e *(m, f)* neighbor
voiture *(f)* car; **~ de fonction** company car; **~ d'occasion** used car
voix *(f)* voice; **à haute ~** aloud
vol *(m)* flight
volant *(m)* steering wheel
volet *(m)* shutter
volley *(m)* volleyball
volontiers gladly; willingly
voter to vote
vouloir (voulu) to want; to wish; **Je voudrais...** I would like...; **Je veux bien.** Gladly. (With pleasure.)
vous you; to you
voyage *(m)* trip; **faire un ~** to take a trip
voyager to travel
voyelle *(f)* vowel
vrai, -e true; **à ~ dire** to tell the truth; **C'est vrai.** That's right.
vraiment really

vraisemblabe likely
vue *(f)* sight; view; **à première ~** at first sight

W.-C. *(m pl)* toilet
week-end *(m)* weekend

y there; **il ~ a** there is; there are; **Allons-~!** Let's go!; **il ~ a 2 jours** 2 days ago; **~ compris** including
yaourt *(m)* yogurt

Z

Zut! Darn!

Lexique Anglais–Français

A

a un, une
abdomen ventre *(m)*
able: to be ~ pouvoir (pu)
about à propos de; environ; sur; au sujet de; **~ whom** dont; **~ a hundred** une centaine de; **to be ~** porter sur; s'agir de *(impers.)*
above ci-dessus
abroad à l'étranger
abruptly brusquement
absent absent, -e
abstract résumé *(m)*
academic subject discipline *(f)*; matière *(f)*
accent accent *(m)*
to accept accepter
access accès *(m)*
accessory accessoire *(m)*
accident accident *(m)*
to accomplish réaliser
accountant comptable *(m, f)*; **certified public ~** expert-comptable *(m, f)*
accounting comptabilité *(f)*
ache: to be aching avoir mal à
acquaintance relation *(f)*; connaissance *(f)*
across à travers; **~ from** en face de
to act agir
active actif, -ive; **~ person involved in sports** sportif, -ive *(m, f)*
activity activité *(f)*
actor acteur *(m)*, actrice *(f)*
actually effectivement; de beau
adapted adapté, -e
to add ajouter
address adresse *(f)*
to adjourn to the living room passer au salon
adjustable réglable
adjusted ajusté, -e
to admire admirer
to admit admettre (admis)
adolescent adolescent, -e *(m, f)*
adorable adorable
to adore adorer
adult adult, -e *(m, f)*
advance: in ~ à l'avance

to advance progresser
advantage avantage *(m)*; **to be to one's ~** avoir intérêt à; **to take ~ of** profiter de
advantageous avantageux, -euse
adventurer aventurier, -ière *(m, f)*
advertisement publicité *(f)*
advice conseils *(m pl)*; **a piece of ~** un conseil *(m)*
to advise conseiller
adviser conseiller *(m)* académique
aerobics: to do ~ faire de l'aérobic
affable agréable
affordable abordable
afraid: to be ~ (of) avoir peur (de)
Africa Afrique *(f)*
African africain, -e
after après
afternoon après-midi *(m)*; **in the ~** de l'après-midi
afterwards après; ensuite
again: once ~ encore une fois
against contre
age âge *(m)*
to age vieillir
agent agent, -e *(m, f)*; **travel ~** agent de voyage
ago il y a
to agree être d'accord; se mettre d'accord; **Agreed?** C'est d'accord?
AIDS SIDA *(m)*
air-conditioned climatisé, -e
airplane avion *(m)*
airport aéroport *(m)*
alarm clock réveil-matin *(m)*
alarming alarmant, -e
alas hélas; malheureusement
to alert alerter
Algeria Algérie *(f)*
Algerian algérien, -enne
all tout, tous, tout(e)s; **~ day** toute la journée; **at ~** du tout; **That will be ~.** Ce sera tout.; **That's ~.** C'est tout.
alley allée *(f)*
to allow permettre (permis)
almost presque
alone seul, -e
aloud à haute voix
alpha wave onde *(f)* alpha

already déjà
also aussi
always toujours; en permanence
A.M. du matin
ambitious ambitieux, -euse
America Amérique *(f)*
American américain, -e; **Native ~** amerindien, -enne
among parmi
amphitheater amphithéâtre *(m)*
amusing drôle; amusant, -e
anatomy anatomie *(f)*
ancient ancien, -enne
and et; **And what else?** Et avec ça?
angry fâché, -e; **to get ~ with** se fâcher contre
ankle cheville *(f)*
to announce annoncer, faire part de
anonymous anonyme
another un autre
to answer répondre (à)
answer réponse *(f)*
antibiotics antibiotique *(m)*
antique antiquité *(f)*; **~ dealer** antiquaire *(m)*
anxiety inquiétude *(f)*
anymore: not ~ ne...plus
apartment appartement *(m)*; **~ building** immeuble *(m)*
to apologize s'excuser
to appear avoir l'air; sembler; paraître (paru)
apple pomme *(f)*
appointment rendez-vous *(m)*
to appreciate apprécier; **~ the pleasures of** goûter les joies de
April avril *(m)*
Arabic arabe *(m)*
architect architecte *(m, f)*
architecture architecture *(f)*
area superficie *(f)*
area code indicatif *(m)*
arena arène *(f)*
to argue se disputer
arm bras *(m)*
armchair fauteuil *(m)*
armistice armistice *(f)*; fin *(f)* des hostilités

to arrange arranger, régler; **~ a date** fixer une date

arrival arrivée (f); **upon ~** en arrivant, dès mon arrivée

to arrive arriver

around autour de; environ; **~ 10:00** vers 10h

art art (m); **~ history** histoire (f) de l'art

as comme; **~ old ~** aussi vieux que; **~ soon ~** aussitôt que, dès que

ashamed: to be ~ avoir honte

Asia Asie (f)

to ask (for) demander; **to ~ a question** poser une question

asleep : to fall ~ s'endormir

asparagus asperges (f pl)

aspirin aspirine (f)

to assemble réunir; **to ~ a file** constituer un dossier

assistant: teaching ~ assistant, -e (m, f)

Assumption Assomption (f)

to assure assurer

at à, en; **to work ~ Hewlett-Packard** travailler chez Hewlett-Packard

athlete musclé, -e (m, f) (colloq.)

athletic sportif, -ive

to attend assister à

to attract attirer

audiotape cassette (f) audio

to augment augmenter

August août (m)

aunt tante (f)

authority autorité (f)

autonomous autonome

autumn automne (f); **in the ~** en automne

avenue avenue (f)

average moyen, -enne; moyenne (f)

to avoid éviter

award prix (m); **with many ~s** titré, -e

away: to go ~ s'en aller

B

B.A. or B.S. degree licence (f)

B.C. avant Jésus-Christ

back dos (m); **~ country** arrière-pays (m); **to be ~** être de retour

backpack sac (m) à dos

bad mauvais, -e; **The weather is ~.** Il fait mauvais.; **too bad** malheureusement

badly mal

bag sac (m)

bakery boulangerie (f)

balance équilibre (m)

to balance équilibrer

ballet ballet (m)

banana banane (f)

bank banque (f); **~ of a river** rive (f)

bargain bonne affaire (f)

barrier barrière (f)

baseball base-ball (m)

basketball basket (m); **to play ~** faire du basket

bathing suit maillot (m) de bain

bathroom salle (f) de bains; W.-C. (m pl); toilettes (f pl); **~ sink** lavabo (m)

bathtub baignoire (f)

bay baie (f); **~ window** baie vitrée

to be être (été)

beach plage (f); **~ umbrella** parasol (m)

bean haricot (m)

beautiful beau (bel), belle; **It's ~ weather.** Il fait beau.

because parce que; car

to become devenir (devenu); **to ~ sick** tomber malade

bed lit (m); **in ~** au lit; **bunk ~s** lits superposés; **twin ~** lit jumeau; **to go to ~** se coucher; **to make the ~** faire le lit

bed-and-breakfast (in the countryside) gîte (m) rural

bedroom chambre (f)

beef bœuf (m)

beer bière (f)

before avant

to begin commencer; se mettre à + *infinitif*

beginning début (m)

behavior comportement (m)

behind derrière

beige beige

Belgian belge

Belgium Belgique (f)

belief croyance (f)

to believe croire (cru); **to ~ in** croire à

belly ventre (m)

to belong to être à; **Whom does it ~ to?** C'est à qui?

belongings affaires (f pl)

below ci-dessous; en bas

belt ceinture (f)

beneath sous

to benefit bénéficier

benefits avantages (m pl) sociaux; bénéfices (m pl)

best meilleur, -e; mieux

better: ~ than meilleur, -e que; mieux que; **it's ~** il vaut mieux; il est préférable; **It would be ~ that...** Il vaut mieux que...; **That's ~.** Ça va mieux.

between entre

beverage boisson (f)

bicycle bicyclette (f), vélo (m); **by ~** à vélo

big grand, -e; gros, grosse

bill (money) billet (m)

bill (in a restaurant) addition (f)

billion milliard (m)

biodegradable bio-dégradable

biography biographie (f)

biology biologie (f)

birthday anniversaire (m)

bit morceau (m); **a little ~ more ...** encore un peu de...

black noir, -e

blackboard tableau (m) (noir)

blazer veste (f)

blended recomposé, -e

blessing bénédiction (f)

blond blond, -e

blouse chemisier (m)

to blow out candles souffler les bougies

blue bleu, -e; **~ jeans** jean (m)

boat bateau (m); **to go boating** faire du bateau

body corps (m)

bold hardi, -e

book livre (m)

to book (rooms, seats, etc.) faire des réservations

bookcase étagère (f)

bookstore librairie (f)

boots bottes (f pl)

bore ennuyer; **to be bored** s'ennuyer

boring ennuyeux, -euse

born: I was ~ Je suis né, -e

to borrow emprunter

boss patron, -onne (m, f)

both tous (toutes) les deux

bottle bouteille (f)

bottom derrière (m)

boulevard boulevard (m)

bowl bol (m)

box boîte (f)

boy garçon (m); **~friend** petit ami (m)

bracelet bracelet (m)

Brazil Brésil (m)

Brazilian brésilien, -enne

bread pain (m)

to break down (car) tomber en panne

breakdown panne (f) de voiture; **to have a ~** tomber en panne

breakfast petit déjeuner (m)

to breathe respirer

bridge pont (m)

brilliant brillant, -e

to bring amener, apporter; **to ~ back** ramener; **to ~ together** réunir

Brittany Bretagne (f)

brochure brochure (f)

brother frère (m); **~ in law** beau-frère

brown marron (inv.), brun, -e; **chestnut ~** châtain (inv.)

brunette brun, -e

to brush se brosser

buckled, closed bouclé, -e (colloq.)

Buddhist bouddhiste

buffet buffet (m)

to build construire (construit)

building bâtiment (m); **~s** installations (f)

bulletin board tableau (m) d'affichage

bus autobus (m), car (m)

business affaires (*f pl*); commerce (*m*); entreprise (*f*); **~ acumen** sens (*m*) des affaires; **small ~ owner** commerçant, -e (*m, f*)

businessman (-woman) homme (femme) d'affaires

busy chargé, -e

but mais; **~ of course!** Mais si!

butter beurre (*m*)

butterfly papillon (*m*)

to buy acheter

by par; **~ plane** en avion; **~ using** en utilisant; **~ the way** au fait, à propos

C

cafeteria cafétéria (*f*)

café café (*m*)

cake gâteau (*m*)

calculation calcul (*m*)

calculator calculatrice (*f*)

calendar calendrier (*m*)

call appel (*m*)

to call téléphoner à; appeler; **to ~ again** rappeler

calm calme, tranquille

camp colonie (*f*) de vacances

to camp camper; faire du camping

camping camping (*m*); **to go ~** faire du camping

campus campus (*m*)

can boîte (*f*)

can, to be able pouvoir (pu)

Canada Canada (*m*)

Canadian canadien, -enne

candidate candidat, -e (*m, f*)

capital capitale (*f*)

car auto (*f*), voiture (*f*)

card carte (*f*); **credit ~** carte de crédit; **to play ~s** jouer aux cartes

cardinal points points (*m*) cardinaux

care: to take ~ of s'occuper de; soigner; **to take ~ of oneself** se soigner

career carrière (*f*)

careful: to be ~ (of) faire attention (à)

caretaker concierge (*m, f*)

to carry porter

carrot carotte (*f*)

case cas (*m*); **in any ~** en tout cas; d'ailleurs; **it is/it is not the ~** c'est/ce n'est pas le cas

cash argent (*m*) liquide

cash register caisse (*f*)

cassette tape cassette (*f*)

castle château (*m*)

cat chat (*m*)

to catch attraper

cathedral cathédrale (*f*)

catholic catholique

CD compact (*m*); disque (*m*) compact; **~-ROM** CD-ROM (*m*)

to celebrate célébrer, fêter

center centre (*m*)

centimeter centimètre (*m*)

central central, -e

centralized centralisé, -e

century siècle (*m*)

cereal céréales (*f pl*)

certain certain, -e; sûr, -e

chair chaise (*f*)

chalk craie (*f*)

chalkboard tableau (*m*)

chance (opportunity) occasion (*f*); **by ~** par hasard; **to have the ~ to** avoir l'occasion de

change (coins) monnaie (*f*)

to change changer; se transformer; **to ~ one's mind** changer d'avis

chapter chapitre (*m*), dossier (*m*)

characteristic caractéristique (*f*)

cheap bon marché, pas cher; **the cheapest possible** le meilleur marché possible

check chèque (*m*); **restaurant ~** addition (*f*)

to check surveiller; vérifier

cheese fromage (*m*)

chemical produit (*m*) chimique

chemistry chimie (*f*)

cherry cerise (*f*)

chess échecs (*m pl*)

chest poitrine (*f*)

chest of drawers commode (*f*)

chestnut brown châtain (*inv.*)

chicken poulet (*m*)

chief principal, -e; chef (*m*)

child enfant (*m*)

chimney cheminée (*f*)

China Chine (*f*)

Chinese chinois, -e

chocolat chocolat (*m*)

to choose choisir

Christian chrétien, -enne

Christmas Noël (*m*)

chunk morceau (*m*)

church église (*f*)

circus cirque (*m*)

citizen citoyen, -enne (*m, f*)

city ville (*f*); **~ hall** hôtel (*m*) de ville; mairie (*f*)

civilian civil, -e

civil servant fonctionnaire (*m, f*)

class classe (*f*); cours (*m*); **in ~** en cours

classic, classical classique

classified ads petites annonces (*f pl*)

classmate camarade (*m, f*) (de classe)

clean propre

to clean nettoyer; **to ~ one's room** faire sa chambre

clear clair, -e

to clear the table débarrasser la table

clever habile, intelligent

climate climat (*m*)

climbing: to go rock ~ faire de l'escalade

to close fermer

close to près de; proche; **very ~** tout près (de)

closet armoire (*f*); placard (*m*); penderie (*f*)

clothes vêtements (*m pl*); garde-robe (*f*)

cloud nuage (*m*); **It's cloudy.** Il y a des nuages.

club club (*m*)

coach (sports) entraîneur, -euse (*m, f*)

coast côte (*f*)

coat manteau (*m*)

coffee café (*m*)

coin pièce (*f*) de monnaie

cold froid, -e; froid (*m*); **It's cold.** Il fait froid.

colleague collègue (*m, f*)

to collect collectionner

collective collectif, -ive

college faculté (*f*); **~-level** universitaire; **to go to ~** faire des études universitaires

color couleur (*f*); **what ~?** de quelle couleur?

to comb one's hair se coiffer

combination combinaison (*f*)

to come venir (venu); **to ~ back** revenir; **to ~ in** entrer; **to ~ out** sortir

comfort confort (*m*)

comfortable confortable; **to get ~** se mettre à l'aise

comma virgule (*f*)

common, shared commun, -e

communication communication (*f*)

companion compagnon (*m*)

company entreprise (*f*), société (*f*); **~ car** voiture (*f*) de fonction

to compare comparer

competent compétent, -e

competitive compétitif, -ive

to complain se plaindre; **he complains enough about it** il s'en plaint assez

complaint plainte (*f*)

completely tout, -e

complicated compliqué, -e

composition rédaction (*f*)

computer ordinateur (*m*); **~ programmer** programmeur, -euse (*m, f*); **~ science** informatique (*f*)

concert concert (*m*)

condition : on the ~ that à condition que

confetti confetti (*m*)

to congratulate faire des compliments

congratulations félicitations (*f pl*)

connoisseur amateur (*m*)

conscientious consciencieux, -euse

conservative traditionnel, -elle, conservateur, -trice

consonant consonne (*f*)

constraint contrainte (*f*)

constructed, built construit, -e

to consume consommer
consumer consommateur, -trice *(m, f)*
contagious contagieux, -euse
to contain contenir (contenu)
continent continent *(m)*
continental continental, -e
to continue continuer, poursuivre
continuous grading notation *(f)* continue
to contribute contribuer
convenient pratique
cook: a superb ~ cordon *(m)* bleu
to cook faire la cuisine
cookie biscuit *(m)*
cooking cuisine *(f)*
cool frais; **It's ~.** Il fait frais.
cooperative coopératif, -ive
corner coin *(m)*; **at the ~ of** à l'angle de
to correct corriger
cosmopolitan cosmopolite
cost coût *(m)*
to cost coûter; **it ~s** ça fait
couch canapé *(m)*
cough toux *(f)*; **to ~** tousser
counsel conseil *(m)*
counselor conseilleur, -ère *(m, f)*
to count compter
country pays *(m)*; campagne *(f)*; **in the ~** à la campagne
countryside campagne *(f)*
couple couple *(m)*
Courage! Bon courage!
course cours *(m)*; **first ~ (of a meal)** entrée *(f)*; **of ~** bien sûr, bien entendu; **But of ~!** Mais si!
courtyard cour *(m)*
cousin cousin, -e *(m, f)*
cracker biscuit *(m)*
crazy fou (fol), folle
cream crème *(f)*
to create créer
creative créateur, -trice
creativity: to show ~ montrer de l'originalité
credit card carte *(f)* de crédit
cross croix *(m)*
to cross traverser
crowd foule *(f)*
cuisine cuisine *(f)*
cultural culturel, -elle
cultured, well-educated person cultivé, -e *(m, f)*
cup tasse *(f)*; coupe *(f)*
cupboard placard *(m)*
curious curieux, -euse
current actuel, -elle
curriculum cursus *(m)*
custom habitude *(f)*; **~-made** sur mesure
customer client, -e *(m, f)*; **~ base** clientèle *(f)*
customs douane *(f)*
to cut couper; **to cut class** sécher un cours; rater

D

dairy products produits laitiers
dance danse *(f)*; bal *(m)*
to dance danser
dancer danseur, -euse *(m, f)*
dangerous dangereux, -euse
dark foncé; **~-haired** brun, -e
Darn! Zut!
date date *(f)*; rendez-vous *(m)*
to date from dater de
daughter fille *(f)*
day jour *(m)*, journée *(f)*; **What ~ is it?** Quel jour est-ce/sommes-nous?; **in those ~s** à cette époque; **the ~ after** le lendemain; **the ~ before** la veille; **three times a ~** trois fois par jour
dead mort, -e
deal: It's a good/bad ~. C'est une bonne/mauvaise affaire.
dear cher, chère
death mort *(f)*
debauchery débauche *(f)*
to deceive décevoir (déçu)
December décembre *(m)*
decentralized décentralisé, e
to decide décider (de); **to ~ to (do something)** se décider à + *inf.*
decision décision *(f)*; **to make a ~** prendre une décision
decisive décisif, -ive
to decorate décorer
decorative décoratif, -ive
deep-sea diving plongée *(f)* sous-marine; **to go ~** faire de la plongée sous-marine
to defend défendre (défendu)
to define définir
degree diplôme *(m)*; **~ of satisfaction** degré *(m)* de satisfaction
deli charcuterie *(f)*
delicious délicieux, -euse
delighted ravi, -e, enchanté, -e
to demand exiger
democracy démocratie *(f)*
dentist dentiste *(m, f)*
to depart repartir
department département *(m)*; **(of a store)** rayon *(m)*
department store grand magasin *(m)*; **discount department store** Miniprix *(m)*
departure départ *(m)*
to depend dépendre (de); **That ~s on ...** Ça dépend de...
depressed déprimé, -e
depression dépression *(f)*
derisory, ridiculous dérisoire
descending décroissant, -e; **in ~ order** en ordre d'importance décroissante
to describe décrire (décrit)
description description *(f)*
to deserve mériter

designed for destiné à
to desire avoir envie de; vouloir (voulu)
desk bureau; **front ~ (of hotel)** réception *(f)*
destination destination *(f)*
destructive destructeur, -trice
to develop développer
diagnosis diagnostic *(m)*
dessert dessert *(m)*
detail détail *(m)*; **to give ~s** préciser
to develop développer
device appareil *(m)*
devoted to consacré, -e à
diagnosis diagnostic *(m)*
dictionary dictionnaire *(m)*
to die mourir (mort)
diet: to be on a ~ être au régime; **to go on a ~** faire un régime
dietary alimentaire
difficult difficile
to diminish diminuer
to dine dîner
dining room salle *(f)* à manger
dinner dîner *(m)*; **to have ~** dîner
diploma diplôme *(m)*
diplomat diplomate *(m, f)*
direction direction *(f)*, sens *(m)*
directly directement
disadvantage inconvénient *(m)*
disagreeable désagréable
to disappoint décevoir (déçu)
discipline discipline *(f)*
disciplined discipliné, -e
discotheque discothèque *(f)*
to discover découvrir (découvert)
discreet discret (-ète)
to discuss discuter (de)
discussion discussion *(f)*
dish plat *(m)*; **to do dishes** faire la vaisselle
dishonest malhonnête
dishwasher lave-vaisselle *(m)*
diskette disquette *(f)*
to dislike détester
distinctive distinctif, -ive; **~ sign** signe *(m)* particulier
to distinguish distinguer
diverse divers, -e
diversity diversité *(f)*
to divide diviser
divorce: to (get a) ~ divorcer
divorced divorcé, -e
to do faire (fait); **to ~ one's homework** faire ses devoirs; **to ~ the cooking** faire la cuisine; **to ~ the dishes** faire la vaisselle; **to ~ the housework** faire le ménage
doctor médecin *(m)*; **~'s office** cabinet *(m)*
dog chien *(m)*
door porte *(f)*; **French ~** porte-fenêtre *(f)*
dorm(itory) résidence *(f)* universitaire; **~ complex** cité *(f)* universitaire

dot: on the ~ pile
doubt doute (m)
to doubt douter
doubtful: it is ~ il est douteux
down: to go ~ descendre
down-to-earth: on a more ~ level sur un plan plus terrestre
downtown centre-ville (m)
dozen douzaine (f)
drama l'art (m) dramatique
to draw dessiner; **to ~ a conclusion** tirer une conclusion
drawing dessin (m)
dream rêve (m), songe (m)
to dream rêver
dress robe (f)
dressed habillé, -e; **to get ~** s'habiller
dresser commode (f)
drink boisson (f)
to drink boire (bu)
to drive conduire
drug (legal) médicament (m); **(illegal)** drogue (f)
drugstore pharmacie (f)
dry sec, sèche
dunce cancre (m)
during au cours de, durant, pendant; **~ the week** en semaine
duty devoirs (m pl); tâche (f)
to dwell habiter
dwelling habitation (f)
dynamic dynamique

E

each chaque; **~ one** chacun, -e; **with ~ other** l'un(e) avec l'autre
ear oreille (f)
early de bonne heure, en avance, tôt
to earn gagner; **to ~ a living** gagner sa vie
earth terre (f)
earthly terrestre
easily facilement
east est (m)
Easter Pâques (f pl)
easy facile
to eat manger; se nourrir; **to ~ a meal** prendre un repas; **to sit down to ~** se mettre à table
ecological écologiste; **ecologically safe product** produit (m) vert
ecology écologie (f)
economics sciences (f pl) économiques
economy économie (f)
edge bord (m); **at the ~ of** à la périphérie de
education formation (f); enseignement (m); **higher ~** enseignement supérieur
effect effet (m)
effective efficace

efficient efficace
egg œuf (m)
elbow coude (m)
elective facultatif, -ive; option (f)
electric électrique
electronic électronique; **~ game** jeu (m) électronique
elegant élégant, -e
element élément (m)
elevator ascenseur (m)
elitist élitiste
embankment (avenue) quai (m)
to embark on (something) se lancer
emergency urgence (f); **in case of~** en cas d'urgence
employee employé, -e (m, f)
employment emploi (m)
empty vide
to encounter rencontrer
end fin (f); bout (m); **at the ~ of** au bout de
energetic énergique
engaged: to get ~ (to) se fiancer (avec)
engagement fiançailles (f pl)
engineer ingénieur (m)
England Angleterre (f)
English anglais, -e
to enjoy apprécier; profiter de; **~ your meal!** Bon appétit!
enough assez (de); **it's ~** il suffit...; **That's ~!** Ça suffit!
to enrich enrichir
to enroll s'inscrire
to enter entrer dans
enterprise entreprise (f)
to entertain recevoir (reçu)
entertainment distraction (f)
enthusiastic enthousiaste
entrance entrée (f)
entryway hall (m) d'entrée
environment environnement (m); milieu (m) social
equality égalité (f)
era époque (f)
errand course (f); **to run ~s** faire les courses
escape échappatoire (f)
to escape échapper à
especially surtout
essay dissertation (f); disserte (f) (colloq.)
essential essentiel, -elle; fondamental, -e; indispensable; **It's ~ that...** Il est essentiel que...
to establish établir
Ethiopian éthiopien, -enne
ethnic ethnique
European européen, -enne; **~ soccer competition** la coupe d'Europe de football
eve veille (f)
even même
evening soir (m), soirée (f); **Good ~.**

Bonsoir.; **in the ~** du soir
ever jamais
every chaque; **~ day/year** tous les jours/ans; **every [Tuesday]** le [mardi]; **~ week** toutes les semaines
everybody tout le monde
everyone chacun, -e
evidently évidemment
to exaggerate exagérer
exam examen (m); **final ~** examen de fin d'année, examen de fin de semestre,
example exemple (m); **for ~** par exemple
excess excès (m)
exchange échange (f); **~ exchange program** programme (m) d'échange
to exchange échanger
exciting passionnant, -e
exclusively exclusivement
excuse excuse (f); **~ me...** Pardon...
executive cadre (m)
exercise exercice (m)
exhibit exposition (f)
exhibition exposition (f)
to exist exister
to exit sortir
expenses frais (m pl)
expensive cher (chère); **to be ~** coûter cher
experience expérience (f); **to have ~ with** faire de l'expérience de
to explain expliquer
explanation explication (f)
to explore explorer
to express exprimer; s'exprimer
expressway autoroute (f)
exterior extérieur (m)
extraordinary extraordinaire
extremely extrêmement
eye œil (m) (pl yeux)
eyebrow sourcil (m)
eyeglasses lunettes (f pl)

F

façade façade (f)
face figure (f), visage (m)
fact fait (m); **in ~** en fait
factor facteur (m)
to fail (a test) rater, échouer à
fair juste
faithful fidèle
fall automne (m); **in the ~** en automne
to fall tomber; **to ~ asleep** s'endormir
false faux, fausse
family famille (f); **as a ~** en famille; **pertaining to the ~** familial, -e
famous célèbre
fan fanatique (m, f); fana (colloq.)
fantastic super
far (from) loin (de); **~ too much** beaucoup trop

faraway lointain, -e
farm ferme (f)
farmer agriculteur, -trice (m, f)
fashion mode (f); **in ~** à la mode
fast vite
fat gros, grosse; gras, grasse
father père; **~-in-law, stepfather** beau-père
fault faute (f)
favorite favori, -e, préféré, -e
fax machine télécopieur (m)
feast festin (m)
feature trait (m)
February février (m)
to feel se sentir; éprouver; **~ good** se sentir bien; **I ~ better.** Je vais mieux.; **~ like** avoir envie de
festival festival (m), fête (f)
fever fièvre (f)
few peu de; **a ~** quelques
fiance fiancé, -e (m, f)
to fight se disputer
file dossier (m)
to fill remplir; **to ~ out (a form)** remplir un formulaire; **~ up (a gas tank)** faire le plein
filled chargé, -e
finally enfin; **to ~ (do something)** finir par (+ infin)
finances finances (f pl)
financing financement (m)
to find trouver; retrouver
fine: I'm ~. Je vais bien.
finger doigt (m)
to finish finir
fireworks feu (m) d'artifice
firm entreprise (f)
first premier, -ière; **~ of all** d'abord, en priorité
fish poisson (m)
fishing pêche (f); **to go ~** aller à la pêche
to fix one's hair se coiffer
flexibility souplesse (f)
flight vol (m)
floor étage (m); **ground ~** rez-de-chaussée (m); **on the second ~** au premier étage
flower fleur (f); **~ bed** massif (m) de fleurs
flu grippe (f)
fog brouillard (m)
to follow suivre (suivi); **followed by** suivi, -e de; **following** suivant, -e
food alimentation (f), nourriture (f), aliments (m pl)
foot pied (m); **on ~** à pied
football football (m) américain
for pour; **~ an hour** pendant une heure; **~ hours** depuis des heures
to forbid défendre (défendu)
forehead front (m)
foreign étranger(-ère)

forest forêt (f)
forever depuis toujours
to forget oublier
to forgive pardonner
fork fourchette (f)
formal formel, -elle
to form former
former ancien, -enne
fortunately heureusement
fragrant parfumé, -e
frank franc, franche
frankly franchement
free gratuit, -e, libre; **~ time** temps (m) libre
freedom liberté (f)
freezer congélateur (m)
French français, -e; **~ door** porte-fenêtre (f); **~ fries** frites (f pl)
French-speaking francophone
frequent fréquent, -e
frequented fréquenté, -e
fresh frais, fraîche
Friday vendredi (m)
friend ami, -e (m, f); copain, copine (m, f); **close ~** intime (m, f); **to make friends** se faire des copains
from de; à partir de; **~ the beginning** dès le début
front: in ~ of devant
fruit fruit (m); **~ juice** jus (m) de fruit
to fulfill réaliser
full complet, -ète; **I'm ~.** Je n'en peux plus. (colloq.)
fun: to have ~ s'amuser
function fonction (f)
to function fonctionner
functional fonctionnel, -elle
funny drôle, amusant, -e
furious furieux, -euse
furnished meublé, -e
furniture meubles (m pl)
future avenir (m), futur (m)

G

to gain weight grossir
game jeu (m), match (m); **to play a ~ of tennis** faire une partie de tennis
garage garage (m)
garden jardin (m)
gasoline essence (f); **to get a full tank of ~** faire le plein
to gather se réunir
gay, joyous gai, -e
gender genre (m)
general général, -e; **in ~** en général, généralement
generally en général, généralement
generous généreux , -euse
genius génie (m)
geography géographie (f), géo (f) (colloq.)

German allemand, -e
Germany Allemagne (f)
to get obtenir (obtenu); **to ~ along** se débrouiller; s'entendre; **to ~ angry** s'énerver, se fâcher contre; **to ~ in (car, bus, etc.)** monter dans; **to ~ off** descendre de; **to ~ ready** se préparer; **to ~ settled (in)** s'installer (dans); **to ~ sick** tomber malade; **to ~ up** se lever; **to ~ upset** s'énerver
Ghanaian ghanéen, -enne
gift cadeau (m)
girl fille (f); **~friend** petite amie (f)
to give donner; offrir (offert); **to ~ a tour** faire visiter; **to ~ back** rendre (rendu)
gladly volontiers; Je veux bien.
glass verre (m); **wine ~** verre à vin
glasses lunettes (f pl)
glove gant (m)
glowing brillant, -e
to go aller; **Let's ~!** Allons-y!; **to ~ back** rentrer, retourner, repartir; **to ~ to bed** se coucher; **to ~ by (time)** passer; **to ~ camping** faire du camping; **to ~ to college (university)** faire des études universitaires; **to ~ down** descendre; **to ~ for a walk** faire des promenades; **to ~ in** entrer; **to ~ to the market** faire le marché; **to ~ out** sortir; **to ~ rock climbing** faire de l'escalade; **to ~ shopping** faire les courses; **to ~ skiing** faire du ski; **to ~ up** monter; **to ~ well/badly** bien/mal se passer
goal but (m)
God Dieu
good bon, bonne; **~ evening.** Bonsoir.; **~ idea!** Bonne idée!; **~ morning.** Bonjour.; **Be ~.** Sois sage.; **to be in ~ shape** être en bonne forme; **Real ~!** Super!; **to feel ~** se sentir bien; **to have a ~ time** s'amuser
good-bye au revoir, salut
gothic gothique
government: the federal ~ l'état (m)
grade note (f); **to get a passing ~** avoir la moyenne; **continuous grading** notation (f) continue
gram gramme (m)
grammar grammaire (f)
grand: ~daughter petite fille; **~son** petit fils; **~children** petits-enfants (m pl); **~father** grand-père; **~mother** grand-mère; **~parents** grands-parents (m pl)
grandiose grandiose
great grand, -e; formidable; **a ~ deal** beaucoup; **That's ~!** C'est extra!
Great Britain Grande-Bretagne (f)
Greece Grèce (f)
Greek grec, grecque
green vert, -e; **~ beans** haricots (m pl) verts
grey gris, -e

grocery shopping: to go ~ faire le marché
grocery store épicerie (f)
ground floor rez-de-chaussée (m)
group groupe (m); **~ of friends** bande (f) des copains
to grow, grow up grandir; pousser
growing croissant, -e
growth croissance (f)
Guadelupian guadeloupéen, -enne
guaranteed assuré, -e
to guess deviner
guest invité, -e (m, f)
guitar guitare (f)
gymnasium gymnase (f); salle (f) de gym(nastique)

H

hair cheveux (m pl); **~dresser** coiffeur, -euse (m, f); **to comb one's ~** se coiffer
Haitian haïtien, -enne
half demi (m); moitié (f); **~-brother** demi-frère (m); **~-sister** demi-sœur (f)
hallway couloir (m), foyer (m)
ham jambon (m)
hand main (f); **on one ~...on the other** d'un côté...de l'autre; **to ~ in** remettre, rendre
handbag sac (m)
handbook: student ~ livret (m) d'étudiant
handicapped handicapé, -e
hang gliding parapente (m)
to hang up (telephone) raccrocher
to happen se passer, arriver
happiness bonheur (m)
happy heureux, -euse; content, -e
hard dur, -e; **~-working** travailleur, -euse
hat chapeau (m)
to hate détester, avoir horreur de
to have avoir (eu); **to ~ (something to eat)** prendre; **to ~ to (do something)** devoir; **to ~ just ...** venir de (+ infin.)
head tête (f)
health santé (f); **in good/bad ~** en bonne/mauvaise santé; **Here's to your ~!** (À votre) santé!; **~ insurance** assurance (f) médicale
healthy sain, -e
to hear entendre (entendu); **to ~ about** entendre parler de; **to ~ that** entendre dire que
heart cœur (m)
heating chauffage (m)
heel talon (m)
hello bonjour; salut; **(on the telephone)** allô
her son, sa, ses
heredity hérédité (f)
hero héros (m)
heroine héroïne (f)

here ici; **Here's...** Voici...
hesitation: without any ~ sans hésitation
to hesitate hésiter
Hey! Tiens!
hi salut
to hide se cacher
high élevé, -e; haut, -e; **higher** supérieur, -e; plus haut
high-heeled shoes chaussures (f pl) à talon
high school lycée (m); **~ school student** élève (m, f); lycéen, -enne
high-top sneakers baskets (m)
hike balade (f) (colloq.)
hiking: ~ trail chemin (m) de grande randonnée; **to go ~** faire des randonnées
to hire embaucher
his son, sa, ses
historic historique
history histoire (f)
hockey: ice ~ hockey (m) sur glace
to hold tenir
holiday jour (m) férié; jour de fête, fête (f)
home: at the ~ of chez; **at ~** à la maison, chez moi (toi, lui, etc.); **to go ~** rentrer
homebody pantouflard, -e (m, f)
homework: to do one's ~ faire ses devoirs
homogenous homogène
honest honnête
to hope espérer
horrible horrible; affreux, -euse
horseback: ~ riding équitation (f); **on ~** à cheval
hose (stockings) bas (m pl)
hospital hôpital (m)
host/hostess hôte (m); hôtesse (f)
hot chaud, -e; **It's ~ (weather).** Il fait chaud.
hotel hôtel (m)
hour heure (f)
house maison (f); **country ~** maison de campagne
household ménage (m); **~ responsibilities** responsabilités (f) ménagères
housework ménage (m); **to do ~** faire le ménage
how comment; **~ much (~ many)** combien (de); **~ are you?** Comment allez-vous? Comment ça va?; **~ does one say ...?** Comment dit-on... ?; **~ much is it?** Ça fait combien?; **~ to get there?** Comment y arriver?
however cependant; pourtant
human humain, -e
humor humour (m)
hundred: about a ~ centaine (f)
hunger faim (f)
hungry: to be (very) ~ avoir (grand/très) faim

to hurry se dépêcher; **in a ~** pressé, -e; en vitesse
to hurt (somewhere) avoir mal à
husband mari (m)

I

ice cream glace (f)
idea idée (f)
ideal idéal, -e
idealistic idéaliste
to identify identifier
idol idole (f)
if si
illness maladie (f)
to illustrate illustrer
to imagine imaginer
immediately tout de suite; immédiatement
immense, huge immense
impatient impatient, -e; **to get ~** s'impatienter
important important, -e
imported importé, -e
to impose imposer
to impress impressionner
impression: to make a good ~ faire une bonne impression
to improve améliorer; faire des progrès
in à; en; dans; **~ addition** en plus; **~ fact** en fait; **~ front of** devant;
incomplete incomplet, -ète
to increase augmenter
independence indépendance (f)
independent indépendant, -e
India Inde (f)
Indian indien, -enne; hindou
to indicate indiquer
indispensable indispensable
individual individuel, -elle; individu (m)
industrial, industrialized industriel, -elle
infectious contagieux, -euse
to influence influencer
information renseignements (m pl); **to get ~ about** se renseigner (sur)
inhabitant habitant, -e (m, f)
initiative initiative (f); **to take the ~** prendre l'initiative
inn auberge (f)
inside à l'intérieur de; dans
to insist on tenir à
institution établissement (m)
instrument: musical ~ instrument (m) de musique
intelligent intelligent, -e
to intend to avoir l'intention
to interact with avoir des contacts
interest intérêt (m)
interested: to be ~ in s'intéresser à
interesting intéressant, -e
international international, -e, mondial, -e

intersection carrefour *(m)*
interview interview *(f)*; entretien *(m)* (professionnel)
to ~ interviewer
to introduce présenter; **let me ~ ...** je vous présente...
introverted renfermé, -e
invitation invitation *(f)*
to invite inviter; **Are you inviting me?** Tu m'invites?
to invoke invoquer
involved: to be ~ with pratiquer
iron fer *(m)* à repasser; **~ing board** table *(f)* à repasser
island île *(f)*
Isn't it? N'est-ce pas?
isolated isolé, -e
Israel Israël *(m)*
Israeli israélien, -enne
Italian italien, -enne
Ivory Coast Côte d'Ivoire *(f)*

J

jacket blouson *(m)*; **ski ~** anorak *(m)*; **sport ~** veste *(f)*
jam confiture *(f)*
January janvier *(m)*
Japan Japon *(m)*
Japanese japonais, -e
jealously jalousement
jewelry bijoux *(m pl)*; **piece of ~** bijou *(m)*
Jewish juif, juive
job job *(m)*, poste *(m)*, travail *(m)*, emploi *(m)*, boulot *(m)*, métier *(m)*; **~ offer** offre *(m)* d'emploi
to jog faire du footing
jogging footing *(m)*
to joke plaisanter
journalism journalisme *(m)*
journalist journaliste *(m, f)*
joy joie *(f)*
juice jus *(m)*; **fruit ~** jus *(m)* de fruit
July juillet *(m)*
June juin *(m)*
just juste; **to have ~ (done something)** venir de (+ *inf.*)

K

to keep garder, conserver; **to ~ a promise** tenir une promesse
key clé *(f)*
kilogram kilo *(m)*
kind (nice) gentil, -ille
kind (type) genre *(m)*; sorte *(f)*
king roi *(m)*
to kiss (each other) (s')embrasser
kitchen cuisine *(f)*; **~ sink** évier *(m)*
knee genou *(m)*
knife couteau *(m)*

to know connaître (connu); savoir (su);
as you already ~ comme vous savez

L

laboratory laboratoire *(m)*; **~ sessions** travaux *(m pl)* pratiques/dirigés
lake lac *(m)*
lamp lampe *(f)*
landscape paysage *(m)*
language langue *(f)*; **native ~** langue maternelle
large grand, -e; large; gros, grosse; **larger than life** plus grand que nature
last dernier, -ière
late tard; en retard
later plus tard
latest dernier, -ière
Latin latin *(m)*
to laugh rire
laundry linge *(m)*; **to do the ~** faire la lessive; **~ room** lingerie *(f)*
law droit *(m)*
lawn gazon *(m)*
lawyer avocat, -e *(m, f)*
layer couche *(f)*
laziness paresse *(f)*
lazy paresseux, -euse
to lead mener
to learn apprendre (appris)
least moindre; **the ~** le (la) moins; **at ~** au moins; du moins
to leave quitter; sortir (sorti); partir (parti); s'en aller; **to ~ alone** laisser tranquille; **to ~ behind** laisser
lecture conférence *(f)*; **~ course** cours *(m)* magistral
left gauche *(f)*; **on your ~** à gauche
leg jambe *(f)*; **~ of lamb** gigot *(m)* d'agneau
leisure loisir *(m)*
to lend prêter
less moins; **~...than** moins de...que
lesson leçon *(f)*
letter lettre *(f)*
lettuce salade *(f)*; laitue *(f)*
level niveau *(m)*
liberal libéral, -e; **~ arts** lettres *(f pl)*
library bibliothèque *(f)*
life vie *(f)*; **~ expectancy** espérance *(f)* de vie; **one who enjoys ~'s pleasures** bon vivant *(m)*
light: ~ blue bleu clair
like comme; **to be ~ each other** se ressembler
to like (each other) (s')aimer, (s')aimer bien; **to ~ better** aimer mieux; **to ~ the best** aimer le mieux; **I would ~ ...** Je voudrais...; j'aimerais...; **How do you like...?** Comment trouvez-vous...?; **I don't much ~** ça ne m'enchante pas

likeable agréable
lip lèvre *(f)*
list liste *(f)*
to listen (to) écouter
liter litre *(m)*
literature littérature *(f)*
little peu; **a ~** un peu
to live vivre (vécu), habiter
living arrangement mode *(m)* d'habitation
living room salle *(f)* de séjour, séjour *(m)*
to loan prêter
local local, -e *(m pl locaux)*
to locate repérer
located situé, -e; **to be ~** se trouver
location emplacement *(m)*; situation *(f)*
long long, longue
longing désir *(m)*
look regard *(m)*
to look (seem) avoir l'air; **to ~ at** regarder; **to ~ for** chercher; rechercher; **to ~ look good/bad** avoir bonne/mauvaise mine; **to ~ strange** faire une drôle de tête
to lose perdre; **to ~ weight** maigrir
lot: a ~ of beaucoup (de); énormément (de); **~s of** des tonnes *(colloq.)*; **~s to do** des tas de choses à faire
love amour *(m)*; **to be in ~ with** être amoureux, -euse de; **to fall in ~ (with)** tomber amoureux, -euse (de)
lover: ~ of amateur de *(m)*; **~s** amoureux *(m pl)*
low bas, basse
luck chance *(f)*; **What (a stroke of) ~!** Quelle chance!
lucky: to be ~ avoir de la chance
lunch déjeuner *(m)*; **to have ~** déjeuner; **~ time** l'heure du déjeuner
lung poumon *(m)*
luxury luxe *(m)*

M

mad: to be ~ être fâché, -e; **to get ~** s'énerver
magazine magazine *(m)*, revue *(f)*
mainly surtout
major (college/university) spécialisation; **to ~ in French** se spécialiser en français
majority la plupart de; majorité *(f)*
to make faire (fait); fabriquer; **to ~ an appointment** prendre rendez-vous; **to ~ it** s'en sortir; **to ~ a reservation** retenir une place
man homme *(m)*
to manage to do something se débrouiller
management gestion *(f)*
mandatory obligatoire

manners manières (*f pl*)

to manufacture fabriquer

many beaucoup; **so ~** tellement (de); **as ~ as** tant que, autant que; **as ~... as** autant de... que; **too ~** trop

map carte (*f*), plan (*m*)

March mars (*m*)

to mark marquer

market marché (*m*), **flea ~** marché au puces; **to go to the ~** faire le marché

marriage mariage (*f*)

married marié, -e; **to get ~** se marier

to marry épouser; **to ~ again** se remarier

master maître (*m*); **~'s degree** maîtrise (*f*)

maternal maternel, -elle

math mathématiques (*f pl*), maths

matter: in ~s of en matière de; **What's the ~?** Qu'est-ce qu'il y a?

May mai (*m*)

maybe peut-être

meal repas (*m*)

meat viande (*f*)

mechanic mécanicien, -enne (*m, f*)

mechanics mécanique (*f*)

medal médaille (*f*)

medical médical, -e; **~ care** soins (*m*) médicaux

médicine médecine (*f*); **to study ~** faire de la médecine

medication médicament (*m*)

Mediterranean Sea Mer (*f*) Méditerranée

to meet faire la connaissance de; rencontrer; retrouver; se réunir; **to ~ each other (by accident)** se rencontrer; **~ each other (by prior arrangement)** se retrouver; **pleased to ~ you** enchanté, -e

meeting rendez-vous (*m*)

member membre (*m*)

to memorize mémoriser

memory souvenir (*m*); **lots of memories** des souvenirs plein la tête

to mention invoquer

menu carte (*f*); menu (*m*)

meter mètre (*m*)

Mexican mexicain, -e

Mexico Mexique (*m*)

microphone micro(phone) (*m*)

microwave oven four (*m*) à micro-ondes

middle milieu (*m*)

midnight minuit (*m*)

milk lait (*m*); **pertaining to ~** laitier(-ère)

million million (*m*)

mimeographed material polycopié (*m*) (*colloq.* polycop)

to miss regretter, manquer; **to ~ or cut (a class or an appointment)** rater

mistake faute (*f*); **to make a ~** se tromper

to mix mélanger

modern moderne

modest modeste

Monday lundi (*m*)

money argent (*m*)

month mois (*m*)

mood: in a good (bad) ~ de bonne (mauvaise) humeur

moon lune (*f*)

more davantage; encore de; **~ than** plus que; **~ ...than** plus de... que; **no ~** ne... plus

morning matin (*m*); **in the ~** du matin

Moroccan marocain, -e

Morocco Maroc (*m*)

Moslem musulman, -e

mosque mosquée (*f*)

most la plupart de; **for the ~ part** en majorité; **the ~** le/la/les plus (de)

mother mère (*f*); **~-in-law, step~** belle-mère (*f*)

to motivate motiver

motivated motivé, -e

motivating motivant, -e

motorcycle moto (*f*), motocyclette (*f*); **by ~** à moto

mountain montagne (*f*); **~ bike** vélo (*m*) tout terrain; VTT (*m*)

moustache moustache (*f*)

mouth bouche (*f*)

movie film (*m*); **~s, ~ theater** cinéma (*m*)

much beaucoup; **so ~** tellement (de); **as ~ as** tant que, autant que; **as ~ much ... as** autant de... que; **too ~** trop

multicolor multicolore

municipal municipal, -e

muscular musclé, -e

museum musée (*m*)

music musique (*f*); **classical ~** musique classique

musical musicien, -enne; **~ instrument** instrument (*m*) de musique

musician musicien, -enne (*m, f*)

must, to have to devoir (dû); **you ~ not** il ne faut pas

mustard moutarde (*f*)

my mon, ma, mes

N

naive naïf, naïve

to name nommer; **to be named** s'appeler

name nom (*m*); **first ~** prénom (*m*); **last ~** nom de famille; **My ~ is ...** Je m'appelle...

nap sieste (*f*); **to take a ~** faire la sieste

napkin serviette (*f*)

national national, -e

native: ~ of originaire de; **Native American** amérindien, -enne

natural naturel, -elle

nature nature (*f*)

near proche; près (de); auprès de; **to get ~** s'approcher de

nearly à peu près; presque

necessary nécessaire; **It's ~ (that)** Il faut (que), Il est nécessaire (que); **it was ~** il fallait

neck cou (*m*)

need besoin (*m*)

to need avoir besoin de; **I ~** Il me faut

negative: in a ~ manner négativement

to negociate négocier

neighbor voisin, -e (*m, f*)

neighborhood quartier (*m*)

nephew neveu (*m*)

nervous nerveux, -euse

Netherlands Pays-Bas (*m pl*)

never ne... jamais

new nouveau (nouvel), nouvelle; neuf, neuve

New Caledonian néo-calédonien, -enne

newcomer nouveau, -elle (*m, f*)

news informations (*f pl*), actualités (*f pl*), nouvelles (*f pl*)

newspaper journal (*m*) (*pl* journaux); **~ or magazine story** reportage (*m*)

New Year's le Nouvel An; **New Year's Eve dinner, party** réveillon (*m*)

next prochain, -e; suivant; ensuite; **~ to** à côté de; **the house ~ door** la maison à côté; **next week** la semaine prochaine; **the ~ page** la page suivante; **the next day** le lendemain; **the ~ morning** le lendemain matin

nice sympa(thique); gentil, -ille; aimable; agréable; **It's nice (weather).** Il fait bon.

niece nièce (*f*)

nightclub boîte (*f*) de nuit

no non; **~ longer** ne... plus

nobody ne...personne

noise bruit (*m*)

nonconformist non-conformiste (*m*)

none aucun, -e

noon midi (*m*)

normal normal, -e

north nord (*m*)

nose nez (*m*)

not: ~bad pas mal; **~ at all** pas du tout; **~ only ... but** non seulement... mais; **~ yet** pas encore

note note (*f*)

to note noter

notebook cahier (*m*)

nothing rien

to notice remarquer; apercevoir (aperçu); constater

noticeable remarquable, sensible

noun nom (*m*)

novel roman (*m*)

November novembre (*m*)

now maintenant, en ce moment; **right ~** pour le moment

nowhere nulle part

nuclear nucléaire

nuisance nuisance (*f*)
number numéro (*m*); nombre (*m*)
nurse infirmier, -ière (*m, f*)
nutrition: having to do with ~
  alimentaire; **nutritionally sound**
  diététique

O

to obey obéir à
obligation obligation (*f*)
obsession obsession (*f*)
to obtain obtenir (obtenu)
obvious évident, -e; **to be ~** ne pas faire
  de doute
obviously évidemment
ocean océan (*m*)
occupation métier (*m*); **What is his/her**
  occupation? Qu'est-ce qu'il/elle fait?
occupied occupé, -e
to occupy occuper
o'clock: 10 ~ 10 heures
October octobre (*m*)
of de; **~ course!** bien sûr!
off-campus hors campus
offer offre (*f*); **job ~** offre d'emploi
to offer offrir (offert); proposer; **to ~ best**
  wishes to offrir des vœux à
office bureau (*m*); **doctor's ~**
  cabinet (*m*)
official officiel, -elle; **~ holiday** jour (*m*)
  férié
often souvent; **as ~ as possible** le plus
  souvent possible
O.K. d'accord; pas mal
old vieux (vieil), vieille; ancien, -enne;
  âgé, -e; **How ~ are you?** Quel âge as-
  tu?; **to grow ~** vieillir
on sur; **~ foot** à pied; **~ Lafayette Street**
  (dans la) rue Lafayette; **~ Mondays** le
  lundi; **~ page 5** à la page 5; **~**
  television à la télévision; **~ the phone**
  au téléphone; **~ the way to** en route
  pour; **~ time** à l'heure
one on; **~ ..., the other** l'un(e)..., l'autre
one-way ticket aller-simple (*m*)
oneself soi-même
onion oignon (*m*)
only ne... que; seulement; **not ~ ... but**
  non seulement... mais
open ouvert, -e; **~-minded** ouvert, -e
to open ouvrir (ouvert); **to ~ right on, to**
  look right out at donner en plein sur
opinion opinion (*f*); **in my ~** a mon avis
opportunity occasion (*f*)
option option (*f*)
optional facultatif, -ive
optimistic optimiste
or ou
oral presentation exposé (*m*)
orange orange (*f*)

order ordre (*m*); **in ~ to** afin de, pour que
to order commander
ordinary ordinaire
organization organisation (*f*);
  association (*f*)
to organize organiser
organized: to get ~ s'organiser
origin origine (*f*)
original original, -e; **in the ~** en version
  originale (v.o.); **originally from**
  originaire de
other autre; **~s** autres, d'autres
our notre, nos
out: to go ~ sortir (sorti)
outdoor display stand (*m*)
outfit tenue (*f*)
outside (of) à l'extérieur (de); en dehors
  (de); hors de
oval ovale
oven four (*m*); **microwave ~** four à
  micro-ondes
over sur; dessus; par-dessus; **~ there** là-
  bas
overcoat manteau (*m*)
to owe devoir (dû)
own propre
owner propriétaire (*m, f*); patron,
  -onne (*m, f*)

P

to pack faire les valises
package paquet (*m*), colis (*m*)
painter peintre (*m*)
painting peinture (*f*), tableau (*m*)
pal copain, copine (*m, f*)
pants pantalon (*m*)
parachuting parachutisme (*m*)
paradise paradis (*m*)
paragraph paragraphe (*m*)
parentheses parenthèses (*f pl*)
parents parents (*m pl*)
Parisian parisien, -enne
park parc (*m*); jardin (*m*) public
parking stationnement (*m*)
part partie (*f*); **for the most ~** pour la
  plupart; en majorité; **in ~** en partie; **to**
  be a ~ of, to take ~ in faire partie de;
  participer à
to participate participer à
particular: in ~ en particulier
partner partenaire (*m, f*)
part-time à mi temps, à temps partiel
party fête (*f*), soirée (*f*), surprise-partie (*f*)
pass passe (*f*)
to pass passer; **to ~ a test** réussir à un
  examen
passionate passionné, -e
passive passif, -ive
past passé (*m*); **in the ~** autrefois
pasta pâtes (*f pl*)

pastime loisir (*m*), passe-temps (*m*)
pastry, pastry shop pâtisserie (*f*)
pâté pâté (*m*)
path allée (*f*), chemin (*m*)
patient patient, -e
patient (sick person) malade (*m, f*)
to pay (for) payer, régler; **to ~ attention**
  faire attention; **to ~ one's own way**
  payer sa part; **to ~ tuition** régler les
  frais d'inscription
pay raise augmentation (*f*) de salaire
peace paix (*f*)
peaceful tranquille
peach pêche (*f*)
pear poire (*f*)
peas petits pois (*m pl*)
to pedal pédaler
pen stylo (*m*)
pencil crayon (*m*)
pen pal correspondant, -e (*m, f*)
people gens (*m pl*), peuple (*m*); on
pepper poivre (*m*)
per par
percent pour cent
percentage pourcentage (*m*)
perfect parfait, -e
perhaps peut-être
period période (*f*); **breaking-in ~**
  période de rodage
permanent permanent, -e
permanently en permanence
to permit permettre (permis)
to persevere persévérer
person personne (*f*); individu (*m*); **in ~**
  en personne
personal personnel, -elle
personality personnalité (*f*)
perspective perspective (*f*)
pessimistic pessimiste
pharmacy pharmacie (*f*)
phase phase (*f*)
philosophy philo(sophie) (*f*)
photocopier photocopieur (*m*)
photograph photo (*f*)
photographer photographe (*m, f*)
physician médecin (*m*)
physics physique (*f*)
piano piano (*m*)
picnic pique-nique (*m*)
pie tarte (*f*)
piece bout (*m*); morceau (*m*); part (*f*);
  apiece la pièce
pill pillule (*f*)
pink rose
pity: It's a ~. C'est dommage.; **What a ~.**
  Quel dommage.
pizza pizza (*f*)
place endroit (*m*); lieu (*m*); **~ setting**
  couvert (*m*)
to place (object) mettre, déposer
plain plaine (*f*)
planned planifié, -e

plans préparatifs (*m pl*), projets (*m pl*)
plant plante (*f*)
to plant planter
plate assiette (*f*)
play pièce (*f*) de théâtre
to play jouer; **(sport)** jouer à; **(musical instrument)** jouer de; **to ~ soccer** faire du foot
player joueur, -euse (*m, f*)
playing field terrain (*m*) de sport
pleasant agréable, aimable
pleased content, -e; **~ to meet you** enchanté, -e
please s'il vous (te) plaît; **Please!** Je t'en prie!
P.M. de l'après-midi, du soir
poet poète (*m*)
police officer agent (*m*) de police
polite poli, -e
political politique; **~ party parti** (*m*) **politique; ~ science** sciences (*f pl*) politiques
politics politique (*f*)
poll sondage (*m*); enquête (*m*)
pollute polluer
polluted pollué, -e
pollution pollution (*f*)
poor pauvre
poorly mal
population population (*f*)
pork porc (*m*)
portion part (*f*)
portrait portrait (*m*)
position situation (*f*), poste (*m*)
possible possible; **It's ~ that...** Il se peut que..., Il est possible que; **That's ~.** Ça se peut bien.
post office bureau (*m*) de poste, poste (*f*)
postage stamp timbre (*m*)
postcard carte (*f*) postale
poster affiche (*m*)
postpone remettre; repousser
potato pomme (*f*) de terre; **mashed potatoes** purée (*f*)
potential potentiel (*m*)
pound livre (*f*)
practical pratique
to practice pratiquer
precious précieux, -euse
to predict prévoir (prévu)
to prefer préférer; aimer mieux
preferable: It's ~ that... Il est préférable que...
preparations préparatifs (*m pl*)
to prepare préparer
prescription ordonnance (*f*)
present actuel, -elle; **(gift)** cadeau (*m*); **(time)** présent (*m*)
to present présenter
president président, -e (*m, f*)
pretentious prétentieux, -euse

pretty joli, -e
price prix (*m*)
to print imprimer
private privé, -e; **~ residence** maison (*f*) particulière
privileged privilégié, -e
prize prix (*m*)
probable probable
problem problème (*m*); ennui (*m*); **to have ~s** avoir des difficultés
to produce produire (produit)
product produit (*m*)
profession métier (*m*), profession (*f*)
professional professionnel, -elle
professor professeur (*m*); prof (*m*) (*colloq.*)
program programme (*m*); **exchange ~** programme d'échange; **television ~** émission (*f*)
to program programmer
progress: to make ~ faire des progrès
project projet (*m*)
to promise promettre (promis)
promising: it looks ~ ça s'annonce bien
promotion promotion (*f*)
pronoun pronom (*m*)
proof preuve (*f*)
proportion proportion (*f*)
to propose proposer
to protect protéger; défendre
to protest protester
proud fier, fière
to prove prouver
proximity, closeness proximité (*f*)
prudent prudent, -e
psychology psychologie (*f*)
public public, publique
purchase achat (*m*)
to purchase acheter
purple violet(te)
purse sac (*m*) à main
to pursue poursuivre (poursuivi)
to put mettre (mis); **to ~ off** remettre
to putter bricoler; faire du bricolage

quality qualité (*f*); **~ of life** qualité de vie
quantity: in large ~ en quantité
quarrel dispute (*f*)
to quarrel se disputer
quarter: ~ before the hour moins le quart; **~ of an hour** quart (*m*) d'heure **~ past the hour** et quart
question question (*f*); **to ask a ~** poser une question
to question interroger
quickly vite, rapidement
quiet: to be ~ se taire; **to ~ down** se calmer

quite: ~ a bit pas mal de; **~ naturally** tout naturellement; **~ willingly** bien volontiers
quiz interrogation (*f*); des interros (*f pl*) (*colloq.*)

R

race race (*f*)
rain pluie (*f*)
raincoat imperméable (*m*)
to rain pleuvoir (plu); **It's raining.** Il pleut.
rarely rarement
rather plutôt, assez; **~ than** plutôt que
to react réagir
to read lire (lu)
reading lecture (*f*)
ready prêt, -e; **~-to-serve dish** plat (*m*) tout préparé; **to get ~** se préparer (pour)
real vrai, -e
realistic réaliste
reality réalité (*f*); **in ~** en fait
to realize se rendre compte de; réaliser
really vraiment
rear guard (sport) arrière (*m*)
reason raison (*f*)
reasonable raisonnable
to receive recevoir (reçu)
recently récemment
recess récréation (*f*)
recipe recette (*f*)
to recognize reconnaître (reconnu)
record disque (*m*)
to recycle recycler
recycling recyclage (*m*)
red rouge; **to have ~ hair** avoir les cheveux roux
redheaded roux, rousse
to reduce réduire (réduit)
reference repère (*m*)
to reflect réfléchir; refléter
reflex réflexe (*m*)
refrigerator réfrigérateur (*m*)
to refuse refuser
regard: in ~ to par rapport à
regarding en ce qui concerne
region région (*f*)
to register s'inscrire
registration: ~ form bulletin (*m*) d'inscription; **~ process** formalité (*f*)
regrettable: it is ~ il est regrettable
to regret regretter
regular régulier, -ière
regularly régulièrement
to reimburse rembourser
relationship rapport (*m*)
relatives parents (*m pl*)
to relax se détendre; se changer les idées
relaxed décontracté, -e
relieved soulagé, -e

religion religion (*f*)

religious religieux, -euse

to remain rester, demeurer

remarkable remarquable

to remarry se remarier

to remember se rappeler, se souvenir (de)

to remind rappeler

remote controlled téléguidé, -e

Renaissance Renaissance (*f*)

renewable renouvelable

rent loyer (*m*); **for ~** à louer

to rent louer

rental location (*f*); **~ agency** agence (*f*) de location

to repair réparer

to repeat répéter

report compte-rendu (*m*); mémoire (*m*); **~ card** bulletin (*m*) scolaire

to represent représenter

reputation réputation (*f*)

to require exiger; demander

required obligatoire

research recherche (*f*); **to do ~** faire des recherches; **~ paper** mémoire (*m*)

reservation réservation (*f*); **to make a ~** retenir une place

to reserve réserver

reserved réservé, -e

residence lieu (*m*) de résidence; **private ~** maison (*f*) particulière

resourceful débrouillard, -e

resources ressources (*f pl*)

responsibility responsabilité (*f*); **household responsibilities** responsabilités ménagères

responsible responsable

rest repos (*m*); **for the ~** pour le reste

to rest se reposer

restaurant restaurant (*m*)

result résultat (*m*)

retired: to be ~ être à la retraite; **~ individual** retraité, -e (*m, f*)

retirement retraite (*f*)

to return (give back) rendre; **(go back)** rentrer; **upon returning to** de retour à

return trip retour (*m*)

review révision (*f*)

to review réviser

résumé curriculum vitae (CV) (*m*)

rice riz (*m*)

rich riche

to ride: to ~ a bike faire du vélo; **to ~ a motorbike** faire de la moto

right droite (*f*); **on the ~** à droite

right droit (*m*)

right away tout de suite

right (correct) vrai: **to be ~** avoir raison

to risk risquer

river fleuve (*m*); rivière (*f*); **~ bank** rive (*f*)

road chemin (*m*); route (*f*); **to hit the ~** prendre la route

rock climbing: to go ~ faire de l'escalade

rock music rock (*m*)

role rôle (*m*); fonction (*f*); **~-play** jeu (*m*) de rôle

roll call appel (*m*)

Roman romain, -e

roof toit (*m*)

room chambre (*f*); pièce (*f*); salle (*f*); place (*f*); **~mate** camarade (*m, f*) de chambre; **bath~** salle de bains; **class~** salle de classe; **living ~** salle de séjour; **to have ~ for** avoir la place

round rond, -e

round-trip ticket aller-retour (*m*)

routine routine (*f*)

rug tapis (*m*)

rule règle (*f*)

to run courir (couru); **to ~ along** filer (*colloq.*); **to ~ the vacuum cleaner** passer l'aspirateur

rural rural, -e

Russia Russie (*f*)

Russian russe

S

sad triste

safety sécurité (*f*)

sail: ~boat bateau (*m*) à voile; **to go ~ing** faire de la voile

salad salade (*f*)

salami saucisson (*m*)

salary salaire (*m*); **fixed ~** salaire fixe; **~ range** prétentions (*f*)

sale vente (*f*), solde (*f*)

sales management direction (*f*) des ventes

salesperson vendeur, -euse (*m, f*)

sales representative attaché (*m*) commercial

salmon saumon (*m*)

salt sel (*m*)

same même

sandals sandales (*f pl*)

sandwich sandwich (*m*)

satisfactory satisfaisant, -e

Saturday samedi (*m*)

sausage: dry ~ saucisson (*m*)

to save garder, conserver

to save (money) faire des économies

to savor savourer

to say dire (dit); **Say...** Dis... (Dites...)

to scare: it scares me ça me fait peur

scarf foulard (*m*)

schedule emploi (*m*) du temps; horaire (*m*); programme (*m*)

scholarship bourse (*f*)

school école (*f*); faculté (*f*); **high ~** lycée (*m*); **middle ~ /junior high ~** collège (*m*); **pertaining to ~** scolaire

science science (*f*)

to score marquer un but

screen écran (*m*)

script scénario (*m*)

sculpture sculpture (*f*)

sea mer (*f*); **~food** fruits (*m pl*) de mer

search recherche (*f*)

seashore bord (*m*) de mer

season saison (*f*); **in any/every ~** en toute saison

seasonal saisonnier, -ière

seasonings assaisonnements (*m pl*)

seat place (*f*)

second deuxième; second, -e; **~hand** d'occasion; **~ floor** premier étage; **to have ~s** reprendre

secretary secrétaire (*m, f*)

security sécurité (*f*)

to see voir (vu); apercevoir (aperçu); **See!** Tenez!; **~ you in a while.** À tout à l'heure.; **~ you soon.** À bientôt.; **Let's ~ ...** Voyons...; **You'll ~ ...** Tu verras...

to seem sembler; avoir l'air; **it seems a good idea to me** ça me semble bien

selection sélection (*f*)

selfish égoïste

to sell vendre

semester semestre (*m*)

to send envoyer, expédier

Senegal Sénégal (*m*)

Senegalese sénégalais, -e

senior year terminale (*f*)

sense sens (*m*); **common ~** bon sens; **~ of humor** sens de l'humour; **~of organization** sens de l'organisation

sensitive sensible

sentence phrase (*f*)

to separate séparer

September septembre (*m*)

series série (*f*)

serious grave, sérieux, -euse

to serve servir; mettre (mis); **(train)** desservir

session séance (*f*)

to set (a day, a date) fixer (un jour, une date); **to ~ the table** mettre la table (le couvert)

setting cadre (*m*)

to settle s'installer

several plusieurs

shame: It's a ~. C'est dommage.

to share partager

to shave se raser

shirt chemise (*f*); chemisier (*m*)

shoe chaussure (*f*), soulier (*m*)

shop magasin (*m*)

to shop (go shopping) faire des achats; faire les courses

shopkeeper commerçant, -e

short court, -e, petit, -e

shorts short (*m*)

should: you ~ (do something) tu devrais (+ infin.); **one ~ not** il ne faudrait pas

shoulder épaule (f)

show spectacle (m)

to show montrer; faire voir; indiquer; **to ~ oneself** se montrer

shower douche (f)

to shrink diminuer

shrub arbuste (m)

shutter volet (m)

shy timide

sick malade

side côté (m)

sign signe (m)

simple simple

since depuis; **~ when** depuis quand; **It's been a month ~ ...** Ça fait un mois que...

sincere sincère

to sing chanter

singer chanteur, -euse (m, f)

single (not married) célibataire

sink évier (m); lavabo (m)

sir Monsieur (m)

sister sœur (f); **~in-law** belle-sœur; **step~** demi-sœur

to sit s'asseoir; **~ down!** Asseyez-vous!; **to ~ down at the table** se mettre à table

site site (m)

situation situation (f)

size taille (f); **What ~ (clothes) do you wear?** Quelle est votre taille?; **I take a ~ 32.** Je fais du 32.

skating patinage (m)

ski: to go skiing faire du ski; **~ jacket** anorak (m)

to skip a class sécher un cours

skirt jupe (f)

sky ciel (m)

to sleep dormir; **to be sleepy** avoir sommeil

slim mince

to slim down mincir

small petit, -e

smile sourire (m)

to smoke fumer

snack goûter (m)

snapshot instantané (m)

sneakers baskets (m pl)

snow neige (f)

to snow neiger; **Il neige.** It's snowing.

so alors; **~ tall** si grand

soccer foot(ball) (m); **to play ~** jouer au foot

sociable sociable

sociologist sociologue (m, f)

sociology sociologie (f)

sock chaussette (f)

sofa canapé (m)

soft doux, douce

softly en douceur

solar solaire

sole (fish) sole (f)

solid, sturdy solide

some des; **~ day** un jour; **~ (of)** quelques-uns, unes (de)

someone quelqu'un

something quelque chose; **~ else** autre chose, quelque chose d'autre; **~ new** quelque chose de nouveau; **~ to eat** quelque chose à manger

sometimes quelquefois, parfois

somewhere quelque part

son fils (m); **~-in-law** gendre (m)

soon bientôt; **See you ~.** À bientôt.; **as ~ as** aussitôt que, dès que; **sooner than expected** plus tôt que prévu

sore throat angine (f)

sorry désolé, -e; **to be ~** regretter; **I'm ~.** Je m'excuse.

sort sorte (f)

to sort out/through trier; ranger

soup soupe (f)

south sud (m)

space espace (m); place (f)

spacious spacieux, -euse

Spain Espagne (f)

Spanish espagnol, -e

to speak parler; **to ~ up** prendre la parole

special spécial, -e

specialty spécialité (f)

speech discours (m)

to spend (money) faire la dépense de; dépenser

to spend (time) passer du temps

spirit esprit (m); **team ~** esprit d'équipe

to spoil gâter

spoon cuillère (f)

sport sport (m); **to participate in a ~** faire du sport; **~ clothes** tenue (f) de sports; **~ facilities** installations (f) sportives; **~ jacket** veste (f); **~s complex** terrain (m) de sport; **~s-minded** sportif, -ive

spring printemps (m); **in the ~** au printemps

square (city or town) place (f)

stability stabilité (f)

stadium stade (m)

stairs escalier (m)

standing up debout

to start commencer; **starting now** dès maintenant

state état (m)

statistician statisticien, -enne (m, f)

statistics statistiques (f)

to stay rester; **to ~ at a hotel** descendre à l'hôtel; **to ~ home** rester à la maison; **to ~ in shape** rester en forme

step (stage) étape (f)

step: ~brother demi-frère (m); beau-frère (m); **~father** beau-père (m); **~mother** belle-mère (f); **~sister** demi-sœur (f)

stereo chaîne (f) stéréo; stéréo (f)

still encore, toujours

to stimulate interest piquer l'intérêt

stockings bas (m pl)

stomach ventre (m), estomac (m)

stop arrêt (m)

to stop s'arrêter; **to ~ by** passer à

store magasin (m)

storm orage (m)

story histoire (f)

stove cuisinière (f)

straight: ~ ahead tout droit

strange bizarre; **to look ~** faire une drôle de tête (colloq.)

strawberry fraise (f)

streamer serpentin (m)

street rue (f)

to strengthen renforcer

stress stress (m)

stubborn obstiné, -e

student (high school) élève (m, f); lycéen, -enne (m, f); **(college)** étudiant, -e (m, f); **~ center** foyer (m); **~ handbook** livret (m) d'étudiant

studious travailleur, -euse

study étude (f); **studies** études

to study étudier; travailler; suivre un cours; **to ~ for a test** préparer un examen; **to ~ music** faire de la musique

stupid idiot, -e

stylish chic

subject sujet (m); **school ~s** matières (f pl)

subsidized subventionné, -e

suburbs banlieue (f)

subway métro (m)

to succeed réussir

success succès (m), réussite (f)

such: as ~ tel, telle que

suddenly soudain, tout d'un coup

to suffer souffrir (souffert)

sufficient suffisant, -e; **it's ~ that...** il suffit que...

to suffocate étouffer

sugar sucre (m)

to suggest conseiller, suggérer

Sunday dimanche (m)

suit (man's) costume (m); complet (m); **(woman's)** tailleur (m)

to suit (be appropriate for) convenir à

suitcase valise (f)

summary résumé (m)

summer été (m); **in ~** en été

sun soleil (m); **~glasses** lunettes (f) de soleil

sunny: It's ~. Il fait du soleil.

superb superbe

superficial superficiel, -elle

superior supérieur, -e

supermarket supermarché (m)

to support soutenir (soutenu)

suppose: Suppose we go to the movies? Si on allait au cinéma?; **I was supposed (to do something).** Je devais (+ infin).

sure sûr, -e; **I am ~ of it** j'en suis sûr(e)

surface superficie *(f)*

to surprise surprendre (surpris)

surprised étonné, -e; surpris, -e

surprising étonnant, -e

surrounding area environs *(m pl)*

sweater pull-over *(m)*

sweatsuit survêtement *(m)*

sweatshirt sweat *(m)*

to swim nager; se baigner

swimming natation *(f)*; **~ pool** piscine *(f)*

Swiss suisse

Switzerland Suisse *(f)*

symbol symbole *(m)*; signe *(m)*

to symbolize représenter

sympathetic sympathique, sympa *(colloq.)*

symptom symptôme *(m)*

synagogue synagogue *(f)*

syrup sirop *(m)*

T

tee-shirt t-shirt *(m)*

teenager adolescent, -e *(m, f)*

table table *(f)*; **coffee ~** table basse

tablecloth nappe *(f)*

tablespoon cuillère *(f)* à soupe

tablet (pill) cachet *(m)*, comprimé *(m)*

talent talent *(f)*

to talk parler

to take prendre (pris); **to ~ advantage of** profiter de; **to ~ care of (oneself)** (se) soigner; **to ~ a class** suivre un cours; **to ~ notes** gratter *(colloq.)*; **to ~ a test** passer un examen; **to ~ a trip** faire un voyage; **to ~ a walk** faire une promenade, se promener; **to ~ care of** s'occuper de; **to ~ it easy** se calmer; **to ~ out** sortir; **to ~ part in** participer à; **to ~ place** avoir lieu, se dérouler

tall grand, -e

task tâche *(f)*

taste goût *(m)*

to taste goûter

tea thé *(m)*

to teach enseigner; apprendre

teacher enseignant, -e *(m, f)*, professeur *(m)*; instituteur, -trice *(m, f)*

teaching enseignement *(m)*; **~ assistant** assistant, -e *(m, f)*

team équipe *(f)*; **~ spirit** esprit *(m)* d'équipe; **to work as a ~** travailler en équipe

teaspoon cuillère *(f)* à café

technology technologie *(f)*

telephone téléphone *(m)*; **~ number** numéro *(m)* de téléphone; **to make a ~ call** téléphoner

television téléviseur *(m)*, télévision *(f)*, télé *(f)* *(colloq.)*; **to watch ~** regarder la télévision

to tell dire (dit), raconter; **Tell me!** Dis-moi!

temperate tempéré, -e

temperature température *(f)*; **What's the ~ like?** Quelle est la température?

temple temple *(m)*

to tempt tenter

tennis tennis *(m)*

tent tente *(f)*

term paper dissertation *(f)*; disserte *(f)* *(colloq.)*

test: to take a ~ passer un examen

textbook manuel *(m)*

thank: ~ you merci

to thank remercier

that cela, ça; que; **~ day** ce jour-là; **~ is (to say)** c'est-à-dire; **~ one** celui (celle)-là; **~ way** par là; **~'s it.** C'est ça.; **~'s O.K.** Ça va.

theater théâtre *(m)*; **movie ~** cinéma *(m)*

their leur, leurs

then puis, ensuite, alors

theory: in ~ at least en théorie du moins

there y; là; là-bas; **~ is (are)** il y a; **~'s... voilà...**

therefore donc

these (those) ces

thick épais, -aisse

thigh cuisse *(f)*

thin mince

thing chose *(f)*

to think penser; croire (cru); **to ~ about** penser à, réfléchir à; **to ~ about something else** se changer les idées

thirst soif *(f)*; **to be thirsty** avoir soif

this (that) ce (cet), cette

thousand mille

throat gorge *(f)*

through à travers, par; **to go ~** passer par

to throw away jeter

Thursday jeudi *(m)*

thus ainsi

ticket billet *(m)*; **student meal ~** ticket *(m)* de restaurant

to tidy up ranger

tie cravate *(f)*

time temps *(m)*; **a long ~** longtemps; **at that ~** à cette époque-là; **three ~s** trois fois; **at the same ~** en même temps, à la fois; **at the ~ of** à l'époque de; **At what ~?** À quelle heure?; **from ~ to ~** de temps en temps; **in my ~** de mon temps; **one more ~** encore une fois; **to be on ~** être à l'heure; **to have a good ~** s'amuser; **to know what ~ it is** avoir l'heure; **How many ~s?** Combien de fois?; **What ~ is it?** Quelle heure est-il?

timetable horaire *(m)*

to tinker bricoler; faire du bricolage

tip pourboire *(m)*

tired fatigué, -e

to à; en; jusqu'à

toast toast *(m)*, pain *(m)* grillé; **melba ~** biscotte *(f)*

tobacco tabac *(m)*; **~ store** bureau *(m)* de tabac

today aujourd'hui

together ensemble

toilet W.-C. *(m, pl)*; toilette *(f)*

tomato tomate *(f)*

tomorrow demain; **See you ~.** À demain.

ton: ~s of des tonnes de *(colloq.)*

too aussi; trop; **~ much (many)** trop de

tool outil *(m)*; instrument *(m)*

tooth dent *(f)*

top sommet *(m)*; **at the ~ of** en haut de

touching touchant, -e

tour excursion *(f)*; **to take a ~ of** faire la visite de

tourism tourisme *(m)*

tourist touriste *(m, f)*; **~ information office** syndicat *(m)* d'initiative; office *(m)* de tourisme

touristic touristique

toward vers

towel serviette *(f)*; **~ rack** porte-serviettes *(m)*

tower tour *(f)*

town ville *(f)*; **~ hall** mairie *(f)*, hôtel *(m)* de ville; **in (to) ~** en ville

track and field athlétisme *(m)*

trade (profession) métier *(m)*; **(business)** commerce *(m)*

tradition tradition *(f)*

traditional traditionnel, -elle

traffic trafic *(m)*, circulation *(f)*

train train *(m)*; **~ station** gare *(f)*

to train s'entraîner; former

trainer entraîneur, -euse *(m, f)*

training entraînement *(m)*; **to receive ~** suivre une formation

tramway tram *(m)*

to translate traduire (traduit)

translation traduction *(f)*

to travel voyager

travel agency agence *(f)* de voyage

travel agent agent *(m)* de voyage

treasure trésor *(m)*

tree arbre *(m)*

tricolor tricolore

trimester trimestre *(m)*

trip voyage *(m)*; **day ~** excursion *(f)*; **to take a ~** faire un voyage (une excursion)

trophy trophée *(f)*

tropics tropiques *(m pl)*

trouble peine *(f)*; **in ~** en difficulté; **to have ~ doing something** avoir des difficultés à faire, avoir du mal à faire

true vrai, -e; **That's ~.** C'est vrai.; En effet.

truth vérité *(f)*

to try, to try on (clothing) essayer; **to ~ to** chercher à

Tuesday mardi *(m)*

tuna thon *(m)*

tuned in branché, -e

Tunisia Tunisie *(f)*

Tunisian tunisien, -enne

turkey dinde *(f)*

turn: in ~ à tour de rôle; à son tour; tour à tour

to turn tourner; **to ~ down** refuser; **to ~ in** remettre (remis)

turtleneck col *(m)* roulé

twenty vingt; **around ~** vingtaine *(f)*

to type taper

typical typique

U

umbrella parapluie *(m)*; **beach ~** parasol *(m)*

unbearable insupportable

unbelievable incroyable

uncle oncle *(m)*

uncommunicative renfermé, -e

under sous; **~neath** ci-dessous

to understand comprendre (compris)

understanding compréhension *(f)*

undress: to get undressed se déshabiller

unemployed: to be ~ être au chômage

unemployment chômage *(m)*

unfortunate malheureux, -euse; **That's ~.** C'est malheureux.; **It's ~ that...** C'est dommage que...

unhappy mécontent, -e

united uni, -e

United Kingdom Royaume-Uni *(m)*

United States États-Unis *(m pl)*

university université *(f)*; **to go to the ~** faire des études universitaires

unknown person inconnu, -e *(m, f)*

unlikely: It's ~ that... Il est peu probable que...

unlivable invivable

unlucky person malheureux, -euse *(m, f)*

unpleasant désagréable

unruly indiscipliné, -e

until jusqu'à; jusqu'à ce que

unwonted, unusual insolite

up: to go ~ monter; **to get ~** se lever

upset énervé, -e

use emploi *(m)*

to use utiliser, se servir de; **to ~ up** consommer

used d'occasion

useful utile

usual: as ~ comme d'habitude

usually d'habitude, normalement

V

vacancy: no ~ complet

vacation vacances *(f pl)*; **paid ~** congé *(m)* payé; **~ village** village *(m)* de vacances; **while on ~** en vacances

vacuum cleaner aspirateur *(m)*; **to run the ~** passer l'aspirateur

valley vallée *(f)*

value valeur *(f)*

various varié, -e; divers

VCR magnétoscope *(m)*

veal veau *(m)*

vegetable légume *(m)*

verb verbe *(m)*

very très, fort

victory victoire *(f)*

video game jeu *(m)* vidéo

videotape vidéo *(f)*; **~ recorder (VCR)** magnétoscope *(m)*

Vietnam Viêt-nam *(m)*

Vietnamese vietnamien, -enne

village village *(m)*

violin violon

to visit (a place) visiter; **~ (a person)** rendre visite à

visitor visiteur *(m)*

visual arts arts *(m)* plastiques

vocabulary vocabulaire *(m)*

voice voix *(f)*

volleyball volley *(m)*

to vote voter

vowel voyelle *(f)*

W

to wait (for) attendre; patienter

waiter garçon *(m)*, serveur *(m)*

waiting room salle *(f)* d'attente

waitress serveuse *(f)*

to wake up se réveiller

walk promenade *(f)*; **to go for a ~** se promener, faire une promenade

to walk marcher; (se) promener; aller à pied

wall mur *(m)*

wallet portefeuille *(m)*

to want vouloir, désirer, avoir envie de; tenir à; **~ ads** offres *(f)* d'emploi

war guerre *(f)*; **World ~ II** Deuxième (Seconde) guerrre mondiale

wardrobe garde-robe *(f)*; **~ closet** armoire *(f)*

warm chaud, -e; **It's ~ (hot).** Il fait chaud.

to wash laver; **~ oneself** se laver

washing machine, washer machine *(f)* à laver; lave-linge *(m)*

waste déchets *(m pl)*

to waste time perdre du temps

to watch regarder; **to ~ TV** regarder la télévision

water eau *(f)*; **mineral ~** eau minérale

to water arroser

way: by the ~ au fait; à propos; **in what ~?** de quelle façon (manière)?

to wear porter

weather temps *(m)*; **What's the ~ like?** Quel temps fait-il?; **in any kind of ~** par tous les temps; **~ report** météo *(f)*, bulletin *(m)* (métérologique)

Wednesday mercredi *(m)*

week semaine *(f)*; huit jours; **~end** week-end *(m)*

to weigh peser

welcome: ~ to bienvenue à; **to ~** accueillir, souhaiter la bienvenue; **You're ~.** Je vous (t') en prie./De rien./Il n'y a pas de quoi.

welder soudeur *(m)*

well bien; **as ~ as** ainsi que; aussi bien que; **~ behaved** sage; **~ cut** bien coupé, -e

well-known réputé, -e

west ouest *(m)*

what que; quel, quelle; ce qui; ce que; **~ is it?** Qu'est-ce que c'est?; **~ did you say?** Comment? Quoi? Vous dites?; **~ else?** Quoi d'autre?; **~ are they like?** Comment sont-ils?; **~ do you think about it?** Qu'est-ce que tu en penses?; **~ does he/she look like?** Comment est-il/elle?; **~ is that?** C'est quoi?

when quand; lorsque; **the day ~** le jour où; **at the time ~** au moment où

where où; **~ is he/she from?** Il/Elle est d'où?

which quel(le); **~ one?** lequel (laquelle)?; **~ ones?** lesquels (lesquelles)? **that ~** ce que; **to ~** auquel (à laquelle); **of ~** dont

while pendant que; **~ listening** en écoutant

white blanc, blanche

who qui; **~'s calling?** C'est de la part de qui?/C'est qui à l'appareil?; **~ is it?** Qui est-ce?

whom: to ~ à qui

whose dont; **~ (thing) is it?** C'est le/la/les... de qui?

why pourquoi; **That's ~ ...** C'est pour ça que...

wide large

wife femme *(f)*

willingly volontiers

to win gagner

wind vent *(m)*; **It's windy.** Il fait du vent.

window fenêtre *(f)*

to windsurf faire de la planche à voile

wine vin *(m)*; **~ cellar** cave *(f)*; **~ glass** verre *(m)* à vin

winter hiver *(m)*; **in ~** en hiver

wise sage

to wish souhaiter; vouloir (voulu)

with avec; auprès de

without sans; sans que; ~ **doing anything** sans rien faire
woman femme *(f)*
word mot *(m)*, parole *(f)*
work travail *(m)*; **(part-time/full-time)** ~ travail (à mi-temps/à temps partiel/à plein temps); **literary** ~ œuvre *(f)* littéraire
to work (hard) travailler (dur)**; (of a machine)** marcher, fonctionner; **to ~ out (exercise)** s'entraîner; **It works best for me.** Ça m'arrange le mieux.
workbook cahier *(m)*
workplace lieu *(m)* de travail
worker travailleur, -euse *(m, f)*; **factory ~** ouvrier, -ière *(m, f)*
world monde *(m)*
worry souci *(m)*

to worry (about) s'inquiéter (de); **don't ~ about it!** ne t'en fais pas
worse, worst pire
worthless nul, nulle
would you say? diriez-vous?
wrist poignet *(m)*
to write écrire (écrit); **to ~ a paper** rédiger un mémoire
written report mémoire *(m)*
wrong: to be ~ avoir tort; **What's ~?** Qu'est-ce qui ne va pas?

Y

yard jardin *(m)*
year an *(m)*, année *(f)*
yellow jaune

yes oui
yesterday hier; **the day before ~** avant-hier
yet pourtant
yogurt yaourt *(m)*
young jeune; ~ **people** les jeunes
your ton, ta, tes; votre, vos
yourself vous-même
youth jeunesse *(f)*

Z

zero zéro *(m)*

Credits

TEXT CREDITS

The author and editors would like to thank the following authors and publishers for permission to use copyrighted material.

P. 47 Poly Platt, author and publisher of French or Foe; **p. 49** *Guide Michelin* © Michelin 1991, permission no. 94–309 **p. 87** Xavier Deniau, *La Francophonie* permission requested from Paris: P.U.F, 1983; **p. 195** Lob, Gotlib et Alexis, Super Dupont, Paris, © fluide glacial, permission requested from Editions Audie; **p. 198** M. Kofi Yamgnane; **p. 200** Astérix le Gaulois, Les editions Albert René, Paris; **p. 238** *Évidences invisibles*, Raymonde Caroll © Editions du Seuil, 1987; **p. 241** Michel Bourlier; **p. 277** "Consommation: Une Révolution de palais: permission requested from *Le Dauphiné Libéré*; **p. 285** L'almanach du facteur 1999; **p. 312** Jacqueline Coignard, Libération, 1ᵉʳ novembre 1999; **p. 344** Dessin de Plantu, Copyright Chantal Meyer; **p. 384** "Jean-Michel le Breton de retour des Etats-Unis," permission requested from *Ouest-France* Rennes; **p. 419** Permission requested from Crédit Lyonnais S.A.; **p. 422** "Quitter ses parents," Bayard Presse, 1998, Anne Ricou; **p. 458** *Les Pontonniers*, Claire Bretécher; **p. 478** *L'environnement en France*. Institut français de l'environnement (http: www.ifen. fr); **p. 491** *Le Figaro Magazine*/V. Grousset/A. de Chastenet, 10 october 98; **p. 494** Textes et Documents pour la Classe, #719 Paris.

PHOTO CREDITS

P. 3: Ulrike Welsch/PhotoEdit; **p. 25:** (c) Greg Meadors/Stock Boston/PNI; **p. 26:** Index Stock Imagery, Inc.; **p. 41:** (t): Spencer Grant/PhotoEdit; **(b):** Neil Beer/PhotoDisc, Inc.; **p. 49:** (tcr) Gamma-Liaison; **(tr)** Photo Researchers; **(cl)** the image works; **(c)** Beryl Goldberg; **(bl)** French Rail, Inc; **(tl):** Teresa Zabala/ Uniphoto Picture Agency; **(tlc):** Reed Saxon/AP/Wide World Photos; **(lc):** Index Stock Imagery, Inc.; **(br):** Reuters/HO/Archive Photos; **p. 52:** Michel Barthélemy/Art Resource; **p. 57:** (t) J. P. Langeland/Diaf; **p. 60:** (t) J. L. Manaud/Icone; **(ct)** M. & A. Kirtley/ Ana; **(cb)** Moisnard/Explorer; **(b)** Valdin/Diaf; **p. 61:** R. Rozencwajg/ Diaf; **p. 70:** Owen Franken/Corbis; **p. 71:** Reuters/Yves Herman/ Archive Photos; **p. 75:** Susan Kuklin/Photo Researchers, Inc.; **p. 84:** **(tl)** Ulf Andersen/Gamma-Liaison; **(tr)** Gastaud/Sipa Press; **(cl)** Michel Bocande; **(cb)** Ulf Andesen/Gamma-Liaison; **(b)** Surya Bonaly, Olympia/Gamma-Liaison; **p. 91:** Charles Platiau/ Reuters/Corbis; **p. 94:** Tetrel/Explorer/Photo Researchers; **p. 95:** **(t):** Owen Franken/Corbis; **(r):** Lindsay Hebberd/Woodfin Camp & Associates, **(b)** John Moss/Photo Researchers; **p. 96:** (l): Lucas/ The Image Works; **p. 110:** Delanie-Tourneau/Gamma Liaison; **p. 111:** Patrick Ward/Corbis; **p. 118:** (t): Yann Arthus-Bertrand/ Corbis; **(b):** Wysocki/Explorer/Photo Researchers, Inc.; **p. 119:** (t): John Serafin/Pearson Education Corporate Digital Archive; **(b):** Adam Woolfitt/Corbis; Jacques Guillard/Scope; **p. 123:** Jeanne White/Photo Researchers; **p. 127:** James Blair/NGS Image Collection; **p. 129:** Bill Haber/AP/Wide World Photos; **p. 139:** David Simson/Stock Boston; **(bl)** H. Gyssels/Diaf; **(br)** Daniel Fouss/Diaf; **p. 140:** (c) Frilet/Sipa Press; **(b)** Owen Franken; **(t)** Beryl Goldberg; **p. 162:** Tim Hauf/Visuals Unlimited; **p. 163:** (t) Owen Franken/Stock Boston; **p. 167:** Owen Franken/Stock Boston; **p. 169:** (b) Philippe Dannic/Diaf; **p. 175:** (t) Françoise Hache/ Explorer; **(l)** Frank Siteman/Monkmeyer Press; **(b)** Perlstein/ Jerrican; **p. 181:** (t) Phillipe Janin; **(b)** Wolff/Jerrican; **(c)** Frank Siteman/Monkmeyer Press; **p. 182:** Labat/Jerrican; **p. 187:** Popperfoto/Archive Photos; **p. 196:** (tl) Jacques Guillard/Scope; **(tl):** Jacques Guillard/Scope; **(tcl):** Jacques Sierpinski/Scope; **(tr)** E. Valentin/Hoaqui; **(bl)** Jacques Guillard/Scope; **(bcl):** Herbé Coataner/Scope; **(tcr):** Jean Daniel Sudres/Scope; **(br)** Jean Daniel Sudres/Scope; **p. 198:** Kofi Yamgnane; **p. 205:** Ulrike Welsch/ PhotoEdit; **p. 207:** (l):Nicole Fouletier-Smith; **(r):** John Elk III/Stock Boston; **p. 208:** Lerosey/Jerrican; **p. 215:** R. Lucas/The Image Works; **p. 236:** Nicole Fouletier-Smith; **p. 245:** (t): E. Carey/ PhotoDisc, Inc.; **(b):** Tom Stillo/Omni-Photo Communications, Inc.; **p. 253:** (tl) Owen Franken, **(ct)** Crealivres/Explorer; **(tr)** Pierre Guy/Scope; **(cl)** Larousse; **(cr)** Larousse; **(bc)** T. L. Valentin/ Hoaqui; **(bl)** Pierre Guy/Scope; **(br)** Pierre Guy/Scope; **p. 260:** A. Tovy/Explorer; **p. 274:** (b) Mike Mazzaschi/Stock Boston; **(t)** T. Petillot/Explorer/Photo Researchers, Inc.; **p. 275:** Myrleen Ferguson/PhotoEdit; **p. 280:** Kavaler/Art Resource; **p. 283:** Barbier/ Diaf; **p. 291:** (t) Mark Antman/The Image Works; M. Bridwell/ PhotoEdit; **p. 297:** (t) Tom McCarthy/PhotoEdit; **(c)** Bernard Regent/Diaf; **(b)** G. Cozzi/Ana; **p. 309:** Dianne/Jerrican; **p. 310:** (c): Nathan Benn/Woodfin Camp & Associates; **(b):** P. Quittemelle/ Stock Boston; **(tl)** E. Bernager/Hoaqui; **(tr)** J. Ch. Pratt/D. Pries/ Diaf; **(cl)** Lain-Patrick Neyrat/Rapho; **p. 314:** ham/The Image Works; **p. 317:** Ulrike Welsch/PhotoEdit; **p. 319:** St-Clair/Rapho; **p. 326:** David Simson/Stock Boston; **p. 332:** A. Le Bot/Diaf; **p. 346:** Steve McCurry/Magnum Photos, Inc.; **p. 349:** (r): Archives Photographiques Larousse; **(c):** Lauros-Giraudon/Archives Photographiques Larousse; **p. 353:** Villeneuve/Rapho; **p. 362:** Robert Holmes/Corbis, **(b)** Alain Le Bot/Diaf; **(tr)** Denoyelle-L'étudiant/Jerrican; **p. 369:** Sylva Villerot/Diaf; **p. 381:** A. Autenzio/ Explorer/Photo Researchers, Inc.; **p. 383:** Carmen Redondo/ Corbis; **p. 384:** Ouest-France; **p. 387:** Robert Holmes/Corbis; Perquis/Jerrican; **p. 391:** (tl) Alain Le Bot/Diaf; **(tr)** E. Bernager/ Hoaqui; **(b)** H. Gyssels/Diaf; **p. 394:** (t) Bernard Minier/Diaf; **(l)** Laures/Giraudon; **p. 419:** Owen Franken/Stock Boston; **(c)** AERS auto-école, Philippe Gontier; **p. 421:** Paul A. Souders/ Corbis; **p. 422** Greg Meadors/Stock Boston; **p. 425:** Lauros/Art Resource; **p. 429:** Nik Wheeler/Corbis; **p. 431:** (tl): Nicole Fouletier-Smith; **(tc):** Gordon Gahan/NGS Image Collection; **(tr):** Gail Mooney/Corbis; **(bl):** Herbert W. Booth III/Liaison Agency, Inc; **(bc):** Express Newspapers/Archive Photos; **(br):** Paul Almasy/Corbis; **p. 437:** (tl): Robert Aschenbrenner/Stock Boston; **(bl):** Keren Su/Stock Boston; **(br):** Jeff Robbins/AP/Wide World Photos; **(tr)** Jacques Sierpinski/Scope; **p. 450:** Bruce Dale/NGS Image Collection; **p. 457:** Craig Aurness/Corbis; **p. 465:** ©Julio Donoso/Contact Press Images/PNI; **p. 465:** ©John Elk III/Stock Boston/PNI; **p. 492:** (r) Christian Sappa/Rapho; **p. 496:** Alain Le Bot/Diaf.

Index

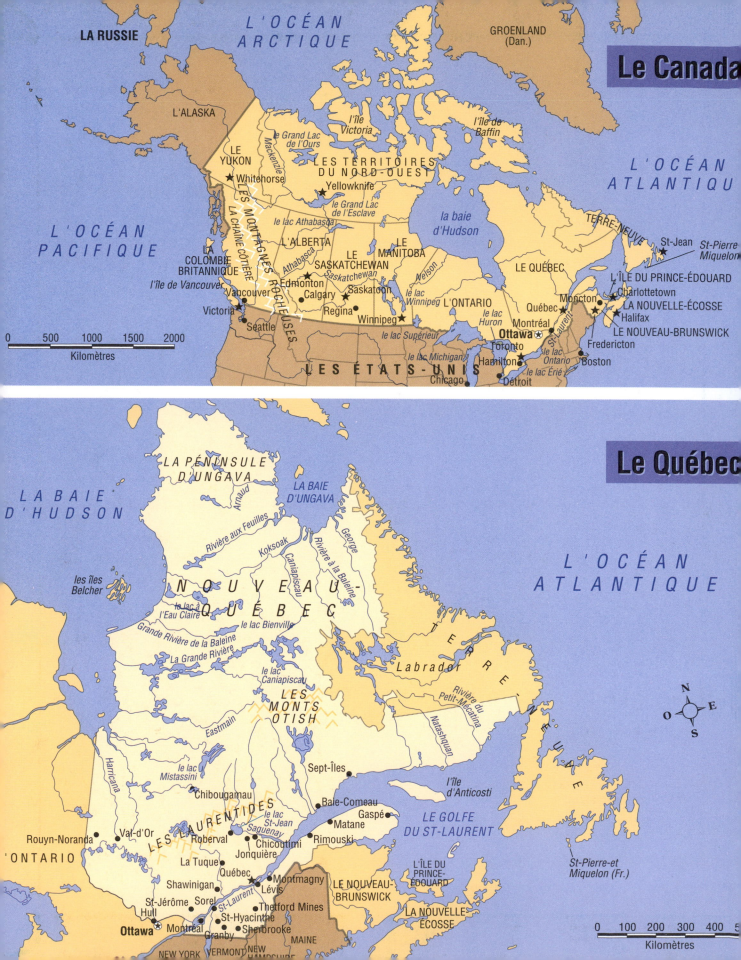